2017년

행정법 판례

최 선 웅 저

진 원 사

머 리 말

이 책은 국가공무원시험 등 국가고시를 비롯하여, 변호사 시험, 사법시험, 행정고시 등 각종 시험에서 행정법 관련 과목 시험에 대한 기초적인 판례자료집이다. 이번에 출간되는 『2017년 행정법판례』에서는 2016년도 판에 이어서 2017. 1. 1.자부터 2017. 12. 15.자까지의 『판례공보』(법원도서관 간)와 2017. 1. 20.일자부터 2017. 11. 20.자까지의 『헌법재판소공보』에 게재된 판결들을 대상으로 하였다.

최근 각종 시험에서 판례의 내용과 관련된 문제가 증가하는 경향이 있어 왔다. 이에는 여러 가지 이유가 있다. 첫 번째로는 판례는 그야말로 살아있는 법이라는 점에서 그 중요성이 크다. 특히 최근 판례에 대한 국민적인 관심이 고조되는 등 분위기에 발맞추어서 판례의 내용도 이론적인 성숙성을 갖추어가는 등 정교해지고 있어 판례에 대한 분석만으로도 훌륭한 공부수단이 될 수 있다는 점에서도 판례에 관심을 가져볼 만하다고 할 수 있다.

그뿐만 아니라 시험문제가 본격적으로 공개되면서 특정 학설에 의지한 주·객관식 문제출제의 오답시비가 법원에까지 올라가 판가름되는 문제점을 판례에 근거한 출제가 해결할 수 있다는 점에서도 중요하다고 할 수 있다.

이 책에서는 기존의 판례집과 다르게 실제 사례형에서의 서술순서 내지는 문항순서 대비하기 위하여 소송요건, 위법성 심사인 본안, 행정소송외의 구제수단인 국가배상 및 손실보상, 위헌심사, 기타 관련 판례 등에 맞추어서 판례를 정리하도록 하였다.

또한 연도별로 판례를 정리하는 것이 매년 개정판을 내어서 책이 두꺼워지고 오려붙이는 수고를 덜 수가 있고, 시간 흐름 순서대로 판례의 추세를 알 수가 있으며, 해마다 누적적으로 공부가 가능하도록 하는 것이 바람직하다는 생각에서 매년 1회 전년도 1년간의 판례를 총정리하여 출간하기로 한다.

모쪼록 독자들이 시험시기에 근접한 최근 판례를 통하여 다시 한 번 자신의 실력을 점검하는 계기가 되기 바란다.

2018. 2.
저 자 씀

목 차

제1부 2017년 주요판례 개관 / 1

제2부 2017년 행정법 판례 / 33

제 1 부

2017년 주요판례 개관

제1장 행정소송에 관한 판례

제1절 소송요건에 관한 판례

Ⅰ. 소의 허용성

국책사업인 '한국형 헬기 개발사업'(Korean Helicopter Program)에 개발주관사업자 중 하나로 참여하여 국가 산하 중앙행정기관인 방위사업청과 체결한 '한국형 헬기 민군겸용 핵심구성품 개발협약'의 법률관계는 공법관계에 해당하므로 이에 관한 분쟁은 행정소송으로 제기하여야 한다고 한 사례(2017. 11. 9. 선고 2015다215526 판결).

Ⅱ. 대상적격

– 거부처분

주민등록번호가 유출된 경우에는 조리상 주민등록번호의 변경을 요구할 신청권을 인정함이 타당하고, 구청장의 주민등록번호 변경신청 거부행위는 항고소송의 대상이 되는 행정처분에 해당한다고 한 사례(2017. 6. 15. 선고 2013두2945 판결).

산업단지개발계획상 산업단지 안의 토지 소유자로서 산업단지개발계획에 적합한 시설을 설치하여 입주하려는 자에게 산업단지지정권자 또는 그로부터 권한을 위임받은 기관에 대하여 산업단지개발계획의 변경을 요청할 수 있는 법규상 또는 조리상 신청권이 있다(2017. 8. 29. 선고 2016두44186 판결).

국립묘지에 안장된 유골 등을 유족 중 일부가 다른 유족들의 동의 없이 국립묘지 외의 장소로 이장하겠다는 신청을 한 경우, 국립묘지를 관리하는 행정청이 이장 신청을 거부할 수 있다(2017. 9. 26. 선고 2017두50690 판결).

Ⅲ. 원고적격

미얀마 국적의 甲이 위명(僞名)인 '乙' 명의의 여권으로 대한민국에 입국한 뒤 乙 명의로 난민 신청을 하였으나 법무부장관이 乙 명의를 사용한 甲을 직접 면담하여 조사한 후 甲에 대하여 난민불인정 처분을 한 사안에서, 처분의 상대방은 허무인이 아니라 '乙'이라는 위명을 사용한 甲이라는 이유로, 甲이 처분의 취소를 구할 법률상 이익이 있다고 한 사례(2017. 3. 9. 선고 2013두16852 판결).

Ⅳ. 협의의 소익

행정청이 과징금 부과처분을 한 후 부과처분의 하자를 이유로 감액처분을 한 경우, 감액처분에 의하여 감액된 부분에 대한 부과처분 취소청구는 이미 소멸하고 없는 부분에 대한 것으로서 소의 이익이 없어 부적법하다(2017. 1. 12. 선고 2015두2352 판결).

공정거래위원회의 과징금 등 처분과 감면기각처분은 근거 규정, 요건과 절차가 구별되는 독립적인 별개의 처분으로서 두 처분에 고유한 위법사유가 구별되고 법적 성격도 다르므로, 사업자로서는 두 처분의 취소를 모두 구할 실익이 인정되므로, 사업자인 원고가 과징금 등 처분과 감면기각처분의 취소를 구하는 소를 함께 제기한 경우에도, 특별한 사정이 없는 한 감면기각처분의 취소를 구할 소의 이익이 인정된다(2017. 1. 12. 선고 2016두35199 판결).

도시 및 주거환경정비법상의 주택재개발정비사업의 공익적·단체법적 성격과 이전고시에 따라 이미 형성된 법률관계를 유지하여 법적 안정성을 보호할 필요성이 현저한 점 등을 고려할 때, 이전고시의 효력이 발생한 이후에는 조합원 등이 해당 정비사업을 위하여 이루어진 수용재결이나 이의재결의 취소 또는 무효확인을 구할 법률상 이익이 없다고 해석함이 타당하다(2017. 3. 16. 선고 2013두11536 판결).

중앙토지수용위원회가 지방국토관리청장이 시행하는 공익사업을 위하여 甲 소유의 토지에 대하여 수용재결을 한 후, 甲과 사업시행자가 '공공용지의 취득협의서'를 작성하고 협의취득을 원인으로 소유권이전등기를 마쳤는데, 甲이 '사업시행자가 수용개시일까지 수용재결보상금 전액을 지급·공탁하지 않아 수용재결이 실효되었다'고 주장하며 수용재결의 무효확인을 구하는 소송을 제기한 사안에서, 甲이 수용재결의 무효확인 판결을 받더라도 토지의 소유권을 회복시키는 것이 불가능하고, 무효확인으로써 회복할 수 있는 다른 권리나 이익이 남아 있다고도 볼 수 없다고 한 사례(2017. 4. 13. 선고 2016두64241 판결).

거부처분이 재결에서 취소된 경우 재결에 따른 후속처분이 아니라 그 재결의 취소를 구하는 것은 실효적이고 직접적인 권리구제수단이 될 수 없어 분쟁해결의 유효적절한 수단이라고 할 수 없으므로 법률상 이익이 없다(2017. 10. 31. 선고 2015두45045 판결).

Ⅴ. 제소기간

처분서가 처분상대방의 주소지에 송달되는 등 사회통념상 처분이 있음을 처분상대방이 알 수 있는 상태에 놓인 때에는 반증이 없는 한 처분상대방이 처분이 있음을 알았다고 추정할 수 있다. 또한 우편물이 등기취급의 방법으로 발송된 경우 그것이 도중에 유실되었거나 반송되었다는 등의 특별한 사정에 대한 반증이 없는 한 그 무렵 수취인에게 배달되었다고 추정할 수 있다(2017. 3. 9. 선고 2016두60577 판결).

Ⅵ. 공법상 당사자소송

도시개발법 제46조 제3항에 따라 도시개발사업조합이 관할 지방자치단체의 장에게 도시개발법에 따른 청산금의 징수를 위탁할 수 있다 하더라도, 지방자치단체의 장이 징수위탁에 응하지 아니하는 등의 특별한 사정이 있는 때에는 도시개발사업조합은 직접 공법상 당사자소송으로 청산금의 지급을 구할 수 있다(2017. 4. 28. 선고 2013다1211 판결).

도시 및 주거환경정비법 제57조 제1항에 규정된 청산금의 징수에 관하여는 지방세체납처분의 예에 의한 징수 또는 징수 위탁과 같은 간이하고 경제적인 특별구제절차가 마련되어 있으므로, 시장·군수가 사업시행자의 청산금 징수 위탁에 응하지 아니하였다는 등의 특별한 사정이 없는 한 시장·군수가 아닌 사업시행자가 이와 별개로 공법상 당사자소송의 방법으로 청산금 청구를 할 수는 없다(2017. 4. 28. 선고 2016두39498 판결).

제2절 본안(위법성)에 관한 판례

Ⅰ. 법규명령·행정규칙

구 석유 및 석유대체연료의 수입·판매부과금의 징수, 징수유예 및 환급에 관한 고시(산업자원부 고시)와 구 소요량의 산정 및 관리와 심사(관세청 고시)의 각 규정들은 '환급금의 환급기준 내지 환급의 대상·규모·방법 등'을 장관으로 하여금 정하여 고시하도록 규정한 구 석유사업법과 구 석유사업법 시행령의 위임에 따른 것으로서, 법령 규정의 내용을 보충하면서 그와 결합하여 대외적인 구속력이 있는 법규명령으로서의 효력을 가지는 것으로 보아야 한다(2016. 10. 27. 선고 2014두12017 판결).

[다수의견] 법률의 시행령은 모법인 법률의 위임 없이 법률이 규정한 개인의 권리·의무에 관한 내용을 변경·보충하거나 법률에서 규정하지 아니한 새로운 내용을 규정할 수 없고, 특히 법률의 시행령이 형사처벌에 관한 사항을 규정하면서 법률의 명시적인 위임 범위를 벗어나 처벌의 대상을 확장하는 것은 죄형법정주의의 원칙에도 어긋나는 것이므로, 그러한 시행령은 위임입법의 한계를 벗어난 것으로서 무효이다(2017. 2. 16. 선고 2015도16014 전원합의체 판결).

법률의 위임 없이 명령 또는 규칙 등의 행정입법으로 과세요건 등에 관한 사항을 규정하거나 법률에 규정된 내용을 함부로 유추·확장하는 내용의 해석규정을 마련하는 것이 조세법률주의 원칙에 위배된다(2017. 4. 20. 선고 2015두45700 전원합의체 판결).

'입찰참가자격을 제한받은 자가 법인이나 단체인 경우에는 그 대표자'에 대하여도 입찰참가자격 제한을 할 수 있도록 규정한 구 공기업·준정부기관 계약사무규칙 제15조 제4항의 대외적 효력을 인정할 수 없다(2017. 6. 15. 선고 2016두52378 판결).

건강보험심사평가원이 요양급여비용 심사·지급업무 처리기준(2000. 7. 18. 보건복지가족부 고시 제2000-41호) 제4조 제1항 제4호에 근거하여 제정한 심사지침인 '방광내압 및 요누출압 측정 시 검사방법'의 법적 성격(=행정규칙) 및 재판절차에서 요양급여의 적정성 여부를 판단할 때 그 기준을 고려하는 방법(2017. 7. 11. 선고 2015두2864 판결).

Ⅱ. 헌 법

일반사건에 대해서까지 위헌결정의 소급효를 인정함으로써 보호되는 甲의 권리구제라는 구체적 타당성 등의 요청이 이미 형성된 법률관계에 관한 법적 안정성의 유지와 당사자의 신뢰보호의 요청보다 현저히 우월하다고 단정하기 어렵다고 한 사례(2017. 3. 9. 선고 2015다233982 판결).

Ⅲ. 재량행위

공유수면 관리 및 매립에 관한 법률에 따른 공유수면의 점용·사용허가는 특정인에게 공유수면 이용권이라는 독점적 권리를 설정하여 주는 처분으로서 처분 여부 및 내용의 결정은 원칙적으로 행정청의 재량에 속하므로, 공유수면에 대한 점용·사용허가를 신청하는 자가 설계도서 등을 첨부하지 아니한 채 허가신청서를 제출하였다면 공유수면관리청으로서는 특별한 사정이 없는 한 허가요건을 충족하지 못한 것으로 보아 거부처분을 할 수 있다(2017. 4. 28. 선고 2017두30139 판결).

구 출입국관리법 제76조의3 제1항 제3호의 문언·내용 등에 비추어 보면, 비록 그 규정에서 정한 사유가 있더라도, 법무부장관은 난민인정 결정을 취소할 공익상의 필요와 취소로 당사자가 입을 불이익 등 여러 사정을 참작하여 취소 여부를 결정할 수 있는 재량이 있다. 그러나 그 취소처분이 사회통념상 현저하게 타당성을 잃거나 비례·평등의 원칙을 위반하였다면 재량권을 일탈·남용한 것으로서 위법하다. 다만 구 출입국관리법 제76조의3 제1항 제3호는 거짓 진술이나 사실은폐 등으로 난민인정 결정을 하는 데 하자가 있음을 이유로 이를 취소하는 것이므로, 당사자는 애초 난민인정 결정에 관한 신뢰를 주장할 수 없음은 물론 행정청이 이를 고려하지 않았다고 하더라도 재량권을 일탈·남용하였다고 할 수 없다(2017. 3. 15. 선고 2013두16333 판결).

환경의 훼손이나 오염을 발생시킬 우려가 있는 개발행위에 대한 행정청의 허가와 관련하여 재량권의 일탈·남용 여부를 심사할 때에는, 해당지역 주민들의 토지이용실태와 생활환경 등 구체적 지역 상황과 상반되는 이익을 가진 이해관계자들 사이의 권익 균형 및 환경권의 보호에 관한 각종 규정의 입법 취지 등을 종합하여 신중하게 판단하여야 한다. 이 경우 행정청의 당초 예측이나 평가와 일부 다른 내용의 감정의견이 제시되었다는 등의 사정만으로 쉽게 행정청의 판단이 위법하다고 단정할 것은 아니다(2017. 3. 15. 선고 2016두55490 판결).

국립묘지에 안장된 유골 등을 유족 중 일부가 다른 유족들의 동의 없이 국립묘지 외의 장소로 이장하겠다는 신청을 한 경우, 국립묘지를 관리하는 행정청이 이장 신청을 거부할 수 있다(2017. 9. 26. 선고 2017두50690 판결).

국토의 계획 및 이용에 관한 법률 제56조에 따른 개발행위허가와 농지법 제34조에 따른 농지전용허가·협의의 요건에 해당하는지 여부가 행정청의 재량판단의 영역에 속한다(2017. 10. 12. 선고 2017두48956 판결).

행정청의 건설폐기물 처리 사업계획서에 대한 적합 여부 결정은 공익에 관한 판단을 해야 하는 것으로서 행정청에 광범위한 재량권이 인정되므로 장래에 발생할 불확실한 상황과 파급효과에 대한 예측이 필요한 요건에 관한 행정청의 재량적 판단은 폭넓게 존중되어야 한다(2017. 10. 31. 선고 2017두46783 판결).

Ⅳ. 대물적 행정행위

폐기물처리시설의 부지를 체납처분에 의한 공매절차에서 취득하여 소유하고 있는 피고인이 폐기물관리법 위반으로 기소된 사안에서, 피고인이 폐기물처리시설에 관한 허가·승인 또는 신고에 따른 권리·의무를 승계하지 않으므로 시정명령은 의무 없는 자에게 내려진 행정처분으로서 이에 응하지 않더라도 죄가 되지 않는다(2017. 10. 31. 선고 2017도9582 판결).

Ⅴ. 인·허가의제

구 주택법 제17조 제1항에 따라 인허가 의제대상이 되는 처분의 공시방법에 관한 하자가 있다는 사정이 주택건설사업계획 승인처분 자체의 위법사유가 될 수 없다(2017. 9. 12. 선고 2017두45131 판결).

Ⅵ. 신 고

숙박업을 하고자 하는 자가 법령이 정하는 시설과 설비를 갖추고 행정청에 신고를 하면, 행정청은 공중위생관리법령의 위 규정에 따라 원칙적으로 이를 수리하여야 한다. 행정청이 법령이 정한 요건 이외의 사유를 들어 수리를 거부하는 것은 위 법령의 목적에 비추어 이를 거부해야 할 중대한 공익상의 필요가 있다는 등 특별한 사정이 있는 경우에 한한다(2017. 5. 30. 선고 2017두34087 판결).

Ⅶ. 직권취소·철회

측량업자가 구 측량·수로조사 및 지적에 관한 법률 제44조 제2항에 따른 등록기준에 미달하게 된 경우, 그것이 '기술인력의 사망·실종 또는 퇴직으로 인하여 등록기준의 미달기간이 90일을 초과하지 아니하는 경우' 등과 같이 일시적으로 등록기준에 미달되는 사정이 발생한 경우가 아니라면 행정청은 이를 사유로 측량업 등록을 취소하여야 하고, 측량업자가 사후에 등록기준을 보완하였더라도 이를 달리 볼 것은 아니다(2016. 10. 27. 선고 2014두44946 판결).

음주운전 여부에 대한 조사 과정에서 운전자 본인의 동의를 받지 아니하고 또한 법원의 영장도 없이 채혈조사를 한 결과를 근거로 한 운전면허 정지·취소 처분은 도로교통법 제44조 제3항을 위반한 것으로서 특별한 사정이 없는 한 위법한 처분으로 볼 수밖에 없다(2016. 12. 27. 선고 2014두46850 판결).

행정처분 당시 하자가 없었고, 처분 후 이를 철회할 별도의 법적 근거가 없지만 처분을 존속시킬 필요가 없게 된 사정변경이 생겼거나 중대한 공익상 필요가 발생한 경우, 행정행위를 한 처분청이 그 효력을 상실케 하는 별개의 행정행위로 이를 철회할 수 있으므로, 건축주가 토지 소유자로부터 토지사용승낙서를 받아 토지 위에 건축물을 건축하는 대물적(對物的) 성질의 건축허가를 받았다가 착공에 앞서 건축주의 귀책사유로 해당 토지를 사용할 권리를 상실한 경우, 토지 소유자가 건축허가의 철회를 신청할 수 있다(2017. 3. 15. 선고 2014두41190 판결).

Ⅷ. 행정행위의 하자

신고납세방식 조세에서 과세표준 등의 신고행위나 이에 기초한 과세처분이 객관적으로 타당한 법적 근거와 합리성이 없는 경우 하자가 중대하고 명백하여 무효이다(2017. 11. 14. 선고 2014두47099 판결).

Ⅸ. 하자의 승계

도시·군계획시설결정과 실시계획인가는 도시·군계획시설사업을 위하여 이루어지는 단계적 행정절차에서 별도의 요건과 절차에 따라 별개의 법률효과를 발생시키는 독립적인 행정처분이다. 그러므로 선행처분인 도시·군계획시설결정에 하자가 있더라도 그것이 당연무효가 아닌 한 원칙적으로 후행처분인 실시계획인가에 승계되지 않는다(2017. 7. 18. 선고 2016두49938 판결).

Ⅹ. 행정절차

행정청이 침해적 행정처분을 하면서 당사자에게 사전통지를 하거나 의견제출의 기회를 주지 아니하였다면, 사전통지나 의견제출의 예외적인 경우에 해당하지 아니하는 한, 처분은 위법하여 취소를 면할 수 없다. 그리고 여기에서 '의견청취가 현저히 곤란하거나 명백히 불필요하다고 인정될 만한 상당한 이유가 있는 경우'에 해당하는지는 해당 행정처분의 성질에 비추어 판단하여야 하며, 처분상대방이 이미 행정청에 위반사실을 시인하였다거나 처분의 사전통지 이전에 의견을 진술할 기회가 있었다는 사정을 고려하여 판단할 것은 아니다(2016. 10. 27. 선고 2016두41811 판결).

과세관청이 과세예고 통지 후 과세전적부심사 청구나 그에 대한 결정이 있기도 전에 과세처분을 하는 것은 원칙적으로 과세전적부심사 이후에 이루어져야 하는 과세처분을 그보다 앞서 함으로써 과세전적부심사 제도 자체를 형해화시킬 뿐만 아니라 과세전적부심사 결정과 과세처분 사이의 관계 및 불복절차를 불분명하게 할 우려가 있으므로, 그와 같은 과세처분은 납세자의 절차적 권리를 침해하는 것으로서 절차상 하자가 중대하고도 명백하여 무효이다(2016. 12. 27.

선고 2016두49228 판결).

XI. 행정정보

정보공개 청구인에게 특정한 정보공개방법을 지정하여 청구할 수 있는 법령상 신청권이 있으며, 공공기관이 공개청구의 대상이 된 정보를 청구인이 신청한 공개방법 이외의 방법으로 공개하기로 하는 결정을 한 경우, 정보공개방법에 관한 부분에 대하여 일부 거부처분을 한 것이고, 청구인은 그에 대하여 항고소송으로 다툴 수 있다(2016. 11. 10. 선고 2016두44674 판결).

불기소처분 기록이나 내사기록 중 피의자신문조서 등 조서에 기재된 피의자 등의 인적사항 이외의 진술내용이 개인의 사생활의 비밀 또는 자유를 침해할 우려가 인정되는 경우 공공기관의 정보공개에 관한 법률 제9조 제1항 제6호 본문에서 정한 비공개대상정보에 해당한다(2017. 9. 7. 선고 2017두44558 판결).

XII. 행정강제

1. 행 정 벌

행정법규 위반에 대한 제재조치는 행정목적의 달성을 위하여 행정법규 위반이라는 객관적 사실에 착안하여 가하는 제재이므로, 반드시 현실적인 행위자가 아니라도 법령상 책임자로 규정된 자에게 부과되고, 특별한 사정이 없는 한 위반자에게 고의나 과실이 없더라도 부과할 수 있다. 이러한 법리는 구 대부업 등의 등록 및 금융이용자 보호에 관한 법률 제13조 제1항이 정하는 대부업자 등의 불법추심행위를 이유로 한 영업정지 처분에도 마찬가지로 적용된다(2017. 5. 11. 선고 2014두8773 판결).

2. 대 집 행

행정청이 행정대집행의 방법으로 건물철거의무의 이행을 실현할 수 있는 경우에는 건물철거 대집행 과정에서 부수적으로 건물의 점유자들에 대한 퇴거 조치를 할 수 있고, 점유자들이 적법한 행정대집행을 위력을 행사하여 방해하는 경우 형법상 공무집행방해죄가 성립하므로, 필요한 경우에는 '경찰관 직무집행법'에 근거한 위험발생 방지조치 또는 형법상 공무집행방해죄의 범행방지 내지 현행범체포의 차원에서 경찰의 도움을 받을 수도 있다(2017. 4. 28. 선고 2016다213916 판결).

제3절 소송절차법에 관한 판례

Ⅰ. 행정심판

과세처분에 관한 불복절차에서 불복사유가 옳다고 인정하고 이에 따라 필요한 처분을 하였을 경우에는 불복제도와 이에 따른 시정방법을 인정하고 있는 구 국세기본법 규정의 취지에 비추어 동일 사항에 관하여 특별한 사유 없이 이를 번복하고 다시 종전의 처분을 되풀이할 수는 없다(2016. 10. 27. 선고 2016두42999 판결).

과세관청이 과세처분에 대한 이의신청절차에서 납세자의 이의신청 사유가 옳다고 인정하여 과세처분을 직권으로 취소한 경우, 납세자가 허위의 자료를 제출하는 등 부정한 방법에 기초하여 직권취소되었다는 등의 특별한 사유가 없는데도 이를 번복하고 종전과 동일한 과세처분을 하는 것은 위법하다(2017. 3. 9. 선고 2016두56790 판결).

심판청구 등에 대한 결정의 한 유형으로 실무상 행해지고 있는 재조사 결정은 재결청의 결정에서 지적된 사항에 관하여 처분청의 재조사결과를 기다려 그에 따른 후속 처분의 내용을 심판청구 등에 대한 결정의 일부분으로 삼겠다는 의사가 내포된 변형결정에 해당하므로, 처분청은 재조사 결정의 취지에 따라 재조사를 한 후 그 내용을 보완하는 후속 처분만을 할 수 있다. 따라서 처분청이 재조사 결정의 주문 및 그 전제가 된 요건사실의 인정과 판단, 즉 처분의 구체적 위법사유에 관한 판단에 반하여 당초 처분을 그대로 유지하는 것은 재조사 결정의 기속력에 저촉된다(2017. 5. 11. 선고 2015두37549 판결).

Ⅱ. 집행정지

효력정지결정의 효력이 소멸하여 보조금 교부결정 취소처분의 효력이 되살아난 경우, 특별한 사정이 없는 한 행정청으로서는 보조금법 제31조 제1항에 따라 취소처분에 의하여 취소된 부분의 보조사업에 대하여 효력정지기간 동안 교부된 보조금의 반환을 명하여야 한다(2017. 7. 11. 선고 2013두25498 판결).

Ⅲ. 심리원칙

행정소송법 제8조 제2항에 따라 행정소송에 준용되는 민사소송법 제202조가 선언하고 있는 자유심증주의는 형식적·법률적 증거규칙에 얽매일 필요가 없다는 것을 뜻할 뿐 법관의 자의적 판단을 허용하는 것은 아니므로, 사실의 인정은 적법한 증거조사절차를 거친 증거에 의하여 정의와 형평의 이념에 입각하여 논리와 경험의 법칙에 따라 하여야 하고, 사실인정이 사실심의 재량에 속한다고 하더라도 그 한도를 벗어나서는 아니 된다(2017. 3. 9. 선고 2016두55933 판결).

Ⅳ. 소송참가

행정소송 사건에서 참가인이 한 보조참가가 민사소송법 제78조에 규정된 공동소송적 보조참가라고 볼 수 있고, 이때 참가인이 상소를 할 경우 피참가인이 상소취하나 상소포기를 할 수 없다(2017. 10. 12. 선고 2015두36836 판결).

Ⅴ. 요건심리

소송에서 당사자가 누구인가는 당사자능력, 당사자적격 등에 관한 문제와 직결되는 중요한 사항이므로, 사건을 심리·판단하는 법원으로서는 직권으로 소송당사자가 누구인가를 확정하여 심리를 진행하여야 한다(2016. 12. 27. 선고 2016두50440 판결).

해당 처분을 다툴 법률상 이익이 있는지 여부는 직권조사사항으로 이에 관한 당사자의 주장은 직권발동을 촉구하는 의미밖에 없으므로, 원심법원이 이에 관하여 판단하지 않았다고 하여 판단유탈의 상고이유로 삼을 수 없다(2017. 3. 9.

선고 2013두16852 판결).

Ⅵ. 직권심리

부동산 실권리자명의 등기에 관한 법률상의 명의신탁등기 과징금과 장기미등기 과징금은 위반행위의 태양, 부과 요건, 근거 조항을 달리하므로, 각 과징금 부과처분의 사유는 상호 간에 기본적 사실관계의 동일성이 있다고 할 수 없다. 그러므로 그 중 어느 하나의 처분사유에 의한 과징금 부과처분에 대하여 당해 처분사유가 아닌 다른 처분사유가 존재한다는 이유로 적법하다고 판단하는 것은 특별한 사정이 없는 한 행정소송법상 직권심사주의의 한계를 넘는 것으로서 허용될 수 없다(2017. 5. 17. 선고 2016두53050 판결).

Ⅶ. 주장·증명책임

민사소송법 규정이 준용되는 행정소송에서의 증명책임은 원칙적으로 민사소송 일반원칙에 따라 당사자 간에 분배되고, 항고소송의 경우에는 그 특성에 따라 처분의 적법성을 주장하는 피고에게 적법사유에 대한 증명책임이 있다. 피고가 주장하는 일정한 처분의 적법성에 관하여 합리적으로 수긍할 수 있는 일응의 증명이 있는 경우에 처분은 정당하며, 이와 상반되는 주장과 증명은 상대방인 원고에게 책임이 돌아간다(2016. 10. 27. 선고 2015두42817 판결).

Ⅷ. 위법판단 기준시

항고소송에서 행정처분의 적법 여부는 특별한 사정이 없는 한 행정처분 당시를 기준으로 판단하여야 한다. 여기서 행정처분의 위법 여부를 판단하는 기준 시점에 관하여 판결 시가 아니라 처분 시라고 하는 의미는 행정처분이 있을 때의 법령과 사실상태를 기준으로 하여 위법 여부를 판단하며 처분 후 법령의 개폐나 사실상태의 변동에 영향을 받지 않는다는 뜻이지 처분 당시 존재하였던 자료나 행정청에 제출되었던 자료만으로 위법 여부를 판단한다는 의미는 아니다. 그러므로 처분 당시의 사실상태 등에 관한 증명은 사실심 변론종결 당시까지 할 수 있고, 법원은 행정처분 당시 행정청이 알고 있었던 자료뿐만 아니라 사실심 변론종결 당시까지 제출된 모든 자료를 종합하여 처분 당시 존재하였던 객관적 사실을 확정하고 그 사실에 기초하여 처분의 위법 여부를 판단할 수 있다(2017. 4. 7. 선고 2014두37122 판결).

제2장 국가배상 및 손실보상에 관한 판례

제1절 국가배상

Ⅰ. 공무원의 위법한 직무행위로 인한 국가배상

국가가 고지의무를 위반한 채 계약조건을 제시함으로써 통상의 경우와 다르지 않다고 오인하여 계약을 체결한 낙찰자가 불가피하게 계약금액을 초과하는 공사비를 지출하는 등으로 손해를 입은 경우, 국가가 고지의무 위반과 상당인과관계 있는 손해를 배상할 책임이 있다(2016. 11. 10. 선고 2013다23617 판결).

분배농지를 관리하는 공무원이 구 농지개혁법에 따라 국가가 매수·취득한 농지임을 제대로 확인하지 아니한 채 이를 제3자에게 처분함으로써 수분배자 또는 원소유자에게 손해를 발생하게 한 경우, 국가배상법 제2조 제1항에 정한 공무원의 고의·과실에 의한 위법행위에 해당한다(2016. 11. 10. 선고 2014다229009 판결).

교육부장관이 甲 등을 비롯한 국·공립학교 기간제교원을 구 공무원수당 등에 관한 규정에 따른 성과상여금 지급대상에서 제외하는 내용의 '교육공무원 성과상여금 지급 지침'을 발표한 사안에서, 국가가 甲 등에 대하여 불법행위로 인한 손해배상책임을 진다고 볼 수 없다(2017. 2. 9. 선고 2013다205778 판결).

한센병을 앓은 적이 있는 甲 등이 국가가 한센병 환자의 치료 및 격리수용을 위하여 운영·통제해 온 국립 소록도병원 등에 입원해 있다가 위 병원 등에 소속된 의사 등으로부터 정관절제수술 또는 임신중절수술을 받았음을 이유로 국가를 상대로 손해배상을 구한 사안에서, 국가배상책임을 인정한 사례(2017. 2. 15. 선고 2014다230535 판결).

군인 등이 직무집행과 관련하여 공상을 입는 등의 이유로 보훈보상대상자 지원에 관한 법률이 정한 보훈보상대상자 요건에 해당하여 보상금 등 보훈급여금을 지급받을 수 있는 경우, 국가를 상대로 국가배상을 청구할 수 없다(2017. 2. 3. 선고 2015두60075 판결).

농지를 관리하는 공무원이 구 농지개혁법에 따라 국가가 매수한 농지로서 원소유자에게 다시 소유권이전등기를 해주어야 한다는 점을 제대로 확인하지 않은 채 이를 제3자에게 처분함으로써 원소유자에게 손해를 입혔다면, 이는 특별한 사정이 없는 한 국가배상법 제2조 제1항에 정한 공무원의 고의·과실에 의한 위법행위에 해당한다(2017. 3. 15. 선고 2013다209695 판결).

甲 주식회사가 乙 지방자치단체에 하천부지에 잔디실험연구소를 설치하는 내용이 포함된 사업계획서를 제출하면서 하천점용허가를 신청하여 점용허가를 받은 후 하천부지에 컨테이너를 설치하였는데, 乙 지방자치단체가 하천부지가 개발제한구역에 해당함에도 甲 회사가 개발제한구역의 지정 및 관리에 관한 특별조치법 제12조에서 정한 행위허가를 받지 않은 채 컨테이너를 설치하였다는 이유로 하천점용허가를 취소한 사안에서, 乙 지방자치단체의 손해배상책임을 인정한 원심판단에 법리오해의 잘못이 있다고 한 사례(2017. 6. 29. 선고 2017다211726 판결).

경찰은 범죄의 예방, 진압 및 수사와 함께 국민의 생명, 신체 및 재산의 보호 기타 공공의 안녕과 질서유지를 직무로 하고 있고, 직무의 원활한 수행을 위하여 경찰관 직무집행법, 형사소송법 등 관계 법령에 의하여 여러 가지 권한이 부여되어 있으므로, 경찰관에게 권한을 부여한 취지와 목적에 비추어 볼 때 구체적인 사정에 따라 경찰관이 권한을 행사하여 필요한 조치를 취하지 아니하는 것이 현저하게 불합리하다고 인정되는 경우에는 그러한 권한의 불행사는 직무상의 의무를 위반한 것이 되어 위법하게 된다(2017. 11. 9. 선고 2017다228083 판결).

Ⅱ. 영조물의 설치·관리상의 하자로 인한 국가배상

철도소음·진동을 규제하는 행정법규에서 정하는 기준을 넘는 철도소음·진동이 있다고 하여 바로 사회통념상 일반적으로 참아내야 할 정도를 넘는 위법한 침해행위가 있어 민사책임이 성립한다고 단정할 수 없다. 그러나 위와 같은 행정법규는 인근 주민의 건강이나 재산, 환경을 소음·진동으로부터 보호하는 데 주요한 목적이 있기 때문에 철도소음·진동이 위 기준을 넘는지는 참을 한도를 정하는 데 중요하게 고려해야 한다(2017. 2. 15. 선고 2015다23321 판결).

제2절 손실보상

토지보상법상 재결이 실효된 이후 사업시행자가 다시 재결을 신청할 경우에는 원칙적으로 다시 보상협의절차를 거칠 필요가 없으므로, 재결실효일부터 60일이 지난 다음에는 지연가산금이 발생한다는 것이 원칙이다. 그러나 사업시행자가 재결실효 후 60일 내에 재결신청을 하지 않았더라도, 재결신청을 지연하였다고 볼 수 없는 특별한 사정이 있는 경우에는 그 해당 기간 동안은 지연가산금이 발생하지 않는다. 재결실효 후 토지소유자 등과 사업시행자 사이에 보상협의절차를 다시 하기로 합의한 데 따라 협의가 진행된 기간은 그와 같은 경우에 속한다(2017. 4. 7. 선고 2016두63361 판결).

공익사업의 사업시행자가 동일한 소유자에게 속하는 일단의 토지 중 일부를 취득하거나 사용하고 남은 잔여지에 현실적 이용상황 변경 또는 사용가치 및 교환가치의 하락 등이 발생하였으나 그 손실이 토지의 일부가 공익사업에 취득되거나 사용됨으로 인하여 발생한 것이 아닌 경우, 공익사업을 위한 토지 등의 취득 및 보상에 관한 법률 제73조 제1항 본문에 따른 잔여지 손실보상 대상에 해당하지 아니한다(2017. 7. 11. 선고 2017두40860 판결).

제 3 장 행정조직법에 관한 판례

제 1 절 권한위임

행정권한의 위임 및 위탁에 관한 규정 제6조에 따라 위임 및 위탁기관이 수임 및 수탁사무의 처리가 부당하다는 이유로 그 사무처리를 취소하는 경우 광범위한 재량이 허용되고, 이때 사무처리로 인하여 이해관계 있는 제3자나 이미 형성된 법률관계가 있는 경우, 상대적으로 엄격한 재량통제의 필요성이 인정된다 (2017. 9. 21. 선고 2016두55629 판결).

제 2 절 공무원법

공무원으로 조직된 근로자단체는 공무원의 노동조합 설립 및 운영 등에 관한 법률에 따라 설립된 공무원노동조합인 경우에 한하여 노동기본권의 향유 주체가 될 수 있고, 기존 공무원노동조합이 신설합병 형태로 새로운 공무원노동조합을 설립하는 경우, 합병의 효력이 발생하는 시점 및 기존 공무원노동조합이 기존 법률관계를 정리·청산하는 데에 필요한 범위 내에서 공무원노동조합으로 활동할 수 있다(2016. 12. 27. 선고 2011두921 판결).

甲 시장이 감사원으로부터 감사원법 제32조에 따라 乙에 대하여 징계의 종류를 정직으로 정한 징계 요구를 받게 되자 감사원에 징계 요구에 대한 재심의를 청구하였고, 감사원이 재심의청구를 기각하자 乙이 감사원의 징계 요구와 그에 대한 재심의결정의 취소를 구하고 甲 시장이 감사원의 재심의결정 취소를 구하는 소를 제기한 사안에서, 감사원의 징계 요구와 재심의결정이 항고소송의 대상이 되는 행정처분이라고 할 수 없고, 甲 시장이 제기한 소송이 기관소송으로서 감사원법 제40조 제2항에 따라 허용된다고 볼 수 없다고 한 사례(2016. 12. 27. 선고 2014두5637 판결).

형법 제355조 및 제356조에 규정된 죄와 그 밖의 범죄가 형법 제37조 전단의 경합범 관계에 있어 하나의 벌금형이 선고되어 확정된 경우, 구 군무원인사법 제10조 제3호, 제27조 본문, 구 국가공무원법 제33조 제6의2호에서 정한 당연퇴직사유에 해당하지 아니한다(2016. 12. 29. 선고 2014두43806 판결).

사립대학이 학급·학과의 폐지에 따라 폐직·과원이 되었음을 이유로 교원을 직권면직할 때 다른 학교나 학과 등으로 전직발령 내지 배치전환함으로써 면직을 회피하거나 면직대상자를 최소화할 여지가 있는 경우, 합리적이고 객관적인 면직기준을 정하고 그에 따라 면직 여부를 결정하여야 하는 제한을 받고, 위 기준에 따른 심사 결과 별다른 하자가 없는 교원은 가급적 구제하는 조치가 요구된다(2017. 1. 12. 선고 2015다21554 판결).

구 공무원의 노동조합 설립 및 운영 등에 관한 법률 제8조 제1항, 구 공무원의 노동조합 설립 및 운영 등에 관한 법률 시행령 제4조의 내용을 종합하여 보면, 법령 등에 따라 국가나 지방자치단체가 권한으로 행하는 정책결정에 관한 사항, 임용권의 행사 등 기관의 관리·운영에 관한 사항이 단체교섭의 대상이 되려면 그 자체가 공무원이 공무를 제공하는 조건이 될 정도로 근무조건과 직접 관련된 것이어야 하며, 이 경우에도 기관의 본질적·근본적 권한을 침해하거나 제한하는 내용은 허용되지 아니한다(2017. 1. 12. 선고 2011두13392 판결).

공무원연금법령상 급여를 받으려고 하는 자는 우선 관계 법령에 따라 공무원연금공단에 급여지급을 신청하여 공무원연금공단이 이를 거부하거나 일부 금액만 인정하는 급여지급결정을 하는 경우 그 결정을 대상으로 항고소송을 제기하는 등으로 구체적 권리를 인정받아야 하고, 구체적인 권리가 발생하지 않은 상태에서 곧바로 공무원연금공단을 상대로 한 당사자소송으로 권리의 확인이나 급여의 지급을 소구하는 것은 허용되지 아니한다(2017. 2. 9. 선고 2014두43264 판결).

대학교원 기간임용제에 따라 임용된 사립대학 교원에게 사립학교법에서 정한 면직사유가 발생하였으나 면직처분을 하지 않고 재임용을 거부하는 형식으로 임용계약을 종료시킨 경우, 사회통념상 부당한 방법으로 재임용을 거부한 것이라고 말할 수 없다(2017. 2. 15. 선고 2016두52545 판결).

공무원들의 어느 행위가 국가공무원법 제66조 제1항에 규정된 '집단행위'에 해당하기 위한 요건 / 공무원이 외부에 자신의 상사 등을 비판하는 의견을 발표하는 행위가 공무원으로서의 체면이나 위신을 손상시키는 행위에 해당한다고 한 사례(2017. 4. 13. 선고 2014두8469 판결).

공무원 임용행위가 당연무효이거나 취소된 공무원의 공무원 임용 시부터 퇴직 시까지의 사실상의 근로는 법률상 원인 없이 제공된 것으로서, 국가 및 지방자치단체는 이 사건 근로를 제공받아 이득을 얻은 반면 임용결격공무원 등은 이 사건 근로를 제공하는 손해를 입었다 할 것이므로, 손해의 범위 내에서 국가 및 지방자치단체는 위 이득을 민법 제741조에 의한 부당이득으로 반환할 의무가 있다(2017. 5. 11. 선고 2012다200486 판결).

검사가 구체적 사건과 관련된 상급자의 지휘·감독의 적법성 또는 정당성에 대하여 이의를 제기한 상황에서 검찰총장, 각급 검찰청의 검사장 및 지청장이 아닌 상급자가 이의를 제기한 사건에 관한 검사의 직무를 다른 검사에게 이전하기 위해서는 검사 직무의 이전에 관한 검찰총장, 각급 검찰청의 검사장 및 지청장의 구체적·개별적인 위임이나 그러한 상황에서의 검사 직무의 이전을 구체적이고 명확하게 정한 위임규정 등이 필요하다(2017. 10. 31. 선고 2014두45734 판결).

공무원인 피징계자에게 징계사유가 있어서 징계처분을 하는 경우 어떠한 처분을 할 것인가는 징계권자의 재량에 맡겨져 있다. 그러므로 징계권자가 재량권을 행사하여 한 징계처분이 사회통념상 현저하게 타당성을 잃어 징계권자에게 맡겨진 재량권을 남용하였다고 인정되는 경우에 한하여 그 처분을 위법하다(2017. 11. 9. 선고 2017두47472 판결).

제3절 지방자치법

지방자치단체 인사위원회위원장이 시간선택제임기제공무원 40명을 '정책지원요원'으로 임용하여 지방의회 사무처에 소속시킨 후 상임위원회별 입법지원요원(입법조사관)에 대한 업무지원 업무를 담당하도록 한다는 내용의 채용공고를 하자, 행정자치부장관이 위 채용공고가 법령에 위반된다며 지방자치단체장에게 채용공고를 취소하라는 내용의 시정명령을 하였으나 이에 응하지 않자 채용공고를 직권으로 취소한 사안에서, 위 공무원의 임용은 국회의 법률로 규정하여야 할 입법사항인데 위 공무원을 지방의회에 둘 수 있는 법적 근거가 없어 그 임용을 위한 채용공고는 위법하고, 이에 대한 직권취소처분이 적법하다고 한 사례

(2017. 3. 30. 선고 2016추5087 판결).

구 전기통신사업법 제51조의 규정 취지 및 지방자치단체가 도시미관의 개선 등을 위하여 시행하는 거리 조성사업의 일환으로 도로에 설치되어 있는 전주와 가공전선로의 지중화사업을 진행하면서, 기간통신사업자에게 전주에 설치된 통신선의 지중이설을 요구하여 기간통신사업자가 이설공사를 한 경우, 구 전기통신사업법 제51조 제3항에 따라 이설공사에 필요한 비용을 부담하는 주체(=지방자치단체) (2017. 6. 19. 선고 2016다278616 판결).

기초 지방자치단체가 재산을 출연하여 학교법인을 직접 설립·운영하면서 그 학교법인을 통하여 실질적으로 사립 고등학교를 설치·경영하는 행위가 지방자치법령 및 교육 관련 법령을 위반한 행위이다(2017. 9. 21. 선고 2014두43073 판결).

폐기물처리시설 설치비용 부담금을 부과하기 위하여 구청장 등이 공동주택단지 또는 택지를 개발하려는 사업시행자의 의견을 존중하여 폐기물처리시설 설치비용에 해당하는 금액 납부계획서에 기재되어 있는 택지개발사업지구 조성원가를 적용하여 시설부지 매입비용을 산정한 경우, 그 산정이 위법하지 아니하다(2017. 10. 12. 선고 2015두60105 판결).

'시·도지사가 지방자치법 제169조 제1항에 따라 시·군 및 자치구에 대하여 행한 시정명령'에 대하여 해당 지방자치단체의 장이 대법원에 그 취소를 구하는 소송을 제기할 수 없다(2017. 10. 12. 선고 2016추5148 판결).

제 4 장 특별행정작용법에 관한 판례

제 1 절 공용부담법

구 공익사업을 위한 토지 등의 취득 및 보상에 관한 법률 제91조 제5항은 '환매권은 부동산등기법이 정하는 바에 의하여 공익사업에 필요한 토지의 협의취득 또는 수용의 등기가 된 때에는 제3자에게 대항할 수 있다'고 정하고 있다. 이는 협의취득 또는 수용의 목적물이 제3자에게 이전되더라도 협의취득 또는 수용의 등기가 되어 있으면 환매권자의 지위가 그대로 유지되어 환매권자는 환매권을 행사할 수 있고, 제3자에 대해서도 이를 주장할 수 있다는 의미이다(2017. 3. 15. 선고 2015다238963 판결).

제 2 절 개발행정법

도시 및 주거환경정비법에 따른 이전고시는 준공인가의 고시로 사업시행이 완료된 이후에 관리처분계획에서 정한 바에 따라 종전의 토지 또는 건축물에 대하여 정비사업으로 조성된 대지 또는 건축물의 위치 및 범위 등을 정하여 소유권을 분양받을 자에게 이전하고 가격의 차액에 상당하는 금액을 청산하거나 대지 또는 건축물을 정하지 않고 금전적으로 청산하는 공법상 처분이다(2016. 12. 29. 선고 2013다73551 판결).

구 산업집적활성화 및 공장설립에 관한 법률 규정들에서 알 수 있는 산업단지관리공단의 지위, 입주계약 및 변경계약의 효과, 입주계약 및 변경계약 체결 의무와 그 의무를 불이행한 경우의 형사적 내지 행정적 제재, 입주계약해지의 절차, 해지통보에 수반되는 법적 의무 및 그 의무를 불이행한 경우의 형사적 내지 행정적 제재 등을 종합적으로 고려하면, 입주변경계약 취소는 행정청인 관리권자로부터 관리업무를 위탁받은 산업단지관리공단이 우월적 지위에서 입주기업체들에게 일정한 법률상 효과를 발생하게 하는 것으로서 항고소송의 대상이 되는 행정처분에 해당한다(2017. 6. 15. 선고 2014두46843 판결).

제3절 환경행정법

도로변 지역의 소음에 관한 환경정책기본법의 소음환경기준을 넘는 도로소음이 있다고 하여 바로 참을 한도를 넘는 위법한 침해행위가 있어 민사책임이 성립한다고 단정할 수 없다. 도로소음으로 인한 생활방해를 원인으로 제기된 사건에서 공동주택에 거주하는 사람들이 참을 한도를 넘는 생활방해를 받고 있는지는, 특별한 사정이 없는 한, 일상생활이 주로 이루어지는 장소인 거실에서 도로 등 해당 소음원에 면한 방향의 모든 창호를 개방한 상태로 측정한 소음도가 환경정책기본법상 소음환경기준 등을 넘는지 여부에 따라 판단하는 것이 타당하다(2016. 11. 25. 선고 2014다57846 판결).

제4절 재무행정법

甲 시가 국유재산인 토지 상에 근로자 종합복지관 등을 건축하여 점유·사용하고 있다는 이유로 해당 국유지의 관리청인 乙 시가 사용료 부과처분을 한 사안에서, 乙 시가 甲 시에 국유재산에 대한 사용료 또는 점용료를 부과하기 위해서는, 乙 시가 甲 시에 국유재산의 점용·사용을 허가하였거나 그에 관한 협의 또는 승인이 있었던 경우라야 한다고 한 사례(2017. 4. 27. 선고 2017두31248 판결).

제 5 장 개별행정법규에 관한 판례

도로교통법 제96조 제1항의 '국내에 입국한 날'의 의미(=출입국관리법에 따라 적법한 입국심사절차를 거쳐 입국한 날) 및 적법한 입국심사절차를 거치지 아니하고 불법으로 입국하였으나 국제운전면허증을 소지하고 있는 경우, 도로교통법 제96조 제1항이 예외적으로 허용하는 국제운전면허증에 의한 운전을 한 경우에 해당하지 아니한다(2017. 10. 31. 선고 2017도9230 판결).

제 6 장 행정법과 사법관계에 관한 판례

농지임대차가 구 농지법에 위반되어 계약의 효력을 인정받을 수 없는 경우, 농지 임대인이 임대차기간 동안 임차인의 권원 없는 점용을 이유로 손해배상을 청구한 데 대하여 임차인이 불법원인급여의 법리를 이유로 반환을 거부할 수 없다(2017. 3. 15. 선고 2013다79887, 79894 판결).

시장·군수·구청장 등으로부터 면허를 받아 어업권을 취득하기 전이거나 시장·군수·구청장 등이 다른 어촌계의 업무구역과 중복된다는 등의 이유로 어업면허를 거부하거나 취소하는 등의 처분을 하는 경우, 어촌계가 다른 어촌계를 상대로 업무구역의 확인을 구할 이익이 없다(2017. 7. 11. 선고 2017다216271 판결).

지방자치단체가 일반재산을 수의계약으로 매각하는 과정에 단순한 하자가 있다는 사유만으로 곧바로 수의계약이 무효로 되지 아니한다(2017. 11. 14. 선고 2016다201395 판결).

제7장 행정 관련 헌법재판소의 판례

① 수산업법 제97조 제1항 제2호 등 위헌소원[2016. 12. 29. 2013헌바436]

행정관습법은 당해 사건에서 직접적으로 적용되는 법률이 아니고, 설사 당해 사건에서 고려되는 측면이 있다 하더라도 이는 당해 사건의 법원이 행한 재판작용에 포함되므로 이에 대한 심판청구는 부적법하다.

② 국세기본법 제56조 제2항 등 위헌소원[2016. 12. 29. 2015헌바229]

심판대상조항이 일반적 행정처분의 경우와 달리 주세법에 의한 의제주류판매업면허취소처분에 대한 취소소송을 제기함에 있어 필요적으로 행정심판을 청구하도록 하고 있는 것은, 의제주류판매업면허 및 그 취소에 있어서는 주류 및 주세법과 관련한 전문성과 기술성이 요구되고, 대량·반복적으로 이루어지는 해당 행정처분의 통일성을 기하기 위한 것이다. 따라서 심판대상조항이 위와 같은 차별취급을 하는 데에는 합리적인 이유가 있으므로, 평등원칙에 위배되지 아니한다.

③ 구 산업단지 인·허가 절차 간소화를 위한 특례법 제9조 제2항 등 위헌소원[2016. 12. 29. 2015헌바280]

산업단지의 지정권자로 하여금 산업단지계획안에 대한 주민의견청취와 동시에 환경영향평가서 초안에 대한 주민의견청취를 진행하도록 한 조항, 의견청취 동시진행조항, 환경영향평가 대상사업의 사업자로 하여금 환경영향평가를 실시하기 위한 환경보전목표를 설정함에 있어 환경정책기본법 제10조에 따른 환경기준을 참고하도록 한 규정 등이 국가의 기본권 보호의무, 적법절차원칙 등에 위배되지 아니한다.

④ 구치소 내 과밀수용행위 위헌확인[2016. 12. 29. 2013헌마142]

청구인은 형기만료로 이미 석방되었으므로, 이 사건 심판청구가 인용되더라도 청구인의 권리구제는 불가능한 상태이다. 그러나 이 사건에서 문제되는 교정시설 내 과밀수용행위는 계속 반복될 우려가 있고, 수형자들에 대한 기본적 처우에 관한 중요한 문제로서 그에 대한 헌법적 해명의 필요성이 있으므로 예외적으로 심판의 이익을 인정할 수 있다.

⑤ 법학전문대학원 설치·운영에 관한 법률 제23조 제2항 위헌확인 [2016. 12. 29. 2016헌마550]

법조계의 국제화 및 개방화 추세를 감안하여, 복잡다기한 법적 분쟁을 전문적·효율적으로 해결할 수 있는 능력과 국제적인 경쟁력을 갖춘 법조인을 양성하고, 오늘날 최소한의 외국어능력을 갖추지 못한 경우 현대사회의 법적 분쟁을 전문적·효율적으로 해결하기 위한 특화된 전문지식을 쌓는 데 어려움이 있을 수밖에 없으며, 외국어능력의 구체적인 반영 방법 내지 그 비율 등은 각 법학전문대학원이 자율적으로 결정하고 있으므로, 지원자로서는 각 대학원의 입학전형을 살펴보고 자신에게 가장 유리한 외국어나 공인시험 등을 선택하여 입학전형자료로 제출할 수 있으므로 위 심판대상조항은 과잉금지원칙에 위배되어 직업선택의 자유를 침해하지 아니한다.

⑥ 국민과 대법원장 간의 권한쟁의[2017. 5. 25. 2016헌라2]

헌법재판소가 권한쟁의심판을 청구할 수 있는 국가기관의 종류와 범위에 관해 확립한 기준에 비추어 볼 때, '국민'인 청구인은 그 자체로는 헌법에 의하여 설치되고 헌법과 법률에 의하여 독자적인 권한을 부여받은 기관이라고 할 수 없으므로, '국민'인 청구인은 권한쟁의심판의 당사자가 되는 '국가기관'이 아니다.

⑦ 재조선 미국육군사령부 군정청 법령 제57호 위헌소원 [2017. 5. 25. 2016헌바388]

미합중국 소속 미군정청이 이 사건 법령을 제정한 행위는, 제2차 세계대전 직후 일본은행권을 기초로 한 구 화폐질서를 폐지하고 북위 38도선 이남의 한반도 일대에서 새로운 화폐질서를 형성한다는 목적으로 행한 고도의 공권적 행위로서, 국제관습법상 재판권이 면제되는 주권적 행위에 해당하므로, 이 사건 법령이 위헌임을 근거로 한 미합중국에 대한 손해배상 또는 부당이득반환 청구는 그 자체로 부적법하여 이 사건 법령의 위헌 여부를 따져 볼 필요 없이 각하를 면할 수 없다.

⑧ 입법부작위 위헌확인 등[2017. 5. 25. 2015헌마933]

공무원 퇴직연금의 수급요건을 재직기간 20년에서 10년으로 완화한 개정 공무원연금법 제46조 제1항의 적용대상을 법 시행일 당시 재직 중인 공무원으로 한정한 공무원연금법 부칙 제6조 중 제46조 제1항에 관한 부분이 청구인의 평등권을 침해하지 아니한다.

⑨ 예산편성 부작위 위헌확인[2017. 5. 25. 2016헌마383]

기획재정부장관이 한 2016년도 정부 예산안 편성행위 중 4·16세월호참사 특별조사위원회에 대한 부분(이하 '이 사건 예산편성 행위'라 한다)은 헌법 제54조 제2항, 제89조 제4호, 국가재정법 제32조 및 제33조에 따른 것으로, 국무회의의 심의, 대통령의 승인 및 국회의 예산안 심의·확정을 위한 전 단계의 행위로서 국가기관 간의 내부적 행위에 불과하므로, 헌법소원의 대상이 되는 '공권력의 행사'에 해당하지 않는다.

⑩ 구 지방공무원법 제73조 제2항 등 위헌소원[2017. 6. 29. 2015헌바29]

징계시효 연장을 규정하면서, 징계절차를 진행하지 아니함을 통보하지 아니한 경우에는 징계시효가 연장되지 않는다는 예외규정을 두지 아니한 구 지방공무원법 제73조의2 제2항 중 제73조 제2항에 관한 부분이 적법절차원칙에 위배되지 아니한다.

⑪ 4·16세월호참사 피해구제 및 지원 등을 위한 특별법 제6조 제3항 등 위헌확인[2017. 6. 29. 2015헌마654]

세월호피해지원법 중 위로지원금 지급에 관한 구체적인 사항은 심의위원회에서 정하도록 규정한 제6조 제3항 후문, 심의위원회의 심의·의결사항 및 구성 등에 관하여 규정한 제8조, 배상금·위로지원금 및 보상금의 지급절차 등에 필요한 사항을 대통령령으로 정하도록 규정한 제15조 제2항에 대한 헌법소원심판청구가 기본권침해의 직접성 요건을 갖추지 못하였고, 제15조 제1항은 청구인들의 명예에 관련한 법적 지위에 어떠한 영향도 미치지 아니하고, 제18조는 국가의 세월호 참사에 대한 책임을 면제하는 의미라고 볼 수 없으므로, 위 조항들에 대한 심판청구는 기본권침해가능성이 인정되지 아니하고, 제16조가 청구인들의 재판청구권을 침해하지 않는다.

세월호피해지원법 제16조에서 규정하는 이의제기금지조항은 법률유보원칙을 위반하여 법률의 근거 없이 대통령령으로 청구인들에게 세월호 참사와 관련된 일체의 이의 제기 금지 의무를 부담시킴으로써 일반적 행동의 자유를 침해한다.

⑫ 도시개발법 제2조 제1항 제2호 등 위헌소원[2017. 7. 27. 2016헌바41]

도시개발법의 문언, 입법목적 또는 입법취지, 다른 법률과의 관계 등을 종합하여 보면, 도시개발사업은 국토계획법에 따른 광역도시계획이나 도시·군기본계획의 규율 하에 일정 지역을 도시의 기능을 갖추도록 계획적·체계적으로 개발함으로써, 주거, 산업 등의 기능을 단일하게 또는 복합적으로 갖춘 단지 또는 시가지를 조성하는 사업 일체를 뜻하는 것으로서, 적어도 건전한 상식과 통상적인 법감정을 가진 사람으로서는 이와 같은 이 사건 정의조항의 의미를 충분히 예측할 수 있으므로, 위 조항이 명확성원칙에 위배된다고 할 수 없다.

⑬ 개발제한구역의 지정 및 관리에 관한 특별조치법 제24조 제2항 [별표] 제7호 다목 위헌소원[2017. 9. 28. 2016헌바76]

공익사업의 시행으로 인해 철거된 건축물을 취락지구가 아닌 지역으로 이축하는 경우 개발제한구역보전부담금을 100분의 100 비율로 부과하는 규정이 재산권을 침해하지 않는다.

⑭ 축산물 위생관리법 제45조 제4항 제1호 등 위헌소원 [2017. 9. 28. 2016헌바140]

축산물 가공방법의 기준을 식품의약품안전처고시에 위임한 것이 헌법에서 정한 위임입법의 형식을 갖추지 못하여 헌법에 위반된다고 할 수 없다.

⑮ 여객자동차 운수사업법 제87조 제1항 제3호 등 위헌소원 [2017. 9. 28. 2016헌바339]

여객자동차운송사업 중 대통령령으로 정하는 여객자동차운송사업의 운전자격을 취득한 자가 '특정범죄 가중처벌 등에 관한 법률' 제5조의3 제1항 제2호에 따른 죄를 범하여 금고 이상의 형의 집행유예를 선고받고 그 집행유예기간 중에 있는 경우 그 운전자격을 취소하도록 규정이 직업선택의 자유를 침해하지 않는다.

⑯ 신상등록 위헌확인 등[2017. 10. 26. 2016헌마656]

아동·청소년이용음란물 배포 및 소지 행위로 유죄판결이 확정된 자는 신상정보 등록대상자가 된다고 규정한 구 '성폭력범죄의 처벌 등에 관한 특례법'제42조 제1항 중 '아동·청소년의 성보호에 관한 법률' 제11조 제2항 및 제5항의 아동·청소년이용음란물 가운데 '아동·청소년이 등장하는 것'에 관한 부분이 청구인의 개인정보자기결정권을 침해하지 아니한다.

제 2 부

2017년 행정법 판례

제1장 행정소송에 관한 판례

제1절 소송요건에 관한 판례

Ⅰ. 소의 허용성

1 대법원 2017. 11. 9. 선고 2015다215526 판결 【정산금청구】 [공2017하,2304]

【판시사항】

[1] 국책사업인 '한국형 헬기 개발사업'(Korean Helicopter Program)에 개발주관사업자 중 하나로 참여하여 국가 산하 중앙행정기관인 방위사업청과 '한국형헬기 민군겸용 핵심구성품 개발협약'을 체결한 갑 주식회사가 협약을 이행하는 과정에서 환율변동 및 물가상승 등 외부적 요인 때문에 협약금액을 초과하는 비용이 발생하였다고 주장하면서 국가를 상대로 초과비용의 지급을 구하는 민사소송을 제기한 사안에서, 위 협약의 법률관계는 공법관계에 해당하므로 이에 관한 분쟁은 행정소송으로 제기하여야 한다고 한 사례

[2] 원고가 고의 또는 중대한 과실 없이 행정소송으로 제기하여야 할 사건을 민사소송으로 잘못 제기한 경우, 수소법원이 취하여야 할 조치(=관할법원 이송)

【판결요지】

[1] 국책사업인 '한국형 헬기 개발사업'(Korean Helicopter Program, 이하 'KHP 사업'이라 한다)에 개발주관사업자 중 하나로 참여하여 국가 산하 중앙행정기관인 방위사업청과 '한국형헬기 민군겸용 핵심구성품 개발협약'을 체결한 갑 주식회사가 협약을 이행하는 과정에서 환율변동 및 물가상승 등 외부적 요인 때문에 협약금액을 초과하는 비용이 발생하였다고 주장하면서 국가를 상대로 초과비용의 지급을 구하는 민사소송을 제기한 사안에서, 과학기술기본법 제11조, 구 국가연구개발사업의 관리 등에 관한 규정(2010. 8. 11. 대통령령 제22328호로 전부 개정되기 전의 것, 이하 '국가연구개발사업규정'이라 한다) 제2조 제1호, 제7호, 제7조 제1항, 제10조, 제15조, 제20조, 항공우주산업개발 촉진법 제4조 제1항 제2호, 제2항, 제3항 등의 입법 취지와 규정 내용, 위 협약에서 국가는 갑 회사에 '대가'를 지급한다고 규정하고 있으나 이는 국가연구개발사업규정에 근거하여 국가가 갑 회사에 연구경

비로 지급하는 출연금을 지칭하는 데 다름 아닌 점, 위 협약에 정한 협약금액은 정부의 연구개발비 출연금과 참여기업의 투자금 등으로 구성되는데 위 협약 특수조건에 의하여 참여기업이 물가상승 등을 이유로 국가에 협약금액의 증액을 내용으로 하는 협약변경을 구하는 것은 실질적으로는 KHP사업에 대한 정부출연금의 증액을 요구하는 것으로 이에 대하여는 국가의 승인을 얻도록 되어 있는 점, 위 협약은 정부와 민간이 공동으로 한국형헬기 민·군 겸용 핵심구성품을 개발하여 기술에 대한 권리는 방위사업이라는 점을 감안하여 국가에 귀속시키되 장차 기술사용권을 갑 회사에 이전하여 군용 헬기를 제작·납품하게 하거나 또는 민간 헬기의 독자적 생산기반을 확보하려는 데 있는 점, KHP사업의 참여기업인 갑 회사로서도 민·군 겸용 핵심구성품 개발사업에 참여하여 기술력을 확보함으로써 향후 군용 헬기 양산 또는 민간 헬기 생산에서 유리한 지위를 확보할 수 있게 된다는 점 등을 종합하면, 국가연구개발사업규정에 근거하여 국가 산하 중앙행정기관의 장과 참여기업인 갑 회사가 체결한 위 협약의 법률관계는 공법관계에 해당하므로 이에 관한 분쟁은 행정소송으로 제기하여야 한다고 한 사례.

[2] 원고가 고의 또는 중대한 과실 없이 행정소송으로 제기하여야 할 사건을 민사소송으로 잘못 제기한 경우, 수소법원으로서는 만약 행정소송에 대한 관할도 동시에 가지고 있다면 이를 행정소송으로 심리·판단하여야 하고, 행정소송에 대한 관할을 가지고 있지 아니하다면 당해 소송이 이미 행정소송으로서의 전심절차 및 제소기간을 도과하였거나 행정소송의 대상이 되는 처분 등이 존재하지도 아니한 상태에 있는 등 행정소송으로서의 소송요건을 결하고 있음이 명백하여 행정소송으로 제기되었더라도 어차피 부적법하게 되는 경우가 아닌 이상 이를 부적법한 소라고 하여 각하할 것이 아니라 관할법원에 이송하여야 한다.

【참조조문】

[1] 행정소송법 제3조 제2호, 국가를 당사자로 하는 계약에 관한 법률 제19조, 과학기술기본법 제11조, 항공우주산업개발 촉진법 제4조 제1항 제2호, 제2항, 제3항, 구 국가연구개발사업의 관리 등에 관한 규정(2010. 8. 11. 대통령령 제22328호로 전부 개정되기 전의 것) 제2조 제1호(현행 제2조 제1호 참조), 제7호(현행 제2조 제10호 참조), 제7조 제1항(현행 제9조 제1항 참조), 제10조(현행 제12조 참조), 제15조(현행 제20조 참조), 제20조(현행 과학기술기본법 제11조의2 참조) / [2] 행정소송법 제7조, 민사소송법 제34조 제1항

【참조판례】

[2] 대법원 1996. 2. 15. 선고 94다31235 전원합의체 판결(공1996상, 768), 대법원 1997. 5. 30. 선고 95다28960 판결(공1997하, 1997), 대법원 2008. 6. 12. 선고

2008다16707 판결, 대법원 2009. 9. 17. 선고 2007다2428 전원합의체 판결(공 2009하, 1648)

【전 문】

【원고, 피상고인 겸 상고인】 한국항공우주산업 주식회사 (소송대리인 변호사 이제호 외 1인)

【피고, 상고인 겸 피상고인】 대한민국 (소송대리인 정부법무공단 담당변호사 길진오 외 3인)

【원심판결】 서울고법 2015. 4. 1. 선고 2014나2002868 판결

【주 문】

원심판결을 파기하고, 제1심판결을 취소한다. 사건을 서울행정법원에 이송한다.

【이 유】

1. 사건의 경위

원심이 인정한 사실관계에 의하면 이 사건의 경위는 다음과 같다.

가. 피고는 군이 운용 중이던 노후화된 외국산 헬기를 국산화하여 전력화함과 아울러 군용 헬기는 물론 민수 헬기에도 사용할 수 있는 민·군 겸용 구성품을 개발하여 장차 민간에서 사용하는 헬기를 독자적으로 생산할 수 있는 기반을 마련하고자, 한국형 기동헬기를 국내 연구개발을 통하여 획득하는 것을 목표로 2005년경부터 '한국형 헬기 개발사업'(Korean Helicopter Program, 이하 'KHP사업'이라고 한다)을 산업자원부와 방위사업청의 주관하에 국책사업으로 추진하기로 결정하였다.

나. 이 사건 KHP사업에 관하여 원고, 국방과학연구소 및 한국항공우주연구원 등이 공동으로 개발주관사업자로 참여하였는데, 원고는 분담된 체계 및 구성품 개발업무 수행, 체계규격서 작성, 체계개발동의서 작성, 개발시험평가 수행 및 운용시험평가 지원을 통하여 체계개발을 종합적으로 주관하고 체계결합을 책임지는 역할을, 국방과학연구소 및 한국항공우주연구원은 이를 지원하고 민·군 겸용 핵심구성품 및 군용 핵심구성품 일부를 책임지는 역할을 각기 담당하기로 하였다.

다. 이에 피고 산하 방위사업청(이하 '피고'라고만 한다)은 2006. 6. 7. 원고와 사이에 '한국형헬기 민군겸용 핵심구성품 개발' 협약(이하 '이 사건 협약'이라고 한다)을 체결하였다. 그 주요 내용은 헬기기술자립화사업으로서 기어박스 등 12개 부품 및 기

술을 개발하는 것이고, 협약금액은 133,015,000,000원(정부출연 106,412,005,000원, 업체투자 26,602,995,000원)이며, 협약기간은 2006. 6. 1.부터 2012. 6. 30.까지, 납품일자는 2008. 10. 30.부터 2012. 6. 30.까지로 되어 있다.

2. 원심의 판단

가. 원고는 이 사건 협약에 대해서는 「국가를 당사자로 하는 계약에 관한 법률」(이하 '국가계약법'이라고 한다)이 적용되므로 국가계약법 제19조, 이 사건 협약 특수조건 제9조 제1항에 의하여 원고가 이 사건 협약을 이행하는 과정에서 환율변동 및 물가상승 등 외부적인 요인에 의하여 협약금액을 초과하는 비용이 발생하였다면 그 초과비용을 피고가 지급할 의무가 있다고 주장하였다. 이에 대하여 피고는 이 사건 협약은 국가계약법이 적용되는 사법상 계약이 아니라, 항공우주산업법 제4조 제1항 제2호, 같은 조 제3항 및 국가연구개발사업규정 제2조 제1호, 제9조 제1항에 근거한 '협약'으로서 공법상 법률관계에 해당하고, 또한 원고가 주장하는 이 사건 협약 특수조건 제9조 제1항에 근거한 정산금 지급 청구권은 피고(사업단)의 승인이라는 별도의 행정행위가 있어야만 인정되는 것으로서 위와 같은 정산금의 지급을 구하는 이 사건 소는 행정소송에 해당하므로, 민사소송으로 제기된 이 사건 소는 부적법하다는 본안전 항변을 하였다.

나. 이에 대하여 원심은, 이 사건 협약은 피고 산하 산업자원부로부터 출연금 예산을 지원받아 이루어져 형식적으로는 국가연구개발사업규정 등에 근거한 '협약'의 형태로 체결되었지만, 실질적으로는 원고가 피고에게 한국형헬기의 민·군 겸용 핵심구성품을 연구·개발하여 납품하고, 피고가 원고에게 그 대가를 지급하는 내용으로, 피고가 우월한 공권력의 주체로서가 아니라 사경제의 주체로 원고와 대등한 입장에서 합의에 따라 체결한 사법상 계약의 성격을 지니고 있을 뿐만 아니라, 이 사건 협약 특수조건 제44조에서 협약 당사자 사이에 분쟁이 발생하여 소송에 의할 경우 그 관할법원을 서울중앙지방법원으로 한다고 명시하고 있으므로, 이 사건 협약에 관한 법률상의 분쟁은 민사소송의 대상이 된다는 이유로 피고의 본안전 항변을 배척하였다.

3. 대법원의 판단

가. (1) 과학기술기본법은 제11조에서 중앙행정기관의 장은 기본계획에 따라 맡은 분야의 국가연구개발사업과 그 시책을 세워 추진하여야 한다고 규정하고 있고, 과학기술기본법의 위임에 따라 국가연구개발사업의 기획 등에 필요한 사항을 규정한 구

「국가연구개발사업의 관리 등에 관한 규정」(2010. 8. 11. 대통령령 제22328호로 전부 개정되기 전의 것, 이하 '국가연구개발사업규정'이라고 한다)은, 국가연구개발사업이란 중앙행정기관이 법령에 근거하여 연구개발과제를 특정하여 그 연구개발비의 전부 또는 일부를 출연하거나 공공기금 등으로 지원하는 과학기술 분야의 연구개발사업을 말하고, 출연금이란 국가연구개발사업의 목적을 달성하기 위하여 국가 등이 반대급부 없이 예산이나 기금 등에서 연구수행기관에 지급하는 연구경비를 말한다고 규정하고 있다(제2조 제1호, 제7호). 국가연구개발사업규정에 의하면, 중앙행정기관의 장은 연구개발과제에 대하여 주관연구기관의 장과 연구개발계획서, 참여기업에 관한 사항, 연구개발비의 지급방법 등에 관한 사항이 포함된 협약을 체결하여야 하고(제7조 제1항), 중앙행정기관의 장은 연구개발비의 전부 또는 일부를 출연할 수 있으며, 국가연구개발사업에 참여기업이 있는 경우 중앙행정기관과 참여기업의 연구개발비 출연·부담 기준에 의하고(제10조), 국가연구개발사업의 수행결과로 얻어지는 지식재산권 등 무형적 결과물은 협약에서 정하는 바에 따라 주관연구기관 또는 참여기관의 소유로 하거나 주관연구기관과 참여기관의 공동소유로 할 수 있고, 국가 안보상 필요한 경우 등에는 국가의 소유로 할 수 있으며(제15조), 중앙행정기관의 장은 연구기관 또는 참여기업에 대하여 협약의 규정을 위반한 경우에는 국가연구개발사업에의 참여를 제한할 수 있다(제20조).

한편 항공우주산업개발 촉진법(이하 '항공우주산업법'이라고 한다)은 제4조 제1항 제2호에서 정부는 기동용회전익항공기·공격용회전익항공기의 개발에 관한 사업 등에 관한 시책을 추진하여야 한다고 규정하고 있고, 제4조 제2항에서 정부는 이를 위하여 국·공립연구기관, 국방과학연구소, 항공우주산업 및 관련 기술과 관련된 기관·단체 또는 사업자 등으로 하여금 사업을 실시하게 할 수 있다고 규정하고 있으며, 제4조 제3항에서 정부는 항공우주산업의 육성을 위한 사업을 실시하는 자에 대하여 그 사업에 소요되는 비용의 전부 또는 일부를 출연할 수 있다고 규정하고 있다.

그리고 이 사건 협약 특수조건에 의하면, 이 사건 협약의 목적은 KHP사업 공동규정(산업자원부 및 방위사업청 공동훈령) 등에 의거하여 원고가 그 하도급업체들과 함께 한국형헬기 민·군 겸용 핵심구성품을 연구·개발하여 납품하는 데 있으며, 피고는 원고에게 그 대가를 지급한다는 것이고(제2조), 원고는 협약체결 시 협약이행의 보증으로 협약금액의 100분의 10 이상의 금액을 국가계약법 시행령 제37조 제2항의 규정에 의한 증권 또는 보증서로 납부하여야 하는데, 협약보증금의 반환, 국고귀속 등에 대해서는 국가계약법상의 계약보증금 반환, 국고귀속 등의 조항을 준용하고(제7조), 협약체결 시의 협약금액 이외의 초과비용은 인정하지 않는데, 다만 협약목적물 및 개발계획의 변경에 따른 초과비용이나 개발계획서상의 물가상승, 환율변동, 기술변경, 소요변경 등의 차이에 의한 초과비용 등은 피고와 협의하여 사업비 증가에 따른 협약변경을 할 수 있으나 피고(사업단)의 승인분에 한하고(제9조), 원고와 피고 간에 분쟁이 발생하여 30일 이내에 협약당사자 간의 합의가 이루어지지 아니한 때에는 소송에 의하여 해결하되 그 관할법원은 서울중앙지방법원으로 한다는 것이다(제44조).

(2) 위 각 법령의 입법 취지 및 규정 내용과 함께 이 사건 협약 제2조에서 피고는 원고에게 '그 대가'를 지급한다고 규정하고 있으나 이는 국가연구개발사업규정에 근거하여 피고가 원고에게 연구경비로 지급하는 출연금을 지칭하는 데 다름 아니라는 점, 이 사건 협약에 정한 협약금액은 정부의 연구개발비 출연금과 참여기업의 투자금 등으로 구성되어 있는데 이 사건 협약 특수조건 제9조 제1항에 의하여 참여기업이 물가상승 등을 이유로 피고에게 협약금액의 증액을 내용으로 하는 협약변경을 구하는 것은 실질적으로는 이 사건 KHP사업에 대한 정부출연금의 증액을 요구하는 것으로서 이에 대하여는 피고의 승인을 얻도록 되어 있는 점, 이 사건 협약은 정부와 민간이 공동으로 한국형헬기 민·군 겸용 핵심구성품을 개발하여 그 기술에 대한 권리는 방위사업이라는 점을 감안하여 국가에 귀속시키되 장차 그 기술사용권을 원고에게 이전하여 군용 헬기를 제작·납품하게 하거나 또는 민간 헬기의 독자적 생산기반을 확보하려는 데 있는 점, 이 사건 KHP사업의 참여기업인 원고로서도 민·군 겸용 핵심구성품 개발사업에 참여하여 기술력을 확보함으로써 향후 군용 헬기 양산 또는 민간 헬기 생산에서 유리한 지위를 확보할 수 있게 된다는 점 등을 종합하여 살펴보면, 국가연구개발사업규정에 근거하여 피고 산하 중앙행정기관의 장과 참여기업인 원고 사이에 체결된 이 사건 협약의 법률관계는 공법관계라고 보아야 하고(대법원 1997. 5. 30. 선고 95다28960 판결, 대법원 2014. 12. 11. 선고 2012두28704 판결, 대법원 2015. 12. 24. 선고 2015두264 판결 등 참조), 이 사건 협약 특수조건 제7조에서 협약보증금의 반환, 국고귀속 등에 대하여, 제15조에서 지체상금에 대하여 각기 국가계약법의 관련 조항을 준용하도록 정하고 있다거나 나아가 제44조에서 원고와 피고 간의 분쟁에 관하여 관할법원을 서울중앙지방법원으로 정하였다고 하여 달리 볼 것은 아니다.

나. 한편 민사소송법 제31조는 전속관할이 정하여진 소에는 합의관할에 관한 민

사소송법 제29조, 변론관할에 관한 민사소송법 제30조가 적용되지 아니한다고 규정하고 있고, 민사소송법 제34조 제1항은 법원은 소송의 전부 또는 일부에 대하여 관할권이 없다고 인정하는 경우에는 결정으로 이를 관할법원에 이송한다고 규정하고 있다. 그리고 행정소송법 제7조는 "민사소송법 제34조 제1항의 규정은 원고의 고의 또는 중대한 과실 없이 행정소송이 심급을 달리하는 법원에 잘못 제기된 경우에도 적용한다."라고 규정하고 있다. 그리고 관할 위반의 소를 부적법하다고 하여 각하하는 것보다 관할법원에 이송하는 것이 당사자의 권리구제나 소송경제의 측면에서 바람직함은 물론이다. 따라서 원고가 고의 또는 중대한 과실 없이 행정소송으로 제기하여야 할 사건을 민사소송으로 잘못 제기한 경우, 수소법원으로서는 만약 그 행정소송에 대한 관할도 동시에 가지고 있다면 이를 행정소송으로 심리·판단하여야 하고(대법원 1996. 2. 15. 선고 94다31235 전원합의체 판결 참조), 그 행정소송에 대한 관할을 가지고 있지 아니하다면 당해 소송이 이미 행정소송으로서의 전심절차 및 제소기간을 도과하였거나 행정소송의 대상이 되는 처분 등이 존재하지도 아니한 상태에 있는 등 행정소송으로서의 소송요건을 결하고 있음이 명백하여 행정소송으로 제기되었더라도 어차피 부적법하게 되는 경우가 아닌 이상 이를 부적법한 소라고 하여 각하할 것이 아니라 관할법원에 이송하여야 한다(대법원 2008. 6. 12. 선고 2008다16707 판결, 대법원 2009. 9. 17. 선고 2007다2428 전원합의체 판결 등 참조).

다. 그럼에도 이와 달리 제1심과 원심은, 이 사건 협약이 사법(사법)상 계약이고 분쟁이 발생하여 소송에 의할 경우 그 관할법원을 서울중앙지방법원으로 정하였다는 이유로 이 사건 협약에 관한 분쟁은 민사소송에 해당한다고 판단한 후 본안판단으로 나아갔으니, 이러한 제1심과 원심의 판단에는 이 사건 협약의 법률관계 및 쟁송 방식에 관한 법리와 전속관할에 관한 규정을 위반한 잘못이 있다. 이 점을 지적하는 상고이유의 주장은 이유 있다.

4. 결 론

그러므로 원심판결을 파기하고, 직권으로 제1심판결을 취소하여 사건을 관할법원으로 이송하기로 하여 관여 대법관의 일치된 의견으로 주문과 같이 판결한다.

Ⅱ. 대상적격

1. 거부처분

1 대법원 2017. 6. 15. 선고 2013두2945 판결 【주민등록번호변경신청거부처분취소】 〈주민등록번호가 의사와 무관하게 유출된 경우 조리상 주민등록번호의 변경을 요구할 신청권이 인정되는지가 문제된 사건〉 [공2017하,1472]

【판시사항】

[1] 국민의 적극적 신청행위에 대하여 행정청이 그 신청에 따른 행위를 하지 않겠다고 거부한 행위가 항고소송의 대상이 되는 행정처분에 해당하기 위한 요건

[2] 갑 등이 인터넷 포털사이트 등의 개인정보 유출사고로 자신들의 주민등록번호 등 개인정보가 불법 유출되자 이를 이유로 관할 구청장에게 주민등록번호를 변경해 줄 것을 신청하였으나 구청장이 '주민등록번호가 불법 유출된 경우 주민등록법상 변경이 허용되지 않는다'는 이유로 주민등록번호 변경을 거부하는 취지의 통지를 한 사안에서, 피해자의 의사와 무관하게 주민등록번호가 유출된 경우에는 조리상 주민등록번호의 변경을 요구할 신청권을 인정함이 타당하고, 구청장의 주민등록번호 변경신청 거부행위는 항고소송의 대상이 되는 행정처분에 해당한다고 한 사례

【판결요지】

[1] 국민의 적극적 신청행위에 대하여 행정청이 그 신청에 따른 행위를 하지 않겠다고 거부한 행위가 항고소송의 대상이 되는 행정처분에 해당하기 위해서는, 신청한 행위가 공권력의 행사 또는 이에 준하는 행정작용이어야 하고, 거부행위가 신청인의 법률관계에 어떤 변동을 일으키는 것이어야 하며, 국민에게 행위발동을 요구할 법규상 또는 조리상의 신청권이 있어야 한다.

[2] 갑 등이 인터넷 포털사이트 등의 개인정보 유출사고로 자신들의 주민등록번호 등 개인정보가 불법 유출되자 이를 이유로 관할 구청장에게 주민등록번호를 변경해 줄 것을 신청하였으나 구청장이 '주민등록번호가 불법 유출된 경우 주민등록법상 변경이 허용되지 않는다'는 이유로 주민등록번호 변경을 거부하는 취지의 통지를 한 사안에서, 피해자의 의사와 무관하게 주민등록번호가 불법 유출된 경우 개인의 사생활뿐만 아니라 생명·신체에 대한 위해나 재산에 대한 피해를 입을 우려가 있고, 실제 유출된 주민등록번호가 다른 개인정보와 연계되어 각종 광고 마케팅에 이용되거나 사기, 보이스피싱 등의 범죄에 악용되는 등 사회적으로 많은 피해가 발생하고 있는 것이 현실인 점, 반면 주민등록번호가 유출된 경우 그로 인하여 이미 발

생하였거나 발생할 수 있는 피해 등을 최소화할 수 있는 충분한 권리구제방법을 찾기 어려운데도 구 주민등록법(2016. 5. 29. 법률 제14191호로 개정되기 전의 것)에서는 주민등록번호 변경에 관한 아무런 규정을 두고 있지 않은 점, 주민등록법령상 주민등록번호 변경에 관한 규정이 없다거나 주민등록번호 변경에 따른 사회적 혼란 등을 이유로 위와 같은 불이익을 피해자가 부득이한 것으로 받아들여야 한다고 보는 것은 피해자의 개인정보자기결정권 등 국민의 기본권 보장의 측면에서 타당하지 않은 점, 주민등록번호를 관리하는 국가로서는 주민등록번호가 유출된 경우 그로 인한 피해가 최소화되도록 제도를 정비하고 보완해야 할 의무가 있으며, 일률적으로 주민등록번호를 변경할 수 없도록 할 것이 아니라 만약 주민등록번호 변경이 필요한 경우가 있다면 그 변경에 관한 규정을 두어서 이를 허용해야 하는 점 등을 종합하면, 피해자의 의사와 무관하게 주민등록번호가 유출된 경우에는 조리상 주민등록번호의 변경을 요구할 신청권을 인정함이 타당하고, 구청장의 주민등록번호 변경신청 거부행위는 항고소송의 대상이 되는 행정처분에 해당한다고 한 사례.

【참조조문】

[1] 행정소송법 제2조 제1항 제1호 / [2] 구 주민등록법(2016. 5. 29. 법률 제14191호로 개정되기 전의 것) 제7조, 행정소송법 제2조 제1항 제1호

【참조판례】

[1] 대법원 2009. 9. 10. 선고 2007두20638 판결(공2009하, 1658)

【전 문】

【원고, 상고인】 원고 1 외 2인 (소송대리인 법무법인 동서양재 담당변호사 김한주 외 4인)

【피고, 피상고인】 서울특별시 성북구청장 외 2인

【원심판결】 서울고법 2013. 1. 17. 선고 2012누16727 판결

【주 문】

원심판결을 파기하고, 사건을 서울고등법원에 환송한다.

【이 유】

상고이유를 판단한다.

1. 원심은 제1심판결 이유를 인용하여, 별도의 입법 전까지 현행 주민등록법령에서 허용한 주민등록번호 정정 외에 해석상 주민등록번호 변경신청권을 인정할 수

없고, 또 조리상 신청권이 있다고 볼 수 없다는 이유로, 이 사건 각 처분의 취소를 구하는 이 사건 소를 모두 부적법하다고 판단하여 이를 모두 각하한 제1심판결을 그대로 유지하였다.

2. 그러나 원심의 판단은 아래와 같은 이유에서 받아들이기 어렵다.

(1) 국민의 적극적 신청행위에 대하여 행정청이 그 신청에 따른 행위를 하지 않겠다고 거부한 행위가 항고소송의 대상이 되는 행정처분에 해당하기 위해서는, 그 신청한 행위가 공권력의 행사 또는 이에 준하는 행정작용이어야 하고, 그 거부행위가 신청인의 법률관계에 어떤 변동을 일으키는 것이어야 하며, 그 국민에게 그 행위발동을 요구할 법규상 또는 조리상의 신청권이 있어야 한다(대법원 2009. 9. 10. 선고 2007두20638 판결 참조).

(2) 원심판결 이유와 원심이 인용한 제1심판결 이유 및 기록에 의하면 다음의 각 사실을 알 수 있다.

① 원고 1, 원고 2는 에스케이커뮤니케이션즈 주식회사가 운영하는 네이트와 싸이월드의, 원고 3은 인터넷 사이트 옥션의 각 개인정보 유출 사고로 인하여 자신들의 주민등록번호 등 개인정보가 불법 유출되었다.

② 원고들은 위 주민등록번호 불법 유출을 이유로 2011. 11.경 각 관할 지방자치단체장인 피고들에게 주민등록번호를 변경해 줄 것을 신청하였는데, 피고들은 그 무렵 '주민등록번호가 불법 유출된 경우 주민등록법령상 변경이 허용되지 않는다'는 이유로 각 주민등록번호 변경을 거부하는 취지의 통지를 하였다.

③ 원고들은 원심 계속 중인 2012. 12. 3. 주민등록법 제7조 제3항, 제4항 등이 헌법에 위반된다고 주장하며 서울고등법원 2012아506호로 위헌법률심판제청을 신청하였는데 2013. 1. 17. 각하 결정이 내려지자, 2013. 2. 27. 위 법률조항들에 대하여 헌법재판소 2013헌바68호로 헌법소원심판을 청구하였다.

④ 헌법재판소는 2015. 12. 23. 주민등록번호 변경에 관한 규정을 두고 있지 않은 주민등록법 제7조는 과잉금지원칙을 위반하여 원고들의 개인정보자기결정권을 침해한다는 이유로 '주민등록법(2007. 5. 11. 법률 제8422호로 전부 개정된 것) 제7조는 헌법에 합치되지 아니한다. 위 조항은 2017. 12. 31.을 시한으로 입법자가 개정할 때까지 계속 적용된다'고 선고하였다.

⑤ 2016. 5. 29. 법률 제14191호로 개정된 주민등록법(시행일자 2017. 5. 30.)은 제7조의4(주민등록번호의 변경), 제7조의5(주민등록번호변경위원회) 등 규정들

을 신설하여 유출된 주민등록번호로 인하여 생명·신체 또는 재산에 위해를 입거나 입을 우려가 있다고 인정되는 사람 등의 일정한 경우에 주민등록번호의 변경을 신청할 수 있도록 허용하고 있다.

(3) 피해자의 의사와는 무관하게 주민등록번호가 불법 유출된 경우 개인의 사생활뿐만 아니라 생명·신체에 대한 위해나 재산에 대한 피해를 입을 우려가 있고, 실제 유출된 주민등록번호가 다른 개인정보와 연계되어 각종 광고 마케팅에 이용되거나 사기, 보이스피싱 등의 범죄에 악용되는 등 사회적으로 많은 피해가 발생하고 있는 것이 현실이다.

반면 주민등록번호가 유출된 경우 그로 인하여 이미 발생하였거나 발생할 수 있는 피해 등을 최소화할 수 있는 충분한 권리구제방법을 찾기 어려운데도 구 주민등록법(2016. 5. 29. 법률 제14191호로 개정되기 전의 것)에서는 주민등록번호 변경에 관한 아무런 규정을 두고 있지 않다.

그런데 주민등록법령상 주민등록번호 변경에 관한 규정이 없다거나 주민등록번호 변경에 따른 사회적 혼란 등을 이유로 위와 같은 불이익을 피해자가 부득이한 것으로 받아들여야 한다고 보는 것은 피해자의 개인정보자기결정권 등 국민의 기본권 보장의 측면에서 타당하지 않다. 주민등록번호를 관리하는 국가로서는 주민등록번호가 유출된 경우 그로 인한 피해가 최소화되도록 제도를 정비하고 보완하여야 할 의무가 있으며, 일률적으로 주민등록번호를 변경할 수 없도록 할 것이 아니라 만약 주민등록번호 변경이 필요한 경우가 있다면 그 변경에 관한 규정을 두어서 이를 허용하여야 한다.

이러한 사정들을 앞서 본 법리에 따라 살펴보면, 피해자의 의사와는 무관하게 주민등록번호가 유출된 경우에는 조리상 주민등록번호의 변경을 요구할 신청권을 인정함이 타당하고, 피고들의 이 사건 주민등록번호 변경신청 거부행위는 항고소송의 대상이 되는 행정처분에 해당한다.

(4) 그런데도 원심은 그 판시와 같은 이유로 원고들에게 주민등록번호의 변경을 요구할 조리상 신청권이 있다고 볼 수 없다고 판단하여 이 사건 소를 모두 각하하였다. 이러한 원심판결에는 주민등록번호 변경신청 거부행위의 처분성에 관한 법리를 오해하여 판결에 영향을 미친 잘못이 있다.

3. 그러므로 원심판결을 파기하고, 사건을 다시 심리·판단하도록 원심법원에 환송하기로 하여, 관여 대법관의 일치된 의견으로 주문과 같이 판결한다.

② 대법원 2017. 8. 29. 선고 2016두44186 판결【산업단지개발계획변경신청거부처분취소】[공2017하,1867]

【판시사항】

[1] 산업단지개발계획상 산업단지 안의 토지 소유자로서 산업단지개발계획에 적합한 시설을 설치하여 입주하려는 자에게 산업단지지정권자 또는 그로부터 권한을 위임받은 기관에 대하여 산업단지개발계획의 변경을 요청할 수 있는 법규상 또는 조리상 신청권이 있는지 여부(적극) 및 이러한 신청에 대한 거부행위가 항고소송의 대상이 되는 행정처분에 해당하는지 여부(적극)

[2] 행정청이 문서로 처분을 한 경우, 어떤 처분을 하였는지는 문언에 따라 확정하여야 하는지 여부(원칙적 적극) 및 처분서의 문언만으로도 행정청이 어떤 처분을 하였는지 분명한 경우, 다른 사정을 고려하여 처분서의 문언과 달리 다른 처분까지 포함되어 있는 것으로 해석할 수 있는지 여부(소극)

[3] 행정청이 당사자가 신청하는 허가 등을 거부하는 처분을 하면서 처분의 근거와 이유를 구체적으로 명시하지는 않았으나 당사자가 그 근거를 알 수 있을 정도로 이유를 제시한 경우, 그 처분이 위법한지 여부(소극) 및 이때 '이유를 제시한 경우'의 의미

[4] 행정처분의 취소를 구하는 항고소송에서 처분청이 당초 처분의 근거로 제시한 사유와 기본적 사실관계에서 동일성이 없는 별개의 사실을 처분사유로 주장할 수 있는지 여부(소극)

【판결요지】

[1] 산업입지에 관한 법령은 산업단지에 적합한 시설을 설치하여 입주하려는 자와 토지 소유자에게 산업단지 지정과 관련한 산업단지개발계획 입안과 관련한 권한을 인정하고, 산업단지 지정뿐만 아니라 변경과 관련해서도 이해관계인에 대한 절차적 권리를 보장하는 규정을 두고 있다. 또한 산업단지 안에는 다수의 기반시설 등 도시계획시설 등을 포함하고 있고, 국토의 계획 및 이용에 관한 법률의 해석상 도시계획시설부지 소유자에게는 그에 관한 도시·군관리계획의 변경 등을 요구할 수 있는 법규상 또는 조리상 신청권이 인정된다고 해석되고 있다. 헌법상 재산권 보장의 취지에 비추어 보면 토지의 소유자에게 위와 같은 절차적 권리와 신청권을 인정한 것은 정당하다고 볼 수 있다. 이러한 법리는 이미 산업단지 지정이 이루어진 상황에서 산업단지 안의 토지 소유자로서 종전 산업단지개발계획을 일부 변경하여 산업단지개발계획에 적합한 시설을 설치하여 입주하려는 자가 종전 계획의 변경을 요청하는 경우에도 그대로 적용될 수 있다.

그러므로 산업단지개발계획상 산업단지 안의 토지 소유자로서 산업단지개발계획에 적합한 시설을 설치하여 입주하려는 자는 산업단지지정권자 또는 그로부터 권한을 위임받은 기관에 대하여 산업단지개발계획의 변경을 요청할 수 있는 법규상 또는 조리상 신청권이 있고, 이러한 신청에 대한 거부행위는 항고소송의 대상이 되는 행정처분에 해당한다고 보아야 한다.

[2] 행정청이 문서에 의하여 처분을 한 경우 처분서의 문언이 불분명하다는 등의 특별한 사정이 없는 한, 문언에 따라 어떤 처분을 하였는지를 확정하여야 한다. 처분서의 문언만으로도 행정청이 어떤 처분을 하였는지가 분명한데도 처분 경위나 처분 이후의 상대방의 태도 등 다른 사정을 고려하여 처분서의 문언과는 달리 다른 처분까지 포함되어 있는 것으로 확대해석해서는 안 된다.

[3] 행정청은 처분을 하는 때에는 원칙적으로 당사자에게 근거와 이유를 제시하여야 한다(행정절차법 제23조 제1항). 당사자가 신청하는 허가 등을 거부하는 처분을 하면서 당사자가 그 근거를 알 수 있을 정도로 이유를 제시한 경우에는 처분의 근거와 이유를 구체적으로 명시하지 않았더라도 그로 말미암아 그 처분이 위법하다고 볼 수는 없다. 이때 '이유를 제시한 경우'는 처분서에 기재된 내용과 관계 법령 및 당해 처분에 이르기까지의 전체적인 과정 등을 종합적으로 고려하여, 처분 당시 당사자가 어떠한 근거와 이유로 처분이 이루어진 것인지를 충분히 알 수 있어서 그에 불복하여 행정구제절차로 나아가는 데 별다른 지장이 없었다고 인정되는 경우를 뜻한다.

[4] 행정처분의 취소를 구하는 항고소송에서는 처분청이 당초 처분의 근거로 제시한 사유와 기본적 사실관계에서 동일성이 없는 별개의 사실을 들어 처분사유로 주장할 수 없다.

【참조조문】

[1] 산업입지 및 개발에 관한 법률 제1조, 제2조 제8호, 제9호 (아)목, 제6조 제1항, 제5항 제6호, 제10조, 제11조 제1항, 제3항, 제16조 제1항 제3호, 제6호, 제49조, 산업입지 및 개발에 관한 법률 시행령 제7조 제1항 제3호, 제13조 제1항, 제6항, 제49조 제1항 제1호 / [2] 행정소송법 제1조[행정처분일반], 행정절차법 제24조 제1항 / [3] 행정절차법 제23조 제1항 / [4] 행정소송법 제27조[행정소송재판일반]

【참조판례】

[1] 대법원 2015. 3. 26. 선고 2014두42742 판결(공2015상, 645) / [2] 대법원 2016. 10. 13. 선고 2016두42449 판결(공2016하, 1705) / [3] 대법원 2002. 5. 17. 선고 2000두8912 판결(공2002하, 1408), 대법원 2009. 12. 10. 선고 2007두20362 판결 / [4] 대법원 2005. 4. 15. 선고 2004두10883 판결(공2005상, 754)

【전 문】

【원고, 피상고인】 에코환경기술 주식회사 (소송대리인 변호사 박춘기 외 1인)

【피고, 상고인】 울산광역시장 (소송대리인 정부법무공단 외 1인)

【원심판결】 부산고법 2016. 6. 15. 선고 2015누23977 판결

【주 문】

상고를 기각한다. 상고비용은 피고가 부담한다.

【이 유】

상고이유(상고이유서 제출기간이 지난 후에 제출된 상고이유보충서의 기재는 상고이유를 보충하는 범위 내에서)를 판단한다.

1. 산업단지개발계획의 변경신청권(상고이유 제1점)

가. 산업입지 및 개발에 관한 법률(이하 '법'이라 한다)은 산업입지의 원활한 공급과 산업의 합리적 배치를 통하여 균형 있는 국토개발과 지속적인 산업발전을 촉진함으로써 국민경제의 건전한 발전에 이바지함을 목적으로 제정된 것으로(제1조), 산업단지에 관한 규율을 하고 있다. 이 법에서 산업단지는 산업시설용지에 설치된 시설과 이와 관련된 교육·연구·업무·지원·정보처리·유통 시설 및 이들 시설의 기능 향상을 위하여 주거·문화·환경·공원녹지·의료·관광·체육·복지 시설 등을 집단적으로 설치하기 위하여 포괄적 계획에 따라 지정·개발되는 일단(일단)의 토지를 포함한다(법 제2조 제8호).

국가산업단지의 지정과 변경의 권한은 국토교통부장관에게 있고(법 제6조 제1항), 국토교통부장관이 국가산업단지를 지정하려면 산업단지개발계획을 수립하여야 한다(법 제6조 제3항). 국토교통부장관의 권한은 대통령령으로 정하는 바에 따라 그 일부를 시·도지사, 시장·군수·구청장 또는 소속 기관의 장에게 위임할 수 있는데(법 제49조), 국토교통부장관은 국가산업단지 개발계획의 변경에 관한 권한을 시·도지사에게 위임하고 있다[산업입지 및 개발에 관한 법률 시행령(이하 '시행령'이라 한다) 제49조 제1항 제1호].

한편 법 제11조 제1항, 시행령 제13조 제1항, 법 제16조 제1항 제3호, 제6호 등에 의하면, 산업단지에 적합한 시설을 설치하여 입주하려는 자와 산업단지 안에 있는 토지의 소유자 등은 산업단지개발계획을 작성하여 산업단지지정권자에게 국가산업단지 등으로의 지정을 요청할 수 있다. 이러한 '산업단지개발계획에 적합한 시설'에는 폐기물처리시설이 포함되고[법 제16조 제1항 제3호, 제2조 제9호 (아)목], 산업

단지개발계획에는 국토의 계획 및 이용에 관한 법률의 주된 규율 대상인 토지이용계획과 주요기반시설계획 등이 포함된다(법 제6조 제5항 제6호).

국가산업단지 등 지정 요청에 따라 산업단지가 지정된 경우 그 지정을 요청한 자는 사업시행자로 지정받을 수 있다(법 제11조 제3항). 반면 산업단지지정권자가 산업단지의 지정이 요청된 지역을 산업단지로 지정함이 적정하지 않다고 인정하는 경우에는 그 이유를 요청한 자에게 통지하거나 국가 또는 지방자치단체가 개발 중인 다른 산업단지 중에서 적절한 대체입지를 선정하여 통지하여야 한다(시행령 제13조 제6항). 나아가 산업단지지정권자가 산업단지를 지정하거나 대통령령으로 정하는 중요 사항을 변경하려는 경우에 이를 공고하여 주민과 관계 전문가 등의 의견을 들어야 하고, 그 의견이 타당하다고 인정할 때에는 이를 반영하여야 한다(법 제10조). 이러한 중요 사항에는 산업단지개발계획의 내용에 들어가는 토지이용계획 및 주요기반시설계획의 변경 등이 포함된다(시행령 제7조 제1항 제3호).

나. 이와 같이 산업입지에 관한 법령은 산업단지에 적합한 시설을 설치하여 입주하려는 자와 토지 소유자에게 산업단지 지정과 관련한 산업단지개발계획 입안과 관련한 권한을 인정하고, 산업단지 지정뿐만 아니라 변경과 관련해서도 이해관계인에 대한 절차적 권리를 보장하는 규정을 두고 있다. 또한 산업단지 안에는 다수의 기반시설 등 도시계획시설 등을 포함하고 있고, 국토의 계획 및 이용에 관한 법률의 해석상 도시계획시설부지 소유자에게는 그에 관한 도시·군관리계획의 변경 등을 요구할 수 있는 법규상 또는 조리상 신청권이 인정된다고 해석되고 있다(대법원 2015. 3. 26. 선고 2014두42742 판결 참조). 헌법상 재산권 보장의 취지에 비추어 보면 토지의 소유자에게 위와 같은 절차적 권리와 신청권을 인정한 것은 정당하다고 볼 수 있다. 이러한 법리는 이미 산업단지 지정이 이루어진 상황에서 산업단지 안의 토지 소유자로서 종전 산업단지개발계획을 일부 변경하여 산업단지개발계획에 적합한 시설을 설치하여 입주하려는 자가 종전 계획의 변경을 요청하는 경우에도 그대로 적용될 수 있다고 봄이 타당하다.

그러므로 산업단지개발계획상 산업단지 안의 토지 소유자로서 산업단지개발계획에 적합한 시설을 설치하여 입주하려는 자는 산업단지지정권자 또는 그로부터 권한을 위임받은 기관에 대하여 산업단지개발계획의 변경을 요청할 수 있는 법규상 또는 조리상 신청권이 있고, 이러한 신청에 대한 거부행위는 항고소송의 대상이 되는 행정처분에 해당한다고 보아야 한다.

다. 원심판결 이유와 기록에 의하면, 원고는 이 사건 산업단지 안에 당초 산업단지개발계획상 녹지용지로 지정되어 있던 사업부지를 소유하고 있었는데, 사업부지에서 폐기물처리사업을 하기 위하여 피고에게 사업부지에 관한 산업단지개발계획을 당초 녹지용지에서 폐기물처리시설용지로 변경해 달라는 내용의 신청(이하 '이 사건 신청'이라 한다)을 한 사실을 알 수 있다.

앞에서 본 법리에 비추어 이 사건 신청에 대한 피고의 거부행위가 행정처분에 해당한다고 볼 수 있으므로, 이를 전제로 본안 판단으로 나아간 원심판결은 정당하다. 원심의 판단에 상고이유 주장과 같이 처분성에 관한 법리를 오해한 잘못이 없다.

2. 이 사건 처분의 위법성(상고이유 제2점)

가. 행정처분의 해석

(1) 행정청이 문서에 의하여 처분을 한 경우 처분서의 문언이 불분명하다는 등의 특별한 사정이 없는 한, 문언에 따라 어떤 처분을 하였는지를 확정하여야 한다. 처분서의 문언만으로도 행정청이 어떤 처분을 하였는지가 분명한데도 처분 경위나 처분 이후의 상대방의 태도 등 다른 사정을 고려하여 처분서의 문언과는 달리 다른 처분까지 포함되어 있는 것으로 확대해석해서는 안 된다(대법원 2016. 10. 13. 선고 2016두42449 판결 등 참조).

(2) 원심판결 이유에 의하면, 피고는 2015. 4. 10. "이 사건 산업단지개발계획상 토지이용계획에는 이 사건 사업부지가 녹지용지로 되어 있어 폐기물매립장 입지가 불가하며, 녹지용지를 폐기물처리시설용지로 개발계획 변경하는 것도 불가합니다."라는 이유(이하 '이 사건 처분사유'라 한다)로 이 사건 신청을 거부하는 내용의 이 사건 처분을 하였음을 알 수 있다.

(3) 원심이 이와 달리 이 사건 처분사유를 '이 사건 신청을 받아들일 경우 구 산업입지의 개발에 관한 통합지침(국토교통부 2015. 9. 8. 고시 2015-650호로 개정되기 전의 것)에서 정하고 있는 녹지비율이 감소하여 그 비율의 유지에 부정적인 영향이 있다.'고 판단한 것은 잘못이다.

나. 행정처분의 근거와 이유 제시

(1) 행정청은 처분을 하는 때에는 원칙적으로 당사자에게 그 근거와 이유를 제시하여야 한다(행정절차법 제23조 제1항). 당사자가 신청하는 허가 등을 거부하는 처분을 하면서 당사자가 그 근거를 알 수 있을 정도로 이유를 제시한 경우에는 처분의 근거와 이유를 구체적으로 명시하지 않았더라도 그로 말미암아 그 처분이 위법하다고 볼 수는 없다(대법원 2002. 5. 17. 선고 2000두8912 판결 참조). 이때 '이유를

제시한 경우'는 처분서에 기재된 내용과 관계 법령 및 당해 처분에 이르기까지의 전체적인 과정 등을 종합적으로 고려하여, 처분 당시 당사자가 어떠한 근거와 이유로 처분이 이루어진 것인지를 충분히 알 수 있어서 그에 불복하여 행정구제절차로 나아가는 데 별다른 지장이 없었다고 인정되는 경우를 뜻한다(대법원 2009. 12. 10. 선고 2007두20362 판결 참조).

(2) 기존 산업단지개발계획의 변경을 구하는 이 사건 신청에 대해 피고가 거부처분을 하면서 이유를 제시하였다고 하려면, 신청을 인용하는 것이 법령 위반이라거나 종전 계획을 변경할 사정변경이 인정되지 않는다는 등 거부의 실질적인 이유를 당사자가 알 수 있도록 했어야 한다.

(3) 앞에서 보았듯이 이 사건 처분서는 아무런 실질적인 내용 없이 단순히 신청을 불허한다는 결과만을 통보한 것이다. 기록에 나타나 있는 이 사건 처분에 이르기까지 전체적인 과정 등을 살펴보더라도 원고가 이 사건 신청이 거부된 정확한 이유를 알았거나 또는 알 수 있었다는 정황을 확인할 수 없다. 그리하여 원고가 이 사건 소송에서 처분사유를 잘못 확정하여 주장하였고 법원도 원심에 이르기까지 잘못 확정된 처분사유를 바탕으로 심리를 진행하게 되었다는 점에서 원고가 처분에 불복하여 행정구제절차로 나아가는 데에도 지장이 있었다고 볼 수 있다. 사정이 이러하다면 이 사건 처분은 근거와 이유를 제시하지 않은 것으로서 위법하다고 보아야 한다.

원심판결이 그 이유에서 행정처분의 해석과 처분의 근거와 이유 제시에 관한 법리를 오해한 잘못이 있지만, 이 사건 처분이 위법하다고 보아 원고의 청구를 받아들인 것은 결과적으로 정당하다. 원심의 이러한 잘못이 판결 결과에 영향을 미친 것은 아니다.

3. 행정처분의 사유를 추가할 수 있는지 여부(상고이유 제3점)

행정처분의 취소를 구하는 항고소송에서는 처분청이 당초 처분의 근거로 제시한 사유와 기본적 사실관계에서 동일성이 없는 별개의 사실을 들어 처분사유로 주장할 수 없다(대법원 2005. 4. 15. 선고 2004두10883 판결 등 참조).

피고는 이 사건 소송에서 '이 사건 산업단지 안에 새로운 폐기물시설부지를 마련할 시급한 필요가 없다.'는 점을 이 사건 거부처분의 사유로 추가하였다. 그러나 피고가 당초 처분의 근거로 제시한 사유가 실질적인 내용이 없다고 보는 이상, 위 추가 사유는 그와 기본적 사실관계가 동일한지 여부를 판단할 대상조차 없는 것이므로, 결국 소송단계에서 처분사유를 추가하여 주장할 수 없다.

따라서 원심이 위 추가 사유까지 이 사건 처분의 사유로 보아 그 처분의 적법 여부를 판단한 것은 적절하지 않다. 그러나 위에서 보았듯이 이 사건 처분이 위법하다고 본 원심의 결론이 정당한 이상, 원심의 이러한 잘못은 판결 결과에 영향을 미치지 않는다. 이 부분 상고이유 주장도 받아들이지 않는다.

4. 결 론

피고의 상고는 이유 없어 이를 기각하고, 상고비용은 패소자가 부담하기로 하여, 관여 대법관의 일치된 의견으로 주문과 같이 판결한다.

3 대법원 2017. 9. 26. 선고 2017두50690 판결 【이장불승인처분취소】 [공2017하,2102]

【판시사항】

국립묘지에 안장된 유골 등을 유족 중 일부가 다른 유족들의 동의 없이 국립묘지 외의 장소로 이장하겠다는 신청을 한 경우, 국립묘지를 관리하는 행정청이 이장 신청을 거부할 수 있는지 여부(적극) 및 이때 배우자 이외 '유족'의 범위에 관하여 국가유공자 등 예우 및 지원에 관한 법률 제5조 제1항을 원칙적 판단 기준으로 고려할 수 있는지 여부(적극)

【판결요지】

국립묘지의 설치 및 운영에 관한 법령은 안장대상자를 국립묘지에 안장하거나 또는 이미 안장된 유골 등을 다른 곳으로 이장하려는 경우 유족의 의사를 반영하도록 하면서도 유족의 범위를 명확히 정하지 않고 있다. 그러나 다른 한편, 국립묘지의 설치 및 운영에 관한 법률(이하 '국립묘지법'이라 한다)이 '안장대상심의위원회가 국립묘지의 영예성(영예성)을 훼손한다고 인정한 사람'은 국립묘지 안장 대상에서 제외하는 등으로 충의정신 선양 등의 입법 목적을 추구하고 있고(제1조, 제5조 제4항 제5호), 국립묘지의 설치 및 운영에 관한 법률 시행규칙 제3조 제1항은 다른 경우와 달리 매장 유골을 '국립묘지 외의 장소로 이장하려는 경우'에는 국립묘지관리소장이 필요하다고 인정하는 서류를 함께 제출하도록 하여, 관리소장에게 이장 신청의 적정성을 심사할 수 있는 재량을 부여하고 있다.

특히 국립묘지에 안장된 사람의 배우자는 본인이나 유족의 희망에 따라 합장할 수 있는데(국립묘지법 제5조 제3항), 일단 이장이 이루어진 뒤에는 망인을 다시 국립묘지에 안장할 수 없게 되고(같은 법 제7조 제2항 단서), 그에 따라 국립묘지에 합장될 수 있는 망인의 배우자 역시 장래에 국립묘지에 합장될 가능성이 없어지게 되며, 그 밖의 망인의 유족들 역시 망인을 계속적으로 국립묘지에 안치시키는 데 대한 이해관계가 있게 된다. 따라서 이러한 유족들 사이에 이장 여부를 둘러싼 다툼이 있어 각각 상충되는 요구를 할 경우 국립묘지의 적정한 운영에 장애가 생길 수 있으므로, 유족 중 일부가 국립묘지 외의 장소로 이장하겠다는 신청을 한 경우, 국립묘지를 관리하는 행정청으로서는 망인의 배우자뿐만 아니라 국립묘지의 적정한 운영과 영예성 유지라는 입법 목적에 부합하는 범위 내의 '유족들'로부터 동의가 있는지를 심사하여, 그들 모두의 동의가 없다면 이장 신청을 거부할 수 있다. 여기서 배우자 이외 '유족'의 범위에 관하여는 국가유공자의 유족 또는 가족의 범위를 규정한 국가유공자 등 예우 및 지원에 관한 법률 제5조 제1항을 원칙적 판단 기준으로 고려할 수 있다.

【참조조문】

국립묘지의 설치 및 운영에 관한 법률 제1조, 제5조 제3항, 제4항 제5호, 제7조 제2항, 제11조, 국립묘지의 설치 및 운영에 관한 법률 시행령 제12조 제1항, 제4항, 국립묘지의 설치 및 운영에 관한 법률 시행규칙 제3조 제1항, 국가유공자 등 예우 및 지원에 관한 법률 제5조 제1항

【전 문】

【원고, 상고인】 원고 (소송대리인 변호사 배경렬)

【피고, 피상고인】 국립영천호국원장

【원심판결】 대구고법 2017. 6. 9. 선고 2016누6703 판결

【주 문】

상고를 기각한다. 상고비용은 원고가 부담한다.

【이 유】

상고이유를 판단한다.

1. 가. 국립묘지의 설치 및 운영에 관한 법률(이하 '국립묘지법'이라고 한다) 제7조 제2항은 "국립묘지에 매장되거나 안치된 사람의 시신이나 유골(이하 '매장 유골'이라고 한다)은 그 유족이 원하는 경우에는 국립묘지 외의 장소에 이장한다. 다만 이장 후에는 국립묘지에 다시 안장할 수 없다."라고 규정하고 있다. 위 규정에 따른 이장(이장)은 유족이나 관계 기관의 장이 관할 행정청에 신청하여야 하고, 그 신청 절차 등에 관하여 필요한 사항은 대통령령으로 정하도록 되어 있다(국립묘지법 제11조 제1항, 제2항).

그 위임에 따른 「국립묘지의 설치 및 운영에 관한 법률 시행령」에 의하면, 유족 또는 관계기관의 장은 총리령으로 정하는 바에 따라 안장 등의 신청서를 제출하여야 하고(제12조 제1항), 그 밖에 안장 등의 신청에 관하여 필요한 사항은 총리령으로 정하도록 하였다(같은 조 제4항). 이에 따라 「국립묘지의 설치 및 운영에 관한 법률 시행규칙」(이하 '법 시행규칙'이라고 한다) 제3조 제1항은 안장 등 신청서에 첨부하여야 할 서류로서 사망진단서(제1호) 및 안장대상자의 유형에 따라 전사증명서(제2호)나 공적 자료(제3호) 등을 정하고 있는데, 특히 '국립묘지에서 국립묘지 외의 장소로 이장하는 경우'에는 "① 가족관계기록사항에 관한 증명서 또는 제적등본, ② 이유소명서 및 ③ 그 밖에 국립묘지관리소장이 필요하다고 인정하는 서류"를 규정하고 있다(제6호).

나. 이처럼 국립묘지법령은 안장대상자를 국립묘지에 안장하거나 또는 이미 안장된 유골 등을 다른 곳으로 이장하려는 경우 그 유족의 의사를 반영하도록 하면서도 유족의 범위를 명확히 정하지 않고 있다. 그러나 다른 한편, 국립묘지법이 '안장대상심의위원회가 국립묘지의 영예성(영예성)을 훼손한다고 인정한 사람'은 국립묘지 안장 대상에서 제외하는 등으로 충의정신 선양 등의 입법 목적을 추구하고 있고(제1조, 제5조 제4항 제5호), 법 시행규칙 제3조 제1항은 다른 경우와 달리 매장 유골을 '국립묘지 외의 장소로 이장하려는 경우'에는 국립묘지관리소장이 필요하다고 인정하는 서류를 함께 제출하도록 하여, 관리소장에게 이장 신청의 적정성을 심사할 수 있는 재량을 부여하고 있다.

특히 국립묘지에 안장된 사람의 배우자는 본인이나 유족의 희망에 따라 합장할 수 있는데(국립묘지법 제5조 제3항), 일단 이장이 이루어진 뒤에는 망인을 다시 국립묘지에 안장할 수 없게 되고(같은 법 제7조 제2항 단서), 그에 따라 국립묘지에 합장될 수 있는 망인의 배우자 역시 장래에 국립묘지에 합장될 가능성이 없어지게 되며, 그 밖의 망인의 유족들 역시 망인을 계속적으로 국립묘지에 안치시키는 데 대한 이해관계가 있게 된다. 따라서 이러한 유족들 사이에 이장 여부를 둘러싼 다툼이 있어 각각 상충되는 요구를 할 경우 국립묘지의 적정한 운영에 장애가 생길 수 있으므로, 유족 중 일부가 국립묘지 외의 장소로 이장하겠다는 신청을 한 경우, 국립묘지를 관리하는 행정청으로서는 망인의 배우자뿐만 아니라 국립묘지의 적정한 운영과 영예성 유지라는 입법 목적에 부합하는 범위 내의 '유족들'로부터 동의가 있는지 여부를 심사하여, 그들 모두의 동의가 없다면 이장 신청을 거부할 수 있다고 봄이 타당하다. 여기서 배우자 이외 '유족'의 범위에 관하여는, 국가유공자의 유족 또는 가족의 범위를 규정한 국가유공자 등 예우 및 지원에 관한 법률 제5조 제1항을 그 원칙적 판단 기준으로 고려할 수 있다.

2. 원심은 제1심판결 이유를 인용하여 다음과 같은 사실을 인정하였다.

가. 국립묘지인 국립영천호국원의 관리·운영자인 피고는 국립묘지에서 국립묘지 외의 장소로의 이장신청이 있는 경우, 이장을 신청한 유족에게 가족관계기록사항에 관한 증명서 또는 제적등본, 이유소명서 외에 '유족(망인의 배우자와 자녀를 가리킨다)들의 동의서'를 제출하도록 하고 있다.

나. 원고는 국립영천호국원에 안장된 망인의 장남으로서, 망인의 시신·유골을 국립묘지 외의 장소로 이장하겠다고 신청하였으나, 피고는 망인의 생존 배우자와 나머지 자녀 2명의 동의서가 제출되지 않았음을 들어 그 이장 신청을 불승인하였다.

원심은 이러한 사실관계를 토대로, 망인의 유골이 국립영천호국원에 안장됨으로써 이에 대한 수호 및 관리권이 피고에게 이전되었고, 국립묘지법 제7조 제2항 본문에 따라 유족이 원하는 경우 망인의 유골을 국립묘지 외의 장소로 이장할 수 있는데, 원고가 다른 유족인 망인의 배우자와 다른 자녀들의 동의를 받지 못하였으므로, 원고의 이장신청을 불승인한 피고의 처분이 적법하다고 판단하였다.

3. 원심판결 이유를 앞에서 본 법리에 비추어 보면, 위와 같은 원심의 판단은 정당하고, 거기에 이장에 관한 국립묘지법 제7조 제2항의 해석·적용에 관한 법리를 오해하는 등의 위법이 없다.

한편 피상속인 자신의 유체·유골 역시 제사용 재산에 준하여 그 제사주재자에게 승계되고, 제사주재자는 우선적으로 망인의 공동상속인들 사이의 협의에 의해 정하되, 협의가 이루어지지 않는 경우에는 제사주재자의 지위를 유지할 수 없는 특별한 사정이 있지 않은 한 망인의 장남이 제사주재자가 된다고 한 대법원 2008. 11. 20. 선고 2007다27670 전원합의체 판결은 사법(사법)상 공동상속인들 사이에서 망인의 유체·유골 등을 승계할 자를 정하는 법리를 선언한 것으로서 사안을 달리하고, 공법(공법)인 국립묘지법에 의하여 매장 유골의 관리·수호권을 취득한 국립묘지관리소장에 대한 관계에서 곧바로 원용될 수는 없다.

4. 그러므로 상고를 기각하고, 상고비용은 패소자가 부담하도록 하여, 관여 대법관의 일치된 의견으로 주문과 같이 판결한다.

Ⅲ. 원고적격

[1] 대법원 2017. 3. 9. 선고 2013두16852 판결 【난민불인정처분취소】〈위명으로 난민신청한 사건〉 [공2017상,637]

【판시사항】

[1] 미얀마 국적의 갑이 위명(위명)인 '을' 명의의 여권으로 대한민국에 입국한 뒤 을 명의로 난민 신청을 하였으나 법무부장관이 을 명의를 사용한 갑을 직접 면담하여 조사한 후 갑에 대하여 난민불인정 처분을 한 사안에서, 갑이 처분의 취소를 구할 법률상 이익이 있다고 한 사례

[2] 처분을 다툴 법률상 이익이 있는지에 관한 당사자의 주장에 관하여 원심법원이 판단하지 않은 것이 판단유탈의 상고이유가 되는지 여부(소극)

[3] 국적국을 떠난 후 거주국에서 정치적 의견을 표명하여 '박해를 받을 충분한 근거 있는 공포'가 발생한 경우 난민으로 인정될 수 있는지 여부(적극) 및 난민으로 보호받기 위해 박해의 원인을 제공한 경우 달리 볼 것인지 여부(소극)

【판결요지】

[1] 미얀마 국적의 갑이 위명(위명)인 '을' 명의의 여권으로 대한민국에 입국한 뒤 을 명의로 난민 신청을 하였으나 법무부장관이 을 명의를 사용한 갑을 직접 면담하여 조사한 후 갑에 대하여 난민불인정 처분을 한 사안에서, 처분의 상대방은 허무인이 아니라 '을'이라는 위명을 사용한 갑이라는 이유로, 갑이 처분의 취소를 구할 법률상 이익이 있다고 한 사례.

[2] 해당 처분을 다툴 법률상 이익이 있는지 여부는 직권조사사항으로 이에 관한 당사자의 주장은 직권발동을 촉구하는 의미밖에 없으므로, 원심법원이 이에 관하여 판단하지 않았다고 하여 판단유탈의 상고이유로 삼을 수 없다.

[3] 난민은 국적국을 떠난 후 거주국에서 정치적 의견을 표명하는 것과 같은 행동의 결과로서 '박해를 받을 충분한 근거 있는 공포'가 발생한 경우에도 인정될 수 있고, 난민으로 보호받기 위해 박해의 원인을 제공하였다고 하여 달리 볼 것은 아니다.

【참조조문】

[1] 구 출입국관리법(2012. 2. 10. 법률 제11298호로 개정되기 전의 것) 제76조의2 제1항(현행 난민법 제18조 제1항 참조), 난민의 지위에 관한 협약 제1조, 난민의 지위에 관한 의정서 제1조, 행정소송법 제12조 / [2] 행정소송법 제8조 제2항, 민사소송법 제423조 / [3] 출입국관리법 제76조의2 제1항(현행 난민법 제18조 제1항 참

조), 난민의 지위에 관한 협약 제1조, 난민의 지위에 관한 의정서 제1조

【참조판례】

[2] 대법원 1997. 1. 24. 선고 96다32706 판결(공1997상, 635) / [3] 대법원 2008. 7. 24. 선고 2007두19539 판결

Ⅳ. 협의의 소익

1 대법원 2017. 1. 12. 선고 2015두2352 판결 【시정명령및과징금납부명령취소】 [공2017상,380]

【판시사항】

[1] 행정청이 과징금 부과처분을 한 후 부과처분의 하자를 이유로 감액처분을 한 경우, 감액된 부분에 대한 부과처분 취소청구가 적법한지 여부(소극)

[2] 구 독점규제 및 공정거래에 관한 법률 제19조 제1항 각 호에 규정된 부당한 공동행위에 해당하는지 판단하기 위한 전제인 '관련상품에 따른 시장'을 획정하는 방법

[3] 공동행위가 경쟁제한적 효과 외에 경쟁촉진적 효과도 함께 가져오는 경우, 구 독점규제 및 공정거래에 관한 법률 제19조 제1항이 정한 경쟁제한성을 가지는지 판단하는 방법

【판결요지】

[1] 행정처분을 한 처분청은 처분에 하자가 있는 경우에는 별도의 법적 근거가 없더라도 스스로 이를 취소하거나 변경할 수 있는바, 과징금 부과처분에서 행정청이 납부의무자에 대하여 부과처분을 한 후 부과처분의 하자를 이유로 과징금의 액수를 감액하는 경우에 감액처분은 감액된 과징금 부분에 관하여만 법적 효과가 미치는 것으로서 당초 부과처분과 별개 독립의 과징금 부과처분이 아니라 실질은 당초 부과처분의 변경이고, 그에 의하여 과징금의 일부취소라는 납부의무자에게 유리한 결과를 가져오는 처분이므로 당초 부과처분이 전부 실효되는 것은 아니다. 따라서 감액처분에 의하여 감액된 부분에 대한 부과처분 취소청구는 이미 소멸하고 없는 부분에 대한 것으로서 소의 이익이 없어 부적법하다.

[2] 구 독점규제 및 공정거래에 관한 법률(2007. 8. 3. 법률 제8631호로 개정되기 전의 것) 제19조 제1항 각 호에 규정된 부당한 공동행위에 해당하는지를 판단하기 위해서는 경쟁관계가 문제 될 수 있는 일정한 거래분야에 관하여 거래의 객체인 관

련상품에 따른 시장(이하 '관련시장'이라 한다)을 구체적으로 정하여야 한다. 여기에서 관련시장은 경쟁관계에 있는 상품들의 범위를 말하는데, 이를 정할 때에는 거래에 관련된 상품의 가격, 기능 및 효용의 유사성, 구매자들의 대체가능성에 대한 인식 및 그와 관련한 구매행태는 물론 판매자들의 대체가능성에 대한 인식 및 그와 관련한 경영의사결정 형태, 사회적·경제적으로 인정되는 업종의 동질성 및 유사성 등을 종합적으로 고려하여야 한다.

[3] 공동행위가 구 독점규제 및 공정거래에 관한 법률(2007. 8. 3. 법률 제8631호로 개정되기 전의 것) 제19조 제1항이 정한 경쟁제한성을 가지는지는 상품의 특성, 소비자의 제품선택 기준, 행위가 시장 및 사업자들의 경쟁에 미치는 영향 등 여러 사정을 고려하고, 공동행위로 인하여 일정한 거래분야에서의 경쟁이 감소하여 가격·수량·품질 기타 거래조건 등의 결정에 영향을 미치거나 미칠 우려가 있는지를 살펴서 개별적으로 판단하여야 한다.

한편 공동행위가 경쟁제한적 효과 외에 경쟁촉진적 효과도 함께 가져오는 경우에는 양자를 비교·형량하여 경쟁제한성 여부를 판단하여야 한다. 여기에서 경쟁제한적 효과는 공동행위의 내용, 공동행위에 가담한 사업자들의 시장점유율, 공동행위 가담 사업자들 사이의 경쟁제한의 정도 등을 고려하고, 경쟁촉진적 효과는 공동행위로 인한 제반 비용감소 등 효율성 증대 효과 및 소비자 후생 증가 등을 포괄적으로 감안하되 합리적인 관점에서 그러한 경쟁촉진적 효과를 발생시키는 데 공동행위가 필요한지 등을 종합적으로 고려하여야 한다.

【참조조문】

[1] 행정소송법 제12조, 제19조 / [2] 구 독점규제 및 공정거래에 관한 법률(2007. 8. 3. 법률 제8631호로 개정되기 전의 것) 제19조 제1항 / [3] 구 독점규제 및 공정거래에 관한 법률(2007. 8. 3. 법률 제8631호로 개정되기 전의 것) 제19조 제1항

【참조판례】

[1] 대법원 1986. 2. 25. 선고 85누664 판결(공1986, 550), 대법원 2006. 5. 25. 선고 2003두4669 판결(공2006하, 1162), 대법원 2008. 2. 15. 선고 2006두4226 판결 / [2] 대법원 2012. 4. 26. 선고 2010두11757 판결, 대법원 2014. 11. 27. 선고 2013두24471 판결(공2015상, 46) / [3] 대법원 2013. 11. 14. 선고 2012두19298 판결(공2013하, 2256), 대법원 2014. 2. 27. 선고 2012두24498 판결(공2014상, 729)

【전 문】

【원고, 상고인 겸 피상고인】 엘앤티렉서스 주식회사 외 8인 (소송대리인 법무법인

(유한) 태평양 담당변호사 오금석 외 2인)

【피고, 피상고인 겸 상고인】 공정거래위원회 (소송대리인 변호사 최수희 외 1인)

【환송판결】 대법원 2012. 4. 26. 선고 2010두11757 판결

【원심판결】 서울고법 2015. 5. 7. 선고 2012누11241 판결

【주 문】

원심판결의 피고 패소 부분 중 별지 목록 제3항 기재 원고별 해당 금액을 초과하여 별지 목록 제2항 기재 과징금납부명령을 취소한 부분을 파기하고, 이 부분 소를 각하한다. 원고들의 상고 및 피고의 나머지 상고를 모두 기각한다. 소송총비용 중 60%는 원고들이, 나머지는 피고가 각 부담한다.

【이 유】

1. 상고이유에 대한 판단에 앞서 직권으로 판단한다.

행정처분을 한 처분청은 그 처분에 하자가 있는 경우에는 별도의 법적 근거가 없더라도 스스로 이를 취소하거나 변경할 수 있는바(대법원 1986. 2. 25. 선고 85누664 판결, 대법원 2006. 5. 25. 선고 2003두4669 판결 등 참조), 과징금 부과처분에 있어 행정청이 납부의무자에 대하여 부과처분을 한 후 그 부과처분의 하자를 이유로 과징금의 액수를 감액하는 경우에 그 감액처분은 감액된 과징금 부분에 관하여만 법적 효과가 미치는 것으로서 당초 부과처분과 별개 독립의 과징금 부과처분이 아니라 그 실질은 당초 부과처분의 변경이고, 그에 의하여 과징금의 일부취소라는 납부의무자에게 유리한 결과를 가져오는 처분이므로 당초 부과처분이 전부 실효되는 것은 아니다. 따라서 그 감액처분에 의하여 감액된 부분에 대한 부과처분 취소청구는 이미 소멸하고 없는 부분에 대한 것으로서 그 소의 이익이 없어 부적법하다(대법원 2008. 2. 15. 선고 2006두4226 판결 등 참조).

기록에 의하면, ① 피고는 2008. 12. 15. 국내 렉서스 자동차 독점 수입업체인 한국토요타자동차 주식회사와 딜러계약을 체결한 사업자들인 원고들이 렉서스 자동차의 판매와 관련하여 가격할인 제한, 선계약 우선원칙 준수, 기타 거래조건 준수 등을 합의하고 이를 실행하였는데(이하 '이 사건 공동행위'라고 한다), 이는 구 독점규제 및 공정거래에 관한 법률(2007. 8. 3. 법률 제8631호로 개정되기 전의 것, 이하 '공정거래법'이라 한다) 제19조 제1항 제1호의 부당한 공동행위에 해당한다는 이유로 원고들에게 별지 목록 제1, 2항 기재와 같은 시정명령 및 과징금 납부명령(이하 그중 과징금 납부명령만을 '이 사건 과징금 납부명령'이라 한다)을 한 사실, ②

피고는 상고심 계속 중이던 2015. 7. 16. 렉서스 자동차에 부과된 조세 중 특별소비세와 교육세를 관련 매출액에서 제외하고, 원고 동일모터스 주식회사를 제외한 나머지 원고들의 경우 임의적 조정과징금 단계에서 구 과징금부과 세부기준 등에 관한 고시(2007. 12. 31. 공정거래위원회 고시 제15호로 개정되기 전의 것) IV.3.나.(5).항(이하 '이 사건 고시조항'이라 한다)에 의한 가중을 하지 않는 방법으로 원고들에 대한 과징금을 별지 목록 제3항 기재 원고별 해당 금액(이하 '이 사건 잔여과징금'이라 한다)과 같이 산정한 다음, 이 사건 과징금납부명령 중 이 사건 잔여과징금을 초과하는 부분을 취소하는 처분(이하 '이 사건 감액처분'이라 한다)을 한 사실을 인정할 수 있다.

앞서 본 법리에 비추어 위 사실관계를 살펴보면, 이 사건 소 중 이 사건 잔여과징금을 초과하여 이 사건 과징금 납부명령의 취소를 구하는 부분은 이 사건 감액처분에 따라 이미 소멸된 부분에 대한 것으로서 부적법하여 각하되어야 한다.

2. 원고들의 상고이유에 대하여 판단한다.

가. 상고이유 제1, 2점에 관하여

(1) 공정거래법 제19조 제1항 각 호에 규정된 부당한 공동행위에 해당하는지 여부를 판단하기 위해서는 경쟁관계가 문제 될 수 있는 일정한 거래분야에 관하여 거래의 객체인 관련상품에 따른 시장(이하 '관련시장'이라 한다)을 구체적으로 정하여야 한다. 여기에서 관련시장은 경쟁관계에 있는 상품들의 범위를 말하는데, 이를 정할 때에는 거래에 관련된 상품의 가격, 기능 및 효용의 유사성, 구매자들의 대체가능성에 대한 인식 및 그와 관련한 구매행태는 물론 판매자들의 대체가능성에 대한 인식 및 그와 관련한 경영의사결정 형태, 사회적·경제적으로 인정되는 업종의 동질성 및 유사성 등을 종합적으로 고려하여야 한다(대법원 2012. 4. 26. 선고 2010두11757 판결, 대법원 2014. 11. 27. 선고 2013두24471 판결 등 참조).

또한 동일 사항에 관하여 상반되는 수 개의 감정평가가 있고, 그중 어느 하나의 감정평가에 오류가 있음을 인정할 자료가 없는 이상 법원이 각 감정평가 중 어느 하나를 채용하여 사실을 인정하였다 하더라도 그것이 경험법칙이나 논리법칙에 위배되지 않는 한 위법하다고 할 수 없다(대법원 2008. 11. 13. 선고 2008다45491 판결 등 참조).

(2) 원심판결 이유에 의하면, 원심은 ① 피고 측이 실시한 '설문조사' 방식을 활용한 임계매출손실분석(Critical Loss Analysis, 이하 '피고 측 경제분석'이라 한다)에 의하면, BMW·벤츠·아우디·렉서스·인피니티와 볼보 자동차를 포함한 6개의 고

급 수입차 판매시장(이하 '이 사건 수입차시장'이라 한다)을 하나의 시장으로 상정한 후 그 시장에서 자동차의 가격을 일정 한도 내에서 인상하더라도, 실제 매출감소율이 임계 매출감소율[가격인상 시 이윤의 감소를 야기하지 않는 매출감소율의 최대치(임계치)]보다 낮은 것으로 분석되므로, 이 사건 수입차시장을 넘어서 관련시장을 추가적으로 확장할 필요가 없는데, ② 피고 측 경제분석에 대해 그 판시와 같은 이유로 설문조사 대상자의 인원 수·선정 방법·경위와 성격 등 설문조사 설계 내용 및 이를 기초로 한 설문조사 결과 내용 등에 비추어 그 타당성 및 신빙성을 의심할 만한 사정이 보이지 않는다는 이유로, 이를 채택하여 이 사건 공동행위의 관련시장을 이 사건 수입차시장으로 획정하였다.

(3) 앞서 본 법리와 기록에 비추어 살펴보면, 원심의 이유 설시 중 일부 적절하지 않은 부분은 있으나, 원심의 시장획정에 관한 위와 같은 판단은 수긍할 수 있는 범위 내에 있고, 거기에 상고이유 주장과 같이 증거의 취사선택 과정에서 논리와 경험의 법칙을 위반하거나 관련시장 획정에 관한 법리를 오해하는 등의 위법이 없다.

나. 상고이유 제3점에 관하여

해당 공동행위가 공정거래법 제19조 제1항이 정한 경쟁제한성을 가지는지는 해당 상품의 특성, 소비자의 제품선택 기준, 해당 행위가 시장 및 사업자들의 경쟁에 미치는 영향 등 여러 사정을 고려하고, 해당 공동행위로 인하여 일정한 거래분야에서의 경쟁이 감소하여 가격·수량·품질 기타 거래조건 등의 결정에 영향을 미치거나 미칠 우려가 있는지를 살펴서 개별적으로 판단하여야 한다(대법원 2013. 11. 14. 선고 2012두19298 판결, 대법원 2014. 2. 27. 선고 2012두24498 판결 등 참조).

한편 해당 공동행위가 경쟁제한적 효과 외에 경쟁촉진적 효과도 함께 가져오는 경우에는 양자를 비교·형량하여 경쟁제한성 여부를 판단하여야 한다. 여기에서 경쟁제한적 효과는 공동행위의 내용, 공동행위에 가담한 사업자들의 시장점유율, 공동행위 가담 사업자들 사이의 경쟁제한의 정도 등을 고려하고, 경쟁촉진적 효과는 해당 공동행위로 인한 제반 비용감소 등 효율성 증대 효과 및 소비자 후생 증가 등을 포괄적으로 감안하되 합리적인 관점에서 그러한 경쟁촉진적 효과를 발생시키는데 해당 공동행위가 필요한지 여부 등을 종합적으로 고려하여야 한다(대법원 2013. 11. 14. 선고 2012두19298 판결 등 참조).

원심판결 이유에 의하면, 원심은 ① 이 사건 수입차시장에서 렉서스 자동차의 시장점유율 합계가 25.6%에 이르는 점, ② 이 사건 공동행위는 렉서스 자동차의 할인

판매를 제한하는 등 가격을 고정하는 것으로, 그에 따라 딜러 할인율이 줄어 결과적으로 소비자가 렉서스 자동차를 구매하기 위하여 높은 가격을 지급하게 된 점, ③ 이 사건 공동행위는 국내에서 렉서스 자동차를 판매하는 딜러 전부가 참여한 것으로 그에 따라 브랜드 내(Intra-brand) 경쟁에 의한 가격할인 가능성이 사실상 완전히 제한된 점, ④ 이 사건 공동행위는 2005년 렉서스 자동차의 판매실적이 좋았음에도 불구하고, 딜러들의 수익은 오히려 악화됨에 따라 이를 타개하기 위한 목적에서 시작된 것으로 그 주된 목적은 경쟁을 회피하여 원고들의 수익을 증대하고자 함에 있는 점, ⑤ 원고들은 고객을 가장하여 타 딜러 판매전시장을 방문하는 이른바 미스테리 쇼핑 등의 방법으로 이 사건 공동행위의 실행 여부를 점검하고, 위반 사례를 적발할 경우 이메일 등을 통해 공유하였으며, 합의를 위반한 직원들에 대한 제재기준을 마련해 공동으로 시행하였던 점, ⑥ 이 사건 공동행위에 별다른 경쟁촉진적 효과가 있다고 보이지 않고, 원고들 주장과 같이 원고들 사이의 무임승차를 방지하고 건전한 투자를 유도함으로써 다른 수입차와의 브랜드 간(Inter-brand) 경쟁을 촉진하고 소비자에게 다양한 서비스를 제공하는 등 일부 경쟁촉진적 효과가 있다고 하더라도 앞서 본 경쟁제한 효과를 상쇄할 정도라고 보기 어려운 점 등의 사정을 들어 이 사건 공동행위는 부당하게 경쟁을 제한하였다고 판단하였다.

앞서 본 법리와 기록에 비추어 보면, 원심의 이유 설시 중 일부 적절하지 않은 부분은 있으나, 원심의 위와 같은 판단은 정당하다고 수긍할 수 있고, 거기에 상고이유의 주장과 같이 부당한 공동행위의 경쟁제한성 등에 관한 법리를 오해하거나 필요한 심리를 다하지 않은 등의 위법이 없다.

다. 상고이유 제4점에 관하여

상소는 자기에게 불이익한 재판에 대하여 자기에게 유리하도록 그 취소·변경을 구하는 것이므로 전부 승소한 원심판결에 대한 불복 상고는 상고를 제기할 이익이 없어 허용될 수 없고, 한편 재판이 상소인에게 불이익한지 여부는 원칙적으로 재판의 주문을 표준으로 판단하여야 하며, 상소인의 주장이 받아들여져 승소하였다면 그 판결 이유에 불만이 있더라도 상소의 이익이 없다(대법원 2011. 6. 30. 선고 2009두355 판결 등 참조).

기록에 의하면, 원고들은 원심에서 이 사건 과징금 납부명령의 취소를 구하는 청구 부분에 관하여는 전부 승소하였으므로, 그에 대한 상소는 허용되지 않고, 따라서 그 부분에 관한 판결 이유의 부당함을 다투는 취지인 이 부분 상고이유는 나아가 살펴 볼 필요 없이 받아들일 수 없다.

3. 피고의 상고이유에 대하여 판단한다.

가. 피고의 상고이유 중 특별소비세와 교육세가 관련 매출액에서 제외되어야 하고, 이 사건 고시조항에 의한 가중은 허용되지 않는다는 원심의 판단이 부당하다는 취지의 주장은 이 사건 감액처분이 이루어진 이상, 더 나아가 살펴 볼 필요가 없다.

나. 처분을 할 것인지 여부와 처분의 정도에 관하여 재량이 인정되는 과징금 납부명령에 대하여 그 명령이 재량권을 일탈하였을 경우 법원으로서는 재량권의 일탈 여부만 판단할 수 있을 뿐이지 재량권의 범위 내에서 어느 정도가 적정한 것인지에 관하여는 판단할 수 없어 그 전부를 취소할 수밖에 없고, 법원이 적정하다고 인정되는 부분을 초과한 부분만 취소할 수는 없다(대법원 2009. 6. 23. 선고 2007두18062 판결 등 참조).

원심판결 이유에 의하면, 원심은 피고의 이 사건 과징금 납부명령에 이 사건 고시조항의 적용 가능 여부 등과 관련하여 재량권 일탈·남용의 위법이 있다고 보아, 이 사건 과징금 납부명령을 전부 취소하였다.

앞서 본 법리에 비추어 보면, 원심의 이러한 판단은 정당하고, 피고의 주장과 같이 이 사건 과징금 납부명령이 가분적 일부 취소가 가능하였던 경우라고 볼 수 없으므로, 거기에 처분의 일부 취소에 관한 법리를 오해하는 등의 위법이 없다.

다. 행정청인 피고는 공정거래법상 과징금 부과처분에 대한 항고소송 등 불복절차 계속 중에도 직권으로 과징금에 관한 감액처분을 할 수 있지만, 사실심 변론종결 이후 상고심에 이르러 이루어진 이 사건 감액처분을 이유로 원심판결의 당부를 다시 판단해야 한다고 주장하는 것은 허용되지 아니하므로, 피고의 나머지 상고이유 주장도 받아들이지 않는다.

4. 결 론

그러므로 원심판결의 피고 패소 부분 중 이 사건 잔여과징금을 초과하여 이 사건 과징금 납부명령의 취소를 구하는 부분을 파기하고, 이 부분은 대법원에서 직접 재판하기에 충분하므로 행정소송법 제8조 제2항, 민사소송법 제437조에 따라 자판하기로 하여 이 부분 소를 각하하고, 원고들의 상고 및 피고의 나머지 상고를 모두 기각하며, 소송총비용의 부담에 관한 사항을 정하기로 하여, 관여 대법관의 일치된 의견으로 주문과 같이 판결한다.

[2] 대법원 2017. 3. 16. 선고 2013두11536 판결【손실보상금등】[공2017상,783]

【판시사항】

도시 및 주거환경정비법 제54조 제2항에 따른 대지 또는 건축물의 소유권 이전에 관한 고시의 효력이 발생한 후 일부 내용만을 분리하여 변경하거나 전체 이전고시를 모두 무효화시킬 수 있는지 여부(소극) / 이전고시의 효력이 발생한 후 조합원 등이 정비사업을 위하여 이루어진 수용재결이나 이의재결의 취소 또는 무효확인을 구할 법률상 이익이 있는지 여부(소극)

【판결요지】

도시 및 주거환경정비법(2017. 2. 8. 법률 제14567호로 전부 개정되기 전의 것) 제54조 제1항, 제2항, 제55조 제1항에 따르면, 주택재개발정비사업을 시행하는 사업시행자는 준공인가와 공사의 완료에 관한 고시가 있은 때에는 지체 없이 대지확정측량과 토지의 분할절차를 거쳐 관리처분계획에 정한 사항을 분양받을 자에게 통지하고 대지 또는 건축물의 소유권을 이전하여야 하고, 그 내용을 당해 지방자치단체의 공보에 고시한 후 이를 시장·군수에게 보고하여야 하며, 대지 또는 건축물을 분양받을 자는 고시가 있은 날의 다음 날에 그 대지 또는 건축물에 대한 소유권을 취득하고, 이 경우 종전의 토지 또는 건축물에 설정된 지상권 등 등기된 권리 및 주택임대차보호법 제3조 제1항의 요건을 갖춘 임차권은 소유권을 이전받은 대지 또는 건축물에 설정된 것으로 본다. 이와 같이 대지 또는 건축물의 소유권 이전에 관한 고시의 효력이 발생하면 조합원 등이 관리처분계획에 따라 분양받을 대지 또는 건축물에 관한 권리의 귀속이 확정되고 조합원 등은 이를 토대로 다시 새로운 법률관계를 형성하게 되는데, 이전고시의 효력 발생으로 대다수 조합원 등에 대하여 권리귀속 관계가 획일적·일률적으로 처리되는 이상 그 후 일부 내용만을 분리하여 변경할 수 없고, 그렇다고 하여 전체 이전고시를 모두 무효화시켜 처음부터 다시 관리처분계획을 수립하여 이전고시 절차를 거치도록 하는 것도 정비사업의 공익적·단체법적 성격에 배치되어 허용될 수 없다.

위와 같은 정비사업의 공익적·단체법적 성격과 이전고시에 따라 이미 형성된 법률관계를 유지하여 법적 안정성을 보호할 필요성이 현저한 점 등을 고려할 때, 이전고시의 효력이 발생한 이후에는 조합원 등이 해당 정비사업을 위하여 이루어진 수용재결이나 이의재결의 취소 또는 무효확인을 구할 법률상 이익이 없다고 해석함이 타당하다.

【참조조문】

도시 및 주거환경정비법(2017. 2. 8. 법률 제14567호로 전부 개정되기 전의 것) 제

54조, 제55조 제1항

【참조판례】

대법원 2012. 3. 22. 선고 2011두6400 전원합의체 판결(공2012상, 682), 대법원 2014. 9. 25. 선고 2011두20680 판결(공2014하, 2123)

【전 문】

【원고(선정당사자), 상고인】 주식회사 고강 외 1인 (소송대리인 변호사 안관주)

【피고, 피상고인】 중앙토지수용위원회 외 2인 (소송대리인 변호사 윤영현 외 2인)

【원심판결】 서울고법 2013. 4. 12. 선고 2011누39396 판결

【주 문】

원심판결의 원고(선정당사자)들 패소 부분 중 원고(선정당사자) 주식회사 고강, 원고(선정당사자) 2의 피고 서울특별시지방토지수용위원회에 대한 주위적, 예비적 청구 부분을 파기하고, 이 부분에 관한 제1심판결을 취소하며, 이 부분 소를 각하한다. 원고(선정당사자)들의 나머지 상고를 모두 기각한다. 원고(선정당사자)들과 피고 중앙토지수용위원회, 신길제5구역주택재개발조합 사이에 생긴 상고비용과 원고(선정당사자)들과 피고 서울특별시지방토지수용위원회 사이에 생긴 소송총비용은 원고(선정당사자)들 및 선정자들이 부담한다.

【이 유】

1. 원고(선정당사자) 주식회사 고강 및 원고(선정당사자) 2의 2010. 9. 17.자 수용재결 및 2011. 1. 21.자 이의재결에 대한 무효확인청구(주위적 청구) 및 취소청구(예비적 청구) 부분에 관한 직권판단

가. 도시 및 주거환경정비법(이하 '도시정비법'이라 한다) 제54조 제1항, 제2항, 제55조 제1항에 따르면, 주택재개발정비사업을 시행하는 사업시행자는 준공인가와 공사의 완료에 관한 고시가 있은 때에는 지체 없이 대지확정측량과 토지의 분할절차를 거쳐 관리처분계획에 정한 사항을 분양받을 자에게 통지하고 대지 또는 건축물의 소유권을 이전하여야 하고, 그 내용을 당해 지방자치단체의 공보에 고시한 후 이를 시장·군수에게 보고하여야 하며, 대지 또는 건축물을 분양받을 자는 고시가 있은 날의 다음 날에 그 대지 또는 건축물에 대한 소유권을 취득하고, 이 경우 종전의 토지 또는 건축물에 설정된 지상권 등 등기된 권리 및 주택임대차보호법 제3조

제1항의 요건을 갖춘 임차권은 소유권을 이전받은 대지 또는 건축물에 설정된 것으로 본다. 이와 같이 대지 또는 건축물의 소유권 이전에 관한 고시의 효력이 발생하면 조합원 등이 관리처분계획에 따라 분양받을 대지 또는 건축물에 관한 권리의 귀속이 확정되고 조합원 등은 이를 토대로 다시 새로운 법률관계를 형성하게 되는데, 이전고시의 효력 발생으로 대다수 조합원 등에 대하여 권리귀속 관계가 획일적·일률적으로 처리되는 이상 그 후 일부 내용만을 분리하여 변경할 수 없고, 그렇다고 하여 전체 이전고시를 모두 무효화시켜 처음부터 다시 관리처분계획을 수립하여 이전고시 절차를 거치도록 하는 것도 정비사업의 공익적·단체법적 성격에 배치되어 허용될 수 없다(대법원 2012. 3. 22. 선고 2011두6400 전원합의체 판결, 대법원 2014. 9. 25. 선고 2011두20680 판결 등 참조).

위와 같은 정비사업의 공익적·단체법적 성격과 이전고시에 따라 이미 형성된 법률관계를 유지하여 법적 안정성을 보호할 필요성이 현저한 점 등을 고려할 때, 이전고시의 효력이 발생한 이후에는 조합원 등이 해당 정비사업을 위하여 이루어진 수용재결이나 이의재결의 취소 또는 무효확인을 구할 법률상 이익이 없다고 해석함이 타당하다.

나. 기록과 원심이 인용한 제1심판결에 의하면, ① 원고(선정당사자, 이하 '원고'라 한다)들은 도시정비법상의 주택재개발정비사업인 이 사건 사업의 구역 내 소재 이 사건 토지의 공유자들이고, 피고 신길제5구역주택재개발조합(이하 '피고 조합'이라 한다)은 2002. 12. 26. 영등포구청장으로부터 설립인가를 받은 주택재개발정비사업조합인 사실, ② 원고들은 사업시행계획에서 정해진 분양신청기간 내에 피고 조합에게 분양신청을 하였으나 분양계약을 체결하지 않고 있다가, 준공인가 고시 후 2009. 12. 30. 피고 조합에 대하여 분양신청을 철회한 사실, ③ 이에 피고 조합은 이 사건 토지에 대하여 수용재결신청을 하였고, 피고 서울특별시지방토지수용위원회는 2010. 9. 17. 이 사건 토지를 수용한다는 내용의 수용재결(이하 '이 사건 수용재결'이라 한다)을, 피고 중앙토지수용위원회는 2011. 1. 21. 위 수용재결에 대한 원고들의 이의재결신청을 기각한다는 내용의 이의재결(이하 '이 사건 이의재결'이라 한다)을 한 사실, ④ 그 후 피고 조합은 원고들을 분양대상자에서 현금청산대상자로 변경하는 것으로 당초의 관리처분계획을 변경한 다음, 2011. 6. 30. 이 사건 사업에 관하여 이전고시 절차를 마친 사실을 알 수 있다.

다. 위 사실을 앞서 본 법리에 비추어 보면, 이 사건 수용재결 및 이의재결 후 피고 조합이 이 사건 사업에 관한 이전고시를 하여 그 효력이 발생하였으므로, 원고들은 더 이상 이 사건 수용재결 및 이의재결의 무효확인 및 취소를 구할 법률상 이익이 없게 되었다고 할 것이다.

라. 그럼에도 원심은 이 사건 수용재결에 대한 원고들의 무효확인청구 및 취소청구에 관하여 본안판단에까지 나아가고 말았으니 이러한 원심판결에는 이전고시의 효력 발생 후 법률상 이익에 관한 법리를 오해함으로써 판결에 영향을 미친 위법이 있다. 다만 원심은 이 사건 이의재결에 대한 원고들의 무효확인청구 및 취소청구 부분에 관하여는 비록 그 이유를 달리하였지만 이 부분 소를 모두 각하하였는바, 그 결론에 있어서 정당하므로 판결 결과에 영향이 없어 파기사유가 되는 위법이라고 할 수 없다.

2. 선정자 주식회사 가가나나의 이 사건 수용재결 및 이의재결에 대한 무효확인청구(주위적 청구) 및 취소청구(예비적 청구) 부분에 관한 상고이유에 대한 판단

원심은, 이 사건 수용재결과 이의재결이 이 사건 토지에 관한 원고들의 공유지분을 수용대상으로 하였을 뿐 선정자 주식회사 가가나나의 이 사건 지상권을 그 수용대상으로 삼지 않았다는 이유로 이 사건 수용재결 및 이의재결에 대한 선정자 주식회사 가가나나의 무효확인청구 및 취소청구 부분의 소는 부적법하다고 판단하였다.

원심판결의 이유를 기록에 비추어 살펴보면, 원심의 위와 같은 판단은 정당하고 거기에 상고이유 주장과 같이 논리와 경험의 법칙을 위반하여 자유심증주의의 한계를 벗어나 사실을 잘못 인정하거나 관련 법리를 오해한 위법이 없다.

3. 수용보상금청구 부분에 관한 상고이유에 대한 판단

가. 원심은, 그 판시와 같은 이유로 원고들의 피고 조합에 대한 수용보상금증액 및 지연가산금, 지연손해금 청구를 배척하였는바, 관련 법리와 기록에 비추어 살펴보면, 원심의 위와 같은 판단은 정당하고, 거기에 상고이유 주장과 같이 논리와 경험의 법칙을 위반하여 자유심증주의의 한계를 벗어나거나 관련 법리를 오해한 위법이 없다.

나. 원심은, 선정자 주식회사 가가나나 및 선정자 4의 수용보상금 청구 부분에 대하여 이 사건 지상권에 관한 재결절차가 없었던 이상 사업시행자인 피고 조합을 상대로 수용보상금을 청구할 수 없으므로 이 부분 소는 부적법하다고 판단하였는바, 관련 법리와 기록에 비추어 살펴보면 원심의 위와 같은 판단은 정당하고, 거기에 상고이유 주장과 같이 논리와 경험의 법칙을 위반하여 자유심증주의의 한계를

벗어나 사실을 잘못 인정하거나 관련 법리를 오해한 위법이 없다(한편 원고들은 이 사건 지상권이 담보 목적의 지상권이라고 본 원심의 판단에 잘못이 있다는 취지의 주장도 하고 있다. 그러나 위 주장은 원심의 가정적·부가적 판단에 관한 것이고 위와 같은 이유로 이 부분 소를 부적법하다고 본 원심의 판단이 정당한 이상 위 가정적·부가적 판단의 당부는 판결에 영향을 미칠 수 없으므로, 위 주장은 나아가 살펴볼 필요 없이 받아들일 수 없다).

4. 결 론

그러므로 원심판결 중 원고들의 이 사건 수용재결에 대한 무효확인청구 및 취소청구 부분을 파기하되, 이 부분 사건은 대법원이 직접 재판하기에 충분하므로 행정소송법 제8조 제2항, 민사소송법 제437조에 따라 자판하기로 하여 이 부분에 관한 제1심판결을 취소하고, 이 부분 소를 각하하며, 원고들의 나머지 상고를 모두 기각하고, 원고들과 피고 중앙토지수용위원회, 피고 조합 사이에 생긴 상고비용과 원고들과 피고 서울특별시지방토지수용위원회 사이에 생긴 소송총비용은 원고들 및 선정자들이 부담하기로 하여, 관여 대법관의 일치된 의견으로 주문과 같이 판결한다.

3 대법원 2017. 4. 13. 선고 2016두64241 판결 【수용재결무효확인】 [공2017상,1011]

【판시사항】

[1] 공익사업을 위한 토지 등의 취득 및 보상에 관한 법률상 토지수용위원회의 수용재결이 있은 후 토지소유자 등과 사업시행자가 다시 협의하여 토지 등의 취득이나 사용 및 그에 대한 보상에 관하여 임의로 계약을 체결할 수 있는지 여부(적극)

[2] 중앙토지수용위원회가 지방국토관리청장이 시행하는 공익사업을 위하여 갑 소유의 토지에 대하여 수용재결을 한 후, 갑과 사업시행자가 '공공용지의 취득협의서'를 작성하고 협의취득을 원인으로 소유권이전등기를 마쳤는데, 갑이 '사업시행자가 수용개시일까지 수용재결보상금 전액을 지급·공탁하지 않아 수용재결이 실효되었다'고 주장하며 수용재결의 무효확인을 구하는 소송을 제기한 사안에서, 갑이 수용재결의 무효확인 판결을 받더라도 토지의 소유권을 회복시키는 것이 불가능하고, 무효확인으로써 회복할 수 있는 다른 권리나 이익이 남아 있다고도 볼 수 없다고 한 사례

【판결요지】

[1] 공익사업을 위한 토지 등의 취득 및 보상에 관한 법률(이하 '토지보상법'이라 한다)은 사업시행자로 하여금 우선 협의취득 절차를 거치도록 하고, 협의가 성립되

지 않거나 협의를 할 수 없을 때에 수용재결취득 절차를 밟도록 예정하고 있기는 하다. 그렇지만 일단 토지수용위원회가 수용재결을 하였더라도 사업시행자로서는 수용 또는 사용의 개시일까지 토지수용위원회가 재결한 보상금을 지급 또는 공탁하지 아니함으로써 재결의 효력을 상실시킬 수 있는 점, 토지소유자 등은 수용재결에 대하여 이의를 신청하거나 행정소송을 제기하여 보상금의 적정 여부를 다툴 수 있는데, 그 절차에서 사업시행자와 보상금액에 관하여 임의로 합의할 수 있는 점, 공익사업의 효율적인 수행을 통하여 공공복리를 증진시키고, 재산권을 적정하게 보호하려는 토지보상법의 입법 목적(제1조)에 비추어 보더라도 수용재결이 있은 후에 사법상 계약의 실질을 가지는 협의취득 절차를 금지해야 할 별다른 필요성을 찾기 어려운 점 등을 종합해 보면, 토지수용위원회의 수용재결이 있은 후라고 하더라도 토지소유자 등과 사업시행자가 다시 협의하여 토지 등의 취득이나 사용 및 그에 대한 보상에 관하여 임의로 계약을 체결할 수 있다고 보아야 한다.

[2] 중앙토지수용위원회가 지방국토관리청장이 시행하는 공익사업을 위하여 갑 소유의 토지에 대하여 수용재결을 한 후, 갑과 사업시행자가 '공공용지의 취득협의서'를 작성하고 협의취득을 원인으로 소유권이전등기를 마쳤는데, 갑이 '사업시행자가 수용개시일까지 수용재결보상금 전액을 지급·공탁하지 않아 수용재결이 실효되었다'고 주장하며 수용재결의 무효확인을 구하는 소송을 제기한 사안에서, 갑과 사업시행자가 수용재결이 있은 후 토지에 관하여 보상금액을 새로 정하여 취득협의서를 작성하였고, 이를 기초로 소유권이전등기까지 마친 점 등을 종합해 보면, 갑과 사업시행자가 수용재결과는 별도로 '토지의 소유권을 이전한다는 점과 그 대가인 보상금의 액수'를 합의하는 계약을 새로 체결하였다고 볼 여지가 충분하고, 만약 이러한 별도의 협의취득 절차에 따라 토지에 관하여 소유권이전등기가 마쳐진 것이라면 설령 갑이 수용재결의 무효확인 판결을 받더라도 토지의 소유권을 회복시키는 것이 불가능하고, 나아가 무효확인으로써 회복할 수 있는 다른 권리나 이익이 남아 있다고도 볼 수 없다고 한 사례.

【참조조문】

[1] 공익사업을 위한 토지 등의 취득 및 보상에 관한 법률 제14조, 제17조, 제26조, 제28조 제1항, 제42조 제1항, 제45조 제1항, 제2항, 제50조 제1항 / [2] 행정소송법 제12조, 공익사업을 위한 토지 등의 취득 및 보상에 관한 법률 제14조, 제17조, 제26조, 제28조 제1항, 제42조 제1항, 제45조 제1항, 제2항, 제50조 제1항

【전 문】

【원고, 피상고인】 원고 (소송대리인 법무법인(유한) 영진 담당변호사 송시헌 외 3인)

【피고, 상고인】 중앙토지수용위원회
【피고보조참가인, 상고인】 대한민국 (소송대리인 법무법인 현대 담당변호사 이정웅 외 2인)
【원심판결】 서울고법 2016. 11. 24. 선고 2016누48166 판결

【주 문】

원심판결을 파기하고, 사건을 서울고등법원에 환송한다.

【이 유】

상고이유를 판단한다.

1. 상고이유 제1점에 대하여

가. 행정처분의 무효확인 또는 취소를 구하는 소에서, 비록 행정처분의 위법을 이유로 무효확인 또는 취소 판결을 받더라도 그 처분에 의하여 발생한 위법상태를 원상으로 회복시키는 것이 불가능한 경우에는 원칙적으로 그 무효확인 또는 취소를 구할 법률상 이익이 없고, 다만 원상회복이 불가능하더라도 그 무효확인 또는 취소로써 회복할 수 있는 다른 권리나 이익이 남아 있는 경우 예외적으로 법률상 이익이 인정될 수 있을 뿐이다(대법원 2016. 6. 10. 선고 2013두1638 판결 등).

공익사업을 위한 토지 등의 취득 및 보상에 관한 법률(이하 '토지보상법'이라고 한다)에 의하면 사업시행자는 공익사업의 수행을 위하여 토지 등의 취득 또는 사용이 필요할 때에는 다음 두 가지 방법으로 이를 취득 또는 사용할 수 있다.

첫째로, 사업시행자는 사업인정 전이나 그 후에 토지조서 및 물건조서의 작성, 보상계획의 열람 등 일정한 절차를 거친 후 토지 등에 대한 보상에 관하여 토지소유자 및 관계인과 협의한 다음 그 협의가 성립되었을 때 계약을 체결할 수 있다(제14조 내지 제17조, 제26조, 이하 '협의취득'이라 한다). 이때의 보상합의는 공공기관이 사경제주체로서 행하는 사법상 계약의 실질을 가지는 것으로서, 당사자 간의 합의로 토지보상법이 정한 손실보상 기준에 의하지 아니한 손실보상금을 정할 수 있고, 이처럼 법이 정하는 기준에 따르지 아니하고 손실보상액에 관한 합의를 하였다고 하더라도 그 합의가 착오 등을 이유로 적법하게 취소되지 않는 한 유효하므로(대법원 2013. 8. 22. 선고 2012다3517 판결 참조), 사업시행자는 그 합의에서 정한 바에 따라 토지 등을 취득 또는 사용할 수 있다.

둘째로, 사업시행자는 위와 같은 협의가 성립되지 아니하거나 협의를 할 수 없을 때에는 사업인정고시가 된 날부터 1년 이내에 대통령령으로 정하는 바에 따라 관할

토지수용위원회에 재결을 신청할 수 있고(제28조 제1항), 이때 토지수용위원회는 '1. 수용하거나 사용할 토지의 구역 및 사용방법, 2. 손실보상, 3. 수용 또는 사용의 개시일과 기간' 등에 관하여 재결하며(제50조 제1항), 사업시행자가 수용 또는 사용의 개시일까지 관할 토지수용위원회가 재결한 보상금을 지급하거나 공탁하지 아니하여 재결이 효력을 상실하지 않는 이상(제42조 제1항), 사업시행자는 수용이나 사용의 개시일에 토지나 물건의 소유권 또는 사용권을 취득한다(제45조 제1항, 제2항, 이하 '수용재결취득'이라 한다).

이처럼 토지보상법은 사업시행자로 하여금 우선 협의취득 절차를 거치도록 하고, 그 협의가 성립되지 않거나 협의를 할 수 없을 때에 수용재결취득 절차를 밟도록 예정하고 있기는 하다. 그렇지만 ① 일단 토지수용위원회가 수용재결을 하였더라도 사업시행자로서는 수용 또는 사용의 개시일까지 토지수용위원회가 재결한 보상금을 지급 또는 공탁하지 아니함으로써 그 재결의 효력을 상실시킬 수 있는 점, ② 토지소유자 등은 수용재결에 대하여 이의를 신청하거나 행정소송을 제기하여 보상금의 적정 여부를 다툴 수 있는데, 그 절차에서 사업시행자와 보상금액에 관하여 임의로 합의할 수 있는 점, ③ 공익사업의 효율적인 수행을 통하여 공공복리를 증진시키고, 재산권을 적정하게 보호하려는 토지보상법의 입법 목적(제1조)에 비추어 보더라도 수용재결이 있은 후에 사법상 계약의 실질을 가지는 협의취득 절차를 금지해야 할 별다른 필요성을 찾기 어려운 점 등을 종합해 보면, 토지수용위원회의 수용재결이 있은 후라고 하더라도 토지소유자 등과 사업시행자가 다시 협의하여 토지 등의 취득이나 사용 및 그에 대한 보상에 관하여 임의로 계약을 체결할 수 있다고 보아야 한다.

나. 원심판결 및 원심이 인용한 제1심판결의 이유와 원심이 적법하게 채택한 증거 등에 의하면 다음과 같은 사실들을 알 수 있다.

(1) 피고는 참가인의 산하 기관인 원주지방국토관리청장(이하 '이 사건 사업시행자'라고 한다)이 시행하는 이 사건 공익사업을 위하여 2013. 1. 18. 원고 소유인 경기도 광주시 (주소 생략) 임야 3,505㎡ 등 5필지(이하 '이 사건 토지'라고 한다)를 수용하고, 그 손실보상금은 합계 976,261,750원으로 하며, 수용개시일은 2013. 3. 13.로 한다는 내용의 수용재결(이하 '이 사건 수용재결'이라고 한다)을 하였다.

(2) 당시 이 사건 사업시행자는 이 사건 수용재결의 보상금액에 관하여 감액 청구소송을 제기할지를 검토하고 있었다. 한편 원고는 '50억 원이 넘는 대출금채무로

인해 매일 300만 원에 달하는 지연손해금 채무가 발생하고 있다'라고 언급하면서, 이 사건 사업시행자에게 하루라도 빨리 이 사건 토지의 손실보상금을 지급해 주고, 나아가 이 사건 토지에 인접한 잔여지 6필지(이하 '이 사건 잔여지'라고 한다)도 매수해 줄 것을 요청하였다.

(3) 이러한 상황에서 원고와 이 사건 사업시행자는 2013. 2. 18. 이 사건 토지에 관하여 보상금액을 943,846,800원으로, 이 사건 잔여지에 관하여 보상금액을 693,573,430원으로 정한 각 '공공용지의 취득협의서'를 작성하였고, 원고가 이 사건 사업시행자에게 위 각 금액을 청구하는 내용의 각 보상금청구서 및 같은 금액을 영수한다는 내용의 각 영수증을 작성·교부하였으며, 2013. 2. 21. 이 사건 토지 및 잔여지에 관하여 '2013. 2. 18. 공공용지의 협의취득'을 원인으로 참가인 명의의 소유권이전등기가 마쳐졌다. 한편 이 사건 토지에 관한 위 보상금청구서에는 이의를 유보한다는 취지와 함께 "보상금액이 너무 억울하여 이의 유보를 기재하고 향후 조치를 취하려 한다."는 내용이 기재되어 있다.

다. 앞서 본 법리에다가 위 사실관계로부터 알 수 있는 다음과 같은 사정들, 즉 ① 원고와 이 사건 사업시행자는 이 사건 수용재결이 있은 후 이 사건 토지에 관하여 보상금액을 새로 정하여 취득협의서를 작성하였고, 이를 기초로 참가인 앞으로 소유권이전등기까지 마친 점, ② 원고가 위와 같이 새로 협의한 보상금액을 청구하면서 이 사건 토지에 관한 보상금청구서에 이의를 유보한다는 취지를 기재하였으나, 위 보상금청구서는 원고가 단독으로 작성한 서면임에 반하여, 원고와 이 사건 사업시행자가 공동으로 작성한 취득협의서에는 이의를 유보한다는 취지의 내용은 없는 점, ③ 원고와 이 사건 사업시행자가 2013. 2. 18. 이 사건 토지 및 잔여지에 관하여 동시에 협의취득 계약을 체결함으로써, 원고로서는 이 사건 토지의 보상금액을 수용개시일보다 일찍 수령하여 상당한 액수의 금융기관대출 지연손해금 채무가 발생하는 것을 피할 수 있었고, 이 사건 잔여지에 관해서도 수용재결절차를 거치지 아니한 채 손실보상을 받는 이익을 얻게 되었으며, 이 사건 사업시행자로서도 이 사건 토지를 이 사건 수용재결의 보상금액보다 일부 감액된 금액으로 취득하는 등, 상호 포괄적으로 이익을 절충하여 합의한 결과로 보이는 점 등을 종합해 보면, 원고와 이 사건 사업시행자가 이 사건 수용재결과는 별도로 '이 사건 토지의 소유권을 이전한다는 점과 그 대가인 보상금의 액수'를 합의하는 계약을 새로 체결하였다고 볼 여지가 충분하고, 만약 이러한 별도의 협의취득 절차에 따라 이 사건 토지에 관하여 참가인 앞으로 소유권이전등기가 마쳐진 것이라면 설령 원고가 이 사건 수용재결의 무효확인 판결을 받더라도 원고로서는 이 사건 토지의 소유권을 회복시키는 것이 불가능하고, 나아가 그 무효확인으로써 회복할 수 있는 다른 권리나 이익이 남아 있다고도 볼 수 없다.

라. 그럼에도 원심은, 이 사건 소가 부적법하다는 취지의 참가인 주장을 그 판시와 같은 사정만을 들어 배척하고, 나아가 본안에 관하여 판단한 제1심판결을 인용하였으니, 이러한 원심판결에는 수용재결 후 별도의 협의취득에 따라 토지 등의 소유권이 이전된 경우 수용재결의 무효확인을 구할 소의 이익에 관한 법리를 오해한 나머지 필요한 심리를 다하지 아니하여 판결에 영향을 미친 잘못이 있다. 이 점을 지적하는 상고이유 주장은 이유 있다.

2. 그러므로 나머지 상고이유에 관한 판단을 생략한 채 원심판결을 파기하고, 사건을 다시 심리·판단하도록 원심법원에 환송하기로 하여, 관여 대법관의 일치된 의견으로 주문과 같이 판결한다.

4 대법원 2017. 10. 31. 선고 2015두45045 판결【주택건설사업계획변경승인신청반려처분취소재결취소】[공2017하,2196]

【판시사항】

당사자의 신청을 받아들이지 않은 거부처분이 재결에서 취소된 경우, 재결의 취소를 구할 법률상 이익이 있는지 여부(소극)

【판결요지】

행정청이 한 처분 등의 취소를 구하는 소송은 처분에 의하여 발생한 위법 상태를 배제하여 원래 상태로 회복시키고 처분으로 침해된 권리나 이익을 구제하고자 하는 것이다. 따라서 해당 처분 등의 취소를 구하는 것보다 실효적이고 직접적인 구제수단이 있음에도 처분 등의 취소를 구하는 것은 특별한 사정이 없는 한 분쟁해결의 유효적절한 수단이라고 할 수 없어 법률상 이익이 있다고 할 수 없다.

그런데 당사자의 신청을 받아들이지 않은 거부처분이 재결에서 취소된 경우에 행정청은 종전 거부처분 또는 재결 후에 발생한 새로운 사유를 내세워 다시 거부처분을 할 수 있다. 그 재결의 취지에 따라 이전의 신청에 대하여 다시 어떠한 처분을 하여야 할지는 처분을 할 때의 법령과 사실을 기준으로 판단하여야 하기 때문이다. 또한 행정청이 재결에 따라 이전의 신청을 받아들이는 후속처분을 하였더라도 후속처분이 위법한 경우에는 재결에 대한 취소소송을 제기하지 않고도 곧바로 후속처분에 대한 항고소송을 제기하여 다툴 수 있다. 나아가 거부처분을 취소하는 재결이 있더라도 그에 따른 후속처분이 있기까지는 제3자의 권리나 이익에 변동이 있다고 볼 수 없고 후속처분 시에 비로소 제3자의 권리나 이익에 변동이 발생하며, 재결에 대한 항고소송을 제기하여 재결을 취소하는 판결이 확정되더라도 그와 별도로 후속처분이 취소되지 않는 이상 후속처분으로 인한 제3자의 권리나 이익에 대한 침해 상태는 여전히 유지된다. 이러한 점들을 종합하면, 거부처분이 재결에서 취소된 경우 재결에 따른 후속처분이 아니라 그 재결의 취소를 구하는 것은 실효적이고 직접적인 권리구제수단이 될 수 없어 분쟁해결의 유효적절한 수단이라고 할 수 없으므로 법률상 이익이 없다.

【참조조문】

행정소송법 제12조, 제19조

【전 문】

【원고, 상고인】 주식회사 극동토건 (소송대리인 법무법인 명장 담당변호사 김미영 외 3인)

【피고, 피상고인】 충청북도행정심판위원회

【피고보조참가인】 주식회사 한마음건설 (소송대리인 변호사 박호섭)

【원심판결】 대전고법 2015. 5. 27. 선고 (청주)2014누5928 판결

【주 문】

상고를 기각한다. 상고비용은 보조참가로 인한 부분을 포함하여 원고가 부담한다.

【이 유】

상고이유(상고이유서 제출기간이 지난 후에 제출된 준비서면 기재는 상고이유를 보충하는 범위 내에서)를 판단한다.

행정청이 한 처분 등의 취소를 구하는 소송은 그 처분에 의하여 발생한 위법 상태를 배제하여 원래 상태로 회복시키고 그 처분으로 침해된 권리나 이익을 구제하고자 하는 것이다. 따라서 해당 처분 등의 취소를 구하는 것보다 실효적이고 직접적인 구제수단이 있음에도 그 처분 등의 취소를 구하는 것은 특별한 사정이 없는 한 분쟁해결의 유효적절한 수단이라고 할 수 없어 법률상 이익이 있다고 할 수 없다.

그런데 당사자의 신청을 받아들이지 않은 거부처분이 재결에서 취소된 경우에 행정청은 종전 거부처분 또는 재결 후에 발생한 새로운 사유를 내세워 다시 거부처분

을 할 수 있다. 그 재결의 취지에 따라 이전의 신청에 대하여 다시 어떠한 처분을 하여야 할지는 처분을 할 때의 법령과 사실을 기준으로 판단하여야 하기 때문이다. 또한 행정청이 재결에 따라 이전의 신청을 받아들이는 후속처분을 하였더라도 그 후속처분이 위법한 경우에는 재결에 대한 취소소송을 제기하지 않고도 곧바로 후속처분에 대한 항고소송을 제기하여 다툴 수 있다. 나아가 거부처분을 취소하는 재결이 있더라도 그에 따른 후속처분이 있기까지는 제3자의 권리나 이익에 변동이 있다고 볼 수 없고 후속처분 시에 비로소 제3자의 권리나 이익에 변동이 발생하며, 재결에 대한 항고소송을 제기하여 재결을 취소하는 판결이 확정되더라도 그와 별도로 후속처분이 취소되지 않는 이상 후속처분으로 인한 제3자의 권리나 이익에 대한 침해 상태는 여전히 유지된다. 이러한 점들을 종합하여 보면, 거부처분이 재결에서 취소된 경우 재결에 따른 후속처분이 아니라 그 재결의 취소를 구하는 것은 실효적이고 직접적인 권리구제수단이 될 수 없어 분쟁해결의 유효적절한 수단이라고 할 수 없으므로 법률상 이익이 없다.

같은 취지에서 원심이 이 사건 재결의 취소를 구할 법률상 이익이 인정되지 않는다고 판단한 것은 정당하고, 거기에 상고이유 주장과 같이 항고소송에서의 법률상 이익에 관한 법리를 오해하는 등의 잘못이 없다.

나아가 기록에 의하면, 이 사건 사업부지에 아파트가 완공되어 2016. 8.경 사용검사와 입주자모집공고까지 이루어졌음을 알 수 있으므로, 이 사건 재결이 취소된다고 하더라도 원고가 당초에 승인받은 사업을 시행할 수는 없게 되었다. 이 점에서도 원고에게 이 사건 재결의 취소를 구할 법률상 이익이 있다고 할 수 없다. 따라서 원고의 나머지 상고이유에 관하여 나아가 살펴볼 필요 없이 상고는 이유 없다.

그러므로 상고를 기각하고, 상고비용은 보조참가로 인한 부분을 포함하여 패소자가 부담하도록 하여, 관여 대법관의 일치된 의견으로 주문과 같이 판결한다.

Ⅴ. 제소기간

1 대법원 2017. 3. 9. 선고 2016두60577 판결 【이행강제금부과처분취소】 [공2017상,643]

【판시사항】

[1] 행정처분의 효력발생요건으로서 도달의 의미

[2] 행정소송법 제20조 제1항이 정한 제소기간 기산점인 '처분 등이 있음을 안 날'의 의미 / 사회통념상 처분이 있음을 처분상대방이 알 수 있는 상태에 놓인 때에 처분상대방이 처분이 있음을 알았다고 추정할 수 있는지 여부(원칙적 적극) 및 우편물이 등기취급의 방법으로 발송된 경우 그 무렵 수취인에게 배달되었다고 추정할 수 있는지 여부(원칙적 적극)

【판결요지】

[1] 행정처분의 효력발생요건으로서의 도달이란 처분상대방이 처분서의 내용을 현실적으로 알았을 필요까지는 없고 처분상대방이 알 수 있는 상태에 놓임으로써 충분하며, 처분서가 처분상대방의 주민등록상 주소지로 송달되어 처분상대방의 사무원 등 또는 그 밖에 우편물 수령권한을 위임받은 사람이 수령하면 처분상대방이 알 수 있는 상태가 되었다고 할 것이다.

[2] 행정소송법 제20조 제1항이 정한 제소기간의 기산점인 '처분 등이 있음을 안 날'이란 통지, 공고 기타의 방법에 의하여 당해 처분 등이 있었다는 사실을 현실적으로 안 날을 의미하므로, 행정처분이 상대방에게 고지되어 상대방이 이러한 사실을 인식함으로써 행정처분이 있다는 사실을 현실적으로 알았을 때 행정소송법 제20조 제1항이 정한 제소기간이 진행한다고 보아야 하고, 처분서가 처분상대방의 주소지에 송달되는 등 사회통념상 처분이 있음을 처분상대방이 알 수 있는 상태에 놓인 때에는 반증이 없는 한 처분상대방이 처분이 있음을 알았다고 추정할 수 있다. 또한 우편물이 등기취급의 방법으로 발송된 경우 그것이 도중에 유실되었거나 반송되었다는 등의 특별한 사정에 대한 반증이 없는 한 그 무렵 수취인에게 배달되었다고 추정할 수 있다.

【참조조문】

[1] 행정소송법 제20조 제1항 / [2] 행정소송법 제20조 제1항, 행정절차법 제14조 제1항

【참조판례】

[1] 대법원 1989. 1. 31. 선고 88누940 판결(공1989, 365) / [2] 대법원 1992. 3. 27. 선고 91누3819 판결(공1992, 1439), 대법원 1999. 12. 28. 선고 99두9742 판결, 대법원 2014. 9. 25. 선고 2014두8254 판결

【전 문】

【원고, 피상고인】 원고

【피고, 상고인】 부산광역시 해운대구청장

【원심판결】 부산고법 2016. 10. 21. 선고 2016누21589 판결

【주 문】

원심판결 중 피고 패소 부분을 파기하고, 이 부분 사건을 부산고등법원에 환송한다.

【이 유】

상고이유를 판단한다.

1. 구 건축법(2015. 8. 11. 법률 제13471호로 개정되기 전의 것) 제80조 제3항은 "허가권자는 제1항에 따른 이행강제금을 부과하는 경우 금액, 부과 사유, 납부기한, 수납기관, 이의제기 방법 및 이의제기 기관 등을 구체적으로 밝힌 문서로 하여야 한다."라고 규정하고, 행정절차법 제14조 제1항 본문은 "송달은 우편, 교부 또는 정보통신망 이용 등의 방법으로 하되, 송달받을 자(대표자 또는 대리인을 포함한다. 이하 같다)의 주소·거소·영업소·사무소 또는 전자우편주소로 한다."라고 규정하며, 행정소송법 제20조 제1항 본문은 "취소소송은 처분 등이 있음을 안 날부터 90일 이내에 제기하여야 한다."라고 규정하고 있다.

2. 행정처분의 효력발생요건으로서의 도달이란 처분상대방이 처분서의 내용을 현실적으로 알았을 필요까지는 없고 처분상대방이 알 수 있는 상태에 놓임으로써 충분하며, 처분서가 처분상대방의 주민등록상 주소지로 송달되어 처분상대방의 사무원 등 또는 그 밖에 우편물 수령권한을 위임받은 사람이 수령하면 처분상대방이 알 수 있는 상태가 되었다고 할 것이다(대법원 1989. 1. 31. 선고 88누940 판결 참조).

그리고 행정소송법 제20조 제1항이 정한 제소기간의 기산점인 '처분 등이 있음을 안 날'이란 통지, 공고 기타의 방법에 의하여 당해 처분 등이 있었다는 사실을 현실적으로 안 날을 의미하므로, 행정처분이 상대방에게 고지되어 상대방이 이러한 사실을 인식함으로써 행정처분이 있다는 사실을 현실적으로 알았을 때 행정소송법 제20조 제1항이 정한 제소기간이 진행한다고 보아야 하고(대법원 2014. 9. 25. 선고 2014두8254 판결 등 참조), 처분서가 처분상대방의 주소지에 송달되는 등 사회통념상 처분이 있음을 처분상대방이 알 수 있는 상태에 놓인 때에는 반증이 없는 한 처분상대방이 처분이 있음을 알았다고 추정할 수 있다(대법원 1999. 12. 28. 선고 99두9742 판결 등 참조). 또한 우편물이 등기취급의 방법으로 발송된 경우 그것이 도중에 유실되었거나 반송되었다는 등의 특별한 사정에 대한 반증이 없는 한 그 무렵 수취인에게 배달되었다고 추정할 수 있다(대법원 1992. 3. 27. 선고 91누3819 판결).

3. 원심판결 이유와 원심이 적법하게 채택한 증거 등에 의하면, 다음과 같은 사실을 알 수 있다.

① 원고는 부산 해운대구 (주소 1 생략) 지상 2층 건물(이하 '이 사건 건물'이라 한다)을 건축하여 2012. 7. 23. 소유권보존등기를 마칠 무렵부터 2016. 2. 22. 이 사건 소를 제기할 당시까지 계속 '부산 해운대구 (주소 2 생략)'을 주민등록상 주소지로 전입신고를 해둔 상태이었다.

② 피고는 원고가 2012. 7. 말경 이 사건 건물을 무단 증축한 사실을 확인하고, 사전통지, 시정명령 및 그 이행의 촉구, 이행강제금 부과계고를 거쳐, 2013. 1. 8. 원고에게 이행강제금 2,128,000원을 부과하는 처분(이하 '이 사건 제1처분'이라 한다)을 하였다. 원고는 그 무렵 이 사건 제1처분에 대해 행정심판을 청구하여, 2013. 2. 19. 부산광역시행정심판위원회로부터 기각 재결을 받았다.

③ 원고의 위 무단증축 행위에 대하여 건축법위반죄가 인정되어 벌금 70만 원의 약식명령(부산지방법원 동부지원 2013. 5. 9.자 2013고약1052호)이 발령되었는데, 위 약식명령은 원고의 주민등록상 주소지로 발송되었고, 원고는 그 무렵 위 약식명령에서 정한 벌금 70만 원을 납부하였다.

④ 피고는 2013. 12. 16. 원고에게 이행강제금 2,063,000원을 부과하는 처분(이하 '이 사건 제2처분'이라 한다)을 하였다. 피고는 원고가 이 사건 제1처분과 제2처분의 이행강제금을 납부하지 아니하자, 2014. 4. 8. 원고 소유의 (차량번호 생략) 테라칸 승용차를, 2014. 10. 27. 원고 소유의 이 사건 건물을 각 압류한 다음, 원고의 주민등록상 주소지로 각 압류통지서를 발송하였는데, 원고가 위 각 압류처분에 대하여 피고에게 전화 및 방문의 방법으로 여러 차례에 걸쳐 항의하였다.

⑤ 피고는 2015. 1. 15. 원고에게 이행강제금 2,187,000원을 부과하는 처분(이하 '이 사건 제3처분'이라 한다)을 하였다. 피고는 2015. 7. 7. 원고에게 이 사건 각 처분의 이행강제금 합계 6,378,000원의 납부를 독촉하는 체납고지서를 발송하였는데, 원고는 2015. 8. 10. 피고에게 이 사건 제1처분에 대한 이의신청을 하면서 위 체납고지서를 첨부하여 제출하였다.

4. 이러한 사실관계를 앞서 본 법리에 비추어 알 수 있는 다음과 같은 사정, 즉 ① 이 사건 제1처분의 처분서를 비롯하여 이 사건 제1처분과 제2처분의 이행강제금 징수를 위한 압류통지서와 이 사건 각 처분과 동일한 사유를 범죄사실로 하는 약식명령도 원고의 주민등록상 주소지로 발송되었고, 원고는 이를 모두 수령한 것으로 보이는 점, ② 원고는 이 사건 각 처분의 이행강제금 미납으로 이루어진 압류처분

및 체납처분에 대하여 피고에게 여러 차례 항의하였으므로, 원고는 이미 이 사건 제2처분과 제3처분에 따라 이행강제금이 부과된 사실을 알고 있었던 것으로 보이는 점, ③ 원고는 '가정문제로 처와 별거상태에 있어 주민등록상 주소지에는 실제 거주하지 않았고 다른 장소에서 거주하여서 이 사건 제2처분과 제3처분의 처분서를 받지 못하였다'는 취지로 주장하나, 원고는 그 시기를 전혀 특정하고 있지 아니할 뿐만 아니라 이러한 주장사실을 인정할 아무런 증거가 없는 점, ④ 이 사건 제2처분과 제3처분의 각 처분서를 일반등기의 방식으로 원고의 주민등록상 주소지로 발송하였고, 위 각 처분서 발송에 관한 우체국의 등기발송정보 조회가능기간이 도과한 이후에 이 사건 소가 제기되어 이 사건 제2처분과 제3처분의 각 처분서 발송에 관한 증거를 제출하지 못하고 있다는 피고의 주장이 전혀 근거 없다고 보기도 어려운 점 등을 종합하면, 이 사건 제2처분과 제3처분에 관하여 그 처분서 발송에 관한 자료가 제출되지 아니하였다는 사정만으로 당연히 원고가 이 사건 제2처분과 제3처분의 내용을 알 수 있는 상태에 있지 아니하였다고 단정하기 어렵다.

그렇다면 원심으로서는, 원고가 이 사건 제2처분과 제3처분에서 부과된 이행강제금의 부과사실을 알게 된 시기와 경위 등을 추가로 심리하여 원고가 위 각 처분의 처분서의 내용을 알 수 있는 상태에 있었는지 여부를 기초로 위 각 처분의 효력이 발생하였는지를 판단한 다음, 나아가 위 각 처분의 취소를 구하는 이 사건 소가 제소기간을 준수하였는지, 만약 준수하였다면 위 각 처분에 원고가 주장하는 위법사유가 존재하는지 등을 심리·판단하였어야 한다.

그럼에도 원심은 이 사건 제2처분과 제3처분의 각 처분서가 원고에게 도달되었다는 증거가 없다는 등 그 판시와 같은 이유만을 들어 이 사건 제2처분과 제3처분이 무효라고 판단하고 말았으니, 이러한 원심의 판단에는 처분의 효력발생요건으로서의 도달에 관한 법리, 등기우편 도달 추정에 관한 법리를 오해하여 필요한 심리를 다하지 아니함으로써 판결 결과에 영향을 미친 잘못이 있다.

5. 그러므로 원심판결 중 피고 패소 부분을 파기하고, 이 부분 사건을 다시 심리·판단하게 하기 위하여 원심법원에 환송하기로 하여, 관여 대법관의 일치된 의견으로 주문과 같이 판결한다.

Ⅵ. 행정심판과의 관계

[1] 대법원 2016. 10. 27. 선고 2016두42999 판결 【증여세부과처분취소】 [공2016하,1844]

【판시사항】

과세처분에 관한 불복절차에서 불복사유가 옳다고 인정하고 이에 따라 필요한 처분을 하였을 경우, 동일 사항에 관하여 특별한 사유 없이 이를 번복하고 다시 종전의 처분을 되풀이할 수 있는지 여부(소극)

【판결요지】

구 국세기본법(2013. 1. 1. 법률 제11604호로 개정되기 전의 것)은 제81조에서 심판청구에 관하여는 심사청구에 관한 제65조를 준용한다고 규정하고, 제80조 제1항, 제2항에서 심판청구에 대한 결정의 효력에 관하여 제81조에서 준용하는 제65조에 따른 결정은 관계 행정청을 기속하고, 심판청구에 대한 결정이 있으면 해당 행정청은 결정의 취지에 따라 즉시 필요한 처분을 하여야 한다고 규정하고 있으며, 제65조 제1항 제3호에서 심사청구가 이유 있다고 인정될 때에는 그 청구의 대상이 된 처분의 취소·경정 결정을 하거나 필요한 처분의 결정을 한다고 규정하고 있다.

과세처분에 관한 불복절차에서 불복사유가 옳다고 인정하고 이에 따라 필요한 처분을 하였을 경우에는 불복제도와 이에 따른 시정방법을 인정하고 있는 위 법 규정의 취지에 비추어 동일 사항에 관하여 특별한 사유 없이 이를 번복하고 다시 종전의 처분을 되풀이할 수는 없다.

【참조조문】

구 국세기본법(2013. 1. 1. 법률 제11604호로 개정되기 전의 것) 제65조 제1항 제3호, 제80조 제1항, 제2항, 제81조

【참조판례】

대법원 1983. 7. 26. 선고 82누63 판결(공1983, 1342), 대법원 2014. 7. 24. 선고 2011두14227 판결(공2014하, 1685)

【전 문】

【원고, 피상고인】 원고 1 외 1인 (소송대리인 신아법무법인 담당변호사 김형남)

【피고, 피상고인】 양천세무서장 (소송대리인 법무법인(유한) 화우 담당변호사 전오영 외 2인)

【원심판결】 서울고법 2016. 5. 26. 선고 2015누58807 판결

【주 문】

상고를 모두 기각한다. 상고비용은 피고가 부담한다.

【이 유】

상고이유를 판단한다.

1. 구 국세기본법(2013. 1. 1. 법률 제11604호로 개정되기 전의 것)은 제81조에서 심판청구에 관하여는 심사청구에 관한 제65조를 준용한다고 규정하고, 제80조 제1항, 제2항에서 심판청구에 대한 결정의 효력에 관하여 제81조에서 준용하는 제65조에 따른 결정은 관계 행정청을 기속하고, 심판청구에 대한 결정이 있으면 해당 행정청은 결정의 취지에 따라 즉시 필요한 처분을 하여야 한다고 규정하고 있으며, 제65조 제1항 제3호에서 심사청구가 이유 있다고 인정될 때에는 그 청구의 대상이 된 처분의 취소·경정 결정을 하거나 필요한 처분의 결정을 한다고 규정하고 있다.

과세처분에 관한 불복절차에서 그 불복사유가 옳다고 인정하고 이에 따라 필요한 처분을 하였을 경우에는 불복제도와 이에 따른 시정방법을 인정하고 있는 위 법 규정의 취지에 비추어 동일 사항에 관하여 특별한 사유 없이 이를 번복하고 다시 종전의 처분을 되풀이할 수는 없다(대법원 1983. 7. 26. 선고 82누63 판결, 대법원 2014. 7. 24. 선고 2011두14227 판결 등 참조).

2. 원심판결 이유와 기록에 의하면 다음의 사실을 알 수 있다.

가. 코스닥 상장법인인 주식회사 휴바이론(이하 '휴바이론'이라 한다)은 2005. 12. 5. 비상장법인인 주식회사 바이코시스(이하 '바이코시스'라 한다)의 주식을 전부 인수하면서 바이코시스의 주주들에게 휴바이론의 신주를 발행해 주는 주식의 포괄적 교환계약(이하 '이 사건 교환계약'이라 한다)을 체결하였다. 이 사건 교환계약에 따라 바이코시스의 주주들인 원고 1은 바이코시스 163,556주의 교환대가로 휴바이론 2,904,904주를, 원고 2는 바이코시스 11,520주의 교환대가로 휴바이론 204,605주를 각 취득하였다.

나. 피고는 구 상속세 및 증여세법(2010. 1. 1. 법률 제9916호로 개정되기 전의 것, 이하 '상증세법'이라 한다) 제42조 제1항 제3호(이하 '이 사건 조항'이라 한다)에 근거하여 이 사건 교환계약으로 원고들이 얻은 이익을 증여재산가액으로 보고 원고들에게 증여세를 결정·고지하는 종전 처분을 하였다.

다. 이에 대하여 원고들이 제기한 심판청구에서 조세심판원은 2012. 12. 27. '이 사건 교환계약과 같은 주식의 포괄적 교환에 대하여 상증세법 제35조가 정한 저가·고가 양도에 따른 이익의 증여 등 규정을 적용하여 과세하는 것은 별론으로 하고, 상증세법 제42조를 적용하여 증여세를 부과한 종전 처분은 부당하다'는 이유로 이를 취소하는 결정을 하였다.

라. 이에 따라 피고는 2013. 10. 1. 상증세법 제35조에 근거하여 원고들에게 증여세를 부과하는 이 사건 처분을 하였다. 이에 대하여 원고들은 조세심판원에 심판청구를 하였다가 기각결정이 내려지자 이 사건 소를 제기하였다.

마. 그런데 대법원은 2014. 4. 24. '상법상 주식의 포괄적 교환에 의하여 완전자회사가 되는 회사의 주주가 얻은 이익에 대하여는 상증세법 제35조가 아닌 상증세법 제42조 제1항 제3호를 적용하여 과세하여야 한다'는 판결을 선고하였다(대법원 2014. 4. 24. 선고 2011두23047 판결).

바. 그 후 피고는 이 사건 소에 이르러 처분의 근거 규정으로 이 사건 조항을 추가하였다.

3. 원심은 다음과 같이 판단하였다. 먼저 위 대법원 2011두23047 판결에 따라 상증세법 제35조를 근거로 하여 원고들에게 증여세를 부과할 수 없다. 다음으로, 증여세 과세의 기초가 되는 사정에 아무런 변경이 없는데도 이 사건 조항을 처분사유로 하는 것은 불복과정에서 취소된 종전 처분을 번복하여 이를 되풀이하는 것일 뿐만 아니라 이 사건 조항에 근거한 종전 처분을 취소한 조세심판결정의 기속력에 저촉되고, 주식의 포괄적 교환에 상증세법의 어느 조문을 적용하여야 하는지에 관하여 견해가 갈리다가 대법원 판결에 의하여 명확하게 선언되었다고 하더라도 재결의 기속력을 배제하거나 처분의 반복을 허용할 수는 없으므로, 이 사건 소에서 처분의 근거 규정으로 이 사건 조항을 추가할 수 없다.

원심의 판단은 정당하고 상고이유 주장과 같이 과세처분 취소 후 재처분의 제한, 처분사유의 추가·변경이나 재결의 기속력 등에 관한 법리를 오해한 잘못이 없다.

4. 그러므로 상고를 모두 기각하고 상고비용은 패소자가 부담하도록 하여, 관여 대법관의 일치된 의견으로 주문과 같이 판결한다.

Ⅶ. 공법상 당사자소송

[1] 대법원 2017. 4. 28. 선고 2013다1211 판결【환지청산금】[공2017상,1105]

【판시사항】

도시개발사업조합이 직접 공법상 당사자소송으로 도시개발법에 따른 청산금의 지급을 구할 수 있는지 여부(한정 적극)

【판결요지】

도시개발법 제46조 제3항에 따라 도시개발사업조합이 관할 지방자치단체의 장에게 도시개발법에 따른 청산금의 징수를 위탁할 수 있다 하더라도, 지방자치단체의 장이 징수위탁에 응하지 아니하는 등의 특별한 사정이 있는 때에는 도시개발사업조합은 직접 공법상 당사자소송으로 청산금의 지급을 구할 수 있다.

【참조조문】

도시개발법 제16조 제5항, 제46조 제1항, 제3항, 행정소송법 제3조 제2호

【전 문】

【원고, 상고인】 용인동천구역도시개발사업조합의 소송수계인 용인동천구역도시개발사업조합의 파산관재인 소외인 (소송대리인 법무법인 P&K 담당변호사 김원진 외 3인)

【피고, 피상고인】 피고 (소송대리인 변호사 노세연)

【원심판결】 서울고법 2012. 12. 7. 선고 2012나34001 판결

【주 문】

원심판결을 파기하고, 제1심판결을 취소한다. 이 사건을 서울행정법원에 이송한다.

【이 유】

상고이유를 판단한다.

1. 도시개발법 제46조는 제1항 본문에서 "시행자는 환지처분이 공고된 후에 확정된 청산금을 징수하거나 교부하여야 한다."라고 규정하고 있고, 제3항에서 "행정청인 시행자는 청산금을 내야 할 자가 이를 내지 아니하면 국세 또는 지방세 체납처분의 예에 따라 징수할 수 있으며, 행정청이 아닌 시행자는 특별자치도지사·시장·군수 또는 구청장에게 청산금의 징수를 위탁할 수 있다. 이 경우 제16조 제5항을 준용

한다."라고 규정하고 있는데, 제16조 제5항은 "특별자치도지사·시장·군수 또는 구청장이 제4항에 따라 부과금이나 연체료의 징수를 위탁받으면 지방세 체납처분의 예에 따라 부과·징수할 수 있다. 이 경우 조합은 특별자치도지사·시장·군수 또는 구청장이 징수한 금액의 100분의 4에 해당하는 금액을 해당 특별자치도·시·군 또는 구(자치구의 구를 말한다)에게 교부하여야 한다."라고 규정하고 있다.

2. 원심판결 이유에 의하면 원심은, 이 사건 소는 사업시행자인 원고의 청산금 부과처분에 의하여 형성된 법률관계에 기한 청구로서, 행정소송법 제3조 제2호에서 정한 당사자소송의 대상이지 민사소송사항은 아니고, 원고의 정관에서 청산금에 관한 규정을 두고 있더라도 이는 이 사건 환지처분과 청산금부과처분에 따라 형성된 법률관계를 규정한 것에 불과하므로 달리 볼 것이 아니라고 판단하였다. 나아가 원심은, 도시개발법 제46조 제3항에 의하면 청산금을 납부할 자가 이를 납부하지 아니할 때에는 원고와 같이 행정청이 아닌 시행자는 시장, 군수 또는 구청장 등에게 청산금의 징수를 위탁하여 강제 징수할 수 있도록 규정되어 있는데, 원고가 관할 시장 등에게 위 조항에 따른 징수위탁을 하였다가 거절당했다는 주장, 입증이 없을 뿐만 아니라, 설령 관할 시장 등이 원고의 징수위탁 의뢰를 거절하였다 하더라도 위 조항에 따른 징수위탁은 법률로써 특별한 위탁 규정을 둔 것으로서 관할 시장 등은 시행자의 위탁이 있는 경우 그 징수 사무를 처리하여야 한다는 등의 이유로, 원고가 피고를 상대로 청산금 및 그 지연손해금을 구하는 이 사건 소는 권리 보호의 이익 내지 필요가 없어 부적법하다고 판단하고, 이 사건 소를 곧바로 각하하였다.

3. 원심이 이 사건 청구를 행정소송법 제3조 제2호에서 정한 당사자소송의 대상으로 본 것은 옳고[대법원 2010. 9. 9. 선고 2010다35992 판결, 대법원 2013. 6. 27. 선고 2010두15971, 2010두15988(병합) 판결 등 참조], 거기에 상고이유 주장과 같은 법리오해 등의 잘못이 없다. 따라서 원심으로서는 이 사건 소가 행정소송법상 당사자소송으로서도 그 권리보호의 이익이 없다는 등 소송요건을 결하고 있음이 명백하여 행정소송으로 제기되었더라도 어차피 부적법하게 되는 경우가 아닌 이상, 이를 부적법한 소라고 하여 각하할 것은 아니고 관할 법원에 이송하였어야 한다(대법원 1997. 5. 30. 선고 95다28960 판결 등 참조).

그리고 도시개발법 제46조 제3항에 따라 도시개발사업조합이 관할 지방자치단체의 장에게 도시개발법에 따른 청산금의 징수를 위탁할 수 있다 하더라도, 그 지방자치단체의 장이 징수위탁에 응하지 아니하는 등의 특별한 사정이 있는 때에는 도시개발사업조합은 직접 공법상 당사자소송으로써 청산금의 지급을 구할 수 있다고 할 것인데, 기록에 의하면 원고는 관할 용인시장에게 이 사건 청산금의 징수위탁 의뢰를 하였다가 2013. 3. 22.경 용인시장으로부터 이를 거절당한 사정이 엿보이므로, 이 사건 소가 소송요건을 결하고 있음이 명백하다고 보기는 어렵다.

그럼에도 원심은 그 판시와 같은 이유만으로 이 사건 소가 부적법하다고 판단하여 이 사건 소를 곧바로 각하하였으니, 이러한 원심의 조치는 권리보호의 이익에 관한 법리를 오해하여 판결에 영향을 미친 잘못이 있다고 할 것이다. 이 점을 지적하는 상고이유 주장은 이유 있다.

4. 그러므로 원심판결을 파기하고, 제1심판결을 취소하며, 사건을 다시 심리·판단하게 하기 위하여 관할법원으로 이송하기로 하여, 관여 대법관의 일치된 의견으로 주문과 같이 판결한다.

2 대법원 2017. 4. 28. 선고 2016두39498 판결 【청산금】 [공2017상,1143]

【판시사항】

도시 및 주거환경정비법상 시장·군수가 아닌 사업시행자가 분양받은 자를 상대로 공법상 당사자소송의 방법으로 청산금 청구를 할 수 있는지 여부(원칙적 소극)

【판결요지】

도시 및 주거환경정비법 제57조 제1항에 규정된 청산금의 징수에 관하여는 지방세 체납처분의 예에 의한 징수 또는 징수 위탁과 같은 간이하고 경제적인 특별구제절차가 마련되어 있으므로, 시장·군수가 사업시행자의 청산금 징수 위탁에 응하지 아니하였다는 등의 특별한 사정이 없는 한 시장·군수가 아닌 사업시행자가 이와 별개로 공법상 당사자소송의 방법으로 청산금 청구를 할 수는 없다.

【참조조문】

도시 및 주거환경정비법 제57조 제1항, 제58조 제1항, 제61조 제5항

【참조판례】

대법원 2014. 9. 4. 선고 2014다203588 판결(공2014하, 2028)

【전 문】

【원고, 상고인】 한국토지주택공사 외 1인 (소송대리인 법무법인(유한) 한결 담당

변호사 이인호 외 2인)

【피고, 피상고인】 피고 1 외 3인

【원심판결】 서울고법 2016. 1. 21. 선고 2015누48213 판결

【주 문】

원심판결을 파기한다. 제1심판결을 취소하고, 사건을 수원지방법원 본원 합의부에 환송한다.

【이 유】

상고이유를 판단한다.

1. 도시 및 주거환경정비법(이하 '도시정비법'이라 한다) 제57조 제1항 본문은 "대지 또는 건축물을 분양받은 자가 종전에 소유하고 있던 토지 또는 건축물의 가격과 분양받은 대지 또는 건축물의 가격 사이에 차이가 있는 경우에는 사업시행자는 제54조 제2항의 규정에 의한 이전의 고시가 있은 후에 그 차액에 상당하는 금액(이하 '청산금'이라 한다)을 분양받은 자로부터 징수하거나 분양받은 자에게 지급하여야 한다."라고 규정하고 있고, 제58조 제1항은 "청산금을 납부할 자가 이를 납부하지 아니하는 경우에는 시장·군수인 사업시행자는 지방세체납처분의 예에 의하여 이를 징수(분할징수를 포함한다)할 수 있으며, 시장·군수가 아닌 사업시행자는 시장·군수에게 청산금의 징수를 위탁할 수 있다. 이 경우 제61조 제5항을 준용한다."라고 규정하고 있으며, 제61조 제5항은 "시장·군수는 제4항의 규정에 의하여 부과·징수를 위탁받은 경우에는 지방세체납처분의 예에 의하여 이를 부과·징수할 수 있다. 이 경우 사업시행자는 징수한 금액의 100분의 4에 해당하는 금액을 당해 시장·군수에게 교부하여야 한다."라고 규정하고 있다.

이와 같이 도시정비법 제57조 제1항에 규정된 청산금의 징수에 관하여는 지방세체납처분의 예에 의한 징수 또는 징수 위탁과 같은 간이하고 경제적인 특별구제절차가 마련되어 있으므로, 시장·군수가 사업시행자의 청산금 징수 위탁에 응하지 아니하였다는 등의 특별한 사정이 없는 한 시장·군수가 아닌 사업시행자가 이와 별개로 공법상 당사자소송의 방법으로 청산금 청구를 할 수는 없다(대법원 2014. 9. 4. 선고 2014다203588 판결 등 참조).

2. 원심은 제1심판결 이유를 인용하여, 성남시 수정구 (주소 생략) 외 7필지 지상의 동보빌라를 철거하고 아파트를 신축하는 사업의 공동 시행자인 원고들이 원고 동보빌라주택재건축정비사업조합(이하 '원고 조합'이라 한다)의 조합원으로서 위

사업에 따라 신축된 아파트를 분양받은 피고들에 대하여 청산금(이하 '이 사건 청산금'이라 한다)의 지급을 구하는 이 사건 소에 대하여, 징수 위탁과 같은 특별구제절차가 마련되어 있으므로 권리보호의 이익이 없어 부적법하다고 판단하였다.

3. 그러나 원심이 적법하게 채택한 증거에 의하면, 원고 조합이 2015. 6. 22. 성남시에 대하여 이 사건 청산금의 징수를 위탁하는 취지로 업무협조를 요청하였으나, 성남시는 2015. 6. 26. 이 사건 청산금의 징수 위탁을 거절한 사정을 알 수 있다.

이러한 사정을 앞에서 본 법리에 비추어 살펴보면, 성남시장이 시장·군수가 아닌 사업시행자인 원고들의 징수 위탁을 거절함으로써 징수 절차에 의한 이 사건 청산금의 권리실현에 장애가 있게 되는 특별한 사정이 있다고 볼 수 있으므로, 원고들이 피고들을 상대로 공법상 당사자 소송에 의하여 이 사건 청산금의 지급을 구하는 이 사건 소는 허용된다고 봄이 타당하다.

그럼에도 이와 달리 원심은 이러한 사정을 제대로 살피지 아니한 채 이 사건 소가 부적법하다고 판단하고 말았으니, 이러한 원심의 판단에는 도시정비법 제57조 제1항에 규정된 청산금의 청구 및 그 권리보호이익 등에 관한 법리를 오해하여 판결에 영향을 미친 위법이 있다. 이를 지적하는 상고이유 주장은 이유 있다.

4. 그러므로 원심판결을 파기하되, 이 사건은 대법원이 직접 재판하기에 충분하므로 자판하기로 하여, 제1심판결을 취소하고 사건을 다시 심리·판단하게 하기 위하여 제1심법원에 환송하기로 하여, 관여 대법관의 일치된 의견으로 주문과 같이 판결한다.

제 2 절 본안(위법성)에 관한 판례

Ⅰ. 법규명령·행정규칙

[1] 대법원 2016. 10. 27. 선고 2014두12017 판결 【석유수입부과금환급금환수처분취소】 [공2016, 1804]

【판시사항】

[1] 구 석유 및 석유대체연료의 수입·판매부과금의 징수, 징수유예 및 환급에 관한

고시(산업자원부 고시)와 구 소요량의 산정 및 관리와 심사(관세청 고시)가 법규명령으로서의 효력을 가지는지 여부(적극)

[2] 구 석유 및 석유대체연료 사업법령상 부과금 환급의 대상·규모·방법 등 환급금의 산정기준에 관한 규정을 해석할 때 조세나 부담금에 관한 법률 해석의 법리가 적용되는지 여부(적극) 및 환급금의 산정기준을 정한 구 석유 및 석유대체연료의 수입·판매부과금의 징수, 징수유예 및 환급에 관한 고시(산업자원부 고시)와 구 소요량의 산정 및 관리와 심사(관세청 고시) 규정을 확장해석하거나 유추해석할 수 있는지 여부(원칙적 소극)

【판결요지】

[1] 구 석유 및 석유대체연료 사업법(2007. 12. 21. 법률 제8768호로 개정되기 전의 것, 이하 '구 석유사업법'이라 한다) 제18조 제1항 제1호, 제19조 제1항, 제3항, 구 석유 및 석유대체연료 사업법 시행령(2008. 6. 20. 대통령령 제20840호로 개정되기 전의 것, 이하 '구 석유사업법 시행령'이라 한다) 제27조 제1항 제1호, 제2호, 제4항, 구 석유 및 석유대체연료의 수입·판매부과금의 징수, 징수유예 및 환급에 관한 고시(2007. 12. 28. 산업자원부고시 제2007-154호로 개정되기 전의 것, 이하 '구 산자부 고시'라 한다) 제21조 제1항 제1호, 제2항 제1호, 제23조 제1항 본문, 제24조 제1항 제1호, 제2항 제1호, 제25조 제1항 제1호, 제2호, 제26조 제1항, 수출용원재료에 대한 관세 등 환급에 관한 특례법 제2조 제4호, 제10조 제1항, 수출용 원재료에 대한 관세 등 환급에 관한 특례법 시행령 제11조 제1항, 제4항, 구 소요량의 산정 및 관리와 심사(2008. 11. 3. 관세청고시 제2008-36호로 개정되기 전의 것, 이하 '구 관세청 고시'라 한다) 제1-2조 제2호, 제7호, 제12호, 제2-4조 제2항, 제2-5조 제2항, 제2-14조 제1항, 제2항, 제4항의 내용, 형식 및 취지 등을 종합하면, 구 산자부 고시와 구 관세청 고시의 각 규정들은 '환급금의 환급기준 내지 환급의 대상·규모·방법 등'을 장관으로 하여금 정하여 고시하도록 규정한 구 석유사업법과 구 석유사업법 시행령의 위임에 따른 것으로서, 법령 규정의 내용을 보충하면서 그와 결합하여 대외적인 구속력이 있는 법규명령으로서의 효력을 가지는 것으로 보아야 한다.

[2] 석유정제업자·석유수출입업자 또는 석유판매업자(이하 '석유정제업자 등'이라 한다)로부터 일단 부과금을 징수하였다가 구 석유 및 석유대체연료 사업법(2007. 12. 21. 법률 제8768호로 개정되기 전의 것)과 구 석유 및 석유대체연료 사업법 시행령(2008. 6. 20. 대통령령 제20840호로 개정되기 전의 것)이 정한 바에 따라 부과금 중 일부를 환급함으로써 석유정제업자 등이 최종적으로 부담하게 되는 부과금 액수가 정해지게 되는데, 이러한 석유환급금 부과·환급의 실질에 비추어 보면 환급의 대상·규모·방법 등 환급금의 산정기준에 관한 규정을 해석할 때 조세나 부담금

에 관한 법률의 해석에 관한 법리가 적용된다. 따라서 환급금의 산정기준을 정한 구 석유 및 석유대체연료의 수입·판매부과금의 징수, 징수유예 및 환급에 관한 고시(2007. 12. 28. 산업자원부고시 제2007-154호로 개정되기 전의 것) 및 구 소요량의 산정 및 관리와 심사(2008. 11. 3. 관세청고시 제2008-36호로 개정되기 전의 것) 규정도 원칙적으로 문언대로 해석·적용하여야 하고, 합리적 이유 없이 이를 확장해석하거나 유추해석하는 것은 허용되지 아니한다.

【참조조문】

[1] 구 석유 및 석유대체연료 사업법(2007. 12. 21. 법률 제8768호로 개정되기 전의 것) 제18조 제1항 제1호, 제19조 제1항, 제3항(현행 제19조 제5항 참조), 구 석유 및 석유대체연료 사업법 시행령(2008. 6. 20. 대통령령 제20840호로 개정되기 전의 것) 제27조 제1항 제1호, 제2호, 제4항(현행 제27조 제7항 참조), 수출용 원재료에 대한 관세 등 환급에 관한 특례법 시행령 제11조 제1항, 제4항 / [2] 구 석유 및 석유대체연료 사업법(2007. 12. 21. 법률 제8768호로 개정되기 전의 것) 제18조 제1항 제1호, 제19조 제1항, 제3항(현행 제19조 제5항 참조), 구 석유 및 석유대체연료 사업법 시행령(2008. 6. 20. 대통령령 제20840호로 개정되기 전의 것) 제27조 제1항 제1호, 제2호, 제4항(현행 제27조 제7항 참조), 수출용 원재료에 대한 관세 등 환급에 관한 특례법 시행령 제11조 제1항, 제4항

【전 문】

【원고, 상고인】 에스케이이노베이션 주식회사 외 3인 (소송대리인 법무법인(유한) 화우 외 1인)

【피고, 피상고인】 한국석유공사 (소송대리인 법무법인(유한) 바른 담당변호사 강훈 외 3인)

【원심판결】 서울고법 2014. 8. 19. 선고 2013누29317 판결

【주 문】

원심판결을 파기하고, 사건을 서울고등법원에 환송한다.

【이 유】

상고이유(상고이유서 제출기간이 경과한 후에 제출된 서면들의 기재는 상고이유를 보충하는 범위 내에서)를 판단한다.

1. 상고이유 제3점 내지 제6점에 대하여

가. 상급행정기관이 하급행정기관에 대하여 업무처리지침이나 법령의 해석적용

에 관한 기준을 정하여 발하는 이른바 행정규칙은 일반적으로 행정조직 내부에서만 효력을 가질 뿐 대외적인 구속력을 갖는 것은 아니지만, 법령의 규정이 특정 행정기관에게 그 법령 내용의 구체적 사항을 정할 수 있는 권한을 부여하면서 그 권한 행사의 절차나 방법을 특정하고 있지 아니한 관계로 수임행정기관이 행정규칙의 형식으로 그 법령의 내용이 될 사항을 구체적으로 정하고 있다면 그와 같은 행정규칙은 위에서 본 행정규칙이 갖는 일반적 효력으로서가 아니라 행정기관에 법령의 구체적 내용을 보충할 권한을 부여한 법령 규정의 효력에 의하여 그 내용을 보충하는 기능을 갖게 된다 할 것이고, 따라서 이와 같은 행정규칙은 당해 법령의 위임한계를 벗어나지 아니하는 한 그것들과 결합하여 대외적인 구속력이 있는 법규명령으로서의 효력을 가지는 것이다(대법원 2008. 3. 27. 선고 2006두3742, 3759 판결 등 참조).

나아가 조세나 부담금에 관한 법률의 해석에 관하여, 그 부과요건이거나 감면요건을 막론하고 특별한 사정이 없는 한 법문대로 해석할 것이고 합리적 이유 없이 확장해석하거나 유추해석하는 것은 허용되지 아니한다(대법원 2007. 10. 26. 선고 2007두9884 판결 참조).

나. 구 석유 및 석유대체연료 사업법(2007. 12. 21. 법률 제8768호로 개정되어 2008. 6. 22. 시행되기 전의 것. 이하 '구 석유사업법'이라 한다) 제18조 제1항 제1호는 석유의 수급 및 가격의 안정을 위하여 석유를 수입하거나 석유제품을 판매하는 석유정제업자·석유수출입업자 또는 석유판매업자(이하 '석유정제업자 등'이라 한다)로부터 부과금을 징수할 수 있다고 규정하고, 제19조는 부과금 징수대상자가 석유를 대통령령이 정하는 용도에 사용 또는 공급하는 경우 그 징수한 부과금을 환급할 수 있다고 하면서(제1항), 그 환급금의 환급기준·환급절차 그 밖에 환급에 관하여 필요한 사항은 대통령령으로 정한다고 규정하고 있다(제3항).

이에 구 석유 및 석유대체연료 사업법 시행령(2008. 6. 20. 대통령령 제20840호로 개정되어 2008. 6. 22. 시행되기 전의 것. 이하 '구 석유사업법 시행령'이라 한다) 제27조 제1항은 부과금을 납부한 자가 다음 각 호의 어느 하나에 해당하는 경우에는 그 납부한 부과금의 전부 또는 일부를 환급한다고 규정하면서, 제1호에서 "석유정제업자 또는 석유수출입업자가 석유제품 또는 석유의 정제과정에서 생산된 제품으로서 산업자원부령이 정하는 제품을 수출하는 경우"(이하 '제1호 사유'라 한다)를, 제2호에서 "석유제품 또는 석유의 정제과정에서 생산된 제품으로서 산업자원부령이 정하는 제품을 산업자원부장관이 정하는 공업원료용으로 공급하는 경우(부산물 중 공업원료용 제품을 생산하기 위한 연료로 공급한 경우를 포함한다)"(이하 '제2호 사유'

라 한다)를 들고 있고, 같은 조 제4항은 부과금의 환급의 대상·규모·방법 그 밖에 필요한 사항은 지식경제부장관이 정하여 고시한다고 규정하고 있다(제4항).

이와 같은 구 석유사업법령의 위임에 따라 마련된 구 「석유 및 석유대체연료의 수입·판매부과금의 징수, 징수유예 및 환급에 관한 고시」(2007. 12. 28. 산업자원부고시 제2007-154호로 개정되어 2008. 1. 1. 시행되기 전의 것. 이하 '구 산자부 고시'라 한다) 제21조 제1항 제1호는 '제1호 사유'의 하나로 "대외무역법에 의하여 수출하는 경우"를 들고 있고, 제2항 제1호는 '제2호 사유'의 하나로 "나프타(나프타 대체 석유제품을 포함한다)를 석유화학 또는 비료제조 원료로 공급한 경우"를 들고 있다.

그리고 구 산자부 고시 제23조 제1항 본문은 부과금의 환급액은 '제1호 사유'의 경우 "(환급대상 석유제품 생산에 원료로 소요된 석유량) × (전전월의 부과금단가)"의 산식, '제2호 사유'의 경우 "(환급대상 공업원료용 제품생산에 원료로 소요된 석유량) × (전전월의 부과금단가)"의 산식(이하 차례로 '제1산식' 및 '제2산식'이라 한다)에 의하여 산출한다고 규정한 다음, 제24조 제1항 제1호는, 제1산식의 '환급대상 석유제품 생산에 원료로 소요된 석유량'은 ① 수출신고필증에 의하여 확인한 물량에 ② 제26조의 소요량을 적용하여 산출한다고 정하고, 같은 조 제2항 제1호는, 제2산식에서 '환급대상 석유량'은 ① 나프타를 석유화학 원료용으로 공급한 경우에는 별지 제2호서식의 석유제품사용량확인서에 의하여 한국석유화학공업협회장이 확인한 물량에 ② 제25조의 규정에 의하여 산정된 부과금환급율을 곱하고 ③ 제26조의 소요량을 적용하여 산출한다고 규정하고 있으며, 제25조 제1항은 제2산식에 적용할 부과금환급율의 산정방법으로서, 제1호에서 석유화학공업체로 하여금 매분기별 별지 제4호서식의 「물질수지표 및 부산물의 용도별 판매실적」(이하 '물질수지표'라 한다)을 작성하여 주산물, 공업원료용 제품을 생산하기 위하여 연료로 사용되는 부산물 및 사내판매물량에 대하여는 한국석유화학공업협회장의 확인을 받아 한국석유공사(이하 '공사'라 한다) 사장에게 제출하고, 부산물의 용도별 판매실적에 대하여는 별지 제3호서식의 수요처의 용도확인구매증명서를 첨부하여 공사 사장에게 제출하도록 정한 후, 제2호에서 "공사 사장은 석유화학공업체에서 제출한 자료를 기준으로 석유화학공업체별 '부산물의 용도별 판매량' 중에서 '석유화학공업원료용 및 수출용으로 판매한 물량'을 확인하여 이를 차감한 물량과 '주산물 중 연료용으로 판매한 물량'(이하 '부과금 부과대상물량'이라 한다)을 전체 원료투입량으로 나눈 비율에 제26조의 규정에 의한 소요량을 곱하여 소수점 다섯째 자리에서 반올림하여 정하고 1에서 차감한 비율을 부과금 환급율로 산정한 다음, 이를 석유화학공업체 및 공업원료용 공급자에게 통보하고 산업자원부장관에게 보고하여야 한다."라고 규정하고 있으며, 제26조 제1항은 제1산식 및 제2산식에 적용할 '환급대상 석유제품 생산에 원료로 소요된 석유량'은 수출용 원재료에 대한 관세 등 환급에 관한 특례법(이하 '관세환급특례법'이라 한다) 제10조 제1항, 수출용 원재료에 대한 관세 등 환급에 관한 특례법 시행령(이하 '관세환급특례법 시행령'이라 한다) 제11조 및 「소요량의 산정 및 관리와 환급에 관한 고시(관세청고시)」에 의한 자율소요량을 적용하여 산출한다고 규정하고 있다.

한편 관세환급특례법은 제2조 제4호에서 "소요량"이란 수출물품을 생산하는 데 소요되는 원재료의 양으로서 생산과정에서 정상적으로 발생되는 손모량(손모량)을 포함한 것을 말한다고 정의한 다음, 제10조 제1항에서 환급신청자는 대통령령으로 정하는 바에 따라 수출물품에 대한 원재료의 소요량을 계산한 서류(이하 '소요량계산서'라 한다)를 작성하고 그 소요량계산서에 의하여 환급금을 산출(산출)한다고 규정하고 있고, 관세환급특례법 시행령 제11조는 제1항에서 소요량계산서를 작성하고자 하는 자가 관할지세관장에게 신고하고 그 신고된 바에 따라 소요량을 계산하여야 하는 사항으로서 "1. 수출물품명, 2. 소요량 산정방법, 3. 소요량 산정의 기준이 되는 기간 및 적용기간, 4. 수출물품의 제조공정 및 공정설명서, 5. 기타 소요량계산과 관련된 사항으로서 관세청장이 정하는 사항"을 규정한 다음, 제4항에서 '소요량의 산정 및 관리에 대한 기준과 그 절차에 관하여 필요한 사항'은 관세청장이 정한다고 규정하고 있다.

이에 따른 구 「소요량의 산정 및 관리와 심사」(2008. 11. 3. 관세청고시 제2008-36호로 개정되어 2008. 11. 10. 시행되기 전의 것. 이하 '구 관세청 고시'라 한다)는 제1-2조에서, "손모량"이란 수출물품을 정상적으로 생산하는 과정에서 발생하는 원재료의 손실량(불량품 생산에 소요된 원재료의 양은 제외)을 말한다(제2호)고, "부산물"이란 수출물품 생산공정 중에 수출물품 이외에 부수적으로 발생하는 경제적인 가치를 가진 물품으로서 판매되거나 자가사용되는 물품을 말한다(제7호)고, "자율소요량"이란 법 제10조 제1항 및 영 제11조의 규정에 의하여 소요량계산서 작성업체에서 산정한 소요량을 말한다(제12호)고 각각 정의한 다음, 제2-4조 제2항에서, 제품을 생산하는 과정에서 원재료가 화학적으로 통합되는 경우 일정기간별 단위소요량은 '일정기간 동안 제품 생산에 사용된 원재료의 종류별 총량'을 '일정기간 동안에 생산된 제품의 총량'으로 나눈 양으로 산정한다고 규정하고, 제2-5조 제

2항에서, 제품을 생산하는 과정에서 원재료가 화학적으로 통합되는 경우 1회계연도 단위소요량은 '1회계연도 동안 제품 생산에 사용된 원재료의 종류별 총량'을 '1회계연도 동안에 생산된 제품의 총량'으로 나눈 양으로 산정한다고 규정하고 있다.

나아가 구 관세청 고시 제2-14조는 제1항에서 부산물을 발생시킨 원재료를 구분하여 파악하기 어려운 경우에는 제품의 생산과정에 소요되는 원재료 전부로부터 부산물이 발생하는 것으로 본다고 규정하고, 제2항에서 "부산물 공제비율"을 산출하는 공식을 (A: 부산물이 발생하는 당해 공정에서 생산된 제품의 가격, B: 부산물이 발생하는 당해 공정에 소요된 총 소요원재료의 가격, C: 부산물을 발생시킨 당해 원재료의 가격, D: 부산물의 가격. 다만, A, B의 가격을 산정하기 곤란한 경우에는 D/C로, A, B, C, D의 가격을 산정하기 곤란한 경우에는 부산물 발생비율로 부산물 공제비율을 대신할 수 있다)로 정한 다음, 제4항에서 부산물이 발생한 원재료에 대한 환급금은 제2항의 부산물 공제비율을 적용하여 "환급금 = 부산물 공제전 환급금 × (1 - 부산물 공제비율)"의 방식으로 산출한다고 규정하고 있다(이하 제2-14조의 각 규정을 통틀어 '부산물 관리규정'이라 한다).

다. 원심판결 이유에 의하면, ① 원고들이 분할설립 또는 흡수합병되기 전의 회사들(이하 '원고들'이라고만 한다)은 석유사업법 등 관련 법령에 따라 석유를 수입할 때 피고에게 부과금을 납부한 다음, 석유를 정제하여 얻어진 석유제품 등을 수출하거나 공업원료용으로 공급하는 등 일정한 용도로 사용한 경우 그 환급 대상인 '수출 석유제품' 또는 '공업원료용 제품'의 생산에 원료로 소요된 석유량에 상응하는 범위에서 이미 납부한 부과금을 환급받아 온 사실, ② 원유를 정제하여 엘피지, 나프타, 휘발유, 등유 등의 석유제품을 생산하는 증류과정(이하 '원유정제공정'이라 한다)에는 그 첫 단계에서 발생하는 석유가스를 분리하고 나면 으레 원유량의 약 1.5% 가량의 폐가스가 남게 되는데, 이를 채집하여 일정한 가공과정을 거치면 연료로 활용할 수 있는 가스(이하 '연료가스'라 한다)가 되고, 나프타를 원료로 하여 이루어지는 이른바 석유화학공정에서도 마찬가지로 탈황작업 등에 활용될 수 있는 수소가 발생되는 사실, ③ 원고들은 2003. 2.부터 2007. 12.까지 사이에 부과금의 환급 대상이 되는 '석유제품 또는 공업원료용 제품'을 생산하는 데 소요되는 원료인 석유나 나프타의 소요량을 산정하면서, 이러한 연료가스나 수소를 별도의 석유(화학)제품이나 부산물로 보지 아니한 채 단지 손모(loss)로 보아 이를 생산하는 데 소요된 원료가 된 석유량이나 나프타량은 무시하고, 그와 같이 산정된 소요량을 피고에게 제시하여 환급을 신청하였고, 피고는 원고들이 신청한 소요량을 기준으로 하여 산정한 금액을 2003. 3. 25.부터 2007. 12. 25.까지 사이에 매달 25일 해당 환급금을 지급한 사실, ④ 그런데 연료가스 및 수소를 손모로 처리하여 환급금을 산정한 것은 적정하지 아니하다는 감사원의 감사 결과가 나왔고, 이에 피고는 원유정제공정에서 발생한 연료가스를 부산물로 보아 이를 석유제품의 양에 포함시켜 소요량을 산정하여 환급액을 다시 산출하는 한편, 나프타를 원료로 하여 이루어지는 석유화학공정에서 발생하는 수소를 석유화학공정의 부산물로 보아 이를 석유화학공정이 아닌 원유정제공정에서 사용한 것은 부산물인 수소를 '연료용 혹은 기타 용도로 판매'한 것으로서 환급대상에 해당하지 아니함을 전제로, 원고들에 대하여 2003. 2.부터 2007. 12.까지 사이에 이루어진 부과금 환급분과 관련하여 합계 31,988,542,210원이 과다 환급되었다는 이유로 2008. 3. 11.자로 원고들에게 그 금액을 일정 기한까지 납부하라고 고지(이하 '이 사건 처분'이라 한다)한 사실을 알 수 있다.

원심은 이러한 사실관계를 기초로, 그 판시와 같은 사정을 들어 (1) 연료가스에 관하여, 원고들에게 '제1호 사유'에 기한 환급액을 산정함에 있어 구 관세청 고시 제2-14조 제2항의 부산물 관리규정을 적용하여야 하고, 나아가 피고가 이 사건의 경우 부산물 공제비율 산식의 단서 부분(A, B, C, D의 가격을 산정하기 곤란한 경우)에 해당한다고 보아 '부산물 발생비율' 즉 의 산식으로 소요량을 산정한 것은 적법하고, (2) 수소에 관하여도, 구 산자부 고시의 물질수지표상 부산물란의 기재는 예시에 불과하므로 수소도 이에 포함될 수 있고, 나아가 원고들이 수소를 원유정제공정에서 탈황용으로 이용한 것은 '부산물을 연료용으로 판매한 경우'에 해당한다고 보아, 같은 취지에서 환급금액을 다시 산정한 후 종래의 환급금 중 이를 초과하는 부분을 취소한 이 사건 처분은 적법하다고 판단하였다.

라. 그러나 앞서 본 법리에 비추어 보면 이러한 원심의 판단은 다음과 같은 점에서 그대로 수긍하기 어렵다.

(1) 앞서 본 관계 법령의 내용, 형식 및 취지 등을 종합하면, 구 산자부 고시와 구 관세청 고시의 각 규정들은 '환급금의 환급기준 내지 환급의 대상·규모·방법 등'을 장관으로 하여금 정하여 고시하도록 규정한 구 석유사업법령의 위임에 따른 것으로서, 그 법령 규정의 내용을 보충하면서 그와 결합하여 대외적인 구속력이 있는 법규명령으로서의 효력을 가지는 것으로 보아야 한다.

나아가 석유정제업자 등으로부터 일단 부과금을 징수하였다가 구 석유사업법령이 정한 바에 따라 부과금 중 일부를 환급함으로써 석유정제업자 등이 최종적으로 부담하게 되는 부과금 액수가 정해지게 되는데, 이러한 석유환급금 부과·환급의 실질에 비추어 보면 환급의 대상·규모·방법 등 환급금의 산정기준에 관한 규정을 해석할 때 조세나 부담금에 관한 법률의 해석에 관한 법리가 적용된다고 보아야 한다. 따라서 환급금의 산정기준을 정한 구 산자부 고시 및 구 관세청 고시 규정도 원칙적으로 문언대로 해석·적용하여야 하고, 합리적 이유 없이 이를 확장해석하거나 유추해석하는 것은 허용되지 아니한다.

(2) 연료가스의 처리 방법에 관하여

먼저 연료가스는 종래 원유정제공정에서 발생하여 대기 중에 방출시키던 폐가스를 원고들이 별도의 가공을 통하여 연소를 위한 최소한의 안정화를 거친 것으로서, 판매 목적으로 제조하거나 실제 제품화하여 제3자에게 판매할 수 없는 물질이므로, 구 관세청 고시에 따라 '수출물품을 정상적으로 생산하는 과정에서 발생하는 원재료의 손실량'인 '손모'에는 포함되지 아니하고, '수출물품의 생산공정 중에 수출물품 이외에 부수적으로 발생하는 경제적인 가치를 가진 물품으로서 판매되거나 자가사용되는 물품'인 '부산물'로 봄이 타당하다.

그런데 관련 규정 및 고시의 문언·연혁·취지 등에 더하여, ① 2008. 12. 29. 개정된 산자부 고시에서는 연료가스가 부산물에 포함되는 것으로 규정되어 있으나, 이 사건 처분의 대상 기간에 적용되던 구 산자부 고시 및 구 관세청 고시에는 환급금 산정에서 '연료가스'의 처리 방법이 명확하게 규정되지 아니하였던 점, ② 구 산자부 고시는 부과금의 환급에 관하여 우선 제21조에서 그 환급대상을, 제23조에서 환급액의 산출방법을 명확히 정하면서, 제26조 제1항에서 그 산식의 구성요소의 하나인 '환급대상 석유제품 생산에 원료로 소요된 석유량'에 관하여만 '관세청 고시에 의한 자율소요량'을 적용하여 산출하도록 정하고 있는 점, ③ 그런데 구 관세청 고시 제2-14조(부산물 관리)는 '부산물이 발생한 원재료에 대한 환급금'을 산정하는 계산식[환급금 = 부산물 공제전 환급금 × (1 - 부산물 공제비율)]을 정하고(제4항), 그 계산식의 구성요소인 '부산물 공제비율'의 산정방법(제2항) 및 '부산물을 발생시킨 원재료'의 추정(제1항), 부산물 공제비율 산정에 필요한 '부산물의 가격' 등을 정하는 방법(제3항) 등을 규정하고 있어서, 이러한 제2-14조의 규정 내용이 구 산자부 고시에서 원용하는 '관세청 고시에 의한 자율소요량'을 정한 것으로 보기 어려운 점, ④ 나아가 구 관세청 고시 제2-14조의 부산물 관리규정이 적용될 필요가 있더라도, 피고가 주장하는 것처럼 '부산물 공제비율(가치 기준)'이 아닌 '부산물 발생비율(물량 기준)'을 적용하는 것은 결과적으로 부산물을 '제품' 자체와 동일하게 평가하는 것으로서, '제품의 생산과정에서 부수적으로 발생하는 경제적 가치를 가진 물품'으로 일반적으로 제품 자체보다는 그 가치가 상당히 낮을 것으로 여겨지는 '부산물' 개념에도 부합하지 아니하는 점 등을 종합하면, 원고들에 대한 부과금 환급액을 산정함에 있어 부산물인 연료가스에 관하여 구 관세청 고시 제2-14조의 부산물 관리규정을 적용하는 것은 구 산자부 고시 및 구 관세청 고시의 규정을 합리적 이유 없이 확장해석하거나 유추해석하는 것이어서 허용되지 아니한다고 보아야 한다.

(3) 수소의 처리 방법에 관하여

나프타를 이용하여 여러 화학제품을 생산하는 석유화학공정에서 발생하는 수소는 여러 사정들, 즉 ① 원고들은 그 수소를 원유정제공정에서 탈황용으로 이용함으로써 상당한 경제적 이익을 얻은 점, ② 수소는 시장에서 판매되는 제품인 점, ③ 수소는 나프타 분해공정에 부수하여 발생하는 점 등에 비추어 보면, 손모가 아닌 부산물로 파악함이 타당하다.

그러나 '제2호 사유'에 대한 환급액 산정을 위한 제2산식의 요소 중 하나인 '부과금환급율'의 산정방식을 정한 구 산자부 고시 제25조 제1항과 별지 제4호서식 물질수지표의 기재 내용 등에 비추어 알 수 있는 다음과 같은 사정, 즉 ① 제2산식에 부과금환급율을 적용하는 것은, 원료의 순투입량 중 '연료용 판매 주산물'과 '연료용 및 기타 용도 판매 특정부산물'은 공업원료용으로 사용되었다고 보기 어려우므로 순투입량 중 해당 부분을 환급액 산정에서 제외하기 위한 것으로 보이는 점, ② 구 산자부 고시 제25조 제1항에서 부과금환급율 산정을 위하여 석유화학공업체로 하여금 제출하도록 한 별지 제4호서식 물질수지표에는 주산물, 부산물의 용도별 판매량 및 자가소비량을 기재하도록 하고 있는데, 주산물에 관하여는 Ethylene 등 4개 물질 이외에 기타 항목을 두고 있어 4개 물질 이외의 다른 물질도 연료용으로 판매되었다면 부과금환급율 계산에 반영될 수 있으나, 부산물에 관하여는 Platformate, Hvy-Aromate, Raffinate, Hvy-RPG 4개 물질에 대한 항목만을 두고 있어서 이 4개 물질 이외의 부산물인 '수소'가 연료용 또는 기타 용도로 판매되었더라도 당연히 부과금환급율 산정에 반영되어야 한다고 단정하기 어려운 점, ③ 설령 '수소'가 부산물에 해당하더라도 원고들은 석유화학공정에서 발생한 수소를 원유정제공정에서 탈황용 등으로 활용하였을 뿐이므로 이를 연료용 또는 기타 용도로 '판매'한 것으로 보기 어렵고, 구 산자부 고시 제25조 제1항 제1호가 '사내판매물량'을 확인하도록 정하고 있기는 하나 그 취지가 부산물의 사내판매물량 전부를 환급 공제 대상에 포함시키려는 것으로 보기 어려울 뿐만 아니라 물질수지표는 '용도별 판매량'과 별도로 '자가소비' 항목을 두고 있으므로, 원고들이 수소를 원유정제공정에서 탈황용 등으로 사용한 것을 '사내판매물량'에 해당한다고 보아 공제 항목에 포함시킬 경우 공제 항목에서 제외되는 항목으로 '자가소비' 항목을 기재하도록 한 취지에도 부합하지 아니하는 점 등을 종합하면, 원고들이 원유정제공정에서 탈황용으로 '수소'를 활용한 것이 '부과금환급율' 산식의 요소인 '연료용 및 기타 용도 판매 특정부산물'에 해당한다고 볼 수 없다.

(4) 그럼에도 원심은, 원고들이 종래 연료가스에 대하여 부산물 관리규정을 적용하지 아니하고 수소에 대하여 '부산물을 연료용 또는 기타 용도로 판매한 경우'에 포함시키지 아니한 채 피고에 대하여 환급신청을 하고, 피고가 이를 그대로 인정하여 산출한 금액을 환급한 처분이 위법하다고 보아, 그에 해당하는 부분을 취소한 이 사건 처분이 적법하다고 판단하였으니, 거기에는 연료가스 및 수소와 관련하여 환급금의 산정방법을 정한 구 석유사업법령 및 구 산자부 고시, 구 관세청 고시 규정의 해석·적용에 관한 법리를 오해하여 판결 결과에 영향을 미친 위법이 있다. 이를 지적하는 상고이유의 주장은 이유 있다.

2. 결 론

그러므로 나머지 상고이유에 대한 판단을 생략한 채 원심판결을 파기하고, 사건을 다시 심리·판단하게 하기 위하여 원심법원에 환송하기로 하여 관여 대법관의 일치된 의견으로 주문과 같이 판결한다.

2 대법원 2017. 4. 20. 선고 2015두45700 전원합의체 판결 【증여세부과처분취소】 [공2017상,1191]

【판시사항】

[1] 조세법률주의 원칙의 의미 / 법률의 위임 없이 명령 또는 규칙 등의 행정입법으로 과세요건 등에 관한 사항을 규정하거나 법률에 규정된 내용을 함부로 유추·확장하는 내용의 해석규정을 마련하는 것이 조세법률주의 원칙에 위배되는지 여부(적극)

[2] 법률의 위임의 근거가 없어 무효였던 법규명령이 법 개정으로 위임의 근거가 부여되면 그때부터 유효한 법규명령으로 볼 수 있는지 여부(적극) 및 법규명령이 개정된 법률에 규정된 내용을 함부로 유추·확장하는 내용의 해석규정이어서 위임의 한계를 벗어난 것으로 인정될 경우, 법규명령이 여전히 무효인지 여부(적극)

[3] 구 상속세 및 증여세법 시행령 제31조 제6항이 모법인 2010. 1. 1. 법률 제9916호로 개정되기 전의 구 상속세 및 증여세법 제41조 제1항의 규정 취지에 반하고 위

임범위를 벗어난 것으로서 무효인지 여부(적극) 및 2010. 1. 1. 상속세 및 증여세법 개정에도 불구하고 여전히 무효인지 여부(적극)

【판결요지】

[1] 조세법률주의 원칙은 과세요건 등 국민의 납세의무에 관한 사항을 국민의 대표기관인 국회가 제정한 법률로써 규정하여야 하고, 법률을 집행하는 경우에도 이를 엄격하게 해석·적용하여야 하며, 행정편의적인 확장해석이나 유추적용을 허용하지 아니함을 뜻한다. 그러므로 법률의 위임 없이 명령 또는 규칙 등의 행정입법으로 과세요건 등에 관한 사항을 규정하거나 법률에 규정된 내용을 함부로 유추·확장하는 내용의 해석규정을 마련하는 것은 조세법률주의 원칙에 위배된다.

[2] 일반적으로 법률의 위임에 따라 효력을 갖는 법규명령의 경우에 위임의 근거가 없어 무효였더라도 나중에 법 개정으로 위임의 근거가 부여되면 그때부터는 유효한 법규명령으로 볼 수 있다. 그러나 법규명령이 개정된 법률에 규정된 내용을 함부로 유추·확장하는 내용의 해석규정이어서 위임의 한계를 벗어난 것으로 인정될 경우에는 법규명령은 여전히 무효이다.

[3] (가) 구 상속세 및 증여세법(2003. 12. 30. 법률 제7010호로 개정되어 2010. 1. 1. 법률 제9916호로 개정되기 전의 것) 제41조 제1항(이하 '개정 전 법률 조항'이라고 한다)은 특정법인과의 일정한 거래를 통하여 최대주주 등이 '이익을 얻은 경우'에 이를 전제로 '이익의 계산'만을 시행령에 위임하고 있음에도 구 상속세 및 증여세법 시행령(2003. 12. 30. 대통령령 제18177호로 개정되어 2014. 2. 21. 대통령령 제25195호로 개정되기 전의 것) 제31조 제6항(이하 '시행령 조항'이라고 한다)은 특정법인이 얻은 이익이 바로 '주주 등이 얻은 이익'이 된다고 보아 증여재산가액을 계산하도록 하였다. 또한 개정 전 법률 조항에 의하면 특정법인에 대한 재산의 무상제공 등이 있더라도 주주 등이 '실제로 얻은 이익이 없다면' 증여세 부과대상에서 제외될 수 있으나, 시행령 조항에 의하면 특정법인에 재산의 무상제공 등이 있는 경우 그 자체로 주주 등이 이익을 얻은 것으로 간주되어 증여세 납세의무를 부담하게 된다. 결국, 시행령 조항은 모법인 개정 전 법률 조항의 규정 취지에 반할 뿐만 아니라 위임범위를 벗어난 것이다.

(나) 한편 2010. 1. 1. 법률 제9916호로 개정된 구 상속세 및 증여세법(2011. 12. 31. 법률 제11130호로 개정되기 전의 것, 이하 '상증세법'이라고 한다) 제41조 제1항(이하 '개정 법률 조항'이라고 한다)은 종전에 특정법인의 주주 등이 '이익을 얻은 경우'라고만 하던 것을 '대통령령으로 정하는 이익을 얻은 경우'로 문언이 일부 변경되었으나, 시행령 조항은 2014. 2. 21. 대통령령 제25195호로 개정되기 전까지 그대로 존치되어 왔다.

(다) 증여세는 증여재산의 경제적 또는 재산적 가치를 정당하게 산정한 가액을 기초로 하여 과세하여야 하고, 납세의무자가 증여로 인하여 아무런 경제적·재산적 이익을 얻지 못하였다면 원칙적으로 증여세를 부과할 수 없다고 보아야 한다. 개정 법률 조항은 결손금이 있는 특정법인의 주주 등과 특수관계에 있는 자가 특정법인에 재산을 증여하는 등 일정한 거래를 함으로써 특정법인은 증여가액을 결손금으로 상쇄하여 증여가액에 대한 법인세를 부담하지 않도록 하면서도 특정법인의 주주 등에게는 이익을 얻게 하는 변칙증여에 대하여 증여세를 과세하기 위한 것이다. 그런데 증여세의 과세체계와 증여 및 증여재산의 개념 등에 비추어 볼 때 이는 여전히 특정법인에 대한 재산의 무상제공 등으로 인하여 주주 등이 상증세법상 증여재산에 해당하는 이익을 얻었음을 전제로 하는 규정으로 보아야 하고, 재산의 무상제공 등의 상대방이 특정법인인 이상 그로 인하여 주주 등이 얻을 수 있는 '이익'은 그가 보유하고 있는 특정법인 주식 등의 가액 증가분 외에 다른 것을 상정하기 어렵다. 따라서 개정 법률 조항은 문언의 일부 개정에도 불구하고 개정 전 법률 조항과 마찬가지로 재산의 무상제공 등 특정법인과의 거래를 통하여 특정법인의 주주 등이 이익을 얻었음을 전제로 하여 그 이익, 즉 '주주 등이 보유한 특정법인 주식 등의 가액 증가분'의 정당한 계산방법에 관한 사항만을 대통령령에 위임한 규정이라고 볼 것이다. 따라서 특정법인의 주주 등과 특수관계에 있는 자가 특정법인에 재산을 증여하는 거래를 하였더라도 거래를 전후하여 주주 등이 보유한 주식 등의 가액이 증가하지 않은 경우에는 그로 인하여 주주 등이 얻은 증여 이익이 없으므로 개정 법률 조항에 근거하여 증여세를 부과할 수는 없다고 보아야 한다.

(라) 그런데 시행령 조항은 특정법인에 재산의 무상제공 등이 있으면 그 자체로 주주 등이 이익을 얻은 것으로 간주함으로써, 주주 등이 실제로 얻은 이익의 유무나 다과와 무관하게 증여세 납세의무를 부담하도록 정하고 있으므로, 결국 시행령 조항은 모법인 개정 법률 조항의 규정 취지에 반할 뿐만 아니라 위임범위를 벗어난 것으로서 2010. 1. 1. 상증세법 개정에도 불구하고 여전히 무효이다.

【참조조문】

[1] 헌법 제38조, 제59조 / [2] 헌법 제95조 / [3] 헌법 제38조, 제59조, 제95조, 구 상속세 및 증여세법(2010. 1. 1. 법률 제9916호로 개정되기 전의 것) 제41조 제1항(현행 제45조의5 제1항, 제2항 참조), 제2항(현행 제45조의5 제3항 참조), 구 상속세 및 증여세법(2011. 12. 31. 법률 제11130호로 개정되기 전의 것) 제2조 제1항(현행 제4조 제1항 참조), 제3항(현행 제2조 제6호 참조), 제31조 제1항(현행 제2조 제7호 참조), 제41조 제1항(현행 제45조의5 제1항, 제2항 참조), 구 상속세 및 증여세법 시행령(2014. 2. 21. 대통령령 제25195호로 개정되기 전의 것) 제31조 제6항

(현행 제34조의4 제4항, 제5항 참조)

【참조판례】

[1] 대법원 2007. 5. 17. 선고 2006두8648 전원합의체 판결(공2007하, 916) / [2] 대법원 1995. 6. 30. 선고 93추83 판결(공1995하, 2613) / [3] 대법원 2009. 3. 19. 선고 2006두19693 전원합의체 판결(공2009상, 495)

【전 문】

【원고, 상고인】 원고 1 외 1인 (소송대리인 변호사 권오천 외 1인)

【피고, 피상고인】 서대문세무서장 외 1인 (소송대리인 법무법인(유한) 대륙아주 담당변호사 강헌구 외 3인)

【원심판결】 서울고법 2015. 5. 19. 선고 2014누68715 판결

【주 문】

원심판결을 파기하고, 사건을 서울고등법원에 환송한다.

【이 유】

상고이유(상고이유서 제출기간이 경과한 후에 제출된 상고이유보충서 등의 기재는 상고이유를 보충하는 범위 내에서)를 판단한다.

1. 조세법률주의 원칙은 과세요건 등 국민의 납세의무에 관한 사항을 국민의 대표기관인 국회가 제정한 법률로써 규정하여야 하고, 그 법률을 집행하는 경우에도 이를 엄격하게 해석·적용하여야 하며, 행정편의적인 확장해석이나 유추적용을 허용하지 아니함을 뜻한다. 그러므로 법률의 위임 없이 명령 또는 규칙 등의 행정입법으로 과세요건 등에 관한 사항을 규정하거나 법률에 규정된 내용을 함부로 유추·확장하는 내용의 해석규정을 마련하는 것은 조세법률주의 원칙에 위배된다(대법원 2007. 5. 17. 선고 2006두8648 전원합의체 판결 등 참조).

한편 일반적으로 법률의 위임에 따라 효력을 갖는 법규명령의 경우에 그 위임의 근거가 없어 무효였더라도 나중에 법 개정으로 위임의 근거가 부여되면 그때부터는 유효한 법규명령으로 볼 수 있다(대법원 1995. 6. 30. 선고 93추83 판결 참조). 그러나 그 법규명령이 개정된 법률에 규정된 내용을 함부로 유추·확장하는 내용의 해석규정이어서 위임의 한계를 벗어난 것으로 인정될 경우에는 그 법규명령은 여전히 무효로 봄이 타당하다.

2. 가. 구 상속세 및 증여세법(2003. 12. 30. 법률 제7010호로 개정되어 2010. 1. 1. 법률 제9916호로 개정되기 전의 것) 제41조 제1항(이하 '개정 전 법률 조항'이라고 한다)은 결손금이 있거나 휴업 또는 폐업 중인 법인(이하 '특정법인'이라고 한다)의 주주 또는 출자자와 특수관계에 있는 자가 당해 특정법인과 다음 각 호의 1에 해당하는 거래를 통하여 당해 특정법인의 주주 또는 출자자가 '이익을 얻은 경우'에는 그 이익에 상당하는 금액을 당해 특정법인의 주주 또는 출자자의 증여재산가액으로 한다고 규정하고, 제2항은 그 이익의 계산방법을 대통령령에 위임하였다. 구 상속세 및 증여세법 시행령(2003. 12. 30. 대통령령 제18177호로 개정되어 2014. 2. 21. 대통령령 제25195호로 개정되기 전의 것) 제31조 제6항(이하 '이 사건 시행령 조항'이라고 한다)은 '개정 전 법률 조항에 의한 이익은 증여재산가액 등(결손금이 있는 법인의 경우에는 당해 결손금을 한도로 한다)에 그 최대주주 등의 주식 등의 비율을 곱하여 계산한 금액(당해 금액이 1억 원 이상인 경우에 한한다)으로 한다'고 규정하고 있다.

개정 전 법률 조항은 특정법인과의 일정한 거래를 통하여 최대주주 등이 '이익을 얻은 경우'에 이를 전제로 그 '이익의 계산'만을 시행령에 위임하고 있음에도 이 사건 시행령 조항은 특정법인이 얻은 이익이 바로 '주주 등이 얻은 이익'이 된다고 보아 증여재산가액을 계산하도록 하였다. 또한 개정 전 법률 조항에 의하면 특정법인에 대한 재산의 무상제공 등이 있더라도 주주 등이 '실제로 얻은 이익이 없다면' 증여세 부과대상에서 제외될 수 있으나, 이 사건 시행령 조항에 의하면 특정법인에 재산의 무상제공 등이 있는 경우 그 자체로 주주 등이 이익을 얻은 것으로 간주되어 증여세 납세의무를 부담하게 된다. 결국 이 사건 시행령 조항은 모법인 개정 전 법률 조항의 규정 취지에 반할 뿐만 아니라 그 위임범위를 벗어난 것이다(대법원 2009. 3. 19. 선고 2006두19693 전원합의체 판결 참조).

나. 한편 2010. 1. 1. 법률 제9916호로 개정된 구 상속세 및 증여세법(2011. 12. 31. 법률 제11130호로 개정되기 전의 것, 이하 '상증세법'이라고 한다) 제41조 제1항(이하 '개정 법률 조항'이라고 한다)은 종전에 특정법인의 주주 등이 '이익을 얻은 경우'라고만 하던 것을 '대통령령으로 정하는 이익을 얻은 경우'로 그 문언이 일부 변경되었으나, 이 사건 시행령 조항은 2014. 2. 21. 대통령령 제25195호로 개정되기 전까지 그대로 존치되어 왔다.

이 사건의 쟁점은 이와 같이 개정 전 법률 조항이 개정 법률 조항으로 개정되었음에도, 이 사건 시행령 조항이 모법인 개정 법률 조항의 규정 취지에 반하고 그 위임

범위를 벗어난 것이어서 여전히 무효인지 여부이다.

다. 상증세법은 증여세의 과세대상을 '증여로 인한 증여재산'으로 삼으면서(제2조 제1항), '증여'란 경제적 가치를 계산할 수 있는 재산을 타인에게 무상으로 이전하거나 기여에 의하여 타인의 재산가치를 증가시키는 것이라고 정의하고(제2조 제3항), '증여재산'을 경제적 또는 재산적 가치가 있는 물건이나 권리로 규정하고 있으며(제31조 제1항), 증여세 과세표준의 기초가 되는 증여재산가액의 계산을 위한 여러 규정들을 두고 있다(제3장 제2절). 그러므로 증여세는 증여재산의 경제적 또는 재산적 가치를 정당하게 산정한 가액을 기초로 하여 과세하여야 하고, 납세의무자가 증여로 인하여 아무런 경제적·재산적 이익을 얻지 못하였다면 원칙적으로 증여세를 부과할 수 없다고 보아야 한다.

개정 법률 조항은 결손금이 있는 특정법인의 주주 등과 특수관계에 있는 자가 특정법인에 재산을 증여하는 등 일정한 거래를 함으로써 특정법인은 그 증여가액을 결손금으로 상쇄하여 증여가액에 대한 법인세를 부담하지 않도록 하면서도 특정법인의 주주 등에게는 이익을 얻게 하는 변칙증여에 대하여 증여세를 과세하기 위한 것이다. 그런데 앞서 본 증여세의 과세체계와 증여 및 증여재산의 개념 등에 비추어 볼 때 이는 여전히 특정법인에 대한 재산의 무상제공 등으로 인하여 그 주주 등이 상증세법상 증여재산에 해당하는 이익을 얻었음을 전제로 하는 규정으로 보아야 하고, 재산의 무상제공 등의 상대방이 특정법인인 이상 그로 인하여 주주 등이 얻을 수 있는 '이익'은 그가 보유하고 있는 특정법인 주식 등의 가액 증가분 외에 다른 것을 상정하기 어렵다.

따라서 개정 법률 조항은 그 문언의 일부 개정에도 불구하고 개정 전 법률 조항과 마찬가지로 재산의 무상제공 등 특정법인과의 거래를 통하여 특정법인의 주주 등이 이익을 얻었음을 전제로 하여 그 이익, 즉 '주주 등이 보유한 특정법인 주식 등의 가액 증가분'의 정당한 계산방법에 관한 사항만을 대통령령에 위임한 규정이라고 볼 것이다. 따라서 특정법인의 주주 등과 특수관계에 있는 자가 특정법인에 재산을 증여하는 거래를 하였더라도 그 거래를 전후하여 주주 등이 보유한 주식 등의 가액이 증가하지 않은 경우에는 그로 인하여 그 주주 등이 얻은 증여 이익이 없으므로 개정 법률 조항에 근거하여 증여세를 부과할 수는 없다고 보아야 한다.

라. 그런데 이 사건 시행령 조항은 특정법인에 재산의 무상제공 등이 있으면 그 자체로 주주 등이 이익을 얻은 것으로 간주함으로써, 주주 등이 실제로 얻은 이익의

유무나 다과와 무관하게 증여세 납세의무를 부담하도록 정하고 있으므로, 결국 이 사건 시행령 조항은 모법인 개정 법률 조항의 규정 취지에 반할 뿐만 아니라 그 위임범위를 벗어난 것으로서 2010. 1. 1. 상증세법 개정에도 불구하고 여전히 무효라고 봄이 타당하다.

3. 원심판결 이유 및 기록에 의하면, 원고들은 하이메트 주식회사의 주주이고, 원고들과 특수관계에 있는 소외인이 2011. 4. 20. 결손금이 있는 하이메트 주식회사에 이 사건 주식을 증여한 사실, 피고들은 이 사건 주식의 증여로 인하여 원고들이 실제로 얼마만큼의 증여 이익을 얻었는지와 무관하게 개정 법률 조항 및 이 사건 시행령 조항에 따라 이 사건 주식의 가액에 각자의 보유주식 비율을 곱하여 계산한 금액 상당의 이익을 얻은 것으로 간주된다는 이유로, 2013. 8. 1. 원고들에게 증여세를 부과하는 이 사건 처분을 한 사실을 알 수 있다.

이러한 사실관계를 앞서 본 법리에 비추어 살펴보면, 이 사건 처분은 무효인 이 사건 시행령 조항에 근거하여 이루어진 것으로서 위법하다고 할 것이다. 그런데도 원심은 이와 달리 이 사건 시행령 조항이 유효하다고 보아 이 사건 처분이 적법하다고 판단하였으니, 이러한 원심의 판단에는 헌법상 조세법률주의와 위임입법의 한계 등에 관한 법리를 오해한 잘못이 있다. 이 점을 지적하는 상고이유 주장은 이유 있다.

4. 그러므로 원심판결을 파기하고, 사건을 다시 심리·판단하게 하기 위하여 원심법원에 환송하기로 하여, 관여 법관의 일치된 의견으로 주문과 같이 판결한다.

3 대법원 2017. 6. 15. 선고 2016두52378 판결【입찰참가자격제한처분취소청구의소】[공2017하,1479]

【판시사항】

'입찰참가자격을 제한받은 자가 법인이나 단체인 경우에는 그 대표자'에 대하여도 입찰참가자격 제한을 할 수 있도록 규정한 구 공기업·준정부기관 계약사무규칙 제15조 제4항의 대외적 효력을 인정할 수 있는지 여부(소극)

【판결요지】

공공기관의 운영에 관한 법률(이하 '공공기관운영법'이라 한다) 제39조 제2항은 입찰참가자격 제한 대상을 '공정한 경쟁이나 계약의 적정한 이행을 해칠 것이 명백하다고 판단되는 사람·법인 또는 단체 등'으로 규정하여 입찰참가자격 제한 처분 대상을 해당 부정당행위에 관여한 자로 한정하고 있다. 반면, 구 공기업·준정부기관 계약사무규칙(2016. 9. 12. 기획재정부령 제571호로 개정되기 전의 것, 이하 '계약사무규칙'이라 한다) 제15조 제4항(이하 '위 규칙 조항'이라 한다)은 '입찰참가자격을 제한받은 자가 법인이나 단체인 경우에는 그 대표자'에 대하여도 입찰참가자격 제한을 할 수 있도록 규정하여, 부정당행위에 관여하였는지 여부와 무관하게 법인 등의 대표자 지위에 있다는 이유만으로 입찰참가자격 제한 처분의 대상이 될 수 있도록 함으로써, 법률에 규정된 것보다 처분대상을 확대하고 있다.

그러나 공공기관운영법 제39조 제3항에서 부령에 위임한 것은 '입찰참가자격의 제한기준 등에 관하여 필요한 사항'일 뿐이고, 이는 규정의 문언상 입찰참가자격을 제한하면서 그 기간의 정도와 가중·감경 등에 관한 사항을 의미하는 것이지 처분대상까지 위임한 것이라고 볼 수는 없다. 따라서 위 규칙 조항에서 위와 같이 처분대상을 확대하여 정한 것은 상위법령의 위임 없이 규정한 것이므로 이는 위임입법의 한계를 벗어난 것으로서 대외적 효력을 인정할 수 없다. 이러한 법리는 계약사무규칙 제2조 제5항이 '공기업·준정부기관의 계약에 관하여 계약사무규칙에 규정되지 아니한 사항에 관하여는 국가를 당사자로 한 계약에 관한 법령을 준용한다.'고 규정하고 있다고 하여 달리 볼 수 없다.

【참조조문】

공공기관의 운영에 관한 법률 제39조 제2항, 제3항, 구 공기업·준정부기관 계약사무규칙(2016. 9. 12. 기획재정부령 제571호로 개정되기 전의 것) 제15조 제4항

【참조판례】

대법원 2013. 9. 12. 선고 2011두10584 판결(공2013하, 1800)

【전 문】

【원고, 상고인】 주식회사 케이알티씨 (소송대리인 법무법인(유한) 태평양 담당변호사 오정면 외 2인)

【원고, 피상고인】 원고 2

【피고, 피상고인 겸 상고인】 한국철도시설공단 (소송대리인 법무법인(유한) 한결 담당변호사 김호철 외 5인)

【원심판결】 대전고법 2016. 8. 25. 선고 2016누10365 판결

【주 문】

상고를 모두 기각한다. 상고비용 중 원고 2와 피고 사이에 생긴 부분은 피고가,

나머지 원고와 피고 사이에 생긴 부분은 나머지 원고가 각 부담한다.

【이 유】

상고이유를 판단한다.

1. 원고 주식회사 케이알티씨의 상고이유에 대하여

가. 상고이유 제1, 2점에 대하여

원심은, 원고 주식회사 케이알티씨(이하 '원고 회사'라고 한다)의 임원인 소외 1, 소외 2가 철도노선 실시설계 계약기간 중에 담당자인 피고 직원에게 각각 금품교부 행위를 한 사실을 인정한 뒤, ① 그 금품교부 행위는 경위, 시기, 금액 등에 비추어 단순한 친분관계를 위한 것이 아니라 직무관련성이 인정되는 뇌물공여에 해당하고, ② 나아가 이러한 뇌물공여는 해당 계약 이행의 충실성은 물론 추후에 있을 다른 입찰의 공정성에도 영향을 미치는 행위로서 공공기관의 운영에 관한 법률(이하 '공공기관운영법'이라고 한다) 제39조 제2항이 규정한 '공정한 경쟁이나 계약의 적정한 이행을 해칠 것이 명백한 행위'에 해당한다고 판단하였다.

관련 법리와 기록에 비추어 살펴보면, 이러한 원심의 판단에 상고이유 주장과 같이 뇌물공여, 공공기관운영법 제39조 제2항 등에 관한 법리를 오해한 잘못이 있다고 할 수 없다.

나. 상고이유 제3점에 대하여

원고는 구 공기업·준정부기관 계약사무규칙(2016. 9. 12. 기획재정부령 제571호로 개정되기 전의 것, 이하 '계약사무규칙'이라 한다) 제15조 제6항 및 제7항(이하 '이 사건 조항'이라고 한다)은 전자조달시스템 게재를 매개로 법률의 근거 없이 피고의 입찰참가자격 제한 처분의 침익적 효과를 다른 기관에 확대하는 조항으로서 법률유보의 원칙에 위반되어 무효이고, 따라서 이 사건 조항에 근거하고 있는 원고 회사에 대한 처분도 위법하다고 주장한다.

그러나 이 사건 조항은 공공기관의 입찰참가자격 제한 처분이 있음을 전제로 하여 그에 대한 후속절차를 규정한 것에 불과하고, 그 조항에 의하여 최초의 입찰참가자격 제한 처분의 효력이 국가기관이나 지방자치단체 또는 다른 공공기관에 당연히 확장되는 것도 아니므로 위 조항의 위헌·위법성 여하에 따라 원고 회사에 대한 처분 자체의 적법성이나 효력이 영향을 받는다고 볼 수 없다(대법원 2017. 4. 26. 선고 2015두3928 판결 등 참조).

따라서 이 사건 조항이 법률상 근거 없이 침익적 효과를 다른 기관에 확대하는 것이라는 전제의 원고 주장은 그 자체로 받아들일 수 없다.

같은 취지로 원고의 위와 같은 주장을 배척한 원심의 판단에 상고이유 주장과 같이 법률유보 원칙 등을 오해한 잘못이 있다고 할 수 없다.

다. 상고이유 제4점에 대하여

원심은, 뇌물공여 행위는 공정한 경쟁이나 계약의 적정한 이행을 해치는 전형적인 행위인 점, 법령이 정한 처분기준의 범위 내에서 제재기간이 정해진 점, 뇌물공여의 동기, 내용, 금액 등에 비추어 특별한 감경사유가 없는 점 등을 고려하면, 이 사건 입찰참가자격 제한 처분에 재량권 일탈·남용이 인정되지 않는다고 판단하였다.

관련 법리에 비추어 살펴보면, 이러한 원심의 판단에 상고이유 주장과 같이 재량권 일탈·남용 등에 관한 법리를 오해한 잘못이 있다고 할 수 없다.

2. 피고의 상고이유에 대하여

공공기관운영법 제39조 제2항은 입찰참가자격 제한 대상을 '공정한 경쟁이나 계약의 적정한 이행을 해칠 것이 명백하다고 판단되는 사람·법인 또는 단체 등'으로 규정하여 입찰참가자격 제한 처분 대상을 해당 부정당행위에 관여한 자로 한정하고 있다. 반면, 계약사무규칙 제15조 제4항(이하 '이 사건 규칙 조항'이라고 한다)은 '입찰참가자격을 제한받은 자가 법인이나 단체인 경우에는 그 대표자'에 대하여도 입찰참가자격 제한을 할 수 있도록 규정하여, 부정당행위에 관여하였는지 여부와 무관하게 법인 등의 대표자 지위에 있다는 이유만으로 입찰참가자격 제한 처분의 대상이 될 수 있도록 함으로써, 법률에 규정된 것보다 그 처분대상을 확대하고 있다.

그러나 공공기관운영법 제39조 제3항에서 부령에 위임한 것은 '입찰참가자격의 제한기준 등에 관하여 필요한 사항'일 뿐이고, 이는 그 규정의 문언상 입찰참가자격을 제한하면서 그 기간의 정도와 가중·감경 등에 관한 사항을 의미하는 것이지 처분대상까지 위임한 것이라고 볼 수는 없다. 따라서 이 사건 규칙 조항에서 위와 같이 처분대상을 확대하여 정한 것은 상위법령의 위임 없이 규정한 것이므로 이는 위임입법의 한계를 벗어난 것으로서 그 대외적 효력을 인정할 수 없다(대법원 2013. 9. 12. 선고 2011두10584 판결 참조). 이러한 법리는 계약사무규칙 제2조 제5항이 "공기업·준정부기관의 계약에 관하여 계약사무규칙에 규정되지 아니한 사항에 관하여는 국가를 당사자로 하는 계약에 관한 법령을 준용한다."고 규정하고 있다고 하여 달리 볼 수 없다.

원심은, 이 사건 규칙 조항의 대외적 효력을 인정할 수 없으므로 위 규칙 조항이 원고 회사의 대표자인 원고 2에 대한 입찰참가자격 제한 처분의 근거가 될 수 없고, 나아가 피고가 공공기관운영법 제39조 제2항을 직접적인 근거로 삼아 원고 2에 대하여 처분을 한 것으로 볼 수도 없으므로, 원고 2에 대한 처분은 그 처분의 근거가 없어 위법하다고 판단하였다.

관련 법령 및 앞서 본 법리에 비추어 살펴보면, 위와 같은 원심의 판단에 상고이유 주장과 같이 위임규정의 존부, 공공기관운영법 제39조 제2항, 제3항 등에 관한 법리를 오해한 잘못이 있다고 할 수 없다.

3. 결 론

그러므로 상고를 모두 기각하고, 상고비용은 패소자들이 부담하기로 하여, 관여 대법관의 일치된 의견으로 주문과 같이 판결한다.

Ⅱ. 헌 법

1 대법원 2017. 3. 9. 선고 2015다233982 판결【부당이득반환】[공2017상,626]

【판시사항】

[1] 헌법재판소의 위헌결정의 효력이 미치는 범위 및 법적 안정성의 유지나 당사자의 신뢰보호를 위하여 불가피한 경우 위헌결정의 소급효를 제한할 수 있는지 여부(적극)

[2] 사립학교교직원 연금법 제42조 제1항에 따라 사립학교 교직원에 준용되는 '재직 중의 사유로 금고 이상의 형을 받은 경우' 퇴직급여 등의 지급을 제한하는 구 공무원연금법 제64조 제1항 제1호에 대하여 2008. 12. 31.을 효력시한으로 한 헌법불합치결정이 내려졌으나 위 시한까지 개정되지 않은 상황에서 사립학교 교원 갑이 재직 중 고의범으로 집행유예의 형을 받고 퇴직하자, 사립학교 교직원연금공단이 갑에게 퇴직수당과 퇴직일시금을 지급하였고, 2009. 12. 31. 위 조항이 '직무와 관련이 없는 과실로 인한 경우' 등에는 퇴직급여 등의 지급 제한에서 제외한다는 내용으로 개정되면서 부칙 제1조 단서로 '제64조의 개정 규정은 2009. 1. 1.부터 적용한다'고 규정하자, 공단이 갑에 대하여 이미 지급한 돈의 일부를 환수하였는데, 그 후 위 부칙 제1조 단서 중 제64조의 개정 규정에 관한 부분이 소급입법 금지의 원칙에 반한다는 이유로 위헌결정을 받자, 갑이 공단을 상대로 환수금 상당의 부당이득반환을 구한 사안에서, 일반사건에 대해서까지 위헌결정의 소급효를 인정함으로써 보호되는 갑의 권리구제라는 구체적 타당성 등의 요청이 이미 형성된 법률관계에

관한 법적 안정성의 유지와 당사자의 신뢰보호의 요청보다 현저히 우월하다고 단정하기 어렵다고 한 사례

【판결요지】

[1] 헌법재판소의 위헌결정의 효력은 위헌제청을 한 '당해사건', 위헌결정이 있기 전에 이와 동종의 위헌 여부에 관하여 헌법재판소에 위헌여부심판제청을 하였거나 법원에 위헌여부심판제청신청을 한 '동종사건'과 따로 위헌제청신청은 아니하였지만 당해 법률 또는 법률 조항이 재판의 전제가 되어 법원에 계속 중인 '병행사건'뿐만 아니라, 위헌결정 이후 같은 이유로 제소된 '일반사건'에도 미친다. 하지만 위헌결정의 효력이 미치는 범위가 무한정일 수는 없고, 다른 법리에 의하여 그 소급효를 제한하는 것까지 부정되는 것은 아니며, 법적 안정성의 유지나 당사자의 신뢰보호를 위하여 불가피한 경우에 위헌결정의 소급효를 제한하는 것은 오히려 법치주의의 원칙상 요청된다.

[2] 사립학교교직원 연금법 제42조 제1항에 따라 사립학교 교직원에 준용되는 '재직 중의 사유로 금고 이상의 형을 받은 경우' 퇴직급여 등의 지급을 제한하는 구 공무원연금법(2009. 12. 31. 법률 제9905호로 개정되기 전의 것, 이하 같다) 제64조 제1항 제1호에 대하여 2008. 12. 31.을 시한으로 입법자가 개정할 때까지 효력을 지속한다는 취지의 헌법불합치결정이 내려졌으나 위 시한까지 개정되지 않은 상황에서 사립학교 교원 갑이 재직 중 고의범으로 집행유예의 형을 받고 퇴직하자, 사립학교 교직원연금공단(이하 '공단'이라 한다)이 갑에게 퇴직수당과 퇴직일시금을 지급하였고, 2009. 12. 31. 위 조항이 '직무와 관련이 없는 과실로 인한 경우' 등에는 퇴직급여 등의 지급 제한에서 제외한다는 내용으로 개정되면서 부칙 제1조 단서로 '제64조의 개정 규정은 2009. 1. 1.부터 적용한다'고 규정하자, 공단이 갑에 대하여 이미 지급한 돈의 일부를 환수하였는데, 그 후 위 부칙 제1조 단서 중 제64조의 개정 규정에 관한 부분이 소급입법 금지의 원칙에 반한다는 이유로 위헌결정을 받자, 갑이 공단을 상대로 환수금 상당의 부당이득반환을 구한 사안에서, 헌법재판소는 구 공무원연금법 제64조 제1항 제1호에 대하여 지급제한 자체가 위헌이라고 판단한 것이 아니라 '공무원의 신분이나 직무상 의무와 관련이 없는 범죄, 특히 과실범의 경우에도 퇴직급여 등을 제한하는 것은 공무원범죄를 예방하고 공무원이 재직 중 성실히 근무하도록 유도하는 입법 목적을 달성하는 데 적합한 수단이라고 볼 수 없다'는 이유로 헌법불합치결정을 하면서 2008. 12. 31.까지는 효력이 유지된다고 하였던 점, 구 공무원연금법의 효력이 지속될 때까지는 공무원 등이 재직 중의 사유로 금고 이상의 형을 받은 때 퇴직급여 등의 일부를 감액하여 지급하는 것이 일반적으로 받아들여졌던 점, 헌법불합치결정의 취지를 반영한 개정 공무원연금법에서도 직무와 관련이 없는 과실로 인한 경우 및 소속 상관의 정당한 직무상

의 명령에 따르다가 과실로 인한 경우를 제외하고는 재직 중의 사유로 금고 이상의 형을 받은 경우 여전히 퇴직급여 등의 지급을 제한하고 있는데, 갑은 재직 중 고의범으로 유죄판결이 확정된 점 등을 종합하면, 일반사건에 대해서까지 위헌결정의 소급효를 인정함으로써 보호되는 갑의 권리구제라는 구체적 타당성 등의 요청이 이미 형성된 법률관계에 관한 법적 안정성의 유지와 당사자의 신뢰보호의 요청보다 현저히 우월하다고 단정하기 어렵다고 한 사례.

【참조조문】

[1] 헌법재판소법 제47조 / [2] 헌법재판소법 제47조, 사립학교교직원 연금법 제42조 제1항, 구 공무원연금법(2009. 12. 31. 법률 제9905호로 개정되기 전의 것) 제64조 제1항 제1호, 구 공무원연금법(2015. 6. 22. 법률 제13387호로 개정되기 전의 것) 제64조 제1항 제1호, 부칙(2009. 12. 31.) 제1조, 헌법 제13조 제2항

【참조판례】

[1] 대법원 1994. 10. 25. 선고 93다42740 판결(공1994하, 3077), 대법원 2009. 6. 11. 선고 2008두21577 판결(공2009하, 1130), 대법원 2010. 10. 14. 선고 2010두11016 판결 / [2] 헌법재판소 2007. 3. 29. 선고 2005헌바33 전원재판부 결정(헌공126, 288), 헌법재판소 2013. 9. 26. 선고 2013헌바170 전원재판부 결정(헌공204, 1354)

【전 문】

【원고, 피상고인】 원고 (소송대리인 법무법인 예평 담당변호사 이학왕 외 4인)

【피고, 상고인】 사립학교 교직원연금공단 (소송대리인 정부법무공단 담당변호사 김영두 외 2인)

【원심판결】 수원지법 2015. 8. 19. 선고 2014나49323 판결

【주 문】

원심판결을 파기하고, 사건을 수원지방법원에 환송한다.

【이 유】

1. 상고이유 제1점에 대하여

원심은, 사립학교 교원은 학교법인 또는 사립학교 경영자에 의하여 임명되고, 피고는 사립학교 교원과 학교법인 또는 사립학교 경영자들 사이에 상호부조적 역할을 수행하는 단체인 이상 사립학교 교원과 피고 사이에 부담금을 납부하고 연금을 지

급받는 관계를 공법상의 권력관계라고 볼 수 없으므로, 이 사건 환수결정을 항고소송의 대상이 되는 행정청의 처분으로 볼 수 없다고 판단하면서, 이와 달리 이 사건 환수결정이 행정처분임을 전제로 항고소송 절차에 따라 취소되지 않는 한 그 환수금에 대하여 부당이득반환을 구할 수 없다는 피고의 주장을 배척하였다.

관련 법리와 기록에 비추어 살펴보면, 원심의 위와 같은 판단에 상고이유 주장과 같이 사립학교교직원 연금법 제39조에 따른 환수결정의 법적 성격, 행정처분의 무효사유 등에 관한 법리를 오해하여 판결에 영향을 미친 잘못이 없다.

2. 상고이유 제2점에 대하여

가. 헌법재판소의 위헌결정의 효력은 위헌제청을 한 '당해사건', 위헌결정이 있기 전에 이와 동종의 위헌 여부에 관하여 헌법재판소에 위헌여부심판제청을 하였거나 법원에 위헌여부심판제청신청을 한 '동종사건'과 따로 위헌제청신청은 아니하였지만 당해 법률 또는 법률 조항이 재판의 전제가 되어 법원에 계속 중인 '병행사건'뿐만 아니라, 위헌결정 이후 같은 이유로 제소된 '일반사건'에도 미친다. 하지만 위헌결정의 효력이 미치는 범위가 무한정일 수는 없고, 다른 법리에 의하여 그 소급효를 제한하는 것까지 부정되는 것은 아니며, 법적 안정성의 유지나 당사자의 신뢰보호를 위하여 불가피한 경우에 위헌결정의 소급효를 제한하는 것은 오히려 법치주의의 원칙상 요청된다(대법원 2010. 10. 14. 선고 2010두11016 판결 참조).

나. 원심은 아래와 같은 사실을 인정하였다.

1) 원고는 사립학교 교원으로 재직하다가 집행유예의 형을 선고받았고, 2009. 8. 31. 의원면직으로 퇴직하였다.

2) 사립학교교직원 연금법 제42조 제1항에는 급여의 제한 등에 관한 사항은 공무원연금법을 준용한다고 규정되어 있다. 헌법재판소는 2007. 3. 29. 선고 2005헌바33 전원재판부 결정으로 '재직 중의 사유로 금고 이상의 형을 받은 경우' 퇴직급여와 퇴직수당의 지급을 제한하는 구 공무원연금법(2009. 12. 31. 법률 제9905호로 개정되기 전의 것, 이하 같다) 제64조 제1항 제1호는 헌법에 합치되지 아니하고, 위 법률 조항은 2008. 12. 31.을 시한으로 입법자가 개정할 때까지 그 효력을 지속한다는 취지의 헌법불합치결정을 하였다.

3) 그런데 구 공무원연금법이 2008. 12. 31.까지도 개정되지 않았고, 피고는 원고에게 구 공무원연금법이 개정되지 않은 상황에서 2009. 9.경 퇴직수당과 퇴직일시금을 지급하였다.

4) 2009. 12. 31. 법률 제9905호로 개정된 공무원연금법(이하 '개정 공무원연금법'이라고 한다) 제64조 제1항 제1호에는 '재직 중의 사유로 금고 이상의 형을 받은 경우' 중 '직무와 관련이 없는 과실로 인한 경우' 등에는 퇴직급여와 퇴직수당 제한에서 제외한다고 규정되었고, 그 부칙 제1조 단서는 '제64조의 개정규정은 2009. 1. 1.부터 적용한다'고 규정(이하 '이 사건 부칙조항'이라고 한다)되었다.

5) 피고는 2010. 8. 9. 사립학교교직원 연금법에 의하여 준용되는 개정 공무원연금법과 이 사건 부칙조항에 따라 원고에 대하여, 2009. 9.경 이미 지급한 퇴직수당과 퇴직일시금 중 반액을 환수하기로 하였고, 원고는 피고에게 위 환수금 중 3,500만 원을 지급하였다.

6) 이후 헌법재판소는 2013. 9. 26. 이 사건 부칙조항 중 개정 공무원연금법 제64조 제1항 제1호에 관한 부분은 이미 이행기가 도래하여 청구인이 퇴직연금을 모두 수령한 부분까지 사후적으로 소급하여 적용되는 것으로서 헌법 제13조 제2항에 의하여 원칙적으로 금지되는 소급입법에 해당하며, 예외적으로 소급입법이 허용되는 경우에 해당하지도 아니한다는 이유로 헌법에 위반된다는 결정을 하였다.

다. 원심은 위와 같은 사실을 인정한 다음, 그 판시와 같은 사정을 들어 이 사건은 원고의 권리구제를 위한 구체적 타당성의 요청이 현저한 반면 소급효를 인정하여도 법적 안정성을 침해할 우려가 없고, 소급효를 부인하면 오히려 정의와 평등 등 헌법적 이념에 심히 배치된다는 이유로, 이 사건 위헌결정은 그 후에 같은 이유로 제소된 일반 사건인 이 사건에 대해서도 소급하여 그 효력을 미친다고 판단하고, 이 사건 환수결정은 법률상 근거 없이 이루어져서 무효이므로, 피고는 원고로부터 환수한 돈을 부당이득으로 반환하여야 한다고 판단하였다.

라. 그러나 이러한 원심의 판단은 다음과 같은 이유로 수긍하기 어렵다.

즉, ① 헌법재판소 2007. 3. 29. 선고 2005헌바33 전원재판부 결정은 재직 중의 사유로 금고 이상의 형을 받은 경우 퇴직급여와 퇴직수당의 지급을 제한하는 구 공무원연금법 제64조 제1항 제1호에 대하여 그 지급제한 자체가 위헌이라고 판단한 것이 아니라 '공무원의 신분이나 직무상 의무와 관련이 없는 범죄, 특히 과실범의 경우에도 퇴직급여 등을 제한하는 것은 공무원범죄를 예방하고 공무원이 재직 중 성실히 근무하도록 유도하는 입법 목적을 달성하는 데 적합한 수단이라고 볼 수 없다'는 이유로 헌법불합치결정을 하면서 2008. 12. 31.까지는 그 효력이 유지된다고 하였던 점, ② 구 공무원연금법의 효력이 지속될 때까지는 공무원이나 사립학교 교원이 재직 중의 사유로 금고 이상의 형을 받은 때 퇴직급여 및 퇴직수당의 일부를 감액하여 지급하는 것이 일반적으로 받아들여졌던 점, ③ 위 헌법불합치결정의 취지를 반영한 개정 공무원연금법에서도 직무와 관련이 없는 과실로 인한 경우 및 소속상관의 정당한 직무상의 명령에 따르다가 과실로 인한 경우를 제외하고는 재직 중의 사유로 금고 이상의 형을 받은 경우 여전히 퇴직급여 및 퇴직수당의 지급을 제한하고 있는데, 원고는 재직 중 고의범으로 유죄판결이 확정된 점, ④ 반환을 인정할 경우 현실적으로 사립학교 교직원 연금에 상당한 재정적 부담을 초래할 우려가 있는 점 등을 종합하여 보면, 일반사건에 대해서까지 위헌결정의 소급효를 인정함으로써 보호되는 원고의 권리구제라는 구체적 타당성 등의 요청이 이미 형성된 법률관계에 관한 법적 안정성의 유지와 당사자의 신뢰보호의 요청보다 현저히 우월하다고 단정하기 어렵다. 덧붙여 사립학교 교원은 구 사립학교법(2012. 1. 26. 법률 제11216호로 개정되기 전의 것) 제57조에 따라 금고 이상의 형을 선고받으면 의원면직 여부와 관계없이 당연 퇴직되는 점을 지적해둔다.

마. 따라서 이와 결론을 달리 한 원심판결에는 필요한 심리를 다하지 아니하고 위헌결정의 소급효에 관한 법리를 오해하여 판결에 영향을 미친 잘못이 있다.

3. 결 론

그러므로 원심판결을 파기하고, 사건을 다시 심리·판단하도록 원심법원에 환송하기로 하여, 관여 대법관의 일치된 의견으로 주문과 같이 판결한다.

Ⅲ. 재량행위

1 대법원 2017. 4. 28. 선고 2017두30139 판결 【공유수면점용·사용허가신청반려처분취소청구】 [공2017상,1148]

【판시사항】

[1] 공유수면 관리 및 매립에 관한 법률에 따른 공유수면의 점용·사용허가 처분 여부 및 내용의 결정이 행정청의 재량에 속하는지 여부(적극)

[2] 공유수면 관리 및 매립에 관한 법률 제8조 제1항 본문, 공유수면 관리 및 매립에 관한 법률 시행령 제4조, 구 공유수면 관리 및 매립에 관한 법률 시행규칙 제4조 제2항 제2호에서 공유수면에 대한 점용·사용허가를 신청할 때에 설계도서 등을 제출하도록 한 취지 및 공유수면에 대한 점용·사용허가를 신청하는 자가 위 설계도서

등을 첨부하지 아니한 채 허가신청서를 제출한 경우, 공유수면관리청이 허가요건을 충족하지 못한 것으로 보아 거부처분을 할 수 있는지 여부(원칙적 적극)

【판결요지】

[1] 공유수면 관리 및 매립에 관한 법률에 따른 공유수면의 점용·사용허가는 특정인에게 공유수면 이용권이라는 독점적 권리를 설정하여 주는 처분으로서 처분 여부 및 내용의 결정은 원칙적으로 행정청의 재량에 속하고, 이와 같은 재량처분에 있어서는 재량권 행사의 기초가 되는 사실인정에 오류가 있거나 그에 대한 법령적용에 잘못이 없는 한 처분이 위법하다고 할 수 없다.

[2] 공유수면 관리 및 매립에 관한 법률 제8조 제1항 본문, 제7항, 제11조, 제12조, 제19조 제1항 제3호, 제21조 제1항 제3호, 공유수면 관리 및 매립에 관한 법률 시행령 제4조, 구 공유수면 관리 및 매립에 관한 법률 시행규칙(2017. 1. 5. 해양수산부령 제219호로 개정되기 전의 것) 제4조 제2항 제2호의 내용에 비추어 보면, 공유수면에 대한 점용·사용허가를 신청할 때에 설계도서 등을 제출하도록 한 취지는 공유수면관리청으로 하여금 해당 공유수면에 설치할 인공구조물 등의 정확한 구조와 크기, 위치, 형상 등을 정확하게 파악함으로써 (1) 허가 등으로 인하여 피해가 예상되는 일정한 권리를 가진 자가 있는지 여부, (2) 해양환경·생태계·수산자원 및 자연경관의 보호 등을 위해 점용·사용의 방법이나 관리 등에 관하여 부관(부관)을 붙일 필요가 있는지 여부 및 (3) 점용·사용허가 기간을 얼마로 정할 것인지 등을 심사할 수 있도록 하고, 나아가 (4) 점용·사용허가를 받은 자가 위 부관을 제대로 이행하였는지 또는 (5) 점용·사용 기간이 끝난 후 해당 공유수면을 원상으로 회복시켰는지 여부를 판단할 수 있도록 하기 위한 것이라고 해석된다.

따라서 공유수면에 대한 점용·사용허가를 신청하는 자가 위 설계도서 등을 첨부하지 아니한 채 허가신청서를 제출하였다면 공유수면관리청으로서는 특별한 사정이 없는 한 허가요건을 충족하지 못한 것으로 보아 거부처분을 할 수 있다.

【참조조문】

[1] 공유수면 관리 및 매립에 관한 법률 제8조, 행정소송법 제27조 / [2] 공유수면 관리 및 매립에 관한 법률 제8조 제1항, 제7항, 제11조, 제12조, 제19조 제1항 제3호, 제21조 제1항 제3호, 공유수면 관리 및 매립에 관한 법률 시행령 제4조, 구 공유수면 관리 및 매립에 관한 법률 시행규칙(2017. 1. 5. 해양수산부령 제219호로 개정되기 전의 것) 제4조 제2항 제2호

【참조판례】

[1] 대법원 2004. 5. 28. 선고 2002두5016 판결(공2004하, 1082), 대법원 2014.

9. 4. 선고 2014두2164 판결

【전 문】

【원고, 피상고인】 대한불교대각종지장암 (소송대리인 법무법인 위민 담당변호사 김남근 외 1인)

【피고, 상고인】 김포시장 (소송대리인 법무법인(유한) 화우 담당변호사 이홍훈 외 3인)

【원심판결】 서울고법 2016. 12. 7. 선고 2015누52649 판결

【주 문】

원심판결을 파기하고, 사건을 서울고등법원에 환송한다.

【이 유】

상고이유(상고이유서 제출기간이 지난 후에 제출된 상고이유보충서의 기재는 상고이유를 보충하는 범위 내에서)를 판단한다.

1. 상고이유 제2점에 관하여

가. 공유수면 관리 및 매립에 관한 법률(이하 '공유수면법'이라 한다)에 따른 공유수면의 점용·사용허가는 특정인에게 공유수면 이용권이라는 독점적 권리를 설정하여 주는 처분으로서 그 처분 여부 및 내용의 결정은 원칙적으로 행정청의 재량에 속하고, 이와 같은 재량처분에 있어서는 그 재량권 행사의 기초가 되는 사실인정에 오류가 있거나 그에 대한 법령적용에 잘못이 없는 한 그 처분이 위법하다고 할 수 없다(대법원 2004. 5. 28. 선고 2002두5016 판결, 대법원 2014. 9. 4. 선고 2014두2164 판결 참조).

공유수면법 제8조 제1항 본문, 공유수면 관리 및 매립에 관한 법률 시행령(이하 '공유수면법 시행령'이라 한다) 제4조, 구 공유수면 관리 및 매립에 관한 법률 시행규칙(2017. 1. 5. 해양수산부령 제219호로 개정되기 전의 것, 이하 '공유수면법 시행규칙'이라 한다) 제4조 제2항 제2호의 각 규정에 의하면, 일정한 용도로 공유수면을 점용 또는 사용(이하 '점용·사용'이라 한다)하려는 자는 공유수면관리청으로부터 점용·사용허가를 받아야 하고, 그 허가를 받으려면 사업계획서, 구적도(구적도) 및 설계도서 등을 첨부한 허가신청서를 제출하도록 되어 있다.

한편 공유수면법의 관련 규정에 의하면, ① 공유수면관리청은 위 점용·사용허가 등을 할 때에 그 허가 등으로 인해 피해가 예상되는 일정한 권리를 가진 자(이하

'공유수면 점용·사용 관련 권리자'라 한다)가 있으면 원칙적으로 그 허가 등을 할 수 없고(제12조), ② 해양환경·생태계·수산자원 및 자연경관의 보호, 그 밖에 어업피해의 예방 또는 공유수면의 관리·운영을 위하여 필요하다고 인정하는 경우에는 점용·사용의 방법 및 관리 등에 관한 부관(부관)을 붙일 수 있으며(제8조 제7항), ③ 공유수면에 설치하려는 인공구조물의 종류에 따라 일정한 기간 내에서 점용·사용허가를 하여야 하고(제11조), ④ 위 점용·사용허가를 받은 자 등이 '정당한 사유 없이 제8조 제7항에 따른 부관을 이행하지 아니한 경우' 등에는 그 허가 등을 취소하는 등의 조치를 명할 수 있으며(제19조 제1항 제3호), ⑤ 위 점용·사용 기간이 끝난 자는 원칙적으로 해당 공유수면에 설치한 인공구조물 등을 제거하고 해당 공유수면을 원상으로 회복시켜야 한다(제21조 제1항 제3호).

이러한 관련 규정의 내용에 비추어 보면, 공유수면에 대한 점용·사용허가를 신청할 때에 설계도서 등을 제출하도록 한 취지는 공유수면관리청으로 하여금 해당 공유수면에 설치할 인공구조물 등의 정확한 구조와 크기, 위치, 형상 등을 정확하게 파악함으로써 (1) 그 허가 등으로 인하여 피해가 예상되는 일정한 권리를 가진 자가 있는지 여부, (2) 해양환경·생태계·수산자원 및 자연경관의 보호 등을 위해 점용·사용의 방법이나 관리 등에 관하여 부관(부관)을 붙일 필요가 있는지 여부 및 (3) 점용·사용허가 기간을 얼마로 정할 것인지 등을 심사할 수 있도록 하고, 나아가 (4) 점용·사용허가를 받은 자가 위 부관을 제대로 이행하였는지 또는 (5) 점용·사용 기간이 끝난 후 해당 공유수면을 원상으로 회복시켰는지 여부를 판단할 수 있도록 하기 위한 것이라고 해석된다.

따라서 공유수면에 대한 점용·사용허가를 신청하는 자가 위 설계도서 등을 첨부하지 아니한 채 허가신청서를 제출하였다면 공유수면관리청으로서는 특별한 사정이 없는 한 허가요건을 충족하지 못한 것으로 보아 거부처분을 할 수 있다고 봄이 타당하다.

나. 원심판결 및 원심이 일부 인용한 제1심판결 이유에 의하면 다음과 같은 사실을 알 수 있다.

(1) 소외인은 대한불교대각종 소속의 종교단체인 '미륵암'의 대표자로 2007. 5. 2. 피고로부터 김포시 (주소 생략) 구거 1,190㎡ 중 297㎡(이하 '이 사건 공유수면'이라 한다)에 관하여 주차장 부지 조성을 목적으로, 허가기간을 2007. 5. 2.부터 2012. 5. 1.까지 5년간으로 하는 공유수면 점용·사용허가를 받아 이를 매립하여 주차장 부지를 조성하였다. 이후 미륵암은 이 사건 공유수면 양 옆에 위치한 토지 및

건물에서 사찰 및 종교단체 봉안시설(이하 '이 사건 봉안시설'이라 한다)을 운영하면서 이 사건 공유수면을 주차장으로 이용해 왔다.

(2) 피고는 2012. 8. 23. 소외인에게 이 사건 공유수면 점용·사용허가기간이 만료되었으니 다시 공유수면 점용·사용허가를 신청하라고 통지하였다. 이에 소외인은 2012. 8. 28. 관련 서류를 첨부하여 이 사건 공유수면에 관한 점용·사용허가신청을 하였으나, 피고는 '인근 지역주민의 동의서, 신청지의 현황을 확인할 수 있는 관계 서류, 재해 예방을 위한 배수계획 및 수리계산서'를 제출하라고 보완통보를 한 후, 보완사항이 이행되지 아니하자 2012. 10. 15. 소외인에게 공유수면 점용·사용허가 신청을 반려한다고 통보하고, 2012. 11. 1. 변상금 215,970원을 부과하였으며, 이 사건 공유수면을 2012. 11. 30.까지 원상회복하도록 명하였다.

(3) 소외인은 위 공유수면 점용·사용허가신청 반려처분과 변상금 부과처분 및 원상회복명령에 대한 취소소송을 제기하였으나 2014. 2. 20. 청구기각 판결을 받았고(인천지방법원 2012구합5736 판결), 항소심과 상고심을 거쳐 2015. 3. 26. 위 판결이 확정되었다(서울고등법원 2014. 11. 19. 선고 2014누3046 판결, 대법원 2015. 3. 26.자 2014두15429 판결).

(4) 한편 원고는 2013. 11. 22. 이 사건 봉안시설 부지 등의 소유권을 취득하였고, 2013. 11. 25. 소외인으로부터 이 사건 봉안시설 및 공유수면에 관련된 일체의 시설·권리(이하 '이 사건 시설'이라 한다)를 양수하였다. 원고는 2014. 6. 15. 이 사건 공유수면의 점유 및 소유자로서 피고에게 공유수면 점용·사용허가신청을 하였는데, 허가신청서에 첨부할 서류 중 '설계도면' 등을 첨부하지 아니하였다.

이에 피고는 2014. 6. 26. 원고에 대하여 ① 서울고등법원 2014누3046호 소송이 진행 중이어서 동일 대상지에 대한 공유수면 점용·사용허가가 불가능하고, ② 공유수면법 시행규칙 제4조가 정한 구비 서류를 갖추지 못하였으며, ③ 공유수면법 시행령 제12조 제3항 규정에 따른 환경영향평가업자 의견서를 제출하지 아니하였고, ④ 위 인천지방법원 2012구합5736호에서 수리감정인이 제출한 수리계산서와 원고가 제출한 수리계산서가 다르다는 등의 이유로 원고의 공유수면 점용·사용허가신청을 반려하였다(이하 '이 사건 처분'이라 하고, 위 처분사유를 차례로 '이 사건 ①, ②, ③, ④ 처분사유'라 한다).

다. 위와 같은 사실관계를 앞서 본 법리에 비추어 살피건대, 원고가 이 사건 공유수면에 대한 점용·사용허가를 신청하면서 설계도서 등을 제출하지 아니함으로써,

공유수면관리청인 피고로서는 이 사건 공유수면에 설치할 인공구조물 등의 정확한 구조와 크기, 위치, 형상 등을 정확하게 파악할 수 없게 되었으므로, 특별한 사정이 없는 한 원고의 점용·사용허가신청을 거부할 수 있다. 이러한 이 사건 처분에 그 재량권 행사의 기초가 되는 사실인정에 오류가 있다거나 그에 대한 법령적용에 잘못이 있다고 볼 수 없다.

비록 이 사건 시설 양수인인 원고는 그 양도인 소외인이 종전에 이 사건 공유수면에 조성한 주차장 부지를 현황 그대로 이용하겠다는 취지로 공유수면 점용·사용허가를 신청하였으나, 앞서 본 바와 같이 피고가 그 이전에 소외인에 대하여 그 공유수면 점용·사용허가기간이 만료되었음을 통보하였고, 소외인의 새로운 점용·사용허가신청 역시 반려함과 동시에 기한을 정하여 원상회복명령을 하였으며, 이러한 반려처분 및 원상회복명령은 쟁송절차에서 취소되지 않고 그대로 확정되었다. 따라서 소외인이 종전에 이 사건 공유수면에 조성한 주차장 부지는 그대로 존속될 수 없고, 원상회복되어야 하므로, 원고로서는 이 사건 공유수면을 현황대로 이용할 계획이라는 사정만을 들어 관련 법령에서 요구되는 설계도서 등의 제출을 면제받을 수 없다고 봄이 타당하다.

라. 그럼에도 원심은 공유수면을 현 상태 그대로 점용·사용하고자 할 때에는 설계도서를 첨부할 필요가 없다고 전제한 후, 원고가 이 사건 공유수면을 계속 주차장 부지로 사용하기 위하여 점용·사용허가 신청을 한 것이어서 이 사건 ② 처분사유가 인정되지 않는다고 판단하고, 나아가 이 사건 ④ 처분사유만 인정된다는 전제에서 이 사건 처분에 재량권 일탈·남용이 인정된다고 단정하고 말았으니, 이러한 원심판결에는 공유수면법 시행규칙 제4조 제2항 등의 해석·적용에 관한 법리를 오해하여 필요한 심리를 다하지 않음으로써 판결에 영향을 미친 잘못이 있다. 이를 지적하는 상고이유 제2점은 이유 있다.

2. 그러므로 나머지 상고이유에 대한 판단을 생략한 채 원심판결을 파기하고, 사건을 다시 심리·판단하게 하기 위하여 원심법원에 환송하기로 하여, 관여 대법관의 일치된 의견으로 주문과 같이 판결한다.

2 대법원 2017. 3. 15. 선고 2013두16333 판결 【난민인정불허결정처분취소】 [공2017상,761]

【판시사항】

[1] 구 출입국관리법 제76조의3 제1항 제3호에서 말하는 '난민의 인정을 하게 된 중요한 요소'에 난민 신청인의 거짓 진술 등의 내용이 그 주장의 박해 사실과 직접 관련되지 않지만 전체적인 진술의 신빙성을 평가하는 데 중요한 요소와 관련된 경우가 포함되는지 여부(적극)

[2] 난민 신청인이 난민 신청과 심사과정에서 인적사항에 관하여 한 거짓 진술로 난민 신청인의 전체적인 진술의 신빙성이 부정되어 난민인정 요건을 갖추지 못하였다고 인정되는 경우, 구 출입국관리법 제76조의3 제1항 제3호에서 정한 난민인정의 취소사유가 되는지 여부(적극)

[3] 법무부장관이 난민인정 결정의 취소 여부를 결정할 재량이 있는지 여부(적극) 및 재량의 한계 / 구 출입국관리법 제76조의3 제1항 제3호에 따라 난민인정 결정을 취소하는 경우 당사자가 난민인정 결정에 관한 신뢰를 주장할 수 있는지 여부(소극) 및 행정청이 이를 고려하지 않은 경우 재량권을 일탈·남용한 것인지 여부(소극)

【판결요지】

[1] 구 출입국관리법(2012. 2. 10. 법률 제11298호로 개정되기 전의 것) 제76조의3 제1항 제3호에 의하면, 법무부장관은 난민으로 인정한 사람이 '난민의 인정을 하게 된 중요한 요소가 거짓된 서류제출 및 진술, 사실의 은폐 등에 의한 것으로 밝혀진 경우'에 해당하면 난민의 인정을 취소할 수 있도록 규정하고 있다. 이는 난민으로 인정받은 사람이 난민인정 당시 난민의 요건을 갖추지 못하였는데도, 난민인정의 기초가 된 중요 요소에 관하여 적극적으로 거짓 진술을 하거나 소극적으로 사실을 은폐하는 등의 행위를 하여, 그에 따라 난민인정을 받게 된 경우를 의미한다. 나아가 난민인정의 요건 중 '박해를 받을 충분한 근거 있는 공포'가 있는지는 반드시 객관적인 증거로 증명되어야 하는 것은 아니고, 입국 경로, 난민 신청 경위 등 여러 사정에 비추어 전체적인 진술의 신빙성에 의하여 주장사실을 인정하는 것이 합리적인 경우 증명이 된 것으로 볼 수 있다. 이러한 난민인정 결정의 특수성을 고려할 때, 위 규정에서 말하는 '난민의 인정을 하게 된 중요한 요소'에는 난민 신청인의 거짓 진술 등의 내용이 그 주장의 박해 사실과 직접 관련되지 않더라도 전체적인 진술의 신빙성을 평가하는 데 중요한 요소와 관련된 경우도 포함된다.

[2] 구 출입국관리법(2012. 2. 10. 법률 제11298호로 개정되기 전의 것) 제76조의2 제4항의 위임에 따른 구 출입국관리법 시행령(2013. 6. 21. 대통령령 제24628호로

개정되기 전의 것) 제88조의2 제2항은 난민인정을 신청하려는 자는 난민인정 신청서 및 첨부 서류와 함께 여권 등을 제시하여야 하고, 여권을 제시할 수 없는 사람은 그 사유서를 제출하도록 규정하고 있다. 이는 행정청으로 하여금 여권 등에 기재된 인적사항 등을 기초로 난민 신청인의 동일성을 확인하고, 그에 따라 난민인정사유와 난민의 지위에 관한 협약 등이 정한 제외사유에 해당하는지를 판단할 수 있도록 하기 위한 것이다. 만일 난민 신청인이 난민 신청과 심사과정에서 성명, 생년월일 등 인적사항에 관하여 거짓 진술을 하였고 그와 같이 거짓 진술을 하게 된 경위에 관하여 합리적인 이유를 제시하지 못한다면, 이는 단순히 진술의 세부내용에 관한 불일치나 과장이 있는 것에 지나지 않는다고 보기 어렵고 난민 신청인의 전체적인 진술의 신빙성을 평가하는 데 중대한 영향을 미칠 수 있는 사정에 해당할 수 있다. 그러므로 인적사항 관련 거짓 진술의 내용과 경위 등을 고려할 때, 거짓 진술로 난민 신청인의 전체적인 진술의 신빙성이 부정되어 결국 난민인정 요건을 갖추지 못하였다고 인정된다면, 그러한 사정은 구 출입국관리법 제76조의3 제1항 제3호에서 정한 난민인정의 취소사유가 된다.

[3] 구 출입국관리법(2012. 2. 10. 법률 제11298호로 개정되기 전의 것) 제76조의3 제1항 제3호의 문언·내용 등에 비추어 보면, 비록 그 규정에서 정한 사유가 있더라도, 법무부장관은 난민인정 결정을 취소할 공익상의 필요와 취소로 당사자가 입을 불이익 등 여러 사정을 참작하여 취소 여부를 결정할 수 있는 재량이 있다. 그러나 그 취소처분이 사회통념상 현저하게 타당성을 잃거나 비례·평등의 원칙을 위반하였다면 재량권을 일탈·남용한 것으로서 위법하다. 다만 구 출입국관리법 제76조의3 제1항 제3호는 거짓 진술이나 사실은폐 등으로 난민인정 결정을 하는 데 하자가 있음을 이유로 이를 취소하는 것이므로, 당사자는 애초 난민인정 결정에 관한 신뢰를 주장할 수 없음은 물론 행정청이 이를 고려하지 않았다고 하더라도 재량권을 일탈·남용하였다고 할 수 없다.

【참조조문】

[1] 구 출입국관리법(2012. 2. 10. 법률 제11298호로 개정되기 전의 것) 제76조의3 제1항 제3호(현행 난민법 제22조 제1항 참조) / [2] 구 출입국관리법(2012. 2. 10. 법률 제11298호로 개정되기 전의 것) 제76조의2 제4항, 제76조의3 제1항 제3호(현행 난민법 제22조 제1항 참조), 구 출입국관리법 시행령(2013. 6. 21. 대통령령 제24628호로 개정되기 전의 것) 제88조의2 제2항(현행 난민법 제5조 제2항 참조) / [3] 구 출입국관리법(2012. 2. 10. 법률 제11298호로 개정되기 전의 것) 제76조의3 제1항 제3호(현행 난민법 제22조 제1항 참조), 행정소송법 제27조

【참조판례】

[1] 대법원 2012. 4. 26. 선고 2010두27448 판결(공2012상, 876)

【전 문】

【원고, 상고인】 원고 1 외 2인 (소송대리인 법무법인 지향 담당변호사 이상희 외 3인)

【피고, 피상고인】 법무부장관

【원심판결】 서울고법 2013. 7. 5. 선고 2012누19788 판결

【주 문】

상고를 모두 기각한다. 상고비용은 원고들이 부담한다.

【이 유】

상고이유(상고이유서 제출기간이 지난 다음 제출된 상고이유보충서의 기재는 상고이유를 보충하는 범위 내에서)를 판단한다.

1. 난민인정 결정의 취소사유가 있는지 여부

가. 구 출입국관리법(2012. 2. 10. 법률 제11298호로 개정되기 전의 것, 이하 같다) 제76조의3 제1항 제3호에 의하면, 법무부장관은 난민으로 인정한 사람이 '난민의 인정을 하게 된 중요한 요소가 거짓된 서류제출 및 진술, 사실의 은폐 등에 의한 것으로 밝혀진 경우'에 해당하면 난민의 인정을 취소할 수 있도록 규정하고 있다. 이는 난민으로 인정받은 사람이 난민인정 당시 난민의 요건을 갖추지 못하였는데도, 난민인정의 기초가 된 중요 요소에 관하여 적극적으로 거짓 진술을 하거나 소극적으로 사실을 은폐하는 등의 행위를 하여, 그에 따라 난민인정을 받게 된 경우를 의미한다. 나아가 난민인정의 요건 중 '박해를 받을 충분한 근거 있는 공포'가 있는지 여부는 반드시 객관적인 증거로 증명되어야 하는 것은 아니고, 입국 경로, 난민신청 경위 등 여러 사정에 비추어 전체적인 진술의 신빙성에 의하여 그 주장사실을 인정하는 것이 합리적인 경우 그 증명이 된 것으로 볼 수 있다(대법원 2012. 4. 26. 선고 2010두27448 판결 등 참조). 이러한 난민인정 결정의 특수성을 고려할 때, 위 규정에서 말하는 '난민의 인정을 하게 된 중요한 요소'에는 난민 신청인의 거짓 진술 등의 내용이 그 주장의 박해 사실과 직접 관련되지 않더라도 전체적인 진술의 신빙성을 평가하는 데 중요한 요소와 관련된 경우도 포함된다.

구 출입국관리법 제76조의2 제4항의 위임에 따른 구 출입국관리법 시행령(2013. 6. 21. 대통령령 제24628호로 개정되기 전의 것) 제88조의2 제2항은 난민인정을 신청하려는 자는 난민인정 신청서 및 첨부 서류와 함께 여권 등을 제시하여야 하고, 여권을 제시할 수 없는 사람은 그 사유서를 제출하도록 규정하고 있다. 이는 행정청으로 하여금 여권 등에 기재된 인적사항 등을 기초로 난민 신청인의 동일성을 확인하고, 그에 따라 난민인정사유와 난민의 지위에 관한 협약 등이 정한 제외사유에 해당하는지 여부를 판단할 수 있도록 하기 위한 것이다. 만일 난민 신청인이 난민신청과 심사과정에서 성명, 생년월일 등 인적사항에 관하여 거짓 진술을 하였고 그와 같이 거짓 진술을 하게 된 경위에 관하여 합리적인 이유를 제시하지 못한다면, 이는 단순히 진술의 세부내용에 관한 불일치나 과장이 있는 것에 지나지 않는다고 보기 어렵고 난민 신청인의 전체적인 진술의 신빙성을 평가하는 데 중대한 영향을 미칠 수 있는 사정에 해당할 수 있다. 그러므로 인적사항 관련 거짓 진술의 내용과 경위 등을 고려할 때, 거짓 진술로 난민 신청인의 전체적인 진술의 신빙성이 부정되어 결국 난민인정 요건을 갖추지 못하였다고 인정된다면, 그러한 사정은 구 출입국관리법 제76조의3 제1항 제3호에서 정한 난민인정의 취소사유가 된다.

나. (1) 원심은 먼저 다음과 같은 사실을 인정하였다.

(가) 원고 1과 원고 2(이하 '원고 1 등'이라 한다)는 부부로서 국적이 미얀마이다. 원고 1 등은 2006. 10. 3. 대한민국에 입국한 후 2006. 10. 19. 피고에게 "원고 2는 미얀마의 소수민족인 카렌족인데, 2006. 3. 5.경 원고 1 등 운영의 생필품 가게에 카렌족의 자치와 독립을 주장하는 카렌민족연합(Karen National Union, 이하 'KNU'라 한다) 요원 3명이 찾아왔다. 미얀마 정부군이 이를 이유로 가게를 부수면서 가게 주인을 체포·조사하겠다고 말하였다. 따라서 원고 1 등은 미얀마 정부로부터 박해당할 우려가 있다."라고 주장하면서 난민 신청을 하였다. 원고 3은 원고 1 등의 아들로 2007. 11. 9. 대한민국에서 출생하였고 2007. 12. 11. 피고에게 같은 사유로 난민 신청을 하였다.

또한 원고 1은 난민 심사과정에서 대한민국 입국 후 미얀마 대사관 앞 집회 등에 참여하였는데, 이로 인하여 미얀마 정부로부터 박해를 받을 우려가 있다고 주장하였다.

(나) 피고는 2009. 12. 26. 원고들을 난민으로 인정하였다(이하 '이 사건 난민인정 결정'이라 한다).

(다) 그런데 피고는 2011. 5.경 원고 1 등이 난민 신청과 심사과정에서 본명과 불법체류 사실에 관하여 거짓으로 진술하거나 이를 밝히지 않은 사실(이하 '이 사건 거짓 진술 등'이라 한다)을 발견하였다. 즉, 원고 1의 본명이 사실은 ○○○(생년월일 1 생략)으로 2000. 4. 14. 대한민국에 입국한 후 허가 없이 체류하다가 2005. 9. 2.경 출국하였는데도, 그 인적사항을 원고 1(생년월일 2 생략)로 한 위명(위명)여권을 사용하여 입국한 후 원고 1 명의로 난민 신청을 하고 심사를 받았다. 이에 피고는 2011. 7. 14. 구 출입국관리법 제76조 제1항 제3호에 기하여 이 사건 난민인정 결정을 취소하였다(이하 '이 사건 처분'이라 한다).

(2) 나아가 원심은, 위와 같은 사실관계에 비추어 알 수 있는 다음과 같은 사정을 종합해 보면, 원고들은 원래 난민인정요건을 갖추지 못하였는데도 거짓 진술 등을 함으로써 이 사건 난민인정 결정을 받았다고 보아야 하므로, 이를 취소한 이 사건 처분에는 구 출입국관리법 제76조의3 제1항 제3호에서 정한 처분사유가 있다고 판단하였다.

(가) 원고 1의 성명, 생년월일 등 인적사항과 불법체류 전력은 그 주장 박해사실에 관한 원고 1 등의 진술의 전체적인 신빙성을 평가하는 데 중대한 영향을 미칠 수 있는 요소이다. 그런데도 원고 1 등이 이 사건 거짓 진술 등을 함에 따라 피고는 위와 같은 사정을 고려하지 못한 채 이 사건 난민인정 결정을 하였다.

(나) 원고 1 등이 이 사건 거짓 진술 등을 한 사정에다가 KNU 요원의 최초 방문시기 등에 관한 원고 1 등의 진술이 서로 모순되거나 일치하지 않는 점 등을 함께 고려하면, KNU 요원의 방문 및 그에 따른 박해 우려 주장에 관한 원고 1 등의 진술은 전체적으로 신빙성이 없다.

(다) 또한 원고 1이 대한민국 입국 후 미얀마 민주화 촉구 등 집회에 여러 차례 참석하였다고 하더라도, 참석한 집회의 내용, 방식 및 횟수 등을 고려할 때, 그와 같은 사정만으로 원고 1 등이 미얀마 정부의 주목을 받을 정도로 반정부활동을 하여 이 사건 난민인정 결정 당시 박해를 받을 충분한 근거 있는 공포를 갖고 있었다고 보기에 부족하다.

(라) 원고 3 역시 원고 1 등의 위와 같은 거짓 진술 등으로 난민으로 인정받은 것일 뿐 별도로 난민인정 요건을 갖추었다고 볼 수 없다.

다. 앞에서 본 법리에 비추어 기록을 살펴보면, 원심의 판단은 정당하다. 원심의 판단에 상고이유 주장과 같이 난민인정 취소사유에 관한 법리를 오해하거나 논리와 경험의 법칙에 반하여 자유심증주의의 한계를 벗어나는 등의 잘못이 없다.

2. 이 사건 처분에 재량권 일탈·남용의 위법이 있는지 여부

구 출입국관리법 제76조의3 제1항 제3호의 문언·내용 등에 비추어 보면, 비록 그 규정에서 정한 사유가 있더라도, 법무부장관은 난민인정 결정을 취소할 공익상의 필요와 취소로 당사자가 입을 불이익 등 여러 사정을 참작하여 취소 여부를 결정할 수 있는 재량이 있다. 그러나 그 취소처분이 사회통념상 현저하게 타당성을 잃거나 비례·평등의 원칙을 위반하였다면 재량권을 일탈·남용한 것으로서 위법하다. 다만 구 출입국관리법 제76조의3 제1항 제3호는 거짓 진술이나 사실은폐 등으로 난민인정 결정을 하는 데 하자가 있음을 이유로 이를 취소하는 것이므로, 당사자는 애초 난민인정 결정에 관한 신뢰를 주장할 수 없음은 물론 행정청이 이를 고려하지 않았다고 하더라도 재량권을 일탈·남용하였다고 할 수 없다.

원심은, ① 비록 원고들이 대한민국 내에서 비교적 장기간 거주하였다고 하더라도, 이는 이 사건 거짓 진술 등으로 받은 이 사건 난민인정 결정을 토대로 한 것인 점, ② 하자 있는 이 사건 난민인정 결정을 취소함으로써 난민제도의 적절한 운영을 확보할 필요성이 큰 점 등에 비추어, 이 사건 처분에 비례원칙 위반 등 재량권을 일탈·남용한 위법도 없다고 판단하였다.

앞에서 본 법리와 기록에 비추어 살펴보면, 원심의 판단은 정당하고, 상고이유의 주장과 같이 재량권 일탈·남용에 관한 법리를 오해하는 등의 잘못이 없다.

3. 결 론

원고들의 상고는 이유 없어 상고를 모두 기각하고 상고비용은 패소자들이 부담하도록 하여, 관여 대법관의 일치된 의견으로 주문과 같이 판결한다.

3 대법원 2017. 3. 15. 선고 2016두55490 판결【건축허가신청반려처분취소】[공2017상,778]

【판시사항】

[1] 국토의 계획 및 이용에 관한 법률이 정한 용도지역 안에서의 건축허가 요건에 해당하는지 여부가 행정청의 재량판단의 영역에 속하는지 여부(적극) 및 그에 대한 사법심사의 대상과 판단 기준

[2] 환경의 훼손이나 오염을 발생시킬 우려가 있는 개발행위에 대한 행정청의 허가

와 관련하여 재량권의 일탈·남용 여부를 심사하는 방법 / 그 심사 및 판단에서 고려해야 할 사항 / 이때 행정청의 당초 예측이나 평가와 일부 다른 내용의 감정의견이 제시되었다는 사정만으로 행정청의 판단을 위법하다고 할 수 있는지 여부(소극)

【판결요지】

[1] 건축법 제11조 제1항, 제5항 제3호, 국토의 계획 및 이용에 관한 법률(이하 '국토계획법'이라 한다) 제56조 제1항 제1호, 제2호, 제58조 제1항 제4호, 제3항, 국토의 계획 및 이용에 관한 법률 시행령 제56조 제1항 [별표 1의2] '개발행위허가기준' 제1호 (라)목 (2)를 종합하면, 국토계획법이 정한 용도지역 안에서의 건축허가는 건축법 제11조 제1항에 의한 건축허가와 국토계획법 제56조 제1항의 개발행위허가의 성질을 아울러 갖는데, 개발행위허가는 허가기준 및 금지요건이 불확정개념으로 규정된 부분이 많아 그 요건에 해당하는지 여부는 행정청의 재량판단의 영역에 속한다. 그러므로 그에 대한 사법심사는 행정청의 공익판단에 관한 재량의 여지를 감안하여 원칙적으로 재량권의 일탈이나 남용이 있는지 여부만을 대상으로 하고, 사실오인과 비례·평등의 원칙 위반 여부 등이 그 판단 기준이 된다.

[2] 환경의 훼손이나 오염을 발생시킬 우려가 있는 개발행위에 대한 행정청의 허가와 관련하여 재량권의 일탈·남용 여부를 심사할 때에는, 해당지역 주민들의 토지이용실태와 생활환경 등 구체적 지역 상황과 상반되는 이익을 가진 이해관계자들 사이의 권익 균형 및 환경권의 보호에 관한 각종 규정의 입법 취지 등을 종합하여 신중하게 판단하여야 한다. 그러므로 그 심사 및 판단에는, 우리 헌법이 "모든 국민은 건강하고 쾌적한 환경에서 생활할 권리를 가지며, 국가와 국민은 환경보전을 위하여 노력하여야 한다."라고 규정하여(제35조 제1항) 환경권을 헌법상 기본권으로 명시함과 동시에 국가와 국민에게 환경보전을 위하여 노력할 의무를 부과하고 있는 점, 환경정책기본법은 환경권에 관한 헌법이념에 근거하여, 환경보전을 위하여 노력하여야 할 국민의 권리·의무와 국가 및 지방자치단체, 사업자의 책무를 구체적으로 정하는 한편(제1조, 제4조, 제5조, 제6조), 국가·지방자치단체·사업자 및 국민은 환경을 이용하는 모든 행위를 할 때에는 환경보전을 우선적으로 고려하여야 한다고 규정하고 있는 점(제2조), '환경오염 발생 우려'와 같이 장래에 발생할 불확실한 상황과 파급효과에 대한 예측이 필요한 요건에 관한 행정청의 재량적 판단은 내용이 현저히 합리성을 결여하였다거나 상반되는 이익이나 가치를 대비해 볼 때 형평이나 비례의 원칙에 뚜렷하게 배치되는 등의 사정이 없는 한 폭넓게 존중될 필요가 있는 점 등을 함께 고려하여야 한다. 이 경우 행정청의 당초 예측이나 평가와 일부 다른 내용의 감정의견이 제시되었다는 등의 사정만으로 쉽게 행정청의 판단이 위법하다고 단정할 것은 아니다.

【참조조문】

[1] 건축법 제11조 제1항, 제5항 제3호, 국토의 계획 및 이용에 관한 법률 제56조 제1항 제1호, 제2호, 제58조 제1항 제4호, 제3항, 국토의 계획 및 이용에 관한 법률 시행령 제56조 제1항 [별표 1의2] / [2] 헌법 제35조 제1항, 환경정책기본법 제1조, 제2조, 제4조, 제5조, 제6조, 국토의 계획 및 이용에 관한 법률 제56조 제1항, 제58조 제1항, 행정소송법 제27조

【참조판례】

[1] 대법원 2005. 7. 14. 선고 2004두6181 판결(공2005하, 1353), 대법원 2012. 12. 13. 선고 2011두29205 판결

4 대법원 2017. 9. 26. 선고 2017두50690 판결 【이장불승인처분취소】 [공2017하,2102]

【판시사항】

국립묘지에 안장된 유골 등을 유족 중 일부가 다른 유족들의 동의 없이 국립묘지 외의 장소로 이장하겠다는 신청을 한 경우, 국립묘지를 관리하는 행정청이 이장 신청을 거부할 수 있는지 여부(적극) 및 이때 배우자 이외 '유족'의 범위에 관하여 국가유공자 등 예우 및 지원에 관한 법률 제5조 제1항을 원칙적 판단 기준으로 고려할 수 있는지 여부(적극)

【판결요지】

국립묘지의 설치 및 운영에 관한 법령은 안장대상자를 국립묘지에 안장하거나 또는 이미 안장된 유골 등을 다른 곳으로 이장하려는 경우 유족의 의사를 반영하도록 하면서도 유족의 범위를 명확히 정하지 않고 있다. 그러나 다른 한편, 국립묘지의 설치 및 운영에 관한 법률(이하 '국립묘지법'이라 한다)이 '안장대상심의위원회가 국립묘지의 영예성(영예성)을 훼손한다고 인정한 사람'은 국립묘지 안장 대상에서 제외하는 등으로 충의정신 선양 등의 입법 목적을 추구하고 있고(제1조, 제5조 제4항 제5호), 국립묘지의 설치 및 운영에 관한 법률 시행규칙 제3조 제1항은 다른 경우와 달리 매장 유골을 '국립묘지 외의 장소로 이장하려는 경우'에는 국립묘지관리소장이 필요하다고 인정하는 서류를 함께 제출하도록 하여, 관리소장에게 이장 신청의 적정성을 심사할 수 있는 재량을 부여하고 있다.

특히 국립묘지에 안장된 사람의 배우자는 본인이나 유족의 희망에 따라 합장할 수

있는데(국립묘지법 제5조 제3항), 일단 이장이 이루어진 뒤에는 망인을 다시 국립묘지에 안장할 수 없게 되고(같은 법 제7조 제2항 단서), 그에 따라 국립묘지에 합장될 수 있는 망인의 배우자 역시 장래에 국립묘지에 합장될 가능성이 없어지게 되며, 그 밖의 망인의 유족들 역시 망인을 계속적으로 국립묘지에 안치시키는 데 대한 이해관계가 있게 된다. 따라서 이러한 유족들 사이에 이장 여부를 둘러싼 다툼이 있어 각각 상충되는 요구를 할 경우 국립묘지의 적정한 운영에 장애가 생길 수 있으므로, 유족 중 일부가 국립묘지 외의 장소로 이장하겠다는 신청을 한 경우, 국립묘지를 관리하는 행정청으로서는 망인의 배우자뿐만 아니라 국립묘지의 적정한 운영과 영예성 유지라는 입법 목적에 부합하는 범위 내의 '유족들'로부터 동의가 있는지를 심사하여, 그들 모두의 동의가 없다면 이장 신청을 거부할 수 있다. 여기서 배우자 이외 '유족'의 범위에 관하여는 국가유공자의 유족 또는 가족의 범위를 규정한 국가유공자 등 예우 및 지원에 관한 법률 제5조 제1항을 원칙적 판단 기준으로 고려할 수 있다.

【참조조문】

국립묘지의 설치 및 운영에 관한 법률 제1조, 제5조 제3항, 제4항 제5호, 제7조 제2항, 제11조, 국립묘지의 설치 및 운영에 관한 법률 시행령 제12조 제1항, 제4항, 국립묘지의 설치 및 운영에 관한 법률 시행규칙 제3조 제1항, 국가유공자 등 예우 및 지원에 관한 법률 제5조 제1항

【전 문】

【원고, 상고인】 원고 (소송대리인 변호사 배경렬)

【피고, 피상고인】 국립영천호국원장

【원심판결】 대구고법 2017. 6. 9. 선고 2016누6703 판결

【주 문】

상고를 기각한다. 상고비용은 원고가 부담한다.

【이 유】

상고이유를 판단한다.

1. 가. 국립묘지의 설치 및 운영에 관한 법률(이하 '국립묘지법'이라고 한다) 제7조 제2항은 "국립묘지에 매장되거나 안치된 사람의 시신이나 유골(이하 '매장 유골'이라고 한다)은 그 유족이 원하는 경우에는 국립묘지 외의 장소에 이장한다. 다만 이장 후에는 국립묘지에 다시 안장할 수 없다."라고 규정하고 있다. 위 규정에 따른

이장(이장)은 유족이나 관계 기관의 장이 관할 행정청에 신청하여야 하고, 그 신청 절차 등에 관하여 필요한 사항은 대통령령으로 정하도록 되어 있다(국립묘지법 제11조 제1항, 제2항).

그 위임에 따른 「국립묘지의 설치 및 운영에 관한 법률 시행령」에 의하면, 유족 또는 관계기관의 장은 총리령으로 정하는 바에 따라 안장 등의 신청서를 제출하여야 하고(제12조 제1항), 그 밖에 안장 등의 신청에 관하여 필요한 사항은 총리령으로 정하도록 하였다(같은 조 제4항). 이에 따라 「국립묘지의 설치 및 운영에 관한 법률 시행규칙」(이하 '법 시행규칙'이라고 한다) 제3조 제1항은 안장 등 신청서에 첨부하여야 할 서류로서 사망진단서(제1호) 및 안장대상자의 유형에 따라 전사증명서(제2호)나 공적 자료(제3호) 등을 정하고 있는데, 특히 '국립묘지에서 국립묘지 외의 장소로 이장하는 경우'에는 "① 가족관계기록사항에 관한 증명서 또는 제적등본, ② 이유소명서 및 ③ 그 밖에 국립묘지관리소장이 필요하다고 인정하는 서류"를 규정하고 있다(제6호).

나. 이처럼 국립묘지법령은 안장대상자를 국립묘지에 안장하거나 또는 이미 안장된 유골 등을 다른 곳으로 이장하려는 경우 그 유족의 의사를 반영하도록 하면서도 유족의 범위를 명확히 정하지 않고 있다. 그러나 다른 한편, 국립묘지법이 '안장대상심의위원회가 국립묘지의 영예성(영예성)을 훼손한다고 인정한 사람'은 국립묘지 안장 대상에서 제외하는 등으로 충의정신 선양 등의 입법 목적을 추구하고 있고(제1조, 제5조 제4항 제5호), 법 시행규칙 제3조 제1항은 다른 경우와 달리 매장 유골을 '국립묘지 외의 장소로 이장하려는 경우'에는 국립묘지관리소장이 필요하다고 인정하는 서류를 함께 제출하도록 하여, 관리소장에게 이장 신청의 적정성을 심사할 수 있는 재량을 부여하고 있다.

특히 국립묘지에 안장된 사람의 배우자는 본인이나 유족의 희망에 따라 합장할 수 있는데(국립묘지법 제5조 제3항), 일단 이장이 이루어진 뒤에는 망인을 다시 국립묘지에 안장할 수 없게 되고(같은 법 제7조 제2항 단서), 그에 따라 국립묘지에 합장될 수 있는 망인의 배우자 역시 장래에 국립묘지에 합장될 가능성이 없어지게 되며, 그 밖의 망인의 유족들 역시 망인을 계속적으로 국립묘지에 안치시키는 데 대한 이해관계가 있게 된다. 따라서 이러한 유족들 사이에 이장 여부를 둘러싼 다툼이 있어 각각 상충되는 요구를 할 경우 국립묘지의 적정한 운영에 장애가 생길 수 있으므로, 유족 중 일부가 국립묘지 외의 장소로 이장하겠다는 신청을 한 경우, 국립묘지를 관리하는 행정청으로서는 망인의 배우자뿐만 아니라 국립묘지의 적정한 운영과 영예성 유지라는 입법 목적에 부합하는 범위 내의 '유족들'로부터 동의가 있는지 여부를 심사하여, 그들 모두의 동의가 없다면 이장 신청을 거부할 수 있다고 봄이 타당하다. 여기서 배우자 이외 '유족'의 범위에 관하여는, 국가유공자의 유족 또는 가족의 범위를 규정한 국가유공자 등 예우 및 지원에 관한 법률 제5조 제1항을 그 원칙적 판단 기준으로 고려할 수 있다.

2. 원심은 제1심판결 이유를 인용하여 다음과 같은 사실을 인정하였다.

가. 국립묘지인 국립영천호국원의 관리·운영자인 피고는 국립묘지에서 국립묘지 외의 장소로의 이장신청이 있는 경우, 이장을 신청한 유족에게 가족관계기록사항에 관한 증명서 또는 제적등본, 이유소명서 외에 '유족(망인의 배우자와 자녀를 가리킨다)들의 동의서'를 제출하도록 하고 있다.

나. 원고는 국립영천호국원에 안장된 망인의 장남으로서, 망인의 시신·유골을 국립묘지 외의 장소로 이장하겠다고 신청하였으나, 피고는 망인의 생존 배우자와 나머지 자녀 2명의 동의서가 제출되지 않았음을 들어 그 이장 신청을 불승인하였다.

원심은 이러한 사실관계를 토대로, 망인의 유골이 국립영천호국원에 안장됨으로써 이에 대한 수호 및 관리권이 피고에게 이전되었고, 국립묘지법 제7조 제2항 본문에 따라 유족이 원하는 경우 망인의 유골을 국립묘지 외의 장소로 이장할 수 있는데, 원고가 다른 유족인 망인의 배우자와 다른 자녀들의 동의를 받지 못하였으므로, 원고의 이장신청을 불승인한 피고의 처분이 적법하다고 판단하였다.

3. 원심판결 이유를 앞에서 본 법리에 비추어 보면, 위와 같은 원심의 판단은 정당하고, 거기에 이장에 관한 국립묘지법 제7조 제2항의 해석·적용에 관한 법리를 오해하는 등의 위법이 없다.

한편 피상속인 자신의 유체·유골 역시 제사용 재산에 준하여 그 제사주재자에게 승계되고, 제사주재자는 우선적으로 망인의 공동상속인들 사이의 협의에 의해 정하되, 협의가 이루어지지 않는 경우에는 제사주재자의 지위를 유지할 수 없는 특별한 사정이 있지 않은 한 망인의 장남이 제사주재자가 된다고 한 대법원 2008. 11. 20. 선고 2007다27670 전원합의체 판결은 사법(사법)상 공동상속인들 사이에서 망인의 유체·유골 등을 승계할 자를 정하는 법리를 선언한 것으로서 사안을 달리하고, 공법(공법)인 국립묘지법에 의하여 매장 유골의 관리·수호권을 취득한 국립묘지관리소장에 대한 관계에서 곧바로 원용될 수는 없다.

4. 그러므로 상고를 기각하고, 상고비용은 패소자가 부담하도록 하여, 관여 대법관의 일치된 의견으로 주문과 같이 판결한다.

5 대법원 2017. 10. 12. 선고 2017두48956 판결 【건축허가신청불허가처분취소】 [공2017하,2128]

【판시사항】

국토의 계획 및 이용에 관한 법률 제56조에 따른 개발행위허가와 농지법 제34조에 따른 농지전용허가·협의의 요건에 해당하는지 여부가 행정청의 재량판단의 영역에 속하는지 여부(적극) / 국토의 계획 및 이용에 관한 법률이 정한 용도지역 안에서 토지의 형질변경행위·농지전용행위를 수반하는 건축허가 역시 재량행위에 해당하는지 여부(적극) / 그에 대한 사법심사의 대상, 판단 기준 및 이때 재량권 일탈·남용에 관한 주장·증명책임의 소재(=행정행위의 효력을 다투는 사람)

【판결요지】

국토의 계획 및 이용에 관한 법률(이하 '국토계획법'이라고 한다) 제56조에 따른 개발행위허가와 농지법 제34조에 따른 농지전용허가·협의는 금지요건·허가기준 등이 불확정개념으로 규정된 부분이 많아 그 요건·기준에 부합하는지의 판단에 관하여 행정청에 재량권이 부여되어 있으므로, 그 요건에 해당하는지 여부는 행정청의 재량판단의 영역에 속한다. 나아가 국토계획법이 정한 용도지역 안에서 토지의 형질변경행위·농지전용행위를 수반하는 건축허가는 건축법 제11조 제1항에 의한 건축허가와 위와 같은 개발행위허가 및 농지전용허가의 성질을 아울러 갖게 되므로 이 역시 재량행위에 해당하고, 그에 대한 사법심사는 행정청의 공익판단에 관한 재량의 여지를 감안하여 원칙적으로 재량권의 일탈이나 남용이 있는지 여부만을 대상으로 하는데, 판단 기준은 사실오인과 비례·평등의 원칙 위반 여부 등이 된다. 이러한 재량권 일탈·남용에 관하여는 행정행위의 효력을 다투는 사람이 주장·증명책임을 부담한다.

【참조조문】

국토의 계획 및 이용에 관한 법률 제6조, 제36조, 제56조, 농지법 제34조, 건축법 제11조 제1항

【참조판례】

대법원 2016. 10. 27. 선고 2015두41579 판결, 대법원 2017. 3. 15. 선고 2016두55490 판결(공2017상, 778), 대법원 2017. 6. 19. 선고 2016두30866 판결

【전 문】

【원고, 피상고인】 원고 (소송대리인 법무법인 늘푸른 담당변호사 오재덕)

【피고, 상고인】 칠곡군수 (소송대리인 법무법인 범어 담당변호사 권창호 외 4인)

【원심판결】 대구고법 2017. 5. 26. 선고 2016누6079 판결

【주 문】

원심판결을 파기하고, 사건을 대구고등법원에 환송한다.

【이 유】

상고이유를 판단한다.

1. 원심판결 이유 및 기록에 의하면, 다음과 같은 사실들을 알 수 있다.

가. 원고는 경북 칠곡군 (주소 1 생략) 전 27,816㎡, (주소 2 생략) 전 6,103㎡(이하 위 각 토지를 '이 사건 토지'라고 한다) 중 2,163㎡ 지상에 건축면적 428.4㎡인 지상 1층 제1종 근린생활시설(소매점)을 신축하기 위하여 2016. 1. 28. 피고에게 개발행위허가와 농지전용허가가 포함된 건축허가 신청(이하 '이 사건 신청'이라고 한다)을 하였다.

나. 소외 1은 이 사건 토지 중 2,163㎡ 지상에 건축면적 466.39㎡인 지상 1층 제1종 근린생활시설(소매점)을, 소외 2는 이 사건 토지 중 2,162㎡ 지상에 건축면적 428.4㎡인 동종 시설을, 소외 3은 위 (주소 1 생략) 전 27,816㎡의 일부인 2,163㎡ 지상에 건축면적 428.4㎡인 동종 시설을 각각 신축하기 위하여 2016. 1. 28. 동시에 건축허가신청을 하였다. 한편 원고와 소외 1은 주소지가 같고, 소외 2와 소외 3 역시 주소지가 같으며, 원고, 소외 1, 소외 2, 소외 3(이하 '원고 등 4인'이라고 한다)은 모두 위 (주소 1 생략) 토지 소유자 소외 4, 위 (주소 2 생략) 토지 소유자 소외 5로부터 각기 토지사용 승낙을 받았다.

다. 피고는 2016. 2. 15. 원고에 대하여, '관련부서와 협의한 결과, 이 사건 토지는 ○○○○일반산업단지 개발계획에 포함되어 있어 건축물 공사 진행 또는 완료 후에 산업단지 개발이 시행될 경우 건축물 철거 등으로 재산상의 손실이 발생할 수 있으므로, 산업단지 조성의 원활한 추진을 위하여 건축을 허가할 수 없다'는 등의 이유를 들어 이 사건 신청을 불허가하였다(이하 '이 사건 처분'이라고 한다).

라. 피고는 이 사건 소송과정에서, 이 사건 신청이 인용될 경우 인근 부지에 관한 또 다른 건축허가신청 및 그에 따른 신축 건물의 난립을 규제할 수단이 없어지게

되고, 이 사건 처분으로 인하여 얻어지는 공공복리가 원고가 입게 되는 불이익을 정당화할 만큼 강하다는 취지의 주장을 한 바 있다.

마. 이 사건 토지는 도시지역 중 보전녹지지역, 자연녹지지역인 용도지역에 속하고, 여기에 건축을 하려면 절토·성토·정지·포장 등 작업이 필요하다. 또한 이 사건 토지는 넓은 평야지대에 위치한 밭으로서 대체로 전·답·과수원 등 넓은 농지로 둘러싸여 있는 모습이고, 주변에 민가는 드문 편이나 그 오른편에는 국도 33호선이 지나가고 있다. 이 사건 토지를 포함한 위 산업단지 예정부지 역시 대체로 녹지로 둘러싸인 농지 등으로 보이고 민가 역시 많지 않다.

2. 가. 국토의 계획 및 이용에 관한 법률(이하 '국토계획법'이라고 한다) 제56조에 따른 개발행위허가와 농지법 제34조에 따른 농지전용허가·협의는 그 금지요건·허가기준 등이 불확정개념으로 규정된 부분이 많아 그 요건·기준에 부합하는지의 판단에 관하여 행정청에 재량권이 부여되어 있으므로, 그 요건에 해당하는지 여부는 행정청의 재량판단의 영역에 속한다. 나아가 국토계획법이 정한 용도지역 안에서 토지의 형질변경행위·농지전용행위를 수반하는 건축허가는 건축법 제11조 제1항에 의한 건축허가와 위와 같은 개발행위허가 및 농지전용허가의 성질을 아울러 갖게 되므로 이 역시 재량행위에 해당하고, 그에 대한 사법심사는 행정청의 공익판단에 관한 재량의 여지를 감안하여 원칙적으로 재량권의 일탈이나 남용이 있는지 여부만을 대상으로 하는데, 그 판단 기준은 사실오인과 비례·평등의 원칙 위반 여부 등이 된다(대법원 2016. 10. 27. 선고 2015두41579 판결, 대법원 2017. 6. 19. 선고 2016두30866 판결 등 참조). 이러한 재량권 일탈·남용에 관하여는 그 행정행위의 효력을 다투는 사람이 주장·증명책임을 부담한다(위 2015두41579 판결 등 참조).

한편 국토계획법 제76조 제1항, 제36조의 위임에 따른 국토계획법 시행령 제71조 제1항 제14호 [별표 15] 2.의 나.에 의하면, '보전녹지지역'에서 도시·군계획조례로 건축이 허용되는 '제1종 근린생활시설'은 해당 용도에 쓰이는 바닥면적의 합계가 500㎡ 미만이어야 한다.

나. 위 사실관계를 관련 법령의 내용과 위 법리에 비추어 살펴본다.

(1) 이 사건 신청 대상 토지는 농지로서 국토계획법에 따른 보전녹지지역 안에 있으므로, 국토계획법에 따른 토지의 형질변경행위 및 농지법에 따른 농지의 전용행위를 수반하는 이 사건 건축허가는 피고의 재량행위에 해당한다. 그런데 국토계획법령은 개발행위허가기준 중 하나로 "주변지역의 토지이용실태 또는 토지이용계

획, 건축물의 높이, 토지의 경사도, 수목의 상태, 물의 배수, 하천·호수·습지의 배수 등 주변 환경이나 경관과 조화를 이루는지 여부"를 규정하고 있다(국토계획법 제58조 제1항 제4호, 국토계획법 시행령 제56조 제1항 [별표 1의2]). 농지법 제34조, 농지법 시행령 제33조 제1항 제5호는 농지전용허가의 심사기준으로서 "해당 농지의 전용이 인근 농지의 농업경영과 농어촌생활환경의 유지에 피해가 없을 것"을 들고 있다. 따라서 피고는 이 사건 신청 대상 토지의 위치 및 주변 상황, 그 신청 경위 등 제반 사정을 고려하여 개발행위허가·농지전용허가 기준을 충족하는지 여부를 판단하여야 하고, 이러한 판단 과정에서 공익적 요소를 함께 고려할 수밖에 없으므로 결국 행정청에 재량판단의 여지가 있게 된다.

(2) 이 사건에서 건축허가가 있게 되면 국토계획법에 따른 개발행위허가와 농지법에 따른 농지전용허가 등이 의제되므로 건축허가 신청을 받은 피고의 담당 부서로서는 이에 관하여 관련부서와의 협의가 필요한데, 이러한 협의는 결국 이 사건 신청이 위와 같은 허가기준 등을 충족하는지에 관한 것이고, 피고는 이 사건 처분서에서 '관련부서와 협의한 결과'에 따라 거부처분에 이르게 되었음을 밝힌 바 있다. 나아가 피고는 이 사건 소송 중에, 이 사건 신청을 받아들일 경우 주변 신축 건물의 난립 등 문제가 있으므로 그 신청을 거부할 중대한 공익이 인정된다는 취지의 주장을 함으로써 그 거부처분의 취지를 분명히 하였다. 따라서 피고가 단순히 이 사건 토지가 산업단지 조성예정지에 포함되어 있다는 점만을 그 처분사유로 제시한 것으로는 볼 수 없고, 원고가 개발행위·농지전용행위 허가기준 등을 갖추지 못하였음도 그 처분사유에 포함된 것으로 볼 수 있다.

(3) ① 원고 등 4인이 이 사건 토지 소유자도 아니면서 소유자로부터 토지사용승낙을 받아 이 사건 토지 중 일부씩에 관하여 총 4건의 1종 근린생활시설(소매점) 건축허가신청을 동시에 하였는데, 주변에 민가가 드문 보전녹지지역의 넓은 농지에 소매점 건축허가를 일괄 신청한 점에 비추어 보면 이 사건 신청 취지의 진정성에 의심을 불러일으킨다. ② 이 사건 토지 위에 원고 등 4인이 각각 건축하려는 위 각 소매점 건축면적을 합하면 1,751.59㎡로 상당히 큰 건축물 군(군)을 형성하게 되므로 주변지역의 토지이용 실태나 계획 등에 비추어 앞서 본 개발행위허가기준이나 농지전용허가 심사기준을 충족하는지 여부가 의심스럽다. 그리고 이러한 큰 건축물이 들어서게 되면 인근 농지의 농업 경영에 피해를 초래하고 주변 지역의 난개발을 막기도 어려울 것이다. ③ 피고가 산업단지 조성을 추진하고 있다는 점 역시 재량판단의 한 공익적 요소로 고려할 수 있는 반면, 원고 등 4인은 이 사건 토지의 소유자

도 아니므로, 그 건축불허가로 인하여 재산권 침해의 불이익이 크게 발생한다고 보기도 어렵다. ④ 보전녹지지역에서 도시·군계획조례로 건축이 허용되는 제1종 근린생활시설은 그 해당 용도에 쓰이는 바닥면적의 합계가 500㎡ 미만이어야 하는데, 위 각 건축물의 건축면적은 모두 466.39㎡이거나 428.4㎡로서 원고 등 4인의 건축허가신청은 이러한 국토계획법령상 규제를 염두에 둔 것으로 보인다. 원고 등 4인의 건축허가신청 경위와 토지사용승낙 관계 등에 비추어 보면 하나의 건축부지 위에 건축될 건축물을 이처럼 4개로 나누어 건축허가 신청을 하는 것은 법령을 잠탈하려는 의도가 있는 것은 아닌지 의문이 들고, 그 신청을 인용할 경우 국토계획 및 건축 행정에 대한 공적 신뢰에도 영향을 끼칠 수 있어 신중해야 한다. ⑤ 종전에 건축허가가 있었던 인근 토지는 산업단지 조성계획 대상 토지가 아니었다. 그리고 이처럼 인근 토지에 건축허가가 있었다는 이유만으로 그 주변 토지에 관한 건축허가를 모두 인용해야 한다면 난개발을 막을 방법이 없게 되어 결국 개발행위허가 제도 자체를 유명무실하게 만들 우려가 있다.

이러한 점들을 모두 종합하여 보면 이 사건 신청이 개발행위허가·농지전용행위허가 기준 등을 갖추지 못하였다고 본 피고의 판단에 비례·평등원칙 위반 등 재량권 일탈·남용이 있다고 보기 어렵다.

(4) 그럼에도 원심은 이와 달리, 이 사건 토지에 관한 산업단지계획 수립 및 추진 여부가 불확실하고, 피고가 이 사건 처분으로 달성하려는 공익보다 원고의 재산권 침해 등 불이익이 더 크다는 등의 이유를 들어, 이 사건 처분에 재량권 일탈·남용의 위법이 있다고 판단하였다.

따라서 이러한 원심의 판단에는 재량권 일탈·남용에 관한 법리를 오해하여 판결에 영향을 미친 잘못이 있다. 이를 지적하는 상고이유는 이유 있다.

3. 그러므로 나머지 상고이유에 관한 판단을 생략한 채 원심판결을 파기하고, 사건을 다시 심리·판단하게 하기 위하여 원심법원에 환송하기로 하여, 관여 대법관의 일치된 의견으로 주문과 같이 판결한다.

6 대법원 2017. 10. 31. 선고 2017두46783 판결 【건설폐기물처리사업계획서부적합통보처분취소】 [공2017하,2206]

【판시사항】

[1] 시·도지사가 건설폐기물 처리업을 하려는 자에게서 제출받은 건설폐기물 처리

사업계획서의 적합 여부를 결정할 때 고려해야 할 검토 사항을 정한 건설폐기물의 재활용촉진에 관한 법률 제21조 제2항 각호의 규정 취지

[2] 행정청이 건설폐기물 처리 사업계획서의 적합 여부 결정을 위하여 건설폐기물의 재활용촉진에 관한 법률 제21조 제2항 제4호에서 정한 '환경기준의 유지를 곤란하게 하는지 여부'를 검토할 때 생활환경과 자연환경에 미치는 영향을 두루 검토하여 적합 여부를 판단할 수 있는지 여부(적극)

[3] 건설폐기물 처리 사업계획서의 적합 여부 결정에 관하여 행정청에 광범위한 재량권이 인정되는지 여부(적극) 및 이때 재량권 일탈·남용 여부를 심사하는 방법 / 장래에 발생할 불확실한 상황과 파급효과에 대한 예측이 필요한 요건에 관한 행정청의 재량적 판단은 폭넓게 존중되어야 하는지 여부(원칙적 적극) 및 이는 건설폐기물 처리 사업계획서의 적합 여부 결정에 관한 재량권의 일탈·남용 여부를 심사하여 판단할 때에도 고려하여야 하는지 여부(적극)

【판결요지】

[1] 건설폐기물의 재활용촉진에 관한 법률(이하 '법'이라 한다) 제21조와 건설폐기물의 재활용촉진에 관한 법률 시행규칙(이하 '규칙'이라 한다) 제12조 제2항은 폐기물 처리업의 허가 등에 관하여 상세하게 규정하고 있다. 건설폐기물 처리업을 하려는 자는 허가신청에 앞서 사업의 개요와 시설·장비 설치 내역을 기재한 건설폐기물 처리 사업계획서와 함께 건설폐기물의 수집·운반 또는 중간처리계획서(시설설치계획, 장비·기술능력·사업장 부지의 확보계획 포함)를 첨부하여 시·도지사에게 제출하여야 한다(법 제21조 제1항, 규칙 제12조 제2항). 시·도지사는 서류를 제출받아 '건설폐기물 처리 사업계획서상의 시설, 장비, 기술능력 등이 허가기준에 맞는지 여부', '건설폐기물 처리시설을 설치·운영하는 경우 환경정책기본법 제12조에 따른 환경기준의 유지를 곤란하게 하는지 여부' 등 법 제21조 제2항 각호가 정한 여러 사항을 검토한 다음 적합 여부를 결정하여 통보하여야 한다(법 제21조 제2항). 이러한 절차에 따라 적합 통보를 받은 자는 비로소 환경부령으로 정하는 건물 또는 시설 등 기준을 갖추어 건설폐기물 처리업 허가를 받을 수 있다(법 제21조 제3항). 이처럼 건설폐기물처리업에 관한 법규는 허가 요건을 일률적·확정적으로 규정하는 형식을 취하지 않고 최소한도만을 정하고 있다. 법 제21조 제2항 각호가 정한 검토 사항은 단순한 행정처분의 발령요건을 정한 것이라기보다는 위 적합 여부 판단·결정에 관한 재량권 행사에서 고려해야 할 다양한 사항의 범위와 기준을 좀 더 구체적이고 명확하게 정한 것으로 볼 수 있다. 그 취지는 건설폐기물 처리업 허가의 사전 결정절차로서 중요한 의미를 가지는 폐기물 처리 사업계획서 적합 여부의 통보에 관한 행정작용의 투명성과 적법성을 제고하려는 데 있다.

[2] 행정청이 건설폐기물 처리 사업계획서의 적합 여부 결정을 위하여 '환경기준의 유지를 곤란하게 하는지 여부'를 검토할 때에는 사람의 건강이나 주변 환경에 영향을 미치는지 여부 등 생활환경과 자연환경에 미치는 영향을 두루 검토하여 적합 여부를 판단할 수 있다. 이것이 법률의 문언이나 입법 목적에 부합할 뿐만 아니라 헌법 규정과 관련 법령의 취지에도 합치된다.

[3] 행정청의 건설폐기물 처리 사업계획서에 대한 적합 여부 결정(이하 '적합 여부 결정'이라 한다)은 공익에 관한 판단을 해야 하는 것으로서 행정청에 광범위한 재량권이 인정된다. 적합 여부 결정과 관련한 재량권의 일탈·남용 여부를 심사할 때에는, 해당 지역의 자연환경, 주민들의 생활환경 등 구체적 지역 상황, 상반되는 이익을 가진 이해관계자들 사이의 권익 균형과 환경권의 보호에 관한 각종 규정의 입법 취지 등을 종합하여 신중하게 판단하여야 한다.

따라서 '자연환경·생활환경에 미치는 영향'과 같이 장래에 발생할 불확실한 상황과 파급효과에 대한 예측이 필요한 요건에 관한 행정청의 재량적 판단은 내용이 현저히 합리적이지 않다거나 상반되는 이익이나 가치를 대비해 볼 때 형평이나 비례의 원칙에 뚜렷하게 배치되는 등의 사정이 없는 한 폭넓게 존중될 필요가 있다. 이러한 사항은 적합 여부 결정에 관한 재량권의 일탈·남용 여부를 심사하여 판단할 때에도 고려하여야 한다.

【참조조문】

[1] 건설폐기물의 재활용촉진에 관한 법률 제21조 제1항, 제2항, 제3항, 건설폐기물의 재활용촉진에 관한 법률 시행규칙 제12조 제2항 / [2] 헌법 제35조 제1항, 환경정책기본법 제1조, 제2조, 제4조, 제5조, 제6조, 민법 제217조 제1항, 환경정책기본법 제3조 제1호, 제12조 제1항, 제13조 / [3] 건설폐기물의 재활용촉진에 관한 법률 제21조 제1항, 제2항, 행정소송법 제27조

【참조판례】

[1] 대법원 2011. 11. 10. 선고 2011두12283 판결(공2011하, 2572) / [3] 대법원 2017. 3. 15. 선고 2016두55490 판결(공2017상, 778)

【전 문】

【원고, 피상고인】 주식회사 유성이앤티 (소송대리인 법무법인 유석 담당변호사 박홍대 외 3인)

【피고, 상고인】 부산광역시 기장군수

【원심판결】 부산고법 2017. 5. 12. 선고 2016누24274 판결

【주 문】

원심판결을 파기하고, 사건을 부산고등법원에 환송한다.

【이 유】

상고이유를 판단한다.

1. 가. 건설폐기물의 재활용촉진에 관한 법률(이하 '법'이라 한다) 제21조와 건설폐기물의 재활용촉진에 관한 법률 시행규칙(이하 '규칙'이라 한다) 제12조 제2항은 폐기물 처리업의 허가 등에 관하여 상세하게 규정하고 있다. 건설폐기물 처리업을 하려는 자는 그 허가신청에 앞서 사업의 개요와 시설·장비 설치 내역을 기재한 건설폐기물 처리 사업계획서와 함께 건설폐기물의 수집·운반 또는 중간처리계획서(시설설치계획, 장비·기술능력·사업장 부지의 확보계획 포함)를 첨부하여 시·도지사에게 제출하여야 한다(법 제21조 제1항, 규칙 제12조 제2항). 시·도지사는 그 서류를 제출받아 '건설폐기물 처리 사업계획서상의 시설, 장비, 기술능력 등이 허가기준에 맞는지 여부', '건설폐기물 처리시설을 설치·운영하는 경우 환경정책기본법 제12조에 따른 환경기준의 유지를 곤란하게 하는지 여부' 등 법 제21조 제2항 각호가 정한 여러 사항을 검토한 다음 그 적합 여부를 결정(이하 '적합 여부 결정'이라 한다)하여 통보하여야 한다(법 제21조 제2항). 이러한 절차에 따라 적합 통보를 받은 자는 비로소 환경부령으로 정하는 건물 또는 시설 등 기준을 갖추어 건설폐기물 처리업 허가를 받을 수 있다(법 제21조 제3항).

이처럼 건설폐기물처리업에 관한 법규는 그 허가 요건을 일률적·확정적으로 규정하는 형식을 취하지 않고 그 최소한도만을 정하고 있다. 법 제21조 제2항 각호가 정한 검토 사항은 단순한 행정처분의 발령요건을 정한 것이라기보다는 위 적합 여부 판단·결정에 관한 재량권 행사에서 고려해야 할 다양한 사항의 범위와 기준을 좀 더 구체적이고 명확하게 정한 것으로 볼 수 있다. 그 취지는 건설폐기물 처리업 허가의 사전결정절차로서 중요한 의미를 가지는 폐기물처리사업계획서 적합 여부의 통보에 관한 행정작용의 투명성과 적법성을 제고하려는 데 있다(대법원 2011. 11. 10. 선고 2011두12283 판결 등 참조).

나. 헌법은 "모든 국민은 건강하고 쾌적한 환경에서 생활할 권리를 가지며, 국가와 국민은 환경보전을 위하여 노력하여야 한다."(제35조 제1항)라고 정하여 환경권을 헌법상 기본권으로 명시함과 동시에 국가와 국민에게 환경보전을 위하여 노력할 의무를 부과하고 있다. 환경정책기본법은 환경권에 관한 헌법 규정에 근거하여, 환

경보전을 위하여 노력하여야 할 국민의 권리·의무와 국가 및 지방자치단체, 사업자의 책무를 구체적으로 정하고(제1조, 제4조, 제5조, 제6조), 국가·지방자치단체·사업자 및 국민은 환경을 이용하는 모든 행위를 할 때에는 환경보전을 우선적으로 고려하여야 한다고 정하고 있다(제2조).

민법은 토지를 이용하는 과정에서 발생하는 매연 등에 의한 생활방해를 금지하는 등의 조치를 취하여야 한다는 규정을 두고 있다. 즉, 토지소유자는 매연, 열기체, 액체, 음향, 진동 기타 이에 유사한 것으로 이웃 토지의 사용을 방해하거나 이웃 거주자의 생활에 고통을 주지 않도록 적당한 조치를 할 의무가 있다(민법 제217조 제1항). 이 조항의 직접적인 규율대상은 이웃 토지 소유자 등 사이의 민사적 법률관계이지만, 주변 환경을 침해할 우려가 있는 시설이나 사업에 대한 행정청의 수익적 재량처분으로 이웃 토지의 사용을 방해하거나 그 거주자에게 고통을 주는 결과를 발생시켜 분쟁을 유발하거나 조장해서는 안 된다. 따라서 행정청은 재량권 행사과정에서 장차 시설 설치자나 사업자가 위 조항을 준수할 수 있는지 여부를 고려할 수 있다.

법 제21조 제2항이 인용하고 있는 환경정책기본법 제12조 제1항은, 국가에 대하여 생태계 또는 인간의 건강에 미치는 영향 등을 고려하여 환경기준을 설정할 의무를 부과하고 환경 여건의 변화에 따라 그 적정성이 유지되도록 할 의무가 있음을 명확히 선언하고 있다. 나아가 환경정책기본법 제13조는 '환경기준의 유지'라는 제목으로 환경기준 유지를 위하여 고려해야 할 사항으로, 환경 악화의 예방 및 그 요인의 제거(제1호), 환경오염지역의 원상회복(제2호), 새로운 과학기술의 사용으로 인한 환경오염 및 환경훼손의 예방(제3호), 환경오염방지를 위한 재원의 적정 배분(제4호) 등을 들고 있다. 여기서 '환경'에는 '생활환경'과 '자연환경' 모두 포함된다(환경정책기본법 제3조 제1호).

행정청이 적합 여부 결정을 위하여 '환경기준의 유지를 곤란하게 하는지 여부'를 검토할 때에는 사람의 건강이나 주변 환경에 영향을 미치는지 여부 등 생활환경과 자연환경에 미치는 영향을 두루 검토하여 그 적합 여부를 판단할 수 있다고 봄이 타당하다. 이것이 법률의 문언이나 입법 목적에 부합할 뿐만 아니라 위에서 본 헌법 규정과 관련 법령의 취지에도 합치된다.

다. 이러한 적합 여부 결정은 공익에 관한 판단을 해야 하는 것으로서 행정청에 광범위한 재량권이 인정된다. 적합 여부 결정과 관련한 재량권의 일탈·남용 여부를 심사할 때에는, 해당 지역의 자연환경, 주민들의 생활환경 등 구체적 지역 상황, 상반되는 이익을 가진 이해관계자들 사이의 권익 균형과 환경권의 보호에 관한 각종 규정의 입법 취지 등을 종합하여 신중하게 판단하여야 한다.

따라서 '자연환경·생활환경에 미치는 영향'과 같이 장래에 발생할 불확실한 상황과 파급효과에 대한 예측이 필요한 요건에 관한 행정청의 재량적 판단은 그 내용이 현저히 합리적이지 않다거나 상반되는 이익이나 가치를 대비해 볼 때 형평이나 비례의 원칙에 뚜렷하게 배치되는 등의 사정이 없는 한 폭넓게 존중될 필요가 있다. 이러한 사항은 적합 여부 결정에 관한 재량권의 일탈·남용 여부를 심사하여 판단할 때에도 고려하여야 한다(대법원 2017. 3. 15. 선고 2016두55490 판결 등 참조).

2. 원심판결과 원심이 일부 인용한 제1심판결 이유에 따르면 다음의 사실을 알 수 있다.

가. 원고는 이 사건 사업예정지에서 건설폐기물 중간처리(파쇄)업을 하기 위하여 법 제21조 제1항에 따라 피고에게 사업계획서를 제출하였다.

나. 피고는 여섯 가지의 사유를 들어 사업계획서 부적합 통보(이하 '이 사건 처분'이라 한다)를 하였는데, 그 처분사유에는 '주변 생활환경 저해가 마을 주민의 수인한도를 초과할 우려가 있고, 그로 인한 주민 간의 분쟁의 우려가 있음'(이하 '이 사건 처분사유'라 한다)도 포함되어 있다.

다. 이 사건 사업예정지의 동쪽, 북쪽, 서쪽은 모두 산으로 둘러싸여 있고, 남쪽으로 약 100m 떨어진 곳에 장안천이 있다. 장안천은 환경정책기본법령에 따른 하천 생활환경 기준 등급이 '좋음'에 해당한다.

라. 이 사건 사업예정지 동쪽으로 약 400m 떨어진 곳에 단독주택 17채가 있고, 약 800m 떨어진 곳에 788세대 규모의 아파트 단지가 있다. 서쪽으로 약 700m 떨어진 곳에 47세대가 거주하는 반룡마을이, 서남쪽으로 약 800m 떨어진 곳에 30세대가 거주하는 구기마을이 있다. 위 마을들에 접하여 장안일반산업단지가 있고, 북서쪽으로 약 1㎞ 떨어진 곳에 46세대가 거주하는 고무마을이 있다.

마. 원고가 제출한 사업계획서에 따르면, 원고는 약 5,440㎡ 규모의 이 사건 사업예정지에 파쇄·분쇄시설(1,200t/1일), 분리·선별시설(1,200t/1일), 보관시설, 계량시설, 굴삭기, 덤프트럭 등을 갖춘 사업장을 설치할 예정이다. 원고는 건축·토목공사 현장에서 배출되는 폐콘크리트, 폐아스콘, 폐벽돌·폐블럭 등의 건설폐기물을 15t 이상의 덤프트럭으로 운반한 다음, 파쇄·선별 과정을 거쳐 재자원화하거나 복토와 성토재로 쓰일 토사 형태로 만들고, 나머지 폐합성수지, 암면, 폐석고, 폐타일

등은 매립하거나 소각할 계획이며, 1일 예상처리량은 1,200t가량이다.

3. 원심은 ① 이 사건 사업예정지가 인근 마을과의 700~800m 이상 떨어져 있다거나, ② 오염물질 배출로 인한 인근 하천의 오염가능성 등과 관련된 객관적인 기준을 제시하지 않고 있다는 등의 사정을 들어, 이 사건 처분에 재량권 일탈·남용이 인정된다고 판단하였다.

4. 그러나 원심의 판단은 다음과 같은 이유로 그대로 받아들이기 어렵다.

가. 이 사건 사업예정지로부터 남쪽으로 불과 100m 떨어진 곳에 '좋음' 등급의 장안천이 있고, 동쪽으로 400m 떨어진 지점에서부터 주택이 있으므로, 그 이격거리와 원고가 이 사건 사업예정지에 설치하고자 하는 건설폐기물 처리시설의 내역과 규모, 건설폐기물을 파쇄·분쇄하거나 재활용할 수 없는 나머지 폐기물을 소각하거나 매립하는 과정 등에 비추어 비산먼지 그 밖의 오염물질로 위 하천의 수질이 악화되는 등으로 환경기준의 유지가 곤란하게 될 우려 또는 인근 주민의 생활환경에 참을 한도를 넘는 나쁜 영향을 줄 우려가 있다고 볼 여지가 있다.

나. 이 사건 사업예정지 근처에 있는 장안일반산업단지 등에서 환경오염물질이 배출되고 있는 상황에서 이 사건 건설폐기물 처리사업으로 발생할 수 있는 환경오염물질로 인한 피해를 고려하면, 위와 같은 인근 주민의 피해는 참을 한도를 넘는다고 볼 여지가 있고, 그로 말미암은 민원 등 주민 간의 분쟁 가능성도 무시할 수 없다.

다. 원심은 향후 건설폐기물로 인하여 인근지역 주민의 생활환경에 심각한 위해가 발생되거나 발생될 우려가 있는 경우 법령에 따라 영업정지처분을 하거나 과징금을 부과하는 등 사업의 운영단계에서 환경피해를 막기 위한 제재적 행정조치를 취할 수 있으므로, 환경피해에 대한 막연한 가능성, 인근 주민들의 탄원만을 이유로 사업계획서 부적합통보를 하는 것은 부당하다고 한다. 그러나 이러한 사후적 규제만으로는 충분하지 않다. 환경이 오염되면 원상회복이 거의 불가능한 경우가 많아 피해를 회복하는 데 한계가 있다. 따라서 환경이 심각하게 오염될 우려가 있는 경우에는 이를 미리 방지하는 것이 중요하다.

라. 위와 같은 사정을 앞에서 본 관련 법령과 법리, 환경권에 관한 헌법과 관련 법률, 그리고 적합 여부 결정에 관한 행정청 재량의 범위와 정도 등에 관한 법리에 비추어 살펴보면, 주변 환경에 대해 참을 한도를 넘는 침해의 우려나 그로 인한 주민들 사이의 분쟁 우려를 그 처분사유로 포함하고 있는 피고의 이 사건 처분에 비례

의 원칙 위반 등 재량권을 일탈·남용한 위법이 있다고 단정하기 어렵다.

마. 그런데도 이 사건 처분이 위법하다는 원심의 판단에는 건설폐기물 처리 사업계획서 부적합통보 처분 관련 재량권 일탈·남용 등에 관한 법리를 오해하여 판결에 영향을 미친 잘못이 있다. 상고이유 중 이 점을 지적하는 주장은 정당하다.

5. 상고이유의 나머지 주장에 대한 판단을 생략한 채, 원심판결을 파기하고, 사건을 다시 심리 판단하도록 원심법원에 환송하기로 하여, 관여 대법관의 일치된 의견으로 주문과 같이 판결한다.

Ⅳ. 대물적 행정행위

1 대법원 2017. 10. 31. 선고 2017도9582 판결 【폐기물관리법위반】 [공2017하,2267]

【판시사항】

갑 주식회사가 설치·운영하다가 사용종료한 폐기물처리시설의 부지를 체납처분에 의한 공매절차에서 취득하여 소유하고 있는 피고인이 환경청으로부터 폐기물처리시설에 대한 사후관리를 일정 기간 내에 완료하도록 시정명령을 받았음에도 이를 이행하지 아니하였다고 하여 폐기물관리법 위반으로 기소된 사안에서, 피고인이 폐기물처리시설에 관한 허가·승인 또는 신고에 따른 권리·의무를 승계하지 않으므로 시정명령은 의무 없는 자에게 내려진 행정처분으로서 이에 응하지 않더라도 죄가 되지 않는다고 본 원심판단이 정당하다고 한 사례

【판결요지】

갑 주식회사가 설치·운영하다가 사용종료한 폐기물처리시설의 부지를 체납처분에 의한 공매절차에서 취득하여 소유하고 있는 피고인이 환경청으로부터 폐기물처리시설에 대한 사후관리를 일정 기간 내에 완료하도록 시정명령을 받았음에도 이를 이행하지 아니하였다고 하여 폐기물관리법 위반으로 기소된 사안에서, 폐기물관리법에서는 일반적으로 법률행위에 의한 소유권 이전을 의미하는 '양도'와 법률에 의한 '경매' 또는 '압류재산의 매각' 등의 개념이 구분되어 사용되어 왔는데도, 피고인이 폐기물처리시설 부지를 공매절차에서 취득할 당시 시행 중이던 폐기물관리법에는 폐기물처리시설 등의 양도 등 경우의 권리·의무 승계에 관해서만 규정되어 있었을 뿐, 위 시설 등이 경매 등으로 처분된 경우에 관해서는 따로 규정되어 있지 않다가, 2010. 7. 23. 법률 제10389호로 폐기물관리법이 개정되면서 경매 등으로 위 시설 등을 인수한 자도 인수 전의 권리·의무를 승계한다는 점이 비로소 명시된 점

등을 종합하면, 폐기물처리시설 부지를 공매절차에서 취득한 피고인이 폐기물처리시설까지 인수한 것이라도 인수 당시 시행 중이던 폐기물관리법에서 말하는 폐기물처리시설의 양수인에 해당한다고 볼 수 없고, 그 후 폐기물관리법 개정으로 경매 등으로 인수한 자의 권리·의무 승계 규정이 도입되었더라도 그러한 규정이 피고인에게 소급적용될 수 없으며, 비록 환경보전과 국민생활의 질적 향상이라는 폐기물관리법의 입법 목적을 효과적으로 달성하기 위해서는 폐기물처리시설 등을 경매·공매 등을 통해 인수한 경우에도 인수 전의 허가·승인 또는 신고에 따른 권리·의무를 승계하도록 함으로써 폐기물처리시설 등에 대한 지속적인 사후관리가 이루어지도록 할 필요가 있지만, 위와 같은 경우 권리·의무를 승계하도록 한 명문의 규정이 미처 마련되기 전이었음에도 그러한 입법 목적을 앞세운 법률해석을 통하여 처벌대상을 확대함으로써 그 목적을 달성하려는 것은 허용될 수 없다는 이유로, 같은 취지에서 피고인이 폐기물처리시설에 관한 허가·승인 또는 신고에 따른 권리·의무를 승계하지 않으므로 시정명령은 의무 없는 자에게 내려진 행정처분으로서 이에 응하지 않더라도 죄가 되지 않는다고 본 원심판단이 정당하다고 한 사례.

【참조조문】

헌법 제12조 제1항, 형법 제1조 제1항, 구 폐기물관리법(2002. 1. 26. 법률 제6627호로 개정되기 전의 것) 제24조 제5항(현행 제17조 제8항, 제9항 참조), 구 폐기물관리법(2007. 4. 11. 법률 제8371호로 전부 개정되기 전의 것) 제32조 제1항(현행 제33조 제1항 참조), 구 폐기물관리법(2010. 7. 23. 법률 제10389호로 개정되기 전의 것) 제33조 제1항, 구 폐기물관리법(2015. 1. 20. 법률 제13038호로 개정되기 전의 것) 제33조 제1항, 제2항, 형사소송법 제325조

【전 문】

【피 고 인】 피고인

【상 고 인】 검사

【변 호 인】 법무법인 해마루 담당변호사 이제영 외 1인

【원심판결】 대전지법 2017. 6. 1. 선고 2016노3128 판결

【주 문】

상고를 기각한다.

【이 유】

상고이유를 판단한다.

1. 이 사건 공소사실의 요지는, 피고인이 2006. 8. 28.경 세종특별자치시 (주소 생략)에 있는 공소외 주식회사의 사용종료된 이 사건 폐기물처리시설 부지를 세무서의 체납처분에 의한 공매절차에서 취득하여 소유하고 있는 사람으로서 2015. 11. 초경 금강유역환경청으로부터 위 폐기물처리시설에 대하여 빗물 배제시설 유지·관리, 침출수 처리 및 관리, 주변 환경영향 종합보고서 작성 등의 사후관리를 2015. 12. 16.까지 완료하도록 시정명령을 받았음에도 그 기간 내에 이를 이행하지 아니하였다는 것이다.

2. 가. 피고인이 이 사건 폐기물처리시설 부지를 공매절차에서 취득할 당시 시행 중이던 구 폐기물관리법(2007. 4. 11. 법률 제8371호로 전부 개정되기 전의 것) 제32조 제1항은, "제26조의 규정에 의한 폐기물처리업의 허가를 받은 자 또는 제30조의 규정에 의한 폐기물처리시설의 설치승인을 얻거나 신고를 한 자가 폐기물처리업 또는 폐기물처리시설을 양도하거나 사망한 경우 또는 법인의 합병이 있는 경우에는 그 양수인·상속인 또는 합병 후 존속하는 법인이나 합병에 의하여 설립되는 법인은 허가·승인 또는 신고에 따른 권리·의무를 승계한다."라고 규정하고 있었다.

2007. 4. 11. 법률 제8371호로 전부 개정된 폐기물관리법은 그 개정 전 제32조 제1항에서 규정하고 있던 권리·의무의 승계와 관련하여 제33조 제1항에서, "제25조에 따른 폐기물처리업의 허가를 받은 자 또는 제29조에 따른 폐기물처리시설의 설치승인을 받거나 신고를 한 자가 폐기물처리업이나 폐기물처리시설을 양도하거나 사망한 경우 또는 법인이 합병한 경우에는 그 양수인이나 상속인 또는 합병 후 존속하는 법인이나 합병으로 설립되는 법인은 허가·승인 또는 신고에 따른 권리·의무를 승계한다."라고 규정하였다.

나. 그런데 2010. 7. 23. 법률 제10389호로 개정된 폐기물관리법은 위와 같은 권리·의무의 승계와 관련하여 그 개정 전과 마찬가지로 제33조 제1항에서, "폐기물처리업자, 제29조에 따른 폐기물처리시설의 설치승인을 받거나 신고를 한 자 또는 폐기물처리 신고자가 폐기물처리업, 폐기물처리시설 또는 제46조 제1항에 따른 시설을 양도하거나 사망한 경우 또는 법인이 합병한 경우에는 그 양수인이나 상속인 또는 합병 후 존속하는 법인이나 합병으로 설립되는 법인은 허가·승인 또는 신고에 따른 권리·의무를 승계한다."라고 규정하는 한편, 같은 조 제2항에서, "민사집행법에 따른 경매, 채무자 회생 및 파산에 관한 법률에 따른 환가나 국세징수법·관세법 또는 지방세기본법에 따른 압류재산의 매각, 그 밖에 이에 준하는 절차에 따라 폐기

물처리업자, 제29조에 따른 폐기물처리시설의 설치승인을 받거나 신고를 한 자 또는 폐기물처리 신고자로부터 폐기물처리시설 등을 인수한 자는 허가·승인 또는 신고에 따른 권리·의무를 승계한다. 이 경우 종전의 폐기물처리업자, 폐기물처리시설 설치자에 대한 허가·승인 또는 폐기물처리 신고자의 신고는 그 효력을 잃는다."라고 규정함으로써, 폐기물처리시설 등을 경매 등으로 인수한 자도 위 시설 등을 양수한 자와 마찬가지로 인수 전의 허가·승인 또는 신고에 따른 권리·의무를 승계한다는 점을 처음으로 명시하였는데, 이에 대한 경과규정은 별도로 두지 않았다.

다. 한편 이와는 달리 사업장폐기물배출사업의 양도 등의 경우의 권리·의무의 승계와 관련한 규정은 1999. 2. 8. 법률 제5865호로 개정된 폐기물관리법 제24조 제5항에서, "사업장폐기물배출자가 그 사업을 양도하거나 사망한 경우 또는 법인의 합병이 있는 경우에는 그 양수인·상속인 또는 합병 후 존속하는 법인이나 합병에 의하여 설립되는 법인은 당해 사업장폐기물과 관련한 권리·의무를 승계한다. 민사소송법에 의한 경매, 파산법에 의한 환가나 국세징수법·관세법 또는 지방세법에 의한 압류재산의 매각 기타 이에 준하는 절차에 따라 사업장폐기물배출자의 사업을 인수한 자도 또한 같다."라는 내용으로 신설되었는데, 이처럼 규정의 도입 당시부터 사업장폐기물배출사업을 경매 등으로 인수한 자도 위 사업을 양수한 자와 마찬가지로 당해 사업장폐기물과 관련한 권리·의무를 승계한다는 점이 명시되어 있었다.

3. 위에서 본 바와 같이 폐기물관리법에서는 일반적으로 법률행위에 의한 소유권의 이전을 의미하는 '양도'와 법률에 의한 '경매' 또는 '압류재산의 매각' 등의 개념이 구분되어 사용되어 왔는데도, 피고인이 이 사건 폐기물처리시설 부지를 공매절차에서 취득할 당시 시행 중이던 폐기물관리법에는 폐기물처리시설 등의 양도 등 경우의 권리·의무 승계에 관해서만 규정되어 있었을 뿐, 위 시설 등이 경매 등으로 처분된 경우에 관해서는 따로 규정되어 있지 않다가, 2010. 7. 23. 법률 제10389호로 폐기물관리법이 개정되면서 경매 등으로 위 시설 등을 인수한 자도 인수 전의 권리·의무를 승계한다는 점이 비로소 명시되었다. 이러한 사정에다가 형벌법규 해석에 있어 법률문언의 통상적인 의미를 벗어나지 않는 한 그 법률의 입법 취지와 목적, 입법연혁 등을 고려한 목적론적 해석이 배제되는 것은 아니지만, 형벌법규의 해석은 엄격하여야 하고 명문규정의 의미를 피고인에게 불리한 방향으로 지나치게 확장해석하거나 유추해석하는 것은 죄형법정주의의 원칙에 어긋나는 것으로서 허용되지 않는 점(대법원 2006. 5. 12. 선고 2005도6525 판결, 대법원 2012. 2. 9.

선고 2011도7268 판결 등 참조)까지 종합하여 보면, 이 사건 폐기물처리시설 부지를 공매절차에서 취득한 피고인이 위 폐기물처리시설까지 인수한 것이라고 하더라도 그 인수 당시 시행 중이던 폐기물관리법에서 말하는 폐기물처리시설의 양수인에 해당한다고 볼 수 없고, 그 후 폐기물관리법의 개정으로 경매 등으로 인수한 자의 권리·의무의 승계 규정이 도입되었다고 하더라도 그러한 규정이 피고인에게 소급적용될 수도 없다.

비록 환경보전과 국민생활의 질적 향상이라는 폐기물관리법의 입법 목적을 효과적으로 달성하기 위해서는 폐기물처리시설 등을 경매·공매 등을 통해 인수한 경우에도 인수 전의 허가·승인 또는 신고에 따른 권리·의무를 승계하도록 함으로써 폐기물처리시설 등에 대한 지속적인 사후관리가 이루어지도록 할 필요가 있다고 보이기는 하지만, 위와 같은 경우 권리·의무를 승계하도록 한 명문의 규정이 미처 마련되기 전이었음에도, 그러한 입법 목적을 앞세운 법률해석을 통하여 처벌 대상을 확대함으로써 그 목적을 달성하려는 것은 허용될 수 없다.

4. 원심이 같은 취지에서 피고인이 이 사건 폐기물처리시설에 관한 허가·승인 또는 신고에 따른 권리·의무를 승계하지 않는다고 보고 피고인에 대한 시정명령은 의무 없는 자에게 내려진 행정처분으로서 이에 응하지 않더라도 죄가 되지 않는다고 판단하여 피고인에 대하여 무죄를 선고한 제1심판결을 그대로 유지한 조치는 정당하고, 거기에 상고이유 주장과 같이 폐기물관리법의 해석에 관한 법리를 오해하는 등의 위법이 없다.

5. 그러므로 상고를 기각하기로 하여, 관여 대법관의 일치된 의견으로 주문과 같이 판결한다.

Ⅴ. 인허가의제

1 대법원 2017. 9. 12. 선고 2017두45131 판결 【주택건설사업계획승인처분무효확인청구의소】 [공2017하,1979]

【판시사항】

[1] 주택건설 사업부지에 관한 선행 도시·군관리계획결정이 존재하지 않거나 그 결정에 하자가 있는 경우, 그것만으로 곧바로 주택건설사업계획 승인처분의 위법사

유를 구성하는지 여부(원칙적 소극)

[2] 구 주택법 제17조 제1항에 따라 인허가 의제대상이 되는 처분의 공시방법에 관한 하자가 있다는 사정이 주택건설사업계획 승인처분 자체의 위법사유가 될 수 있는지 여부(소극)

【판결요지】

[1] 국토의 계획 및 이용에 관한 법률(이하 '국토계획법'이라 한다) 제54조는 "지구단위계획구역에서 건축물을 건축 또는 용도변경하거나 공작물을 설치하려면 그 지구단위계획에 맞게 하여야 한다. 다만 지구단위계획이 수립되어 있지 아니한 경우에는 그러하지 아니하다."라고 규정하고 있다. 이처럼 국토계획법 자체에서 이미 도시·군관리계획의 수립이 건축물의 건축에 반드시 선행하여야 하는 것은 아님을 예정하고 있고, 주택건설사업계획 승인처분의 근거 법령은 사업부지에 관하여 도시·군관리계획결정이 먼저 발효되어 있을 것을 주택건설사업계획 승인처분의 요건으로 규정하고 있지 않다. 나아가 구 주택법(2016. 1. 19. 법률 제13805호로 전부개정되기 전의 것) 제17조 제1항에 의하면, 관계 행정기관과 협의를 거쳐 주택건설사업계획 승인처분이 있게 되면 협의의 대상이 된 지구단위계획결정 등 도시·군관리계획결정이 있었던 것으로 의제되므로, 선행 도시·군관리계획결정이 존재하고 있더라도 그 선행 결정은 그 범위 내에서 변경된 것으로 볼 수 있다.

따라서 사업부지에 관한 선행 도시·군관리계획결정이 존재하지 않거나 또는 그 결정에 관하여 하자가 있더라도, 특별한 사정이 없는 한 그것만으로는 곧바로 주택건설사업계획 승인처분의 위법사유를 구성한다고 볼 수는 없다.

[2] 구 주택법(2016. 1. 19. 법률 제13805호로 전부 개정되기 전의 것) 제17조 제1항에 의하면, 주택건설사업계획 승인권자가 관계 행정기관의 장과 미리 협의한 사항에 한하여 승인처분을 할 때에 인허가 등이 의제될 뿐이고, 각호에 열거된 모든 인허가 등에 관하여 일괄하여 사전협의를 거칠 것을 승인처분의 요건으로 하고 있지는 않다. 따라서 인허가 의제대상이 되는 처분의 공시방법에 관한 하자가 있더라도, 그로써 해당 인허가 등 의제의 효과가 발생하지 않을 여지가 있게 될 뿐이고, 그러한 사정이 주택건설사업계획 승인처분 자체의 위법사유가 될 수는 없다.

【참조조문】

[1] 국토의 계획 및 이용에 관한 법률 제54조, 구 주택법(2016. 1. 19. 법률 제13805호로 전부 개정되기 전의 것) 제17조 제1항(현행 제19조 제1항 참조) / [2] 구 주택법(2016. 1. 19. 법률 제13805호로 전부 개정되기 전의 것) 제17조 제1항(현행 제19조 제1항 참조)

【참조판례】

[2] 대법원 2012. 2. 9. 선고 2009두16305 판결(공2012상, 454)

【전 문】

【원고, 상고인】 원고 (소송대리인 법무법인(유한) 바른 담당변호사 박인호)

【피고, 피상고인】 광주시장 (소송대리인 법무법인 탑 담당변호사 이승연)

【원심판결】 서울고법 2017. 4. 7. 선고 2016누67365 판결

【주 문】

상고를 기각한다. 상고비용은 원고가 부담한다.

【이 유】

상고이유를 판단한다.

1. 구 주택법(2016. 1. 19. 법률 제13805호로 전부 개정되기 전의 것, 이하 '구 주택법'이라고 한다) 제17조 제1항은 사업계획승인권자가 제16조에 따른 사업계획을 승인할 때 그 각호의 인허가 등에 관하여 관계 행정기관의 장과 협의한 사항에 대하여는 해당 인허가 등을 받은 것으로 보며, 사업계획의 승인 고시가 있은 때에는 그 각호의 관계 법률에 따른 고시가 있은 것으로 본다고 규정하고 있고, 같은 항 제5호는 국토의 계획 및 이용에 관한 법률(이하 '국토계획법'이라고 한다)에 따른 지구단위계획구역 및 지구단위계획결정 등 일정한 도시·군관리계획결정을 그 협의에 따라 의제되는 인허가 중 하나로 들고 있고, 제17조 제2항은 인허가 등 의제를 받으려는 자는 사업계획승인을 신청할 때에 해당 법률에서 정하는 관계 서류를 함께 제출하도록 규정하고 있다.

2. 가. 국토계획법 제54조는 "지구단위계획구역에서 건축물을 건축 또는 용도변경하거나 공작물을 설치하려면 그 지구단위계획에 맞게 하여야 한다. 다만 지구단위계획이 수립되어 있지 아니한 경우에는 그러하지 아니하다."라고 규정하고 있다. 이처럼 국토계획법 자체에서 이미 도시·군관리계획의 수립이 건축물의 건축에 반드시 선행하여야 하는 것은 아님을 예정하고 있고, 주택건설사업계획 승인처분의 근거 법령은 사업부지에 관하여 도시·군관리계획결정이 먼저 발효되어 있을 것을 주택건설사업계획 승인처분의 요건으로 규정하고 있지 않다. 나아가 앞서 본 구 주택법 규정에 의하면, 관계 행정기관과 협의를 거쳐 주택건설사업계획 승인처분이 있

게 되면 협의의 대상이 된 지구단위계획결정 등 도시·군관리계획결정이 있었던 것으로 의제되므로, 선행 도시·군관리계획결정이 존재하고 있더라도 그 선행 결정은 그 범위 내에서 변경된 것으로 볼 수 있다.

따라서 사업부지에 관한 선행 도시·군관리계획결정이 존재하지 않거나 또는 그 결정에 관하여 하자가 있다고 하더라도, 특별한 사정이 없는 한 그것만으로는 곧바로 주택건설사업계획 승인처분의 위법사유를 구성한다고 볼 수는 없다.

나. 한편 앞서 본 구 주택법 제17조 제1항에 의하면, 주택건설사업계획 승인권자가 관계 행정기관의 장과 미리 협의한 사항에 한하여 그 승인처분을 할 때에 인허가 등이 의제될 뿐이고(대법원 2012. 2. 9. 선고 2009두16305 판결 등 참조), 그 각호에 열거된 모든 인허가 등에 관하여 일괄하여 사전협의를 거칠 것을 그 승인처분의 요건으로 하고 있지는 않다. 따라서 인허가 의제대상이 되는 처분의 공시방법에 관한 하자가 있다고 하더라도, 그로써 해당 인허가 등 의제의 효과가 발생하지 않을 여지가 있게 될 뿐이고, 그러한 사정이 주택건설사업계획 승인처분 자체의 위법사유가 될 수는 없다고 보아야 한다.

3. 원심판결 이유 및 원심이 인용한 제1심판결의 이유에 의하면, 다음과 같은 사실들을 알 수 있다.

가. 경기도지사는 2008. 9. 5. 광주시 태전동 산13-7 외 14필지 일대 34,099㎡(태전7지구 C11블럭, C12블럭)를 포함한 태전3 내지 7지구에 관하여 지형도면을 작성하여 도시관리계획결정(이하 '이 사건 지구단위계획 최초결정'이라고 한다)을 하고, 같은 날 이를 경기도 고시 제2008-283호로 고시하였다.

나. 피고는 2014. 12. 3. 주식회사 하나자산신탁에 대하여 C11블록과 C12블록을 C11블록으로 합병한 면적 34,493㎡에서 712세대의 아파트 및 부대복리시설을 건설하는 내용의 주택건설사업계획 승인처분(이하 '이 사건 승인처분'이라고 한다)을 하면서 이로써 주택법 제17조 제1항 제5호에 의하여 태전7지구 C12블록을 C11블록에 합병하는 등 지구단위계획 변경결정이 있었던 것으로 의제(이하 '이 사건 의제'라고 한다)되었음을 통보하고, 2014. 12. 17. 이를 광주시 고시 제2014-230호로 고시하였다.

다. 피고는 2015. 12. 31. 주식회사 하나자산신탁에 대하여 주택건설사업구역의 면적을 34,493㎡에서 34,459㎡로, 아파트 세대수를 712세대에서 706세대로 변경하는 내용의 주택건설사업계획 변경승인처분(이하 '이 사건 변경승인처분'이라고 한다)을 하고, 같은 날 이를 광주시 고시 제2015-330호로 고시하였다.

4. 위와 같은 사실관계를 앞서 본 법령 및 법리에 비추어 살펴보면, 이 사건 지구단위계획 최초결정 및 이 사건 의제와 관련한 지형도면 고시방법에 어떠한 하자가 있다고 하더라도, 그러한 사정만으로 곧바로 이 사건 승인처분 및 변경승인처분 자체의 무효사유가 된다고 볼 수는 없다.

따라서 원심이 이 사건 지구단위계획 최초결정 및 이 사건 의제와 관련한 지형도면 고시방법에 하자가 있을 경우 이 사건 승인처분 및 변경승인처분의 무효사유가 될 수 있음을 전제로 하여 위 고시방법에 관한 하자가 있는지 여부에 관하여 나아가 판단한 것은 적절치 않으나, 이 사건 승인처분 및 변경승인처분이 적법·유효하다고 판단한 결론은 정당하다. 이러한 원심의 판단에 주택건설사업계획 승인처분의 위법·무효사유 등에 관한 법리 등을 오해하여 판결에 영향을 미친 잘못이 없다.

5. 그러므로 상고를 기각하고, 상고비용은 패소자가 부담하도록 하여, 관여 대법관의 일치된 의견으로 주문과 같이 판결한다.

Ⅵ. 사인의 공법행위 - 신고

1 대법원 2017. 5. 30. 선고 2017두34087 판결【숙박업영업신고증교부의무부작위위법확인】[공2017하,1392]

【판시사항】

숙박업을 하고자 하는 자가 법령이 정하는 시설과 설비를 갖추고 행정청에 신고를 한 경우, 행정청이 수리해야 하는지 여부(원칙적 적극) 및 행정청이 법령이 정한 요건 외의 사유를 들어 수리를 거부할 수 있는 경우 / 이러한 법리는 이미 다른 사람 명의로 숙박업 신고가 되어 있는 시설 등의 전부 또는 일부에서 새로 숙박업을 하려는 자가 신고한 경우에도 마찬가지인지 여부(적극)

【판결요지】

숙박업은 손님이 잠을 자고 머물 수 있도록 시설과 설비 등의 서비스를 제공하는 것이다. 공중위생관리법 제2조 제1항 제2호, 제3조 제1항, 제4조 제1항, 제7항, 공중위생관리법 시행규칙 제2조 [별표 1], 제3조의2 제1항 제3호, 제7조 [별표 4]의 문언, 체계와 목적에 비추어 보면, 숙박업을 하고자 하는 자는 위 법령에 정해진 소독이나 조명기준 등이 정해진 객실·접객대·로비시설 등을 다른 용도의 시설 등과 분리되도록 갖춤으로써 그곳에 숙박하고자 하는 손님이나 위생관리 등을 감독하는 행정청으로 하여금 해당 시설의 영업주체를 분명히 인식할 수 있도록 해야 한다.

숙박업을 하고자 하는 자가 법령이 정하는 시설과 설비를 갖추고 행정청에 신고를 하면, 행정청은 공중위생관리법령의 위 규정에 따라 원칙적으로 이를 수리하여야 한다. 행정청이 법령이 정한 요건 이외의 사유를 들어 수리를 거부하는 것은 위 법령의 목적에 비추어 이를 거부해야 할 중대한 공익상의 필요가 있다는 등 특별한 사정이 있는 경우에 한한다.

이러한 법리는 이미 다른 사람 명의로 숙박업 신고가 되어 있는 시설 등의 전부 또는 일부에서 새로 숙박업을 하고자 하는 자가 신고를 한 경우에도 마찬가지이다. 기존에 다른 사람이 숙박업 신고를 한 적이 있더라도 새로 숙박업을 하려는 자가 그 시설 등의 소유권 등 정당한 사용권한을 취득하여 법령에서 정한 요건을 갖추어 신고하였다면, 행정청으로서는 특별한 사정이 없는 한 이를 수리하여야 하고, 단지 해당 시설 등에 관한 기존의 숙박업 신고가 외관상 남아있다는 이유만으로 이를 거부할 수 없다.

【참조조문】

공중위생관리법 제2조 제1항 제2호, 제3조 제1항, 제4조 제1항, 제7항, 공중위생관리법 시행규칙 제2조 [별표 1], 제3조의2 제1항 제3호, 제7조 [별표 4]

【전 문】

【원고, 상고인】 원고

【피고, 피상고인】 속초시장

【원심판결】 서울고법 2017. 1. 16. 선고 (춘천)2016누75 판결

【주 문】

상고를 기각한다. 상고비용은 원고가 부담한다.

【이 유】

상고이유(상고이유서 제출기간이 지난 다음 제출된 상고이유보충서 등의 기재는 상고이유를 보충하는 범위 내에서)를 판단한다.

1. 공중위생관리법(이하 '법'이라 한다)은 제3조 제1항에서 "공중위생영업을 하고자 하는 자는 공중위생영업의 종류별로 보건복지부령이 정하는 시설 및 설비를 갖추고 시장·군수·구청장(자치구의 구청장에 한한다. 이하 같다)에게 신고하여야 한다. 보건복지부령이 정하는 중요사항을 변경하고자 하는 때에도 또한 같다."라고 정

하면서, 제2조 제1항에서 공중위생영업의 하나로 "숙박업이라 함은 손님이 잠을 자고 머물 수 있도록 시설 및 설비 등의 서비스를 제공하는 영업을 말한다."라고 정하고 있으며(제2호 본문), 제4조에서 공중위생영업자는 그 이용자에게 건강상 위해요인이 발생하지 않도록 영업관련 시설 및 설비를 위생적이고 안전하게 관리하여야 한다고 하면서(제1항), 그 위생관리기준 등 건전한 영업질서유지를 위하여 영업자가 준수하여야 할 사항을 보건복지부령으로 정하도록 위임하고 있다(제7항).

이에 따라 공중위생관리법 시행규칙(이하 '시행규칙'이라 한다)은 제2조 [별표 1] 공중위생영업의 종류별 시설 및 설비기준에서 "공중위생영업장은 독립된 장소이거나 공중위생영업 외의 용도로 사용되는 시설 및 설비와 분리되어야 한다."라고 정하고(Ⅰ. 일반기준), 제7조 [별표 4] 공중위생영업자가 준수하여야 하는 위생관리기준 등에서 숙박업자의 객실·접객대·로비시설·복도·계단 등에 대한 소독의무[1. 가. (1)항], 객실·접객대 및 로비시설의 조명도 기준[1. 가. 다. (3)항]을 제시하면서 "숙박영업자는 업소 내에 숙박업신고증을, 접객대에 숙박요금표를 각각 게시하여야 한다."라고 정하고 있다[1. 라. (1)항]. 한편 시행규칙 제3조의2 제1항은 법 제3조 제1항 후단에 따라 변경신고를 해야 하는 사항을 정하고 있는데, 그중 영업장 면적 변경에 관하여는 "신고한 영업장 면적의 3분의 1 이상의 증감"(제3호)을 변경신고 대상으로 정하고 있다.

숙박업은 손님이 잠을 자고 머물 수 있도록 시설과 설비 등의 서비스를 제공하는 것이다. 공중위생관리법령의 문언, 체계와 목적에 비추어 보면, 숙박업을 하고자 하는 자는 위 법령에 정해진 소독이나 조명기준 등이 정해진 객실·접객대·로비시설 등을 다른 용도의 시설 등과 분리되도록 갖춤으로써 그곳에 숙박하고자 하는 손님이나 위생관리 등을 감독하는 행정청으로 하여금 해당 시설의 영업주체를 분명히 인식할 수 있도록 해야 한다.

숙박업을 하고자 하는 자가 법령이 정하는 시설과 설비를 갖추고 행정청에 신고를 하면, 행정청은 공중위생관리법령의 위 규정에 따라 원칙적으로 이를 수리하여야 한다. 행정청이 법령이 정한 요건 이외의 사유를 들어 수리를 거부하는 것은 위 법령의 목적에 비추어 이를 거부해야 할 중대한 공익상의 필요가 있다는 등 특별한 사정이 있는 경우에 한한다.

이러한 법리는 이미 다른 사람 명의로 숙박업 신고가 되어 있는 시설 등의 전부 또는 일부에서 새로 숙박업을 하고자 하는 자가 신고를 한 경우에도 마찬가지이다. 기존에 다른 사람이 숙박업 신고를 한 적이 있더라도 새로 숙박업을 하려는 자가 그 시설 등의 소유권 등 정당한 사용권한을 취득하여 법령에서 정한 요건을 갖추어 신고하였다면, 행정청으로서는 특별한 사정이 없는 한 이를 수리하여야 하고, 단지 해당 시설 등에 관한 기존의 숙박업 신고가 외관상 남아있다는 이유만으로 이를 거부할 수 없다.

위에서 보았듯이 시행규칙 제3조의2 제1항 제3호에 따라 신고된 영업장 면적의 3분의 1 이상이 증감된 경우가 아니라면 숙박업자에게는 변경신고를 할 의무조차 없다. 기존의 숙박업자가 임의로 영업장에 관한 변경신고를 하지 않는 이상 그 시설 등의 사용권한을 취득한 자로서는 그 외관을 제거할 마땅한 수단을 찾기도 어렵다. 이 점에서도 위와 같은 해석이 정당하다고 볼 수 있다.

2. 원심이 일부 인용한 제1심판결의 이유에 의하면 다음의 사실을 알 수 있다.

(1) 원고는 2014. 7. 15. 이 사건 콘도미니엄 건물(이하 '이 사건 숙박시설'이라 한다)의 객실 중 주식회사 현대스카이리조트가 소유하였던 4개의 객실(이하 '이 사건 객실'이라 한다)의 소유권을 취득한 다음, 2015. 4. 17. 피고에게 이 사건 객실만을 이용하여 숙박업 영업을 하겠다고 신고하였다(이하 '이 사건 신고'라 한다).

(2) 피고는 2015. 4. 27. 원고에게, ① 이 사건 객실은 이미 관광숙박업소로 신고되었으므로 이 사건 신고는 중복신고에 해당하고, ② 이 사건 객실은 시행규칙상 "독립된 장소이거나 공중위생영업 외에 용도로 사용되는 시설 및 설비와 분리되어야 한다."라는 규정을 충족하지 못한다는 등의 사유로 이 사건 신고의 수리를 거부하였다(이하 '이 사건 처분'이라 한다).

원심은 이러한 사실관계를 기초로, 동일한 시설 및 설비에 대하여 중복된 영업신고는 허용되지 않으며, 이처럼 해석하지 않으면 하나의 숙박업 시설 및 설비에 대해 복수의 숙박업 신고가 이루어지게 되어, 행정청으로서는 누가 해당 시설 및 설비에 대한 위생관리, 안전 확보 등의 책임을 부담하는지 알기 어렵게 되고 결국 공중위생관리법령상의 목적 달성에 상당한 지장을 초래한다고 판단하였다.

3. 위 사실관계를 앞에서 본 법리에 비추어 보면, 피고로서는 원고가 이 사건 숙박시설 중 소유권을 취득한 이 사건 객실, 접객대와 로비시설 등을 독립된 장소에 설치하거나 다른 용도의 시설 등과 분리되도록 갖추어 해당 시설의 영업주체를 분명히 인식할 수 있는 내용으로 신고하였다면 원칙적으로 이를 수리하여야 하고, 단지 기존에 관광숙박업소로 신고되어 있다는 사유를 들어 이를 거부할 수는 없다. 따라서 원심이 이 사건 객실에 관하여 중복된 영업신고라는 이유만으로 그 신고가

허용되지 않는다고 판단한 점에서는 숙박업 신고의 수리요건에 관한 법리를 오해한 잘못이 있다.

그러나 원고는 단지 이 사건 객실만을 이용하여 숙박업을 하겠다고 신고하였을 뿐 객실·접객대·로비시설 등을 다른 용도의 시설 등과 분리되도록 갖춤으로써 해당 시설의 영업주체를 분명히 인식할 수 있는 내용으로 신고하였다고 볼 아무런 자료가 없다. 이 점을 고려하면 원심이 '행정청으로서는 누가 해당 시설 등에 대한 위생관리 등의 책임을 부담하는지 알기 어렵게 되어 공중위생관리법령상의 목적 달성에 상당한 지장을 초래한다'고 판단한 부분은 이러한 취지가 포함된 것으로 이해할 수 있다.

결국 이 사건 처분이 적법하다고 판단한 원심의 결론은 수긍할 수 있다. 원심의 판단에 숙박업 영업신고의 법적 성질, 이 사건 처분의 위헌·위법성 등에 관한 법리를 오해한 잘못이 없다.

4. 원고의 상고는 이유 없어 이를 기각하고 상고비용은 패소자가 부담하도록 하여, 관여 대법관의 일치된 의견으로 주문과 같이 판결한다.

Ⅶ. 직권취소·철회

1 대법원 2016. 10. 27. 선고 2014두44946 판결【등록취소처분취소】[공2016, 1812]

【판시사항】

측량업자가 구 측량·수로조사 및 지적에 관한 법률 제44조 제2항에 따른 등록기준에 미달하게 된 경우, 행정청이 측량업 등록을 취소하여야 하는지 여부(원칙적 적극) 및 측량업자가 사후에 등록기준을 보완한 경우 달리 보아야 하는지 여부(소극)

【판결요지】

구 측량·수로조사 및 지적에 관한 법률(2014. 6. 3. 법률 제12738호로 공간정보의 구축 및 관리 등에 관한 법률로 개정되기 전의 것, 이하 '법'이라고 한다) 제44조 제2항은 "측량업을 하려는 자는 업종별로 대통령령으로 정하는 기술인력·장비 등의 등록기준을 갖추어 국토교통부장관 또는 시·도지사에게 등록하여야 한다."라고 규정하고, 구 측량·수로조사 및 지적에 관한 법률 시행령(2014. 1. 17. 대통령령 제25104호로 개정되기 전의 것, 이하 '법 시행령'이라고 한다) 제36조는 측량업의 등록기준을 기술능력 항목과 장비 항목으로 나누어 업종별로 정하고 있다.

그리고 법 제52조 제1항은 측량업자가 같은 항 제4호에 해당하는 경우에는 국토교통부장관 등이 측량업의 등록을 취소하여야 함을 규정하면서, 제4호에서 "제44조 제2항에 따른 등록기준에 미달하게 된 경우. 다만, 일시적으로 등록기준에 미달되는 등 대통령령으로 정하는 경우는 제외한다."라고 규정하고, 법 시행령 제44조는 "법 제52조 제1항 제4호 단서에서 '일시적으로 등록기준에 미달되는 등 대통령령으로 정하는 경우'란 별표 8에 따른 기술능력에 해당하는 사람의 사망·실종 또는 퇴직으로 인하여 등록기준에 미달되는 기간이 90일 이내인 경우를 말한다."라고 규정하고 있다.

법이 일정한 기술능력과 장비 등 등록기준을 갖춘 업체에 한하여 측량업 등록을 허용하는 취지는, 법이 정한 자격 요건을 갖추지 못한 자에게는 측량업을 하지 못하도록 하여 측량제도의 공공성과 업무의 정확성을 담보함으로써 토지 관련 법률관계의 법적 안정성과 국민의 권익을 보호하려는 데에 있고, 이러한 입법 취지를 고려하여 법 제52조 제1항 단서와 제4호는 등록된 측량업자에게 법 제44조 제2항에 따른 등록기준에 미달하게 되는 사정이 발생한 경우에는 원칙적으로 이를 필요적 등록취소사유로 규정하고, 다만 법 시행령 제44조에서 기술인력의 사망·실종 또는 퇴직으로 인한 등록기준의 미달기간이 90일을 초과하지 아니하는 경우 등과 같이 일시적으로 등록기준에 미달되는 사정이 발생한 경우는 이를 등록취소사유에서 제외함으로써 측량업자의 이익 보호와 조화를 꾀하고 있다.

위 각 규정의 내용 및 취지에 비추어 보면, 측량업자가 법 제44조 제2항에 따른 등록기준에 미달하게 된 경우, 그것이 '기술인력의 사망·실종 또는 퇴직으로 인하여 등록기준의 미달기간이 90일을 초과하지 아니하는 경우' 등과 같이 일시적으로 등록기준에 미달되는 사정이 발생한 경우가 아니라면 행정청은 이를 사유로 측량업 등록을 취소하여야 하고, 측량업자가 사후에 등록기준을 보완하였더라도 이를 달리 볼 것은 아니다.

【참조조문】

구 측량·수로조사 및 지적에 관한 법률(2014. 6. 3. 법률 제12738호 공간정보의 구축 및 관리 등에 관한 법률로 개정되기 전의 것) 제44조 제2항, 제52조 제1항 제4호, 구 측량·수로조사 및 지적에 관한 법률 시행령(2014. 1. 17. 대통령령 제25104호 공간정보의 구축 및 관리 등에 관한 법률 시행령으로 개정되기 전의 것) 제36조, 제44조

【전 문】

【원고, 피상고인】 주식회사 지오매틱코리아 (소송대리인 법무법인 공존 담당변호

사 전종민 외 1인)

【피고, 상고인】 국토지리정보원장 (소송대리인 정부법무공단 담당변호사 김경미 외 1인)

【원심판결】 서울고법 2014. 10. 22. 선고 2013누52232 판결

【주 문】

원심판결을 파기하고, 사건을 서울고등법원에 환송한다.

【이 유】

상고이유를 판단한다.

1. 구 측량·수로조사 및 지적에 관한 법률(2014. 6. 3. 법률 제12738호로 공간정보의 구축 및 관리 등에 관한 법률로 개정되기 전의 것, 이하 '법'이라고 한다) 제44조 제2항은 "측량업을 하려는 자는 업종별로 대통령령으로 정하는 기술인력·장비 등의 등록기준을 갖추어 국토교통부장관 또는 시·도지사에게 등록하여야 한다."라고 규정하고, 구 측량·수로조사 및 지적에 관한 법률 시행령(2014. 1. 17. 대통령령 제25104호로 개정되기 전의 것, 이하 '법 시행령'이라고 한다) 제36조는 측량업의 등록기준을 기술능력 항목과 장비 항목으로 나누어 업종별로 정하고 있다.

그리고 법 제52조 제1항은 측량업자가 같은 항 제4호에 해당하는 경우에는 국토교통부장관 등이 측량업의 등록을 취소하여야 함을 규정하면서, 제4호에서 "제44조 제2항에 따른 등록기준에 미달하게 된 경우. 다만, 일시적으로 등록기준에 미달되는 등 대통령령으로 정하는 경우는 제외한다."라고 규정하고, 법 시행령 제44조는 "법 제52조 제1항 제4호 단서에서 '일시적으로 등록기준에 미달되는 등 대통령령으로 정하는 경우'란 별표 8에 따른 기술능력에 해당하는 사람의 사망·실종 또는 퇴직으로 인하여 등록기준에 미달되는 기간이 90일 이내인 경우를 말한다."라고 규정하고 있다.

법이 일정한 기술능력과 장비 등 등록기준을 갖춘 업체에 한하여 측량업 등록을 허용하는 취지는, 법이 정한 자격 요건을 갖추지 못한 자에게는 측량업을 하지 못하도록 하여 측량제도의 공공성과 그 업무의 정확성을 담보함으로써 토지 관련 법률관계의 법적 안정성과 국민의 권익을 보호하려는 데에 있고, 이러한 입법 취지를 고려하여 법 제52조 제1항 단서와 제4호는 등록된 측량업자에게 법 제44조 제2항에 따른 등록기준에 미달하게 되는 사정이 발생한 경우에는 원칙적으로 이를 필요적 등록취소사유로 규정하고, 다만 법 시행령 제44조에서 기술인력의 사망·실종 또는

퇴직으로 인한 등록기준의 미달기간이 90일을 초과하지 아니하는 경우 등과 같이 일시적으로 등록기준에 미달되는 사정이 발생한 경우는 이를 등록취소사유에서 제외함으로써 측량업자의 이익 보호와 조화를 꾀하고 있다.

위 각 규정의 내용 및 취지에 비추어 보면, 측량업자가 법 제44조 제2항에 따른 등록기준에 미달하게 된 경우, 그것이 '기술인력의 사망·실종 또는 퇴직으로 인하여 등록기준의 미달기간이 90일을 초과하지 아니하는 경우' 등과 같이 일시적으로 등록기준에 미달되는 사정이 발생한 경우가 아니라면 행정청은 이를 사유로 측량업 등록을 취소하여야 하고, 측량업자가 사후에 그 등록기준을 보완하였다 하더라도 이를 달리 볼 것은 아니다.

2. 원심판결 이유에 의하면, 원심은 측지측량업 등을 영위하는 원고가 국가기술자격증 소지자 2인으로부터 그 자격증을 불법으로 대여받아 2011. 1. 11.과 2012. 1. 18. 피고에게 위 기술자들을 원고의 측지측량업 기술인력으로 각 신고하고 영업을 영위한 사실을 인정한 다음, 그 판시와 같은 사정들을 종합하면 법 제52조 제1항 제4호의 '제44조 제2항에 따른 등록기준에 미달하게 된 경우'란 처분 당시에 등록기준 미달 상태에 있는 경우를 의미한다고 봄이 옳고, 따라서 원고가 이 사건 처분 당시인 2013. 3. 28.에는 기술인력을 고용하여 미달된 등록기준을 보완하고 등록기준 미달상태에 있지 않았던 이상, 피고가 원고의 측지측량업 등록을 취소하는 이 사건 처분을 한 것은 위법하다는 취지로 판단하였다.

3. 그러나 원심판결 이유와 기록에 의하면, 원고는 기술인력이 퇴직하여 법 제44조 제2항에서 정한 등록기준 중 기술능력의 미달이 발생하자 이를 보완함이 없이 국가기술자격증 소지자 2인으로부터 순차로 자격증을 대여받아 위 사람들을 원고의 기술능력으로 각 신고하는 방법으로 기술능력 충족의 외관만을 갖춘 상태에서 90일을 초과하여 측지측량업을 영위하였음을 알 수 있다. 이러한 사실관계를 앞서 본 법리에 비추어 보면, 원고에게 발생한 위와 같은 등록기준 미달의 사유, 즉 '기술인력의 퇴직으로 인한 등록기준의 미달기간이 90일을 초과한 사정'은 법 제52조 제1항 단서 및 같은 항 제4호에서 정한 필요적 측량업 등록취소사유에 해당하므로, 피고가 원고의 측지측량업 등록을 취소한 이 사건 처분은 적법하다.

그럼에도 원심은 그 판시와 같은 이유만을 들어 이와 달리 판단하였으니, 이러한 원심의 판단에는 법 제52조 제1항 제4호의 '제44조 제2항에 따른 등록기준에 미달하게 된 경우'의 의미 등에 관한 법리를 오해하여 판결에 영향을 미친 잘못이 있다.

4. 그러므로 나머지 상고이유에 대한 판단을 생략한 채 원심판결을 파기하고, 사건을 다시 심리·판단하게 하기 위하여 원심법원에 환송하기로 하여, 관여 대법관의 일치된 의견으로 주문과 같이 판결한다.

[2] 대법원 2017. 3. 15. 선고 2014두41190 판결 【건축허가철회신청거부처분취소의소】 [공2017상,771]

【판시사항】

[1] 건축주가 토지 소유자로부터 토지사용승낙서를 받아 토지 위에 건축물을 건축하는 대물적(대물적) 성질의 건축허가를 받았다가 착공에 앞서 건축주의 귀책사유로 해당 토지를 사용할 권리를 상실한 경우, 토지 소유자가 건축허가의 철회를 신청할 수 있는지 여부(적극) 및 토지 소유자의 신청을 거부한 행위가 항고소송의 대상이 되는지 여부(적극)

[2] 행정처분 당시 하자가 없었고, 처분 후 이를 철회할 별도의 법적 근거가 없지만 처분을 존속시킬 필요가 없게 된 사정변경이 생겼거나 중대한 공익상 필요가 발생한 경우, 행정행위를 한 처분청이 그 효력을 상실케 하는 별개의 행정행위로 이를 철회할 수 있는지 여부(적극) / 수익적 행정행위를 취소 또는 철회하거나 중지시키는 것이 허용되는 경우

【판결요지】

[1] 건축허가는 대물적 성질을 갖는 것이어서 행정청으로서는 허가를 할 때에 건축주 또는 토지 소유자가 누구인지 등 인적 요소에 관하여는 형식적 심사만 한다. 건축주가 토지 소유자로부터 토지사용승낙서를 받아 그 토지 위에 건축물을 건축하는 대물적(대물적) 성질의 건축허가를 받았다가 착공에 앞서 건축주의 귀책사유로 해당 토지를 사용할 권리를 상실한 경우, 건축허가의 존재로 말미암아 토지에 대한 소유권 행사에 지장을 받을 수 있는 토지 소유자로서는 건축허가의 철회를 신청할 수 있다고 보아야 한다. 따라서 토지 소유자의 위와 같은 신청을 거부한 행위는 항고소송의 대상이 된다.

[2] 행정행위를 한 처분청은 비록 처분 당시에 별다른 하자가 없었고, 처분 후에 이를 철회할 별도의 법적 근거가 없더라도 원래의 처분을 존속시킬 필요가 없게 된 사정변경이 생겼거나 중대한 공익상 필요가 발생한 경우에는 그 효력을 상실케 하는 별개의 행정행위로 이를 철회할 수 있다. 다만 수익적 행정행위를 취소 또는 철회하거나 중지시키는 경우에는 이미 부여된 국민의 기득권을 침해하는 것이 되므로, 비록 취소 등의 사유가 있다고 하더라도 그 취소권 등의 행사는 기득권의 침해

를 정당화할 만한 중대한 공익상의 필요 또는 제3자의 이익을 보호할 필요가 있고, 이를 상대방이 받는 불이익과 비교·교량하여 볼 때 공익상의 필요 등이 상대방이 입을 불이익을 정당화할 만큼 강한 경우에 한하여 허용될 수 있다.

【참조조문】

[1] 건축법 제11조, 행정소송법 제2조 제1항 제1호 / [2] 행정소송법 제1조[행정처분 일반]

【참조판례】

[1] 대법원 2010. 5. 13. 선고 2010두2296 판결(공2010상, 1152) / [2] 대법원 2004. 7. 22. 선고 2003두7606 판결(공2004하, 1530), 대법원 2012. 3. 15. 선고 2011두27322 판결

【전 문】

【원고, 피상고인】 주식회사 중앙에너비스 (소송대리인 법무법인 광장 담당변호사 김선태 외 2인)

【피 고】 의정부시장

【피고보조참가인, 상고인】 주식회사 삼중이앤씨 (소송대리인 법무법인 리츠 담당 변호사 정덕영 외 4인)

【원심판결】 서울고법 2014. 8. 20. 선고 2014누47596 판결

【주 문】

상고를 기각한다. 상고비용은 피고 보조참가인이 부담한다.

【이 유】

상고이유를 판단한다.

1. 건축허가는 대물적 성질을 갖는 것이어서 행정청으로서는 그 허가를 할 때에 건축주 또는 토지 소유자가 누구인지 등 인적 요소에 관하여는 형식적 심사만 한다(대법원 2010. 5. 13. 선고 2010두2296 판결 참조). 건축주가 토지 소유자로부터 토지사용승낙서를 받아 그 토지 위에 건축물을 건축하는 대물적(대물적) 성질의 건축허가를 받았다가 그 착공에 앞서 건축주의 귀책사유로 해당 토지를 사용할 권리를 상실한 경우, 건축허가의 존재로 말미암아 토지에 대한 소유권 행사에 지장을 받을 수 있는 토지 소유자로서는 그 건축허가의 철회를 신청할 수 있다고 보아야 한다. 따라서 토지 소유자의 위와 같은 신청을 거부한 행위는 항고소송의 대상이

된다.

한편 행정행위를 한 처분청은 비록 그 처분 당시에 별다른 하자가 없었고, 처분 후에 이를 철회할 별도의 법적 근거가 없더라도 원래의 처분을 존속시킬 필요가 없게 된 사정변경이 생겼거나 중대한 공익상 필요가 발생한 경우에는 그 효력을 상실케 하는 별개의 행정행위로 이를 철회할 수 있다(대법원 2004. 7. 22. 선고 2003두7606 판결 등 참조). 다만 수익적 행정행위를 취소 또는 철회하거나 중지시키는 경우에는 이미 부여된 국민의 기득권을 침해하는 것이 되므로, 비록 취소 등의 사유가 있다고 하더라도 그 취소권 등의 행사는 기득권의 침해를 정당화할 만한 중대한 공익상의 필요 또는 제3자의 이익을 보호할 필요가 있고, 이를 상대방이 받는 불이익과 비교·교량하여 볼 때 공익상의 필요 등이 상대방이 입을 불이익을 정당화할 만큼 강한 경우에 한하여 허용될 수 있다(대법원 2012. 3. 15. 선고 2011두27322 판결 등 참조).

2. 기록에 의하면 다음의 사실을 알 수 있다.

가. 원고는 2012. 3. 30. 피고 보조참가인에게 원고 소유의 이 사건 토지와 그 지상 건물을 매도하였다(이하 '이 사건 매매계약'이라 한다).

나. 피고 보조참가인은 2012. 7. 24.경 피고에게 원고의 토지사용승낙서를 첨부하여 이 사건 토지 등 지상에 공동주택을 신축하는 건축허가를 신청하였다가, 건축주로 주식회사 무궁화신탁(이하 '무궁화신탁'이라 한다)이 추가되자 원고로부터 사용자를 '피고 보조참가인, 무궁화신탁'으로 변경한 이 사건 사용승낙서를 작성받아 이를 제출하여 2012. 10. 15. 피고로부터 이 사건 건축허가를 받았다.

다. 이 사건 사용승낙서의 하단에는 '이 사건 사용승낙서는 이 사건 매매계약에 근거한 것이므로 위 매매계약의 파기로 무효가 되고, 사용자(피고 보조참가인, 무궁화신탁)는 어떠한 사유라도 이와 관련한 권리를 주장하지 못한다.'고 명시하였다.

라. 피고 보조참가인은 잔금 지급기일을 4차례 연장하였다가, 2012. 12. 31. 다시 잔금 지급기일을 2013. 1. 31.로 연장하면서, 2013. 1. 31.까지 잔금을 모두 지급하지 못하면 원고는 별도의 최고 절차 없이 이 사건 매매계약을 해제할 수 있고 이 경우 이 사건 사용승낙서는 그 즉시 효력을 잃고 피고 보조참가인은 이 사건 건축허가를 포기·철회하기로 약정하였다.

마. 그러나 피고 보조참가인은 2013. 1. 31.까지도 잔금을 지급하지 않았고, 원고는 이 사건 매매계약을 해제하였다. 원고는 2013. 7. 24. 피고에게 '이 사건 사용

승낙서의 실효로 이에 기초한 이 사건 건축허가 역시 더 이상 존속시킬 필요가 없는 사정변경이 생겼다.'는 등의 사유로 이 사건 건축허가의 철회를 구하는 신청을 하였다.

바. 피고는 2013. 7. 25. '건축허가는 건축주 본인의 신청 또는 건축법 제11조 제7항 규정에 해당할 경우 취소가 가능하나, 이해당사자 간의 협의 또는 소송 등에 의한 결정이 우선 필요하다.'라는 이유로 위 신청을 거부하는 이 사건 거부처분을 하였다.

3. 원심은 다음과 같은 사정을 들어 이 사건 건축허가의 철회로 침해될 피고 보조참가인과 무궁화신탁의 보호가치 있는 이익이 없으므로 이를 철회함이 상당하다는 이유로 이 사건 거부처분이 위법하다고 판단하였다.

가. 원고는 이 사건 건축허가가 존속함으로 인해 이 사건 토지에 관하여 사실상 사용·수익·처분 권능을 행사하지 못하고 있다.

나. 피고 보조참가인과 무궁화신탁은 이 사건 매매계약이 해제되어 이 사건 토지의 소유권 또는 사용권을 취득하지 못하게 되었고, 현재까지도 이 사건 건축허가에 따른 공사에 착수하지 못하고 있다.

다. 피고 보조참가인은 이 사건 매매계약의 잔금 지급기일을 5차례나 연장하였음에도 이를 지급하지 못하였고, 최종 잔금 지급기일을 연장하면서 이 사건 매매계약이 해제될 경우 이 사건 건축허가를 포기·철회하기로 합의하였다.

4. 앞에서 본 법리에 비추어 보면, 토지 소유자인 원고가 피고 보조참가인과 무궁화신탁에 이 사건 토지를 사용할 권리가 없음을 이유로 이 사건 건축허가의 철회를 신청한 것을 피고가 거부한 행위는 항고소송의 대상이 된다. 나아가 피고가 원고의 신청에 따라 이 사건 건축허가를 철회함으로써 원고의 이익을 보호할 필요가 인정되고, 이를 피고 보조참가인과 무궁화신탁이 받는 불이익과 비교·교량하여 볼 때 원고의 이익을 보호할 필요가 피고 보조참가인과 무궁화신탁의 불이익을 정당화할 만큼 강하다.

따라서 원심의 판단은 정당하고 상고이유 주장과 같이 수익적 행정행위의 철회에 관한 법리를 오해하여 이 사건 건축허가의 철회로 인한 이익과 불이익의 비교·교량에 관한 심리를 다하지 않은 잘못이 없다.

5. 피고 보조참가인의 상고를 기각하고 상고비용은 패소자가 부담하도록 하여,

관여 대법관의 일치된 의견으로 주문과 같이 판결한다.

Ⅷ. 행정행위의 하자

1 대법원 2017. 11. 14. 선고 2014두47099 판결 【전부금】 [공2017하,2357]

【판시사항】

[1] 채무자인 위탁자가 기존 채무의 이행을 담보하기 위하여 수탁자에게 재산을 신탁하면서 채권자를 수익자로 지정한 경우, 신탁재산의 이전과 구별되는 위탁자의 수익자에 대한 별도의 재화 공급이 존재하는지 여부(소극)

[2] 신고납세방식 조세에서 과세표준 등의 신고행위나 이에 기초한 과세처분이 객관적으로 타당한 법적 근거와 합리성이 없는 경우 하자가 중대하고 명백하여 무효인지 여부(적극)

【판결요지】

[1] 신탁법상의 신탁은 위탁자가 수탁자에게 특정한 재산권을 이전하거나 기타의 처분을 하여 수탁자로 하여금 신탁 목적을 위하여 그 재산권을 관리·처분하게 하는 것이므로, 수탁자가 위탁자로부터 재산권을 이전받고 이를 전제로 신탁재산을 관리·처분하면서 재화를 공급하게 된다. 따라서 채무자인 위탁자가 기존 채무의 이행을 담보하기 위하여 수탁자에게 재산을 신탁하면서 채권자를 수익자로 지정하였더라도, 그러한 수익권은 신탁계약에 의하여 원시적으로 채권자에게 귀속되는 것이어서 위 지정으로 인하여 당초 수탁자에 대한 신탁재산의 이전과 구별되는 위탁자의 수익자에 대한 별도의 재화 공급이 존재한다고 볼 수 없다.

[2] 신고납세방식 조세에서 신고내용에 의하더라도 과세대상이 되는 법률관계나 사실관계가 전혀 없어서 납세의무 자체가 성립하지 아니하는 경우와 같이 과세표준 등의 신고행위나 이에 기초한 과세처분이 객관적으로 타당한 법적 근거와 합리성이 없는 때에는 그 하자는 중대할 뿐 아니라 명백하여 무효이다.

【참조조문】

[1] 구 부가가치세법(2013. 6. 7. 법률 제11873호로 전부 개정되기 전의 것) 제6조 제1항(현행 제9조 제1항 참조), 신탁법 제2조 / [2] 행정소송법 제1조[행정처분일반], 제19조

【참조판례】

[1] 대법원 2017. 5. 18. 선고 2012두22485 전원합의체 판결(공2017상, 1321), 대

법원 2017. 6. 15. 선고 2014두6111 판결(공2017하, 1489)

【전 문】

【원고, 피상고인】 현대산업개발 주식회사 (소송대리인 법무법인(유한) 화우 담당 변호사 오태환 외 2인)

【피고, 상고인】 대한민국

【원심판결】 서울고법 2014. 11. 18. 선고 2014누56293 판결

【주 문】

상고를 기각한다. 상고비용은 피고가 부담한다.

【이 유】

상고이유(상고이유서 제출기간이 지난 후에 제출된 각 상고이유보충서 기재는 상고이유를 보충하는 범위 내에서)를 판단한다.

1. 주위적 상고이유에 대하여

가. 구 부가가치세법(2013. 6. 7. 법률 제11873호로 전부 개정되기 전의 것, 이하 같다) 제6조 제1항은 "재화의 공급은 계약상 또는 법률상의 모든 원인에 의하여 재화를 인도 또는 양도하는 것으로 한다."라고 규정하고 있다.

신탁법상의 신탁은 위탁자가 수탁자에게 특정한 재산권을 이전하거나 기타의 처분을 하여 수탁자로 하여금 신탁 목적을 위하여 그 재산권을 관리·처분하게 하는 것이므로, 수탁자가 위탁자로부터 재산권을 이전받고 이를 전제로 신탁재산을 관리·처분하면서 재화를 공급하게 된다. 따라서 채무자인 위탁자가 기존 채무의 이행을 담보하기 위하여 수탁자에게 재산을 신탁하면서 채권자를 수익자로 지정하였더라도, 그러한 수익권은 신탁계약에 의하여 원시적으로 채권자에게 귀속되는 것이어서 위 지정으로 인하여 당초 수탁자에 대한 신탁재산의 이전과 구별되는 위탁자의 수익자에 대한 별도의 재화의 공급이 존재한다고 볼 수 없다(대법원 2017. 6. 15. 선고 2014두6111 판결 참조).

한편 신고납세방식 조세에서 신고내용에 의하더라도 과세대상이 되는 법률관계나 사실관계가 전혀 없어서 납세의무 자체가 성립하지 아니하는 경우와 같이 과세표준 등의 신고행위나 이에 기초한 과세처분이 객관적으로 타당한 법적 근거와 합리성이 없는 때에는 그 하자는 중대할 뿐 아니라 명백하여 무효이다.

나. 원심판결 이유 및 원심이 적법하게 채택한 증거들에 의하면 다음과 같은 사

실을 알 수 있다.

(1) 원고는, 주식회사 참원에셋(이하 '소외 회사'라고 한다)으로부터 이 사건 아파트의 공사를 도급받은 것과 관련하여, 2010. 3. 30. 소외 회사에 이 사건 도급계약에 따른 공사대금 중 일부인 108,618,508,847원에 대한 세금계산서를 작성·교부하고, 그에 따른 부가가치세 10,861,850,886원을 납부하였다.

(2) 원고는 2010. 4. 26. 소외 회사의 피고에 대한 부가가치세 10,861,850,886원의 환급금반환청구권을 압류 및 전부하는 이 사건 전부명령을 받았고, 위 명령은 2010. 4. 28. 제3채무자인 피고에게 송달되어 그 무렵 확정되었다.

(3) 소외 회사는 2010. 6. 11. 원고의 소외 회사에 대한 채권의 보전 등을 목적으로 원고를 우선수익자, 한국자산신탁 주식회사를 수탁자로 하여, 이 사건 아파트 중 당시까지 미분양된 아파트 등 661세대를 신탁하기로 하는 내용의 이 사건 신탁계약을 체결하고, 2010. 6. 16. 위 수탁자 앞으로 신탁등기를 마쳐주었다.

(4) 소외 회사는 당초 2010년 제1기 부가가치세 확정 신고 시 매입세액이 매출세액을 초과함을 이유로 이 사건 환급세액을 신고하였으나, 2010. 8. 11. 삼성세무서장에게 이 사건 신탁계약으로 인하여 소외 회사가 우선수익자인 원고에게 이 사건 신탁부동산을 공급하였다면서, 이 사건 신탁부동산 중 건물분을 과세표준으로 한 부가가치세를 추가로 납부하는 것으로 2010년 제1기 확정분 부가가치세 수정신고를 하였으나(이하 '이 사건 수정신고'라고 한다), 그에 따른 세액은 납부하지 않았다.

(5) 삼성세무서장은 소외 회사가 발행한 수정신고분 매출세금계산서가 정당한 것으로 보아 이를 이 사건 환급세액에서 공제하고, 수정신고 내용 중 과세표준 및 신고불성실 가산세 적용이 잘못된 부분을 재계산하여, 2010. 11. 1. 소외 회사에 이 사건 수정신고에 따른 부가가치세(가산세 포함) 5,173,101,830원을 납부할 것을 경정·고지하는 이 사건 처분을 하였다.

다. 이러한 사실관계를 앞서 본 법리와 기록에 비추어 살펴보면, 위탁자인 소외 회사가 원고의 소외 회사에 대한 채권의 보전 등을 위하여 이 사건 신탁계약을 체결하면서 원고를 우선수익자로 지정하더라도, 이러한 우선수익권은 신탁계약에 의하여 원시적으로 원고에게 귀속될 뿐이다. 따라서 그와 같은 신탁설정에 따른 거래가 있었다는 사정만으로는 위탁자인 소외회사와 우선수익자인 원고 사이에 부가가치세 과세원인이 되는 재화의 공급 자체를 상정할 수 없다. 그렇다면 이 사건 수정신고 및 처분은 신고내용에 의하더라도 과세대상이 되는 법률관계나 사실관계가 전혀 없어서 납세의무 자체가 성립하지 아니하는 경우에 대한 것으로서 객관적으로 타당한 법적 근거와 합리성이 없으므로 그 하자가 중대할 뿐 아니라 명백하여 무효라고 할 것이다.

원심의 이유 설시에 일부 부적절한 점이 없지 아니하나, 이 사건 수정신고 및 처분이 무효라고 본 결론은 정당하고, 거기에 상고이유 주장과 같이 구 부가가치세법 제6조 제1항에서 정한 '재화의 공급'이나 신고행위와 과세처분 등의 무효에 관한 법리를 오해하여 판결에 영향을 미친 잘못이 없다.

2. 예비적 상고이유에 대하여

이 부분 상고이유 주장은 상고심에서 처음으로 주장된 것으로서 적법한 상고이유가 되지 못한다.

3. 결 론

그러므로 상고를 기각하고 상고비용은 패소자가 부담하도록 하여, 관여 대법관의 일치된 의견으로 주문과 같이 판결한다.

Ⅸ. 의견제출절차

[1] 대법원 2016. 10. 27. 선고 2016두41811 판결【시정명령처분취소등】[공2016하,1824]

【판시사항】

[1] 개별 법령 등에서 행정조사를 규정하고 있는 경우, 행정기관이 행정조사기본법 제5조 단서에서 정한 '조사대상자의 자발적인 협조를 얻어 실시하는 행정조사'를 실시할 수 있는지 여부(적극)

[2] 행정청이 침해적 행정처분을 하면서 당사자에게 행정절차법에서 정한 사전통지를 하거나 의견제출의 기회를 주지 않은 경우, 처분의 적법 여부(원칙적 소극) / 사전통지나 의견제출 기회 제공의 예외 사유인 '의견청취가 현저히 곤란하거나 명백히 불필요하다고 인정될 만한 상당한 이유가 있는 경우'에 해당하는지 판단하는 기준 및 이때 처분상대방이 이미 행정청에 위반사실을 시인하였다거나 처분의 사전통지 이전에 의견을 진술할 기회가 있었다는 사정을 고려하여야 하는지 여부(소극)

【판결요지】

[1] 행정조사기본법 제5조에 의하면 행정기관은 법령 등에서 행정조사를 규정하고

있는 경우에 한하여 행정조사를 실시할 수 있으나(본문), 한편 '조사대상자의 자발적인 협조를 얻어 실시하는 행정조사'의 경우에는 그러한 제한이 없이 실시가 허용된다(단서). 행정조사기본법 제5조는 행정기관이 정책을 결정하거나 직무를 수행하는 데에 필요한 정보나 자료를 수집하기 위하여 행정조사를 실시할 수 있는 근거에 관하여 정한 것으로서, 이러한 규정의 취지와 아울러 문언에 비추어 보면, 단서에서 정한 '조사대상자의 자발적인 협조를 얻어 실시하는 행정조사'는 개별 법령 등에서 행정조사를 규정하고 있는 경우에도 실시할 수 있다.

[2] 행정절차법 제21조 제1항, 제3항, 제4항, 제22조에 의하면, 행정청이 당사자에게 의무를 부과하거나 권익을 제한하는 처분을 하는 경우에는 미리 '처분의 제목', '처분하려는 원인이 되는 사실과 처분의 내용 및 법적 근거', '이에 대하여 의견을 제출할 수 있다는 뜻과 의견을 제출하지 아니하는 경우의 처리방법', '의견제출기관의 명칭과 주소', '의견제출기한' 등의 사항을 당사자 등에게 통지하여야 하고, 의견제출기한은 의견제출에 필요한 상당한 기간을 고려하여 정하여야 하며, 다른 법령 등에서 필수적으로 청문을 하거나 공청회를 개최하도록 규정하고 있지 아니한 경우에도 당사자 등에게 의견제출의 기회를 주어야 하며, 다만 '해당 처분의 성질상 의견청취가 현저히 곤란하거나 명백히 불필요하다고 인정될 만한 상당한 이유가 있는 경우' 등에 한하여 처분의 사전통지나 의견청취를 하지 아니할 수 있다. 따라서 행정청이 침해적 행정처분을 하면서 당사자에게 사전통지를 하거나 의견제출의 기회를 주지 아니하였다면, 사전통지나 의견제출의 예외적인 경우에 해당하지 아니하는 한, 처분은 위법하여 취소를 면할 수 없다.

그리고 여기에서 '의견청취가 현저히 곤란하거나 명백히 불필요하다고 인정될 만한 상당한 이유가 있는 경우'에 해당하는지는 해당 행정처분의 성질에 비추어 판단하여야 하며, 처분상대방이 이미 행정청에 위반사실을 시인하였다거나 처분의 사전통지 이전에 의견을 진술할 기회가 있었다는 사정을 고려하여 판단할 것은 아니다.

【참조조문】

[1] 행정조사기본법 제5조 / [2] 행정절차법 제21조 제1항, 제3항, 제4항, 제22조

【참조판례】

[2] 대법원 2000. 11. 14. 선고 99두5870 판결(공2001상, 56), 대법원 2001. 4. 13. 선고 2000두3337 판결, 대법원 2013. 1. 16. 선고 2011두30687 판결(공2013상, 350)

【전 문】

【원고, 상고인】 피고 (소송대리인 법무법인 서울다솔 담당변호사 민병일 외 2인)

【피고, 피상고인】 경기도 가평군수 (소송대리인 법무법인(유한) 로월드 담당변호사 김명진 외 1인)

【원심판결】 서울고법 2016. 5. 11. 선고 2015누49728 판결

【주 문】

원심판결을 파기하고, 사건을 서울고등법원에 환송한다.

【이 유】

상고이유를 판단한다.

1. 처분의 상대방에 관한 법리오해의 주장에 대하여

원심은, 원고가 이 사건 각 건물의 소유자인 주식회사 송도의 대표이사로서 실질적으로 이 사건 각 건물을 관리하여 왔다는 등의 판시 사정들을 종합하여, 원고가 이 사건 각 건물의 관리자로서 이 사건 각 건물의 위법상태를 직접 초래하거나 또는 그에 관여하였으므로, 이 사건 건축법 위반행위에 대한 시정명령의 상대방이 될 수 있다고 판단하였다.

원심판결 이유를 원심 판시 법령 및 법리에 비추어 살펴보면, 이러한 원심의 판단에 상고이유 주장과 같이 건축법 제79조 제1항에 따른 처분의 상대방에 관한 법리를 오해하는 등의 위법이 없다.

2. 행정조사기본법의 제17조 제1항 단서 제3호의 적용요건 및 자발적 협조에 관한 법리오해의 주장에 대하여

가. 법원은 변론 전체의 취지와 증거조사의 결과를 참작하여 자유로운 심증으로 사회정의와 형평의 이념에 입각하여 논리와 경험의 법칙에 따라 사실 주장이 진실한지 아닌지를 판단하며, 사실심 법원이 적법하게 확정한 사실은 상고법원을 기속한다(행정소송법 제8조 제2항, 민사소송법 제202조, 제432조).

나. 원심은 (1) 행정조사기본법 제17조 제1항에 의하면, 행정조사를 실시하고자 하는 행정기관의 장은 제9조에 따른 출석요구서, 제10조에 따른 보고요구서·자료제출요구서 및 제11조에 따른 현장출입조사서를 조사개시 7일 전까지 조사대상자에게 서면으로 통지하여야 하나, 같은 항 단서 제3호에서 정한 예외 사유로서 '제5조 단서에 따라 조사대상자의 자발적인 협조를 얻어 실시하는 행정조사의 경우'에는 행정조사의 목적 등을 조사대상자에게 행정조사의 개시와 동시에 구두로 통지할 수 있다고 인정한 다음, (2) 피고 소속 공무원 소외인 등은 현장조사에 앞서 원고에게

조사의 목적 등을 알리면서 조사일정을 조율하였는데, 소외인 등의 현장조사는 원고의 자발적인 협조를 얻어 실시한 경우라고 인정하여, 위 현장조사에 행정조사기본법을 위반한 위법이 없다고 판단하였다.

다. 먼저 위 현장조사가 원고의 자발적인 협조를 얻어 실시한 경우에 해당한다는 원심의 판단을 다투는 상고이유 주장 부분은 실질적으로 사실심 법원의 자유심증에 속하는 증거의 취사선택과 증거가치의 판단 및 이에 기초한 사실인정을 탓하는 것에 불과하므로 받아들일 수 없으며, 이 부분 원심의 판단에 상고이유 주장과 같이 자발적 협조에 관한 법리를 오해하는 등의 위법이 없다.

라. 그리고 행정조사기본법 제5조에 의하면 행정기관은 법령 등에서 행정조사를 규정하고 있는 경우에 한하여 행정조사를 실시할 수 있으나(본문), 한편 '조사대상자의 자발적인 협조를 얻어 실시하는 행정조사'의 경우에는 그러한 제한이 없이 그 실시가 허용된다(단서). 행정조사기본법 제5조는 행정기관이 정책을 결정하거나 직무를 수행하는 데에 필요한 정보나 자료를 수집하기 위하여 행정조사를 실시할 수 있는 근거에 관하여 정한 것으로서, 이러한 위 규정의 취지와 아울러 그 문언에 비추어 보면, 그 단서에서 정한 '조사대상자의 자발적인 협조를 얻어 실시하는 행정조사'는 개별 법령 등에서 행정조사를 규정하고 있는 경우에도 실시할 수 있다고 해석함이 타당하다.

건축법이 제27조 및 제87조 등에서 현장조사 등에 관하여 규정하고 있지만, 이러한 건축법을 위반한 행위에 대하여 소외인 등이 한 위 현장조사가 '행정조사기본법 제5조 단서에 따라 조사대상자의 자발적인 협조를 얻어 실시하는 행정조사의 경우'에 해당한다고 보아 행정조사기본법 제17조 제1항 단서 제3호에서 정한 조사의 사전통지 등에 대한 예외 사유가 적용될 수 있다는 취지로 인정한 원심의 판단은 이러한 법리에 기초한 것으로 보이고, 거기에 상고이유 주장과 같이 행정조사기본법 제17조 제1항 단서 제3호의 적용요건에 관한 법리를 오해한 위법이 있다고 할 수 없다.

3. 행정절차법 제26조 위반의 하자에 관한 법리오해의 주장에 대하여

원심은, (1) 피고가 이 사건 처분을 하면서 원고에게 행정절차법 제26조에 정한 바에 따라 행정심판 및 행정소송을 제기할 수 있는지 여부, 청구절차 및 청구기간을 알렸다고 인정할 증거는 없으나, (2) 원고가 제소기간 내에 이 사건 소를 제기하여 이 사건 처분의 적법 여부를 다투고 있는 이상 그 사정만으로는 이 사건 처분을 취소해야 할 정도의 절차상 하자가 있다고 보기 어렵다고 판단하였다.

원심판결 이유를 기록에 비추어 살펴보면, 이러한 원심의 판단에 상고이유 주장과 같이 구 행정절차법(2014. 12. 30. 법률 제12923호로 개정되기 전의 것, 이하 '행정절차법'이라 한다) 제26조에서 정한 고지의무 위반에 관한 법리를 오해한 위법이 없다.

4. 행정절차법에 의한 처분의 사전통지 및 의견청취절차에 관한 법리오해의 주장에 대하여

가. 행정절차법 제21조 제1항, 제3항, 제4항, 제22조에 의하면, 행정청이 당사자에게 의무를 부과하거나 권익을 제한하는 처분을 하는 경우에는 미리 '처분의 제목', '처분하려는 원인이 되는 사실과 처분의 내용 및 법적 근거', '이에 대하여 의견을 제출할 수 있다는 뜻과 의견을 제출하지 아니하는 경우의 처리방법', '의견제출기관의 명칭과 주소', '의견제출기한' 등의 사항을 당사자 등에게 통지하여야 하고, 의견제출기한은 의견제출에 필요한 상당한 기간을 고려하여 정하여야 하며, 다른 법령 등에서 필수적으로 청문을 하거나 공청회를 개최하도록 규정하고 있지 아니한 경우에도 당사자 등에게 의견제출의 기회를 주어야 하며, 다만 '해당 처분의 성질상 의견청취가 현저히 곤란하거나 명백히 불필요하다고 인정될 만한 상당한 이유가 있는 경우' 등에 한하여 처분의 사전통지나 의견청취를 하지 아니할 수 있다. 따라서 행정청이 침해적 행정처분을 하면서 당사자에게 위와 같은 사전통지를 하거나 의견제출의 기회를 주지 아니하였다면, 그 사전통지나 의견제출의 예외적인 경우에 해당하지 아니하는 한, 그 처분은 위법하여 취소를 면할 수 없다(대법원 2013. 1. 16. 선고 2011두30687 판결 등 참조).

그리고 여기에서 '의견청취가 현저히 곤란하거나 명백히 불필요하다고 인정될 만한 상당한 이유가 있는 경우'에 해당하는지는 해당 행정처분의 성질에 비추어 판단하여야 하며(대법원 2001. 4. 13. 선고 2000두3337 판결 참조), 처분상대방이 이미 행정청에게 위반사실을 시인하였다거나 처분의 사전통지 이전에 의견을 진술할 기회가 있었다는 사정을 고려하여 판단할 것은 아니다(대법원 2000. 11. 14. 선고 99두5870 판결, 위 대법원 2011두30687 판결 참조).

나. 원심판결 이유와 적법하게 채택된 증거들에 의하면, 아래와 같은 사실들을 알 수 있다.

(1) 가평소방서장은 관내 특정소방대상물에 대한 특별조사 결과 이 사건 각 건물이 무단 용도변경된 사실을 확인하고, 2014. 4. 25. 피고에게 이를 통보하였다.

(2) 피고 소속 공무원 소외인은 전화로 원고에게 이 사건 각 건물에 대한 현장조사가 필요하다는 사실을 알리고 현장조사 일시를 약속한 다음, 2014. 5. 14. 오후 원고가 참석한 가운데 이 사건 각 건물에 대한 현장조사를 실시하였다.

(3) 현장조사 과정에서 소외인은 무단증축면적과 무단용도변경 사실을 확인하고 이를 확인서 양식에 기재한 후, 원고에게 위 각 행위는 건축법 제14조 또는 제19조를 위반한 것이어서 시정명령이 나갈 것이고 이를 이행하지 않으면 이행강제금이 부과될 것이라고 설명하고, 위반경위를 질문하여 답변을 들은 다음 원고로부터 확인서명을 받았는데, 위 양식에는 "상기 본인은 관계 법령에 의한 제반허가를 득하지 아니하고 아래와 같이 불법건축(증축, 용도변경)행위를 하였음을 확인합니다."라고 기재되어 있었다.

(4) 피고는 별도의 사전통지나 의견진술기회 부여 절차를 거치지 아니한 채, 현장조사 다음 날인 2014. 5. 15. 이 사건 처분을 하였다.

다. 이러한 사실관계를 위 법리에 비추어 살펴보면, 다음과 같이 판단된다.

(1) 피고 소속 공무원 소외인이 위 현장조사에 앞서 원고에게 전화로 통지한 것은 행정조사의 통지이지 이 사건 처분에 대한 사전통지로 볼 수 없다. 그리고 위 소외인이 현장조사 당시 위반경위에 관하여 원고에게 의견진술기회를 부여하였다 하더라도, 이 사건 처분이 현장조사 바로 다음 날 이루어진 사정에 비추어 보면, 의견제출에 필요한 상당한 기간을 고려하여 의견제출기한이 부여되었다고 보기도 어렵다.

(2) 그리고 현장조사에서 원고가 위반사실을 시인하였다거나 위반경위를 진술하였다는 사정만으로는 행정절차법 제21조 제4항 제3호가 정한 '의견청취가 현저히 곤란하거나 명백히 불필요하다고 인정될 만한 상당한 이유가 있는 경우'로서 처분의 사전통지를 하지 아니하여도 되는 경우에 해당한다고 볼 수도 없다.

(3) 따라서 행정청인 피고가 침해적 행정처분인 이 사건 처분을 하면서 원고에게 행정절차법에 따른 적법한 사전통지를 하거나 의견제출의 기회를 부여하였다고 볼 수 없다.

라. 그럼에도 원심은 이에 어긋나는 판시와 같은 이유를 들어, 피고가 이 사건 처분에 앞서 실질적으로 처분의 사전통지 및 의견제출기회 부여 절차를 거쳤거나, 설령 그렇지 않다 하더라도 의견청취가 명백하게 불필요하다고 인정할 만한 상당한

이유가 있는 경우에 해당한다고 잘못 인정하고, 그 전제에서 이 사건 처분에 사전통지 및 의견제출기회 부여 절차에 관한 하자가 없다는 취지로 판단하였다.

따라서 이러한 원심의 판단에는 행정절차법에서 정한 처분의 사전통지 및 의견제출기회 부여 절차에 관한 법리를 오해하여 판결에 영향을 미친 위법이 있다. 이를 지적하는 취지의 상고이유 주장은 이유 있다.

5. 결 론

그러므로 원심판결을 파기하고, 사건을 다시 심리·판단하게 하기 위하여 원심법원에 환송하기로 하여 관여 대법관의 일치된 의견으로 주문과 같이 판결한다.

X. 절차하자

[1] 대법원 2016. 12. 27. 선고 2016두49228 판결 【배당소득세등부과처분취소】 [공2017상,257]

【판시사항】

과세관청이 과세예고 통지 후 과세전적부심사 청구나 그에 대한 결정이 있기 전에 과세처분을 한 경우, 절차상 하자가 중대·명백하여 과세처분이 무효인지 여부(원칙적 적극)

【판결요지】

사전구제절차로서 과세전적부심사 제도가 가지는 기능과 이를 통해 권리구제가 가능한 범위, 이러한 제도가 도입된 경위와 취지, 납세자의 절차적 권리 침해를 효율적으로 방지하기 위한 통제 방법과 더불어, 헌법 제12조 제1항에서 규정하고 있는 적법절차의 원칙은 형사소송절차에 국한되지 아니하고, 세무공무원이 과세권을 행사하는 경우에도 마찬가지로 준수하여야 하는 점 등을 고려하여 보면, 국세기본법 및 국세기본법 시행령이 과세전적부심사를 거치지 않고 곧바로 과세처분을 할 수 있거나 과세전적부심사에 대한 결정이 있기 전이라도 과세처분을 할 수 있는 예외사유로 정하고 있다는 등의 특별한 사정이 없는 한, 과세예고 통지 후 과세전적부심사 청구나 그에 대한 결정이 있기도 전에 과세처분을 하는 것은 원칙적으로 과세전적부심사 이후에 이루어져야 하는 과세처분을 그보다 앞서 함으로써 과세전적부심사 제도 자체를 형해화시킬 뿐만 아니라 과세전적부심사 결정과 과세처분 사이의 관계 및 불복절차를 불분명하게 할 우려가 있으므로, 그와 같은 과세처분은 납세자의 절차적 권리를 침해하는 것으로서 절차상 하자가 중대하고도 명백하여 무효이다.

【참조조문】

헌법 제12조 제1항, 국세기본법 제81조의15 제1항 제2호, 제3항, 제8항, 국세기본법 시행령 제63조의14 제4항

【참조판례】

대법원 2016. 4. 15. 선고 2015두52326 판결(공2016상, 657)

XI. 행정정보공개

1 대법원 2016. 11. 10. 선고 2016두44674 판결 【정보공개거부처분취소】 [공2016하,1935]

【판시사항】

정보공개 청구인에게 특정한 정보공개방법을 지정하여 청구할 수 있는 법령상 신청권이 있는지 여부(적극) / 공공기관이 공개청구의 대상이 된 정보를 청구인이 신청한 공개방법 이외의 방법으로 공개하기로 하는 결정을 한 경우, 정보공개방법에 관한 부분에 대하여 일부 거부처분을 한 것인지 여부(적극) 및 이에 대하여 항고소송으로 다툴 수 있는지 여부(적극)

【판결요지】

구 공공기관의 정보공개에 관한 법률(2013. 8. 6. 법률 제11991호로 개정되기 전의 것, 이하 '구 정보공개법'이라고 한다)은, 정보의 공개를 청구하는 이(이하 '청구인'이라고 한다)가 정보공개방법도 아울러 지정하여 정보공개를 청구할 수 있도록 하고 있고, 전자적 형태의 정보를 전자적으로 공개하여 줄 것을 요청한 경우에는 공공기관은 원칙적으로 요청에 응할 의무가 있고, 나아가 비전자적 형태의 정보에 관해서도 전자적 형태로 공개하여 줄 것을 요청하면 재량판단에 따라 전자적 형태로 변환하여 공개할 수 있도록 하고 있다. 이는 정보의 효율적 활용을 도모하고 청구인의 편의를 제고함으로써 구 정보공개법의 목적인 국민의 알 권리를 충실하게 보장하려는 것이므로, 청구인에게는 특정한 공개방법을 지정하여 정보공개를 청구할 수 있는 법령상 신청권이 있다.

따라서 공공기관이 공개청구의 대상이 된 정보를 공개는 하되, 청구인이 신청한 공개방법 이외의 방법으로 공개하기로 하는 결정을 하였다면, 이는 정보공개청구 중

정보공개방법에 관한 부분에 대하여 일부 거부처분을 한 것이고, 청구인은 그에 대하여 항고소송으로 다툴 수 있다.

【참조조문】

구 공공기관의 정보공개에 관한 법률(2013. 8. 6. 법률 제11991호로 개정되기 전의 것) 제10조 제1항 제2호, 제15조 제1항, 제2항, 구 공공기관의 정보공개에 관한 법률 시행령(2013. 11. 13. 대통령령 제24837호로 개정되기 전의 것) 제14조 제1항 제4호

【전 문】

【원고, 상고인】 원고

【피고, 피상고인】 남양주시장

【원심판결】 서울고법 2016. 5. 20. 선고 2015누72117 판결

【주 문】

원심판결을 파기하고, 사건을 서울고등법원에 환송한다.

【이 유】

상고이유를 판단한다.

1. 국민의 적극적 신청행위에 대하여 행정청이 그 신청에 따른 행위를 하지 않겠다고 거부한 행위가 항고소송의 대상이 되는 행정처분에 해당하려면, 그 신청한 행위가 공권력의 행사 또는 이에 준하는 행정작용이어야 하고, 그 거부행위가 신청인의 법률관계에 어떤 변동을 일으키는 것이어야 하며, 그 국민에게 그 행위발동을 요구할 법규상 또는 조리상의 신청권이 있어야 한다(대법원 1998. 7. 10. 선고 96누14036 판결, 대법원 2007. 10. 11. 선고 2007두1316 판결 등 참조). 그리고 거부행위의 처분성을 인정하는 전제요건이 되는 신청권의 존부는 관계 법규의 해석에 의하여 일반 국민에게 그러한 신청권이 인정되는지 여부를 살펴 추상적으로 결정되는 것이고, 구체적으로 특정인의 신청이 인용될 수 있는가 하는 점은 소송사건의 본안에서 판단하여야 할 사항이다(대법원 1996. 6. 11. 선고 95누12460 판결, 대법원 2009. 9. 10. 선고 2007두20638 판결 참조).

2. 구 공공기관의 정보공개에 관한 법률(2013. 8. 6. 법률 제11991호로 개정되기 전의 것, 이하 '정보공개법'이라고 한다) 제10조 제1항 제2호는 정보의 공개를 청구하는 이(이하 '청구인'이라고 한다)는 "공개를 청구하는 정보의 내용 및 공개방법"

등을 적은 정보공개 청구서를 제출하는 방법으로 청구할 수 있다고 규정하고, 정보공개법 시행령(2013. 11. 13. 대통령령 제24837호로 개정되기 전의 것, 이하 '시행령'이라고 한다) 제14조 제1항 제4호는 정보공개방법의 하나로, "전자적 형태로 보유·관리하는 정보"에 대하여 "파일을 복제하여 전자우편으로 송부"하는 방법을 규정하고 있다. 한편 정보공개법 제15조는 "공공기관은 전자적 형태로 보유·관리하는 정보에 대하여 청구인이 전자적 형태로 공개하여 줄 것을 요청하는 경우에는 당해 정보의 성질상 현저히 곤란한 경우를 제외하고는 청구인의 요청에 응하여야 한다."라고 하고(제1항), "전자적 형태로 보유·관리하지 아니하는 정보에 대하여 청구인이 전자적 형태로 공개하여 줄 것을 요청한 경우에는 정상적인 업무수행에 현저한 지장을 초래하거나 당해 정보의 성질이 훼손될 우려가 없는 한 그 정보를 전자적 형태로 변환하여 공개할 수 있다."라고 규정하고 있다(제2항).

위와 같이 정보공개법은, 청구인이 정보공개방법도 아울러 지정하여 정보공개를 청구할 수 있도록 하고 있고, 전자적 형태의 정보를 전자적으로 공개하여 줄 것을 요청한 경우에는 공공기관은 원칙적으로 그 요청에 응할 의무가 있고, 나아가 비전자적 형태의 정보에 관해서도 전자적 형태로 공개하여 줄 것을 요청하면 재량판단에 따라 전자적 형태로 변환하여 공개할 수 있도록 하고 있다. 이는 정보의 효율적 활용을 도모하고 청구인의 편의를 제고함으로써 정보공개법의 목적인 국민의 알 권리를 충실하게 보장하려는 것이므로, 청구인에게는 특정한 공개방법을 지정하여 정보공개를 청구할 수 있는 법령상 신청권이 있다고 보아야 한다.

따라서 공공기관이 공개청구의 대상이 된 정보를 공개는 하되, 청구인이 신청한 공개방법 이외의 방법으로 공개하기로 하는 결정을 하였다면, 이는 정보공개청구 중 정보공개방법에 관한 부분에 대하여 일부 거부처분을 한 것으로 보아야 하고, 청구인은 그에 대하여 항고소송으로 다툴 수 있다고 보아야 한다.

3. 원심판결 이유 및 원심이 일부 인용한 제1심판결 이유에 의하면, 원심은 원고가 남양주시 자동차관리과에서 근무하던 중 피고에게 지출결의서 및 증빙서류(신용카드 사본 등)와 기록물관리대장 등 그 판시의 정보(이하 '이 사건 정보'라고 한다)를 전자파일의 형태로 정보통신망을 통하여 송신하는 방법으로 공개할 것을 청구한 사실, 피고는 원고에게 남양주시 자동차관리과 사무실에 직접 방문하여 이 사건 정보를 수령하라는 내용의 이 사건 통보를 한 사실 등을 인정하였다.

원심은, 정보공개법에서 정하고 있는 정보공개청구권의 목적, 정보공개로 인하여 소모되는 공공기관의 인력과 비용 등을 고려하면 공공기관은 정보공개청구권자가 공개대상 정보에 수월하게 접근할 수 있는 방법으로 정보를 공개하면 족하고 항상 정보공개청구권자가 요구하는 방법에 따라 정보를 공개하여야 할 의무는 없다고 하고, 이 사건 통보는 원고가 이 사건 정보에 수월하게 접근할 수 있는 방법에 의한 것이므로 이를 정보공개청구에 대한 거부처분으로 볼 수 없고, 따라서 원고의 이 사건 소는 존재하지 아니하는 거부처분을 취소하여 달라는 것으로서 부적법하다고 판단하였다.

그러나 앞서 본 법리에 비추어 살펴보면, 이 사건 통보는 원고가 신청한 정보공개방법인 전자파일의 형태로 정보통신망을 통하여 송신하는 방법을 취하지 아니하고 직접 방문하여 수령하거나 열람하라는 것이므로, 이는 원고의 정보공개청구 중 일부를 거부한 것으로서 항고소송의 대상이 되는 행정처분에 해당한다고 보아야 한다.

따라서 원심으로서는 본안에 들어가, 원고가 공개청구한 정보 중 전자적 형태로 보유·관리하는 정보가 있는지, 그리고 그 정보를 전자적 형태로 제공하는 것이 정보의 성질상 현저히 곤란하거나 피고의 정상적인 업무수행에 현저히 지장을 초래할 우려가 있는지 등을 심리하여 원고 청구의 당부를 판단하였어야 한다.

그럼에도 원심은 이 사건 통보가 거부처분이 아니라고 보아 이 사건 소를 각하하였으니, 거기에는 항고소송의 대상이 되는 행정처분에 관한 법리를 오해하여 판결 결과에 영향을 미친 잘못이 있다.

4. 그러므로 원심판결을 파기하고, 사건을 다시 심리·판단하도록 원심법원으로 환송하기로 하여, 관여 대법관의 일치된 의견으로 주문과 같이 판결한다.

2 대법원 2017. 9. 7. 선고 2017두44558 판결 【불기소사건기록등열람등사불허가처분취소】 [공2017하,1918]

【판시사항】

[1] 불기소처분 기록이나 내사기록 중 피의자신문조서 등 조서에 기재된 피의자 등의 인적사항 이외의 진술내용이 개인의 사생활의 비밀 또는 자유를 침해할 우려가 인정되는 경우 공공기관의 정보공개에 관한 법률 제9조 제1항 제6호 본문에서 정한 비공개대상정보에 해당하는지 여부(적극)

[2] 공공기관의 정보공개에 관한 법률 제9조 제1항 제6호 단서 (다)목에서 정한 '공개하는 것이 개인의 권리구제를 위하여 필요하다고 인정되는 정보'에 해당하는지 판단하는 방법

[3] 공공기관의 정보공개에 관한 법률 제9조 제1항 제4호에서 '수사에 관한 사항으로서 공개될 경우 직무수행을 현저히 곤란하게 한다고 인정할 만한 상당한 이유가 있는 정보'를 비공개대상정보의 하나로 규정한 취지와 그에 해당하는 정보 및 수사기록 중 의견서 등이 위 비공개대상정보에 해당하기 위한 요건 / 이때 '공개될 경우 그 직무수행을 현저히 곤란하게 한다고 인정할 만한 상당한 이유가 있는 정보'의 의미 및 이에 해당하는지 판단하는 방법

[4] 정보공개 청구권자의 권리구제 가능성 등이 정보의 공개 여부 결정에 영향을 미치는지 여부(소극)

【판결요지】

[1] 공공기관의 정보공개에 관한 법률 제9조 제1항 제6호 본문은 "해당 정보에 포함되어 있는 성명·주민등록번호 등 개인에 관한 사항으로서 공개될 경우 사생활의 비밀 또는 자유를 침해할 우려가 있다고 인정되는 정보"를 비공개대상정보의 하나로 규정하고 있다. 여기에서 말하는 비공개대상정보에는 성명·주민등록번호 등 '개인식별정보'뿐만 아니라 그 외에 정보의 내용에 따라 '개인에 관한 사항의 공개로 인하여 개인의 내밀한 내용의 비밀 등이 알려지게 되고, 그 결과 인격적·정신적 내면생활에 지장을 초래하거나 자유로운 사생활을 영위할 수 없게 될 위험성이 있는 정보'도 포함된다. 따라서 불기소처분 기록이나 내사기록 중 피의자신문조서 등 조서에 기재된 피의자 등의 인적사항 이외의 진술내용 역시 개인의 사생활의 비밀 또는 자유를 침해할 우려가 인정되는 경우에는 위 비공개대상정보에 해당한다.

[2] 공공기관의 정보공개에 관한 법률 제9조 제1항 제6호 단서 (다)목은 '공공기관이 작성하거나 취득한 정보로서 공개하는 것이 공익이나 개인의 권리 구제를 위하여 필요하다고 인정되는 정보'를 비공개대상정보에서 제외하고 있다. 여기에서 '공개하는 것이 개인의 권리구제를 위하여 필요하다고 인정되는 정보'에 해당하는지는 비공개에 의하여 보호되는 개인의 사생활의 비밀 등의 이익과 공개에 의하여 보호되는 개인의 권리구제 등의 이익을 비교·교량하여 구체적 사안에 따라 신중히 판단하여야 한다.

[3] 공공기관의 정보공개에 관한 법률(이하 '정보공개법'이라고 한다) 제9조 제1항 제4호는 '수사에 관한 사항으로서 공개될 경우 그 직무수행을 현저히 곤란하게 한다고 인정할 만한 상당한 이유가 있는 정보'를 비공개대상정보의 하나로 규정하고 있다. 그 취지는 수사의 방법 및 절차 등이 공개되어 수사기관의 직무수행에 현저한 곤란을 초래할 위험을 막고자 하는 것으로서, 수사기록 중의 의견서, 보고문서, 메모, 법률검토, 내사자료 등(이하 '의견서 등'이라고 한다)이 이에 해당하나, 공개청구대상인 정보가 의견서 등에 해당한다고 하여 곧바로 정보공개법 제9조 제1항 제4호에 규정된 비공개대상정보라고 볼 것은 아니고, 의견서 등의 실질적인 내용을

구체적으로 살펴 수사의 방법 및 절차 등이 공개됨으로써 수사기관의 직무수행을 현저히 곤란하게 한다고 인정할 만한 상당한 이유가 있어야만 위 비공개대상정보에 해당한다. 여기에서 '공개될 경우 그 직무수행을 현저히 곤란하게 한다고 인정할 만한 상당한 이유가 있는 정보'란 당해 정보가 공개될 경우 수사 등에 관한 직무의 공정하고 효율적인 수행에 직접적이고 구체적으로 장애를 줄 고도의 개연성이 있고 그 정도가 현저한 경우를 의미하며, 여기에 해당하는지는 비공개에 의하여 보호되는 업무수행의 공정성 등의 이익과 공개에 의하여 보호되는 국민의 알권리의 보장과 수사절차의 투명성 확보 등의 이익을 비교·교량하여 구체적 사안에 따라 신중히 판단하여야 한다.

[4] 공공기관의 정보공개에 관한 법률은 국민의 알권리를 보장하고 국정에 대한 국민의 참여와 국정 운영의 투명성을 확보함을 목적으로 하고(제1조), 공공기관이 보유·관리하는 정보는 국민의 알권리 보장 등을 위하여 적극적으로 공개하여야 한다는 정보공개의 원칙을 선언하고 있으며(제3조), 모든 국민은 정보의 공개를 청구할 권리를 가진다고 하면서(제5조 제1항) 비공개대상정보에 해당하지 않는 한 공공기관이 보유·관리하는 정보는 공개 대상이 된다고 규정하고 있을 뿐(제9조 제1항) 정보공개 청구권자가 공개를 청구하는 정보와 어떤 관련성을 가질 것을 요구하거나 정보공개청구의 목적에 특별한 제한을 두고 있지 아니하므로 정보공개 청구권자의 권리구제 가능성 등은 정보의 공개 여부 결정에 아무런 영향을 미치지 못한다.

【참조조문】

[1] 공공기관의 정보공개에 관한 법률 제9조 제1항 제6호 / [2] 공공기관의 정보공개에 관한 법률 제9조 제1항 제6호 (다)목 / [3] 공공기관의 정보공개에 관한 법률 제9조 제1항 제4호 / [4] 공공기관의 정보공개에 관한 법률 제1조, 제3조, 제5조 제1항, 제9조 제1항

【참조판례】

[1] 대법원 2012. 6. 18. 선고 2011두2361 전원합의체 판결(공2012하, 1329) / [2][3] 대법원 2003. 12. 26. 선고 2002두1342 판결 / [2] 대법원 2009. 10. 29. 선고 2009두14224 판결 / [3] 대법원 2008. 11. 27. 선고 2005두15694 판결, 대법원 2012. 7. 12. 선고 2010두7048 판결, 헌법재판소 1997. 11. 27. 선고 94헌마60 전원재판부 결정(헌공25, 60)

【전 문】

【원고, 피상고인】 원고

【피고, 상고인】 부산지방검찰청검사장

【원심판결】 부산고법 2017. 4. 26. 선고 2016누23103 판결

【주 문】

상고를 기각한다. 상고비용은 피고가 부담한다.

【이 유】

상고이유를 판단한다.

1. 가. 공공기관의 정보공개에 관한 법률(이하 '정보공개법'이라고 한다) 제9조 제1항 제6호 본문은 "해당 정보에 포함되어 있는 성명·주민등록번호 등 개인에 관한 사항으로서 공개될 경우 사생활의 비밀 또는 자유를 침해할 우려가 있다고 인정되는 정보"를 비공개대상정보의 하나로 규정하고 있다. 여기에서 말하는 비공개대상정보에는 성명·주민등록번호 등 '개인식별정보'뿐만 아니라 그 외에 정보의 내용에 따라 '개인에 관한 사항의 공개로 인하여 개인의 내밀한 내용의 비밀 등이 알려지게 되고, 그 결과 인격적·정신적 내면생활에 지장을 초래하거나 자유로운 사생활을 영위할 수 없게 될 위험성이 있는 정보'도 포함된다. 따라서 불기소처분 기록이나 내사기록 중 피의자신문조서 등 조서에 기재된 피의자 등의 인적사항 이외의 진술내용 역시 개인의 사생활의 비밀 또는 자유를 침해할 우려가 인정되는 경우에는 위 비공개대상정보에 해당한다(대법원 2012. 6. 18. 선고 2011두2361 전원합의체 판결 참조). 한편 정보공개법 제9조 제1항 제6호 단서 (다)목은 '공공기관이 작성하거나 취득한 정보로서 공개하는 것이 공익이나 개인의 권리 구제를 위하여 필요하다고 인정되는 정보'를 비공개대상정보에서 제외하고 있다. 여기에서 '공개하는 것이 개인의 권리구제를 위하여 필요하다고 인정되는 정보'에 해당하는지 여부는 비공개에 의하여 보호되는 개인의 사생활의 비밀 등의 이익과 공개에 의하여 보호되는 개인의 권리구제 등의 이익을 비교·교량하여 구체적 사안에 따라 신중히 판단하여야 한다(대법원 2003. 12. 26. 선고 2002두1342 판결, 대법원 2009. 10. 29. 선고 2009두14224 판결 등 참조).

나. 또한 정보공개법 제9조 제1항 제4호는 '수사에 관한 사항으로서 공개될 경우 그 직무수행을 현저히 곤란하게 한다고 인정할 만한 상당한 이유가 있는 정보'를 비공개대상정보의 하나로 규정하고 있다. 그 취지는 수사의 방법 및 절차 등이 공개되어 수사기관의 직무수행에 현저한 곤란을 초래할 위험을 막고자 하는 것으로서, 수사기록 중의 의견서, 보고문서, 메모, 법률검토, 내사자료 등(이하 '의견서 등'이라고 한다)이 이에 해당한다고 할 수 있으나(헌법재판소 1997. 11. 27. 선고 94헌마60

전원재판부 결정, 대법원 2003. 12. 26. 선고 2002두1342 판결 등 참조), 공개청구대상인 정보가 의견서 등에 해당한다고 하여 곧바로 정보공개법 제9조 제1항 제4호에 규정된 비공개대상정보라고 볼 것은 아니고, 의견서 등의 실질적인 내용을 구체적으로 살펴 수사의 방법 및 절차 등이 공개됨으로써 수사기관의 직무수행을 현저히 곤란하게 한다고 인정할 만한 상당한 이유가 있어야만 위 비공개대상정보에 해당한다(대법원 2012. 7. 12. 선고 2010두7048 판결 참조). 여기에서 '공개될 경우 그 직무수행을 현저히 곤란하게 한다고 인정할 만한 상당한 이유가 있는 정보'라 함은 당해 정보가 공개될 경우 수사 등에 관한 직무의 공정하고 효율적인 수행에 직접적이고 구체적으로 장애를 줄 고도의 개연성이 있고 그 정도가 현저한 경우를 의미하며, 여기에 해당하는지 여부는 비공개에 의하여 보호되는 업무수행의 공정성 등의 이익과 공개에 의하여 보호되는 국민의 알권리의 보장과 수사절차의 투명성 확보 등의 이익을 비교·교량하여 구체적 사안에 따라 신중히 판단하여야 한다(대법원 2008. 11. 27. 선고 2005두15694 판결 참조).

2. 원심판결 이유에 의하면, 원심은 원심 판시 이 사건 내사기록 중 이 사건 쟁점정보를 비공개로 열람·심사한 결과를 바탕으로 그 판시와 같은 이유를 들어, 이 사건 쟁점정보 중 사건관계인들의 주민등록번호, 직업, 주거 및 직장주소, 본적(등록기준지), 전화번호 등의 연락처, 학력, 경력, 가족관계, 월수입 및 재산상태, 정당·사회단체 가입 여부, 건강상태에 관한 정보는 정보공개법 제9조 제1항 제6호에서 정한 비공개대상정보에 해당하지만 이를 제외한 나머지 정보는 위 비공개대상정보에 해당한다고 볼 수 없고, 이 사건 쟁점정보 중 수사보고, 내사결과보고 등은 수사기록 중의 의견서, 보고문서 등에 해당하여 정보공개법 제9조 제1항 제4호 소정의 '수사에 관한 사항'을 포함하고 있는 정보에 해당하기는 하나 그 공개로 인하여 수사기관의 직무수행을 현저하게 곤란하게 할 만한 상당한 이유가 있다고 보기 어렵다고 보아, 이 사건 쟁점정보 중 위 비공개대상정보를 제외한 나머지 정보에 대한 공개를 거부한 피고의 열람·등사 불허가처분이 위법하다고 판단하였다.

3. 앞에서 본 법리와 기록에 비추어 살펴보면, 원심의 위와 같은 판단은 정당한 것으로 수긍이 되고, 거기에 상고이유 주장과 같이 정보공개법상 비공개대상정보에 관한 법리를 오해하는 등의 잘못이 없다.

나아가 피고는 상고이유로 이 사건 쟁점정보를 공개하더라도 원고의 권리구제 가능성이 매우 희박하다는 취지의 주장을 하고 있다.

그러나 정보공개법은 국민의 알권리를 보장하고 국정에 대한 국민의 참여와 국정 운영의 투명성을 확보함을 목적으로 하고(제1조), 공공기관이 보유·관리하는 정보는 국민의 알권리 보장 등을 위하여 적극적으로 공개하여야 한다는 정보공개의 원칙을 선언하고 있으며(제3조), 모든 국민은 정보의 공개를 청구할 권리를 가진다고 하면서(제5조 제1항) 비공개대상정보에 해당하지 않는 한 공공기관이 보유·관리하는 정보는 공개 대상이 된다고 규정하고 있을 뿐(제9조 제1항) 정보공개 청구권자가 공개를 청구하는 정보와 어떤 관련성을 가질 것을 요구하거나 정보공개청구의 목적에 특별한 제한을 두고 있지 아니하므로 정보공개 청구권자의 권리구제 가능성 등은 정보의 공개 여부 결정에 아무런 영향을 미치지 못한다. 피고의 위 상고이유 주장 역시 받아들일 수 없다.

4. 그러므로 상고를 기각하고 상고비용은 패소자가 부담하기로 하여, 관여 대법관의 일치된 의견으로 주문과 같이 판결한다.

XII. 행 정 벌

1 대법원 2017. 5. 11. 선고 2014두8773 판결 【영업정지처분취소】 〈대부업의 등록을 한 법인인 원고에 대한 영업정지처분 취소사건〉 [공2017상,1297]

【판시사항】

현실적인 행위자가 아닌 법령상 책임자로 규정된 자에게 행정법규 위반에 대한 제재조치를 부과할 수 있는지 여부(적극) 및 행정법규 위반자에게 고의나 과실이 없어도 제재조치를 부과할 수 있는지 여부(원칙적 적극) / 이러한 법리가 구 대부업 등의 등록 및 금융이용자 보호에 관한 법률 제13조 제1항이 정하는 대부업자 등의 불법추심행위를 이유로 한 영업정지 처분에도 적용되는지 여부(적극)

【판결요지】

행정법규 위반에 대한 제재조치는 행정목적의 달성을 위하여 행정법규 위반이라는 객관적 사실에 착안하여 가하는 제재이므로, 반드시 현실적인 행위자가 아니라도 법령상 책임자로 규정된 자에게 부과되고, 특별한 사정이 없는 한 위반자에게 고의나 과실이 없더라도 부과할 수 있다. 이러한 법리는 구 대부업 등의 등록 및 금융이용자 보호에 관한 법률 제13조 제1항이 정하는 대부업자 등의 불법추심행위를 이유로 한 영업정지 처분에도 마찬가지로 적용된다.

【참조조문】

구 대부업 등의 등록 및 금융이용자 보호에 관한 법률(2012. 12. 11. 법률 제11544호로 개정되기 전의 것) 제13조 제1항 제1호, 구 채권의 공정한 추심에 관한 법률(2014. 5. 20. 법률 제12594호로 개정되기 전의 것) 제9조 제1호

【참조판례】

대법원 2012. 5. 10. 선고 2012두1297 판결

【전 문】

【원고, 피상고인】 엠메이드대부 유한회사

【피고, 상고인】 서울특별시 광진구청장 (소송대리인 법무법인(유한) 금성 담당변호사 김동구 외 1인)

【원심판결】 서울고법 2014. 5. 27. 선고 2013누28048 판결

【주 문】

원심판결을 파기하고, 사건을 서울고등법원에 환송한다.

【이 유】

상고이유를 판단한다.

1. 구 대부업 등의 등록 및 금융이용자 보호에 관한 법률(2012. 12. 11. 법률 제11544호로 개정되기 전의 것, 이하 '대부업법'이라 한다) 제13조 제1항은 '대부업자 또는 대부중개업자'를 '대부업자등'이라고 지칭한 데 이어 "대부업자등이 다음 각 호의 어느 하나에 해당하면 그 대부업자등에게 대통령령으로 정하는 기준에 따라 1년 이내의 기간을 정하여 그 영업의 전부 또는 일부의 정지를 명할 수 있다."라고 규정하면서, 그 제1호에서 '채권의 공정한 추심에 관한 법률 제9조를 위반한 경우'를 영업정지 사유 중 하나로 들고 있다.

구 채권의 공정한 추심에 관한 법률(2014. 5. 20. 법률 제12594호로 개정되기 전의 것, 이하 '채권추심법'이라 한다) 제9조는 "채권추심자는 채권추심과 관련하여 다음 각 호의 어느 하나에 해당하는 행위를 하여서는 아니 된다."라고 규정하면서, 제1호에서 "채무자 또는 관계인을 폭행·협박·체포 또는 감금하거나 그에게 위계나 위력을 사용하는 행위"를 들고 있고, 제2조 제1호는 '채권추심자'란 대부업법에 따른 대부업자, 대부중개업자, 대부업의 등록을 하지 아니하고 사실상 대부업을 영위

하는 자 등과 이들을 위하여 고용, 도급, 위임 등 원인을 불문하고 채권추심을 하는 자를 뜻한다고 규정하고 있다.

한편 행정법규 위반에 대한 제재조치는 행정목적의 달성을 위하여 행정법규 위반이라는 객관적 사실에 착안하여 가하는 제재이므로, 반드시 현실적인 행위자가 아니라도 법령상 책임자로 규정된 자에게 부과되고, 특별한 사정이 없는 한 위반자에게 고의나 과실이 없더라도 부과할 수 있다(대법원 2012. 5. 10. 선고 2012두1297 판결 등 참조). 이러한 법리는 대부업법 제13조 제1항이 정하는 대부업자등의 불법추심행위를 이유로 한 영업정지 처분에도 마찬가지로 적용된다고 보아야 한다.

2. 가. 원심은 그 채택 증거를 종합하여, ① 원고가 대부업법에 따라 대부업 등록을 한 법인인 사실, ② 원고의 직원인 소외인이 2011. 9. 초순경 채권추심과 관련하여 채무자의 오빠와 전화통화를 하던 중 욕설을 하는 등 채무자의 관계인을 협박한 사실, ③ 이에 피고는 2012. 12. 5. 원고가 채무자 또는 관계인을 협박하여 채권추심법 제9조 제1호를 위반하였음을 이유로 대부업법 제13조 제1항에 따라 원고에게 6개월간의 영업 전부정지 처분(이하 '이 사건 처분'이라 한다)을 한 사실 등을 인정하였다.

나. 원심이 인정한 사실관계를 앞서 본 법리에 비추어 살펴보면, 원고는 자신의 직원이 채권추심과 관련하여 채무자 또는 관계인을 협박하는 것을 방지하지 못하였으므로 법령상 책임자로서 영업정지 처분의 부과대상이 되고, 특별한 사정이 없는 한 원고에게 고의나 과실이 없다고 하여 달리 볼 것은 아니다.

다. 그럼에도 원심은 이와 달리 대부업법 제13조 제1항 제1호가 정하는 '대부업자등이 채권추심법 제9조를 위반한 경우'란 그 문언의 해석상 대부업자나 대부중개업자가 채권추심자로서 채권추심법 제9조의 위반행위를 한 경우를 의미할 뿐, 이들이 고용한 채권추심자가 채권추심법 제9조의 위반행위를 하였다고 하여 곧바로 여기에 해당된다고 보기는 어렵고, 대부업자가 법인인 경우에는 대표자와 같은 기관이 직접 채권추심법 제9조에서 정한 위반행위를 하거나 교사·방조 또는 공모 등의 방법으로 다른 사람이 행하는 위법행위에 법인의 의사가 개입된 경우에 한하여 제재할 수 있다는 전제에서, 대부업자인 원고가 고용한 직원인 소외인의 협박행위는 채무자 측과 대화 도중 우발적으로 이루어진 것으로 거기에 원고의 의사가 개입되었다고 볼 아무런 증거가 없다는 점만을 이유로 이 사건 처분이 위법하다고 판단하였으니, 이러한 원심판결에는 대부업법 제13조 제1항의 해석·적용에 관한 법리 등을 오해하여 판결에 영향을 미친 위법이 있다. 이를 지적하는 상고이유 주장은 이유 있다.

3. 그러므로 나머지 상고이유에 관한 판단을 생략한 채 원심판결을 파기하고, 사건을 다시 심리·판단하도록 원심법원에 환송하기로 하여, 관여 대법관의 일치된 의견으로 주문과 같이 판결한다.

XIII. 대 집 행

1 대법원 2017. 4. 28. 선고 2016다213916 판결 【건물퇴거】 [공2017상,1107]

【판시사항】

[1] 행정청이 행정대집행의 방법으로 건물의 철거 등 대체적 작위의무의 이행을 실현할 수 있는 경우, 민사소송의 방법으로 그 의무의 이행을 구할 수 있는지 여부(소극) 및 건물의 점유자가 철거의무자인 경우 별도로 퇴거를 명하는 집행권원이 필요한지 여부(소극)

[2] 행정청이 건물철거 대집행 과정에서 부수적으로 건물의 점유자들에 대한 퇴거 조치를 할 수 있는지 여부(적극) 및 이 경우 필요하면 경찰의 도움을 받을 수 있는지 여부(적극)

【판결요지】

[1] 관계 법령상 행정대집행의 절차가 인정되어 행정청이 행정대집행의 방법으로 건물의 철거 등 대체적 작위의무의 이행을 실현할 수 있는 경우에는 따로 민사소송의 방법으로 그 의무의 이행을 구할 수 없다. 한편 건물의 점유자가 철거의무자일 때에는 건물철거의무에 퇴거의무도 포함되어 있는 것이어서 별도로 퇴거를 명하는 집행권원이 필요하지 않다.

[2] 행정청이 행정대집행의 방법으로 건물철거의무의 이행을 실현할 수 있는 경우에는 건물철거 대집행 과정에서 부수적으로 건물의 점유자들에 대한 퇴거 조치를 할 수 있고, 점유자들이 적법한 행정대집행을 위력을 행사하여 방해하는 경우 형법상 공무집행방해죄가 성립하므로, 필요한 경우에는 '경찰관 직무집행법'에 근거한 위험발생 방지조치 또는 형법상 공무집행방해죄의 범행방지 내지 현행범체포의 차원에서 경찰의 도움을 받을 수도 있다.

【참조조문】

[1] 행정대집행법 제2조 / [2] 행정대집행법 제2조, 경찰관직무집행법 제5조 제1항, 제6조, 형법 제136조 제1항, 형사소송법 제212조

【참조판례】

[1] 대법원 1990. 11. 13. 선고 90다카23448 판결(공1991상, 87), 대법원 2000. 5. 12. 선고 99다18909 판결(공2000하, 1390), 대법원 2008. 12. 24. 선고 2007다75099 판결 / [2] 대법원 2011. 4. 28. 선고 2007도7514 판결(공2011상, 1076)

【전 문】

【원고, 상고인】 당진시장 (소송대리인 법무법인 둔산 담당변호사 나경수)

【피고, 피상고인】 피고 1 외 1인

【원심판결】 대전지법 2016. 2. 17. 선고 2015나103478 판결

【주 문】

상고를 기각한다. 상고비용은 원고가 부담한다.

【이 유】

상고이유를 판단한다.

1. 관계 법령상 행정대집행의 절차가 인정되어 행정청이 행정대집행의 방법으로 건물의 철거 등 대체적 작위의무의 이행을 실현할 수 있는 경우에는 따로 민사소송의 방법으로 그 의무의 이행을 구할 수 없다(대법원 1990. 11. 13. 선고 90다카23448 판결, 대법원 2000. 5. 12. 선고 99다18909 판결 등 참조). 한편 건물의 점유자가 철거의무자일 때에는 건물철거의무에 퇴거의무도 포함되어 있는 것이어서 별도로 퇴거를 명하는 집행권원이 필요하지 않다(대법원 2008. 12. 24. 선고 2007다75099 판결 참조).

따라서 행정청이 행정대집행의 방법으로 건물철거의무의 이행을 실현할 수 있는 경우에는 건물철거 대집행 과정에서 부수적으로 그 건물의 점유자들에 대한 퇴거 조치를 할 수 있는 것이고, 그 점유자들이 적법한 행정대집행을 위력을 행사하여 방해하는 경우 형법상 공무집행방해죄가 성립하므로(대법원 2011. 4. 28. 선고 2007도7514 판결 참조), 필요한 경우에는 「경찰관 직무집행법」에 근거한 위험발생 방지조치 또는 형법상 공무집행방해죄의 범행방지 내지 현행범체포의 차원에서 경

찰의 도움을 받을 수도 있다.

2. 원심판결 이유 및 원심이 적법하게 채택한 증거 등에 의하면, 다음과 같은 사정들을 알 수 있다.

① 당진군수는 2008. 8. 8.경 피고 1에게 충남 당진군 (주소 생략) 지선(공유수면) 630㎡(이하 '이 사건 공유수면'이라고 한다)에 관하여 허가기간을 2008. 8. 8.부터 2010. 8. 7.까지 2년간으로, 허가목적을 '주거용 건축물 설치'로 정하고, 그 허가조건으로 '난지도 관광개발사업 완료 전까지 한시적으로 사용하고 개발사업 완료 시에는 반드시 원상복구(건축물 철거) 후 이주하여야 함'을 명시하여 공유수면 점·사용허가를 하였다.

② 피고 1은 2008. 9. 4. 당진군수에게 건축신고를 마치고, 이 사건 공유수면에 경량철골구조 기타지붕 1층 단독주택 197.72㎡(이하 '이 사건 건물'이라고 한다)를 신축하여 2009. 12. 29. 당진군수로부터 사용승인을 받았으며, 2010. 1. 7. 이 사건 건물에 관하여 소유권보존등기를 마쳤다.

③ 당진군수는 당초 허가한 공유수면 점·사용기간이 2010. 8. 7. 만료되자, 그 무렵 피고 1에 대하여 구 공유수면관리법(2010. 4. 15. 법률 제10272호로 폐지되기 전의 것) 제12조 제1항 제2호, 제3항에 따라 원상회복명령을 하였다.

④ 난지도 관광개발사업이 2010. 4. 21. 준공되었음에도, 피고 1은 2010. 7.경 당진군수에게 이 사건 공유수면의 점·사용기간을 영구적으로 연장하여 달라는 내용의 공유수면 점·사용 변경허가 신청을 하였고, 당진군수는 2010. 8. 9. '당초 난지도 관광개발사업 완료 전까지 한시적으로 조건부 점·사용 허가를 한 것으로, 기간연장을 허용할 수 없다'는 이유로 거부처분을 하였다. 피고 1이 이에 불복하여 행정소송을 제기하였으나, 2012. 8. 17. 청구기각 판결이 확정되었다.

⑤ 피고 1은 2012. 9. 24. 그 배우자인 피고 2에게 이 사건 건물 중 1/2 지분을 증여하고 그에 관한 소유권이전등기를 마쳤다.

⑥ 당진군은 2012. 1. 1. 당진시로 승격되었고, 당진시장은 2013. 5. 22. 피고 1에 대하여 '2013. 6. 15.까지 이 사건 건물을 철거하라'며 종전 원상회복명령의 이행을 촉구하면서 위 기한 내 이행하지 않을 경우 행정대집행법 제2조에 따라 행정대집행을 실시할 예정임을 통보하였다.

3. 이러한 사정을 앞서 본 법리에 비추어 살펴보면, 피고들이 이 사건 건물을 철거하여 이 사건 공유수면을 원상회복하여야 할 의무는 대체적 작위의무에 해당하므

로 행정대집행의 대상이 된다 할 것이며, 당진시장은 이 사건 건물 철거의무를 행정대집행의 방법으로 실현하는 과정에서 부수적으로 피고들과 그 가족들의 퇴거 조치를 실현할 수 있으므로, 행정대집행 외에 별도로 퇴거를 명하는 집행권원은 필요하지 않다고 할 것이다.

원심이 같은 취지에서 원고가 피고들에 대하여 건물퇴거를 구하는 이 사건 소가 부적법하다고 판단한 것은 정당하고, 거기에 상고이유 주장과 같이 소의 이익이나 행정대집행에 관한 법리를 오해한 잘못이 없다(원고가 원용한 대법원 1998. 10. 23. 선고 97누157 판결은 불법건물 철거에 관한 것이 아니라, 적법한 건물에서 처분상대방의 점유를 배제하고 그 점유이전을 받기 위하여 행정대집행 계고처분을 한 사안에 관한 것으로서, 그 처분의 주된 목적이 건물의 인도라는 비대체적 작위의무의 이행을 실현하고자 하는 것이어서 행정대집행의 대상이 될 수 없다고 판단한 사례였으므로, 이 사건에 원용하기에는 적절하지 않음을 밝혀둔다).

4. 그러므로 상고를 기각하고, 상고비용은 패소자가 부담하기로 하여, 관여 대법관의 일치된 의견으로 주문과 같이 판결한다.

XIV. 하자승계

[1] 대법원 2017. 7. 18. 선고 2016두49938 판결 【군계획시설사업분할실시계획인가처분취소】 [공2017하,1733]

【판시사항】

[1] 선행처분과 후행처분이 서로 독립하여 별개의 법률효과를 발생시키는 때에 선행처분에 불가쟁력이 생겨 그 효력을 다툴 수 없게 된 경우, 선행처분의 하자를 이유로 후행처분의 효력을 다툴 수 있는지 여부(원칙적 소극)

[2] 선행처분인 도시·군계획시설결정에 하자가 있는 경우, 그 하자가 후행처분인 실시계획인가에 승계되는지 여부(원칙적 소극)

【판결요지】

[1] 2개 이상의 행정처분이 연속적 또는 단계적으로 이루어지는 경우 선행처분과 후행처분이 서로 합하여 1개의 법률효과를 완성하는 때에는 선행처분에 하자가 있으면 그 하자는 후행처분에 승계된다. 이러한 경우에는 선행처분에 불가쟁력이 생겨 그 효력을 다툴 수 없게 되더라도 선행처분의 하자를 이유로 후행처분의 효력을

다툴 수 있다. 그러나 선행처분과 후행처분이 서로 독립하여 별개의 법률효과를 발생시키는 경우에는 선행처분에 불가쟁력이 생겨 그 효력을 다툴 수 없게 되면 선행처분의 하자가 당연무효인 경우를 제외하고는 특별한 사정이 없는 한 선행처분의 하자를 이유로 후행처분의 효력을 다툴 수 없는 것이 원칙이다.

[2] 국토의 계획 및 이용에 관한 법률(이하 '국토계획법'이라 한다) 제43조 제1항에 따르면, 일정한 기반시설에 관해서는 그 종류·명칭·위치·규모 등을 미리 도시·군관리계획으로 결정해야 한다. 국토계획법 제2조 제7호, 제10호는 이와 같이 도시·군관리계획결정으로 결정된 기반시설을 '도시·군계획시설'로, 도시·군계획시설을 설치·정비 또는 개량하는 사업을 '도시·군계획시설사업'으로 지칭하고 있다.

도시·군계획시설은 도시·군관리계획결정에 따라 설치되는데, 도시·군계획시설결정은 국토계획법령에 따라 도시·군관리계획결정에 일반적으로 요구되는 기초조사, 주민과 지방의회의 의견 청취, 관계 행정기관장과의 협의나 도시계획위원회 심의 등의 절차를 밟아야 한다. 이러한 절차를 거쳐 도시·군계획시설결정이 이루어지면 도시·군계획시설의 종류에 따른 사업대상지의 위치와 면적이 확정되고, 그 사업대상지에서는 원칙적으로 도시·군계획시설이 아닌 건축물 등의 허가가 금지된다(제64조).

반면 실시계획인가는 도시·군계획시설결정에 따른 특정 사업을 구체화하여 이를 실현하는 것으로서, 시·도지사는 도시·군계획시설사업의 시행자가 작성한 실시계획이 도시·군계획시설의 결정·구조 및 설치의 기준 등에 적합하다고 인정하는 경우에는 이를 인가하여야 한다(제88조 제3항, 제43조 제2항). 이러한 실시계획인가를 통해 사업시행자에게 도시·군계획시설사업을 실시할 수 있는 권한과 사업에 필요한 토지 등을 수용할 수 있는 권한이 부여된다.

결국 도시·군계획시설결정과 실시계획인가는 도시·군계획시설사업을 위하여 이루어지는 단계적 행정절차에서 별도의 요건과 절차에 따라 별개의 법률효과를 발생시키는 독립적인 행정처분이다. 그러므로 선행처분인 도시·군계획시설결정에 하자가 있더라도 그것이 당연무효가 아닌 한 원칙적으로 후행처분인 실시계획인가에 승계되지 않는다.

【참조조문】

[1] 행정소송법 제1조[행정처분일반], 제19조 / [2] 국토의 계획 및 이용에 관한 법률 제2조 제7호, 제10호, 제43조 제1항, 제2항, 제64조, 제88조 제3항, 행정소송법 제19조

【참조판례】

[1] 대법원 1994. 1. 25. 선고 93누8542 판결(공1994상, 849), 대법원 2005. 4. 15.

선고 2004두14915 판결

【전 문】

【원고, 상고인】 빅토리아호텔 주식회사 (소송대리인 변호사 이광재 외 1인)

【피고, 피상고인】 고흥군수 (소송대리인 변호사 김재현 외 1인)

【원심판결】 광주고법 2016. 8. 18. 선고 2015누6513 판결

【주 문】

상고를 기각한다. 상고비용은 원고가 부담한다.

【이 유】

상고이유(상고이유서 제출기간이 지난 다음 제출된 상고이유보충서의 기재는 상고이유를 보충하는 범위 내에서)를 판단한다.

1. 선행처분의 하자와 그 승계

가. 2개 이상의 행정처분이 연속적 또는 단계적으로 이루어지는 경우 선행처분과 후행처분이 서로 합하여 1개의 법률효과를 완성하는 때에는 선행처분에 하자가 있으면 그 하자는 후행처분에 승계된다. 이러한 경우에는 선행처분에 불가쟁력이 생겨 그 효력을 다툴 수 없게 되더라도 선행처분의 하자를 이유로 후행처분의 효력을 다툴 수 있다. 그러나 선행처분과 후행처분이 서로 독립하여 별개의 법률효과를 발생시키는 경우에는 선행처분에 불가쟁력이 생겨 그 효력을 다툴 수 없게 되면 선행처분의 하자가 당연무효인 경우를 제외하고는 특별한 사정이 없는 한 선행처분의 하자를 이유로 후행처분의 효력을 다툴 수 없는 것이 원칙이다(대법원 1994. 1. 25. 선고 93누8542 판결 등 참조).

국토의 계획 및 이용에 관한 법률(이하 '국토계획법'이라 한다) 제43조 제1항에 따르면, 일정한 기반시설에 관해서는 그 종류·명칭·위치·규모 등을 미리 도시·군관리계획으로 결정해야 한다. 국토계획법 제2조 제7호, 제10호는 이와 같이 도시·군관리계획결정으로 결정된 기반시설을 '도시·군계획시설'로, 도시·군계획시설을 설치·정비 또는 개량하는 사업을 '도시·군계획시설사업'으로 지칭하고 있다.

도시·군계획시설은 도시·군관리계획결정에 따라 설치되는데, 도시·군계획시설결정은 국토계획법령에 따라 도시·군관리계획결정에 일반적으로 요구되는 기초조사, 주민과 지방의회의 의견 청취, 관계 행정기관장과의 협의나 도시계획위원회 심의 등의 절차를 밟아야 한다. 이러한 절차를 거쳐 도시·군계획시설결정이 이루어지

면 도시·군계획시설의 종류에 따른 사업대상지의 위치와 면적이 확정되고, 그 사업대상지에서는 원칙적으로 도시·군계획시설이 아닌 건축물 등의 허가가 금지된다(제64조).

반면 실시계획인가는 도시·군계획시설결정에 따른 특정 사업을 구체화하여 이를 실현하는 것으로서, 시·도지사는 도시·군계획시설사업의 시행자가 작성한 실시계획이 도시·군계획시설의 결정·구조 및 설치의 기준 등에 적합하다고 인정하는 경우에는 이를 인가하여야 한다(제88조 제3항, 제43조 제2항). 이러한 실시계획인가를 통해 사업시행자에게 도시·군계획시설사업을 실시할 수 있는 권한과 사업에 필요한 토지 등을 수용할 수 있는 권한이 부여된다.

결국 도시·군계획시설결정과 실시계획인가는 도시·군계획시설사업을 위하여 이루어지는 단계적 행정절차에서 별도의 요건과 절차에 따라 별개의 법률효과를 발생시키는 독립적인 행정처분이라고 할 수 있다. 그러므로 선행처분인 도시·군계획시설결정에 하자가 있더라도 그것이 당연무효가 아닌 한 원칙적으로 후행처분인 실시계획인가에 승계되지 않는다.

나. 원심은 다음과 같은 사실을 인정하였다.

(1) 관광호텔을 운영하는 원고는 호텔부지 중 일부인 이 사건 토지를 소유하고 있었다.

(2) 전라남도지사는 2012. 6. 27. 이 사건 토지가 포함된 전남 고흥군 도화면 발포리 산 10 일대 102,754㎡에 관하여 용도지역을 계획관리지역으로 변경하고, 청소년수련원을 군계획시설(청소년수련시설)로 신설하는 내용의 군계획시설결정(이하 '이 사건 군계획시설결정'이라 한다)을 하고 이를 고시하였다.

(3) 피고는 2012. 12. 26. 이 사건 군계획시설결정에 따른 군계획시설사업(이하 '이 사건 사업'이라 한다)의 사업시행자로 광주광역시 교육청을 지정하고, 이 사건 사업에 관한 분할 실시계획을 인가(이하 '이 사건 처분'이라 한다)하고 이를 고시하였다.

다. 원심은 이러한 사실관계를 전제로, 이 사건 군계획시설결정은 피고의 주민공람·공고, 주민 의견청취, 기초조사 및 사전환경성 검토, 고흥군의회의 의견청취, 도시계획심의위원회의 심의 등의 절차를 밟아 이루어졌고 이 과정에서 이 사건 사업에 따른 공익과 사익의 비교형량을 한 것으로 볼 수 있으므로, 이 사건 군계획시설결정에 원고 주장과 같은 하자가 인정된다고 보기 어렵고, 설령 그러한 하자가 인정된다고 하더라도 당연무효에 해당한다고 볼 수 없으므로, 선행처분인 이 사건 군계획시설결정에 존재하는 하자가 후행처분인 이 사건 처분에 승계된다고 볼 수 없다고 판단하였다.

라. 원심의 판단은 앞에서 본 법리에 비추어 정당하다. 원심의 판단에 상고이유 주장과 같이 이 사건 군계획시설결정의 하자와 그 승계에 관한 법리를 오해하고 필요한 심리를 다하지 않거나 판단을 누락한 잘못이 없다.

2. 이 사건 처분에 관한 이익형량

원심은 다음과 같은 이유로 행정청이 이 사건 처분 과정에서 이 사건 사업의 공익성 여부나 사업수행에 따른 이익형량을 다시 할 필요는 없다고 판단하였다.

군계획시설결정 단계에서 군계획시설의 공익성 여부와 그 설치사업에 따른 공익과 사익 사이의 이익형량이 이루어진다. 군계획시설사업의 실시계획인가 여부를 결정하는 행정청은 특별한 사정이 없는 한 실시계획이 군계획시설의 결정·구조 및 설치의 기준 등에 부합하는지 여부를 판단하는 것으로 충분하고, 나아가 그 사업의 공익성 여부나 사업 수행에 따른 이익형량을 다시 할 필요는 없다. 이 사건에서 그와 같은 특별한 사정을 찾아볼 수 없다.

원심판결 이유를 관련 규정과 법리에 비추어 살펴보면, 군계획시설에 해당하는 청소년수련시설 설치사업의 실시계획을 인가한 이 사건 처분에 관한 원심의 이러한 판단은 정당하다. 원심의 판단에 상고이유 주장과 같이 이 사건 처분의 하자에 관한 법리를 오해하거나 필요한 심리를 다하지 않는 등의 잘못이 없다.

3. 결 론

피고의 상고는 이유 없어 이를 기각하고 상고비용은 패소자가 부담하도록 하여, 관여 대법관의 일치된 의견으로 주문과 같이 판결한다.

제3절 소송절차법에 관한 판례

Ⅰ. 집행정지

1 대법원 2017. 7. 11. 선고 2013두25498 판결 【부당이득금반환결정처분취소】 [공2017하,1627]

【판시사항】

보조금 교부결정의 일부를 취소한 행정청의 처분에 대한 효력정지결정의 효력이 소멸하여 보조금 교부결정 취소처분의 효력이 되살아난 경우, 구 보조금의 예산 및 관리에 관한 법률 제31조 제1항에 따라 취소처분에 의하여 취소된 부분의 보조사업에 대하여 효력정지기간 동안 교부된 보조금의 반환을 명하여야 하는지 여부(원칙적 적극)

【판결요지】

구 사회적기업 육성법(2010. 6. 8. 법률 제10360호로 개정되기 전의 것)에 의하면, 노동부장관은 사회서비스를 제공하는 사회적기업에 대하여 예산의 범위 안에서 공개모집 및 심사를 통하여 사회적기업의 운영에 필요한 인건비·운영경비·자문비용 등의 재정적인 지원을 할 수 있다(제14조 제1항). 그리고 구 보조금의 예산 및 관리에 관한 법률(2011. 7. 25. 법률 제10898호 보조금 관리에 관한 법률로 개정되기 전의 것, 이하 '보조금법'이라 한다)에 의하면, 보조금의 예산편성 및 관리에 관하여는 다른 법률에 특별한 규정이 있는 것을 제외하고는 보조금법이 정하는 바에 따르고(제3조 제1항), 보조사업자가 보조금을 다른 용도에 사용하거나 보조금 교부결정의 내용 등에 위반한 때에는 보조금 교부결정의 전부 또는 일부를 취소할 수 있으며(제30조 제1항), 보조금의 교부결정을 취소한 경우에 취소된 부분의 보조사업에 대하여 이미 보조금이 교부되어 있을 때에는 취소한 부분에 해당하는 보조금의 반환을 명하여야 한다(제31조 제1항).

한편 행정소송법 제23조에 의한 효력정지결정의 효력은 결정주문에서 정한 시기까지 존속하고 그 시기의 도래와 동시에 효력이 당연히 소멸하므로, 보조금 교부결정의 일부를 취소한 행정청의 처분에 대하여 법원이 효력정지결정을 하면서 주문에서 그 법원에 계속 중인 본안소송의 판결 선고 시까지 처분의 효력을 정지한다고 선언하였을 경우, 본안소송의 판결 선고에 의하여 정지결정의 효력은 소멸하고 이와 동시에 당초의 보조금 교부결정 취소처분의 효력이 당연히 되살아난다.

따라서 효력정지결정의 효력이 소멸하여 보조금 교부결정 취소처분의 효력이 되살아난 경우, 특별한 사정이 없는 한 행정청으로서는 보조금법 제31조 제1항에 따라 취소처분에 의하여 취소된 부분의 보조사업에 대하여 효력정지기간 동안 교부된 보조금의 반환을 명하여야 한다.

【참조조문】

구 사회적기업 육성법(2010. 6. 8. 법률 제10360호로 개정되기 전의 것) 제14조 제1항, 구 보조금의 예산 및 관리에 관한 법률(2011. 7. 25. 법률 제10898호 보조금 관리에 관한 법률로 개정되기 전의 것) 제3조 제1항, 제30조 제1항, 제31조 제1항

【참조판례】

대법원 1999. 2. 23. 선고 98두14471 판결(공1999상, 568)

【전 문】

【원고, 피상고인】 사단법인 아시아공연예술위원회 (소송대리인 변호사 조영희)

【피고, 상고인】 광주지방고용노동청장

【원심판결】 광주고법 2013. 10. 31. 선고 2013누1033 판결

【주 문】

원심판결을 파기하고, 사건을 광주고등법원에 환송한다.

【이 유】

상고이유를 판단한다.

1. 상고이유 제2점에 대하여

이 부분 상고이유의 주장은, 피고가 이 사건 지원약정을 이미 해지하였거나 다시 해지하고 반환명령을 할 수 있으므로 원고로서는 이 사건 처분의 취소를 구할 법률상 이익이 없음에도, 원심이 이러한 사정을 직권으로 탐지하여 소를 각하하지 아니한 것은 위법하다는 취지이다.

그러나 관련 법리에 따라 기록을 살펴보면, 피고가 주장하는 사정만으로는 원고에게 이 사건 처분의 취소를 구할 법률상 이익이 없다고 할 수 없으므로, 원심이 피고의 주장과 같은 사정을 직권으로 탐지하지 아니하였다고 하더라도, 원심판결에 소의 이익에 관하여 필요한 심리를 다하지 아니하여 그에 관한 판단을 누락한 위법이 있다고 할 수 없다.

2. 상고이유 제3점에 대하여

원심판결 이유를 관련 법리와 기록에 의하여 살펴보면, 이 사건 소는 원고가 이 사건 처분이 있음을 안 날부터 90일이 지나기 전에 제기되었다고 보아, 제소기간이 지났다는 피고의 본안전항변을 배척한 원심의 판단은 정당하다. 거기에 필요한 심리를 다하지 아니하거나 제소기간의 기산에 관한 법리를 오해한 잘못이 없다.

상고이유에서 들고 있는 대법원 판결은 이 사건 쟁점과 직접 관련이 없거나 이 사건과 사안이 달라 이 사건에 적용할 수 있는 것이 아니다.

3. 상고이유 제1점에 대하여

(1) 구 사회적기업 육성법(2010. 6. 8. 법률 제10360호로 개정되기 전의 것)에 의하면, 노동부장관은 사회서비스를 제공하는 사회적기업에 대하여 예산의 범위 안에서 공개모집 및 심사를 통하여 사회적기업의 운영에 필요한 인건비·운영경비·자문비용 등의 재정적인 지원을 할 수 있다(제14조 제1항). 그리고 구 보조금의 예산 및 관리에 관한 법률(2011. 7. 25. 법률 제10898호 보조금 관리에 관한 법률로 개정되기 전의 것, 이하 '보조금법'이라 한다)에 의하면, 보조금의 예산편성 및 관리에 관하여는 다른 법률에 특별한 규정이 있는 것을 제외하고는 보조금법이 정하는 바에 따르고(제3조 제1항), 보조사업자가 보조금을 다른 용도에 사용하거나 보조금의 교부결정의 내용 등에 위반한 때에는 보조금의 교부결정의 전부 또는 일부를 취소할 수 있으며(제30조 제1항), 보조금의 교부결정을 취소한 경우에 그 취소된 부분의 보조사업에 대하여 이미 보조금이 교부되어 있을 때에는 그 취소한 부분에 해당하는 보조금의 반환을 명하여야 한다(제31조 제1항).

한편 행정소송법 제23조에 의한 효력정지결정의 효력은 결정주문에서 정한 시기까지 존속하고 그 시기의 도래와 동시에 효력이 당연히 소멸하므로, 보조금 교부결정의 일부를 취소한 행정청의 처분에 대하여 법원이 효력정지결정을 하면서 주문에서 그 법원에 계속 중인 본안소송의 판결 선고 시까지 처분의 효력을 정지한다고 선언하였을 경우, 본안소송의 판결 선고에 의하여 그 정지결정의 효력은 소멸하고 이와 동시에 당초의 보조금 교부결정 취소처분의 효력이 당연히 되살아난다고 할 것이다(대법원 1999. 2. 23. 선고 98두14471 판결 참조).

따라서 효력정지결정의 효력이 소멸하여 보조금 교부결정 취소처분의 효력이 되살아난 경우, 특별한 사정이 없는 한 행정청으로서는 보조금법 제31조 제1항에 따라 그 취소처분에 의하여 취소된 부분의 보조사업에 대하여 효력정지기간 동안 교부된 보조금의 반환을 명하여야 할 것이다.

(2) 기록에 의하면, 원고는 피고로부터 2010. 1. 19.자로 그때까지 발생한 부정수급액 4,630,460원에 대한 보조금 교부결정과 아직 보조금이 교부되지 아니한 2010년 1월부터 2010년 6월까지의 보조사업에 대한 보조금 교부결정을 취소하는 취지의 이 사건 지원약정해지처분을 받고 제1심법원에 그 취소를 구하는 소를 제기하면서 위 처분의 집행정지신청을 하여 2010. 2. 16. 제1심법원으로부터 위 사건의 제1심판결 선고 시까지 이 사건 지원약정해지처분의 효력을 정지한다는 결정을 받은 후, 2010. 9. 16. 제1심법원으로부터 청구기각의 판결을 선고받아 그 무렵 위 판결이 확정된 사실을 알 수 있다.

위 사실관계를 앞서 본 법리에 따라 살펴보면, 위 효력정지결정은 그 결정주문에서 정한 제1심판결 선고일인 2010. 9. 16. 그 효력이 소멸되었고, 그 결과 이 사건 지원약정해지처분의 효력은 당연히 되살아났다고 할 것이므로, 피고는 이 사건 지원약정해지처분에 의하여 취소된 2010년 1월부터 6월까지의 보조사업에 대하여 효력정지기간 중 교부된 보조금에 관하여, 보조금법 제31조 제1항에 따라 그 반환을 명할 수 있다고 할 것이다.

(3) 그럼에도 이와 달리 원심은, 행정처분의 효력정지결정은 본안소송의 종료에 불구하고 행정소송법 제24조 제1항에서 정하는 별도의 취소결정 등이 없는 이상 여전히 그 효력이 있으므로, 효력정지기간 중 교부된 보조금은 허위 기타 부정한 방법으로 교부받은 것이 아닌 한 그 반환을 명할 수 없다고 판단하였다. 이러한 원심의 판단에는 행정처분의 효력정지결정 및 보조금 교부결정의 취소 등에 관한 법리를 오해하여 판결에 영향을 미친 잘못이 있다.

4. 결 론

그러므로 원심판결을 파기하고, 사건을 다시 심리·판단하도록 원심법원에 환송하기로 하여, 관여 대법관의 일치된 의견으로 주문과 같이 판결한다.

Ⅱ. 소송참가

1 대법원 2017. 10. 12. 선고 2015두36836 판결 【개발행위불허가처분취소】 [공2017하,2105]

【판시사항】

[1] 행정소송 사건에서 참가인이 한 보조참가가 민사소송법 제78조에 규정된 공동

소송적 보조참가인지 여부(적극) 및 이때 참가인이 상소를 할 경우 피참가인이 상소취하나 상소포기를 할 수 있는지 여부(소극) / 민사소송법상 보조참가신청에 대하여 당사자가 이의를 신청하지 아니한 채 변론하거나 변론준비기일에서 진술을 한 경우, 수소법원의 보조참가 허가 결정 없이 계속 소송행위를 할 수 있는지 여부(적극)

[2] 구 농어촌정비법 제23조 제1항에 따라 한국농어촌공사로부터 농업생산기반시설의 '목적 외 사용'에 대하여 승인을 받아야 하는 경우 / 같은 법 제17조에 따른 '농업생산기반시설의 등록' 자체에 농업생산기반시설의 관리권한을 부여하는 효력이 있는지 여부(소극)

【판결요지】

[1] 행정소송 사건에서 참가인이 한 보조참가가 행정소송법 제16조가 규정한 제3자의 소송참가에 해당하지 않는 경우에도, 판결의 효력이 참가인에게까지 미치는 점 등 행정소송의 성질에 비추어 보면 그 참가는 민사소송법 제78조에 규정된 공동소송적 보조참가라고 볼 수 있다. 민사소송법 제78조의 공동소송적 보조참가에는 필수적 공동소송에 관한 민사소송법 제67조 제1항, 즉 "소송목적이 공동소송인 모두에게 합일적으로 확정되어야 할 공동소송의 경우에 공동소송인 가운데 한 사람의 소송행위는 모두의 이익을 위하여서만 효력을 가진다."라고 한 규정이 준용되므로, 피참가인의 소송행위는 모두의 이익을 위하여서만 효력을 가지고, 공동소송적 보조참가인에게 불이익이 되는 것은 효력이 없으므로, 참가인이 상소를 할 경우에 피참가인이 상소취하나 상소포기를 할 수는 없다.

한편 민사소송법상 보조참가신청에 대하여 당사자가 이의를 신청한 때에는 수소법원은 참가를 허가할 것인지 여부를 결정하여야 하지만, 당사자가 이의를 신청하지 아니한 채 변론하거나 변론준비기일에서 진술을 한 경우에는 이의를 신청할 권리를 잃게 되고(민사소송법 제73조 제1항, 제74조) 수소법원의 보조참가 허가 결정 없이도 계속 소송행위를 할 수 있다.

[2] 구 국토의 계획 및 이용에 관한 법률(2013. 7. 16. 법률 제11922호로 개정되기 전의 것) 제61조 제1항 제4호, 구 농어촌정비법(2016. 12. 27. 법률 제14480호로 개정되기 전의 것, 이하 '농어촌정비법'이라 한다) 제2조 제6호, 제16조 제1항, 제2항, 제17조, 제18조 제1항, 제2항, 제23조 제1항, 구 농어촌정비법 시행령(2017. 5. 8. 대통령령 제28028호로 개정되기 전의 것) 제31조 제2항의 문언, 체계와 내용에 비추어 보면, 농어촌정비법상 '농업생산기반시설'은 농어촌정비법상 농업생산기반정비사업으로 설치되어 농지 보전이나 농업 생산에 이용되는 각종 시설뿐만 아니라 그 밖의 방법으로 조성되어 농지 보전이나 농업 생산에 이용되는 각종 시설까지 포괄하는 개념이기는 하지만, 농업생산기반시설의 관리에 관한 농어촌정비법 제17조

이하의 규정들은 농어촌정비법 제16조에 따라 관리권한을 취득한 농업생산기반시설관리자의 경우에 한하여 적용되는 것으로 해석함이 타당하다. 따라서 농어촌정비법 제23조 제1항에 따라 한국농어촌공사로부터 농업생산기반시설의 '목적 외 사용'에 대하여 승인을 받아야 하는 경우는 첫째, 한국농어촌공사가 농업생산기반 정비사업 시행자로서 정비사업을 완료한 후 그 사업으로 설치된 농업생산기반시설을 관리하는 경우와 둘째, 한국농어촌공사가 농림축산식품부장관의 결정에 따라 국가, 지방자치단체 또는 토지소유자로부터 그가 설치하였거나 관리하는 농업생산기반시설의 관리권한을 인수한 경우에 한정된다.

나아가 농어촌정비법 제17조에 따른 '농업생산기반시설의 등록'은 관할 행정청이 농업생산기반시설관리자의 관리사무를 감독하기 위한 사실적 기초로서 행정사무집행의 편의와 사실증명의 자료로 삼기 위한 것일 뿐이므로, 그 등록 자체에 농업생산기반시설의 관리권한을 부여하는 효력이 있다고 볼 수는 없다.

【참조조문】

[1] 행정소송법 제8조 제2항, 제16조, 민사소송법 제67조 제1항, 제73조 제1항, 제74조, 제78조 / [2] 구 국토의 계획 및 이용에 관한 법률(2013. 7. 16. 법률 제11922호로 개정되기 전의 것) 제61조 제1항 제4호, 구 농어촌정비법(2016. 12. 27. 법률 제14480호로 개정되기 전의 것) 제2조 제6호, 제16조 제1항, 제2항, 제17조, 제18조 제1항, 제2항, 제23조 제1항, 구 농어촌정비법 시행령(2017. 5. 8. 대통령령 제28028호로 개정되기 전의 것) 제31조 제2항

【참조판례】

[1] 대법원 1970. 7. 28. 선고 70누35 판결(집18-2, 행66), 대법원 2013. 3. 28. 선고 2011두13729 판결(공2013상, 765)

【전 문】

【원고, 피상고인】 주식회사 남정수상태양광 (소송대리인 법무법인(유한) 바른길 담당변호사 정갑주 외 3인)

【피 고】 고흥군수

【피고보조참가인, 상고인】 한국농어촌공사 (소송대리인 법무법인 서정 외 3인)

【원심판결】 광주고법 2014. 12. 30. 선고 2014누6394 판결

【주 문】

상고를 기각한다. 상고비용은 피고보조참가인이 부담한다.

【이 유】

1. 먼저 이 사건 상고가 적법한지를 살펴본다.

가. 행정소송 사건에서 참가인이 한 보조참가가 행정소송법 제16조가 규정한 제3자의 소송참가에 해당하지 않는 경우에도, 판결의 효력이 참가인에게까지 미치는 점 등 행정소송의 성질에 비추어 보면 그 참가는 민사소송법 제78조에 규정된 공동소송적 보조참가라고 볼 수 있다. 민사소송법 제78조의 공동소송적 보조참가에는 필수적 공동소송에 관한 민사소송법 제67조 제1항, 즉 "소송목적이 공동소송인 모두에게 합일적으로 확정되어야 할 공동소송의 경우에 공동소송인 가운데 한 사람의 소송행위는 모두의 이익을 위하여서만 효력을 가진다."라고 한 규정이 준용되므로, 피참가인의 소송행위는 모두의 이익을 위하여서만 효력을 가지고, 공동소송적 보조참가인에게 불이익이 되는 것은 효력이 없으므로, 참가인이 상소를 할 경우에 피참가인이 상소취하나 상소포기를 할 수는 없다(대법원 1970. 7. 28. 선고 70누35 판결, 대법원 2013. 3. 28. 선고 2011두13729 판결 등 참조).

한편 민사소송법상 보조참가신청에 대하여 당사자가 이의를 신청한 때에는 수소법원은 참가를 허가할 것인지 여부를 결정하여야 하지만, 당사자가 이의를 신청하지 아니한 채 변론하거나 변론준비기일에서 진술을 한 경우에는 이의를 신청할 권리를 잃게 되고(민사소송법 제73조 제1항, 제74조) 수소법원의 보조참가 허가 결정 없이도 계속 소송행위를 할 수 있다.

나. 기록에 의하면, ① 피고보조참가인(이하 '참가인'이라고 한다)은 이 사건 1심 소송계속 중인 2014. 6. 18. 보조참가 신청을 한 사실, ② 같은 날 1심 법원이 원고에게 참가인의 보조참가신청에 대한 의견제출요청서를 송부하여 그 다음 날 원고가 이를 수령하였음에도, 원고는 참가인의 보조참가신청에 대한 이의신청 없이 2014. 6. 26. 열린 1심 제1회 변론기일에서 변론한 사실, ③ 이에 1심 법원은 참가인의 보조참가신청에 대하여 명시적인 허부 결정을 하지 않은 채 참가인으로 하여금 피고보조참가인으로서 이 사건 소송에서 소송행위를 하도록 하였고, 그때부터 참가인은 계속 피고보조참가인으로서 소송행위를 하여 온 사실, ④ 참가인은 상고기간 내인 2015. 1. 19. 상고하였으나, 피고는 2015. 1. 21. 상고포기서를 제출한 사실 등을 알 수 있다.

다. 위 사실관계를 앞서 본 법리에 비추어 살펴보면, 이 사건 판결의 효력이 참가인에게도 미치므로 참가인은 공동소송적 보조참가인 지위에 있다고 볼 수 있고, 참가인이 그 상고기간 내에 적법하게 상고를 제기한 이상, 그 후 피참가인인 피고가 상고포기서를 제출하였다고 하더라도 이러한 상고포기는 참가인의 이익에 반하여 그 효력이 없다. 따라서 참가인이 제기한 이 사건 상고는 적법하다.

2. 다음으로 상고이유를 판단한다.

가. 이 사건 토지가 1937년경 보성방조제 준공 당시부터 보성방조제의 부속시설이었는지 여부

원심은 판시와 같은 이유로, 이 사건 토지가 1937년경 보성방조제 준공 당시에는 '잡종지'였으나, 1986년경 내부제방 설치 공사로 방조제 안 내수면의 수위가 상승함에 따라 비로소 물에 잠겨 보성방조제의 조유지(조유지, 방조제 안에 물을 모아두는 내수면)가 되었다고 판단하였다.

원심의 판단 중 위와 같은 사실인정에 대하여 다투는 취지의 상고이유 주장은 실질적으로 사실심 법원의 자유심증에 속하는 증거의 취사선택과 증거가치의 판단을 탓하는 것에 불과하여 받아들일 수 없다.

나. 이 사건 토지가 현황상 '농지보전이나 농업생산에 이용되는 조유지'로서 농어촌정비법 제23조에 따른 '목적 외 사용' 승인의 대상이 되는지 여부

(1) 구 국토의 계획 및 이용에 관한 법률(2013. 7. 16. 법률 제11922호로 개정되기 전의 것, 이하 '국토계획법'이라고 한다) 제61조 제1항은 "개발행위허가를 할 때에 특별시장·광역시장·특별자치시장·특별자치도지사·시장 또는 군수가 그 개발행위에 대한 다음 각호의 인가·허가·승인·면허·협의·해제·신고 또는 심사 등에 관하여 제3항에 따라 미리 관계 행정기관의 장과 협의한 사항에 대하여는 그 인허가 등을 받은 것으로 본다."라고 규정하고, 그 제4호에서 "농어촌정비법 제23조에 따른 농업생산기반시설의 목적 외 사용의 승인"을 규정하고 있다.

위 국토계획법 규정이 인용하고 있는 구 농어촌정비법(2016. 12. 27. 법률 제14480호로 개정되기 전의 것, 이하 '농어촌정비법'이라고 한다) 제23조 제1항 및 그 위임에 따른 구 농어촌정비법 시행령(2017. 5. 8. 대통령령 제28028호로 개정되기 전의 것) 제31조 제2항에 의하면, 한국농어촌공사가 관리하는 농업생산기반시설이나 용수를 본래 목적 외의 목적으로 사용하려는 자는 한국농어촌공사의 승인을 받아야 한다.

여기서 '농업생산기반시설'은 "농업생산기반 정비사업으로 설치되거나 그 밖에 농지 보전이나 농업 생산에 이용되는 저수지, 양수장(양수장), 관정(관정: 우물) 등

지하수 이용시설, 배수장, 취입보(취입보), 용수로, 배수로, 유지(유지: 웅덩이), 도로(농어촌도로정비법 제4조에 따른 농도(농도) 등 농로를 포함한다. 이하 같다), 방조제, 제방(제방: 둑) 등의 시설물 및 그 부대시설과 농수산물의 생산·가공·저장·유통시설 등 영농시설"을 뜻한다(농어촌정비법 제2조 제6호).

나아가 농어촌정비법은 제3장 제2절에서 '농업생산기반시설의 관리'라는 제목 아래 제16조에서 제24조까지 농업생산기반시설의 관리자, 등록, 관리방법, 목적 외 사용 승인 등을 규정하고 있다. 즉, 농업생산기반 정비사업 시행자가 농업생산기반 정비사업이 끝나면 그 사업으로 설치된 농업생산기반시설을 관리하나, '국가가 시행한 농업생산기반 정비사업으로 설치된 농업생산기반시설'과 '지방자치단체나 토지소유자가 관리하는 농업생산기반시설 중 그 지방자치단체 또는 토지소유자가 농림축산식품부장관에게 한국농어촌공사가 인수하여 관리하게 하여 줄 것을 요청하는 농업생산기반시설'은 농림축산식품부장관의 결정에 따라 한국농어촌공사가 인수하여 관리할 수 있다(제16조 제1항, 제2항 제1문 제1호, 제2호). 이에 따라 농업생산기반시설을 관리하는 자(이하 '농업생산기반시설관리자'라고 한다)는 그가 관리하는 농업생산기반시설을 관할 행정청에 등록하여야 하고(제17조), 안전관리계획의 수립, 정비, 시설물 개수·보수 등의 조치, 안전점검과 안전정밀진단을 하는 등 선량한 관리를 하여야 하며(제18조 제1항, 제2항), 일정한 요건하에 목적 외 사용 승인권과 경비 징수권을 가진다(제23조).

(2) 이러한 관련 규정들의 문언, 체계와 내용에 비추어 보면, 농어촌정비법상 '농업생산기반시설'은 농어촌정비법상 농업생산기반 정비사업으로 설치되어 농지 보전이나 농업 생산에 이용되는 각종 시설뿐만 아니라 그 밖의 방법으로 조성되어 농지 보전이나 농업 생산에 이용되는 각종 시설까지 포괄하는 개념이기는 하지만, 농업생산기반시설의 관리에 관한 농어촌정비법 제17조 이하의 규정들은 농어촌정비법 제16조에 따라 관리권한을 취득한 농업생산기반시설관리자의 경우에 한하여 적용되는 것으로 해석함이 타당하다. 따라서 농어촌정비법 제23조 제1항에 따라 한국농어촌공사로부터 농업생산기반시설의 '목적 외 사용'에 대하여 승인을 받아야 하는 경우는, ① 한국농어촌공사가 농업생산기반 정비사업 시행자로서 정비사업을 완료한 후 그 사업으로 설치된 농업생산기반시설을 관리하는 경우와 ② 한국농어촌공사가 농림축산식품부장관의 결정에 따라 국가, 지방자치단체 또는 토지소유자로부터 그가 설치하였거나 관리하는 농업생산기반시설의 관리권한을 인수한 경우에 한정된다.

나아가 농어촌정비법 제17조에 따른 '농업생산기반시설의 등록'은 관할 행정청이 농업생산기반시설관리자의 관리사무를 감독하기 위한 사실적 기초로서 행정사무집행의 편의와 사실증명의 자료로 삼기 위한 것일 뿐이므로, 그 등록 자체에 농업생산기반시설의 관리권한을 부여하는 효력이 있다고 볼 수는 없다.

(3) 원심은 그 채택 증거를 종합하여, 참가인 보성지사의 전신인 보성토지개량조합이 1986년경 보성방조제의 내부제방을 설치하는 공사를 시행하여 방조제 안 내수면의 수위가 상승함에 따라 종전에 잡종지였던 이 사건 토지가 비로소 물에 잠겨 보성방조제의 조유지가 되었음에도, 그 이후 보성토지개량조합이나 참가인이 이 사건 토지의 소유자에게 그 손실을 보상하지 않았고 이 사건 토지를 농업생산기반시설로 등록하지도 않았다가, 원고가 2012. 12. 26. 피고에게 개발행위허가를 신청하여 그 무렵 피고가 참가인에게 농업생산기반시설의 목적 외 사용 승인 협의를 요청하자, 그제야 참가인은 2013. 1.경 전라남도지사에게 이 사건 토지를 보성방조제의 조유지로서 등록하였음을 알 수 있다고 하였다. 그리고 참가인이 농어촌정비법 제16조에서 정한 방식으로 이 사건 토지의 관리권한을 취득하였는지에 관하여는 아무런 주장·증명이 없다.

(4) 앞서 본 법령의 내용과 법리에 비추어 살펴보면, 이 사건 토지는 보성방조제의 부속시설인 조유지로 사실상 기능하고 있어 농어촌정비법상 농업생산기반시설로는 볼 여지가 있으므로, 원심이 이 사건 토지가 농어촌정비법상 농업생산기반시설에 해당하지 않는다고 본 부분은 적절하지 아니하다. 그러나 참가인이 농어촌정비법 제16조에서 정한 방식으로 이 사건 토지의 관리권한을 취득하지 못하였다면 이 사건 토지는 농어촌정비법 제23조 제1항에 따라 참가인으로부터 농업생산기반시설의 목적 외 사용 승인을 받아야 할 대상이 되지 않고, 따라서 개발행위허가를 할 때 국토계획법 제61조 제1항 제4호에 따라 미리 관계행정기관의 장과 협의하여야 할 대상이 되는 것도 아니다. 그러므로 이 사건 토지소유자인 원고에 대한 개발행위허가에 참가인과 협의가 필요하다는 전제하에, 참가인이 그 협의를 거부하였다는 이유만으로 개발행위허가를 거부한 이 사건 처분은 위법하다.

(5) 결국 참가인이 이 사건 토지의 관리권한을 보유하고 있지 않음을 전제로 이 사건 처분이 위법하다고 판단한 원심 결론은 수긍할 수 있고, 거기에 상고이유 주장과 같이 농어촌정비법상 농업생산기반시설에 관한 법리를 오해하여 판결에 영향을 미친 잘못이 없다.

다만 이 판결에 의해 이 사건 처분을 취소하는 1심 판결이 확정되므로, 피고는 취소판결의 취지에 따라 원고의 이 사건 개발행위허가신청에 대하여 다시 처분을 하여야 하는데(행정소송법 제30조 제2항), 이때 원고의 사업계획의 적정성 여부나 그 밖의 개발행위허가의 요건을 충족하였는지 여부에 관하여 제대로 된 심사가 이루어져야 할 것이고, 다른 한편으로 참가인의 주장처럼 이 사건 토지를 현재의 상태로 유지·관리하는 것이 보성방조제의 기능 유지에 필수적이라면 참가인은 이제라도 이 사건 토지를 수용하여 농어촌정비법상 농업생산기반시설 관리권한을 적법하게 취득하여야 할 것임을 지적하여 둔다.

다. 권리남용 및 포락 여부

이 부분 상고이유는 참가인이 상고심에 이르러 처음으로 하는 주장임이 기록상 명백하므로 원심판결에 대한 적법한 상고이유가 될 수 없다.

나아가 살펴보더라도, 이 사건 토지에 대하여 종전 소유자들이 정당한 사용·수익 권한을 포기하였는지 여부나 포락으로 국가의 소유가 되었는지 여부는 당초 피고가 이 사건 처분을 하면서 제시한 처분사유가 아니므로 이를 들어 상고심에서 이 사건 처분의 적법사유로 삼을 수는 없다. 그리고 포락은 어느 토지가 법률이 정한 국가하천이나 공유수면의 요건에 해당하면 법률의 규정에 의해 국가의 소유로 되는 경우를 말하는 것으로서(대법원 2000. 12. 8. 선고 99다11687 판결 등 참조), 방조제 안에 위치한 이 사건 토지가 수위 상승으로 물에 잠겨 사실상 조유지가 되었다는 사정만으로 포락에 해당한다고 볼 수 없다. 따라서 참가인의 이 부분 주장은 모두 이유 없다.

3. 그러므로 상고를 기각하고, 상고비용은 참가인이 부담하도록 하여, 관여 대법관의 일치된 의견으로 주문과 같이 판결한다.

Ⅲ. 주장·증명책임

1 대법원 2016. 10. 27. 선고 2015두42817 판결 【시정명령및과징금납부명령취소】 [공2016하,1815]

【판시사항】

[1] 부당한 공동행위를 한 사업자에 대한 과징금 산정의 기준인 매출액 산정의 전제

가 되는 관련 상품 또는 용역의 범위를 판단하는 방법
[2] 행정소송에서 증명책임 분배의 원칙 및 항고소송의 경우 처분의 적법성에 관한 증명책임의 소재
[3] 강판 제조·판매 사업자들인 갑 주식회사 등 3개사가 냉연강판의 기준가격을 동일 또는 유사한 수준으로 결정하기로 합의하였다는 이유로 공정거래위원회가 갑 회사에 과징금 납부명령을 한 사안에서, 운송비와 임가공거래로 인한 매출액을 관련 매출액에 포함하여 과징금을 산정한 것이 적법하다고 한 사례

【판결요지】

[1] 독점규제 및 공정거래에 관한 법률 제22조, 구 독점규제 및 공정거래에 관한 법률 시행령(2016. 3. 8. 대통령령 제27034호로 개정되기 전의 것) 제9조 제1항, 제61조 제1항 [별표 2]의 각 규정에 따르면, 공정거래위원회는 부당한 공동행위를 한 사업자에게 위반기간 동안 일정한 거래분야에서 판매한 관련 상품 또는 용역의 매출액을 기준으로 산정한 과징금을 부과할 수 있고, 여기서 '매출액'은 사업자의 회계자료 등을 참고하여 정하는 것을 원칙으로 하되, 각각의 범위는 행위유형별로 개별적·구체적으로 판단하도록 정하고 있다.

이와 같은 매출액 산정의 전제가 되는 관련 상품 또는 용역의 범위는 부당한 공동행위를 한 사업자 간의 합의의 내용, 부당한 공동행위로 인하여 직접 또는 간접적으로 영향을 받는 상품 또는 용역의 종류와 성질, 용도 및 대체가능성과 거래지역·거래상대방·거래단계 등을 고려하여 개별적·구체적으로 판단하여야 한다.

[2] 민사소송법 규정이 준용되는 행정소송에서의 증명책임은 원칙적으로 민사소송 일반원칙에 따라 당사자 간에 분배되고, 항고소송의 경우에는 그 특성에 따라 처분의 적법성을 주장하는 피고에게 적법사유에 대한 증명책임이 있다. 피고가 주장하는 일정한 처분의 적법성에 관하여 합리적으로 수긍할 수 있는 일응의 증명이 있는 경우에 처분은 정당하며, 이와 상반되는 주장과 증명은 상대방인 원고에게 책임이 돌아간다.

[3] 강판 제조·판매 사업자들인 갑 주식회사가 을 주식회사 및 병 주식회사와 냉연강판의 기준가격을 동일 또는 유사한 수준으로 결정하기로 합의하였다는 이유로 공정거래위원회가 갑 회사에 과징금 납부명령을 한 사안에서, 관련매출액을 구성하는 냉연강판 '매출액'의 범위는 사업자의 회계자료 등을 참고하여 개별적·구체적으로 정해져야 하는데, 갑 회사가 냉연강판의 판매대금에 관한 세금계산서를 발행하면서 매출액에 운송비를 포함하고 운송비를 냉연강판 매출액으로 회계처리한 사실 등에 비추어 보면, 냉연강판 운송비 부분은 관련매출액에 포함되고, 을 회사와 병 회사가 갑 회사에 열연강판의 임가공을 위탁하면서 열연강판을 판매하고 갑 회사가

위탁계약에 따라 이를 임가공하여 미소둔강판을 생산한 후 다시 위탁자에게 판매한 임가공 거래는 실질에서 일반적인 미소둔강판 매매와 본질적으로 다르지 않은 점 등에 비추어 보면, 미소둔강판은 합의의 직접적 대상상품에 해당하고, 임가공 판매대금 역시 합의로부터 직·간접적인 영향을 받았으므로 관련매출액에 포함되어야 한다는 이유로, 운송비와 임가공거래로 인한 매출액을 관련매출액에 포함하여 과징금을 산정한 것이 적법하다고 한 사례.

【참조조문】

[1] 독점규제 및 공정거래에 관한 법률 제22조, 구 독점규제 및 공정거래에 관한 법률 시행령(2016. 3. 8. 대통령령 제27034호로 개정되기 전의 것) 제9조 제1항, 제61조 제1항 [별표 2] / [2] 행정소송법 제26조[증명책임] / [3] 독점규제 및 공정거래에 관한 법률 제22조, 구 독점규제 및 공정거래에 관한 법률 시행령(2016. 3. 8. 대통령령 제27034호로 개정되기 전의 것) 제9조 제1항, 제61조 제1항 [별표 2]

【참조판례】

[1] 대법원 2016. 5. 27. 선고 2013두1126 판결(공2016하, 885) / [2] 대법원 2007. 1. 12. 선고 2006두12937 판결, 대법원 2011. 9. 8. 선고 2009두15005 판결

【전 문】

【원고, 피상고인 겸 상고인】 현대하이스코 주식회사의 소송수계인 현대제철 주식회사 (소송대리인 법무법인 지평 담당변호사 이홍재 외 3인)

【피고, 상고인 겸 피상고인】 공정거래위원회 (소송대리인 법무법인 봄 담당변호사 양규응 외 1인)

【원심판결】 서울고법 2015. 4. 23. 선고 2013누9979 판결

【주 문】

원심판결 중 피고 패소 부분을 파기하고 이 부분 사건을 서울고등법원에 환송한다. 원고의 상고를 기각한다.

【이 유】

상고이유를 판단한다.

1. 원고의 상고이유에 관하여

어떤 공동행위가 '경쟁제한성'을 가지는지 여부는 당해 상품이나 용역의 특성, 소

비자의 제품 선택 기준, 시장과 사업자들의 경쟁에 미치는 영향 등 여러 사정을 고려하여, 당해 공동행위로 인하여 일정한 거래분야에서의 경쟁이 감소하여 가격·수량·품질 기타 거래조건 등의 결정에 영향을 미치거나 미칠 우려가 있는지를 살펴서 개별적으로 판단하여야 한다(대법원 2016. 5. 27. 선고 2013두1126 판결 등 참조).

원심은, 판시와 같은 사정을 들어 원고, 동부제철 주식회사, 유니온스틸 주식회사(이하 '원고 등 3개사'라 하고, 개별적으로 지칭할 때에는 '원고', '동부제철', '유니온스틸'이라 한다)가 냉연강판[산세강판(PO), 미소둔강판(FH), 일반냉연강판(CR)을 모두 포함한다]의 기준가격을 동일 또는 유사한 수준으로 결정하기로 하는 명시적 합의(이하 '이 사건 합의'라 한다)를 한 사실을 인정한 후, ① 합의된 기준가격이 원고 등 3개사 간에 준수되지 않고 개별적으로 할인정책 등을 통해 판매가격이 결정되었더라도 냉연강판의 판매가격은 기준가격을 기준으로 결정되고, 시장의 거래주체도 위 기준가격을 기본가격으로 받아들이므로, 합의된 기준가격은 냉연강판 판매가격에 영향을 미칠 수밖에 없는 점, ② 원고 등 3개사의 국내 냉연강판 시장에서의 시장점유율이 적지 않고, 그 점유율이 지속적으로 증가하고 있었으며, 시장점유율이 가장 높은 사업자인 주식회사 포스코(이하 '포스코'라 한다)의 시장점유율은 지속적으로 감소하고 있었던 점, ③ 원고 등 3개사는 포스코가 결정한 냉연강판의 시장가격을 그대로 추종한 것이 아니라 국내 냉연강판 시장에서의 가격경쟁을 회피할 목적으로 이 사건 합의를 하였다고 봄이 상당한 점, ④ 포스코의 존재로 인하여 적정이윤을 확보할 수 없는 냉연강판 시장의 특수성이 있었다고 하더라도, 이러한 사정이 이 사건 합의로 인한 경쟁제한성 인정에 영향을 준다고 보기도 어려운 점 등의 사정을 들어 이 사건 합의에 경쟁제한성이 인정된다고 판단하였다.

원심판결 이유를 앞서 본 법리에 비추어 살펴보면, 원심의 이러한 판단은 정당하고, 거기에 기준가격 합의의 경쟁제한성 등에 관한 법리를 오해하거나, 필요한 심리를 다하지 아니하는 등의 잘못이 없다.

2. 피고의 상고이유에 관하여

가. 관련 법령 및 법리

독점규제 및 공정거래에 관한 법률(이하 '공정거래법'이라 한다) 제22조, 구 독점규제 및 공정거래에 관한 법률 시행령(2016. 3. 8. 대통령령 제27034호로 개정되기 전의 것) 제9조 제1항, 제61조 제1항 [별표 2]의 각 규정에 따르면, 공정거래위원회는 부당한 공동행위를 한 사업자에게 위반기간 동안 일정한 거래분야에서 판매한 관련 상품 또는 용역의 매출액을 기준으로 산정한 과징금을 부과할 수 있고, 여기서

'매출액'은 사업자의 회계자료 등을 참고하여 정하는 것을 원칙으로 하되, 각각의 범위는 행위유형별로 개별적·구체적으로 판단하도록 정하고 있다.

이와 같은 매출액 산정의 전제가 되는 관련 상품 또는 용역의 범위는 부당한 공동행위를 한 사업자 간의 합의의 내용, 부당한 공동행위로 인하여 직접 또는 간접적으로 영향을 받는 상품 또는 용역의 종류와 성질, 용도 및 대체가능성과 거래지역·거래상대방·거래단계 등을 고려하여 개별적·구체적으로 판단하여야 한다(위 2013두1126 판결 등 참조). 한편 민사소송법 규정이 준용되는 행정소송에서의 증명책임은 원칙적으로 민사소송 일반원칙에 따라 당사자 간에 분배되고, 항고소송의 경우에는 그 특성에 따라 처분의 적법성을 주장하는 피고에게 그 적법사유에 대한 증명책임이 있다. 피고가 주장하는 일정한 처분의 적법성에 관하여 합리적으로 수긍할 수 있는 일응의 증명이 있는 경우에는 그 처분은 정당하다고 할 것이며, 이와 상반되는 주장과 증명은 그 상대방인 원고에게 그 책임이 돌아간다(대법원 2011. 9. 8. 선고 2009두15005 판결 등 참조).

나. 운송비의 관련매출액 포함 여부

(1) 원심은, ① 냉연강판 구매자가 구매한 상품을 스스로 운반하거나 다른 운송사를 이용하는 경우에는 판매자인 원고가 운송비를 수령하지 않으므로, 운송비가 이 사건 합의의 관련상품인 냉연강판의 판매에 필수적으로 수반되는 것으로 볼 수 없는 점, ② 원고는 수요자의 요청이 있으면 운송업체와 개별 협상을 통해 운송거리를 기준으로 책정한 실비를 받고 운송용역을 제공하고 있으므로, 운송비 상당액은 '운송용역의 대가'로 볼 수 있는 점, ③ 운송용역은 일반용 냉연강판의 판매를 전제하여 이루어지는 것이지만 이 사건 합의의 관련상품인 냉연강판의 판매와는 구별되는 별개의 용역이므로, 원고 등 철강업체가 운송비 전부 또는 일부를 구매자에게 지원해주었다고 하더라도 이를 냉연강판 판매대금 감면으로 볼 수 없는 점 등의 사정을 들어, 운송비는 이 사건 관련매출액에서 공제되어야 한다고 판단하였다.

(2) 그러나 원심의 위와 같은 판단은 다음과 같은 이유로 그대로 수긍하기 어렵다. 이 사건 합의의 관련상품이 '냉연강판'인 점은 명확하므로, 앞서 본 법리에 따라, 이 사건에서 관련매출액을 구성하는 냉연강판 '매출액'의 범위는 사업자의 회계자료 등을 참고하여 개별적·구체적으로 정해져야 한다.

그런데 원심판결 이유에 의하면, 원고가 냉연강판의 판매대금에 관한 세금계산서를 발행하면서 매출액에 운송비를 포함하고 운송비를 냉연강판 매출액으로 회계처리한 사실을 알 수 있다.

이에 더하여, ① 통상적으로 상품의 판매에는 상품을 소비자에게 인도하는 과정에서 운송이 필요하므로, 이러한 운송비가 특정 상품판매와 별개의 관련상품 또는 매출액을 구성한다고 보기 위해서는 그 상품 판매대금의 구체적 구성, 거래 당사자들의 인식이나 거래관행에 비추어 그 상품의 운송서비스가 상품판매와는 전혀 별개의 것으로 볼 수 있어야 하는 점, ② 그런데 이 사건 냉연강판 판매시장에서는 구매자 스스로가 냉연강판을 운반하는 것을 원칙적인 거래관행으로 볼 자료가 없고, 오히려 판매자가 직접 운송해주거나 별개의 운송업체를 통해 운송하는 사례가 많으며, 원고 등 철강업체가 운송비의 일부 또는 전부를 지원해주어 운송비 지원을 실질적인 판매가격 할인의 방편으로 사용한 것으로 보이는 점, ③ 구매자 스스로 냉연강판을 운반하거나 판매자가 별개의 운송업체를 이용하는 사례가 있다고 하여, 냉연강판 운송비 일반이 관련매출액에서 당연히 제외되어야 한다고 볼 수 없고, 냉연강판 판매대금과 별개로 회계 처리되어야 하는 것도 아닌 점, ④ 오히려 원고가 운송비의 전부 또는 일부를 부담하거나 구매자가 원고에게 운송비를 포함한 냉연강판 판매대금 일체를 지급한 경우에, 운송비 부분은 회계자료상으로 판매에 관한 비용에 해당하므로 '관련상품'인 냉연강판 판매에 관한 '매출액'에서 제외할 이유가 없는 점 등 기록을 통하여 알 수 있는 여러 사정을 앞서 본 법리에 비추어 살펴보면, 냉연강판 운송비 부분은 이 사건 관련매출액에 포함되는 것으로 봄이 타당하다. 따라서 피고가 운송비를 포함한 관련매출액을 기초로 하여 원고에 대한 과징금을 산정한 조치에 위법이 있다고 볼 수 없다.

(3) 그럼에도 원심은 이와 달리 운송비 부분이 이 사건 관련매출액에서 제외되어야 한다고 보아 이 사건 과징금납부명령이 위법하다고 판단하였으므로, 이러한 원심의 판단에는 공정거래법상 관련매출액 산정에 관한 법리를 오해하여 판결에 영향을 미친 잘못이 있다. 이 점을 지적하는 상고이유의 주장은 이유 있다.

다. 임가공거래로 인한 매출액의 관련매출액 포함 여부

(1) 원심은, ① 동부제철과 유니온스틸(이하 '동부제철 등'이라 한다)이 원고에게 열연강판의 임가공을 위탁하면서 열연강판을 판매하고, 원고가 그 위탁계약에 따라 이를 임가공하여 미소둔강판을 생산한 후 다시 위탁자에게 판매하여 지급받은 대금(이하 '이 사건 임가공 판매대금'이라 한다)은 소비자에게 판매하는 미소둔강판 가격과 무관하게 위탁자인 동부제철 등과 수탁자인 원고가 협의하여 정해진 점, ②

원고와 동부제철 등은 대립하는 이해관계를 가진 거래상대방의 지위에 있었으므로 경쟁적인 공급자의 지위에서 소비자에게 판매하기 위하여 공동으로 책정한 미소둔강판 가격을 이 사건 임가공 거래에 그대로 적용하였다고 볼 수 없는 점 등을 근거로 하여, 이 사건 임가공 판매대금 부분은 이 사건 관련매출액에서 공제되어야 한다고 판단하였다.

(2) 그러나 원심의 위와 같은 판단은 다음과 같은 이유로 그대로 수긍하기 어렵다.

(가) 원심판결 이유와 기록에 의하면 다음과 같은 사정을 알 수 있다.

① 이 사건 임가공 거래는 원고가 동국제철 등으로부터 열연강판을 구입하여 가공한 후 다시 위탁자에게 완제품인 미소둔강판을 판매하는 형식을 취하고 있으므로, 그 거래의 실질에 있어서 일반적인 미소둔강판 매매와 본질적으로 다르다고 보기 어렵다.

② 통상적으로 이 사건과 같은 임가공 판매대금은 제조원가에 해당하는 열연강판 가격과 임가공비용에 임가공 이윤을 더하여 결정될 것으로 보인다. 그런데 이 사건에서 원고가 위탁업체로부터 열연강판을 매수하고 위탁업체에 미소둔강판을 재판매하는 법적 형식을 취하고 있는 이상 최종적인 재판매 가격이 결정되어야 하는데, 원고가 매수한 열연강판의 명목가격이 그 시중 가격보다 월등히 높다는 등의 특별한 사정이 없는 이상, 원고가 이러한 재판매 가격을 결정함에 있어서 아무런 제약 없이 자신의 이윤을 결정하여 최종적 재판매 가격을 정하는 것으로 보기는 어렵고, 오히려 통상적으로는 원고의 미소둔강판 시중 판매가격을 고려한다고 봄이 타당하며, 그 재판매 가격은 적어도 이러한 시중 판매가격의 한도 내에서 정해질 것으로 보인다.

③ 또한 이 사건 임가공 거래가 공동행위 가담자들 사이의 거래라고 하더라도, 같은 상품에 대한 거래로서 매매의 형식을 취하고 있는 이상 원고가 이때에도 기준가격을 토대로 형성된 시중가격을 고려할 여지가 크고, 이 사건 임가공 판매대금이 위 기준가격 또는 시중 판매가격으로부터 영향을 받지 아니하고 독자적으로 결정되었다고 볼 만한 다른 사정이 없는 한 일응은 이 사건 합의로부터 영향을 받은 것으로 봄이 타당하다.

④ 그런데 원고와 동부제철 등의 구체적 협상과정에서 정해진 개별적 임가공 판매대금액이 구체적으로 각각 얼마였는지, 나아가 그 대금액이 어떠한 협상과정을 거쳐 결정되었는지를 확인할 수 있는 자료가 원심에서 전혀 제출되지 아니하였고, 각 임가공 판매가격과 미소둔강판의 일반 판매가격 사이의 격차가 상당하다는 점에

관한 자료도 전혀 제출된 바 없다.

⑤ 그 밖에 철강재의 원자재적 특성상 같은 철강제품 생산자들 사이의 거래가 빈번할 수밖에 없어 같은 철강업체 사이의 상품거래와 일반 소비자를 대상으로 한 상품판매 사이에 차이가 있다고 보기 어려우므로, 형식상 임가공 거래 또는 위탁거래라고 하여 일반 시장에서 판매되는 가격과 무관하게 가격이 결정된다고 단정하기도 어렵다.

(나) 이러한 사정 등을 앞서 본 법리에 비추어 살펴보면, 미소둔강판은 이 사건 합의의 직접적 대상상품에 해당하고, 이 사건 임가공 판매대금 역시 이 사건 합의로부터 직·간접적인 영향을 받았다는 점에 관한 피고의 일응의 증명이 있다고 봄이 타당하며, 원심까지 제출된 증거만으로는 이 사건 임가공 판매대금이 이 사건 합의와 무관하게 독자적으로 결정되었다고 볼 만한 특별한 사정이 인정된다고 보기는 어려우므로, 이 사건 관련매출액 산정의 적법성에 관한 피고의 위와 같은 일응의 증명을 뒤집기에 부족한 것으로 볼 수 있다.

그럼에도 원심은 이와 달리 그 판시와 같은 증거만으로 이 사건 임가공 판매대금이 이 사건 관련매출액에서 제외되어야 한다고 보아 이 사건 과징금납부명령이 위법하다고 판단하였으므로, 이러한 원심의 판단에는 공정거래법상 관련매출액 산정 및 그 증명책임 분배에 관한 법리를 오해하여 필요한 심리를 다하지 않음으로써 판결에 영향을 미친 잘못이 있다. 이 점을 지적하는 상고이유의 주장도 이유 있다.

3. 결 론

그러므로 원심판결 중 피고 패소 부분을 파기하고 이 부분 사건을 다시 심리·판단하도록 원심법원에 환송하며, 원고의 상고를 기각하기로 하여, 관여 대법관의 일치된 의견으로 주문과 같이 판결한다.

Ⅳ. 직권심리

1 대법원 2016. 12. 27. 선고 2016두50440 판결 【부가가치세부과처분취소】 [공2017상,259]

【판시사항】

[1] 소송에서 당사자가 누구인가를 법원이 직권으로 확정하여야 하는지 여부(적극)

[2] 개인이나 법인이 과세처분에 대하여 심판청구 등을 제기하여 전심절차를 진행하던 중 사망하거나 흡수합병되는 등으로 당사자능력이 소멸하였으나, 전심절차에서 이를 알지 못한 채 소멸된 당사자를 청구인으로 표시하여 청구에 관한 결정이 이루어지고, 상속인이나 합병법인이 결정에 불복하여 소를 제기하면서 소장에 착오로 소멸한 당사자를 원고로 기재한 경우, 법원이 취할 조치

【판결요지】

[1] 소송에서 당사자가 누구인가는 당사자능력, 당사자적격 등에 관한 문제와 직결되는 중요한 사항이므로, 사건을 심리·판단하는 법원으로서는 직권으로 소송당사자가 누구인가를 확정하여 심리를 진행하여야 한다.

[2] 개인이나 법인이 과세처분에 대하여 심판청구 등을 제기하여 전심절차를 진행하던 중 사망하거나 흡수합병되는 등으로 당사자능력이 소멸하였으나, 전심절차에서 이를 알지 못한 채 사망하거나 합병으로 인해 소멸된 당사자를 청구인으로 표시하여 청구에 관한 결정이 이루어지고, 상속인이나 합병법인이 결정에 불복하여 소를 제기하면서 소장에 착오로 소멸한 당사자를 원고로 기재하였다면, 실제 소를 제기한 당사자는 상속인이나 합병법인이고 다만 그 표시를 잘못한 것에 불과하므로, 법원으로서는 이를 바로잡기 위한 당사자표시정정신청을 받아들인 후 본안에 관하여 심리·판단하여야 한다.

【참조조문】

[1] 행정소송법 제12조, 제13조, 제26조 / [2] 행정심판법 제13조, 행정소송법 제8조 제2항, 제12조, 제13조, 제26조, 민사소송법 제51조, 제233조 제1항, 제234조, 제249조 제1항

【참조판례】

[1] 대법원 2001. 11. 13. 선고 99두2017 판결(공2002상, 63) / [2] 대법원 1994. 12. 2. 선고 93누12206 판결(공1995상, 517), 대법원 2009. 3. 12. 선고 2008후5090 판결

【전 문】

【원고, 상고인】 석주화학공업 주식회사 (소송대리인 변호사 이재홍 외 5인)

【피고, 피상고인】 용산세무서장

【원심판결】 서울고법 2016. 8. 18. 선고 2016누31748 판결

【주 문】

원심판결을 파기하고, 사건을 서울고등법원에 환송한다.

【이 유】

상고이유를 판단한다.

1. 소송에서 당사자가 누구인가는 당사자능력, 당사자적격 등에 관한 문제와 직결되는 중요한 사항이므로, 사건을 심리·판단하는 법원으로서는 직권으로 소송당사자가 누구인가를 확정하여 심리를 진행하여야 한다(대법원 2001. 11. 13. 선고 99두2017 판결 등 참조). 그리고 개인이나 법인이 과세처분에 대하여 심판청구 등을 제기하여 전심절차를 진행하던 중 사망하거나 흡수합병되는 등으로 당사자능력이 소멸하였으나, 전심절차에서 이를 알지 못한 채 사망하거나 합병으로 인해 소멸된 당사자를 청구인으로 표시하여 그 청구에 관한 결정이 이루어지고, 상속인이나 합병법인이 위 결정에 불복하여 소를 제기하면서 소장에 착오로 소멸한 당사자를 원고로 기재하였다면, 이러한 경우 실제 소를 제기한 당사자는 상속인이나 합병법인이고 다만 그 표시를 잘못한 것에 불과하므로, 법원으로서는 이를 바로잡기 위한 당사자표시정정신청을 받아들인 후 본안에 관하여 심리·판단하여야 한다(대법원 1994. 12. 2. 선고 93누12206 판결, 대법원 2009. 3. 12. 선고 2008후5090 판결 등 참조).

2. 원심판결 이유 및 원심이 적법하게 채택한 증거에 의하면, ① 석주화학공업 주식회사(대표이사 소외 1, 이하 '석주화학'이라 한다)는 태봉광업 주식회사(대표이사 소외 2, 이하 '태봉광업'이라 한다)와 함께 이 사건 처분을 포함하여 각 회사에 부과된 과세처분에 대하여 2013. 9. 3. 조세심판원에 심판청구를 한 후 2013. 12. 31. 태봉광업에 흡수합병되어 해산한 사실, ② 조세심판원은 흡수합병 사실을 알지 못한 채 2014. 8. 11. 심판청구를 기각하는 결정을 하면서 결정문에 청구인을 '석주화학공업 주식회사(대표이사 소외 1)'로 표시한 사실, ③ 이후 제1심법원에 이 사건 소가 제기되었는데, 소장에는 태봉광업 대신 '석주화학공업 주식회사(대표이사 소외 1)'가 원고로 기재되어 있고, 그 첨부서류로서 석주화학의 대표이사 소외 1이 법무법인 로투스를 소송대리인으로 선임한다는 취지가 기재된 위임장과 석주화학의 흡수합병 해산 사실이 기재된 법인등기사항일부증명서가 함께 제출된 사실, ④ 제1심법원은 2015. 12. 17. 원고의 청구를 기각하는 판결을 하면서 그 판결문에 '석주화학공업 주식회사(대표이사 소외 1)'를 원고로 표시하였고, 위 판결정본은 2015. 12. 17. 법무법인 로투스에 송달된 사실, ⑤ 태봉광업의 대표이사 소외 2는 2015. 12. 29. 변호사 소외 3, 소외 4 등에게 이 사건 원심에 관한 소송대리를 위임하여, 변호사 소외 3 등은 2015. 12. 29. '석주화학공업 주식회사(대표이사 소외 1)'를 원

고로 기재하여 항소를 제기한 후, 2016. 7. 11. 원고를 '석주화학공업 주식회사(대표이사 소외 1)'에서 '태봉광업 주식회사(대표이사 소외 2)'로 정정하는 당사자표시정정신청을 한 사실 등을 알 수 있다.

3. 이러한 사실관계를 앞서 본 법리에 비추어 보면, ① 태봉광업은 흡수합병으로 인하여 존속하는 합병법인으로서 이 사건 처분에 의한 조세채무를 승계함과 아울러 석주화학에 대한 조세심판원 결정의 효력도 미치게 되는데, 석주화학과 함께 제기한 심판청구절차에서 조세심판원의 결정을 송달받음으로써 태봉광업 자신은 물론 석주화학의 청구도 기각된 사실을 알게 되었음에도 불구하고 자신에 대한 부과처분 부분만을 불복한다는 것은 그 자체로 매우 이례적인 점, ② 석주화학의 대표이사였던 소외 1 역시 석주화학이 태봉광업에 흡수합병되었음에도 태봉광업과 아무런 협의 없이 이미 소멸한 석주화학을 대표하여 소송대리인을 선임하여야 할 특별한 사정이 기록상 확인되지 않는 점 등을 고려할 때, 태봉광업이 실질적인 당사자로서 이 사건 소를 제기하면서도 착오로 소장 등에 소멸법인인 석주화학을 기재하였다고 볼 여지가 있다. 그렇다면 원심으로서는 태봉광업과 석주화학의 합병 당시 이 사건 처분과 관련한 향후 처리방안에 대한 협의 유무, 석주화학의 대표이사였던 소외 1이 이 사건 소 제기 당시 소송대리인 선임에 관여하게 된 구체적인 경위나 사정, 소송위임에 따른 수임료를 실질적으로 부담한 주체 등에 관하여 더 심리하여 실제 소를 제기한 당사자가 누구인지를 먼저 확정한 다음 그에 따라 원고 대리인의 당사자표시정정신청을 허용할지 여부를 판단하는 것이 타당하다.

그럼에도 원심은 위와 같은 사정을 구체적으로 살펴보지 아니한 채 그 판시와 같은 이유만으로 이 사건 소를 제기한 당사자를 석주화학으로 단정하여 이 사건 소가 흡수합병으로 해산한 법인의 명의로 제기된 것이어서 부적법하다는 이유로 이를 각하하였으니, 이러한 원심의 판단에는 당사자의 확정에 관한 법리를 오해하여 필요한 심리를 다하지 아니함으로써 판결에 영향을 미친 잘못이 있다. 이를 지적하는 상고이유 주장은 이유 있다.

4. 그러므로 원심판결을 파기하고, 사건을 다시 심리·판단하게 하기 위하여 원심법원에 환송하기로 하여, 관여 대법관의 일치된 의견으로 주문과 같이 판결한다.

2 대법원 2017. 3. 9. 선고 2016두55933 판결【국가유공자및보훈보상대상자비해당결정처분취소】[공2017상,639]

【판시사항】

[1] 기존의 질병이 원인이 되거나 악화된 경우를 국가유공자에서 제외한다고 규정한 국가유공자 등 예우 및 지원에 관한 법률 시행령 제3조 [별표 1] 제2호의 2-8이 모법의 위임범위를 일탈한 것으로서 무효인지 여부(소극)

[2] 민사소송법 제202조가 선언하고 있는 자유심증주의의 의미 및 법관의 사실인정 방법과 한계

【판결요지】

[1] 국가유공자 등 예우 및 지원에 관한 법률 시행령 제3조 [별표 1] 제2호의 2-8이 '기존의 질병이 원인이 되거나 악화된 경우'에는 국가유공자에서 제외한다고 규정한 것은, 국가의 수호 등과 직접 관련된 직무수행 또는 교육훈련이 문제 된 질병의 발생 또는 악화의 주된 원인으로 평가될 수 없는 경우를 배제하고자 한 취지일 뿐이므로, 기존 질병이 해당 질병의 발생 또는 악화에 일부 관련되거나 영향을 미쳤다고 볼 여지가 있는 경우에도 직무수행 또는 교육훈련이 발병의 주된 원인으로 인정될 수 있다면 국가유공자 요건을 충족한다고 해석되고, 이러한 해석은 모법인 국가유공자법의 위임취지에 부합하므로 결국 위 시행령 조항이 모법의 위임범위를 일탈한 것으로서 무효라고 볼 수 없다.

[2] 행정소송법 제8조 제2항에 따라 행정소송에 준용되는 민사소송법 제202조가 선언하고 있는 자유심증주의는 형식적·법률적 증거규칙에 얽매일 필요가 없다는 것을 뜻할 뿐 법관의 자의적 판단을 허용하는 것은 아니므로, 사실의 인정은 적법한 증거조사절차를 거친 증거에 의하여 정의와 형평의 이념에 입각하여 논리와 경험의 법칙에 따라 하여야 하고, 사실인정이 사실심의 재량에 속한다고 하더라도 그 한도를 벗어나서는 아니 된다.

【참조조문】

[1] 헌법 제75조, 국가유공자 등 예우 및 지원에 관한 법률 시행령 제3조 [별표 1] 제2호 / [2] 행정소송법 제8조 제2항, 민사소송법 제202조

【참조판례】

[1] 대법원 2016. 8. 30. 선고 2014두46034 판결(공2016하, 1525) / [2] 대법원 2014. 8. 20. 선고 2012두14842 판결

【전 문】

【원고, 상고인】 원고 (소송대리인 변호사 서영현 외 1인)

【피고, 피상고인】 경기남부보훈지청장

【원심판결】 서울고법 2016. 10. 12. 선고 2016누36156 판결

【주 문】

원심판결 중 요추5번-천추1번간 추간판 탈출증에 대한 부분을 파기하고, 이 부분 사건을 서울고등법원에 환송한다. 나머지 상고를 기각한다.

【이 유】

상고이유(상고이유서 제출기간이 경과한 후에 제출된 상고이유보충서의 기재는 상고이유를 보충하는 범위 내에서)를 판단한다.

1. 이 사건에 적용된 시행령의 무효 여부

가. 어느 시행령 규정이 모법에 저촉되는지가 명백하지 않는 경우에는 모법과 시행령의 다른 규정들과 그 입법 취지, 연혁 등을 종합적으로 살펴 모법에 합치된다는 해석도 가능한 경우라면 그 규정을 모법위반으로 무효라고 선언해서는 안 된다(대법원 2014. 1. 16. 선고 2011두6264 판결 등 참조).

나. 국가유공자 등 예우 및 지원에 관한 법률(이하 '국가유공자법'이라 한다) 제4조 제1항 제6호는 '공상군경'에 관하여 "군인이나 경찰·소방 공무원으로서 국가의 수호·안전보장 또는 국민의 생명·재산 보호와 직접적인 관련이 있는 직무수행이나 교육훈련 중 상이(질병을 포함한다)를 입고 전역하거나 퇴직한 사람으로서 그 상이 정도가 국가보훈처장이 실시하는 신체검사에서 상이등급으로 판정된 사람"으로 정하고, 제4조 제2항은 공상군경 등 국가유공자 요건 해당 여부에 대한 구체적인 기준과 범위는 '전투 또는 이에 준하는 직무수행의 범위', '직무수행이나 교육훈련과 국가의 수호·안전보장 또는 국민의 생명·재산 보호와의 관련 정도', '사망하거나 상이(질병을 포함한다)를 입게 된 경위 및 본인 과실의 유무와 정도' 등을 종합적으로 고려하여 대통령령으로 정하도록 규정하며, 그 위임에 따라 국가유공자 등 예우 및 지원에 관한 법률 시행령 제3조 [별표 1] 제2호의 2-8(이하 '이 사건 시행령 조항'이라 한다)은 국가유공자 인정 기준으로, '2-1부터 2-7까지의 직무수행 또는 교육훈련(군인의 경계·수색·매복·정찰, 장비·물자 등 군수품의 정비·보급·수송 및 관리 등 및 그와 직접 관련된 실기·실습·교육훈련 등) 중 입은 분명한 외상이 직접적인 원인이 되어 질병이 발생하였다고 의학적으로 인정된 질병', '위와 같은 직무수행

또는 교육훈련이 직접적인 원인이 되어 급성으로 질병이 발생하였다고 의학적으로 인정된 질병' 등을 규정하면서 '기존의 질병이 원인이 되거나 악화된 경우는 제외한다'고 규정하고 있다.

이 사건 시행령 조항이 '기존의 질병이 원인이 되거나 악화된 경우'에는 국가유공자에서 제외한다고 규정한 것은, 국가의 수호 등과 직접 관련된 직무수행 또는 교육훈련이 문제 된 질병의 발생 또는 악화의 주된 원인으로 평가될 수 없는 경우를 배제하고자 한 취지일 뿐이므로, 기존 질병이 해당 질병의 발생 또는 악화에 일부 관련되거나 영향을 미쳤다고 볼 여지가 있는 경우에도 직무수행 또는 교육훈련이 발병의 주된 원인으로 인정될 수 있다면 국가유공자 요건을 충족한다고 해석되고(대법원 2016. 8. 30. 선고 2014두46034 판결 참조), 이러한 해석은 모법인 국가유공자법의 위임취지에 부합하므로 결국 이 사건 시행령 조항이 모법의 위임범위를 일탈한 것으로서 무효라고 볼 수 없다.

다. 원심판결 이유에 의하면, 원심은 이 사건 시행령 조항이 국가유공자의 요건으로 직무수행이나 교육훈련과 신청 상이 사이에 상당인과관계를 넘어 직접적인 원인관계가 있을 것을 규정하면서 기존의 질병이 원인이 되거나 악화된 경우를 국가유공자에서 제외한 것이 모법이 정한 위임범위를 일탈하였다거나 헌법 제11조가 정한 평등원칙 또는 헌법 제39조 제2항이 정한 병역의무 이행으로 인한 불이익처우 금지의 원칙에 위배되지 않는다고 판단하였다.

라. 앞서 본 법리에 비추어 원심판결 이유를 살펴보면, 원심이 이 사건 시행령 조항을 해석함에 있어 기존 질병이 신청 상이에 영향을 미친 모든 경우가 국가유공자에서 제외되는 것처럼 설시한 것은 적절하지 않으나, 이 사건 시행령 조항이 무효가 아니라고 본 결론에 있어서는 정당하고, 거기에 위임입법의 한계 등에 관한 법리를 오해하여 판결에 영향을 미친 잘못이 없다.

2. 요추4-5번간 추간판 탈출증(이하 '제1상이'라 한다)이 국가유공자 요건을 충족하는지 여부

원심은 그 판시와 같은 이유를 들어 원고가 군 복무 중 받은 유격훈련이 직접적 원인이 되어 제1상이가 발생하였다고 볼 수 없다고 판단하였다.

원심판결 이유를 관련 법리에 비추어 살펴보면, 이러한 원심 판단은 정당하고, 거기에 국가유공자 요건에 관한 법리를 오해한 잘못이 없다.

3. 원고가 군 복무 중 요추5번-천추1번간 추간판 탈출증(이하 '제2상이'라 한다)을 입었다고 인정되는지 여부

가. 행정소송법 제8조 제2항에 따라 행정소송에 준용되는 민사소송법 제202조가 선언하고 있는 자유심증주의는 형식적·법률적 증거규칙에 얽매일 필요가 없다는 것을 뜻할 뿐 법관의 자의적 판단을 허용하는 것은 아니므로, 사실의 인정은 적법한 증거조사절차를 거친 증거에 의하여 정의와 형평의 이념에 입각하여 논리와 경험의 법칙에 따라 하여야 하고, 사실인정이 사실심의 재량에 속한다고 하더라도 그 한도를 벗어나서는 아니 된다(대법원 2014. 8. 20. 선고 2012두14842 판결 참조).

나. 원심판결 및 원심이 적법하게 채택한 증거에 의하면, ① 2001. 3.경 육군에 병으로 입대한 원고는 2001. 6.경 유격훈련을 받던 중 허리에 통증을 느껴 군 병원과 민간 병원의 진료를 받다가 2001. 9.경 의병전역한 사실, ② 원고를 2001. 6. 29. 진료한 ○○○병원, 2001. 7. 5. 진료한 국군철정병원, 2001. 7. 31. 진료한 △△△△병원은 MRI 검사 결과 등을 기초로 제1상이와 함께 제2상이에 대한 진단을 하였고, 원고는 2001. 7. 31. △△△△병원에서 제2상이에 대하여도 후궁 절제술을 받은 사실, ③ 제1심 진료기록 감정의는 제2상이가 인정된다는 전제에서 '제1상이와 제2상이는 동일한 요인으로 발생한 것으로 보이고, 군 훈련이 제2상이에 기여한 정도는 70%로 추정된다'는 소견을 제시한 사실을 알 수 있다.

위와 같은 사실관계를 앞서 본 법리에 비추어 살펴보면, 여러 의료기관이 제2상이를 진단하였고 그 부분에 절제술까지 시행되었으며 감정의 또한 발병 사실을 인정하고 있는 이상, 원고의 요추5번-천추1번 부분의 상태가 추간판 탈출증에 해당한다고 보는 것이 상당하다. 따라서 원심으로서는 제2상이가 발병하였다는 전제에서 위 상이가 국가유공자 요건이나 보훈보상대상자 요건에 해당하는지를 심리·판단하였어야 할 것이다.

다. 그럼에도 원심은 위 수술 당시 천추1번에 신경근 압박이 관찰되지 않았다는 점만을 들어 원고에게 제2상이가 발병하였다고 인정되지 않는다고 판단하였으니, 이러한 원심의 판단에는 논리와 경험의 법칙을 위반하여 자유심증주의의 한계를 벗어남으로써 판결에 영향을 미친 잘못이 있다.

4. 결 론

원심판결 중 제2상이에 대한 부분을 파기하고, 이 부분 사건을 다시 심리·판단하게 하기 위하여 원심법원에 환송하며, 나머지 상고를 기각하기로 하여, 관여 대법관

의 일치된 의견으로 주문과 같이 판결한다.

3 대법원 2017. 5. 17. 선고 2016두53050 판결【과징금부과처분취소】[공2017상,1299]

【판시사항】

[1] 명의신탁등기 과징금 부과처분과 장기미등기 과징금 부과처분 중 어느 하나의 처분사유에 의한 과징금 부과처분에 대하여 당해 처분사유가 아닌 다른 처분사유가 존재한다는 이유로 적법하다고 판단할 수 있는지 여부(원칙적 소극)

[2] 구 국토의 계획 및 이용에 관한 법률에 의한 토지거래허가구역 내에 있는 토지를 매수한 사람이 토지거래허가를 받지 않은 경우, 부동산 실권리자명의 등기에 관한 법률 제10조 제1항이 정하는 기간 내에 소유권이전등기를 신청하지 않았다는 이유로 과징금을 부과할 있는지 여부(소극)

【판결요지】

[1] 부동산 실권리자명의 등기에 관한 법률은 누구든지 부동산에 관한 물권을 명의신탁약정에 따라 명의수탁자의 명의로 등기하여서는 아니 된다고 하고(제3조 제1항), 이를 위반한 명의신탁자에게는 해당 부동산 가액의 100분의 30에 해당하는 금액의 범위에서 과징금(이하 '명의신탁등기 과징금'이라고 한다)을 부과하도록 규정하고 있다(제5조 제1항 제1호). 또한 부동산의 소유권이전을 내용으로 하는 계약을 체결하고 반대급부의 이행이 사실상 완료된 날부터 3년 이내에 소유권이전등기를 신청하지 아니한 등기권리자 등에게는 부동산평가액의 100분의 30의 범위에서 과징금(이하 '장기미등기 과징금'이라고 한다)을 부과하도록 규정하고 있다(제10조 제1항).

이와 같이 명의신탁등기 과징금과 장기미등기 과징금은 위반행위의 태양, 부과 요건, 근거 조항을 달리하므로, 각 과징금 부과처분의 사유는 상호 간에 기본적 사실관계의 동일성이 있다고 할 수 없다. 그러므로 그중 어느 하나의 처분사유에 의한 과징금 부과처분에 대하여 당해 처분사유가 아닌 다른 처분사유가 존재한다는 이유로 적법하다고 판단하는 것은 특별한 사정이 없는 한 행정소송법상 직권심사주의의 한계를 넘는 것으로서 허용될 수 없다.

[2] 구 국토의 계획 및 이용에 관한 법률(2016. 1. 19. 법률 제13797호로 개정되기 전의 것)에 의한 토지거래허가구역 내의 토지에 관한 거래계약은 관할 행정청으로부터 허가받기 전까지는 채권적 효력도 발생하지 않아 무효이어서 권리의 이전 또는 설정에 관한 어떠한 내용의 이행청구도 할 수 없다. 그러므로 토지거래허가구역

내에 있는 토지를 매수한 사람이 토지거래허가를 받지 않은 이상 부동산 실권리자명의 등기에 관한 법률 제10조 제1항이 정하는 기간 내에 소유권이전등기를 신청하지 않았다고 하더라도 과징금을 부과할 수는 없다.

【참조조문】

[1] 부동산 실권리자명의 등기에 관한 법률 제3조 제1항, 제5조 제1항 제1호, 제10조 제1항 / [2] 구 국토의 계획 및 이용에 관한 법률(2016. 1. 19. 법률 제13797호로 개정되기 전의 것) 제118조 제1항(현행 부동산 거래신고 등에 관한 법률 제11조 제1항 참조), 부동산 실권리자명의 등기에 관한 법률 제10조 제1항

【참조판례】

[2] 대법원 2009. 10. 15. 선고 2009두8090 판결(공2009하, 1889)

【전 문】

【원고, 상고인】 원고 1 외 1인 (소송대리인 법무법인 에이프로 담당변호사 최기영 외 1인)

【피고, 피상고인】 의왕시장

【원심판결】 서울고법 2016. 9. 6. 선고 2016누41424 판결

【주 문】

원심판결 중 원고 2에 대한 부분을 파기하고, 이 부분 사건을 서울고등법원에 환송한다. 원고 1의 상고를 기각한다. 상고비용 중 원고 1의 상고로 인한 부분은 원고 1이 부담한다.

【이 유】

상고이유를 판단한다.

1. 항고소송에서 법원은 필요하다고 인정하면 직권으로 증거조사를 할 수 있고 당사자가 주장하지 아니한 사실에 대하여도 판단할 수 있다(행정소송법 제26조). 이는 행정소송의 특수성을 고려하여 당사자주의 및 변론주의에 대한 일부 예외를 규정한 것이기는 하지만, 그 경우에도 새로운 처분사유를 인정하여 행정처분의 정당성 여부를 판단하는 것은 당초의 처분사유와 기본적 사실관계의 동일성이 인정되는 한도 내에서만 허용된다(대법원 2013. 8. 22. 선고 2011두26589 판결 등 참조).

「부동산 실권리자명의 등기에 관한 법률」(이하 '부동산실명법'이라고 한다)은, 누구든지 부동산에 관한 물권을 명의신탁약정에 따라 명의수탁자의 명의로 등기하여

서는 아니 된다고 하고(제3조 제1항), 이를 위반한 명의신탁자에게는 해당 부동산가액의 100분의 30에 해당하는 금액의 범위에서 과징금(이하 '명의신탁등기 과징금'이라고 한다)을 부과하도록 규정하고 있다(제5조 제1항 제1호). 또한 부동산의 소유권이전을 내용으로 하는 계약을 체결하고 반대급부의 이행이 사실상 완료된 날부터 3년 이내에 소유권이전등기를 신청하지 아니한 등기권리자 등에게는 부동산평가액의 100분의 30의 범위에서 과징금(이하 '장기미등기 과징금'이라고 한다)을 부과하도록 규정하고 있다(제10조 제1항).

이와 같이 명의신탁등기 과징금과 장기미등기 과징금은 위반행위의 태양, 부과요건, 근거조항을 달리하므로, 그 각 과징금 부과처분의 사유는 상호간에 기본적 사실관계의 동일성이 있다고 할 수 없다. 그러므로 그중 어느 하나의 처분사유에 의한 과징금 부과처분에 대하여 당해 처분사유가 아닌 다른 처분사유가 존재한다는 이유로 적법하다고 판단하는 것은 특별한 사정이 없는 한 행정소송법상 직권심사주의의 한계를 넘는 것으로서 허용될 수 없다.

한편 구 「국토의 계획 및 이용에 관한 법률」(2016. 1. 19. 법률 제13797호로 개정되기 전의 것)에 의한 토지거래허가구역 내의 토지에 관한 거래계약은 관할 행정청으로부터 허가받기 전까지는 채권적 효력도 발생하지 않아 무효이어서 권리의 이전 또는 설정에 관한 어떠한 내용의 이행청구도 할 수 없다. 그러므로, 토지거래허가구역 내에 있는 토지를 매수한 사람이 토지거래허가를 받지 않은 이상 부동산실명법 제10조 제1항이 정하는 기간 내에 소유권이전등기를 신청하지 않았다고 하더라도 과징금을 부과할 수는 없다(대법원 2009. 10. 15. 선고 2009두8090 판결).

2. 원심판결 및 원심이 인용한 제1심판결 이유에 의하면 다음 사실을 알 수 있다. 즉, ① 원고 1과 소외 1은 2002. 1.경 소유자 소외 2로부터 의왕시 (주소 생략) 전 1,722㎡(이하 '이 사건 토지'라고 한다)의 각 1/2 지분을 매수하였으나, 2002. 4. 19. 소외 1이 이 사건 토지 전부에 관하여 그 단독 명의로 소유권이전등기를 마치자, 원고 1은 그렇게 등기가 경료된 상태를 인정하고 대신 자신의 지분을 확보하기 위하여 2002. 5. 23. 원고 1을 근저당권자, 소외 1을 채무자로 하는 근저당권설정등기를 마쳤다. ② 원고 1은 2004. 1. 2. 소외 1로부터 이 사건 토지 중 소외 1 소유의 1/2 지분을 대금 2억 원에 매수하였는데, 당시 원고 1의 처인 원고 2가 위 대금 중 일부를 부담하였다. ③ 원고들은 2009년경 의왕시로 전입신고를 하고 2년이 경과한 후 소외 1과 원고들 사이에서 이 사건 토지 매매가 있었던 것으로 하여 토지거래허가를 받은 다음, 2011. 1. 5. 소외 1로부터 이 사건 토지의 각 1/2 지분에 관하여

소유권이전등기를 넘겨받았다. ④ 피고는 2015. 5. 1. 원고들에 대하여 '원고들이 2002. 4. 19. 소유자 소외 2로부터 이 사건 토지의 각 1/2 지분을 매수하고도, 이를 2002. 4. 19.부터 2011. 1. 5.까지 소외 1 명의로 등기하여 부동산실명법 제3조 제1항을 위반하였다'는 처분사유(이하 '이 사건 처분사유'라고 한다)를 들어, 원고들에 대하여 각각 과징금 33,406,800원을 부과하는 처분(이하 '이 사건 처분'이라고 한다)을 하였다.

3. 위와 같은 사실관계를 토대로, 이 사건 처분 중 먼저 원고 1에 대한 부분에 관하여 본다.

원심은 제1심판결에서 인정한 판시 사정들을 종합하면, 원고 1은 이 사건 토지 중 1/2 지분을 사실상 취득하고, 이후 늦어도 이 사건 토지에 관하여 근저당권설정등기가 경료된 2002. 5. 23.경에는 소외 1과 사이에 명의신탁약정을 체결하고 대내적으로는 원고 1이 위 지분의 소유권을 보유하되 그에 관한 등기는 소외 1 명의로 하는 명의신탁등기가 이루어졌으므로, 부동산실명법 제3조 제1항을 위반하였다는 이 사건 처분사유가 인정된다고 하여, 원고 1에 대한 이 사건 처분은 적법하다고 판단하였다.

기록을 살펴보면 위와 같은 원심의 판단은 정당하고, 거기에 상고이유 주장과 같이 부동산실명법 제5조 제1항에 관한 법리를 오해한 잘못이 없다. 원고 1이 원용하는 '토지거래허가를 받기 전에는 과징금을 부과할 수는 없다'는 판례(대법원 2009. 10. 15. 선고 2009두8090 판결)는 부동산실명법 제10조 제1항에 의해 규율되는 장기미등기 과징금에 관한 것으로서, 소외 1 앞으로 명의신탁등기가 마쳐진 이 사건에는 원용될 수 있는 것이 아니다.

4. 다음으로 이 사건 처분 중 원고 2 부분에 관하여 본다.

앞에서 본 것처럼 이 사건 처분의 처분사유는 원고 2와 원고 1을 구분하지 않고 '원고들이 2002. 4. 19. 소유자 소외 2로부터 이 사건 토지의 각 1/2 지분을 매수하고도, 이를 2002. 4. 19.부터 2011. 1. 5.까지 소외 1 명의로 등기하여 부동산실명법 제3조 제1항을 위반하였다'는 것이다. 그런데 원심이 인정한 위 사실관계에 의하더라도, 2002. 4. 19. 이 사건 토지를 전 소유자 소외 2로부터 매수하고 그 이전등기 과정에서 소외 1에게 명의신탁을 한 것은 원고 1이고 원고 2가 그에 관여하였다고는 되어 있지 않으므로 원고 2에 대해서는 이 사건 처분에서 제시한 처분사유가 인정되지 않는다.

그런데도 원심은, '원고 2는 2004. 1. 2. 소외 1의 지분을 매수할 당시 그 매매대금의 일부를 지급하였고, 2011. 1. 5. 이 사건 토지의 1/2지분에 관하여 토지거래허가를 받아 소유권이전등기를 마쳤으며, 소외 1은 원고 1과 외사촌 간으로서 원고들이 토지거래허가 및 소유권이전등기를 받을 수 있도록 협조한 바 있으므로 원고 2와 사이에서도 묵시적이나마 명의신탁약정이 있었다고 볼 수 있다'고 하여 원고 2에 대한 이 사건 처분도 적법하다고 판단하였다. 결국 원심이 원고 2에 대한 처분사유로 인정한 내용은 2004. 1.경 소외 1에게 명의신탁을 하였다는 것이거나 그 당시 소외 1로부터 1/2지분을 매수하고도 2011. 1. 5.에야 소유권이전등기를 마쳤으니 부동산실명법에 의한 과징금 부과사유가 있다는 취지이다.

그러나 원심이 인정한 위와 같은 위반사실이 만약 원고 2가 소외 1에게 명의신탁을 함으로써 부동산실명법 제3조 제1항 위반에 의한 명의신탁등기 과징금 부과사유에 해당한다는 취지라면, 그 사유는 이 사건 처분의 처분사유와 단순하게 비교해 보더라도, 매수시점과 매도인, 명의신탁약정의 시기와 대상이 전혀 달라 기본적 사실관계가 동일하다고 보기 어렵다. 또한 원심이 인정한 처분사유가 부동산실명법 제10조 제1항의 장기미등기 과징금 부과사유에 해당한다는 취지라면, 그러한 원심의 판단은 앞에서 본 법리에 비추어 볼 때 행정소송법이 허용하는 직권심사주의의 한계를 벗어난 것이므로 위법하다. 뿐만 아니라 원심이 인정한 사실관계를 전제로 할 경우에도, 이 사건 토지 중 소외 1 소유의 1/2 지분은 원고 1이 단독으로 또는 원고들이 공동으로 2004. 1. 2.경 매수하고 2011. 1. 5.경 토지거래허가를 받았으므로, 토지거래허가를 받은 때부터 3년 내에 소유권이전등기를 마친 이상 부동산실명법 제10조 제1항 위반을 이유로 하는 장기미등기 과징금을 부과할 사유에 해당하지 않는다.

따라서 원고 2에 대한 원심의 판단에는 행정소송법상 직권심사주의, 부동산실명법 제5조의 적용 등에 관한 법리를 오해하여 판결에 영향을 미친 잘못이 있다.

5. 그러므로 원심판결 중 원고 2에 대한 부분을 파기하고, 이 부분 사건을 다시 심리·판단하게 하기 위하여 원심법원에 환송하기로 하며, 원고 1의 상고를 기각하고, 상고비용 중 원고 1의 상고로 인한 부분은 패소자가 부담하도록 하여, 관여 대법관의 일치된 의견으로 주문과 같이 판결한다.

4 대법원 2017. 3. 9. 선고 2013두16852 판결 【난민불인정처분취소】 〈위명으로 난민신청한 사건〉 [공2017상,637]

【판시사항】

[1] 미얀마 국적의 갑이 위명(위명)인 '을' 명의의 여권으로 대한민국에 입국한 뒤 을 명의로 난민 신청을 하였으나 법무부장관이 을 명의를 사용한 갑을 직접 면담하여 조사한 후 갑에 대하여 난민불인정 처분을 한 사안에서, 갑이 처분의 취소를 구할 법률상 이익이 있다고 한 사례

[2] 처분을 다툴 법률상 이익이 있는지에 관한 당사자의 주장에 관하여 원심법원이 판단하지 않은 것이 판단유탈의 상고이유가 되는지 여부(소극)

[3] 국적국을 떠난 후 거주국에서 정치적 의견을 표명하여 '박해를 받을 충분한 근거 있는 공포'가 발생한 경우 난민으로 인정될 수 있는지 여부(적극) 및 난민으로 보호받기 위해 박해의 원인을 제공한 경우 달리 볼 것인지 여부(소극)

【판결요지】

[1] 미얀마 국적의 갑이 위명(위명)인 '을' 명의의 여권으로 대한민국에 입국한 뒤 을 명의로 난민 신청을 하였으나 법무부장관이 을 명의를 사용한 갑을 직접 면담하여 조사한 후 갑에 대하여 난민불인정 처분을 한 사안에서, 처분의 상대방은 허무인이 아니라 '을'이라는 위명을 사용한 갑이라는 이유로, 갑이 처분의 취소를 구할 법률상 이익이 있다고 한 사례.

[2] 해당 처분을 다툴 법률상 이익이 있는지 여부는 직권조사사항으로 이에 관한 당사자의 주장은 직권발동을 촉구하는 의미밖에 없으므로, 원심법원이 이에 관하여 판단하지 않았다고 하여 판단유탈의 상고이유로 삼을 수 없다.

[3] 난민은 국적국을 떠난 후 거주국에서 정치적 의견을 표명하는 것과 같은 행동의 결과로서 '박해를 받을 충분한 근거 있는 공포'가 발생한 경우에도 인정될 수 있고, 난민으로 보호받기 위해 박해의 원인을 제공하였다고 하여 달리 볼 것은 아니다.

【참조조문】

[1] 구 출입국관리법(2012. 2. 10. 법률 제11298호로 개정되기 전의 것) 제76조의2 제1항(현행 난민법 제18조 제1항 참조), 난민의 지위에 관한 협약 제1조, 난민의 지위에 관한 의정서 제1조, 행정소송법 제12조 / [2] 행정소송법 제8조 제2항, 민사소송법 제423조 / [3] 출입국관리법 제76조의2 제1항(현행 난민법 제18조 제1항 참조), 난민의 지위에 관한 협약 제1조, 난민의 지위에 관한 의정서 제1조

【참조판례】

[2] 대법원 1997. 1. 24. 선고 96다32706 판결(공1997상, 635) / [3] 대법원 2008. 7. 24. 선고 2007두19539 판결

【전 문】

【원고, 피상고인】 ○○○○ (소송대리인 법무법인 지향 담당변호사 남상철 외 6인)

【피고, 상고인】 법무부장관

【원심판결】 서울고법 2013. 7. 19. 선고 2012누25745 판결

【주 문】

상고를 기각한다. 상고비용은 피고가 부담한다.

【이 유】

상고이유를 판단한다.

1. 상고이유 제1점에 대하여

기록에 의하면, 원고는 그 본명과 생년월일이 '△△△△(생년월일 1 생략)'인데, 2001. 5. 29. 위명인 '○○○○(생년월일 2 생략)' 명의의 여권으로 대한민국에 입국하였고, 2009. 8. 28. 위 '○○○○' 명의로 난민 신청을 한 사실, 피고는 2010. 6. 17. '○○○○' 명의를 사용한 원고를 직접 면담하여 조사한 후 2011. 5. 25.경 원고에 대하여 난민불인정 처분(이하 '이 사건 처분'이라 한다)을 한 사실을 알 수 있다.

그렇다면 이 사건 처분의 상대방은 허무인이 아니라 '○○○○'이라는 위명을 사용한 원고이므로, 원고는 이 사건 처분의 취소를 구할 법률상 이익이 있다고 봄이 상당하다.

또한 해당 처분을 다툴 법률상 이익이 있는지 여부는 직권조사사항으로 이에 관한 당사자의 주장은 직권발동을 촉구하는 의미밖에 없으므로, 원심법원이 이에 관하여 판단하지 않았다고 하여 판단유탈의 상고이유로 삼을 수 없다(대법원 1997. 1. 24. 선고 96다32706 판결 등 참조).

따라서 원심판결에 항고소송에서의 법률상 이익에 관한 법리를 오해하거나 그에 관한 본안전항변에 대하여 판단을 누락한 잘못은 없다.

2. 상고이유 제2 내지 4점에 대하여

난민은 국적국을 떠난 후 거주국에서 정치적 의견을 표명하는 것과 같은 행동의 결과로서 '박해를 받을 충분한 근거 있는 공포'가 발생한 경우에도 인정될 수 있고, 난민으로 보호받기 위해 박해의 원인을 제공하였다고 하여 달리 볼 것은 아니다(대법원 2008. 7. 24. 선고 2007두19539 판결 등 참조).

원심은 그 판시와 같은 사실을 인정한 다음, 원고는 미얀마 및 대한민국에서의 카렌족 지원 및 인권향상을 위한 여러 활동을 적극적으로 하여 왔는바, 원고가 이 사건 처분 당시 미얀마로 돌아갈 경우 특히 대한민국 내에서의 활동으로 인하여 미얀마 정부로부터 박해를 받을 충분한 근거 있는 공포가 있다고 인정되고 단순히 경제적 목적으로 난민신청을 한 것으로 보이지도 아니하므로, 원고에 대하여 난민인정을 거부한 이 사건 처분이 위법하다고 판단하였다.

이 부분 상고이유 주장 부분은 실질적으로 사실심 법원의 자유심증에 속하는 사실인정 및 증거의 취사선택과 가치 판단을 탓하는 것에 불과하다. 그리고 원심판결 이유를 기록에 비추어 살펴보아도, 원심의 위와 같은 판단에 난민인정에 관한 법리를 오해하거나 논리와 경험의 법칙을 위반하여 자유심증주의의 한계를 벗어난 잘못이 없다.

3. 결 론

상고를 기각하고 상고비용은 패소자가 부담하기로 하여, 관여 대법관의 일치된 의견으로 주문과 같이 판결한다.

Ⅴ. 재결의 기속력

1 대법원 2017. 3. 9. 선고 2016두56790 판결【재산세부과처분취소】[공2017상,656]

【판시사항】

[1] 갑 도시개발사업조합이 을 등 소유의 토지 일대에 관하여 도시개발사업 실시계획인가 및 환지계획인가를 받아 환지예정지 지정공고를 하자, 관할 관청이 을 등이 환지예정지의 사실상 소유자라는 이유로 을 등에게 재산세 등 부과처분을 한 사안에서, 을 등이 환지예정지 지정처분 효력 발생 이후인 과세기준일 당시 환지예정지를 사실상 소유하고 있는 자에 해당한다고 한 원심판단이 정당하다고 한 사례

[2] 과세관청이 과세처분에 대한 이의신청절차에서 납세자의 이의신청 사유가 옳다

고 인정하여 과세처분을 직권으로 취소한 경우, 허위의 자료를 제출하는 등 부정한 방법에 기초하여 직권취소되었다는 등의 특별한 사유 없이 이를 번복하고 종전과 동일한 처분을 하는 것이 위법한지 여부(적극)

[3] 갑 도시개발사업조합이 을 등 소유의 토지 일대에 관하여 도시개발사업 실시계획인가 및 환지계획인가를 받아 환지예정지 지정공고를 하자, 관할 관청이 을 등이 환지예정지의 사실상 소유자라는 이유로 을 등에게 재산세 등 부과처분을 하였는데, 이에 을 등이 관련 자료들을 제출하면서 이의신청하였고 관할 관청이 이를 받아들여 종전 처분을 직권취소하였다가 이후 같은 이유로 종전과 동일한 재산세 등 재처분을 한 사안에서, 을 등이 허위의 자료를 제출하는 등 부정한 방법에 기초하여 직권취소가 되었다고 볼 만한 사정을 찾아보기 어려운데도 이러한 사정을 구체적으로 심리·판단하지 아니한 채 이와 달리 본 원심판단에 잘못이 있다고 한 사례

【판결요지】

[1] 갑 도시개발사업조합이 을 등 소유의 토지 일대에 관하여 도시개발사업 실시계획인가 및 환지계획인가를 받아 환지예정지 지정공고를 하자, 관할 관청이 을 등이 환지예정지의 사실상 소유자라는 이유로 을 등에게 재산세 등 부과처분을 한 사안에서, 도시개발법 제36조 제1항은 환지예정지가 지정되면 종전 토지 소유자는 환지예정지 지정의 효력발생일로부터 환지처분이 공고되는 날까지 환지예정지에 대하여 종전과 같은 내용의 권리를 행사할 수 있으며 종전의 토지는 사용하거나 수익할 수 없다고 규정하고 있는 점 등의 이유를 들어 을 등이 환지예정지 지정처분 효력발생 이후인 과세기준일 당시 환지예정지를 사실상 소유하고 있는 자에 해당한다고 한 원심판단이 정당하다고 한 사례.

[2] 과세처분에 관한 불복절차과정에서 불복사유가 옳다고 인정하여 이에 따라 필요한 처분을 하였을 경우에는, 불복제도와 이에 따른 시정방법을 인정하고 있는 국세기본법 취지에 비추어 볼 때 동일 사항에 관하여 특별한 사유 없이 이를 번복하고 종전과 동일한 처분을 하는 것은 허용될 수 없다. 따라서 과세관청이 과세처분에 대한 이의신청절차에서 납세자의 이의신청 사유가 옳다고 인정하여 과세처분을 직권으로 취소한 경우, 납세자가 허위의 자료를 제출하는 등 부정한 방법에 기초하여 직권취소되었다는 등의 특별한 사유가 없는데도 이를 번복하고 종전과 동일한 과세처분을 하는 것은 위법하다.

[3] 갑 도시개발사업조합이 을 등 소유의 토지 일대에 관하여 도시개발사업 실시계획인가 및 환지계획인가를 받아 환지예정지 지정공고를 하자, 관할 관청이 을 등이 환지예정지의 사실상 소유자라는 이유로 을 등에게 재산세 등 부과처분을 하였는데, 이에 을 등이 갑 조합이 토지를 수용하였다고 오인할 만한 표현들이 기재되어

있거나 갑 조합의 도시개발사업이 환지방식에 의하여 진행된 것임을 알 수 있는 자료들을 제출하면서 이의신청하였고, 관할 관청이 이를 받아들여 종전 처분을 직권취소하였다가 이후 다시 을 등이 환지예정지의 사실상 소유자라는 이유로 종전과 동일한 재산세 등 재처분을 한 사안에서, 을 등은 자신들이 보유하고 있던 관련 서류를 그대로 제출하면서 '토지의 지장물과 관련하여 손실보상이 되어야 하는데 갑 조합이 위법하게 수용을 하여 분쟁이 있으니 환지예정지에 대한 재산세 부과가 부당하다'는 취지로 종전 처분에 대하여 이의신청을 하였고, 관할 관청은 을 등의 이의신청 사유가 옳다고 인정하여 종전 처분을 직권으로 취소한 것으로 보일 뿐, 달리 을 등이 허위의 자료를 제출하는 등 부정한 방법에 기초하여 직권취소가 되었다고 볼 만한 사정을 찾아보기 어려운데도, 이러한 사정을 구체적으로 심리·판단하지 아니한 채 이와 달리 본 원심판단에 잘못이 있다고 한 사례.

【참조조문】

[1] 지방세법 제107조 제1항, 도시개발법 제36조 제1항, 제3항 / [2] 국세기본법 제55조, 제64조, 제65조, 제66조 / [3] 지방세법 제107조 제1항, 도시개발법 제36조 제1항, 제3항, 국세기본법 제55조, 제64조, 제65조, 제66조

【참조판례】

[2] 대법원 2010. 6. 24. 선고 2007두18161 판결(공2010하, 1488), 대법원 2014. 7. 24. 선고 2011두14227 판결(공2014하, 1685)

【전 문】

【원고(선정당사자), 상고인】 원고(선정당사자) (소송대리인 변호사 김상우)

【피고, 피상고인】 김포시장 (소송대리인 변호사 김승섭)

【원심판결】 서울고법 2016. 10. 11. 선고 2016누47460 판결

【주 문】

원심판결을 파기하고, 사건을 서울고등법원에 환송한다.

【이 유】

상고이유(상고이유서 제출기간이 지난 후에 제출된 준비서면들의 각 기재는 상고이유를 보충하는 범위 내에서)를 판단한다.

1. 상고이유 제1점에 대하여

지방세법은 재산세 과세기준일 현재 재산을 사실상 소유하고 있는 자를 재산세

납세의무자로 규정하고 있다(제107조 제1항). 여기서 '사실상 소유하고 있는 자'라고 함은 공부상 소유자로 등재되어 있는지 여부를 불문하고 해당 재산에 대한 실질적인 소유권자를 말한다(대법원 2006. 3. 23. 선고 2005두15045 판결 등 참조).

원심은 그 판시와 같은 사실을 인정한 다음, 도시개발법 제36조 제1항은 환지예정지가 지정되면 종전 토지의 소유자는 환지예정지 지정의 효력발생일로부터 환지처분이 공고되는 날까지 환지예정지에 대하여 종전과 같은 내용의 권리를 행사할 수 있으며 종전의 토지는 사용하거나 수익할 수 없다고 규정하고 있는 점, 같은 조 제3항은 환지예정지 지정의 효력이 발생한 경우 해당 환지예정지의 종전 소유자는 이를 사용하거나 수익할 수 없으며 제1항에 따른 권리의 행사를 방해할 수 없다고 규정하고 있는 점, 환지예정지 지정의 효력이 발생한 후 종전 토지 소유자는 환지예정지를 사실상 처분할 수 있는 점 등의 이유를 들어, 원고(선정당사자)와 선정자들(이하 '원고들'이라고 한다)은 이 사건 재산세 과세기준일 현재 환지예정지를 사실상 소유하고 있는 자에 해당한다고 판단하였다.

앞서 본 규정과 법리에 비추어 기록을 살펴보면, 원심의 위와 같은 판단에 상고이유 주장과 같이 환지방식의 도시개발에 있어 지방세법상 사실상 소유자의 판정에 관한 법리를 오해한 잘못이 없다.

2. 상고이유 제2, 3점에 대하여

가. 과세처분에 관한 불복절차과정에서 그 불복사유가 옳다고 인정하여 이에 따라 필요한 처분을 하였을 경우에는, 불복제도와 이에 따른 시정방법을 인정하고 있는 국세기본법 취지에 비추어 볼 때 동일 사항에 관하여 특별한 사유 없이 이를 번복하고 종전과 동일한 처분을 하는 것은 허용될 수 없다. 따라서 과세관청이 과세처분에 대한 이의신청절차에서 납세자의 이의신청 사유가 옳다고 인정하여 과세처분을 직권으로 취소한 경우, 납세자가 허위의 자료를 제출하는 등 부정한 방법에 기초하여 직권취소되었다는 등의 특별한 사유가 없는데도 이를 번복하고 종전과 동일한 과세처분을 하는 것은 위법하다(대법원 2010. 6. 24. 선고 2007두18161 판결, 대법원 2014. 7. 24. 선고 2011두14227 판결 등 참조).

나. 원심판결 이유와 기록에 의하면 다음과 같은 사실을 알 수 있다.

1) 김포풍무2지구 도시개발사업조합(이하 '이 사건 조합'이라고 한다)은 2010. 8. 26. 원고들 소유의 토지를 비롯한 김포시 풍무동 일대에 관하여 도시개발사업 실시계획인가를 받고, 2012. 7. 5. 환지계획인가를 받아 2012. 9. 5. 환지예정지

지정의 효력발생일을 2012. 9. 6.로 하여 환지예정지 지정공고를 하였다.

2) 피고는 원고들이 이 사건 환지예정지의 사실상 소유자라는 이유로 2014. 9. 4. 원고들에게 2014년도 재산세와 지방교육세를 부과하였다(이하 '이 사건 종전 처분'이라고 한다).

3) 이에 원고들은 "수용재결로 인식되는 자료 목록(사실은 손실보상재결임)"이라는 제목의 서면과 그 첨부서류로서 이 사건 조합이 이 사건 토지를 수용하였다고 오인할 만한 표현들이 기재되어 있거나 이 사건 조합의 도시개발사업이 환지방식에 의하여 진행된 것임을 알 수 있는 서울고등법원 2013라1408호 부동산인도단행가처분 사건의 2013. 12. 23.자 결정문, 중앙토지수용위원회의 2014. 4. 17.자 재결서, 환지예정지 증명원 등을 함께 제출하여 이의신청을 하였고, 피고는 이를 받아들여 2014. 9. 29. 이 사건 종전 처분을 직권으로 취소하였다.

4) 그 후 피고는 2014. 11. 12. 원고들이 이 사건 환지예정지의 사실상 소유자라는 이유로 이 사건 종전 처분과 동일한 내용으로 2014년도 재산세 및 지방교육세를 다시 부과하였다(이하 '이 사건 재처분'이라고 한다).

다. 위와 같은 사실관계를 앞서 본 법리에 비추어 살펴보면, 원고들은 자신들이 보유하고 있던 관련 서류를 그대로 제출하면서 '이 사건 토지의 지장물과 관련하여 손실보상이 되어야 하는데 이 사건 조합이 위법하게 수용을 하여 분쟁이 있으니 이 사건 환지예정지에 대한 재산세 부과가 부당하다'는 취지로 이 사건 종전 처분에 대하여 이의신청을 하였고, 피고는 이러한 원고들의 이의신청 사유가 옳다고 인정하여 이 사건 종전 처분을 직권으로 취소한 것으로 보일 뿐, 달리 원고들이 허위의 자료를 제출하는 등 부정한 방법에 기초하여 직권취소가 되었다고 볼 만한 사정을 찾아보기 어렵다.

그런데도 원심은 이러한 사정을 구체적으로 심리·판단하지 아니한 채 판시와 같은 이유만으로 피고가 이 사건 종전 처분에 대한 직권취소를 번복할 특별한 사유가 있다고 보아 이 사건 재처분의 취소를 구하는 원고의 주장을 배척하였다. 이러한 원심의 판단에는 불복절차에서의 과세처분 취소에 따른 재처분금지에 관한 법리를 오해하여 필요한 심리를 다하지 아니한 잘못이 있다. 이 점을 지적하는 상고이유 주장은 이유 있다.

3. 결 론

그러므로 원심판결을 파기하고, 사건을 다시 심리·판단하도록 원심법원에 환송하기로 하여, 관여 대법관의 일치된 의견으로 주문과 같이 판결한다.

[2] 대법원 2017. 5. 11. 선고 2015두37549 판결【부가가치세부과처분취소】[공2017상,1307]

【판시사항】

[1] 여러 개의 재화 또는 용역을 하나의 공급단위로 하는 거래에서 그중 어느 것이 주된 재화 또는 용역이고 어느 것이 부수된 재화 또는 용역인지 판단하는 기준

[2] 심판청구 등에 대한 결정의 한 유형으로 실무상 행해지고 있는 '재조사 결정'의 법적 성격 및 처분청이 재조사 결정의 주문 및 그 전제가 된 요건사실의 인정과 판단, 즉 처분의 구체적 위법사유에 관한 판단에 반하여 당초 처분을 그대로 유지하는 것이 재조사 결정의 기속력에 저촉되는지 여부(적극)

【판결요지】

[1] 구 부가가치세법(2010. 1. 1. 법률 제9915호로 개정되기 전의 것) 제1조 제4항은 '주된 거래인 재화의 공급에 필수적으로 부수되는 재화 또는 용역의 공급은 주된 거래인 재화의 공급에 포함되고, 주된 거래인 용역의 공급에 필수적으로 부수되는 재화 또는 용역의 공급은 주된 거래인 용역의 공급에 포함되는 것으로 본다'고 규정하고 있다. 여러 개의 재화 또는 용역을 하나의 공급단위로 하는 거래에서 그중 어느 것이 주된 재화 또는 용역이고 어느 것이 부수된 재화 또는 용역인지는 구체적인 거래의 형태에 비추어 거래 당사자 사이의 공급의 목적과 의도가 어디에 있는지를 보아서 판단하여야 한다.

[2] 구 국세기본법(2016. 12. 20. 법률 제14382호로 개정되기 전의 것)은 제81조에서 '심판청구에 관하여는 심사청구에 관한 제65조를 준용한다'고 규정하고, 제80조 제1항, 제2항에서 심판청구에 대한 결정의 효력에 관하여 '제81조에서 준용하는 제65조에 따른 결정은 관계 행정청을 기속하고, 심판청구에 대한 결정이 있으면 해당 행정청은 결정의 취지에 따라 즉시 필요한 처분을 하여야 한다'고 규정하고 있으며, 제65조 제1항 제3호에서 '심사청구가 이유 있다고 인정될 때에는 그 청구의 대상이 된 처분의 취소·경정 결정을 하거나 필요한 처분의 결정을 한다'고 규정하고 있다.
심판청구 등에 대한 결정의 한 유형으로 실무상 행해지고 있는 재조사 결정은 재결청의 결정에서 지적된 사항에 관하여 처분청의 재조사결과를 기다려 그에 따른 후속 처분의 내용을 심판청구 등에 대한 결정의 일부분으로 삼겠다는 의사가 내포된 변형결정에 해당하므로, 처분청은 재조사 결정의 취지에 따라 재조사를 한 후 그 내용을 보완하는 후속 처분만을 할 수 있다. 따라서 처분청이 재조사 결정의 주문

및 그 전제가 된 요건사실의 인정과 판단, 즉 처분의 구체적 위법사유에 관한 판단에 반하여 당초 처분을 그대로 유지하는 것은 재조사 결정의 기속력에 저촉된다.

【참조조문】

[1] 구 부가가치세법(2010. 1. 1. 법률 제9915호로 개정되기 전의 것) 제1조 제4항(현행 제14조 참조) / [2] 구 국세기본법(2016. 12. 20. 법률 제14382호로 개정되기 전의 것) 제65조, 제80조, 제81조

【참조판례】

[1] 대법원 1993. 12. 24. 선고 93누17744 판결(공1994상, 567), 대법원 2001. 3. 27. 선고 2000두9700 판결 / [2] 대법원 2010. 6. 25. 선고 2007두12514 전원합의체 판결(공2010하, 1493)

【전 문】

【원고, 피상고인】 주식회사 천재교육 (소송대리인 법무법인 정안 외 1인)

【피고, 상고인】 금천세무서장 (소송대리인 법무법인(유한) 율촌 담당변호사 강석훈 외 1인)

【원심판결】 서울고법 2015. 1. 15. 선고 2014누49905 판결

【주 문】

상고를 기각한다. 상고비용은 피고가 부담한다.

【이 유】

상고이유(상고이유서 제출기간이 지난 후에 제출된 상고이유보충서 등의 기재는 상고이유를 보충하는 범위 내에서)를 판단한다.

1. 상고이유 제1점, 제2점에 대하여

(1) 구 부가가치세법(2010. 1. 1. 법률 제9915호로 개정되기 전의 것, 이하 같다) 제12조 제1항 제7호는 부가가치세 면세대상의 하나로 '도서로서 대통령령으로 정하는 것'을 규정하고, 그 위임에 따른 구 부가가치세법 시행령(2008. 2. 29. 대통령령 제20720호로 개정되기 전의 것) 제32조는 부가가치세 면세대상인 도서에는 '도서에 부수하여 그 도서의 내용을 담은 음반·녹음테이프 또는 비디오테이프를 첨부하여 통상 하나의 공급단위로 하는 것'(제1항)과 '재정경제부령이 정하는 전자출판물'(제6항)을 포함한다고 규정하고 있으며, 구 부가가치세법 시행규칙(2008. 4. 22.

기획재정부령 제12호로 개정되기 전의 것) 제11조는 도서에 포함되는 전자출판물을 '도서의 형태로 출간된 내용 또는 출간될 수 있는 내용이 음향이나 영상과 함께 전자적 매체에 수록되어 컴퓨터 등 전자장치를 이용하여 그 내용을 보고 듣고 읽을 수 있는 것(전체 면수 중 100분의 70 이상의 면수가 문자나 그림으로 구성되어 있는 것에 한한다)으로서 문화관광부장관이 정하는 기준에 적합한 전자출판물'로 정의하고 있다.

한편 구 부가가치세법 제1조 제4항은 '주된 거래인 재화의 공급에 필수적으로 부수되는 재화 또는 용역의 공급은 주된 거래인 재화의 공급에 포함되고, 주된 거래인 용역의 공급에 필수적으로 부수되는 재화 또는 용역의 공급은 주된 거래인 용역의 공급에 포함되는 것으로 본다.'고 규정하고 있다. 여러 개의 재화 또는 용역을 하나의 공급단위로 하는 거래에서 그중 어느 것이 주된 재화 또는 용역이고 어느 것이 부수된 재화 또는 용역인지는 구체적인 거래의 형태에 비추어 거래 당사자 사이의 공급의 목적과 의도가 어디에 있는지를 보아서 판단하여야 한다(대법원 2001. 3. 27. 선고 2000두9700 판결 참조).

(2) 원심이 인용한 제1심판결 이유 및 기록에 의하면 다음과 같은 사실을 알 수 있다.

① 원고는 도서출판업을 주된 사업으로 하는 법인으로서, 가맹점사업자와 '해법공부방 거래약정'을 체결하여 가맹점사업자로 하여금 해법공부방을 운영하면서 회원들에게 교육용역을 제공하게 하고, 가맹점사업자로부터 매월 기본인쇄교재 및 온라인교재에 대한 학습교재비 등의 명목으로 회비를 받았다.

② 기본인쇄교재는 원고가 월별 또는 분기별로 인쇄하여 가맹점사업자에게 공급하는 책으로서, 가맹점사업자에 의해 회원들에게 월 교재 또는 분기 교재로 1권씩 제공되었다. 온라인교재는 가맹점사업자에게 공급되는 1일 3~4쪽 분량의 전산파일로서, 원고가 매주 각 회원들의 수준에 맞는 문제를 구성하여 e-해법수학시스템에 파일을 올리면, 가맹점사업자가 매일 프린터로 출력하여 회원들에게 나누어 주어 문제를 풀게 하는 방식으로 제공되었다.

③ 원고는 해법공부방 사업 중 학습교재비 등에 관하여 부가가치세 면세대상인 '도서'의 대가에 해당한다는 이유로 부가가치세 면제 매출로 신고하였다.

④ 서울지방국세청장은 원고가 가맹점사업자로부터 매월 받은 돈은 학습교재비 등 그 명칭이나 지급형태를 불문하고 가맹금에 해당하고, 다만 기본인쇄교재의 적정 도매가격에 해당하는 부분은 부가가치세 면세대상이므로 이를 초과하는 부분은

프랜차이즈 가맹금 및 시스템 사용료로서 부가가치세 과세대상이라고 보아 피고에게 과세자료를 통보하였다.

⑤ 피고는 2010. 6. 1. 및 2010. 10. 7. 원고에게 2005년 제1기부터 2007년 제1기까지 부가가치세(가산세 포함)를 각 경정·고지하였다(이후 과세 전 적부심사에서 일부 감액되고 남은 2005년 제1기 부가가치세와 나머지 부가가치세를 합하여 '이 사건 처분'이라 한다).

⑥ 원고는 이 사건 처분에 불복하여 조세심판원에 심판청구를 하면서, e-해법수학시스템의 제공은 학습교재(기본인쇄교재 및 온라인교재)의 공급에 부수되는 것이고, 온라인교재비도 '도서'의 대가에 해당하여 부가가치세가 면제된다는 취지로 주장하였다. 피고는 온라인교재가 별도의 독립된 용역에 해당하지 않고 프랜차이즈 가맹사업에 부수되는 용역에 해당하여 부가가치세 과세대상이라고 주장하였다. 조세심판원은 원고와 피고의 위와 같은 각 주장을 살핀 후, 온라인교재가 전자출판물에 해당한다고 보아 '온라인교재의 공급가액을 재조사하여 해당 가액을 과세표준에서 차감하여 세액을 경정한다'는 내용의 이 사건 재조사 결정을 하였다. 그럼에도 피고는 '온라인교재의 공급은 e-해법수학시스템 제공 용역의 공급에 부수되는 재화의 공급에 해당한다'는 이유로 이 사건 처분을 그대로 유지하였다.

(3) 위와 같은 사실관계와 기록에 나타난 사정들을 앞서 본 규정과 법리에 따라 살펴본다.

① 기본인쇄교재는 도서의 일반적인 형태와 내용을 갖추고 있으므로 도서관법에 따른 국제표준자료번호를 부여받았는지 여부와 관계없이 부가가치세 면세대상에 해당한다.

② 조세심판원이 온라인교재가 부가가치세 면세대상인 전자출판물에 해당한다는 이유로 해당 가액을 재조사하여 과세표준에서 차감하여 세액을 경정하라는 이 사건 재조사 결정을 하였으므로, 그 결정의 기속력에 따라 온라인교재 또한 부가가치세 면세대상과 마찬가지로 그 공급가액을 과세표준에서 차감하여야 한다.

③ 원고는 초·중·고등학생들을 대상으로 하는 학습교재 출판·판매사업을 해 오던 중 학습교재 판매량을 늘리기 위하여 가맹점사업자를 통한 해법공부방 사업을 기획하고, 컴퓨터와 인터넷이 보편적으로 사용되면서 학습지 사업이 경쟁적으로 변화하는 상황에 대응하여 매주 각 회원들의 수준에 맞는 문제들을 선별하여 구성한 1:1 맞춤형 온라인교재를 제공하게 된 점, 원고와 가맹점사업자가 체결한 해법공부방 거래약정은 원고의 위임에 따른 회원모집 및 학습교재 판매를 목적으로 하고 있

고(제1조), 가맹점사업자에게 월간 또는 연간 학습교재 판매목표의 달성의무를 지우고 있으며(제4조), 가맹점사업자는 계약과 동시에 지급하는 가맹비 외에는 회원수에 따른 학습교재비만을 납부하므로(제6조, 제8조), 원고와 가맹점사업자가 해법공부방 거래약정을 체결하면서 그 거래의 주된 대상으로 삼은 것은 기본인쇄교재와 온라인교재의 공급으로 보이는 점, 가맹점사업자의 영업활동을 위한 지원서비스 중 핵심적인 부분인 e-해법수학시스템은 각 회원들의 학습수준을 측정하여 이에 적합한 문제를 선별하고 재구성하는 작업에 필요하고, 가맹점사업자의 데이터베이스 서버 접속, 채점정보 입력, 제공된 온라인교재의 출력 등에 이용되므로, 결국 온라인교재의 제작과 공급을 위한 것인 점 등을 종합하여 볼 때, 기본인쇄교재와 온라인교재의 공급이 부가가치세 과세대상인 프랜차이즈 가맹사업 용역에 부수되는 것이라고 볼 수는 없다.

(4) 같은 취지의 원심판단은 정당하고, 거기에 부가가치세법상 면세대상, 주된 용역의 공급에 필수적으로 부수되는 재화의 공급에 관한 법리를 오해하는 등의 잘못이 없다.

2. 상고이유 제3점에 대하여

(1) 구 국세기본법(2016. 12. 20. 법률 제14382호로 개정되기 전의 것)은 제81조에서 '심판청구에 관하여는 심사청구에 관한 제65조를 준용한다'고 규정하고, 제80조 제1항, 제2항에서 심판청구에 대한 결정의 효력에 관하여 '제81조에서 준용하는 제65조에 따른 결정은 관계 행정청을 기속하고, 심판청구에 대한 결정이 있으면 해당 행정청은 결정의 취지에 따라 즉시 필요한 처분을 하여야 한다'고 규정하고 있으며, 제65조 제1항 제3호에서 '심사청구가 이유 있다고 인정될 때에는 그 청구의 대상이 된 처분의 취소·경정 결정을 하거나 필요한 처분의 결정을 한다'고 규정하고 있다.

심판청구 등에 대한 결정의 한 유형으로 실무상 행해지고 있는 재조사 결정은 재결청의 결정에서 지적된 사항에 관하여 처분청의 재조사결과를 기다려 그에 따른 후속 처분의 내용을 심판청구 등에 대한 결정의 일부분으로 삼겠다는 의사가 내포된 변형결정에 해당하므로(대법원 2010. 6. 25. 선고 2007두12514 전원합의체 판결 참조), 처분청은 재조사 결정의 취지에 따라 재조사를 한 후 그 내용을 보완하는 후속 처분만을 할 수 있다고 보아야 한다. 따라서 처분청이 재조사 결정의 주문 및 그 전제가 된 요건사실의 인정과 판단, 즉 처분의 구체적 위법사유에 관한 판단에 반하여 당초 처분을 그대로 유지하는 것은 재조사 결정의 기속력에 저촉된다고 할 것이다.

(2) 이 사건 재조사 결정에 관한 사실관계를 앞서 본 규정과 법리에 따라 살펴보면, 조세심판원은 'e-해법수학시스템의 제공은 학습교재의 공급에 부수되는 것'이라는 원고의 주장과 '온라인교재의 공급은 프랜차이즈 가맹사업에 부수되는 용역이므로 부가가치세 부과대상'이라는 피고의 주장을 살핀 후, '온라인교재가 부가가치세 면세대상인 전자출판물에 해당하므로 그 공급가액을 과세표준에서 차감하여야 한다'는 이유로 해당 가액을 재조사하여 과세표준에서 차감하여 세액을 경정하라는 이 사건 재조사 결정을 하였으므로, 위 결정에는 온라인교재의 공급이 프랜차이즈 가맹사업에 부수되지 아니한다는 취지가 포함되어 있다고 보인다. 그렇다면 피고가 온라인교재의 공급가액을 산정하여 이를 과세표준에서 차감하지 아니한 채 이 사건 처분을 당초와 같은 이유로 그대로 유지한 것은 이 사건 재조사 결정의 주문 및 그 전제가 된 요건사실의 인정과 판단에 반하고, 따라서 이 사건 재조사 결정의 기속력에 저촉된다고 할 것이다.

(3) 같은 취지의 원심판단은 정당하고, 거기에 재조사 결정의 기속력에 관한 법리를 오해하는 등의 잘못이 없다.

3. 상고이유 제4점에 대하여

원심은, 원고가 가맹점사업자로부터 학습교재비 등의 명목으로 지급받은 금원 중에서 기본인쇄교재와 온라인교재의 적정 도매가격을 넘는 부분은 부가가치세 부과대상에 해당하지만, 피고가 기본인쇄교재의 적정 도매가격으로 주장하는 5,430원은 합리적으로 산정된 시가라고 할 수 없고, 달리 기본인쇄교재와 온라인교재의 적정 도매가격을 산정할 수 있는 자료도 없으므로, 결국 이 사건 처분은 정당한 과세표준과 세액을 산출할 수 없는 경우에 해당하여 모두 취소할 수밖에 없다고 판단하였다.

관련 법리에 따라 기록을 살펴보면, 원심의 위와 같은 판단은 정당하다. 거기에 기본인쇄교재와 온라인교재의 적정 도매가격에 관한 증명책임 및 과세처분의 취소범위에 관한 법리오해나 석명권 불행사로 인한 심리미진 등의 잘못이 없다.

4. 결 론

그러므로 상고를 기각하고 상고비용은 패소자가 부담하도록 하여, 관여 대법관의 일치된 의견으로 주문과 같이 판결한다.

Ⅵ. 위법판단 기준시

1 대법원 2017. 4. 7. 선고 2014두37122 판결【건축허가복합민원신청불허재처분취소】[공2017상,980]

【판시사항】

[1] 법령에서 특정사항에 관하여 조례에 위임을 한 경우, 조례가 위임의 한계를 준수하고 있는지 판단하는 기준

[2] 구 가축분뇨의 관리 및 이용에 관한 법률 제8조 제1항 본문과 각호가 가축사육의 제한구역 지정기준에 대하여 추상적·개방적 개념으로만 규정한 취지

[3] 토지이용규제 기본법상 지역·지구 등을 지정할 때 원칙적으로 지형도면을 작성·고시하도록 한 취지 및 지형도면의 작성·고시 절차를 거치지 않아도 되는 예외사유는 엄격하게 해석하여 해당 여부를 판단해야 하는지 여부(적극)

[4] 항고소송에서 행정처분의 적법 여부는 행정처분 당시를 기준으로 판단하여야 하는지 여부(원칙적 적극) 및 이때 행정처분의 위법 여부를 판단하는 기준 시점이 처분 시라는 의미

【판결요지】

[1] 법령에서 특정사항에 관하여 조례에 위임을 한 경우 조례가 위임의 한계를 준수하고 있는지를 판단할 때는 당해 법령 규정의 입법 목적과 규정 내용, 규정의 체계, 다른 규정과의 관계 등을 종합적으로 살펴야 하고, 위임 규정 자체에서 그 의미 내용을 정확하게 알 수 있는 용어를 사용하여 위임의 한계를 분명히 하고 있는데도 그 문언적 의미의 한계를 벗어났는지, 수권 규정에서 사용하고 있는 용어의 의미를 넘어 그 범위를 확장하거나 축소하여 위임 내용을 구체화하는 정도를 벗어나 새로운 입법을 하였는지 등도 아울러 고려해야 한다.

[2] 구 가축분뇨의 관리 및 이용에 관한 법률(2014. 3. 24. 법률 제12516호로 개정되기 전의 것, 이하 '가축분뇨법'이라고 한다) 제8조 제1항 본문과 각호(이하 '위임조항'이라 한다)는 지역주민의 생활환경보전 또는 상수원 수질보전이라는 목적을 위하여 가축사육 제한구역을 지정할 수 있도록 하면서 지정 대상을 주거밀집지역, 수질환경보전지역, 환경기준 초과지역으로 한정하되, 지정기준으로는 주거밀집지역에 대하여는 '생활환경의 보호가 필요한 지역', 수질환경보전지역에 대하여는 '상수원보호구역 등에 준하는 수질환경보전이 필요한 지역'이라고 하여 추상적·개방

적 개념으로만 규정하고 있다. 가축분뇨법의 입법 목적 등에 비추어 볼 때, 위임조항이 그와 같은 규정 형식을 취한 것은 가축사육 제한구역 지정으로 인한 지역주민의 재산권 제약 등을 고려하여 법률에서 지정기준의 대강과 한계를 설정하되, 구체적인 세부기준은 각 지방자치단체의 실정 등에 맞게 전문적·기술적 판단과 정책적 고려에 따라 합리적으로 정하도록 한 것이다.

[3] 토지이용규제 기본법(이하 '토지이용규제법'이라 한다)의 목적과 입법 취지 및 토지이용규제법 제1조, 제2조 제1호, 제3조, 제5조, 제8조 제2항, 제3항, 토지이용규제 기본법 시행령 제7조 제3항 제1호의 내용 등에 비추어 보면, 토지이용규제법이 '지역·지구 등'을 지정할 때 원칙적으로 지적이 표시된 지형도에 '지역·지구 등'을 명시한 도면(이하 '지형도면'이라 한다)을 작성·고시하도록 한 것은, 국민의 토지이용 제한 등 규제의 대상이 되는 토지는 내용을 명확히 공시하여 토지이용의 편의를 도모하고 행정의 예측가능성과 투명성을 확보하려는 데 있다. 따라서 지형도면의 작성·고시 절차를 거치지 않아도 되는 예외사유는 엄격하게 해석하여 해당 여부를 판단하여야 한다.

[4] 항고소송에서 행정처분의 적법 여부는 특별한 사정이 없는 한 행정처분 당시를 기준으로 판단하여야 한다. 여기서 행정처분의 위법 여부를 판단하는 기준 시점에 관하여 판결 시가 아니라 처분 시라고 하는 의미는 행정처분이 있을 때의 법령과 사실상태를 기준으로 하여 위법 여부를 판단하며 처분 후 법령의 개폐나 사실상태의 변동에 영향을 받지 않는다는 뜻이지 처분 당시 존재하였던 자료나 행정청에 제출되었던 자료만으로 위법 여부를 판단한다는 의미는 아니다. 그러므로 처분 당시의 사실상태 등에 관한 증명은 사실심 변론종결 당시까지 할 수 있고, 법원은 행정처분 당시 행정청이 알고 있었던 자료뿐만 아니라 사실심 변론종결 당시까지 제출된 모든 자료를 종합하여 처분 당시 존재하였던 객관적 사실을 확정하고 그 사실에 기초하여 처분의 위법 여부를 판단할 수 있다.

【참조조문】

[1] 헌법 제117조 제1항, 지방자치법 제22조 / [2] 구 가축분뇨의 관리 및 이용에 관한 법률(2014. 3. 24. 법률 제12516호로 개정되기 전의 것) 제8조 제1항 제1호, 제2호, 제3호(현행 제8조 제1항 제4호 참조) / [3] 토지이용규제 기본법 제1조, 제2조 제1호, 제3조, 제5조, 제8조 제2항, 제3항, 토지이용규제 기본법 시행령 제7조 제3항 제1호 / [4] 행정소송법 제27조[행정소송재판일반]

【참조판례】

[1][2] 대법원 2016. 5. 12. 선고 2012두15838 판결 / [1] 대법원 2012. 10. 25. 선고 2010두25077 판결(공2012하, 1924) / [4] 대법원 1995. 11. 10. 선고 95누8461

판결(공1995하, 3935)

【전 문】

【원고, 피상고인】 가린영농조합법인 (소송대리인 변호사 이연주)

【피고, 상고인】 순창군수 (소송대리인 변호사 강성명)

【원심판결】 광주고법 2014. 4. 28. 선고 (전주)2014누156 판결

【주 문】

상고를 기각한다. 상고비용은 피고가 부담한다.

【이 유】

상고이유(상고이유서 제출기간이 지난 후에 제출된 보충서면의 기재는 상고이유를 보충하는 범위 내에서)를 판단한다.

1. 상고이유 제1점에 대하여

가. 법령에서 특정사항에 관하여 조례에 위임을 한 경우 조례가 위임의 한계를 준수하고 있는지를 판단할 때는 당해 법령 규정의 입법 목적과 규정 내용, 규정의 체계, 다른 규정과의 관계 등을 종합적으로 살펴야 하고, 위임 규정 자체에서 그 의미 내용을 정확하게 알 수 있는 용어를 사용하여 위임의 한계를 분명히 하고 있는데도 그 문언적 의미의 한계를 벗어났는지, 수권 규정에서 사용하고 있는 용어의 의미를 넘어 그 범위를 확장하거나 축소하여 위임 내용을 구체화하는 정도를 벗어나 새로운 입법을 하였는지 등도 아울러 고려해야 한다(대법원 2012. 10. 25. 선고 2010두25077 판결 등 참조).

구 「가축분뇨의 관리 및 이용에 관한 법률」(2014. 3. 24. 법률 제12516호로 개정되기 전의 것, 이하 '가축분뇨법'이라고 한다)은 가축분뇨를 적정하게 자원화하거나 처리하여 자연환경과 생활환경을 청결하게 하고 수질오염을 감소시킴으로써 환경과 조화되는 축산업의 발전 및 국민보건의 향상과 환경보전에 이바지함을 목적으로 한다고 하고(제1조), 그 제8조 제1항에서는 '시장·군수·구청장은 지역주민의 생활환경보전 또는 상수원의 수질보전을 위하여 다음 각호의 어느 하나에 해당하는 지역 중 가축사육의 제한이 필요하다고 인정되는 지역에 대하여는 당해 지방자치단체의 조례가 정하는 바에 따라 일정한 구역을 지정하여 가축의 사육을 제한할 수 있다'고 규정하면서, 그 각호의 지역으로, '주거 밀집지역으로 생활환경의 보호가 필요한 지역'(제1호), '수도법 제7조의 규정에 따른 상수원보호구역, 환경정책기본법

제38조에 따른 특별대책지역 및 그 밖에 이에 준하는 수질환경보전이 필요한 지역'(제2호), '환경정책기본법 제12조에 따른 환경기준을 초과한 지역'(제3호)을 규정하고 있다(이하 가축분뇨법 제8조 제1항 본문과 각호를 통틀어 '이 사건 위임조항'이라고 한다).

「순창군 가축분뇨의 관리 및 이용에 관한 조례」(2012. 4. 16. 조례 제2133호로 개정된 것, 이하 '이 사건 조례'라고 한다)는 이 사건 위임조항의 위임에 따라 제3조 제2항에서, 가축사육이 제한되는 지역을 '주거 밀집지역·농공단지 등 및 그로부터 돼지의 경우 직선거리 2,000m 이내로 한다'는 등 가축의 종류별로 일정 거리 이내로 제한지역 범위를 정하고 있다(이하 '이 사건 조례 조항'이라고 한다).

위와 같이 이 사건 위임조항은 지역주민의 생활환경보전 또는 상수원 수질보전이라는 목적을 위하여 가축사육 제한구역을 지정할 수 있도록 하면서 그 지정 대상을 주거밀집지역, 수질환경보전지역, 환경기준 초과지역으로 한정하되, 지정기준으로는 주거밀집지역에 대하여는 '생활환경의 보호가 필요한 지역', 수질환경보전지역에 대하여는 '상수원보호구역 등에 준하는 수질환경보전이 필요한 지역'이라고 하여 추상적·개방적 개념으로만 규정하고 있다. 가축분뇨법의 입법 목적 등에 비추어 볼 때, 이 사건 위임조항이 그와 같은 규정 형식을 취한 것은 가축사육 제한구역 지정으로 인한 지역주민의 재산권 제약 등을 고려하여 법률에서 지정기준의 대강과 한계를 설정하되, 구체적인 세부기준은 각 지방자치단체의 실정 등에 맞게 전문적·기술적 판단과 정책적 고려에 따라 합리적으로 정하도록 한 것이다(대법원 2016. 5. 12. 선고 2012두15838 판결 참조).

나. 그와 같은 이 사건 위임조항의 취지와 함께 위 관련 규정의 내용 및 아래 사정을 앞에서 본 법리에 비추어 보면, 이 사건 조례 조항이 이 사건 위임조항의 문언상 한계를 일탈하거나 위임받은 사항을 구체화하는 정도를 벗어나 새로운 입법을 하였다고 보기는 어렵다.

1) 우선 이 사건 조례 조항이 이 사건 위임조항 제1호에 의한 위임범위에 속한다고 볼 수 있는지에 관하여 본다.

구 「산업입지 및 개발에 관한 법률」(2014. 1. 14. 법률 제12253호로 개정되기 전의 것, 이하 '산업입지법'이라고 한다)에 의하면, 농공단지는 산업단지의 일종이다. 여기서 산업단지란 공장 등 산업시설과 이와 관련된 교육·연구·업무·지원·정보처리·유통 시설 및 이들 시설의 기능 향상을 위하여 주거·문화·환경·공원녹지·의료·관광·체육·복지 시설 등을 집단적으로 설치하기 위하여 포괄적 계획에 따라 지정·

개발되는 일단의 토지를 말한다(제2조 제8호). 그리고 농공단지는 농어촌지역에 농어민의 소득 증대를 위한 산업을 유치·육성하기 위하여 시장·군수·구청장 등이 지정하는 산업단지를 말한다[제2조 제8호 (라)목, 제8조 제1항]. 그리고 산업단지에서 입주기업 종사자 등의 주거마련을 위하여 건설·공급되는 주택에 대하여는 주택법의 규정에도 불구하고 주택공급의 기준을 따로 정할 수 있도록 규정되어 있다(제46조의2). 이러한 규정 내용에 비추어 보면, 농공단지를 포함한 산업단지에는 입주기업 종사자 등의 주택이나 기숙사 등 주거시설의 설치가 예정되어 있다.

한편 가축분뇨법은 이 사건 위임조항의 '주거 밀집지역'의 개념에 관하여 별도로 규정하고 있지 않지만, 환경정책기본법 제3조는 '생활환경'을 '대기, 물, 토양, 폐기물, 소음·진동, 악취, 일조, 인공조명 등 사람의 일상생활과 관계되는 환경을 말한다'고 규정하고 있으므로, 이를 종합해 보면, 이 사건 위임조항 제1호에서 규정한 '주거 밀집지역으로 생활환경의 보호가 필요한 지역'은 '다수의 사람이 모여 거주·활동하는 공간으로서 그 일상생활과 관계되는 환경의 보호가 필요한 지역'을 뜻한다고 볼 수 있다. 그리고 농공단지는 위에서 본 것처럼 주거시설이 설치되어 다수의 근로자들이 거주·활동하는 것이 예정되어 있기도 하므로, 이 사건 조례 조항 중 '농공단지' 부분은 이 사건 위임조항 제1호의 '주거 밀집지역으로 생활환경의 보호가 필요한 지역'에 포함된다고 할 것이다.

2) 뿐만 아니라 이 사건 조례 조항은 아래와 같은 점으로 볼 때 이 사건 위임조항 제2호 등의 위임범위에 속하는 것으로도 볼 수 있다.

이 사건 위임조항 제2호는 '수도법상 상수원보호구역, 환경정책기본법상 특별대책지역'과 함께 '그 밖에 이에 준하는 수질환경보전이 필요한 지역'을 가축사육 제한구역으로 지정할 수 있도록 정하고 있다. 이는 각 지방자치단체의 지리적·환경적 특성이나 산업구조의 차이 등에 따라 수질오염의 양상이 다양하게 나타날 수 있음을 고려하여 폭넓은 자치적 규율의 여지를 열어둔 것이다. 특히 위 각 지역 중 '환경정책기본법상 특별대책지역'은 다른 원인으로 환경오염이 이미 상당히 진행되었거나 그 개연성이 매우 높은 지역에 대하여 지정되는 것이므로, 특별대책지역으로 지정되지 않은 지역이라도 수질오염 정도나 개연성이 특별대책지역과 유사한 정도로 높다면, 이 사건 위임조항에서 말하는 '특별대책지역에 준하는 수질환경보전이 필요한 지역'에 해당한다고 할 것이다.

그런데 이 사건 조례 조항이 정한 '농공단지'는 산업입지법에 따라 지정·개발되어 일정한 범위의 토지에 공장 등 산업시설이 집약적으로 설치·가동될 것이 예정된 지역이므로, 그 산업시설로부터 배출되는 폐수나 폐기물 등으로 인한 수질오염이 수반될 개연성이 매우 높고, 이러한 수질오염은 개개의 공장 단위가 아니라 '농공단지'의 차원에서 종합적·체계적으로 관리되어야 할 필요성도 크다. 더욱이 '농공단지' 인근에 가축분뇨가 배출되는 축사 등 배출시설까지 추가로 설치되어 오염원이 다양해질 경우, 수질오염에 대한 정확한 원인분석이나 대책수립이 어려울 뿐 아니라, 결국에는 수질오염의 정도를 크게 가중시킬 위험성이 있다.

위와 같은 점들에 비추어 볼 때, 이 사건 조례 조항 중 '농공단지' 부분은 이 사건 위임조항 제2호에서 예정하고 있는 범위 내에서 이를 구체화한 것이거나 모법인 가축분뇨법의 해석상 또는 가축사육 제한구역의 특성상 규율 가능한 내용을 명시한 것에 지나지 않는다고 할 것이다.

다. 그럼에도 원심은 이와 달리, 이 사건 조례 조항 중 '농공단지' 부분이 위임조항에 규정된 '환경정책기본법 제38조에 따른 특별대책지역 또는 그 밖에 이에 준하는 수질환경보전이 필요한 지역'에 포함되지 않는다는 이유로, 그것이 위임조항의 '주거 밀집지역으로 생활환경의 보호가 필요한 지역'에 해당하는지에 관하여 별도로 살피지 아니한 채, 위임조항의 위임범위와 한계를 일탈한 것으로서 무효이고, 결국 이를 근거로 한 이 부분 처분은 무효인 이 사건 조례 조항에 근거한 것으로서 위법하다고 판단하였다. 이러한 원심판결에는 조례에 대한 위임의 범위와 한계에 관한 법리를 오해한 잘못이 있다. 다만 원심은 이 사건 조례에 따른 가축사육 제한지역에 대한 지형도면을 고시하였다는 점을 인정할 자료가 없다는 이유로 그 제한지역 지정의 효력이 없다고 판단하였고, 뒤에서 보는 바와 같이 이러한 판단은 정당하므로, 위와 같은 잘못은 판결 결과에 영향이 없다.

2. 상고이유 제2점에 대하여

가. 「토지이용규제 기본법」(이하 '토지이용규제법'이라고 한다)에서 정한 '지역·지구 등'은 지역·지구·구역·권역·단지·도시·군계획시설 등 명칭에 관계없이 개발행위를 제한하거나 토지이용과 관련된 인가·허가 등을 받도록 하는 등 토지의 이용 및 보전에 관한 제한을 하는 일단의 토지로서 제5조 각호에 규정된 것을 말하고(제2조 제1호), 가축분뇨법 제8조에 따라 지정되는 '가축사육 제한구역'은 위 '지역·지구 등'의 하나로 규정되어 있다(제5조 제1호 [별표]). 그리고 지방자치단체의 장이 '지역·지구 등'을 지정하는 경우에는 지적이 표시된 지형도에 '지역·지구 등'을 명시한 도면(이하 '지형도면'이라고 한다)을 작성하여 그 지방자치단체의 공보에 고시하여

야 하고(제8조 제2항 본문), 그 경우 '지역·지구 등'의 지정의 효력은 지형도면을 고시함으로써 발생한다고 규정되어 있다(제8조 제3항 본문).

다만 대통령령으로 정하는 경우에는 지형도면을 작성·고시하지 아니할 수 있도록 되어 있고(토지이용규제법 제8조 제2항 단서), 그 위임에 따라 토지이용규제 기본법 시행령 제7조 제3항 제1호는 지형도면을 작성·고시하지 않아도 되는 예외사유로서, '지역·지구 등의 경계가 행정구역 경계와 일치하는 경우'[(가)목], '별도의 지정절차 없이 법령 또는 자치법규에 따라 지역·지구 등의 범위가 직접 지정되는 경우'[(나)목], '관계 법령에 따라 지역·지구 등의 지정이 의제되는 경우'[(다)목]를 규정하고 있다.

나. 이 부분 상고이유 주장의 요지는, 이 사건 조례 조항이 가축사육 제한지역으로 '주거 밀집지역·농공단지 등 및 그로부터 돼지의 경우 직선거리 2,000m 이내'로 한다는 등 가축의 종류별로 일정 거리 이내로 그 범위를 직접 지정하고 있으므로, 지형도면을 작성·고시하지 않아도 되는 위 예외사유 '(나)목'에 해당함에도 원심은 이와 달리 판단하였으니 거기에는 관련 법리를 오해한 잘못이 있다는 것이다.

다. 그러나 토지이용규제법은 토지이용규제의 투명성을 확보하여 국민의 토지이용상의 불편을 줄이고 국민경제의 발전에 이바지함을 목적으로 하고(제1조), '지역·지구 등'의 지정과 운영 등에 관하여는 다른 법률의 규정이 있더라도 토지이용규제법 제8조에 따르도록 하면서(제3조), '지역·지구 등'은 그 법 제5조 각호에 규정된 것 외에는 신설할 수 없도록 하고 있다(제5조).

이러한 토지이용규제법의 목적과 입법 취지 및 관련 규정의 내용 등에 비추어 보면, 토지이용규제법이 '지역·지구 등'을 지정할 때 원칙적으로 지형도면을 작성·고시하도록 한 것은, 국민의 토지이용 제한 등 규제의 대상이 되는 토지는 그 내용을 명확히 공시하여 토지이용의 편의를 도모하고 행정의 예측가능성과 투명성을 확보하려는 데 있다. 따라서 그 지형도면의 작성·고시 절차를 거치지 않아도 되는 예외사유는 엄격하게 해석하여 그 해당 여부를 판단하여야 한다.

라. 위와 같은 법리를 아래에서 보는 사정에 비추어 보면, 가축사육 제한지역에 관한 이 사건 조례 조항의 내용이 그 자체로 지형도면을 작성·고시하지 않아도 되는 예외사유에 해당한다고 보기는 어렵다.

1) 우선 이 사건 조례 조항 중 '주거 밀집지역' 부분은 '그로부터 직선거리 2,000m'라는 규정만으로 그 규제지역의 범위가 분명하게 특정되기 어려울 것임이

명백하므로, 지형도면을 작성·고시하지 않아도 되는 경우에 해당할 수 없다.

2) 한편 산업입지법상 '농공단지'는 토지이용규제법에 의한 지형도면 작성·고시 절차가 적용되는 지역·지구에 해당하므로(제5조, [별표]), 농공단지 지정 단계에서 그 구체적 범위가 지형도면으로 고시되어야 할 대상이기는 하지만, 이 사건 위임조항 및 이 사건 조례 조항에 따라 지정되는 '가축사육 제한지역'의 범위는 '농공단지와 그로부터 일정 거리 이내 지역'으로 산업입지법상 '농공단지'의 범위와 일치하지 않는 데다가 토지소유자 등 토지이용자로서는 기존에 고시된 '농공단지'의 지형도면만으로 해당 토지가 제한지역에 속하는지 여부 등을 명확히 알기는 어렵다. 이 사건 조례 조항만으로는 농공단지로부터 일정 거리 이내를 측정하는 기준지점이 어디인지 알 수 없고, 가축의 종류별로 그 거리가 다르게 규정되어 있어 그 제한지역의 범위를 분명하게 공지할 필요가 있는 점 등을 감안하면 더욱 그렇다.

마. 그러므로 원심이, 이 사건 조례에 따른 가축사육 제한지역의 지정의 효력이 발생하기 위해서는 지형도면 등의 고시가 있어야 한다고 보고, 피고가 그 지형도면 등을 고시하였다는 점을 인정할 자료가 없다는 이유로 이 부분 처분사유가 위법하다고 판단한 것은 정당하다. 거기에 상고이유 주장과 같이 토지이용규제법의 '지역·지구 등' 지정절차에 관한 법리를 오해한 잘못이 없다.

3. 상고이유 제3점에 대하여

가. 항고소송에서 행정처분의 적법 여부는 특별한 사정이 없는 한 그 행정처분 당시를 기준으로 판단하여야 한다. 여기서 행정처분의 위법 여부를 판단하는 기준 시점에 관하여 판결 시가 아니라 처분 시라고 하는 의미는 행정처분이 있을 때의 법령과 사실상태를 기준으로 하여 위법 여부를 판단할 것이며 처분 후 법령의 개폐나 사실상태의 변동에 영향을 받지 않는다는 뜻이지 처분 당시 존재하였던 자료나 행정청에 제출되었던 자료만으로 위법 여부를 판단한다는 의미는 아니다. 그러므로 처분 당시의 사실상태 등에 관한 증명은 사실심 변론종결 당시까지 할 수 있고, 법원은 행정처분 당시 행정청이 알고 있었던 자료뿐만 아니라 사실심 변론종결 당시까지 제출된 모든 자료를 종합하여 처분 당시 존재하였던 객관적 사실을 확정하고 그 사실에 기초하여 처분의 위법 여부를 판단할 수 있다(대법원 1995. 11. 10. 선고 95누8461 판결 등 참조).

나. 원심은, 피고가 이 사건 처분사유로 주장하고 있는 사유, 즉 이 사건 토지에 관하여 소외 1로부터 소외 2 앞으로 소유권일부이전등기가 되었다는 사실은 종전

처분에 대한 취소판결의 변론종결일인 2012. 8. 14. 이전에 발생한 사유로서 종전 처분에 관하여 위법한 것으로 판결에서 판단된 사유와 기본적 사실관계의 동일성이 인정된다고 보아, 피고가 대지사용권리를 확보하지 못하였다는 처분사유를 들어 이 사건 처분을 한 것은 종전 처분에 대한 취소판결의 기속력에 반하여 위법하다고 판단하였다.

다. 원심판결 이유와 기록에 의하면 다음의 사실을 알 수 있다.

1) 원고는 2011. 1. 5. 소외 1로부터 이 사건 토지를 매수하고 2011. 3. 8.까지 매매대금을 모두 지급하였다.

2) 원고가 이 사건 토지에 이 사건 축사를 건축한다는 것이 알려지자 인근의 ○○면 주민들은 이를 저지하기 위하여 '△△리 축사 신축 반대위원회'를 만들었고, 그 위원장인 소외 2는 원고와 소외 1 사이의 위 매매사실을 알면서도 2011. 3. 11. 소외 1로부터 이 사건 토지를 매수하여 같은 날 소유권일부이전청구권가등기를 마쳤다.

3) 이에 원고는 2011. 4. 28. 전주지방법원 남원지원 2011카합22호로 원고가 이 사건 축사를 신축함에 있어 이 사건 토지에 대한 토지사용권자의 지위에 있음을 임시로 정한다는 내용의 가처분결정을 받았고, 가처분이의 사건에서 2011. 6. 17. 가처분인가결정을 받았으며, 그에 대한 항고가 2012. 4. 3. 기각되었다.

4) 또한 원고는 소외 1과 소외 2 사이의 매매계약이 사회질서에 반하는 이중매매로서 무효라는 이유로 전주지방법원 남원지원 2011가단1492호로 이 사건 토지에 관한 소유권이전등기절차의 이행 등을 구하는 소송을 제기하여, 2012. 1. 18. 소외 2는 소외 1에게 위 소유권일부이전등기청구권가등기의 말소등기절차를 이행하고, 소외 1은 이 사건 토지에 관한 소유권이전등기절차를 이행하라는 판결을 선고받았다.

5) 소외 1과 소외 2는 위 판결에 불복하여 전주지방법원 2012나1545호로 항소하였고, 소외 2는 2012. 7. 26. 위 소유권일부이전청구권가등기에 기하여 소유권일부이전등기를 마쳤는데, 위 항소심에서 2012. 12. 14. 원고의 위 소유권일부이전등기의 말소를 구하는 추가 청구가 받아들여지고 소외 1 등의 항소는 모두 기각되었다. 소외 1 등은 다시 불복하여 대법원 2013다7592호로 상고하였으나 2013. 4. 25. 상고가 기각됨으로써 그 무렵 위 판결이 그대로 확정되었다.

6) 한편 이 사건 처분일은 2012. 11. 28.이고, 이 사건 원심 변론종결일은 2014.

3. 31.이다.

라. 이 사건 원심 변론종결 당시까지 확인된 위와 같은 사실관계를 앞에서 본 법리에 비추어 살펴보면, 소외 1과 소외 2 사이의 매매계약은 사회질서에 반하는 이중매매로서 무효이고 그에 기한 소유권이전 또한 무효이므로, 원고는 이 사건 처분 당시 이 사건 토지의 매수인 내지 위 가처분인가결정에 기한 이 사건 토지의 사용권자로서 대지사용권리를 확보하고 있었던 것으로 봄이 상당하다.

따라서 원심의 이유 설시에 다소 적절하지 않은 점은 있으나 피고가 대지사용권리를 확보하지 못하였다는 처분사유를 들어 이 사건 처분을 한 것이 위법하다는 결론은 정당하므로, 결국 이 부분 상고이유 주장은 이유 없다.

4. 상고이유 제4점에 대하여

이 부분 상고이유 주장의 요지는, 피고가 제1심부터 이 사건 신청지는 이 사건 조례에서 가축사육 제한지역으로 정한 주거 밀집지역으로부터 2,000m 이내에 있음을 이 사건 처분사유의 하나로 주장하였음에도 원심이 이에 관한 판단을 누락하였다는 것이다.

그러나 상고이유 제2점에서 살핀 바와 같이 이 사건 조례에 따른 가축사육 제한지역 지정의 효력이 발생하기 위해서는 지형도면의 고시가 있어야 하는데 그 고시가 없어 이 사건 처분이 위법하다고 보는 이상, 위 상고이유 주장과 같은 판단누락의 잘못은 판결 결과에 영향이 없다. 상고이유 제4점의 주장은 이유 없다.

5. 결 론

이에 관여 대법관의 일치된 의견으로 상고를 기각하고 상고비용은 패소자가 부담하도록 하여 주문과 같이 판결한다.

제2장 국가배상 및 손실보상에 관한 판례

제1절 국가배상에 관한 판례

Ⅰ. 공무원의 위법한 직무행위로 인한 손해배상

1 대법원 2016. 11. 10. 선고 2013다23617 판결 【손해배상(기)】 [공2016하,1882]

【판시사항】

국가를 당사자로 하는 시설공사계약의 계약담당공무원이 회계예규를 준수하지 아니하고 표준품셈이 정한 기준에서 예측 가능한 합리적 조정의 범위를 벗어난 방식으로 기초예비가격을 산정하였고, 낙찰자가 그러한 사정을 알았더라면 입찰에 참가할지 결정하는 데 중요하게 고려하였을 것임이 경험칙상 명백한 경우, 국가가 입찰참가자들에게 미리 그 사정을 고지할 의무가 있는지 여부(적극) / 국가가 고지의무를 위반한 채 계약조건을 제시함으로써 통상의 경우와 다르지 않다고 오인하여 계약을 체결한 낙찰자가 불가피하게 계약금액을 초과하는 공사비를 지출하는 등으로 손해를 입은 경우, 국가가 고지의무 위반과 상당인과관계 있는 손해를 배상할 책임이 있는지 여부(원칙적 적극)

【판결요지】

국가를 당사자로 하는 시설공사계약의 예정가격을 원가계산방식에 의하여 산정할 때에 계약담당공무원이 준수하여야 할 구체적인 사항은 대부분 기획재정부 회계예규인 '예정가격작성기준'(2010. 10. 22. 2200.04-160-8호로 개정되기 전의 것, 이하 '회계예규'라고 한다)에 규정되어 있다. 그런데 회계예규는 국가가 사인과 사이의 계약관계를 합리적·효율적으로 처리할 수 있도록 관계공무원이 지켜야 할 계약사무 처리에 관한 필요사항을 규정한 것으로서 계약담당공무원의 실무 준칙에 지나지 않는다. 그러므로 계약담당공무원이 예정가격을 정하는 과정에서 회계예규의 규정을 준수하지 않았더라도 그 사유만으로 곧바로 국가가 계약상대방에 대하여 손해배상책임을 지게 되는 것은 아니다.

그러나 국가를 당사자로 하는 계약은 신의성실의 원칙에 따라 이행되어야 한다는 것이 법령의 취지로 명시되어 있을 뿐만 아니라 국가가 계약당사자인 경우에는 일반 사인 사이의 계약과 달리 계약조건은 경비의 절감 못지않게 계약이행 결과의 건전성과 품질 및 안전의 확보 등 공공 일반의 이익까지 중요한 고려요소가 된다. 회계예규도 그와 같은 점을 고려하여 계약담당공무원이 지켜야 할 가격산정의 기준을 매우 구체적이고 상세하게 규정하였으므로, 국가를 당사자로 하는 계약의 입찰조건은 특별한 사정이 없는 한 회계예규 등에서 정한 기준에 따라 정해질 것으로 보인다. 그러므로 입찰에 참가하는 당사자로서도 입찰공고에서 따로 공지된 사항이 없는 이상 기초예비가격과 복수예비가격이 회계예규에서 정한 표준품셈 등의 기준에 따라 산정되었을 것으로 신뢰하고, 만약 가격이 회계예규 등의 기준을 현저히 벗어난 방식으로 산정된 것이면 그 내용을 명시적으로 공지하여 입찰참가자가 이를 고려할 수 있도록 할 것을 기대하는 것이 무리라고 할 수 없다. 따라서 계약담당공무원이 회계예규를 준수하지 아니하고 표준품셈이 정한 기준에서 예측 가능한 합리적 조정의 범위를 벗어난 방식으로 기초예비가격을 산정하였음에도 그 사정을 입찰공고에 전혀 표시하지 아니하였고, 낙찰자가 그러한 사정을 알았더라면 입찰에 참가할지를 결정하는 데 중요하게 고려하였을 것임이 경험칙상 명백한 경우에는, 국가는 신의성실의 원칙상 입찰공고 등을 통하여 입찰참가자들에게 미리 그와 같은 사정을 고지할 의무가 있다. 그럼에도 국가가 그러한 고지의무를 위반한 채로 계약조건을 제시하여 이를 통상의 경우와 다르지 않을 것으로 오인한 나머지 제시 조건대로 공사계약을 체결한 낙찰자가 불가피하게 계약금액을 초과하는 공사비를 지출하는 등으로 손해를 입었다면, 계약상대방이 그러한 사정을 인식하고 그 위험을 인수하여 계약을 체결하였다는 등의 특별한 사정이 없는 한, 국가는 고지의무 위반과 상당인과관계 있는 손해를 배상할 책임이 있다.

【참조조문】

국가배상법 제2조 제1항, 구 국가를 당사자로 하는 계약에 관한 법률(2012. 12. 18. 법률 제11547호로 개정되기 전의 것) 제5조 제1항, 제7조, 제8조, 구 국가를 당사자로 하는 계약에 관한 법률 시행령(2010. 7. 21. 대통령령 제22282호로 개정되기 전의 것) 제2조 제2호, 제9조 제1항, 제3항, 제42조 제1항, 구 국가를 당사자로 하는 계약에 관한 법률 시행규칙(2010. 7. 21. 기획재정부령 제161호로 개정되기 전의 것) 제6조 제1항

【전 문】

【원고, 피상고인】 광명종합건설 주식회사 (소송대리인 법무법인 덕수 담당변호사 길기관 외 2인)

【피고, 상고인】 대한민국

【원심판결】 서울고법 2013. 2. 7. 선고 2011나102822 판결

【주 문】

상고를 기각한다. 상고비용은 피고가 부담한다.

【이 유】

상고이유를 판단한다.

1. 「국가를 당사자로 하는 계약에 관한 법률」 및 그 시행령(이 사건에는 2012. 12. 18. 법률 제11547호로 개정되기 전의 법률 및 2010. 7. 21. 대통령령 제22282호로 개정되기 전의 시행령이 적용된다. 이하 위 법률 및 시행령의 표시는 위 각 개정 이전의 법령에 의하고, '법' 및 '시행령'이라고 약칭한다)에 의하면, 국가를 당사자로 하는 계약은 서로 대등한 입장에서 당사자의 합의에 따라 체결되어야 하며, 당사자는 계약의 내용을 신의성실의 원칙에 따라 이행하여야 한다(법 제5조 제1항). 또한 그 계약은 원칙적으로 일반경쟁에 부쳐야 하고(법 제7조 본문), 경쟁입찰의 낙찰자는 예정가격 이하로서 최저가격으로 입찰한 자의 순으로 계약이행능력을 심사하여 결정하도록 되어 있다(시행령 제42조 제1항).

한편 국가를 당사자로 하는 계약 중 국방부가 주관하는 전자입찰에 의한 시설공사는 그 예정가격을 다음과 같은 방식에 의하여 정하도록 되어 있다. 우선 계약담당공무원은 가격조사 또는 원가계산방식에 의하여 '조사금액'(시설공사의 경우는 '설계금액'을 말한다)을 산정하고 이를 기준으로 '기초예비가격'을 정한다. 그리고 그 금액의 ±3% 범위에서 랜덤 방식으로 임의의 수치 15개를 '복수예비가격'으로 선정한 후 입찰공고를 통해 기초예비가격과 복수예비가격을 함께 공개한다. 입찰자들은 공개된 복수예비가격 중에서 각자 2개의 가격을 선택하여 입찰을 하고, 거기에서 가장 많이 선택된 가격 4개를 산술평균한 가격이 예정가격이 된다[시행령 제2조 제2호, 구 계약사무처리훈령(2010. 12. 14. 국방부훈령 제1288호로 개정되기 전의 것) 제2조 제5 내지 8호].

예정가격 결정방식을 위와 같이 정한 것은, 그 가격 결정에 입찰참가자의 행위를 개입시킴으로써 예정가격의 사전 누설에 따른 가격경쟁의 저하 및 담합 등의 문제를 방지하고 입찰절차의 공정성·투명성을 확보하기 위한 것이다.

한편 예정가격은 거래실례가격이나 원가계산에 의한 가격 또는 실적공사비로서 중앙관서의 장이 인정한 가격 등을 기준으로 결정하여야 한다(시행령 제9조 제1항). 그중 원가계산방법으로 예정가격을 결정할 때에는 계약담당공무원은 계약수량, 이

행의 전망, 이행기간, 수급상황, 계약조건 기타 제반 여건을 참작하여야 하고(시행령 제9조 제3항), 재료비, 노무비, 경비, 일반관리비 및 이윤을 포함시켜야 한다[국가를 당사자로 하는 계약에 관한 법률 시행규칙(2010. 7. 21. 기획재정부령 제161호로 개정되기 전의 것) 제6조 제1항]. 그리고 예정가격 작성 등과 관련한 계약담당공무원의 업무처리 기준을 정한 기획재정부 회계예규인 '예정가격작성기준'(2010. 10. 22. 2200.04-160-8호로 개정되기 전의 것, 이하 '회계예규'라고 한다)은, 재료비, 노무비, 경비 등 비목별 가격결정은 계약목적물에 대한 규격서, 설계서 등에 의하거나 각 중앙관서의 장 또는 그 지정단체에서 제정한 '표준품셈'을 기초로 한 원가계산자료에 의하여야 하고, 그 물량산출은 계약목적물의 내용 및 특성을 고려하여 그 완성에 적합하다고 인정되는 합리적인 방법에 의하여야 한다고 하면서(회계예규 제5조 제1항, 제3항, 제34조 제2항), 그 가격을 부당하게 감액하거나 과잉 계산되지 않도록 하여야 하며, 불가피하게 원가계산 등에 의하여 산정된 금액과 다르게 예정가격을 결정한 때에는 그 조정사유를 예정가격 조서에 명시하여야 한다고 규정하고 있다(회계예규 제2조 제2항).

2. 위와 같은 관련 법령 등의 규정에 의하면, 국가를 당사자로 하는 시설공사계약의 예정가격을 원가계산방식에 의하여 산정할 때에 계약담당공무원이 준수하여야 할 구체적인 사항은 대부분 회계예규에 규정되어 있다. 그런데 회계예규는 국가가 사인과 사이의 계약관계를 합리적·효율적으로 처리할 수 있도록 관계공무원이 지켜야 할 계약사무 처리에 관한 필요사항을 규정한 것으로서 계약담당공무원의 실무준칙에 지나지 않는다. 그러므로 계약담당공무원이 예정가격을 정하는 과정에서 위와 같은 회계예규의 규정을 준수하지 않았다고 하더라도 그 사유만으로 곧바로 국가가 계약상대방에 대하여 손해배상책임을 지게 되는 것은 아니라고 할 것이다.

그러나 국가를 당사자로 하는 계약은 신의성실의 원칙에 따라 이행되어야 한다는 것이 법령의 취지로 명시되어 있을 뿐만 아니라 국가가 계약당사자인 경우에는 일반 사인 사이의 계약과 달리 그 계약조건은 경비의 절감 못지않게 계약이행 결과의 건전성과 품질 및 안전의 확보 등 공공 일반의 이익까지 중요한 고려요소가 된다. 회계예규도 그와 같은 점을 고려하여 계약담당공무원이 지켜야 할 가격산정의 기준을 매우 구체적이고 상세하게 규정하였다고 할 것이므로, 국가를 당사자로 하는 계약의 입찰조건은 특별한 사정이 없는 한 회계예규 등에서 정한 기준에 따라 정해질 것으로 보인다. 그러므로 입찰에 참가하는 당사자로서도 입찰공고에서 따로 공지된 사항이 없는 이상 기초예비가격과 복수예비가격이 회계예규에서 정한 표준품셈 등의 기준에 따라 산정되었을 것으로 신뢰하고, 만약 그 가격이 회계예규 등의 기준을 현저히 벗어난 방식으로 산정된 것이면 그 내용을 명시적으로 공지하여 입찰참가자가 이를 고려할 수 있도록 할 것을 기대하는 것이 무리라고 할 수 없다. 따라서 계약담당공무원이 회계예규를 준수하지 아니하고 표준품셈이 정한 기준에서 예측 가능한 합리적 조정의 범위를 벗어난 방식으로 기초예비가격을 산정하였음에도 그 사정을 입찰공고에 전혀 표시하지 아니하였고, 낙찰자가 그러한 사정을 알았더라면 입찰에 참가할지 여부를 결정하는 데 중요하게 고려하였을 것임이 경험칙상 명백한 경우에는, 국가는 신의성실의 원칙상 입찰공고 등을 통하여 입찰참가자들에게 미리 그와 같은 사정을 고지할 의무가 있다고 할 것이다. 그럼에도 국가가 그러한 고지의무를 위반한 채로 계약조건을 제시하여 이를 통상의 경우와 다르지 않을 것으로 오인한 나머지 그 제시 조건대로 공사계약을 체결한 낙찰자가 불가피하게 계약금액을 초과하는 공사비를 지출하는 등으로 손해를 입었다면, 계약상대방이 그러한 사정을 인식하고 그 위험을 인수하여 계약을 체결하였다는 등의 특별한 사정이 없는 한, 국가는 위 고지의무 위반과 상당인과관계 있는 손해를 배상할 책임이 있다.

3. 원심판결 이유에 의하면 다음과 같은 사실을 알 수 있다.

가. 국방부 건설관리과의 2010. 1. 21.자 '2010년도 국직기관 신영공사 집행계획 승인' 및 해군본부 시설관리과의 2010. 1. 27.자 '2010년 신영공사 조정사업 집행지시' 등에 의하여 제주시 소재 '○○-○○부대장 관사신축공사'를 위한 예산 273,830,000원이 해군 제주방어사령부에 배정되었다.

나. 제주방어사령부 소속 재무관은 2010. 4. 6. 건축사사무소 이뉴(이하 '건축사사무소'라 한다)와 관사신축공사에 필요한 설계업무에 관하여 위탁금액(계약금액) 10,117,870원, 위탁기간 2010. 4. 6.부터 2010. 5. 17.까지로 하는 설계업무 위탁계약을 체결하였다.

다. 건축사사무소는 2010. 5. 7. 관사신축공사의 원가를 500,000,000원 정도(직접노무비와 간접노무비는 166,208,034원)로 하는 설계도서와 설계내역서를 제출하였으나 제주방어사령부 소속 공무원 소외 1 소령은 공사비를 낮추는 방안을 요구하였다. 이에 건축사사무소는 건축 재료를 변경하거나 부대공사와 냉난방설비공사를 제외할 것을 제안하였다.

라. 건축사사무소는 2010. 5. 13. 소외 1 소령의 요구를 반영하여 관사신축공사의 원가를 300,000,000원 정도로 하는 설계도서와 설계내역서를 제주방어사령부

에 제출하였으나 담당공무원들은 주재료의 변경이 많다는 이유로 그러한 내용의 설계도서와 설계내역서를 받아들이지 않았다.

마. 제주방어사령부 소속으로서 설계업무의 준공검사를 담당하였던 소외 2 대위는 건축사사무소로부터 받은 설계도서(2010. 5. 7.자)와 설계내역서에 기재된 철근콘크리트 설치 등 19개 공종에 관한 일위대가표의 노무 수량을 대폭 축소하거나 삭감하여 관사신축공사의 원가를 226,965,002원으로 하는 원가계산서 등을 작성하여, 이를 건축사사무소에 주면서 설계도서와 설계내역서의 수정을 요청하였다.

바. 이에 따라 건축사사무소는 2010. 5. 17. 소외 2 대위가 요청한 사항을 대부분 반영하고, 일부 노무 수량을 증가시켜서 관사신축공사의 원가를 230,377,000원으로 하는 설계도서와 설계내역서를 최종적으로 제주방어사령부에 제출하였고, 이를 검수한 소외 2 대위는 설계업무가 완성된 것으로 처리하였다.

사. 제주방어사령부 재무관은 2010. 6. 14. 관사신축공사에 관하여 제한경쟁입찰(전자입찰) 방식으로 기초예비가격 223,465,690원, 예산액 230,377,000원, 입찰방법 총액제, 입찰일 2010. 6. 22., 공사기간 계약일로부터 6개월로 하고, 낙찰자 결정방식은 국방부 군시설공사 적격심사기준에 관한 예규에서 정한 평가기준에 따라 심사하여 종합평점 95점 이상인 자 중에서 예정가격의 87.745% 이상인 최저가격으로 입찰한 자를 낙찰자로 결정하기로 하는 내용(적격심사낙찰제)의 입찰공고를 하였다. 입찰공고에는 첨부서류로 입찰공고문안, 건축시방서, 설비시방서, 공사도면, 원가계산서가 첨부되어 있었다.

아. 원고는 2010. 6. 22. 관사신축공사를 예정가격 222,572,477원의 87.7781%에 해당하는 195,370,000원에 낙찰받았고, 2010. 6. 28. 제주방어사령부 소속 재무관과 관사신축공사에 관하여 계약금액(공사대금) 195,370,000원, 공사기간 2010. 6. 28.부터 2010. 12. 27.까지(6개월 동안)로 하는 내용의 공사도급계약을 체결한 다음, 공사를 시작하였다.

자. 원고는 공사현장을 실사한 후 2010. 8. 4. 제주방어사령부 소속 담당공무원에게, 외부업체에 의뢰하여 입찰공고된 설계금액의 타당성을 조사한 결과 공사에 필요한 노무비가 지나치게 낮게 산정된 것으로 밝혀졌다고 하여(설계금액은 직접노무비 40,262,862원, 간접노무비 2,013,143원이지만, 원가계산 용역기관 산정금액은 직접노무비 129,856,253원, 간접노무비 14,284,187원이었다) 설계변경에 따른 계약금액의 증액조정을 요청하였다. 그러나 위 담당공무원은 공사원가계산서나 예

정가격조서, 단가산출서나 일위대가표 자체는 설계서가 아니므로 그러한 서류의 작성상 오류 등 사유만으로는 설계변경에 따른 계약금액 조정을 할 수 없다는 이유로 원고의 요구를 거절하였다.

차. 원고는 계약금액 증액요구가 거절되자 부득이 관사신축공사를 그대로 진행하여 공사를 완공한 후 피고에게 인도하였다. 그 결과 원고는 공사도급계약에서 정한 계약금액을 상당히 초과하는 공사비용을 지출하게 되었다. 특히 직접노무비와 간접노무비가, 도급계약에 산입된 금액은 35,792,444원이었으나, 원고가 실제 지출한 금액은 96,915,000원이다.

4. 이러한 사실관계를 앞서 본 법리에 비추어 살펴보면, 피고 소속 공무원인 소외 2 대위는 예산 사정을 이유로, 국가가 당사자인 계약의 일반적인 거래관행이나 사회통념에 비추어 합리적 조정의 범위를 넘었다고 할 만큼 과도하게 노무 수량을 축소하거나 삭감하여 건축사사무소로 하여금 설계금액을 감액하도록 함으로써 회계예규가 정한 준칙 및 표준품셈에 의한 가격 기준에서 현저히 벗어난 방식으로 원가산정을 하고 이에 근거하여 기초예비가격을 결정하였다고 할 것이므로, 원고가 그와 같은 사정을 미리 알았더라면 위 공사도급계약과 같은 조건으로 입찰에 참가하지는 아니하였을 것임이 경험칙상 명백하다. 그러므로 피고가 위와 같은 사정을 고지하지 아니한 채 원고와 위 공사도급계약을 체결한 것은 신의칙상의 고지의무를 위반한 것이라고 보아야 할 것이니, 피고는 원고에게 그에 따른 손해를 배상할 책임이 있다.

그리고 원고가 직접·간접 노무비로 96,915,000원을 실제 지출하였다면, 달리 반증이 없는 한 그 공사 수행에 필요하고 적정하게 지출한 것으로 볼 수 있으므로, 피고의 고지의무 위반에 따른 원고의 손해는 위 96,915,000원과 계약금액 중 직접·간접 노무비 35,792,444원의 차액 상당인 61,122,556원이라고 할 것이다.

원심이 같은 전제에서 원고의 손해를 인정하고, 나아가 원고의 과실을 참작하여 피고의 손해배상책임을 70%로 제한한 것은 정당한 것으로 수긍이 된다. 거기에 상고이유 주장과 같이 회계예규에 의한 직무상 의무의 성질에 대한 법리를 오해하거나 판단을 누락하였다는 등의 잘못이 있다고 할 수 없다.

5. 그러므로 상고를 기각하고 상고비용은 패소자가 부담하도록 하여, 관여 대법관의 일치된 의견으로 주문과 같이 판결한다.

2 대법원 2016. 11. 10. 선고 2014다229009 판결【손해배상(기)】[공2016하,1897]

【판시사항】

분배농지를 관리하는 공무원이 구 농지개혁법에 따라 국가가 매수·취득한 농지임을 제대로 확인하지 아니한 채 이를 제3자에게 처분함으로써 수분배자 또는 원소유자에게 손해를 발생하게 한 경우, 국가배상법 제2조 제1항에 정한 공무원의 고의·과실에 의한 위법행위에 해당하는지 여부(원칙적 적극)

【판결요지】

구 농지개혁법(1994. 12. 22. 법률 제4817호 농지법 부칙 제2조 제1호로 폐지, 이하 같다)에 의하여 자경하지 아니하는 농지를 국가가 매수·취득한 것은 이를 자경하는 농민 등에게 분배하기 위한 것으로서 후에 농지가 분배되지 아니할 것을 해제조건으로 하므로, 매수한 농지가 분배되지 아니할 것으로 확정되는 경우에는 원소유자의 소유로 환원될 것이 매수 당시부터 예정되어 있었다. 한편 구 농지개혁법에 따라 국가로부터 농지를 분배받은 수분배자는 농지대가 상환을 완료하면 분배농지의 소유권을 취득하게 되는데, 수분배자가 장기간 상환을 지연하더라도 다른 사정이 없는 한 원래의 분배처분은 유효하되 단지 상환이 완료되지 아니한 상태로 남아 있을 뿐이므로 수분배자의 권리는 시효로 인하여 소멸하지 아니한다. 그리고 이미 분배된 농지이더라도 구 농지개혁법 제19조 제1항에 의하여 국가에 반환된 농지는 구 농지개혁사업정리에 관한 특별조치법(1968. 3. 13. 법률 제1993호로 제정·시행되어 1994. 12. 22. 법률 제4817호 농지법 부칙 제2조 제2호로 폐지) 시행일부터 1년 내에 다시 분배되지 아니한 이상 분배기간이 경과함과 동시에 국가의 매수조치가 해제되어 원소유자의 소유로 환원된다. 따라서 국가는 구 농지개혁법에 따라 매수하여 분배한 농지에 관하여 그 명의로 소유권보존등기를 마친 경우 수분배자가 상환을 완료한 때는 수분배자에게, 수분배자가 상환을 포기하는 등으로 구 농지개혁법 제19조 제1항에 의하여 국가에 반환되고 다시 분배하지 아니하기로 확정되는 때는 원소유자에게 각각 소유권이전등기를 마쳐야 한다. 이와 같은 구 농지개혁법에 따른 국가의 농지매수 취지, 분배농지에 대한 수분배자의 권리, 분배농지의 소유권이 원소유자에게 회복될 가능성 등에 비추어 보면, 분배농지를 관리하는 공무원이 구 농지개혁법에 따라 국가가 매수·취득한 농지임을 제대로 확인하지 아니한 채 이를 제3자에게 처분함으로써 수분배자 또는 원소유자에게 손해를 발생하게 한 경우 이는 특별한 사정이 없는 한 국가배상법 제2조 제1항에 정한 공무원의 고의·과실에 의한 위법행위에 해당한다.

【참조조문】

국가배상법 제2조 제1항, 구 농지개혁법(1994. 12. 22. 법률 제4817호 농지법 부칙

제2조 제1호로 폐지) 제5조, 제11조, 제19조 제1항, 구 농지개혁사업정리에 관한 특별조치법(1994. 12. 22. 법률 제4817호 농지법 부칙 제2조 제2호로 폐지) 제2조, 구 농지개혁사업정리에 관한 특별조치법 시행령(1995. 12. 22. 대통령령 제14835호 농지법 시행령 부칙 제2조 제5호로 폐지) 제1조 제2항 제2호

【참조판례】

대법원 1980. 5. 27. 선고 79누295 판결(공1980, 12889), 대법원 1981. 7. 28. 선고 81다카100 판결(공1981, 14204), 대법원 1997. 12. 26. 선고 97다22003 판결(공1998상, 402), 대법원 2001. 12. 27. 선고 2001다48187 판결(공2002상, 357)

【전 문】

【원고, 피상고인】 원고 (소송대리인 법무법인 평호 담당변호사 김영희 외 1인)

【피고, 상고인】 대한민국 (소송대리인 법무법인 세종 담당변호사 임병일 외 1인)

【원심판결】 서울고법 2014. 10. 14. 선고 2014나2018115 판결

【주 문】

상고를 기각한다. 상고비용은 피고가 부담한다.

【이 유】

상고이유를 판단한다.

1. 상고이유 제1점에 대하여

가. 원심은 그 채택 증거를 종합하여, 이 사건 토지는 구 농지개혁법(1994. 12. 22. 법률 제4817호 농지법 부칙 제2조 제1호로 폐지된 것. 이하 같다) 시행 당시 소외 1의 소유였는데, 그 후 피고가 구 농지개혁법에 따라 이를 소외 1로부터 매수하여 소외 2에게 분배하였으나 농지대가 상환이 완료되지 아니한 사실, 피고는 이 사건 토지에 관하여 1959. 6. 15. 그 명의로 소유권보존등기를 마친 후 구 농지법(1994. 12. 22. 법률 제4817호로 제정되어 1996. 1. 1.부터 시행된 것. 이하 같다) 제정 전인 1994. 8. 23. 경기도 앞으로 교환을 원인으로 한 소유권이전등기를 마쳐준 사실 등을 인정한 다음, 그 판시와 같은 이유로 이 사건 토지에 관하여 경기도 앞으로 소유권이전등기를 마쳐줌으로써 경기도가 이를 시효취득하게 한 데에 피고 소속 담당 공무원에게 과실이 있다는 취지로 판단하였다.

나. 구 농지개혁법에 의하여 자경하지 아니하는 농지를 국가가 매수·취득한 것은 이를 자경하는 농민 등에게 분배하기 위한 것으로서 후에 그 농지가 분배되지 아니

할 것을 해제조건으로 하는 것이므로, 그 매수한 농지가 분배되지 아니할 것으로 확정되는 경우에는 원소유자의 소유로 환원될 것이 매수 당시부터 예정되어 있었다(대법원 2001. 12. 27. 선고 2001다48187 판결 등 참조). 한편 구 농지개혁법에 따라 국가로부터 농지를 분배받은 수분배자는 농지대가 상환을 완료하면 분배농지의 소유권을 취득하게 되는데, 수분배자가 장기간 상환을 지연하더라도 다른 사정이 없는 한 원래의 분배처분은 유효하되 단지 상환이 완료되지 아니한 상태로 남아 있을 뿐이므로 수분배자의 권리는 시효로 인하여 소멸하지 아니한다(대법원 1980. 5. 27. 선고 79누295 판결, 대법원 1997. 12. 26. 선고 97다22003 판결 참조). 그리고 이미 분배된 농지이더라도 구 농지개혁법 제19조 제1항에 의하여 국가에 반환된 농지는 구 「농지개혁사업정리에 관한 특별조치법」(1968. 3. 13. 법률 제1993호로 제정·시행되어 구 농지법 부칙 제2조 제2호로 폐지된 것) 시행일부터 1년 내에 다시 분배되지 아니한 이상 그 분배기간이 경과함과 동시에 국가의 매수조치가 해제되어 원소유자의 소유로 환원된다(대법원 1981. 7. 28. 선고 81다카100 판결 등 참조). 따라서 국가는 구 농지개혁법에 따라 매수하여 분배한 농지에 관하여 그 명의로 소유권보존등기를 마친 경우 수분배자가 상환을 완료한 때는 수분배자에게, 수분배자가 상환을 포기하는 등으로 구 농지개혁법 제19조 제1항에 의하여 국가에 반환되고 다시 분배하지 아니하기로 확정되는 때는 원소유자에게 각각 소유권이전등기를 마쳐야 한다. 이와 같은 구 농지개혁법에 따른 국가의 농지매수 취지, 분배농지에 대한 수분배자의 권리, 분배농지의 소유권이 원소유자에게 회복될 가능성 등에 비추어 보면, 분배농지를 관리하는 공무원이 구 농지개혁법에 따라 국가가 매수·취득한 농지임을 제대로 확인하지 아니한 채 이를 제3자에게 처분함으로써 수분배자 또는 원소유자에게 손해를 발생하게 한 경우 이는 특별한 사정이 없는 한 국가배상법 제2조 제1항에 정한 공무원의 고의·과실에 의한 위법행위에 해당한다고 할 것이다.

다. 원심판결 이유를 이러한 법리와 기록에 비추어 살펴보면, 원심의 이유 설시에 적절하지 아니한 부분이 있으나, 농지대가 상환이 완료되지 아니한 분배농지인 이 사건 토지에 관하여 경기도 명의로 소유권이전등기를 마쳐줌으로써 경기도가 이를 시효취득하게 한 데에 피고 소속 담당 공무원에게 과실이 있다는 원심판단은 그 결론에 있어 정당하고, 거기에 상고이유의 주장과 같은 국가배상책임에서의 고의·과실에 관한 법리오해, 채증법칙 위반 등으로 판결 결과에 영향을 미친 위법은 없다.

2. 상고이유 제2점에 대하여

원심은 그 채택 증거를 종합하여 그 판시와 같은 사실을 인정한 다음, 이 사건 토지에 관하여 구 농지법 시행일부터 3년이 되는 1998. 12. 31.까지 수분배자인 소외 2에 의한 농지대가 상환이 완료되지 아니하여 구 농지법 부칙 제3조에 의하여 이 사건 토지가 원소유자인 소외 1의 상속인들의 소유로 환원되었고, 그 후 경기도의 등기부취득시효가 완성됨에 따라 소외 1의 상속인인 원고가 이 사건 토지에 관한 소유 지분을 상실하는 손해를 입게 되었으므로, 이 사건 토지에 관하여 경기도 명의로 소유권이전등기가 마쳐지게 한 피고 소속 담당 공무원의 행위와 위와 같은 원고의 손해 사이에 상당인과관계가 인정된다는 취지로 판단하였다.

원심판결 이유를 관련 법리와 기록에 비추어 살펴보면 원심판단은 정당한 것으로 수긍이 가고, 거기에 상고이유의 주장과 같은 상당인과관계에 관한 법리오해의 위법이 없다.

3. 상고이유 제3점에 대하여

원심판결 이유를 기록에 비추어 살펴보면 피고의 손해배상책임을 50%로 제한한 원심의 조치가 형평의 원칙에 비추어 현저히 불합리하다고 보이지 아니하므로, 원심이 인정한 원고의 과실비율이 과소하다는 취지의 이 부분 상고이유의 주장도 받아들일 수 없다.

4. 결 론

그러므로 상고를 기각하고, 상고비용은 패소자가 부담하도록 하여 관여 대법관의 일치된 의견으로 주문과 같이 판결한다.

3 대법원 2017. 2. 9. 선고 2013다205778 판결【손해배상(기)】[공2017상,522]

【판시사항】

[1] 구 공무원수당 등에 관한 규정 제7조의2 제1항이 정한 성과상여금 지급대상 교육공무원으로서 '공무원보수규정 [별표 11]을 적용받는 교원'의 의미 및 기간제교원이 포함되는지 여부(소극)

[2] 교육부장관이 갑 등을 비롯한 국·공립학교 기간제교원을 구 공무원수당 등에 관한 규정에 따른 성과상여금 지급대상에서 제외하는 내용의 '교육공무원 성과상여금 지급 지침'을 발표한 사안에서, 국가가 갑 등에 대하여 불법행위로 인한 손해배상책임을 진다고 볼 수 없다고 한 사례

【판결요지】

[1] 구 공무원수당 등에 관한 규정(2011. 7. 4. 대통령령 제23015호로 개정되기 전의 것, 이하 같다) 제7조의2 제1항 [별표 2의2]는 성과상여금 지급대상인 교육공무원으로 '공무원보수규정 [별표 11]을 적용받는 공무원'을 규정하고, 구 공무원보수규정(2011. 7. 4. 대통령령 제23015호로 개정되기 전의 것, 이하 같다) [별표 11]의 비고란에서 기간제교원에 관한 사항을 언급하고 있기는 하나, 구 교육공무원법(2011. 5. 19. 법률 제10634호로 개정되기 전의 것) 제32조 제1항, 구 교육공무원임용령(2016. 8. 2. 대통령령 제27418호로 개정되기 전의 것) 제13조 제3항, 국가공무원법 제47조 제1항, 교육공무원법 제34조 제2항, 제35조 제2호, 구 공무원수당 등에 관한 규정 제7조의2 제1항 [별표 2의2], 제6항, 구 공무원보수규정 제5조 [별표 11], 제33조 [별표 31], 제36조 제3항, 제4항, 제5항, 제39조, 구 국가공무원법(2011. 5. 23. 법률 제10699호로 개정되기 전의 것) 제2조 제2항, 제3항의 문언·체제·취지 등에 비추어 알 수 있는 제반 사정에 비추어 보면, 구 공무원수당 등에 관한 규정 제7조의2 제1항이 정한 성과상여금 지급대상 교육공무원으로서 '공무원보수규정 [별표 11]을 적용받는 교원'이란 호봉 승급에 따른 급여체계의 적용을 받는 정규 교원만을 의미하고 기간제교원은 포함되지 아니한다.

[2] 교육부장관이 갑 등을 비롯한 국·공립학교 기간제교원을 구 공무원수당 등에 관한 규정(2011. 7. 4. 대통령령 제23015호로 개정되기 전의 것, 이하 같다)에 따른 성과상여금 지급대상에서 제외하는 내용의 '교육공무원 성과상여금 지급 지침'을 발표한 사안에서, 위 지침에서 갑 등을 포함한 기간제교원을 성과상여금 지급대상에서 제외한 것은 구 공무원수당 등에 관한 규정 제7조의2 제1항의 해석에 관한 법리에 따른 것이므로, 국가가 갑 등에 대하여 불법행위로 인한 손해배상책임을 진다고 볼 수 없다고 한 사례.

【참조조문】

[1] 구 교육공무원법(2011. 5. 19. 법률 제10634호로 개정되기 전의 것) 제32조 제1항, 교육공무원법 제34조 제2항, 제35조 제2호, 구 교육공무원임용령(2016. 8. 2. 대통령령 제27418호로 개정되기 전의 것) 제13조 제3항, 구 국가공무원법(2011. 5. 23. 법률 제10699호로 개정되기 전의 것) 제2조 제2항, 제3항, 국가공무원법 제47조 제1항, 구 공무원수당 등에 관한 규정(2011. 7. 4. 대통령령 제23015호로 개정되기 전의 것) 제7조의2 제1항 [별표 2의2], 제6항(현행 제7조의2 제8항 참조), 구 공무원보수규정(2011. 7. 4. 대통령령 제23015호로 개정되기 전의 것) 제5조 [별표 11], 제33조 [별표 31], 제36조 제3항, 제4항, 제5항, 제39조 / [2] 국가배상법 제2조 제1항, 구 교육공무원법(2011. 5. 19. 법률 제10634호로 개정되기 전의 것) 제32

조 제1항, 교육공무원법 제34조 제2항, 제35조 제2호, 구 교육공무원임용령(2016. 8. 2. 대통령령 제27418호로 개정되기 전의 것) 제13조 제3항, 구 국가공무원법(2011. 5. 23. 법률 제10699호로 개정되기 전의 것) 제2조 제2항, 제3항, 국가공무원법 제47조 제1항, 구 공무원수당 등에 관한 규정(2011. 7. 4. 대통령령 제23015호로 개정되기 전의 것) 제7조의2 제1항 [별표 2의2], 제6항(현행 제7조의2 제8항 참조), 구 공무원보수규정(2011. 7. 4. 대통령령 제23015호로 개정되기 전의 것) 제5조 [별표 11], 제33조 [별표 31], 제36조 제3항, 제4항, 제5항, 제39조

【전 문】

【원고, 피상고인】 원고 1 외 1인

【원고, 상고인 겸 피상고인】 원고 2 외 1인 (소송대리인 법무법인 여는 담당변호사 신인수 외 2인)

【피고, 피상고인 겸 상고인】 대한민국 (소송대리인 정부법무공단 외 1인)

【원심판결】 서울중앙지법 2013. 5. 2. 선고 2012나31498 판결

【주 문】

원심판결 중 피고 패소 부분을 파기하고, 이 부분 사건을 서울중앙지방법원 합의부에 환송한다. 원고 2, 원고 4의 상고를 모두 기각한다.

【이 유】

상고이유를 판단한다.

1. 피고의 상고이유에 대하여

가. 원심은, 피고 소속 교육부장관(종전의 교육과학기술부장관을 포함한다. 이하 같다)이 원고들을 비롯한 국·공립학교 기간제교원들의 2005. 1. 1.부터 2010. 12. 31.까지의 근무기간에 대하여, 구 「공무원수당 등에 관한 규정」(2011. 7. 4. 대통령령 제23015호로 개정되기 전의 것, 이하 '이 사건 규정'이라 한다)에 따른 성과상여금 지급대상에서 제외하는 것을 내용으로 하는 이 사건 지침을 발표한 사실 등 그 판시와 같은 사실을 인정한 다음, ① 이 사건 규정 등 관련 규정의 해석상 기간제교원도 정규 교원과 마찬가지로 성과상여금 적용대상이 된다고 보아야 하는 점, ② 최근의 교육 실무에 비추어 볼 때 기간제교원이 정규 교원보다 단순하거나 보충적인 업무만을 담당한다고 보기 어려운 점, ③ 이 사건 규정 제7조의2는 근무성적·업무실적 등이 우수한 사람에게 성과상여금을 지급하도록 규정하고 있으므로, 근무성적이나 업무실적과 같은 업무 자체에 대한 평가가 성과상여금의 주된 기준이 되어

야 하는 점, ④ 이 사건 지침은 기간제근로자에 대한 차별적 처우를 금지한 「기간제 및 단시간근로자 보호 등에 관한 법률」의 입법 취지에도 반하는 점 등을 종합하여 보면, 피고 소속 장관이 이 사건 지침을 통해 근무성적이나 업무실적과 관계없이 기간제로 임용되었다는 이유만으로 기간제교원을 성과상여금 지급대상에서 일률적으로 배제하여 성과상여금에 관한 심사 기회 자체를 박탈한 것은 합리적 이유 없이 기간제교원을 차별한 것으로 불법행위에 해당한다고 보아야 한다고 판단하였다.

나. 그러나 원심의 이러한 판단은 다음과 같은 이유에서 수긍하기 어렵다.

(1) 구 교육공무원법(2011. 5. 19. 법률 제10634호로 개정되기 전의 것) 제32조 제1항은 고등학교 이하 각급학교 교원의 임용권자는, 교원이 휴직하게 되어 후임자의 보충이 불가피한 때(제1호) 등 일정한 경우 예산의 범위 안에서 교원의 자격증을 가진 자 중에서 기간을 정하여 교원을 임용할 수 있도록 규정하고, 구 교육공무원임용령(2016. 8. 2. 대통령령 제27418호로 개정되기 전의 것) 제13조 제3항은 기간제교원의 임용기간은 1년 이내로 하며 필요한 경우 3년의 범위 내에서 이를 연장할 수 있도록 규정하고 있다.

국가공무원법 제47조 제1항은 공무원의 봉급·수당 등에 관한 사항을 대통령령으로 정하도록 규정하고, 교육공무원법 제34조 제2항은 교육공무원의 보수는 자격 및 경력과 직무의 곤란성 및 책임의 정도에 따라 대통령령으로 정하도록 규정하고, 제35조는 제34조 제2항의 대통령령에는 국가공무원법 제47조에 정한 사항 등 이외에 '기간제교원의 보수에 관한 사항'(제2호) 등에 관하여도 규정하도록 위임하고 있다. 이 사건 규정 제7조의2 제1항은 "소속 장관은 [별표 2의2]에 따른 공무원 중 근무성적, 업무실적 등이 우수한 사람에게는 예산의 범위에서 성과상여금을 지급한다."라고 규정하고, 이 사건 규정 [별표 2의2]는 교육공무원의 경우 '공무원보수규정 [별표 11]을 적용받는 공무원', '[별표 12]를 적용받는 장학관·교육연구관·장학사 및 교육연구사'를 성과상여금 적용대상으로 정하고 있다. 공무원보수규정 제5조는 공무원의 봉급월액은 [별표 1] 공무원별 봉급표 구분표에 따른 [별표 3]부터 [별표 14]까지의 해당 봉급표에 명시된 금액으로 하도록 규정하고 있는데, [별표 11]은 '고등학교 이하의 각급 학교에 근무하는 교원'에게 적용되는 호봉 및 그에 따른 봉급을 규정한 것으로서, 그 '비고란'에는 "유치원·초등학교·중학교·고등학교의 기간제교원에 대해서는 제8조에 따라 산정된 호봉의 봉급을 지급하되, 고정급으로 한다. 다만 교육공무원법 제32조 제1항 제4호에 따른 기간제교원의 봉급은 14호봉을 넘지 못한다."라고 규정하고 있다. 또한 이 사건 규정 제7조의2 제6항은 성과상여금의 지급기준, 지급범위 및 지급방법 등에 필요한 사항은 행정안전부장관이 정하는 범위에서 소속 장관이 정하도록 규정하고 있다.

한편 구 국가공무원법(2011. 5. 23. 법률 제10699호로 개정되기 전의 것, 이하 같다) 제2조 제2항은 일반직공무원·특정직공무원·기능직공무원을 '경력직공무원'으로, 제3항은 정무직공무원·별정직공무원·계약직공무원·고용직공무원을 '특수경력직공무원'으로 각 정하고 있는데, 계약직공무원에 관하여 공무원보수규정 제33조 [별표 31]은 한시계약직공무원을 제외한 계약직공무원을 연봉제 적용대상으로 규정하고, 제36조 제3항 내지 제5항은 계약직공무원에 대한 신규채용 시 연봉 책정에 관하여 정하고 있으며, 제39조는 연봉제 적용대상 공무원에 대하여 전년도의 업무실적 평가 결과에 따라 성과연봉을 지급하도록 규정하고 있다.

(2) 이 사건 규정 제7조의2 제1항 [별표 2의2]는 성과상여금 지급대상인 교육공무원으로 '공무원보수규정 [별표 11]을 적용받는 공무원'을 규정하고, 공무원보수규정 [별표 11]의 비고란에서 기간제교원에 관한 사항을 언급하고 있기는 하나, 앞서 본 관련 규정의 문언·체제·취지 등에 비추어 알 수 있는 다음과 같은 사정에 비추어 보면, 이 사건 규정 제7조의2 제1항이 정한 성과상여금 지급대상 교육공무원으로서 '공무원보수규정 [별표 11]을 적용받는 교원'이란 호봉 승급에 따른 급여체계의 적용을 받는 정규 교원만을 의미하고 기간제교원은 포함되지 아니한다고 보아야 한다.

① 이 사건 규정 [별표 2의2]는 성과상여금 지급대상인 교육공무원에 관하여 '공무원보수규정 [별표 11]을 적용받는 공무원'으로 정하고 있다. 그런데 이 사건 규정 [별표 2의2]가 교육공무원 이외에 성과상여금 지급대상에 포함시키고 있는 공무원에는, 구 국가공무원법상 여러 유형의 공무원 중 일반직공무원·특정직공무원·기능직공무원·별정직공무원·고용직공무원의 전부 또는 일부가 포함되나 정무직공무원과 계약직공무원은 그 지급대상에서 제외하고 있다. 성과상여금 지급대상에 포함된 공무원들은 모두 근무연차에 따라 호봉이 승급되는 공무원들을 그 대상으로 하고 있는 반면, 그 지급대상에서 제외된 계약직공무원은 기간제교원과 마찬가지로 계약기간 자체가 1년 이내의 단기간이고 임용기간이 만료하면 당연퇴직하도록 정하고 있는 점을 고려하면, 이 사건 규정 제7조의2는 성과상여금의 지급대상을 원칙적으로 호봉 승급에 따른 급여체계의 적용을 받는 공무원으로 정한 것으로 볼 수 있다.

② 공무원보수규정 제5조는 공무원의 봉급월액은 [별표 1] 공무원별 봉급표 구분표에 따라 [별표 3]부터 [별표 14]까지의 해당 봉급표에 명시된 금액으로 하도록 규정하고, 그중 교육공무원에 대하여 [별표 11]이 적용되는데, 이와 같이 [별표 11]

을 별도로 정한 것은 교육공무원의 경우 그 계급과 호봉체계가 다른 경력직공무원과 상이한 점을 고려한 것으로 보인다.

③ 한편 공무원보수규정 [별표 11]이 그 비고란에서 기간제교원의 봉급을 특정 호봉의 고정급으로 한다고 규정하고 있기는 하다. 그런데 기간제교원과 임용사유와 임용기간 및 임용기간 만료 후 지위 등이 유사한 계약직공무원에 대하여 공무원보수규정 제33조, 제36조, 제39조에서 별도의 보수체계를 정하고 있는데, 이는 계약직공무원에게는 다른 일반경력직공무원과 같이 공무원보수규정 제5조에 따른 [별표 3] 내지 [별표 14]의 규정이 적용되지 아니함을 전제한 것으로 볼 수 있다. 그럼에도 불구하고 공무원보수규정 [별표 11]에서 기간제교원에 관한 내용을 '비고란'에서 정하고 있는 취지는, 교육공무원법 제35조에서 '기간제교원의 보수에 관한 사항'을 대통령령으로 정하도록 규정하고 있으므로, 정규 교원과는 그 법률상 지위가 상이하여 정규 교원의 보수체계를 그대로 적용할 수 없는 기간제교원에 대하여 신규채용 시 호봉을 획정하고, 그 호봉에 해당하는 보수월액으로 기간제교원의 보수를 정함으로써 기간제교원의 보수를 정하는 기준을 정한 것에 불과하고, 나아가 기간제교원에 대하여 정규 교원에 대한 성과상여금 등 보수체계를 모두 그대로 적용하려는 취지로 보기는 어렵다.

④ 이러한 사정을 종합하면 성과상여금은 원칙적으로 전년도의 근무성과를 평가하여 그 평가 결과에 따라 다음 연도에 차등하여 지급하는 급여로서 공무원들의 근무의욕을 고취시켜 업무수행능력의 지속적 향상을 유도하려는 데 그 지급 취지가 있는데, 기간제교원은 1년 이내의 단기간 채용되어 임용기간이 만료하면 당연퇴직하도록 정하고 있으므로 이러한 기간제교원에 대하여 성과상여금을 지급하는 것은 위 제도의 취지에 부합한다고 보기 어렵고, 성과상여금은 그 성격에 비추어 지급대상, 지급액 등에 관하여 광범위한 형성의 재량이 인정된다고 할 것인데, 교육부장관이 그 지침에서 기간제교원을 제외했다 하여 평등원칙에 반한다고 보기도 어렵다.

(3) 그렇다면 피고 소속 교육부장관이 이 사건 지침에서 원고들을 포함한 기간제교원을 성과상여금 지급대상에서 제외한 것은 앞서 본 이 사건 규정 제7조의2 제1항의 해석에 관한 법리에 따른 것으로서 이를 이유로 원고들에 대하여 불법행위로 인한 손해배상책임을 진다고 볼 수 없다.

그럼에도 원심은 이와 달리 기간제교원도 성과상여금 지급대상에 포함된다는 잘못된 전제에서, 피고 소속 교육부장관이 이 사건 지침을 통하여 원고들을 성과상여금 지급대상에서 제외한 것이 불법행위에 해당한다고 판단하였으니, 이러한 원심의 판단에는 이 사건 규정이 정한 성과상여금 지급대상에 관한 법리 등을 오해하여 판결에 영향을 미친 잘못이 있다.

2. 원고 2, 원고 4의 상고이유에 대하여

원고 2, 원고 4의 상고이유는, 피고에게 불법행위로 인한 손해배상책임이 인정됨을 전제로 하여 피고의 일부 소멸시효 완성 주장이 신의칙에 반하여 허용될 수 없음에도 불구하고 이를 받아들인 원심의 판단에 신의칙 위반 등에 관한 법리오해가 있다는 취지이나, 위에서 본 바와 같은 이유로 피고에게 손해배상책임을 인정한 원심판결을 파기하는 이상 이와 다른 전제에 선 위 원고들의 상고이유는 나아가 판단할 필요 없이 받아들일 수 없다.

3. 결 론

그러므로 피고의 나머지 상고이유에 대한 판단을 생략한 채, 원심판결 중 피고 패소 부분을 파기하고 이 부분 사건을 다시 심리·판단하게 하기 위하여 원심법원에 환송하며, 원고 2, 원고 4의 상고를 모두 기각하기로 하여, 관여 대법관의 일치된 의견으로 주문과 같이 판결한다.

4 대법원 2017. 2. 15. 선고 2014다230535 판결 【손해배상(기)】 〈한센병 환자의 국가배상청구 사건〉 [공2017상,540]

【판시사항】

[1] 수술과 같이 신체를 침해하는 의료행위를 하는 경우, 환자로부터 의료행위에 대한 동의 내지 승낙을 받아야 하는지 여부(적극) 및 동의 등의 전제로서 환자에게 설명하여야 할 사항 / 의료행위 주체가 설명의무를 소홀히 하여 환자로 하여금 자기결정권을 실질적으로 행사할 수 없게 한 경우, 불법행위가 성립할 수 있는지 여부(적극)

[2] 국가가 한센병 환자의 치료 및 격리수용을 위하여 운영·통제해 온 국립 소록도병원 등에 소속된 의사 등이 한센인들에게 시행한 정관절제수술과 임신중절수술을 정당한 공권력의 행사라고 인정하기 위한 요건 및 국가가 요건을 갖추지 아니한 채 한센인들을 상대로 정관절제수술이나 임신중절수술을 시행한 경우, 민사상 불법행위가 성립하는지 여부(적극)

[3] 한센병을 앓은 적이 있는 갑 등이 국가가 한센병 환자의 치료 및 격리수용을 위하여 운영·통제해 온 국립 소록도병원 등에 입원해 있다가 위 병원 등에 소속된

의사 등으로부터 정관절제수술 또는 임신중절수술을 받았음을 이유로 국가를 상대로 손해배상을 구한 사안에서, 국가배상책임을 인정한 사례

[4] 채무자가 소멸시효의 완성을 주장하는 것이 신의성실의 원칙에 반하여 권리남용으로서 허용될 수 없는 경우 / 장애사유가 소멸한 때로부터 '상당한 기간' 내에 채권자의 권리행사가 있었는지 판단하는 기준 및 불법행위로 인한 손해배상청구의 경우 '상당한 기간'의 범위

【판결요지】

[1] 환자는 헌법 제10조에서 규정한 개인의 인격권과 행복추구권에 의하여 생명과 신체의 기능을 어떻게 유지할 것인지에 대하여 스스로 결정하고 의료행위를 선택할 권리를 보유한다. 따라서 수술과 같이 신체를 침해하는 의료행위를 하는 경우 환자로부터 의료행위에 대한 동의 내지 승낙을 받아야 하고, 동의 등의 전제로서 질병의 증상, 치료방법의 내용 및 필요성, 발생이 예상되는 위험 등에 관하여 당시의 의료수준에 비추어 상당하다고 생각되는 사항을 설명하여 환자가 필요성이나 위험성을 충분히 비교해 보고 의료행위를 받을 것인지를 선택할 수 있도록 하여야 한다. 만일 의료행위 주체가 위와 같은 설명의무를 소홀히 하여 환자로 하여금 자기결정권을 실질적으로 행사할 수 없게 하였다면 그 자체만으로도 불법행위가 성립할 수 있다.

[2] 국가가 한센병 환자의 치료 및 격리수용을 위하여 운영·통제해 온 국립 소록도병원 등에 소속된 의사나 간호사 또는 의료보조원 등이 한센인들에게 시행한 정관절제수술과 임신중절수술은 신체에 대한 직접적인 침해행위로서 그에 관한 동의 내지 승낙을 받지 아니하였다면 헌법상 신체를 훼손당하지 아니할 권리와 태아의 생명권 등을 침해하는 행위이다. 또한 한센인들의 임신과 출산을 사실상 금지함으로써 자손을 낳고 단란한 가정을 이루어 행복을 추구할 권리는 물론이거니와 인간으로서의 존엄과 가치, 인격권 및 자기결정권, 내밀한 사생활의 비밀 등을 침해하거나 제한하는 행위임이 분명하다. 더욱이 위와 같은 침해행위가 정부의 정책에 따른 정당한 공권력의 행사라고 인정받으려면 법률에 그에 관한 명시적인 근거가 있어야 하고, 과잉금지의 원칙에 위배되지 아니하여야 하며, 침해행위의 상대방인 한센인들로부터 '사전에 이루어진 설명에 기한 동의(prior informed consent)'가 있어야 한다. 만일 국가가 위와 같은 요건을 갖추지 아니한 채 한센인들을 상대로 정관절제수술이나 임신중절수술을 시행하였다면 설령 이러한 조치가 정부의 보건정책이나 산아제한정책을 수행하기 위한 것이었다고 하더라도 이는 위법한 공권력의 행사로서 민사상 불법행위가 성립한다.

[3] 한센병을 앓은 적이 있는 갑 등이 국가가 한센병 환자의 치료 및 격리수용을

위하여 운영·통제해 온 국립 소록도병원 등에 입원해 있다가 위 병원 등에 소속된 의사 등으로부터 정관절제수술 또는 임신중절수술을 받았음을 이유로 국가를 상대로 손해배상을 구한 사안에서, 의사 등이 한센인인 갑 등에 대하여 시행한 정관절제수술과 임신중절수술은 법률상 근거가 없거나 적법 요건을 갖추었다고 볼 수 없는 점, 수술이 행해진 시점에서 의학적으로 밝혀진 한센병의 유전위험성과 전염위험성, 치료가능성 등을 고려해 볼 때 한센병 예방이라는 보건정책 목적을 고려하더라도 수단의 적정성이나 피해의 최소성을 인정하기 어려운 점, 갑 등이 수술에 동의 내지 승낙하였다 할지라도, 갑 등은 한센병이 유전되는지, 자녀에게 감염될 가능성이 어느 정도인지, 치료가 가능한지 등에 관하여 충분히 설명을 받지 못한 상태에서 한센인에 대한 사회적 편견과 차별, 열악한 사회·교육·경제적 여건 등으로 어쩔 수 없이 동의 내지 승낙한 것으로 보일 뿐 자유롭고 진정한 의사에 기한 것으로 볼 수 없는 점 등을 종합해 보면, 국가는 소속 의사 등이 행한 위와 같은 행위로 갑 등이 입은 손해에 대하여 국가배상책임을 부담한다고 한 사례.

[4] 소멸시효를 이유로 한 항변권의 행사도 민법의 대원칙인 신의성실의 원칙과 권리남용금지의 원칙의 지배를 받는 것이어서, 채무자가 시효완성 전에 채권자의 권리행사나 시효중단을 불가능 또는 현저히 곤란하게 하였거나, 그러한 조치가 불필요하다고 믿게 하는 행동을 하였거나, 객관적으로 채권자가 권리를 행사할 수 없는 장애사유가 있었거나, 또는 일단 시효완성 후에 채무자가 시효를 원용하지 아니할 것 같은 태도를 보여 권리자로 하여금 그와 같이 신뢰하게 하였거나, 채권자보호의 필요성이 크고 같은 조건의 다른 채권자가 채무의 변제를 수령하는 등의 사정이 있어 채무이행의 거절을 인정함이 현저히 부당하거나 불공평하게 되는 등의 특별한 사정이 있는 경우에는 채무자가 소멸시효의 완성을 주장하는 것이 신의성실의 원칙에 반하여 권리남용으로서 허용될 수 없다.

한편 채권자에게 위와 같은 장애사유가 있었던 경우에도 채권자는 장애사유가 소멸한 때로부터 상당한 기간 내에 권리를 행사하여야만 채무자의 소멸시효 항변을 저지할 수 있다. 여기에서 '상당한 기간' 내에 권리행사가 있었는지는 채권자와 채무자 사이의 관계, 손해배상청구권의 발생원인, 채권자의 권리행사가 지연된 사유 및 손해배상청구의 소를 제기하기까지의 경과 등 여러 사정을 종합적으로 고려하여 판단하여야 하나, 소멸시효 제도는 법적 안정성의 달성 및 증명 곤란의 구제 등을 이념으로 하는 것이므로 적용요건에 해당함에도 신의성실의 원칙을 들어 시효 완성의 효력을 부정하는 것은 매우 예외적인 제한에 그쳐야 한다. 따라서 권리행사의 '상당한 기간'은 특별한 사정이 없는 한 민법상 시효정지의 경우에 준하여 단기간으로 제한되어야 하고, 특히 불법행위로 인한 손해배상청구 사건에서는 매우 특수한 개별 사정이 있어 기간을 연장하여 인정하는 것이 부득이한 경우에도 민법 제766조

제1항이 규정한 단기소멸시효기간인 3년을 넘을 수는 없다.

【참조조문】

[1] 헌법 제10조, 민법 제750조, 제751조 / [2] 헌법 제10조, 제12조 제1항, 제17조, 제36조, 제37조 제2항, 국가배상법 제2조 제1항, 민법 제750조, 제751조 / [3] 헌법 제10조, 제12조 제1항, 제17조, 제36조, 제37조 제2항, 국가배상법 제2조 제1항, 민법 제750조, 제751조, 구 전염병예방법(1963. 2. 9. 법률 제1274호로 개정되기 전의 것) 제29조(현행 감염병의 예방 및 관리에 관한 법률 제41조 제1항 참조), 구 전염병예방법(1976. 12. 31. 법률 제2990호로 개정되기 전의 것) 제2조 제1항(현행 감염병의 예방 및 관리에 관한 법률 제2조 제1호, 제2호, 제3호, 제4호 참조), 제29조 제2항(현행 감염병의 예방 및 관리에 관한 법률 제41조 제3항 참조), 구 전염병예방법 시행규칙(1979. 6. 21. 보건사회부령 제629호로 개정되기 전의 것) 제16조(현행 삭제), 구 모자보건법(1986. 5. 10. 법률 제3824호로 전부 개정되기 전의 것) 제8조 제1항 제2호(현행 제14조 제1항 제2호 참조), 한센인피해사건의 진상규명 및 피해자 생활지원 등에 관한 법률 제2조 / [4] 민법 제2조, 제162조, 제166조, 제766조 제1항

【참조판례】

[1] 대법원 2009. 5. 21. 선고 2009다17417 전원합의체 판결(공2009상, 849) / [4] 대법원 2011. 6. 30. 선고 2009다72599 판결(공2011하, 1515), 대법원 2013. 5. 16. 선고 2012다202819 전원합의체 판결(공2013하, 1077)

【전 문】

【원고, 피상고인】 별지 원고 명단 기재와 같다(소송대리인 법무법인(유한) 화우 외 4인)

【피고, 상고인】 대한민국 (소송대리인 정부법무공단 담당변호사 최상철 외 5인)

【원심판결】 광주고법 2014. 10. 22. 선고 2014나11542 판결

【주 문】

상고를 모두 기각한다. 상고비용은 피고가 부담한다.

【이 유】

상고이유를 판단한다.

1. 상고이유 제1점에 관하여

가. 원심은 제1심판결 이유를 인용하여 다음과 같은 사실을 인정하였다.

(1) 1873년경 한센균이 발견된 이래 1900년대 초반에 이미 한센병은 유전병이 아니라 전염병이라는 사실이 보편적으로 알려졌다. 한센병은 1941년 특효약 답손(DDS)이 발명된 이후 완치가 가능한 질병으로 분류되었고, 국내에 답손(DDS) 치료기법이 본격적으로 도입된 1950년대 초반부터 한센병은 완치가 가능한 질병으로 인식되기 시작하였으며, 1970년~1980년대부터는 2~3종의 약을 복합적으로 단기간 내에 강력하게 투여하는 MDT(multidrug therapy, 답손, 크로파지민, 리팜피신 등의 약을 병용하여 치료하는 복합화합요법)를 사용하여 대부분 완치되고 있다. 그리고 1950년대부터는 각종 국제회의에서 한센인들에 대한 강제격리정책을 철폐할 것을 요구하고 있었다.

피고도 1954년에 전염병예방법을 제정하면서 한센병을 비교적 전염력이 낮은 제3종 전염병으로 분류하면서도 다른 제3종 전염병인 결핵이나 성병 등과 달리 한센병에 대하여는 강제격리정책을 유지해 왔다. 이는 한센병이 다른 전염병과 달리 외모에 변형이 생기고 사회적 차별과 편견이 심하다는 이유에 기인한 것이다.

(2) 한센병은 대부분 젊은 나이에 발병하고, 한센병 환자들의 교육수준은 낮은 편으로 대부분 무학이거나 초등학교 졸업자였으며, 직업도 대부분 무직이거나 농업, 수산업 종사자들이었다. 따라서 한센인들 스스로 한센병에 대한 정보를 취득하거나 인권 관련 교육을 받을 기회는 사실상 없었고, 정보나 교육의 제공이 있었다 하더라도 이는 대부분 수용시설에서 피고에 의하여 이루어진 것일 뿐이다.

(3) 피고는 한센인들에게 막연히 한센병은 치유된다고만 교육하였을 뿐 한센인들을 사실상 강제적으로 격리하는 정책을 시행하였다. 1954. 2. 2. 법률 제308호로 제정되어 1957. 2. 28. 시행된 구 전염병예방법 제29조는 한센병 환자에 대한 강제격리수용을 명시하고 있었고, 이후 개정된 구 전염병예방법(1963. 2. 9. 법률 제1274호로 개정되어 1963. 3. 12. 시행된 것)은 이를 완화하여 한센병 환자 중 주무부령이 정하는 자에 한하여 격리수용하는 것으로 규정하였으나(제2조 제1항, 제29조 제2항), 주무부령인 구 전염병예방법 시행규칙(1977. 8. 19. 보건사회부령 제570호로 제정된 것)은 제16조에서 한센병 환자 중 '자가치료를 함으로써 타인에게 전염시킬 우려가 있는 자' 또는 '부랑·걸식 등으로 타인에게 전염시킬 우려가 있는 자'를 강제격리수용의 대상이 된다고 규정함으로써 한센병 환자는 대부분 강제적인 격리수용의 대상이 되었다.

이러한 피고의 정책 등으로 인하여 한센인 스스로도 한센병은 전염성이 강한 질환으로서 특히 자식에게 전염될 가능성이 매우 크고 심지어는 유전될 수 있다고 오해하기도 하였다. 나아가 이러한 정책은 일반인으로 하여금 한센인에 대한 편견과 차별을 조장함과 아울러 한센인들에게는 열등감과 외부 사회에 대한 두려움을 심어 주었다.

(4) 피고는, 피고가 한센병 환자의 치료 및 격리수용을 위하여 운영·통제해 온 국립 소록도병원, 익산병원(소생원), 부산용호병원(상애원), 안동성좌원, 칠곡병원(애생원) 등(이하 '피고 산하 병원 등'이라고 한다)에서 남녀를 엄격히 구분하여 수용하는 정책을 유지하는 한편, 1949년 무렵부터 일제강점기에 시행하던 것과 같이 정관절제수술을 받을 것을 조건으로 부부동거를 허용하였는데, 한센병 환자에 대하여 정관절제수술을 받을 것을 조건으로 부부사(부부사)를 제공하는 정책은 1990년대까지도 유지되었기 때문에 부부동거를 원하는 남성은 정관절제수술을 받지 않을 수 없었다.

(5) 피고 산하 병원 등에서 임신과 출산을 엄격하게 금지하는 정책 역시 1990년대까지 유지되어 임신한 여성이 굳이 출산을 원한다면 퇴원하여야 했다. 그러나 교육 수준이 낮고 장기간 수용생활을 한 한센인들로서는 갑작스럽게 퇴원하여 정착촌이나 일반사회로 진출하기 위한 자립능력이 부족했고, 사회적 편견과 차별이 상존하는 외부 세상에 대한 두려움이 큰 데다 기존의 생활터전을 잃는다는 상실감도 있었기 때문에 퇴원을 선택하기 힘들었고, 퇴원을 원하지 않는 임신 여성은 결국 임신중절수술을 할 수밖에 없었다.

(6) 원고들은 모두 한센병을 앓은 적이 있는 사람들로서, 피고 산하 병원 등에 입원해 있다가 1950년경부터 1978년경까지 사이에 피고 산하 병원 등에 소속된 의사나 간호사 또는 의료보조원 등(이하 '피고 소속 의사 등'이라고 한다)으로부터 정관절제수술 또는 임신중절수술을 받았다.

(7) 2007. 10. 17. 법률 제8644호로 제정된 「한센인피해사건의 진상규명 및 피해자생활지원 등에 관한 법률」(이하 '한센인피해사건법'이라고 한다)에 따라 설치된 한센인피해사건 진상규명위원회는 원고들이 피고 산하 병원 등에서 격리수용되어 있는 기간 동안 피고 소속 의사 등으로부터 강제로 정관절제수술이나 임신중절수술을 받았다는 등의 이유로 원고들을 같은 법에서 정한 한센인피해사건의 피해자로 결정하였다.

나. 원심은 위와 같은 사실관계를 토대로, 1973. 2. 8. 법률 제2514호로 제정된 구 모자보건법이 시행된 이후에는 한센인 본인과 배우자의 동의가 있으면 임신중절

수술을 시행할 수 있게 되었으나 위 법 시행 전에는 피고가 한센인에 대하여 임신중절수술을 시행할 법률상 근거가 없었고, 한편 위 법에는 특정 질환자에 대하여 불임수술 명령을 내릴 수 있는 근거조항이 있었으나 위 조항에 따라 정관절제수술이 시행되었다는 점에 관해서는 아무런 주장·증명이 없다고 전제한 다음, 나아가 피고 소속 의사 등이 원고들의 명시적인 의사에 반해서까지 강제적으로 정관절제수술이나 임신중절수술을 하였다고 인정하기는 어려우나, 설령 피고 소속 의사 등이 원고들의 명시적 혹은 묵시적 동의 또는 승낙하에 정관절제수술이나 임신중절수술을 시행하였다고 하더라도, 그 동의나 승낙이 위와 같은 한센인들에 대한 사회적 편견과 차별, 한센인들이 처해있던 열악한 사회·교육·경제적 환경, 한센병에 관한 한정된 정보 등에 기한 것이라면 이를 한센인들의 자유롭고 진정한 의사에 의한 것이라고 볼 수 없으므로, 결국 피고가 원고들을 대상으로 시행한 이 사건 정관절제수술과 임신중절수술은 표면적인 동의에도 불구하고 정당화되기 어렵다고 판단하였다.

이어서 원심은, 피고 소속 의사 등이 원고들에 대하여 정관절제수술이나 임신중절수술을 한 것은 헌법상 보장된 신체를 훼손당하지 않을 권리, 태아의 생명권, 행복추구권, 사생활의 자유 등을 침해하고, 궁극적으로 인간으로서의 존엄과 가치를 훼손한 것으로서 불법행위를 구성한다고 판단하였다.

다. (1) 환자는 헌법 제10조에서 규정한 개인의 인격권과 행복추구권에 의하여 생명과 신체의 기능을 어떻게 유지할 것인지에 대하여 스스로 결정하고 의료행위를 선택할 권리를 보유한다. 따라서 수술과 같이 신체를 침해하는 의료행위를 하는 경우 환자로부터 그 의료행위에 대한 동의 내지 승낙을 받아야 하고, 그 동의 등의 전제로서 질병의 증상, 치료방법의 내용 및 필요성, 발생이 예상되는 위험 등에 관하여 당시의 의료수준에 비추어 상당하다고 생각되는 사항을 설명하여 당해 환자가 그 필요성이나 위험성을 충분히 비교해 보고 그 의료행위를 받을 것인지의 여부를 선택할 수 있도록 하여야 한다(대법원 2009. 5. 21. 선고 2009다17417 전원합의체 판결 등 참조). 만일 의료행위 주체가 위와 같은 설명의무를 소홀히 하여 환자로 하여금 자기결정권을 실질적으로 행사할 수 없게 하였다면 그 자체만으로도 불법행위가 성립할 수 있다.

피고 소속 의사 등이 한센인들에게 시행한 정관절제수술과 임신중절수술은 신체에 대한 직접적인 침해행위로서 그에 관한 동의 내지 승낙을 받지 아니하였다면 헌법상 신체를 훼손당하지 아니할 권리와 태아의 생명권 등을 침해하는 행위이다. 또한 한센인들의 임신과 출산을 사실상 금지함으로써 자손을 낳고 단란한 가정을 이루어 행복을 추구할 권리는 물론이거니와 인간으로서의 존엄과 가치, 인격권 및 자기결정권, 내밀한 사생활의 비밀 등을 침해하거나 제한하는 행위임이 분명하다. 더욱이 위와 같은 침해행위가 정부의 정책에 따른 정당한 공권력의 행사라고 인정받으려면 법률에 그에 관한 명시적인 근거가 있어야 하고, 과잉금지의 원칙에 위배되지 아니하여야 하며, 침해행위의 상대방인 한센인들로부터 '사전에 이루어진 설명에 기한 동의(prior informed consent)'가 있어야 한다. 만일 피고가 위와 같은 요건을 갖추지 아니한 채 한센인들을 상대로 정관절제수술이나 임신중절수술을 시행하였다면 설령 이러한 조치가 정부의 보건정책이나 산아제한정책을 수행하기 위한 것이었다고 하더라도 이는 위법한 공권력의 행사로서 민사상 불법행위가 성립한다고 보아야 한다.

(2) 위와 같은 법리에 비추어 이 사건에 관하여 보건대, 원심이 설시한 바와 같이 피고 소속 의사 등이 한센인인 원고들에 대하여 시행한 정관절제수술과 임신중절수술 등은 법률상의 근거가 없거나 그 적법 요건을 갖추었다고 볼 수 없는 점, 이 사건 수술이 행해진 시점에서 의학적으로 밝혀진 한센병의 유전위험성과 전염위험성, 치료가능성 등을 고려해 볼 때 한센병 예방이라는 보건정책 목적을 고려하더라도 그 수단의 적정성이나 피해의 최소성 등을 인정하기 어려운 점, 설령 원고들이 위와 같은 수술에 동의 내지 승낙하였다 할지라도, 원고들은 한센병이 유전되는지, 자녀에게 감염될 가능성이 어느 정도인지, 치료가 가능한지 등에 관하여 충분히 설명을 받지 못한 상태에서 한센인에 대한 사회적 편견과 차별, 열악한 사회·교육·경제적 여건 등으로 인하여 어쩔 수 없이 동의 내지 승낙한 것으로 보일 뿐 그들의 자유롭고 진정한 의사에 기한 것으로 볼 수 없는 점 등을 종합해 보면, 피고는 그 소속 의사 등이 행한 위와 같은 행위로 인하여 원고들이 입은 손해에 대하여 국가배상책임을 부담하는 것이 옳다.

같은 취지의 원심판단은 정당하고, 거기에 상고이유 주장과 같이 국가배상책임의 성립요건에 관한 법리를 오해하고 필요한 심리를 다하지 아니하는 등의 잘못이 없다.

2. 상고이유 제2점에 관하여

가. 소멸시효를 이유로 한 항변권의 행사도 민법의 대원칙인 신의성실의 원칙과 권리남용금지의 원칙의 지배를 받는 것이어서, 채무자가 시효완성 전에 채권자의 권리행사나 시효중단을 불가능 또는 현저히 곤란하게 하였거나, 그러한 조치가 불필요하다고 믿게 하는 행동을 하였거나, 객관적으로 채권자가 권리를 행사할 수 없는 장애사유가 있었거나, 또는 일단 시효완성 후에 채무자가 시효를 원용하지 아니

할 것 같은 태도를 보여 권리자로 하여금 그와 같이 신뢰하게 하였거나, 채권자보호의 필요성이 크고 같은 조건의 다른 채권자가 채무의 변제를 수령하는 등의 사정이 있어 채무이행의 거절을 인정함이 현저히 부당하거나 불공평하게 되는 등의 특별한 사정이 있는 경우에는 채무자가 소멸시효의 완성을 주장하는 것이 신의성실의 원칙에 반하여 권리남용으로서 허용될 수 없다(대법원 2011. 6. 30. 선고 2009다72599 판결 등 참조).

한편 채권자에게 위와 같은 장애사유가 있었던 경우에도 채권자는 그러한 장애사유가 소멸한 때로부터 상당한 기간 내에 권리를 행사하여야만 채무자의 소멸시효의 항변을 저지할 수 있다. 여기에서 '상당한 기간' 내에 권리행사가 있었는지 여부는 채권자와 채무자 사이의 관계, 손해배상청구권의 발생원인, 채권자의 권리행사가 지연된 사유 및 손해배상청구의 소를 제기하기까지의 경과 등 여러 사정을 종합적으로 고려하여 판단하여야 하나, 소멸시효 제도는 법적 안정성의 달성 및 증명 곤란의 구제 등을 이념으로 하는 것이므로 그 적용요건에 해당함에도 불구하고 신의성실의 원칙을 들어 시효 완성의 효력을 부정하는 것은 매우 예외적인 제한에 그쳐야 한다. 따라서 위 권리행사의 '상당한 기간'은 특별한 사정이 없는 한 민법상 시효정지의 경우에 준하여 단기간으로 제한되어야 하고, 특히 불법행위로 인한 손해배상청구 사건에서는 매우 특수한 개별 사정이 있어 그 기간을 연장하여 인정하는 것이 부득이한 경우에도 민법 제766조 제1항이 규정한 단기소멸시효기간인 3년을 넘을 수는 없다고 보아야 한다(대법원 2013. 5. 16. 선고 2012다202819 전원합의체 판결 등 참조).

나. 원심은 제1심판결 이유를 인용하여, 한센인피해사건법에 따라 2010. 6. 24.부터 2012. 6. 27.까지 사이에 원고들에 대한 피해자 결정이 이루어진 사실, 그런데 원고들에 대한 피해자 결정이 이루어지기 전인 2009. 8. 6. 이미 한센인피해사건법에 보상금 지급규정 등을 포함시키는 내용의 개정 법률안이 발의되어 국회에 계류되어 있다가 제18대 국회 임기만료로 폐기된 사실, 위 법률에 따라 설치된 한센인피해사건 진상규명위원회도 2013년경에 발행한 보고서에서 한센인피해사건법의 개정 등을 통한 한센인피해사건 피해자들에 대한 실질적인 보상을 촉구한 사실 등을 인정하였다.

이를 기초로 하여 원심은, 한센인피해사건법에 의한 피해자 결정을 받은 원고들에게는 그 결정 시까지 객관적으로 권리를 행사할 수 없는 장애사유가 있었다고 판단한 다음, 나아가 원고들이 피고의 입법적 조치를 통한 피해보상 등을 기대하였으나 피고가 아무런 적극적 조치를 취하지 아니하자 비로소 피고를 상대로 개별적으로 손해배상청구 소송을 제기하기에 이른 것으로 보이는 특수한 사정이 있으므로, 한센인피해사건 피해자 결정일로부터 3년이 경과하기 전에 이 사건 소를 제기한 원고들은 피고의 소멸시효 항변을 배제할 만한 상당한 기간 내에 권리행사를 한 것으로 보는 것이 타당하다고 판단하였다.

앞서 본 법리와 기록에 비추어 살펴보면, 원심의 위와 같은 판단은 정당하고, 거기에 상고이유 주장과 같이 소멸시효 완성에 관한 법리를 오해하는 등의 잘못이 없다.

3. 결 론

그러므로 상고를 모두 기각하고 상고비용은 패소자가 부담하도록 하여, 관여 대법관의 일치된 의견으로 주문과 같이 판결한다.

5 대법원 2017. 3. 15. 선고 2013다209695 판결 【손해배상(기)】 [공2017상,735]

【판시사항】

[1] 구 농지개혁법 제5조에 따라 정부가 자경하지 않는 자의 농지를 매수·취득하는 것이 나중에 농지가 분배되지 않을 것을 해제조건으로 하는지 여부(적극)

[2] 구 농지개혁사업정리에 관한 특별조치법 시행 당시 분배되지 않은 농지 중 같은 법 시행과 동시에 원소유자의 소유로 환원되는 농지 및 같은 법 제2조 제1항에 따라 국유로 등기된 농지 중 같은 조 제3항의 기간 내에 같은 조 제2항에 따라 분배된 농지를 제외한 농지는 위 기간이 지남과 동시에 원소유자의 소유로 환원되는지 여부(적극)

[3] 국가 명의로 소유권보존등기가 된 농지를 관리하는 공무원이 구 농지개혁법에 따라 국가가 매수한 농지로 원소유자에게 다시 소유권이전등기를 해주어야 한다는 점을 제대로 확인하지 아니한 채 이를 제3자에게 처분함으로써 원소유자에게 손해를 입힌 경우, 국가배상법 제2조 제1항에서 정한 공무원의 고의·과실에 의한 위법행위에 해당하는지 여부(원칙적 적극)

[4] 몽리농지의 부속토지는 구 농지개혁법 시행에 따라 몽리농지와 함께 정부에 매수되고 몽리농지와 함께 분배되는지 여부(적극)

【판결요지】

[1] 구 농지개혁법(1994. 12. 22. 법률 제4817호 농지법 부칙 제2조 제1호로 폐지) 제5조는 정부가 자경하지 않는 자의 농지를 매수한다고 규정하였는데, 이는 정부가 자경하는 농민 등에게 농지를 분배하기 위한 것이다. 따라서 농지를 분배하지

않기로 확정된 경우에는 원소유자에게 농지가 환원될 것이 매수 당시부터 예정되어 있었다고 볼 수 있다. 그러므로 정부가 자경하지 않는 자의 농지를 매수하여 취득하는 것은 나중에 그 농지가 분배되지 않을 것을 해제조건으로 한 것으로 보아야 한다.

[2] 구 농지개혁사업정리에 관한 특별조치법(1968. 3. 13. 법률 제1993호로 제정·시행되고 1994. 12. 22. 법률 제4817호 농지법 부칙 제2조 제2호로 폐지, 이하 '특별조치법'이라고 한다) 시행 당시에 분배되지 않은 농지는 특별조치법 제2조 제1항에 따라 국유로 등기되거나 확인된 경작자에게 분배할 농지를 제외하고는 특별조치법 시행과 동시에 분배하지 않기로 확정되어 원소유자의 소유로 환원된다. 또한 특별조치법 제2조 제1항에 따라 국유로 등기한 농지라고 하더라도 그 후 특별조치법 제2조 제3항의 기간 내에 특별조치법 제2조 제2항에 따라 분배된 농지를 제외한 그 밖의 농지는 특별조치법 제2조 제3항에 정해진 1년의 기간이 지남과 동시에 국가의 매수조치가 해제되어 원소유자의 소유로 환원된다.

[3] 국가가 구 농지개혁법(1994. 12. 22. 법률 제4817호 농지법 부칙 제2조 제1호로 폐지, 이하 같다)에 따라 매수한 농지에 관하여 그 명의로 소유권보존등기를 마쳤으나 농지를 분배하지 않아 원소유자의 소유로 환원된 경우에는 원소유자에게 농지에 관한 소유권이전등기를 마쳐야 한다. 만일 위와 같은 농지를 관리하는 공무원이 구 농지개혁법에 따라 국가가 매수한 농지로서 원소유자에게 다시 소유권이전등기를 해주어야 한다는 점을 제대로 확인하지 않은 채 이를 제3자에게 처분함으로써 원소유자에게 손해를 입혔다면, 이는 특별한 사정이 없는 한 국가배상법 제2조 제1항에 정한 공무원의 고의·과실에 의한 위법행위에 해당한다.

[4] 구 농지개혁법(1994. 12. 22. 법률 제4817호 농지법 부칙 제2조 제1호로 폐지, 이하 같다) 제2조는 농지 경영에 직접 필요한 지소(지소), 농도(농도), 수로 등은 당해 몽리농지(몽리농지)에 부속한다고 정하고 있다. 정부가 이러한 부속시설을 몽리농지와 같이 매수하도록 한 이유는 정부로부터 구 농지개혁법에 따라 몽리농지를 분배받은 사람이 농지를 경작할 때 아무런 지장을 받지 않고 종전과 같은 조건으로 그 부속시설을 이용할 수 있도록 하기 위한 것이다. 따라서 몽리농지의 부속토지는 구 농지개혁법 시행에 따라 몽리농지와 함께 정부에 매수되고 몽리농지와 함께 분배된다고 보아야 한다.

【참조조문】

[1] 구 농지개혁법(1994. 12. 22. 법률 제4817호 농지법 부칙 제2조 제1호로 폐지) 제5조, 제11조 / [2] 구 농지개혁사업정리에 관한 특별조치법(1994. 12. 22. 법률 제4817호 농지법 부칙 제2조 제2호로 폐지) 제2조 / [3] 국가배상법 제2조 제1항,

구 농지개혁법(1994. 12. 22. 법률 제4817호 농지법 부칙 제2조 제1호로 폐지) 제5조, 제11조, 구 농지개혁사업정리에 관한 특별조치법(1994. 12. 22. 법률 제4817호 농지법 부칙 제2조 제2호로 폐지) 제2조 / [4] 구 농지개혁법(1994. 12. 22. 법률 제4817호 농지법 부칙 제2조 제1호로 폐지) 제2조 제2항, 제5조, 제11조

【참조판례】

[1][2] 대법원 2001. 12. 27. 선고 2001다48187 판결(공2002상, 357) / [2] 대법원 1981. 7. 28. 선고 81다카100 판결(공1981, 14204), 대법원 1981. 12. 8. 선고 81다782 판결(공1982, 141) / [3] 대법원 2016. 11. 10. 선고 2014다229009 판결(공2016하, 1897) / [4] 대법원 1980. 7. 22. 선고 80다755 판결(공1980, 13078), 대법원 2015. 6. 11. 선고 2013다200629 판결

【전 문】

【원고, 피상고인】 원고 1 외 3인 (소송대리인 변호사 조희래)

【피고, 상고인】 대한민국

【원심판결】 서울고법 2013. 7. 18. 선고 2012나106289 판결

【주 문】

상고를 모두 기각한다. 상고비용은 피고가 부담한다.

【이 유】

상고이유를 판단한다.

1. 구 농지개혁법(1994. 12. 22. 법률 제4817호 농지법 부칙 제2조 제1호로 폐지된 것, 이하 같다) 제5조는 정부가 자경하지 않는 자의 농지를 매수한다고 규정하였는데, 이는 정부가 자경하는 농민 등에게 농지를 분배하기 위한 것이다. 따라서 농지를 분배하지 않기로 확정된 경우에는 원소유자에게 농지가 환원될 것이 매수 당시부터 예정되어 있었다고 볼 수 있다. 그러므로 정부가 자경하지 않는 자의 농지를 매수하여 취득하는 것은 나중에 그 농지가 분배되지 않을 것을 해제조건으로 한 것으로 보아야 한다(대법원 2001. 12. 27. 선고 2001다48187 판결 등 참조).

구 농지개혁사업정리에 관한 특별조치법(1968. 3. 13. 법률 제1993호로 제정·시행되고 1994. 12. 22. 법률 제4817호 농지법 부칙 제2조 제2호로 폐지된 것, 이하 '특별조치법'이라고 한다) 시행 당시에 분배되지 않은 농지는 특별조치법 제2조 제1항에 따라 국유로 등기되거나 확인된 경작자에게 분배할 농지를 제외하고는 특별조

치법 시행과 동시에 분배하지 않기로 확정되어 원소유자의 소유로 환원된다. 또한 특별조치법 제2조 제1항에 따라 국유로 등기한 농지라고 하더라도 그 후 특별조치법 제2조 제3항의 기간 내에 특별조치법 제2조 제2항에 따라 분배된 농지를 제외한 그 밖의 농지는 특별조치법 제2조 제3항에 정해진 1년의 기간이 지남과 동시에 국가의 매수조치가 해제되어 원소유자의 소유로 환원된다(대법원 1981. 7. 28. 선고 81다카100 판결, 대법원 1981. 12. 8. 선고 81다782 판결 등 참조).

국가가 구 농지개혁법에 따라 매수한 농지에 관하여 그 명의로 소유권보존등기를 마쳤으나 농지를 분배하지 않아 원소유자의 소유로 환원된 경우에는 원소유자에게 농지에 관한 소유권이전등기를 마쳐야 한다. 만일 위와 같은 농지를 관리하는 공무원이 구 농지개혁법에 따라 국가가 매수한 농지로서 원소유자에게 다시 소유권이전등기를 해주어야 한다는 점을 제대로 확인하지 않은 채 이를 제3자에게 처분함으로써 원소유자에게 손해를 입혔다면, 이는 특별한 사정이 없는 한 국가배상법 제2조 제1항에 정한 공무원의 고의·과실에 의한 위법행위에 해당한다.

한편 구 농지개혁법 제2조는 농지 경영에 직접 필요한 지소(지소), 농도(농도), 수로 등은 당해 몽리농지(몽리농지)에 부속한다고 정하고 있다. 정부가 이러한 부속시설을 몽리농지와 같이 매수하도록 한 이유는 정부로부터 구 농지개혁법에 따라 몽리농지를 분배받은 사람이 농지를 경작할 때 아무런 지장을 받지 않고 종전과 같은 조건으로 그 부속시설을 이용할 수 있도록 하기 위한 것이다. 따라서 몽리농지의 부속토지는 구 농지개혁법 시행에 따라 몽리농지와 함께 정부에 매수되고 몽리농지와 함께 분배된다고 보아야 한다(대법원 1980. 7. 22. 선고 80다755 판결, 대법원 2015. 6. 11. 선고 2013다200629 판결 등 참조).

2. 원심판결 이유와 기록에 의하면 다음의 사실을 알 수 있다.

가. 원고들의 선대인 망 소외인은 분할 전 경기도 수원군 (주소 생략) 전 1304평(이하 '분할 전 토지'라고 한다)을 사정(사정)받았고, 그 후 분할 전 토지로부터 이 사건 토지가 분할되었다.

나. 이 사건 토지에 관하여 피고는 1988. 5. 25. 그 명의로 소유권보존등기를 마친 다음, 이를 삼성전관 주식회사(변경 후 상호 '삼성에스디아이 주식회사', 이하 '삼성에스디아이'라고 한다)에 매도하여 삼성에스디아이는 1994. 11. 7. 그 명의로 소유권이전등기를, 삼성전자 주식회사(이하 '삼성전자'라고 한다)는 2008. 1. 21. 그 명의로 소유권이전등기를 마쳤다.

다. 원고들은 2011. 9. 20. 피고와 삼성에스디아이, 삼성전자를 상대로 위 소유권보존등기와 소유권이전등기의 말소를 구하는 소를 제기하였다. 그 결과 2012. 4. 18. 피고에 대한 소유권보존등기 말소청구는 인용되었으나, 삼성에스디아이와 삼성전자에 대한 각 소유권이전등기 말소청구는 삼성에스디아이가 2004. 11. 7. 등기부취득시효 완성으로 이 사건 토지의 소유권을 취득하였고 삼성전자는 그로부터 소유권을 이전받았다는 이유로 기각되었다. 이 판결은 2012. 5. 11. 확정되었다.

라. 피고는 구 농지개혁법 제2조 제2항, 제5조, 특별조치법 제2조 제1항 등에 따라 몽리농지의 부속시설로서 농로인 이 사건 토지에 관한 소유권보존등기를 마쳤다고 주장하고 있다. 그런데 특별조치법 시행 후에 피고의 주장과 같이 몽리농지나 이 사건 토지가 분배되었다는 사실은 확인되지 않는다.

3. 따라서 피고의 주장과 같이 이 사건 토지가 구 농지개혁법 제5조에 따라 정부가 매수한 농지로서 특별조치법 시행 당시 분배되지 않은 몽리농지의 부속시설에 해당하여 그 몽리농지와 함께 매수되어 소유권보존등기를 마쳤더라도, 몽리농지나 그 부속시설에 속하는 이 사건 토지가 특별조치법 시행 후에 분배되었다고 볼 수 없는 이상, 이 사건 토지를 삼성에스디아이에 매도하여 소유권이전등기를 마칠 당시에는 이 사건 토지는 몽리농지와 마찬가지로 이미 원소유자에게 소유권이 환원되어 있었다. 피고 소속 담당공무원이 동일한 업무를 담당하는 평균적 공무원으로서 갖추어야 할 통상의 주의만 기울였으면, 이 사건 토지가 원소유자에게 소유권이 환원된 것을 알 수 있었다고 보아야 한다. 그런데도 피고 소속 담당공무원이 이 사건 토지를 삼성에스디아이에 매도하고 소유권이전등기를 해주었다면, 피고 소속 담당공무원에게 위와 같은 불법행위에 대한 과실과 위법성이 인정된다.

결국 원심판결 이유에 일부 적절하지 않은 부분이 있으나, 피고 소속 담당공무원에게 과실과 위법성이 인정된다고 한 원심의 판단은 결과적으로 정당하다. 원심판결에 상고이유 주장과 같이 필요한 심리를 다하지 않은 채 논리와 경험의 법칙에 반하여 자유심증주의의 한계를 벗어나거나 구 농지개혁법, 특별조치법과 증명책임의 소재 등에 관한 법리를 오해하여 판결에 영향을 미친 잘못이 없다.

4. 피고의 상고는 이유 없어 상고를 모두 기각하고 상고비용은 패소자가 부담하도록 하여, 관여 대법관의 일치된 의견으로 주문과 같이 판결한다.

6 대법원 2017. 6. 29. 선고 2017다211726 판결【손해배상(기)】[공2017하,1565]

【판시사항】

[1] 수익적 행정처분인 허가 등을 신청한 사안에서 공무원이 신청인의 목적 달성에 필요한 안내나 배려 등을 하지 않았다는 사정만으로 직무집행에 있어 위법한 행위를 한 것이라고 볼 수 있는지 여부(소극)

[2] 갑 주식회사가 을 지방자치단체에 하천부지에 잔디실험연구소를 설치하는 내용이 포함된 사업계획서를 제출하면서 하천점용허가를 신청하여 점용허가를 받은 후 하천부지에 컨테이너를 설치하였는데, 을 지방자치단체가 하천부지가 개발제한구역에 해당함에도 갑 회사가 개발제한구역의 지정 및 관리에 관한 특별조치법 제12조에서 정한 행위허가를 받지 않은 채 컨테이너를 설치하였다는 이유로 하천점용허가를 취소한 사안에서, 을 지방자치단체의 손해배상책임을 인정한 원심판단에 법리오해의 잘못이 있다고 한 사례

【판결요지】

[1] 국가배상법에 따른 손해배상책임을 부담시키기 위한 전제로서, 공무원이 행한 행정처분이 위법하다고 하기 위하여서는 법령을 위반하는 등으로 행정처분을 하였음이 인정되어야 하므로, 수익적 행정처분인 허가 등을 신청한 사안에서 행정처분을 통하여 달성하고자 하는 신청인의 목적 등을 자세하게 살펴 목적 달성에 필요한 안내나 배려 등을 하지 않았다는 사정만으로 직무집행에 있어 위법한 행위를 한 것이라고 보아서는 아니 된다.

[2] 갑 주식회사가 을 지방자치단체에 하천부지에 잔디실험연구소를 설치하는 내용이 포함된 사업계획서를 제출하면서 하천점용허가를 신청하여 점용허가를 받은 후 하천부지에 컨테이너를 설치하였는데, 을 지방자치단체가 하천부지가 개발제한구역에 해당함에도 갑 회사가 개발제한구역의 지정 및 관리에 관한 특별조치법 제12조에서 정한 행위허가를 받지 않은 채 컨테이너를 설치하였다는 이유로 하천점용허가를 취소한 사안에서, 갑 회사는 개발제한구역에 속하는 하천부지를 단순히 점용하는 데 그치지 않고 그곳에 컨테이너를 설치하여 잔디실험연구소로 사용하려고 하였으므로 목적 달성을 위하여서는 처음부터 하천점용허가가 의제되는 개발행위허가신청을 하거나 하천점용허가와는 별도로 개발행위허가신청을 하고 그 결과에 따라 후속행위를 하였어야 하는데도 하천점용허가만을 받은 상태에서 개발행위허가 없이 컨테이너를 설치한 잘못이 있고, 그 때문에 하천점용허가가 취소됨으로써 컨테이너 설치비용 상당의 손해를 입게 되었으므로, 갑 회사가 입은 손해는 갑 회사 스스로의 잘못에 기인한 것이어서 을 지방자치단체 소속 담당 공무원의 행위와 갑

회사의 손해발생 사이에 상당인과관계가 있다고 보기 어렵고, 또한 을 지방자치단체 소속 담당 공무원이 갑 회사의 허가신청에 따라 하천점용허가를 하면서 하천점용허가의 요건이 갖추어졌는지만을 살펴보고 나아가 하천부지가 개발제한구역에 속하는지 등을 미리 파악하여 관련 부서와 협의를 거친 다음 하천점용허가 여부를 결정하거나 하천부지가 개발제한구역으로서 시설물 설치에 개발행위허가가 필요하다는 점 등을 갑 회사에 따로 알려주지 않은 채 하천점용허가를 하였더라도, 이러한 을 지방자치단체 소속 담당 공무원의 행위를 위법한 행위라고 볼 수는 없는데도, 을 지방자치단체의 손해배상책임을 인정한 원심판단에 법리오해의 잘못이 있다고 한 사례.

【참조조문】

[1] 국가배상법 제2조 제1항 / [2] 국가배상법 제2조 제1항, 개발제한구역의 지정 및 관리에 관한 특별조치법 제12조 제1항, 제14조 제1항 제4호, 하천법 제33조 제1항 제1호, 제3항, 제4항, 제69조 제1항 제3호

【전 문】

【원고, 피상고인】 아시아 주식회사

【피고, 상고인】 서울특별시 강남구 (소송대리인 법무법인(유한) 대륙아주 담당변호사 박성철 외 1인)

【원심판결】 서울중앙지법 2017. 1. 20. 선고 2015나61414 판결

【주 문】

원심판결 중 피고 패소 부분을 파기하고, 이 부분 사건을 서울중앙지방법원 합의부에 환송한다.

【이 유】

상고이유를 판단한다.

1. 국가배상법에 따른 손해배상책임을 부담시키기 위한 전제로서, 공무원이 행한 행정처분이 위법하다고 하기 위하여서는 법령을 위반하는 등으로 그 행정처분을 하였음이 인정되어야 하므로, 수익적 행정처분인 허가 등을 신청한 사안에서 그 행정처분을 통하여 달성하고자 하는 신청인의 목적 등을 자세하게 살펴 그 목적 달성에 필요한 안내나 배려 등을 하지 않았다는 사정만으로 직무집행에 있어 위법한 행위를 한 것이라고 보아서는 아니 된다.

2. 원심판결 이유와 기록에 의하면, 원고는 피고에게 피고 소유의 이 사건 하천부지에 잔디실험연구소를 설치하는 내용이 포함된 사업계획서를 제출하면서 하천점용허가를 신청하였고, 피고는 2014. 4. 8. 원고에게 위 하천부지에 대한 점용허가를 한 사실, 원고는 2014. 7. 2.경 위 하천부지에 컨테이너 6동을 설치하였는데, 피고는 2014. 11. 6. 위 하천부지가 개발제한구역에 해당함에도 원고가 개발제한구역의 지정 및 관리에 관한 특별조치법(이하 '개발제한구역법'이라고 한다) 제12조에서 정한 행위허가를 받지 않은 채 위와 같이 컨테이너를 설치하였다는 이유로 위 하천점용허가를 취소한 사실을 알 수 있다.

3. 원심은, 원고가 제출한 점용허가신청서에는 이 사건 하천부지에 잔디실험연구소를 설치하는 내용이 포함되어 있었으므로 피고 소속 담당 공무원으로서는 위 하천부지가 개발제한구역인지 여부, 개발제한구역이라면 점용허가신청서에 기재된 허가의 목적사항과 관련한 시설물의 설치 등이 가능한지 여부 등에 관하여 검토한 후 관련 부서와 협의를 거쳐 허가 여부를 결정하거나 적어도 원고에게 위 하천부지가 개발제한구역으로서 시설물을 설치하려면 허가를 받아야 한다는 점 등에 관하여 고지를 하였어야 할 것인데도, 피고 소속 담당 공무원이 이를 제대로 파악하지 않은 채 잔디실험연구소 설치 목적의 하천점용허가를 하였고, 위 하천점용허가를 신뢰한 원고가 허가신청 당시부터 예정되어 있던 컨테이너를 설치함으로써 오히려 하천점용허가가 취소되기에 이르렀으므로, 피고는 그 소속 담당 공무원의 위와 같은 과실로 인하여 원고가 입은 컨테이너 설치비용 상당의 손해를 원고에게 배상할 책임이 있다는 취지로 판단하였다.

4. 그러나 원심의 위와 같은 판단은 다음과 같은 이유로 수긍하기 어렵다.

개발제한구역법 제12조 제1항은 시장·군수·구청장의 허가를 받아 같은 항 단서 각 호의 어느 하나에 해당하는 행위를 하는 경우를 제외하고는 원칙적으로 개발제한구역에서는 건축물의 건축 및 용도변경, 공작물의 설치 등의 행위를 할 수 없도록 하고 있다. 하천법 제33조 제1항 제1호는 하천구역 안에서 토지의 점용행위를 하려는 자는 대통령령으로 정하는 바에 따라 하천관리청의 허가를 받아야 한다고 하면서, 같은 조 제3항에서 하천관리청이 하천점용허가를 하고자 할 경우에 고려하여야 할 사항을, 같은 조 제4항에서 하천점용허가를 하여서는 아니 되는 경우를 각 열거하고 있으나, 거기에 개발제한구역에서의 행위허가와 관련한 내용은 포함하고 있지 않다. 또한 하천법 제69조 제1항 제3호는 하천법에 따른 허가 등에 따라 사업을 영위하기 위하여 다른 법령에 따라 받아야 하는 관계 행정기관의 허가 등을 받지 못한 경우 등에는 하천법에 따른 허가 등을 취소할 수 있도록 하고 있다. 한편 개발제한구역법 제14조 제1항 제4호는 같은 법 제12조 제1항 등에 따라 시장·군수·구청장의 허가를 받은 경우로서 시장·군수·구청장이 관계 행정기관의 장과 협의한 사항에 대하여는 하천법 제33조에 따른 하천의 점용허가를 받은 것으로 본다고 하고 있으나, 하천법에는 개발행위허가를 의제하는 규정을 따로 두고 있지 않다.

기록에 비추어 살펴보면, 원고는 개발제한구역에 속하는 이 사건 하천부지를 단순히 점용하는 데 그치지 않고 그곳에 컨테이너를 설치하여 잔디실험연구소로 사용하려고 하였으므로 그 목적 달성을 위하여서는 처음부터 하천점용허가가 의제되는 개발행위허가신청을 하거나 하천점용허가와는 별도로 개발행위허가신청을 하고 그 결과에 따라 후속행위를 하였어야 하는데도 하천점용허가만을 받은 상태에서 개발행위허가 없이 컨테이너를 설치한 잘못이 있고, 그 때문에 하천점용허가가 취소됨으로써 컨테이너 설치비용 상당의 손해를 입게 되었음을 알 수 있다. 따라서 원고가 입은 손해는 위와 같은 원고 스스로의 잘못에 기인한 것이라 할 것이므로, 피고 소속 담당 공무원의 행위와 원고의 손해발생 사이에 상당인과관계가 있다고 보기 어렵다. 또한 피고 소속 담당 공무원이 원고의 허가신청에 따라 이 사건 하천점용허가를 함에 있어 하천점용허가의 요건이 갖추어졌는지 여부만을 살펴보고 나아가 이 사건 하천부지가 개발제한구역에 속하는지 등을 미리 파악하여 관련 부서와 협의를 거친 다음 하천점용허가 여부를 결정하거나 이 사건 하천부지가 개발제한구역으로서 시설물 설치에 개발행위허가가 필요하다는 점 등을 원고에게 따로 알려주지 않은 채 하천점용허가를 하였다고 하더라도, 이러한 피고 소속 담당 공무원의 행위를 위법한 행위라고 볼 수는 없다.

5. 그런데도 원심은 그 판시와 같은 이유만으로 피고의 손해배상책임을 인정하였으니, 이러한 원심의 판단에는 행정처분으로 인한 손해배상책임의 인정에 관한 법리를 오해하여 판결에 영향을 미친 잘못이 있다. 이 점을 지적하는 취지의 상고이유 주장은 이유 있다.

6. 그러므로 나머지 상고이유에 관한 판단을 생략한 채 원심판결 중 피고 패소 부분을 파기하고, 이 부분 사건을 다시 심리·판단하도록 원심법원에 환송하기로 하여, 관여 대법관의 일치된 의견으로 주문과 같이 판결한다.

7 대법원 2017. 11. 9. 선고 2017다228083 판결 【손해배상(기)】 [공2017하,2319]

【판시사항】

[1] 경찰관에게 부여된 권한의 불행사가 현저하게 불합리하다고 인정되는 경우, 직무상의 의무를 위반한 것으로서 위법한지 여부(적극)

[2] 공무원의 직무상 의무 위반으로 국가 또는 지방자치단체가 배상책임을 지는 경우의 직무상 의무의 내용 및 이때 상당인과관계 유무를 판단하는 기준

[3] 국가가 소속 경찰관의 직무집행상의 과실로 피해자에게 손해를 배상할 책임이 있는 경우, 손해배상의 범위를 판단하는 방법 및 이때 책임감경사유에 관한 사실인정이나 비율을 정하는 것이 사실심의 전권사항인지 여부(원칙적 적극)

[4] 불법행위로 입은 정신적 고통에 대한 위자료 액수 결정이 사실심 법원의 재량사항인지 여부(적극)

[5] 범죄피해자 보호법 제17조 제2항에 규정한 유족구조금의 법적 성격 / 범죄피해자 보호법 제20조, 같은 법 시행령 제16조의 규정 취지 및 국가배상법에 따른 손해배상 급여와 범죄피해자 보호법에서 정한 유족구조금과의 관계

【판결요지】

[1] 경찰은 범죄의 예방, 진압 및 수사와 함께 국민의 생명, 신체 및 재산의 보호 기타 공공의 안녕과 질서유지를 직무로 하고 있고, 직무의 원활한 수행을 위하여 경찰관 직무집행법, 형사소송법 등 관계 법령에 의하여 여러 가지 권한이 부여되어 있으므로, 구체적인 직무를 수행하는 경찰관으로서는 제반 상황에 대응하여 자신에게 부여된 여러 가지 권한을 적절하게 행사하여 필요한 조치를 취할 수 있는 것이고, 그러한 권한은 일반적으로 경찰관의 전문적 판단에 기한 합리적인 재량에 위임되어 있는 것이나, 경찰관에게 권한을 부여한 취지와 목적에 비추어 볼 때 구체적인 사정에 따라 경찰관이 권한을 행사하여 필요한 조치를 취하지 아니하는 것이 현저하게 불합리하다고 인정되는 경우에는 그러한 권한의 불행사는 직무상의 의무를 위반한 것이 되어 위법하게 된다.

[2] 공무원에게 부과된 직무상 의무의 내용이 단순히 공공 일반의 이익을 위한 것이거나 행정기관 내부의 질서를 규율하기 위한 것이 아니고 전적으로 또는 부수적으로 사회구성원 개인의 안전과 이익을 보호하기 위하여 설정된 것이라면, 공무원이 그와 같은 직무상 의무를 위반함으로 인하여 피해자가 입은 손해에 대하여는 상당인과관계가 인정되는 범위 내에서 국가가 배상책임을 진다. 상당인과관계의 유무를 판단할 때에는 일반적인 결과 발생의 개연성은 물론 직무상 의무를 부과하는 법령 기타 행동규범의 목적이나 가해행위의 태양 및 피해의 정도 등을 종합적으로 고

려하여야 한다.

[3] 국가가 소속 경찰관의 직무집행상의 과실로 말미암아 피해자에게 손해를 배상할 책임이 있는 경우에 손해배상의 범위를 정함에 있어서는, 당해 직무집행에서 요구되는 경찰관의 주의의무의 내용과 성격, 당해 경찰관의 주의의무 위반의 경위 및 주의의무 위반행위의 태양, 피해자의 손해 발생 및 확대에 관여된 객관적인 사정이나 정도 등 제반 사정을 참작하여 손해분담의 공평이라는 손해배상제도의 이념에 비추어 손해배상액을 제한할 수 있다. 나아가 책임감경사유에 관한 사실인정이나 비율을 정하는 것은 그것이 형평의 원칙에 비추어 현저히 불합리하다고 인정되지 않는 한 사실심의 전권사항에 속한다.

[4] 불법행위로 입은 정신적 고통에 대한 위자료 액수에 관하여는 사실심 법원이 제반 사정을 참작하여 직권에 속하는 재량에 의하여 이를 확정할 수 있다.

[5] 범죄피해자 보호법에 의한 범죄피해 구조금 중 위 법 제17조 제2항의 유족구조금은 사람의 생명 또는 신체를 해치는 죄에 해당하는 행위로 인하여 사망한 피해자 또는 그 유족들에 대한 손실보상을 목적으로 하는 것으로서, 위 범죄행위로 인한 손실 또는 손해를 전보하기 위하여 지급된다는 점에서 불법행위로 인한 소극적 손해의 배상과 같은 종류의 금원이라고 봄이 타당하다.

한편 범죄피해자 보호법 제20조는 "구조피해자나 유족이 해당 구조대상 범죄피해를 원인으로 하여 국가배상법이나 그 밖의 법령에 따른 급여 등을 받을 수 있는 경우에는 대통령령으로 정하는 바에 따라 구조금을 지급하지 아니한다."라고 규정하고, 범죄피해자 보호법 시행령 제16조는 "법 제16조에 따른 구조피해자(이하 '구조피해자'라 한다) 또는 그 유족이 다음 각 호의 어느 하나에 해당하는 보상 또는 급여 등을 받을 수 있을 때에는 법 제20조에 따라 그 받을 금액의 범위에서 법 제16조에 따른 구조금(이하 '구조금'이라 한다)을 지급하지 아니한다."라고 규정하면서 제1호에서 "국가배상법 제2조 제1항에 따른 손해배상 급여"를 규정하고 있다. 이는 수급권자가 동일한 범죄로 범죄피해자 보호법 소정의 구조금과 국가배상법에 의하여 국가 또는 지방자치단체의 부담으로 되는 같은 종류의 급여를 모두 지급받음으로써 급여가 중복하여 지급되는 것을 방지하기 위한 조정조항이라 할 것이다.

따라서 구조대상 범죄피해를 받은 구조피해자가 사망한 경우, 사망한 구조피해자의 유족들이 국가배상법에 의하여 국가 또는 지방자치단체로부터 사망한 구조피해자의 소극적 손해에 대한 손해배상금을 지급받았다면 지구심의회는 유족들에게 같은 종류의 급여인 유족구조금에서 그 상당액을 공제한 잔액만을 지급하면 되고, 유족들이 지구심의회로부터 범죄피해자 보호법 소정의 유족구조금을 지급받았다면 국가 또는 지방자치단체는 유족들에게 사망한 구조피해자의 소극적 손해액에서 유족들이 지급받은 유족구조금 상당액을 공제한 잔액만을 지급하면 된다고 봄이 타당하다.

【참조조문】

[1] 국가배상법 제2조 제1항, 경찰관 직무집행법 제2조 / [2] 국가배상법 제2조 제1항, 민법 제750조 / [3] 국가배상법 제2조 제1항, 경찰관 직무집행법 제2조, 민법 제393조, 제750조, 제763조 / [4] 민법 제393조, 제751조, 제763조 / [5] 범죄피해자 보호법 제17조 제2항, 제20조, 범죄피해자 보호법 시행령 제16조

【참조판례】

[1] 대법원 1998. 5. 8. 선고 97다54482 판결(공1998상, 1588) / [2] 대법원 1993. 2. 12. 선고 91다43466 판결(공1993상, 958), 대법원 2007. 11. 15. 선고 2007다38618 판결 / [3] 대법원 2016. 4. 15. 선고 2013다20427 판결(공2016상, 641) / [4] 대법원 1999. 4. 23. 선고 98다41377 판결(공1996상, 998)

【전 문】

【원고, 피상고인】 원고 1 외 3인 (소송대리인 변호사 정혜란 외 1인)

【피고, 상고인】 대한민국

【원심판결】 서울고법 2017. 4. 11. 선고 2016나2047247 판결

【주 문】

원심판결 중 원고 3, 원고 4의 재산상 손해에 관한 피고 패소 부분을 파기하고, 이 부분 사건을 서울고등법원에 환송한다. 피고의 원고 1, 원고 2에 대한 상고와 원고 3, 원고 4에 대한 나머지 상고를 모두 기각한다. 상고기각 부분에 대한 상고비용은 피고가 부담한다.

【이 유】

상고이유를 판단한다.

1. 상고이유 제1점에 대하여

가. 손해배상책임의 인정 여부에 관한 상고이유 주장에 대한 판단

1) 경찰은 범죄의 예방, 진압 및 수사와 함께 국민의 생명, 신체 및 재산의 보호 기타 공공의 안녕과 질서유지를 직무로 하고 있고, 그 직무의 원활한 수행을 위하여 경찰관 직무집행법, 형사소송법 등 관계 법령에 의하여 여러 가지 권한이 부여되어 있으므로, 구체적인 직무를 수행하는 경찰관으로서는 제반 상황에 대응하여 자신에게 부여된 여러 가지 권한을 적절하게 행사하여 필요한 조치를 취할 수 있는 것이

고, 그러한 권한은 일반적으로 경찰관의 전문적 판단에 기한 합리적인 재량에 위임되어 있는 것이나, 경찰관에게 권한을 부여한 취지와 목적에 비추어 볼 때 구체적인 사정에 따라 경찰관이 그 권한을 행사하여 필요한 조치를 취하지 아니하는 것이 현저하게 불합리하다고 인정되는 경우에는 그러한 권한의 불행사는 직무상의 의무를 위반한 것이 되어 위법하게 된다(대법원 1998. 5. 8. 선고 97다54482 판결 등 참조).

공무원에게 부과된 직무상 의무의 내용이 단순히 공공 일반의 이익을 위한 것이거나 행정기관 내부의 질서를 규율하기 위한 것이 아니고 전적으로 또는 부수적으로 사회구성원 개인의 안전과 이익을 보호하기 위하여 설정된 것이라면, 공무원이 그와 같은 직무상 의무를 위반함으로 인하여 피해자가 입은 손해에 대하여는 상당인과관계가 인정되는 범위 내에서 국가가 배상책임을 진다. 상당인과관계의 유무를 판단할 때에는 일반적인 결과 발생의 개연성은 물론 직무상 의무를 부과하는 법령 기타 행동규범의 목적이나 가해행위의 태양 및 피해의 정도 등을 종합적으로 고려하여야 한다(대법원 1993. 2. 12. 선고 91다43466 판결, 대법원 2007. 11. 15. 선고 2007다38618 판결 등 참조).

2) 원심은 제1심판결 이유를 인용하여 판시와 같은 사실을 인정한 다음, 그 판시와 같은 사정에 비추어 보면, 피고 소속 경찰공무원들이 이 사건 신고를 이전의 다른 신고와 동일한 것으로 오인하여 이 사건 신고 시각으로부터 24분이 지나도록 아무런 조치를 취하지 아니한 것은 과실로 인하여 현저히 불합리하게 공무를 처리함으로써 직무상의 의무를 위반한 경우에 해당하고, 이와 같은 직무상의 의무 위반과 피해자에 대한 살인사건 사이에는 상당인과관계가 인정되며, 해당 경찰공무원들에게는 살인사건 발생에 관한 예견가능성도 있었다고 판단하였다.

원심이 인용한 제1심판결 이유를 기록에 비추어 살펴보면 그 이유 설시에 다소 미흡한 면이 있으나, 피고에 대하여 손해배상책임을 인정한 원심의 결론은 앞서 본 법리에 기한 것으로서 정당하고, 거기에 상고이유 주장과 같이 국가배상책임에 있어 과실로 인한 직무상 의무 위반, 상당인과관계 및 예견가능성에 관한 법리를 오해하고 필요한 심리를 다하지 아니하거나 판단을 누락하는 등의 위법이 없다.

나. 책임의 제한과 위자료 산정에 관한 상고이유 주장에 대한 판단

1) 국가가 그 소속 경찰관의 직무집행상의 과실로 말미암아 피해자에게 손해를 배상할 책임이 있는 경우에 그 손해배상의 범위를 정함에 있어서는, 당해 직무집행에서 요구되는 경찰관의 주의의무의 내용과 성격, 당해 경찰관의 주의의무 위반의

경위 및 주의의무 위반행위의 태양, 피해자의 손해 발생 및 확대에 관여된 객관적인 사정이나 그 정도 등 제반 사정을 참작하여 손해분담의 공평이라는 손해배상제도의 이념에 비추어 그 손해배상액을 제한할 수 있다. 나아가 책임감경사유에 관한 사실인정이나 그 비율을 정하는 것은 그것이 형평의 원칙에 비추어 현저히 불합리하다고 인정되지 않는 한 사실심의 전권사항에 속한다(대법원 2016. 4. 15. 선고 2013다20427 판결 등 참조).

위 법리와 기록에 비추어 살펴보면, 피고의 책임감경사유에 관한 원심이 인용한 제1심의 사실인정이나 피고의 책임감경비율에 관한 원심의 판단이 형평의 원칙에 비추어 현저히 불합리하다고 볼 수 없으므로, 거기에 상고이유 주장과 같이 책임제한에 관한 법리를 오해하거나 필요한 심리를 다하지 아니하고 판단을 누락하는 등의 위법이 없다.

2) 나아가 불법행위로 입은 정신적 고통에 대한 위자료 액수에 관하여는 사실심법원이 제반 사정을 참작하여 그 직권에 속하는 재량에 의하여 이를 확정할 수 있다(대법원 1999. 4. 23. 선고 98다41377 판결 등 참조).

원심은 제1심판결을 인용하여, 살인사건의 발생 경위, 원고들의 신분 관계, 그 밖에 이 사건에 나타난 제반 사정을 참작하여 위자료 액수를 확정하고 있는바, 기록에 비추어 살펴보면 원심이 산정한 위자료 액수는 타당하고, 거기에 상고이유 주장과 같이 위자료 산정에 관한 법리를 오해하거나 필요한 심리를 다하지 아니하는 등의 위법이 없다.

2. 상고이유 제2점에 대하여

가. 범죄피해자 보호법에 의한 범죄피해 구조금 중 위 법 제17조 제2항의 유족구조금은 사람의 생명 또는 신체를 해치는 죄에 해당하는 행위로 인하여 사망한 피해자 또는 그 유족들에 대한 손실보상을 목적으로 하는 것으로서, 위 범죄행위로 인한 손실 또는 손해를 전보하기 위하여 지급된다는 점에서 불법행위로 인한 소극적 손해의 배상과 같은 종류의 금원이라고 봄이 타당하다.

한편 범죄피해자 보호법 제20조는 "구조피해자나 유족이 해당 구조대상 범죄피해를 원인으로 하여 국가배상법이나 그 밖의 법령에 따른 급여 등을 받을 수 있는 경우에는 대통령령으로 정하는 바에 따라 구조금을 지급하지 아니한다."라고 규정하고, 범죄피해자 보호법 시행령 제16조는 "법 제16조에 따른 구조피해자(이하 '구조피해자'라 한다) 또는 그 유족이 다음 각 호의 어느 하나에 해당하는 보상 또는 급여 등을 받을 수 있을 때에는 법 제20조에 따라 그 받을 금액의 범위에서 법 제16

조에 따른 구조금(이하 '구조금'이라 한다)을 지급하지 아니한다."라고 규정하면서 제1호에서 "국가배상법 제2조 제1항에 따른 손해배상 급여"를 규정하고 있다. 이는 수급권자가 동일한 범죄로 범죄피해자 보호법 소정의 구조금과 국가배상법에 의하여 국가 또는 지방자치단체의 부담으로 되는 같은 종류의 급여를 모두 지급받음으로써 급여가 중복하여 지급되는 것을 방지하기 위한 조정조항이라 할 것이다.

따라서 구조대상 범죄피해를 받은 구조피해자가 사망한 경우, 사망한 구조피해자의 유족들이 국가배상법에 의하여 국가 또는 지방자치단체로부터 사망한 구조피해자의 소극적 손해에 대한 손해배상금을 지급받았다면 지구심의회는 그 유족들에게 같은 종류의 급여인 유족구조금에서 그 상당액을 공제한 잔액만을 지급하면 되고, 그 유족들이 지구심의회로부터 범죄피해자 보호법 소정의 유족구조금을 지급받았다면 국가 또는 지방자치단체는 그 유족들에게 사망한 구조피해자의 소극적 손해액에서 유족들이 지급받은 유족구조금 상당액을 공제한 잔액만을 지급하면 된다고 봄이 타당하다.

나. 원심이 적법하게 채택하여 조사한 증거에 의하면, 피고는 피해자가 사망한 이후인 2015. 12. 2. 피해자의 자녀들인 원고 3, 원고 4에게 범죄피해자 보호법 제17조의 유족구조금으로 52,545,380원을 지급한 사실을 알 수 있다.

이러한 사실관계를 앞서 본 법리에 비추어 살펴보면, 피해자의 사망으로 인하여 피고가 위 원고들에게 지급하여야 할 손해배상액을 산정함에 있어 위 원고들이 지급받은 유족구조금은 피해자의 소극적 손해액에서 이를 공제하여야 할 것이다.

그럼에도 이와 달리 위 원고들이 지급받은 유족구조금을 손해배상액에서 공제하여야 한다는 피고의 주장을 배척한 원심의 판단에는 범죄피해자 보호법 소정의 유족구조금과 손해배상청구권과의 관계 및 범죄피해자 보호법 제20조, 같은 법 시행령 제16조에 관한 법리를 오해하여 판결 결과에 영향을 미친 위법이 있다. 이 점을 지적하는 상고이유 주장은 이유 있다.

3. 결 론

그러므로 원심판결 중 원고 3, 원고 4의 재산상 손해에 관한 피고 패소 부분을 파기하고, 이 부분 사건을 다시 심리·판단하도록 원심법원에 환송하며, 피고의 원고 1, 원고 2에 대한 상고와 원고 3, 원고 4에 대한 나머지 상고를 모두 기각하고, 상고기각 부분에 대한 상고비용은 패소자가 부담하도록 하여 관여 대법관의 일치된 의견으로 주문과 같이 판결한다.

Ⅱ. 영조물의 설치·관리상의 하자로 인한 국가배상

1 대법원 2017. 2. 15. 선고 2015다23321 판결 【손해배상(기)】 [공2017상,548]

【판시사항】

[1] 구 환경정책기본법 제31조 제1항에서 정한 '사업자'의 의미와 환경정책기본법 제44조 제1항에서 정한 '원인자'의 의미 및 환경오염이 발생한 사업장의 사업자가 일반적으로 원인자에 포함되는지 여부(적극) / 사업장 등에서 발생하는 소음·진동으로 피해가 발생한 경우, 사업자나 원인자가 귀책사유가 없더라도 피해를 배상하여야 하는지 여부(원칙적 적극)

[2] 철도를 설치하고 보존·관리하는 자가 설치 또는 보존·관리의 하자로 인하여 피해가 발생한 경우, 민법 제758조 제1항에 따라 이를 배상할 의무가 있는지 여부(적극) 및 '공작물의 설치 또는 보존의 하자'의 의미 / 공작물을 본래의 목적 등으로 이용하는 과정에서 일정한 한도를 초과하여 제3자에게 사회통념상 일반적으로 참아내야 할 정도를 넘는 피해가 발생하였는지 판단하는 기준

[3] 철도소음·진동을 규제하는 행정법규에서 정하는 기준을 넘는 철도소음·진동이 있다고 하여 참을 한도를 넘는 위법한 침해행위가 있다고 단정할 수 있는지 여부(소극) / 철도소음·진동이 행정법규에서 정하는 기준을 넘는지를 참을 한도를 정하는 데 고려해야 하는지 여부(적극)

【판결요지】

[1] 환경오염의 피해에 대한 책임에 관하여 구 환경정책기본법(2011. 7. 21. 법률 제10893호로 전부 개정되기 전의 것) 제31조 제1항은 "사업장 등에서 발생되는 환경오염 또는 환경훼손으로 인하여 피해가 발생한 때에는 당해 사업자는 그 피해를 배상하여야 한다."라고 정하고, 2011. 7. 21. 법률 제10893호로 개정된 환경정책기본법 제44조 제1항은 "환경오염 또는 환경훼손으로 피해가 발생한 경우에는 해당 환경오염 또는 환경훼손의 원인자가 그 피해를 배상하여야 한다."라고 정하고 있다.

위와 같이 환경정책기본법의 개정에 따라 환경오염 또는 환경훼손(이하 '환경오염'이라고 한다)으로 인한 책임이 인정되는 경우가 사업장 등에서 발생하는 것에 한정되지 않고 모든 환경오염으로 확대되었으며, 환경오염으로 인한 책임의 주체가 '사업자'에서 '원인자'로 바뀌었다. 여기에서 '사업자'는 피해의 원인인 오염물질을 배출할 당시 사업장 등을 운영하기 위하여 비용을 조달하고 이에 관한 의사결정을 하는 등으로 사업장 등을 사실상·경제상 지배하는 자를 의미하고, '원인자'는 자기의

행위 또는 사업활동을 위하여 자기의 영향을 받는 사람의 행위나 물건으로 환경오염을 야기한 자를 의미한다. 따라서 환경오염이 발생한 사업장의 사업자는 일반적으로 원인자에 포함된다.

사업장 등에서 발생하는 환경오염으로 피해가 발생한 때에는 사업자나 원인자는 환경정책기본법의 위 규정에 따라 귀책사유가 없더라도 피해를 배상하여야 한다. 이 때 환경오염에는 소음·진동으로 사람의 건강이나 재산, 환경에 피해를 주는 것도 포함되므로 피해자의 손해에 대하여 사업자나 원인자는 귀책사유가 없더라도 특별한 사정이 없는 한 이를 배상할 의무가 있다.

[2] 철도를 설치하고 보존·관리하는 자는 설치 또는 보존·관리의 하자로 인하여 피해가 발생한 경우 민법 제758조 제1항에 따라 이를 배상할 의무가 있다. 공작물의 설치 또는 보존의 하자는 해당 공작물이 용도에 따라 갖추어야 할 안전성을 갖추지 못한 상태에 있다는 것을 의미한다. 여기에서 안전성을 갖추지 못한 상태, 즉 타인에게 위해를 끼칠 위험성이 있는 상태라 함은 해당 공작물을 구성하는 물적 시설 자체에 물리적·외형적 결함이 있거나 필요한 물적 시설이 갖추어져 있지 않아 이용자에게 위해를 끼칠 위험성이 있는 경우뿐만 아니라, 공작물을 본래의 목적 등으로 이용하는 과정에서 일정한 한도를 초과하여 제3자에게 사회통념상 일반적으로 참아내야 할 정도(이하 '참을 한도'라고 한다)를 넘는 피해를 입히는 경우까지 포함된다. 이 경우 참을 한도를 넘는 피해가 발생하였는지는 구체적으로 피해의 성질과 정도, 피해이익의 공공성, 가해행위의 종류와 태양, 가해행위의 공공성, 가해자의 방지조치 또는 손해 회피의 가능성, 공법상 규제기준의 위반 여부, 토지가 있는 지역의 특성과 용도, 토지이용의 선후 관계 등 모든 사정을 종합적으로 고려하여 판단하여야 한다.

[3] 철도소음·진동을 규제하는 행정법규에서 정하는 기준을 넘는 철도소음·진동이 있다고 하여 바로 사회통념상 일반적으로 참아내야 할 정도(이하 '참을 한도'라고 한다)를 넘는 위법한 침해행위가 있어 민사책임이 성립한다고 단정할 수 없다. 그러나 위와 같은 행정법규는 인근 주민의 건강이나 재산, 환경을 소음·진동으로부터 보호하는 데 주요한 목적이 있기 때문에 철도소음·진동이 위 기준을 넘는지는 참을 한도를 정하는 데 중요하게 고려해야 한다.

【참조조문】

[1] 구 환경정책기본법(2011. 7. 21. 법률 제10893호로 전부 개정되기 전의 것) 제3조 제1호(현행 제3조 제1호 참조), 제3호(현행 제3조 제3호 참조), 제4호(현행 제3조 제4호 참조), 제31조 제1항(현행 제44조 제1항), 환경정책기본법 제44조 제1항, 민법 제750조, 제751조 / [2] 민법 제217조, 제758조 제1항 / [3] 민법 제217조, 소음·진동관리법 제26조, 제27조, 소음·진동관리법 시행규칙 제25조

【참조판례】

[1] 대법원 2001. 2. 9. 선고 99다55434 판결(공2001상, 606), 대법원 2011. 11. 10. 선고 2010다98863, 98870 판결 / [2] 대법원 2011. 11. 10. 선고 2010다98863, 98870 판결, 대법원 2015. 9. 24. 선고 2011다91784 판결(공2015하, 1596) / [3] 대법원 2015. 9. 24. 선고 2011다91784 판결(공2015하, 1596), 대법원 2016. 11. 25. 선고 2014다57846 판결(공2017상, 8)

【전 문】

【원고, 피상고인】 원고 (소송대리인 법무법인(유한) 영진 담당변호사 한범석 외 2인)

【피고, 상고인】 한국철도시설공단 외 1인 (소송대리인 법무법인 정맥 외 1인)

【원심판결】 부산고법 2015. 3. 19. 선고 (창원)2014나2054 판결

【주 문】

상고를 모두 기각한다. 상고비용은 피고들이 부담한다.

【이 유】

상고이유를 판단한다.

1. 손해배상책임의 성립에 관한 판단(피고들의 각 상고이유 제1점)

가. '환경오염의 피해에 대한 책임'에 관하여 구 환경정책기본법(2011. 7. 21. 법률 제10893호로 전부 개정되기 전의 것) 제31조 제1항은 "사업장 등에서 발생되는 환경오염 또는 환경훼손으로 인하여 피해가 발생한 때에는 당해 사업자는 그 피해를 배상하여야 한다."라고 정하고, 2011. 7. 21. 법률 제10893호로 개정된 환경정책기본법 제44조 제1항은 "환경오염 또는 환경훼손으로 피해가 발생한 경우에는 해당 환경오염 또는 환경훼손의 원인자가 그 피해를 배상하여야 한다."라고 정하고 있다.

위와 같이 환경정책기본법의 개정에 따라 환경오염 또는 환경훼손(이하 '환경오염'이라고 한다)으로 인한 책임이 인정되는 경우가 사업장 등에서 발생되는 것에 한정되지 않고 모든 환경오염으로 확대되었으며, 환경오염으로 인한 책임의 주체가 '사업자'에서 '원인자'로 바뀌었다. 여기에서 '사업자'는 피해의 원인인 오염물질을 배출할 당시 사업장 등을 운영하기 위하여 비용을 조달하고 이에 관한 의사결정을 하는 등으로 사업장 등을 사실상·경제상 지배하는 자를 의미하고, '원인자'는 자기의 행위 또는 사업활동을 위하여 자기의 영향을 받는 사람의 행위나 물건으로 환경

오염을 야기한 자를 의미한다. 따라서 환경오염이 발생된 사업장의 사업자는 일반적으로 원인자에 포함된다고 볼 수 있다.

사업장 등에서 발생되는 환경오염으로 피해가 발생한 때에는 그 사업자나 원인자는 환경정책기본법의 위 규정에 따라 귀책사유가 없더라도 피해를 배상하여야 한다. 이때 환경오염에는 소음·진동으로 사람의 건강이나 재산, 환경에 피해를 주는 것도 포함되므로 피해자의 손해에 대하여 사업자나 원인자는 귀책사유가 없더라도 특별한 사정이 없는 한 이를 배상할 의무가 있다(대법원 2001. 2. 9. 선고 99다55434 판결, 대법원 2011. 11. 10. 선고 2010다98863, 98870 판결 등 참조).

한편 철도를 설치하고 보존·관리하는 자는 그 설치 또는 보존·관리의 하자로 인하여 피해가 발생한 경우 민법 제758조 제1항에 따라 이를 배상할 의무가 있다. 공작물의 설치 또는 보존의 하자는 해당 공작물이 그 용도에 따라 갖추어야 할 안전성을 갖추지 못한 상태에 있다는 것을 의미한다. 여기에서 안전성을 갖추지 못한 상태, 즉 타인에게 위해를 끼칠 위험성이 있는 상태라 함은 해당 공작물을 구성하는 물적 시설 그 자체에 물리적·외형적 결함이 있거나 필요한 물적 시설이 갖추어져 있지 않아 이용자에게 위해를 끼칠 위험성이 있는 경우뿐만 아니라, 그 공작물을 본래의 목적 등으로 이용하는 과정에서 일정한 한도를 초과하여 제3자에게 사회통념상 일반적으로 참아내야 할 정도(이하 '참을 한도'라고 한다)를 넘는 피해를 입히는 경우까지 포함된다. 이 경우 참을 한도를 넘는 피해가 발생하였는지 여부는 구체적으로 피해의 성질과 정도, 피해이익의 공공성, 가해행위의 종류와 태양, 가해행위의 공공성, 가해자의 방지조치 또는 손해 회피의 가능성, 공법상 규제기준의 위반 여부, 토지가 있는 지역의 특성과 용도, 토지이용의 선후 관계 등 모든 사정을 종합적으로 고려하여 판단하여야 한다(대법원 2011. 11. 10. 선고 2010다98863, 98870 판결, 대법원 2015. 9. 24. 선고 2011다91784 판결 등 참조).

철도소음·진동을 규제하는 행정법규에서 정하는 기준을 넘는 철도소음·진동이 있다고 하여 바로 참을 한도를 넘는 위법한 침해행위가 있어 민사책임이 성립한다고 단정할 수 없다. 그러나 위와 같은 행정법규는 인근 주민의 건강이나 재산, 환경을 소음·진동으로부터 보호하는 데 주요한 목적이 있기 때문에 철도소음·진동이 이 기준을 넘는지 여부는 참을 한도를 정하는 데 중요하게 고려해야 한다(대법원 2015. 9. 24. 선고 2011다91784 판결, 대법원 2016. 11. 25. 선고 2014다57846 판결 등 참조).

나. 피고들의 손해배상책임 발생에 관한 원심의 판단을 정리하면 다음과 같다.

(1) 원고는 1996년 이전부터 김해시 (주소 생략) 목장용지에서 한우를 사육하는 농장(이하 '이 사건 농장'이라고 한다)을 운영하였다.

그 후 피고 한국철도시설공단(이하 '피고 공단'이라고 한다)은 부산신항만 배후철도(이하 '이 사건 철로'라고 한다)를 건설하여 이 사건 철로에서 2010. 11.경부터 열차의 시험 운행을 하고 2010. 12. 13.부터 정식으로 개통한 후 1일 24회 정도 열차가 통행하고 있다. 피고 공단은 이 사건 철로의 건설과 관리를 맡았고, 피고 한국철도공사(이하 '피고 공사'라고 한다)는 열차사업을 운영하고 있다.

2010. 11. 이후 이 사건 농장에서 사육 중인 한우들에 유·사산, 성장지연, 수태율 저하 등의 피해가 발생하였다. 원고는 2012. 10. 5.부터 한우를 모두 처분하고 이 사건 농장을 휴업하였다.

(2) 이 사건 철로에서 열차를 시험 운행하던 2010. 11. 3. 이 사건 농장에서 열차 통행으로 인한 소음·진동을 측정한 결과 최대소음도가 78dB(A), 5분 등가소음도가 67dB(A)이었다. 제1심 감정인이 2011. 10. 10.부터 10. 11.까지 24시간 동안 열차 통행으로 인한 소음과 진동을 이 사건 농장에서 측정한 결과에 따르면, 최대소음도는 63.8~81.8dB(A), 5분 등가소음도는 51.0~67.7dB(A)였고, 최대진동도는 39.5~67.2dB(V)이었다.

(3) 이 사건 소음·진동이 1차적으로는 열차로부터 발생하지만, 열차의 운행에는 철로가 필수적이고 소음과 진동이 철로를 통해서도 생긴다. 이 사건 철로를 통한 열차 운행으로 원고에게 참을 한도를 넘는 소음·진동이 생긴 경우에 피고 공단과 피고 공사는 구 환경정책기본법 제31조 제1항의 사업자와 환경정책기본법 제44조 제1항에서 정한 오염원인자에 해당하여 그 손해를 배상할 책임이 있다.

(4) 이 사건 철로의 설치·관리자인 피고 공단은 이 사건 철로 건설 후에도 이를 관리하면서 열차 운행으로 인하여 참을 한도를 넘는 소음·진동 피해가 발생하지 않도록 하여야 할 주의의무가 있다. 피고 공단이 이러한 주의의무를 다하지 않아 이 사건 철로를 통한 열차 운행으로 인해 참을 한도를 넘는 피해가 발생한 경우에는 민법 제758조 제1항에 따라 그 손해를 배상할 책임이 있다.

(5) 철도소음·진동으로 인한 가축 피해에 대하여는 환경부 산하 중앙환경분쟁조정위원회에서 제정한 '환경피해 평가방법 및 배상액 산정기준'에서 정한 기준이 공법상 규제기준으로서 소음·진동으로 인해 참을 한도를 넘는 피해가 발생하였는지 여부를 판단하는 데 중요한 고려요소가 될 수 있다. 이 사건 철로에서 열차가 운행

된 2010. 11.경부터 열차의 운행으로 생긴 소음·진동이 위 '환경피해 평가방법 및 배상액 산정기준'에서 정한 가축피해 인정기준을 지속적으로 초과하였다. 또한 이 사건 농장 지역을 통과하는 항공기의 소음보다는 이 사건 철로를 운행하는 열차에서 생기는 소음·진동이 피해의 직접적인 원인으로 보인다. 이 사건 농장과 철로 사이의 직선거리는 62.5m에 불과한데도 소음·진동 방지를 위한 방지대책을 마련하지 않았다. 이러한 사정 등을 종합하면, 이 사건 철로를 통한 열차 운행으로 생긴 소음·진동으로 말미암아 원고에게 참을 한도를 넘는 피해가 발생하였다.

다. 위와 같은 사정을 종합해 보면 원고가 이 사건 농장에서 한우를 사육하고 있던 중 피고 공단이 건설한 이 사건 철로에서 발생한 소음·진동으로 말미암아 위 한우에 피해가 발생하였다고 볼 수 있고, 피고들은 연대하여 원고에게 그 손해를 배상할 책임이 있다고 보아야 한다. 같은 취지의 원심판단은 위에서 본 법리에 기초한 것으로서 모두 정당하다. 원심의 판단에 상고이유 주장과 같이 필요한 심리를 다하지 않은 채 논리와 경험의 법칙에 반하여 자유심증주의의 한계를 벗어나거나 환경정책기본법의 해석·적용과 민법 제758조 제1항에서 정한 공작물 소유자의 책임과 철도 소음·진동으로 인한 생활방해에서 참을 한도 등에 관한 법리오해 등의 잘못이 없다.

2. 손해배상액 산정에 관한 판단(피고 공단의 상고이유 제3점과 피고 공사의 상고이유 제2점)

가. 원심은 피고 공단의 손해배상액에 관하여 다음과 같이 판단하였다.

이 사건 철로를 통한 열차 운행으로 생긴 소음·진동으로 이 사건 농장은 한우 사육시설로서의 입지를 상실하였다. 피고들은 농장의 이전비용과 그 이전 과정에서 불가피하게 발생하는 피해를 통상손해로서 배상하여야 한다. 그리고 이 사건 농장은 축사건물로서 물리적으로 이전이 불가능하다는 특별한 사정이 존재하므로, 이 사건 농장의 교환가치에 해당하는 금액을 배상할 책임이 있다. 또한 원고가 이 사건 농장을 폐업한 2012. 10. 5.부터 이 사건 농장을 위한 대체지와 한우 농장시설을 확보하는 데 드는 통상의 기간으로 볼 수 있는 9개월 동안 휴업손해를 배상할 책임이 있다.

나. 원심판결 이유를 관련 법리와 기록에 비추어 살펴보면, 원심의 판단에 상고이유의 주장과 같이 논리와 경험의 법칙에 반하여 자유심증주의의 한계를 벗어나거나 변론주의 위반 또는 손해배상액 산정에 관한 법리오해 등의 잘못이 없다.

3. 책임제한에 관한 판단(피고 공단의 상고이유 제2점)

원심은 이 사건 철로를 열차가 운행하기 전에 현대산업개발 주식회사가 이 사건 철로를 건설하는 과정에서 발생시킨 소음·진동이 이 사건 농장의 한우들의 유·사산, 수태율 저하, 성장지연 등의 피해에 영향을 미쳤다는 점, 이 사건 농장에서 측정한 항공기 소음도 이 사건 농장에 발생한 피해에 어느 정도 영향을 미쳤을 것으로 보이는 점 등을 들어 피고 공단의 손해배상 책임범위를 90%로 제한하였다. 원심판결 이유를 관련 법리와 기록에 비추어 살펴보면 위 판단은 정당하다. 원심의 판단에 상고이유 주장과 같이 책임제한에 관한 법리를 오해한 잘못이 없다.

4. 결 론

피고들의 상고를 모두 기각하고 소송비용은 패소자들이 부담하도록 하여, 관여 대법관의 일치된 의견으로 주문과 같이 판결한다.

제2절 손실보상에 관한 판례

1 대법원 2017. 4. 7. 선고 2016두63361 판결 【수용보상금증액등】 [공2017상,1001]

【판시사항】

사업시행자가 수용 개시일까지 재결보상금을 지급 또는 공탁하지 아니함으로써 재결 및 재결신청이 효력을 상실하여 다시 재결을 신청하는 경우, 재결신청 기간 및 그 기간을 넘겨서 재결신청을 하는 경우 지연가산금을 지급하여야 하는지 여부(적극) / 재결실효 후 60일 내에 재결신청을 하지 않았으나 재결신청을 지연하였다고 볼 수 없는 특별한 사정이 있는 경우, 해당 기간 지연가산금이 발생하는지 여부(소극) 및 재결실효 후 토지소유자 등과 사업시행자가 보상협의절차를 다시 하기로 합의한 데 따라 협의가 진행된 기간이 그 경우에 속하는지 여부(적극)

【판결요지】

사업시행자가 수용의 개시일까지 재결보상금을 지급 또는 공탁하지 아니한 때에는 재결은 효력을 상실하고[공익사업을 위한 토지 등의 취득 및 보상에 관한 법률(이하 '토지보상법'이라 한다) 제42조 제1항], 사업시행자의 재결신청도 효력을 상실하므로, 사업시행자는 다시 토지수용위원회에 재결을 신청하여야 한다. 그 신청은 재결실효 전에 토지 소유자 및 관계인(이하 '토지소유자 등'이라 한다)이 이미 재결신청 청구를 한 바가 있을 때에는 재결실효일로부터 60일 내에 하여야 하고, 그 기간을 넘겨서 재결신청을 하면 지연된 기간에 대하여도 소송촉진 등에 관한 특례법 제3조에 따른 법정이율을 적용하여 산정한 금액(이하 '지연가산금'이라 한다)을 지급하여야 한다.

토지보상법은 재결이 실효됨으로 인하여 토지소유자 등이 입은 손실을 보상하는 규정(토지보상법 제42조 제2항, 제3항)을 지연가산금 규정과 별도로 두고 있는데, 지연가산금은 사업시행자가 정해진 기간 내에 재결신청을 하지 않고 지연한 데 대한 제재와 토지소유자 등의 손해에 대한 보전이라는 성격을 아울러 가지고 있다.

위와 같이 재결이 실효된 이후 사업시행자가 다시 재결을 신청할 경우에는 원칙적으로 다시 보상협의절차를 거칠 필요가 없으므로, 재결실효일부터 60일이 지난 다음에는 지연가산금이 발생한다는 것이 원칙이다. 그러나 사업시행자가 재결실효 후 60일 내에 재결신청을 하지 않았더라도, 재결신청을 지연하였다고 볼 수 없는 특별한 사정이 있는 경우에는 그 해당 기간 동안은 지연가산금이 발생하지 않는다. 재결실효 후 토지소유자 등과 사업시행자 사이에 보상협의절차를 다시 하기로 합의한 데 따라 협의가 진행된 기간은 그와 같은 경우에 속한다.

【참조조문】

공익사업을 위한 토지 등의 취득 및 보상에 관한 법률 제30조, 제42조

【참조판례】

대법원 1987. 3. 10. 선고 84누158 판결(공1987, 649), 대법원 2015. 2. 26. 선고 2012두11287 판결

【전 문】

【원고, 피상고인】 상주황씨 시정공파 종회 외 1인 (소송대리인 법무법인 해우 담당변호사 이치선 외 3인)

【피고, 상고인】 포승산단 주식회사 (소송대리인 변호사 우병운 외 1인)

【원심판결】 서울고법 2016. 11. 3. 선고 2016누36774 판결

【주 문】

원심판결을 파기하고, 사건을 서울고등법원에 환송한다.

【이 유】

상고이유를 판단한다.

1. 상고이유 제1점에 관하여

원심은 피고가 이 사건 사업의 종전 사업시행자인 우양에이치씨 주식회사(이하 '우양에이치씨'라고 한다)로부터 이 사건 토지에 대한 재결신청의무를 비롯한 사업시행자로서의 권리·의무를 승계하였다고 판단하였다.

원심판결 이유를 관련 법령의 규정과 기록에 비추어 보면, 원심의 이러한 판단은 정당하다. 원심의 판단에 상고이유 주장과 같이 사업시행자의 지위 승계에 관한 법리를 오해한 잘못이 없다.

2. 상고이유 제2점에 관하여

가. 공익사업을 위한 토지 등의 취득 및 보상에 관한 법률(이하 '토지보상법'이라고 한다) 제30조에 의하면, 사업인정고시가 있은 후 협의가 성립하지 아니한 경우에는 토지소유자 및 관계인(이하 '토지소유자 등'이라고 한다)은 서면으로 사업시행자에게 재결을 신청할 것을 청구할 수 있고(제1항), 사업시행자는 그 청구가 있은 날부터 60일 이내에 관할 토지수용위원회에 재결을 신청하여야 하며(제2항), 만일 사업시행자가 그 기간을 경과하여 재결을 신청한 때에는 그 지연한 기간에 대하여 소송촉진 등에 관한 특례법 제3조에 따른 법정이율을 적용하여 산정한 금액(이하 '지연가산금'이라고 한다)을 관할 토지수용위원회에서 재결한 보상금(이하 '재결 보상금'이라고 한다)에 가산하여 지급하여야 한다(제3항).

한편 사업시행자가 수용의 개시일까지 재결 보상금을 지급 또는 공탁하지 아니한 때에는 토지수용위원회의 재결은 효력을 상실하고(토지보상법 제42조 제1항), 사업시행자의 재결신청도 효력을 상실하므로(대법원 1987. 3. 10. 선고 84누158 판결 참조), 사업시행자는 다시 토지수용위원회에 재결을 신청하여야 한다. 그 신청은 재결실효 전에 토지소유자 등이 이미 재결신청 청구를 한 바가 있을 때에는 재결실효일부터 60일 내에 하여야 하고, 그 기간을 넘겨서 재결신청을 하면 그 지연된 기간에 대하여도 지연가산금을 지급하여야 한다(대법원 2015. 2. 26. 선고 2012두11287 판결 참조).

토지보상법은 재결이 실효됨으로 인하여 토지소유자 등이 입은 손실을 보상하는 규정(토지보상법 제42조 제2항, 제3항)을 지연가산금 규정과 별도로 두고 있는데, 지연가산금은 사업시행자가 정해진 기간 내에 재결신청을 하지 않고 지연한 데 대한 제재와 토지소유자 등의 손해에 대한 보전이라는 성격을 아울러 가지고 있고 보아야 한다.

위와 같이 재결이 실효된 이후 사업시행자가 다시 재결을 신청할 경우에는 원칙적으로 다시 보상협의절차를 거칠 필요가 없으므로(위 대법원 2012두11287 판결 참조), 재결실효일부터 60일이 지난 다음에는 지연가산금이 발생한다는 것이 원칙이다. 그러나 사업시행자가 재결실효 후 60일 내에 재결신청을 하지 않았더라도, 재결신청을 지연하였다고 볼 수 없는 특별한 사정이 있는 경우에는 그 해당 기간 동안은 지연가산금이 발생하지 않는다고 보아야 한다. 재결실효 후 토지소유자 등과 사업시행자 사이에 보상협의절차를 다시 하기로 합의한 데 따라 그 협의가 진행된 기간은 그와 같은 경우에 속한다고 봄이 타당하다.

나. 원심판결 이유와 원심이 적법하게 채택한 증거들에 의하면 다음과 같은 사실을 알 수 있다.

(1) 원고들은 2010. 1. 29. 이 사건 사업의 종전 사업시행자였던 우양에이치씨에 대하여 이 사건 사업구역 내에 위치한 원고들 소유의 이 사건 토지에 관하여 수용재결 신청을 청구하였다. 이에 우양에이치씨가 재결을 신청하여 2010. 8. 23. 수용재결(이하 '제1차 수용재결'이라고 한다)이 이루어졌으나, 제1차 수용재결에서 정한 수용개시일(2010. 9. 23.)까지 재결 보상금을 지급 또는 공탁하지 못함에 따라 제1차 수용재결은 그 효력을 상실하였다.

(2) 이후 2011. 7. 28.자 평택 포승2 일반산업단지 개발계획 및 실시계획 변경고시(경기도 고시 제2011-200호)에 따라 이 사건 사업의 시행자가 피고로 변경되었다. 피고는 원고들을 포함한 토지소유자 등에게 보상일정 안내와 감정평가업자 추천을 요청하는 내용의 공문을 발송하였고, 2011. 9. 19. 이 사건 사업구역 내 토지소유자 등으로 구성된 '포승2산업단지 신비상대책위원회'(이하 '이 사건 비대위'라고 한다)와 사이에 보상업무협약을 서면으로 체결하였다. 위 보상업무협약의 내용에 따르면 주민 대표, 평택도시공사와 피고가 감정평가사 1인씩을 선정하여 감정평가절차를 거치는 것으로 예정되어 있었다.

(3) 피고는 위 보상업무협약에 따라 세 곳의 감정평가법인에 의뢰하여 감정평가서를 제출받은 다음 협의기간을 2011. 11. 16.부터 2011. 12. 16.까지로 정하여 원고를 비롯한 토지소유자 등과 손실보상협의를 진행하였으나, 그 협의가 성립하지 않자 2012. 1. 30. 다시 수용재결을 신청하였다.

다. 위와 같은 사실관계를 앞에서 본 법리에 비추어 살펴보면, 종전 사업시행자인 우양에이치씨가 원고들의 수용재결신청 청구에 따라 수용재결을 신청하였다가 그 재결에서 정한 수용의 개시일까지 재결 보상금을 지급 또는 공탁하지 않아 제1차 수용재결이 실효되었으므로, 이후 이 사건 사업시행자로서의 권리·의무를 승계한 피고로서는 원칙적으로 다시 토지소유자 등과 보상협의절차를 거칠 필요가 없었다. 그런데도 새로 이 사건 사업시행자가 된 피고가 토지소유자 등에게 보상일정 안내와 감정평가업자 추천을 요청한 다음 토지소유자 등으로 구성된 이 사건 비대위와 보상업무협약을 체결하게 된 협약체결 경위와 협약 내용 등에 비추어 보면, 피고와 토지소유자 등은 제1차 수용재결의 실효 후 보상협의절차를 다시 한 번 밟기로 합의한 것으로 볼 여지가 있다. 그리고 그러한 합의가 성립되었다면, 제1차 수용재결 실효 후 피고가 2차 수용재결을 신청하기까지의 기간 중 토지소유자 등과 보상업무협약을 체결한 2011. 9. 19.부터 약정된 재협의기간의 만료일 또는 실제 재협의가 결렬되어 종료된 날까지의 기간에 대해서는 우양에이치씨 또는 피고가 재결신청을 지연한 것이라고는 할 수 없으므로, 그 기간은 토지보상법 제30조 제3항에 따른 지연가산금이 발생하지 않는다고 보아야 한다.

그러므로 원심으로서는 피고와 이 사건 비대위 사이에 위 보상업무협약이 체결된 구체적 경위와 약정 내용, 이후의 이행과정과 원고들이 여기에 관여한 내용 등을 더 심리하여 과연 위 보상업무협약 등을 근거로 원고들과 피고 사이에 재협의절차를 밟기로 하는 합의가 이루어졌다고 볼 수 있는지 여부를 판단한 다음 앞에서 본 법리에 따라 피고가 부담하여야 하는 지연가산금의 발생 기간을 판단하였어야 한다. 그런데도 원심은 이러한 사정에 관하여 나아가 판단하지 않은 채, 제1차 수용재결이 실효되고 60일이 지난 시점부터 피고가 다시 수용재결신청을 하기 전날까지 지연가산금이 발생한다고 판단하였다. 이러한 원심의 판단에는 토지보상법 제30조 제3항이 정한 재결신청 지연가산금에 관한 법리를 오해한 나머지 필요한 심리를 다하지 않아 판결에 영향을 미친 잘못이 있다. 이를 지적하는 취지의 상고이유 주장은 이유 있다.

3. 그러므로 원심판결을 파기하고, 사건을 다시 심리·판단하게 하기 위하여 원심법원에 환송하기로 하여, 관여 대법관의 일치된 의견으로 주문과 같이 판결한다.

2 대법원 2017. 7. 11. 선고 2017두40860 판결【잔여지가치하락손실보상금청구】[공2017하,1650]

【판시사항】

공익사업의 사업시행자가 동일한 소유자에게 속하는 일단의 토지 중 일부를 취득하거나 사용하고 남은 잔여지에 현실적 이용상황 변경 또는 사용가치 및 교환가치의

하락 등이 발생하였으나 그 손실이 토지의 일부가 공익사업에 취득되거나 사용됨으로 인하여 발생한 것이 아닌 경우, 공익사업을 위한 토지 등의 취득 및 보상에 관한 법률 제73조 제1항 본문에 따른 잔여지 손실보상 대상에 해당하는지 여부(원칙적 소극)

【판결요지】

공익사업을 위한 토지 등의 취득 및 보상에 관한 법률(이하 '토지보상법'이라고 한다) 제73조 제1항 본문은 "사업시행자는 동일한 소유자에게 속하는 일단의 토지의 일부가 취득되거나 사용됨으로 인하여 잔여지의 가격이 감소하거나 그 밖의 손실이 있을 때 또는 잔여지에 통로·도랑·담장 등의 신설이나 그 밖의 공사가 필요할 때에는 국토교통부령으로 정하는 바에 따라 그 손실이나 공사의 비용을 보상하여야 한다."라고 규정하고 있다.

여기서 특정한 공익사업의 사업시행자가 보상하여야 하는 손실은, 동일한 소유자에게 속하는 일단의 토지 중 일부를 사업시행자가 그 공익사업을 위하여 취득하거나 사용함으로 인하여 잔여지에 발생하는 것임을 전제로 한다. 따라서 이러한 잔여지에 대하여 현실적 이용상황 변경 또는 사용가치 및 교환가치의 하락 등이 발생하였더라도, 그 손실이 토지의 일부가 공익사업에 취득되거나 사용됨으로 인하여 발생하는 것이 아니라면 특별한 사정이 없는 한 토지보상법 제73조 제1항 본문에 따른 잔여지 손실보상 대상에 해당한다고 볼 수 없다.

【참조조문】

공익사업을 위한 토지 등의 취득 및 보상에 관한 법률 제73조 제1항

【전 문】

【원고, 상고인】 별지 원고 명단 기재와 같다(소송대리인 법무법인 통일 외 1인)

【피고, 피상고인】 한국도로공사 (소송대리인 변호사 김태주)

【원심판결】 서울고법 2017. 3. 17. 선고 2016누60494 판결

【주 문】

상고를 모두 기각한다. 상고비용은 원고들이 부담한다.

【이 유】

상고이유(상고이유서 제출기간이 지난 후에 제출된 상고이유보충서의 기재는 상고이유를 보충하는 범위 내에서)를 판단한다.

1. 상고이유 제1점에 대하여

가. 공익사업을 위한 토지 등의 취득 및 보상에 관한 법률(이하 '토지보상법'이라고 한다) 제73조 제1항 본문은 "사업시행자는 동일한 소유자에게 속하는 일단의 토지의 일부가 취득되거나 사용됨으로 인하여 잔여지의 가격이 감소하거나 그 밖의 손실이 있을 때 또는 잔여지에 통로·도랑·담장 등의 신설이나 그 밖의 공사가 필요할 때에는 국토교통부령으로 정하는 바에 따라 그 손실이나 공사의 비용을 보상하여야 한다."라고 규정하고 있다.

여기서 특정한 공익사업의 사업시행자가 보상하여야 하는 손실은, 동일한 소유자에게 속하는 일단의 토지 중 일부를 사업시행자가 그 공익사업을 위하여 취득하거나 사용함으로 인하여 잔여지에 발생하는 것임을 전제로 한다. 따라서 이러한 잔여지에 대하여 현실적 이용상황 변경 또는 사용가치 및 교환가치의 하락 등이 발생하였더라도, 그 손실이 토지의 일부가 공익사업에 취득되거나 사용됨으로 인하여 발생하는 것이 아니라면 특별한 사정이 없는 한 토지보상법 제73조 제1항 본문에 따른 잔여지 손실보상 대상에 해당한다고 볼 수 없다.

나. 원심판결 및 원심이 일부 인용한 1심판결 이유에 의하면, 다음과 같은 사실을 알 수 있다.

(1) 피고는 평택 시흥 간 고속도로 민간투자사업(이하 '이 사건 공익사업'이라고 한다)의 용지보상 업무를 맡은 사업시행자로서, 2008. 11. 4.부터 2011. 6. 21.까지 화성시 (주소 생략) 일대에 위치한 원고들(원고 13이 소송계속 중인 2016. 2. 4. 사망하여 그 공동상속인들이 소송을 수계하였으나 편의상 그 사망 전후를 불문하고 '원고들'이라고 한다) 소유의 각 일단의 토지 중 일부를 분할하여 협의 취득하였다(이하 일단의 토지 중 일부 협의 취득되고 남은 부분을 통틀어 '이 사건 잔여지'라고 한다). 이 사건 잔여지는 위 고속도로 '○○IC' 남동쪽에 위치해 있고, 부근이 전, 답 등 농경지와 마을야산이 주를 이루는 농경지대이며, 지목과 실제 이용상황이 '전', '답', '임야' 등이다.

(2) 국토해양부장관은 2011. 9. 5. 위 고속도로 양측의 도로구역 경계선으로부터 20m까지 부분을 접도구역으로 지정·고시하였다. 다만 그 후 2015. 7. 29. 도로구역 경계선으로부터 10m까지로 축소·변경되었다.

(3) 2013. 3. 25. 이 사건 공익사업이 완료되었고, 원고들은 2014. 3. 14. 피고에게 이 사건 잔여지의 가격감소 손실에 대한 보상을 청구하였다. 피고가 2014. 3.

24. 보상협의를 거부하자, 원고들이 2014. 5. 8. 중앙토지수용위원회에 재결을 신청하였으나, 중앙토지수용위원회는 2015. 5. 21. 이 사건 잔여지의 가격감소를 인정할 수 없다는 이유로 원고들의 재결신청을 기각하였다.

(4) 원고들은 피고를 상대로 토지보상법 제73조 제1항에 따라 이 사건 잔여지의 손실보상을 청구하는 이 사건 소송을 제기하였으나, ① 토지의 면적 축소나 변경으로 인한 효율성 감소, 전출입 곤란 등으로 인한 획지조건 악화, 자동차 소음으로 인한 환경조건 악화로 인하여 이 사건 잔여지의 가치 하락이 발생하였다는 점에 대하여는 원고들이 제출한 증거들만으로는 이를 인정하기에 부족하고 달리 이를 인정할 증거가 없다는 이유로 기각되고, ② 접도구역 지정으로 인한 손실에 대하여는, 이 사건 공익사업에 따른 토지의 일부 편입으로 인하여 발생한 손실이 아니라 국토교통부장관의 접도구역 지정이라는 별도의 행정행위에 따라 발생한 손실에 해당하므로 피고가 보상하여야 하는 손실에 해당되지 않는다는 이유로 기각되었다.

다. 이 중 접도구역 지정으로 인한 손실을 토지보상법 제73조 제1항에 따라 청구할 수 있는지를 앞서 본 사실관계와 법리 및 아래에서 거시하는 관련 법령을 토대로 살펴본다.

(1) 구 도로법(2014. 1. 14. 법률 제12248호로 전부 개정되기 전의 것, 이하 '구 도로법'이라고 한다) 제49조 제1항은 "관리청은 도로 구조의 손궤 방지, 미관 보존 또는 교통에 대한 위험을 방지하기 위하여 도로경계선으로부터 20m를 초과하지 아니하는 범위에서 대통령령으로 정하는 바에 따라 접도구역(접도구역)으로 지정할 수 있다."라고 규정하고, 제3항은 "접도구역에서는 다음 각 호의 행위를 하여서는 아니 된다. 다만 대통령령으로 정하는 행위는 그러하지 아니하다."라고 하면서 제1호에서 "토지의 형질을 변경하는 행위", 제2호에서 "건축물이나 그 밖의 공작물을 신축·개축 또는 증축하는 행위"를 규정하고 있다.

나아가 구 도로법 제53조 제1항은 '접도구역이 지정되는 경우 그 지정으로 인하여 접도구역에 있는 토지를 종래의 용도로 사용할 수 없어 그 효용이 현저하게 감소한 토지 또는 해당 토지의 사용 및 수익이 사실상 불가능한 토지의 경우 그 소유자가 일정한 요건에 해당하는 때에는 도로의 관리청에 그 토지에 대한 매수를 청구할 수 있다.'라는 취지의 규정을 두고 있고, 제92조는 제1항에서 "이 법에 따른 처분이나 제한으로 손실을 입은 자가 있으면 국토교통부장관이 행한 처분이나 제한으로 인한 손실은 국고에서 보상하고, 그 밖의 행정청이 한 처분이나 제한으로 인한 손실은 그 행정청이 속하여 있는 지방자치단체에서 보상하여야 한다."라고 규정하면서, 제2항 및 제3항에서 손실의 보상에 관한 협의와 재결신청에 관하여 각 규정하고 있다.

(2) 이러한 관련 법령의 문언·체계 및 취지를 살펴보면, 원고들이 주장하는 이 사건 잔여지의 손실, 즉 토지의 일부가 접도구역으로 지정·고시됨으로써 일정한 형질변경이나 건축행위가 금지되어 장래의 이용 가능성이나 거래의 용이성 등에 비추어 사용가치 및 교환가치가 하락하는 손실은, 고속도로를 건설하는 이 사건 공익사업에 원고들 소유의 일단의 토지 중 일부가 취득되거나 사용됨으로 인하여 발생한 것이 아니라, 그와 별도로 국토교통부장관이 이 사건 잔여지 일부를 접도구역으로 지정·고시한 조치에 기인한 것이므로, 원칙적으로 토지보상법 제73조 제1항에 따른 잔여지 손실보상의 대상에 해당하지 아니한다.

(3) 원심이 같은 취지에서, 원고들이 주장하는 접도구역 지정으로 인한 가치하락은 토지보상법 제73조 제1항에서 정한 잔여지 가격감소 손실에 해당하지 않는다고 판단한 것은 정당하다. 거기에 토지보상법 제73조가 정하는 잔여지 가격감소 손실보상에 관한 법리를 오해한 잘못이 없다.

2. 상고이유 제2점에 대하여

구 도로법에 근거하여 손실보상을 구하기 위해서는 같은 법이 정한 협의, 재결 등의 절차에 따라 그 행정주체를 상대로 청구하여야 한다. 이와 다른 취지의 상고이유 주장은 받아들일 수 없다.

3. 결 론

그러므로 상고를 모두 기각하고, 상고비용은 패소자들이 부담하도록 하여, 관여 대법관의 일치된 의견으로 주문과 같이 판결한다.

제 3 장 행정조직법에 관한 판례

제 1 절 행정청의 권한

1 대법원 2017. 9. 21. 선고 2016두55629 판결 【임용취소처분취소】 [공2017하,1988]

【판시사항】

행정권한의 위임 및 위탁에 관한 규정 제6조에 따라 위임 및 위탁기관이 수임 및 수탁사무의 처리가 부당하다는 이유로 그 사무처리를 취소하는 경우 광범위한 재량이 허용되는지 여부(적극) 및 이때 사무처리로 인하여 이해관계 있는 제3자나 이미 형성된 법률관계가 있는 경우, 상대적으로 엄격한 재량통제의 필요성이 인정되는지 여부(적극) / 위임 및 위탁기관이 수임 및 수탁기관 사무처리의 취소 여부를 결정할 때 고려해야 할 사항 및 재량의 한계

【판결요지】

정부조직법 제6조 등에 따른 행정권한의 위임 및 위탁에 관한 규정 제6조는 "위임 및 위탁기관은 수임 및 수탁기관의 수임 및 수탁사무 처리에 대하여 지휘·감독하고, 그 처리가 위법하거나 부당하다고 인정될 때에는 이를 취소하거나 정지시킬 수 있다."라고 규정하고 있다.

수임 및 수탁사무의 처리가 부당한지 여부의 판단은 위법성 판단과 달리 합목적적·정책적 고려도 포함되므로, 위임 및 위탁기관이 그 사무처리에 관하여 일반적인 지휘·감독을 하는 경우는 물론이고 나아가 수임 및 수탁사무의 처리가 부당하다는 이유로 그 사무처리를 취소하는 경우에도 광범위한 재량이 허용된다고 보아야 한다. 다만 그 사무처리로 인하여 이해관계 있는 제3자나 이미 형성된 법률관계가 존재하는 경우에는 위임 및 위탁기관이 일반적인 지휘·감독을 하는 경우와 비교하여 그 사무처리가 부당하다는 이유로 이를 취소할 때 상대적으로 엄격한 재량통제의 필요성이 인정된다. 따라서 위임 및 위탁기관이 이러한 취소 여부를 결정할 때에는 위임 및 위탁의 취지, 수임 및 수탁기관 사무처리의 부당한 정도, 취소되는 사무의 성격과 내용, 취소로 이익이 제한·침해되는 제3자의 존재 여부 및 제한·침해의 정도 등을 종합적으로 고려하여야 하고, 이러한 취소에 재량권 일탈·남용이 인정된다면 취소처분은 위법하다고 판단할 수 있다.

【참조조문】

정부조직법 제6조, 행정권한의 위임 및 위탁에 관한 규정 제6조, 행정소송법 제27조

【전 문】

【원고, 피상고인】 원고 (소송대리인 법무법인 여는 담당변호사 권두섭 외 21인)

【피고, 상고인】 교육부장관 (소송대리인 정부법무공단 담당변호사 조철호 외 3인)

【원심판결】 서울고법 2016. 9. 29. 선고 2016누49695 판결

【주 문】

상고를 기각한다. 상고비용은 피고가 부담한다.

【이 유】

상고이유를 판단한다.

1. 상고이유 제1점에 대하여

가. 이 사건 특별채용이 교육공무원법 제12조 제1항 제2호의 적용을 받는지 여부

원심은, ① 교육공무원법(이하 '법'이라고 한다) 제12조 제1항 제5호에서 규정하고 있는 '사립학교에 근무하는 교원을 교육공무원으로 임용하는 경우'는 문언상 '현재 사립학교에 근무하는 교원을 교육공무원으로 임용하는 경우'만을 의미한다고 보아야 하고, ② 법 제12조 제1항 제1, 4, 5호가 교육공무원이었거나 공무원, 사립학교에 근무하는 교원임을 전제로 하고 있음에 반하여, 제2호는 '임용 예정직에 상응하는 연구 실적 또는 근무 실적이 3년 이상'일 것만을 요구하고 있으므로, 원고와 같이 과거에 사립학교 교원이었던 자를 특별채용 하는 경우에는 법 제12조 제1항 제5호가 아니라 제2호의 적용을 받는다고 판단하였다.

원심판결 이유를 관련 법령 및 법리에 비추어 살펴보면, 이러한 원심의 판단은 정당하고, 거기에 상고이유 주장과 같이 법 제12조 제1항에 관한 법리 등을 오해한 잘못이 없다.

나. 이 사건 특별채용이 공개전형을 거치지 않아 위법한지 여부

원심은, 교육공무원 채용은 원칙적으로 법 제10조 제2항, 제11조 제1항에 따라 공개전형에 의하여야 한다고 보면서도, 다른 한편, ① 법 제10조 제2항은 모든 사람에게 능력에 따른 균등한 임용의 기회가 보장되어야 한다고 규정하고 있을 뿐 특별채

용에 대해서 반드시 공개전형으로 선발해야 한다고 규정하고 있지 않고, 달리 교육공무원법령에서 공개전형을 특별채용의 법적 요건으로 정하고 있는 규정은 없는 점, ② 교육기관의 인력수요는 복잡·다양하므로 그 보완책으로서 경쟁이 제한되는 별도의 선발방법을 인정하는 것이 특별채용 제도의 취지에 어긋난다고 볼 수 없는 점, ③ 구 교육공무원임용령 제9조의2가 2016. 1. 6. 개정되면서 '법 제12조 제1항 제2, 5호에 따른 특별채용은 경쟁시험을 통한 공개전형으로 한다.'는 내용의 제2항이 신설되었는데 그 개정이유가 특별채용 제도의 운영상 나타난 일부 미비점을 개선·보완하려는 데 있는 점 등을 들어, 위 조항이 신설되기 이전에 법 제12조 제1항 제2호에 따라 이 사건 특별채용을 하면서 공개전형을 거치지 않았다고 하더라도, 그것만으로 위 특별채용이 절차상 위법하다고 볼 수는 없다고 판단하였다.

원심판결 이유를 관련 법령 및 법리에 비추어 살펴보면, 이러한 원심의 판단은 정당하고, 거기에 상고이유 주장과 같이 법 제10조 제2항, 제11조 등에 관한 법리를 오해한 잘못이 없다.

2. 상고이유 제2점에 대하여

피고는 원고가 '민주화운동 및 8·15 사면 복권 관련 해직교사 특별채용계획'의 대상자에 해당하지 않으므로 이 사건 특별채용은 위법하다고 주장한다.

그러나 ① 원고가 해직교사가 아닌 의원면직에 의하여 퇴직한 교사로서, 피고가 2006년경 추진한 위 특별채용계획의 대상자에 해당하는지 여부는 교육공무원법령에서 정한 특별채용 요건이 아니고, ② 서울특별시 교육감이 원고가 위 특별채용계획의 대상자에 해당됨을 전제로 하여 특별채용을 하였다고 볼 근거도 없으며, ③ 위 특별채용계획에 의원면직으로 퇴직한 교사를 특별채용 대상자에서 제외한다는 규정을 두고 있지도 않으므로, 피고의 주장은 그 전제가 잘못되어 받아들일 수 없다.

같은 취지로 피고의 위와 같은 주장을 배척한 원심 판단은 정당하고, 거기에 특별채용계획의 법적 성격 및 그 해석·적용 등에 관한 법리를 오해한 잘못이 없다.

3. 상고이유 제3점에 대하여

정부조직법 제6조 등에 따른 행정권한의 위임 및 위탁에 관한 규정 제6조는 "위임 및 위탁기관은 수임 및 수탁기관의 수임 및 수탁사무 처리에 대하여 지휘·감독하고, 그 처리가 위법하거나 부당하다고 인정될 때에는 이를 취소하거나 정지시킬 수 있다."라고 규정하고 있다.

수임 및 수탁사무의 처리가 부당한지 여부의 판단은 위법성 판단과 달리 합목적적·정책적 고려도 포함되므로, 위임 및 위탁기관이 그 사무처리에 관하여 일반적인 지휘·감독을 하는 경우는 물론이고 나아가 수임 및 수탁사무의 처리가 부당하다는 이유로 그 사무처리를 취소하는 경우에도 광범위한 재량이 허용된다고 보아야 한다. 다만 그 사무처리로 인하여 이해관계 있는 제3자나 이미 형성된 법률관계가 존재하는 경우에는 위임 및 위탁기관이 일반적인 지휘·감독을 하는 경우와 비교하여 그 사무처리가 부당하다는 이유로 이를 취소할 때 상대적으로 엄격한 재량통제의 필요성이 인정된다. 따라서 위임 및 위탁기관이 이러한 취소 여부를 결정할 때에는 위임 및 위탁의 취지, 수임 및 수탁기관 사무처리의 부당한 정도, 취소되는 사무의 성격과 내용, 그 취소로 인하여 이익이 제한·침해되는 제3자의 존재 여부 및 그 제한·침해의 정도 등을 종합적으로 고려하여야 하고, 이러한 취소에 재량권 일탈·남용이 인정된다면 그 취소처분은 위법하다고 판단할 수 있다.

원심은 아래와 같은 사정들을 종합하여 이 사건 특별채용을 취소한 피고의 처분은 위법하다고 판단하였다.

① 원고는 이 사건 특별채용 절차에서 면접 등을 통해 교사로서의 자질을 갖추고 있는지 여부를 검토·평가받은 후에 선발되었다.

② 원고는 불법 찬조금, 학생들 성적 조작 및 교사 부당해고 등의 비리가 만연했던 서울 ○○고등학교의 재단에 부패 관련 인사가 복귀하는 것을 반대하고 그 퇴진을 주도하는 등의 사학민주화 활동을 하다가 의원면직되었다.

③ 그 과정에서 일어났던 형사사건에 대해서는 그 동기와 경위, 사유 등이 참작되어 사면·복권되었고, 피고 스스로도 2006년에 '민주화운동 및 8·15 사면 복권 관련 해직교사 특별채용계획'에 따라 원고를 특별채용 대상자에 포함시켜 복직을 추진하였다.

④ 원고와 같은 사학민주화, 민주화운동 등과 관련된 해직교사 등에 대하여 이미 상당수 특별채용 형식의 복직이 이루어졌다.

⑤ 이 사건 특별채용은 정실 내지 보은 인사와는 무관하다고 보인다.

⑥ 원고는 과거 △△대학교 부속고등학교에서 교사로 재직할 당시 무리 없이 교직을 수행하였다.

앞에서 본 법리에 비추어 보건대, 원심이 근거로 든 위 각 사유들을 이 사건 특별채용의 취소와 관련한 원고의 이해관계 및 원고의 임용경위 등과 함께 살펴보면, 이 사건 특별채용 취소에는 재량권을 일탈·남용한 위법이 있다고 인정된다.

따라서 이 사건 특별채용의 취소가 위법하다고 본 원심의 결론은 수긍할 수 있고,

거기에 상고이유 주장과 같이 특별채용의 부당성에 관한 법리 등을 오해하여 판결 결과에 영향을 미친 잘못이 없다.

4. 결 론

그러므로 상고를 기각하고, 상고비용은 패소자가 부담하기로 하여, 관여 대법관의 일치된 의견으로 주문과 같이 판결한다.

제2절 공무원법

1 대법원 2016. 12. 27. 선고 2011두921 판결 【통보처분취소】 [공2017상,230]

【판결요지】

[1] 노동조합 및 노동관계조정법(이하 '노동조합법'이라 한다)이 노동조합의 자유설립을 원칙으로 하면서도 설립에 관하여 신고주의를 택한 취지는 노동조합의 조직체계에 대한 행정관청의 효율적인 정비·관리를 통하여 노동조합이 자주성과 민주성을 갖춘 조직으로 존속할 수 있도록 보호·육성하려는 데에 있으며, 신고증을 교부받은 노동조합에 한하여 노동기본권의 향유 주체로 인정하려는 것은 아니다. 그러므로 노동조합법 제2조 제4호에서 정한 노동조합의 실질적 요건을 갖춘 근로자단체가 신고증을 교부받지 아니한 경우에도 노동조합법상 부당노동행위의 구제신청 등 일정한 보호의 대상에서 제외될 뿐, 노동기본권의 향유 주체에게 인정되어야 하는 일반적인 권리까지 보장받을 수 없게 되는 것은 아니다.

[2] 노동조합 및 노동관계조정법(이하 '노동조합법'이라 한다) 제28조 제1항 제2호는 합병을 노동조합이 소멸하는 해산사유로 규정하고 있는데, 둘 이상의 노동조합이 소멸하고 새로운 노동조합이 설립되는 형태인 신설합병의 경우, 노동조합법이 새로운 노동조합의 설립신고를 합병의 효력 발생 요건으로 정하고 있지 않은 점이나 설립신고의 취지 또는 법적 의미 등을 고려하면, 합병에 의하여 설립되는 근로자단체가 노동조합법 제2조 제4호에서 정한 노동조합의 실질적 요건을 갖추어 노동기본권의 향유 주체로 인정될 수 있는 때에 합병이 완료되어 기존 노동조합은 소멸하고, 이와 달리 신고증을 교부받아야만 합병의 효력이 발생하는 것은 아니다. 다만 그 근로자단체가 노동조합법상 노동조합으로 일정한 보호를 받기 위해서는 신고증을 교부받아야 함은 물론이다.

[3] 헌법 제33조 제2항은 공무원인 근로자의 경우 법률이 정하는 자에 한하여 단결권·단체교섭권 및 단체행동권을 가진다고 규정함으로써 공무원인 근로자의 노동기

본권에 대하여 헌법적 제한을 두고 있으며, 노동조합 및 노동관계조정법(이하 '노동조합법'이라 한다) 제5조 단서는 공무원으로 구성된 노동조합(이하 '공무원노동조합'이라 한다)의 설립이나 가입에 관하여 따로 법률로 정하도록 규정하고 있다. 그리고 이에 따라 제정된 공무원의 노동조합 설립 및 운영 등에 관한 법률(이하 '공무원노조법'이라 한다)은 노동기본권이 보장되는 공무원의 범위와 공무원노동조합의 설립 및 운영 등에 관한 사항을 정하면서, 제3조 제1항에서 공무원노조법에 따른 공무원노동조합의 조직·가입, 공무원노동조합과 관련된 정당한 활동에 대하여는 노동운동 등 공무 외의 집단 행위를 금지한 국가공무원법 및 지방공무원법을 적용하지 아니하도록 규정하고 있다.

이러한 헌법과 노동조합법, 공무원노조법 등 공무원의 노동기본권 관련 규정 내용을 종합하면, 공무원으로 조직된 근로자단체는 공무원노조법에 따라 설립된 공무원노동조합인 경우에 한하여 노동기본권의 향유 주체가 될 수 있다.

나아가 이는 기존 공무원노동조합이 신설합병 형태로 새로운 공무원노동조합을 설립하는 경우에도 마찬가지이다. 따라서 기존 공무원노동조합은 합병결의 및 새로운 공무원노동조합 설립을 위한 결성·조직행위가 있었다는 사정만으로 당연히 소멸하는 것이 아니라, 공무원노동조합의 실체를 갖추어 공무원노조법에 따른 설립신고를 마침으로써 새로운 공무원노동조합으로 설립되는 때에 비로소 합병의 효력이 발생하여 소멸하게 된다.

이 경우 합병결의 및 새로운 공무원노동조합 설립을 위한 결성·조직행위가 이루어진 시점부터 새로운 공무원노동조합의 설립신고가 수리되는 시점까지 존재하는 기존 공무원노동조합은 소멸이 예정된 조직이어서 지위가 잠정적인 것이지만, 기존 법률관계를 정리·청산하는 데에 필요한 범위 내에서는 공무원노동조합으로 활동할 수 있다.

【참조조문】

[1] 노동조합 및 노동관계조정법 제2조 제4호, 제5조, 제10조 제1항, 제12조 제4항 / [2] 노동조합 및 노동관계조정법 제2조 제4호, 제28조 제1항 제2호 / [3] 헌법 제33조 제2항, 노동조합 및 노동관계조정법 제5조, 공무원의 노동조합 설립 및 운영 등에 관한 법률 제3조 제1항

【참조판례】

[1] 대법원 2014. 4. 10. 선고 2011두6998 판결(공2014상, 1045), 헌법재판소 2012. 3. 29. 선고 2011헌바53 전원합의부 결정(헌공186, 651)

【전 문】

【원고, 상고인】 전국공무원노동조합 (소송대리인 법무법인 시민 담당변호사 김선수 외 8인)

【피고, 피상고인】 고용노동부장관 (소송대리인 법무법인(유한) 바른 담당변호사 노만경)

【원심판결】 서울고법 2010. 12. 8. 선고 2010누12639 판결

【주 문】

원심판결을 파기한다. 제1심판결을 취소하고, 사건을 서울행정법원에 환송한다.

【이 유】

상고이유를 판단한다.

1. 노동조합 및 노동관계조정법(이하 '노동조합법'이라 한다)은 제5조 본문에서 근로자가 자유로이 노동조합을 조직하거나 이에 가입할 수 있음을 규정하면서, 제10조 제1항과 제12조 제4항에서는 노동조합을 설립하려는 사람으로 하여금 설립신고서에 규약을 첨부하여 행정관청에 제출하게 하고, 노동조합이 신고증을 교부받은 경우에는 설립신고서가 접수된 때에 설립된 것으로 보도록 규정하고 있다.

이처럼 노동조합법이 노동조합의 자유 설립을 원칙으로 하면서도 그 설립에 관하여 신고주의를 택한 취지는 노동조합의 조직체계에 대한 행정관청의 효율적인 정비·관리를 통하여 노동조합이 자주성과 민주성을 갖춘 조직으로 존속할 수 있도록 보호·육성하려는 데에 있으며(대법원 2014. 4. 10. 선고 2011두6998 판결 등 참조), 신고증을 교부받은 노동조합에 한하여 노동기본권의 향유 주체로 인정하려는 것은 아니다.

그러므로 노동조합법 제2조 제4호에서 정한 노동조합의 실질적 요건을 갖춘 근로자단체가 신고증을 교부받지 아니한 경우에도 노동조합법상 부당노동행위의 구제신청 등 일정한 보호의 대상에서 제외될 뿐, 노동기본권의 향유 주체에게 인정되어야 하는 일반적인 권리까지 보장받을 수 없게 되는 것은 아니다(헌법재판소 2012. 3. 29. 선고 2011헌바53 전원재판부 결정 참조).

한편 노동조합법 제28조 제1항 제2호는 합병을 노동조합이 소멸하는 해산사유로 규정하고 있는데, 둘 이상의 노동조합이 소멸하고 새로운 노동조합이 설립되는 형태인 신설합병의 경우, 노동조합법이 새로운 노동조합의 설립신고를 합병의 효력 발생 요건으로 정하고 있지 않은 점이나 앞서 본 설립신고의 취지 또는 법적 의미

등을 고려하면, 합병에 의하여 설립되는 근로자단체가 노동조합법 제2조 제4호에서 정한 노동조합의 실질적 요건을 갖추어 노동기본권의 향유 주체로 인정될 수 있는 때에 합병이 완료되어 기존 노동조합은 소멸한다고 보아야 하고, 이와 달리 신고증을 교부받아야만 합병의 효력이 발생한다고 할 것은 아니다. 다만 그 근로자단체가 노동조합법상 노동조합으로 일정한 보호를 받기 위해서는 신고증을 교부받아야 함은 물론이다.

2. 그러나 공무원으로 구성된 노동조합(이하 '공무원노동조합'이라 한다)에 있어서는 위와 같은 법리가 그대로 적용될 수 없다.

즉 헌법 제33조 제2항은 공무원인 근로자의 경우 법률이 정하는 자에 한하여 단결권·단체교섭권 및 단체행동권을 가진다고 규정함으로써 공무원인 근로자의 노동기본권에 대하여 헌법적 제한을 두고 있으며, 노동조합법 제5조 단서는 공무원노동조합의 설립이나 가입에 관하여 따로 법률로 정하도록 규정하고 있다. 그리고 이에 따라 제정된 「공무원의 노동조합 설립 및 운영 등에 관한 법률」(이하 '공무원노조법'이라 한다)은 노동기본권이 보장되는 공무원의 범위와 공무원노동조합의 설립 및 운영 등에 관한 사항을 정하면서, 그 제3조 제1항에서 공무원노조법에 따른 공무원노동조합의 조직·가입, 공무원노동조합과 관련된 정당한 활동에 대하여는 노동운동 등 공무 외의 집단 행위를 금지한 국가공무원법 및 지방공무원법을 적용하지 아니하도록 규정하고 있다.

이러한 헌법과 노동조합법, 공무원노조법 등 공무원의 노동기본권 관련 규정 내용을 종합하면, 공무원으로 조직된 근로자단체는 공무원노조법에 따라 설립된 공무원노동조합인 경우에 한하여 노동기본권의 향유 주체가 될 수 있다고 보아야 한다.

나아가 이는 기존 공무원노동조합이 신설합병 형태로 새로운 공무원노동조합을 설립하는 경우에도 마찬가지라고 할 수 있다. 따라서 기존 공무원노동조합은 합병결의 및 새로운 공무원노동조합 설립을 위한 결성·조직행위가 있었다는 사정만으로 당연히 소멸하는 것이 아니라, 공무원노동조합의 실체를 갖추어 공무원노조법에 따른 설립신고를 마침으로써 새로운 공무원노동조합으로 설립되는 때에 비로소 합병의 효력이 발생하여 소멸하게 된다고 할 것이다.

이 경우 합병결의 및 새로운 공무원노동조합 설립을 위한 결성·조직행위가 이루어진 시점부터 새로운 공무원노동조합의 설립신고가 수리되는 시점까지 사이에 존재하는 기존 공무원노동조합은 소멸이 예정된 조직이어서 그 지위가 잠정적인 것이라고 할 수 있지만, 기존 법률관계를 정리·청산하는 데에 필요한 범위 내에서는 공무원노동조합으로 활동할 수 있다고 보아야 한다.

3. 원심은 제1심판결을 인용하여, 원고와 전국민주공무원노동조합, 법원공무원노동조합이 합병결의를 거쳐 신설합병 형태로 '통합된 전국공무원노동조합'을 설립하였다가 이에 대한 설립신고가 반려된 사실 등을 인정한 다음, 원고가 참여한 합병결의에 따라 '통합된 전국공무원노동조합'이 설립되어 원고 스스로 해산신고까지 하였으므로, 그 조합원들은 '통합된 전국공무원노동조합'의 조합원이 되고 원고는 공무원노동조합의 실체를 갖추지 못하게 되었는데, 이는 '통합된 전국공무원노동조합'의 설립신고가 수리되지 않았다고 하여 달리 볼 것은 아니라고 판단하면서, 이 사건 통보가 취소된다고 하여 공무원노동조합의 실체가 없어진 원고가 공무원노동조합의 지위를 다시 인정받게 되는 것은 아니며, 달리 원고에게 이 사건 통보의 취소를 구할 법률상 이익도 없다고 보아, 이 사건 소를 각하한 제1심판결을 유지하였다.

그러나 원심이 확정한 사실관계를 앞에서 본 법리에 비추어 살펴보면, 원고의 합병결의가 유효하고 이를 기초로 원고와 전국민주공무원노동조합, 법원공무원노동조합이 통합하여 '통합된 전국공무원노동조합'의 조직을 갖추었다 하더라도, 새로 설립하려던 '통합된 전국공무원노동조합'의 설립신고가 수리되지 아니한 이상 합병의 효력이 발생하지 아니하였다 할 것이고, 비록 해산신고가 있었으나 이는 보고적인 것에 불과하여 실제로 합병의 효력이 발생하지 아니한 이상 해산의 효력이 발생한다고 할 수도 없으므로, 원고는 합병결의에 의하여 소멸이 예정된 조직이기는 하지만 잠정적으로 공무원노동조합의 지위를 가지고 다른 사정이 없는 한 그 구성원들 역시 원고 소속 조합원의 지위를 잠정적으로나마 유지한다고 보이며, 따라서 기존 법률관계를 정리·청산하기 위하여 과거에 이루어진 이 사건 통보의 효력을 다툴 수 있다고 할 것이다.

그럼에도 원심은 이와 다른 전제에서 원고가 공무원노동조합의 실체를 상실하였다는 이유로 이 사건 소를 각하한 제1심판결을 정당하다고 판단하였으니, 이러한 원심판단에는 공무원노동조합의 합병 등에 관한 법리를 오해하여 판결에 영향을 미친 잘못이 있다.

4. 그러므로 원심판결을 파기하되, 이 사건은 대법원이 직접 재판하기에 충분하므로 자판하기로 하여 제1심판결을 취소하고, 민사소송법 제418조 본문 규정에 따라 사건을 다시 심리·판단하도록 제1심법원에 환송하기로 하여, 관여 대법관의 일치된 의견으로 주문과 같이 판결한다.

2 대법원 2016. 12. 27. 선고 2014두5637 판결 【징계요구취소】 [공2017상,235]

【판시사항】

갑 시장이 감사원으로부터 감사원법 제32조에 따라 을에 대하여 징계의 종류를 정직으로 정한 징계 요구를 받게 되자 감사원에 징계 요구에 대한 재심의를 청구하였고, 감사원이 재심의청구를 기각하자 을이 감사원의 징계 요구와 그에 대한 재심의결정의 취소를 구하고 갑 시장이 감사원의 재심의결정 취소를 구하는 소를 제기한 사안에서, 감사원의 징계 요구와 재심의결정이 항고소송의 대상이 되는 행정처분이라고 할 수 없고, 갑 시장이 제기한 소송이 기관소송으로서 감사원법 제40조 제2항에 따라 허용된다고 볼 수 없다고 한 사례

【판결요지】

갑 시장이 감사원으로부터 감사원법 제32조에 따라 을에 대하여 징계의 종류를 정직으로 정한 징계 요구를 받게 되자 감사원법 제36조 제2항에 따라 감사원에 징계 요구에 대한 재심의를 청구하였고, 감사원이 재심의청구를 기각하자 을이 감사원의 징계 요구와 그에 대한 재심의결정의 취소를 구하고 갑 시장이 감사원의 재심의결정 취소를 구하는 소를 제기한 사안에서, 징계 요구는 징계 요구를 받은 기관의 장이 요구받은 내용대로 처분하지 않더라도 불이익을 받는 규정도 없고, 징계 요구 내용대로 효과가 발생하는 것도 아니며, 징계 요구에 의하여 행정청이 일정한 행정처분을 하였을 때 비로소 이해관계인의 권리관계에 영향을 미칠 뿐, 징계 요구 자체만으로는 징계 요구 대상 공무원의 권리·의무에 직접적인 변동을 초래하지도 아니하므로, 행정청 사이의 내부적인 의사결정의 경로로서 '징계 요구, 징계 절차 회부, 징계'로 이어지는 과정에서의 중간처분에 불과하여, 감사원의 징계 요구와 재심의결정이 항고소송의 대상이 되는 행정처분이라고 할 수 없고, 감사원법 제40조 제2항을 갑 시장에게 감사원을 상대로 한 기관소송을 허용하는 규정으로 볼 수는 없고 그 밖에 행정소송법을 비롯한 어떠한 법률에도 갑 시장에게 '감사원의 재심의 판결'에 대하여 기관소송을 허용하는 규정을 두고 있지 않으므로, 갑 시장이 제기한 소송이 기관소송으로서 감사원법 제40조 제2항에 따라 허용된다고 볼 수 없다고 한 사례.

【참조조문】

행정소송법 제2조 제1항 제1호, 제3조 제4호, 제45조, 감사원법 제31조, 제32조, 제33조, 제34조, 제36조 제1항, 제2항, 제40조 제2항

【전 문】

【원고, 상고인】 원고 1 외 1인 (소송대리인 법무법인 충정 담당변호사 하광호 외 2인)

【피고, 피상고인】 감사원

【원심판결】 서울고법 2014. 2. 19. 선고 2013누3018 판결

【주 문】

상고를 모두 기각한다. 상고비용은 원고들이 부담한다.

【이 유】

1. 상고이유 제1점에 대하여

가. 이 사건 소의 내용

원고 서울특별시장이 피고로부터 감사원법 제32조에 따라 원고 1에 대하여 징계의 종류를 정직으로 정한 징계 요구를 받게 되자, 감사원법 제36조 제2항에 따라 피고에게 위 징계 요구에 대한 재심의를 청구하였고, 피고는 위 재심의청구를 기각하였다. 이에 이 사건 소로써, 원고 1은 감사원의 위 징계 요구와 그에 대한 재심의결정의 취소를 구하고, 원고 서울특별시장은 감사원의 재심의결정의 취소를 구하고 있다.

나. 이 사건 징계 요구와 그에 대한 재심의결정이 항고소송의 대상이 되는지 여부

1) 항고소송의 대상이 되는 행정처분은, 행정청의 공법상의 행위로서 특정사항에 대하여 법규에 의한 권리의 설정 또는 의무의 부담을 명하거나 기타 법률상 효과를 발생하게 하는 등 국민의 구체적인 권리·의무에 직접적 변동을 초래하는 행위를 말하고, 행정권 내부에서의 행위나 알선, 권유, 사실상의 통지 등과 같이 상대방 또는 기타 관계자들의 법률상 지위에 직접적인 법률적 변동을 일으키지 아니하는 행위 등은 항고소송의 대상이 될 수 없다(대법원 2014. 12. 11. 선고 2012두28704 판결 참조).

2) 이 사건 징계 요구를 받은 원고 서울특별시장에 대한 측면에서는, ① 감사원법에, 징계 사유에 해당하는 공무원에 대하여 그 소속장관 또는 임용권자에게 징계를 요구할 수 있고(제32조 제1항), 징계 요구를 받은 기관의 장은 감사원이 정한 날까지 해당 절차에 따라 처분을 하여야 한다(제32조 제11항)고 규정하고 있을 뿐, 징계 요구를 받은 기관의 장이 요구받은 내용대로의 징계를 하여야 한다고 규정하고 있지 않은 점, ② 감사원법상 징계 요구 중 파면 요구에 대하여는, 파면 요구를 받은

소속 장관 또는 임용권자는 그 요구를 받은 날부터 10일 이내에 해당 징계위원회 또는 인사위원회 등에 그 의결을 요구하여야 하고, 그 의결이 있은 날부터 15일 이내에 감사원에 통보하여야 하며(제32조 제2항), 파면 요구를 한 사항이 파면 의결이 되지 아니한 경우 감사원은 해당 징계위원회 등이 설치된 기관의 바로 위 상급기관에 설치된 징계위원회 등에 직접 그 심의 또는 재심의를 요구할 수 있다(제32조 제3항)고 규정하고 있어, 감사원법도 징계 요구한 내용대로 징계가 이루어지지 않는 경우를 상정하고 있고, 파면 외의 징계 요구에 대하여는 위와 같은 규정조차 없는 점, ③ 징계 요구를 받은 기관의 장이 요구받은 내용대로의 징계를 하지 아니하거나 징계 절차에 나아가지 않아도, 그러한 기관의 장에게 과태료나 형사처벌 등 제재나 불이익을 부과하는 규정이 없는 점, ④ 감사원법 제31조에 따른 변상처분과는 달리, 징계 요구를 받은 임용권자 등이 해당 절차에 따라 처분을 하지 않을 경우, 징계 요구 자체만으로 어떠한 법률상 효력이 발생하는 규정이 없는 점, ⑤ 감사원 스스로도 징계 요구를 받은 임용권자 등은 감사원의 징계 요구에 따를 의무가 없고, 그에 따르지 않더라도 이를 강제할 수 없다고 주장하고 있는 점 등을 종합하여 보면, 이 사건 징계 요구는, 징계 요구를 받은 원고 서울특별시장의 인사권한 등 구체적 권리·의무에 직접적인 법률적 변동을 일으킨다고 보기 어렵다.

3) 이 사건 징계 요구의 대상이 된 공무원인 원고 1에 대한 측면에서도, ① 징계가 이루어지는 경우라면, 대상 공무원으로서는 징계처분의 효력을 다투면 충분하고, ② 징계가 이루어지지 않는 경우라면, 징계 절차에 회부되어 징계위원회 등에 징계 의결이 요구 중인 기간에는 그 대상 공무원이 승진임용의 대상에서 제외되는 등의 효력이 발생하나, 이는 징계 절차 회부에 따른 효력이지 징계 요구 자체만으로 발생하는 효력이 아닐 뿐만 아니라, 징계 절차 회부에 따른 일시적이거나 잠정적인 효과에 불과하여, 징계 요구 그 자체만으로 대상 공무원인 원고 1의 구체적인 권리·의무에 직접적 변동을 초래한다고 보기 어렵다.

4) 결국 이 사건 징계 요구는, 징계 요구를 받은 기관의 장이 요구받은 내용대로 처분하지 않더라도 불이익을 받는 규정도 없고, 징계 요구 내용대로 효과가 발생하는 것도 아니며, 징계 요구에 의하여 행정청이 일정한 행정처분을 하였을 때 비로소 이해관계인의 권리관계에 영향을 미칠 뿐, 징계 요구 그 자체만으로는 징계 요구 대상 공무원의 권리·의무에 직접적인 변동을 초래하지도 아니하므로, 행정청 사이의 내부적인 의사결정의 경로로서(대법원 1978. 11. 14. 선고 78누320 판결 참조), '징계 요구, 징계절차 회부, 징계'로 이어지는 과정에서의 중간처분에 불과하여, 항

고소송의 대상이 되는 행정처분이라고 할 수 없고, 징계 요구 자체의 취소를 구할 실익도 없다.

5) 한편 감사원법상 해당 기관의 장 등은 제31조에 따른 변상판정, 제32조, 제33조 및 제34조에 따른 처분요구에 대하여 감사원에 재심의를 청구할 수 있는데(제36조 제1항, 제2항), 제40조 제2항에, "감사원의 재심의 판결에 대하여는 감사원을 당사자로 하여 행정소송을 제기할 수 있다."라고 규정되어 있다. 그런데 감사원법 제40조 제2항 규정은, 감사원법 제31조에 따른 변상판정, 제32조, 제33조, 제34조에 따른 처분요구에 대한 재심의 결과에 대하여, 일반적인 소송요건이 갖추어지는 것을 전제로 재심의의 대상이 되었던 변상판정 등에 대하여는 변상판정 등을 대상으로 하는 것이 아니라 그에 대한 '재심의 판결'에 대하여 '감사원'을 당사자로 하여 행정소송을 제기할 수 있다는 규정이라고 볼 것이지, 위 규정만으로 당사자능력, 소의 이익, 항고소송에서의 대상적격 등 일반적인 소송요건과 무관하게 무조건 행정소송을 제기할 수 있다는 규정으로 해석할 것은 아니다.

다. 소 결

위와 같은 취지에서, 이 사건 징계 요구와 그에 대한 재심의결정이 항고소송의 대상이 되는 행정처분이라고 볼 수 없다는 이유로 그 취소를 구하는 이 사건 소를 모두 부적법하다고 본 원심의 판단에, 상고이유 주장과 같이 항고소송의 대상적격에 관한 법리를 오해하여 판결에 영향을 미친 잘못이 있다고 볼 수 없다.

2. 상고이유 제2점에 대하여

원심은, 원고 서울특별시장은 행정청에 불과하여 당사자능력이 없고, 감사원법 제40조 제2항은 당사자능력이 없는 행정청에게 원고 능력을 부여한 규정이라고 해석하기는 어렵다는 이유로, 당사자능력이 없는 원고 서울특별시장이 제기한 이 사건 소는 부적법하다고 판단하였다.

위 제1항에서 본 법리와 기록에 비추어 살펴보면, 원심의 위와 같은 판단에 상고이유 주장과 같이 사실을 오인하거나, 관련 법리를 오해하여 판결에 영향을 미친 잘못이 없다.

3. 상고이유 제3점에 대하여

가. 기관소송은 "국가 또는 공공단체의 기관 상호 간에 있어서의 권한의 존부 또는 그 행사에 관한 다툼이 있을 때에 이에 대하여 제기하는 소송"으로(행정소송법

제3조 제4호) 행정의 적법성 보장을 목적으로 하는 객관적 소송이고, 법률이 정한 경우 법률에 정한 자에 한하여 제기할 수 있다(행정소송법 제45조).

감사원법 제40조 제2항에 "감사원의 재심의 판결에 대하여는 감사원을 당사자로 하여 행정소송을 제기할 수 있다."라고 규정되어 있으나, 위와 같은 기관소송의 성격과 내용, 앞서 본 바와 같이 감사원의 징계 요구나 그에 대한 재심의결정은 그 자체로는 법률적 구속력을 발생시킨다고 보기 어려운 점, 감사원법 제40조 제2항이 기관소송에 관한 규정이라면 기관소송에서의 제소기간 등이 함께 규정되었어야 할 것이나 그러한 규정이 없는 점, 감사원법 제40조 제2항의 규정 형식과 내용, 연혁, 관련 규정의 체계 등을 종합하여 보면, 감사원법 제40조 제2항을 원고 서울특별시장에게 감사원을 상대로 한 기관소송을 허용하는 규정으로 볼 수는 없다. 그 밖에 행정소송법을 비롯한 어떠한 법률에도 원고 서울특별시장에게 '감사원의 재심의 판결'에 대하여 기관소송을 허용하는 규정을 두고 있지 않다. 따라서 원고 서울특별시장이 제기한 이 사건 소송이 기관소송으로서 감사원법 제40조 제2항에 따라 허용된다고 볼 수 없다.

나. 위와 같은 취지로, 두 기관 사이의 권한의 존부 또는 행사에 대한 다툼이 있는 기관소송에 해당한다는 원고 서울특별시장의 주장을 배척한 원심의 판단에, 상고이유 주장과 같이 사실을 오인하거나 관련 법리를 오해하여 판결에 영향을 미친 잘못이 없다.

4. 결 론

그러므로 상고를 모두 기각하고, 상고비용은 패소자들이 부담하도록 하여, 관여 대법관의 일치된 의견으로 주문과 같이 판결한다.

3 대법원 2016. 12. 29. 선고 2014두43806 판결 【군무원지위확인】 [공2017상,249]

【판시사항】

형법 제355조 및 제356조에 규정된 죄와 그 밖의 범죄가 형법 제37조 전단의 경합범 관계에 있어 하나의 벌금형이 선고되어 확정된 경우, 구 군무원인사법 제10조 제3호, 제27조 본문, 구 국가공무원법 제33조 제6의2호에서 정한 당연퇴직사유에 해당하는지 여부(소극)

【판결요지】

공무원 당연퇴직제도는 결격사유가 발생하는 것 자체에 의해 임용권자의 의사표시

없이 결격사유에 해당하게 된 시점에 법률상 당연히 퇴직하는 것이고, 공무원관계를 소멸시키기 위한 별도의 행정처분을 요하지 아니하므로, 당연퇴직사유의 존재는 객관적으로 명확하여야 한다.

또한 당연퇴직사유에 해당하면 곧바로 공무원 신분의 박탈이 수반되므로 공무원의 법적 지위에 중대한 영향을 미치고, 헌법 제25조가 규정한 공무담임권의 보호영역에는 공직 취임 기회의 보장뿐만 아니라 공무원 신분의 부당한 박탈도 포함되므로, 구 군무원인사법(2014. 10. 15. 법률 제12785호로 개정되기 전의 것) 제10조 제3호, 제27조 본문, 구 국가공무원법(2013. 8. 6. 법률 제11992호로 개정되기 전의 것) 제33조 제6의2호(이하 '각 조항'이라고 한다)로 인하여 공무담임권이 부당하게 제한되지 않도록 해석하여야 한다.

각 조항은 공무원의 금품 관련 비리를 근절·예방하기 위하여 공무원으로 재직 중 직무와 관련하여 형법 제355조 및 제356조에 규정된 죄(이하 '횡령죄 등'이라고 한다)로 일정한 형벌을 받은 경우를 공무원의 임용결격 및 당연퇴직사유로 규정한 것이므로, 임용결격 및 당연퇴직사유 해당 여부는 횡령죄 등만에 대한 선고 형량이 분명하게 구분될 수 있을 때에만 적용된다. 그런데 횡령죄 등이 다른 일반 범죄와 형법 제37조 전단의 경합범으로 공소제기된 경우 형법 제38조의 적용을 배제하는 예외를 인정한 명문의 규정이 없는 이상 경합범 중 횡령죄 등만을 분리 심리하여 그에 대해서만 형을 따로 선고할 수는 없다. 또한 형사재판에서 횡령죄 등과 형법 제37조 전단의 경합범으로 공소제기된 다른 범죄행위에 대하여 하나의 벌금형이 선고되어 확정된 경우, 사후적으로 횡령죄 등으로 300만 원 이상의 벌금형이 선고된 경우에 해당하는지를 따져 당연퇴직 여부를 판단하는 것은, 이미 확정된 형을 임의로 분리하는 것과 마찬가지여서 원칙적으로 허용되지 않는다.

이와 같은 공무원 당연퇴직의 법적 성질과 공무원 지위에 미치는 효과, 각 조항을 합헌적으로 엄격하게 해석하여야 할 필요성 등을 종합적으로 고려할 때, 횡령죄 등과 그 밖의 범죄가 형법 제37조 전단의 경합범 관계에 있어 하나의 벌금형이 선고되어 확정된 경우는 각 조항에서 정한 당연퇴직사유에 해당한다고 할 수 없다.

【참조조문】

구 군무원인사법(2014. 10. 15. 법률 제12785호로 개정되기 전의 것) 제10조 제3호, 제27조, 구 국가공무원법(2013. 8. 6. 법률 제11992호로 개정되기 전의 것) 제33조 제6의2호

【참조판례】

대법원 2004. 4. 9. 선고 2004도606 판결(공2004상, 855), 대법원 2011. 3. 24. 선고 2008다92022 판결(공2011상, 799), 대법원 2016. 1. 28. 선고 2013두35129

판결(공2016상, 372), 헌법재판소 2013. 7. 25. 선고 2012헌바409 전원합의부 결정(헌공202, 989)

【전 문】

【원고, 상고인】 원고 (소송대리인 변호사 신순옥)

【피고, 피상고인】 대한민국

【원심판결】 대전고법 2014. 10. 2. 선고 2014누10941 판결

【주 문】

원심판결을 파기하고, 사건을 대전고등법원에 환송한다.

【이 유】

상고이유를 판단한다.

1. 구 군무원인사법(2014. 10. 15. 법률 제12785호로 개정되기 전의 것, 이하 '구 군무원인사법'이라고 한다)은 국가공무원법 제33조 각 호의 어느 하나에 해당하는 사람은 군무원에 임용될 수 없다고 규정하면서(제10조 제3호), 군무원이 제10조에 따른 결격사유에 해당하게 된 경우에는 당연히 퇴직한다고 규정하고 있다(제27조 본문). 그리고 구 국가공무원법(2013. 8. 6. 법률 제11992호로 개정되기 전의 것, 이하 '구 국가공무원법'이라고 한다) 제33조 제6의2호는 '공무원으로 재직기간 중 직무와 관련하여 형법 제355조 및 제356조에 규정된 죄(이하 '횡령죄 등'이라고 한다)를 범한 자로서 300만 원 이상의 벌금형을 선고받고 그 형이 확정된 후 2년이 지나지 아니한 자'는 공무원으로 임용될 수 없다고 규정하고 있다(이하 구 군무원인사법 제10조 제3호, 제27조 본문, 구 국가공무원법 제33조 제6의2호를 합하여 '이 사건 각 조항'이라고 한다).

2. 원심은, ① 원고가 2012. 1. 2. 해군 제1해병사단 보통군사법원에서 '원고가 해군 포항병원 소유의 시가 110,960원 상당의 부스타 크리너 20리터 10통 등 합계 1,519,300원 상당의 재물을 임의로 처분하여 이를 횡령하였다'는 업무상횡령죄와 폭행죄 등의 경합범으로 벌금 500만 원의 약식명령을 받고, 그 약식명령이 2012. 1. 12.경 그대로 확정되었고(이하 '이 사건 약식명령'이라고 한다), ② 이 사건 각 조항에서 정하고 있는 당연퇴직사유를 횡령 관련 범죄만으로 300만 원 이상의 벌금형을 선고받은 경우로 한정하여 해석하여야 할 이유가 없으며, ③ 이 사건 약식명령

의 범죄사실 중 업무상횡령의 범죄행위만으로 양형을 정하였더라도 300만 원 미만의 벌금형이 선고되었을 것이라고 단정하기는 어려운 점 등에 비추어 볼 때, 원고는 이 사건 약식명령이 확정됨으로써 법이 정한 당연퇴직사유에 해당하게 되었다고 판단하였다.

3. 그러나 원심의 위와 같은 판단은 아래 이유로 받아들이기 어렵다.

공무원 당연퇴직제도는 결격사유가 발생하는 것 자체에 의해 임용권자의 의사표시 없이 결격사유에 해당하게 된 시점에 법률상 당연히 퇴직하는 것이고, 공무원관계를 소멸시키기 위한 별도의 행정처분을 요하지 아니하므로(대법원 2011. 3. 24. 선고 2008다92022 판결 참조), 당연퇴직사유의 존재는 객관적으로 명확하여야 한다.

또한 당연퇴직사유에 해당하면 곧바로 공무원 신분의 박탈이 수반되므로 공무원의 법적 지위에 중대한 영향을 미치고, 헌법 제25조가 규정한 공무담임권의 보호영역에는 공직 취임 기회의 보장뿐만 아니라 공무원 신분의 부당한 박탈도 포함되므로(헌법재판소 2013. 7. 25. 선고 2012헌바409 전원재판부 결정 참조), 이 사건 각 조항으로 인하여 공무담임권이 부당하게 제한되지 않도록 해석하여야 한다.

이 사건 각 조항은 공무원의 금품 관련 비리를 근절·예방하기 위하여 공무원으로 재직 중 직무와 관련하여 횡령죄 등으로 일정한 형벌을 받은 경우를 공무원의 임용결격 및 당연퇴직사유로 규정한 것이므로, 임용결격 및 당연퇴직사유 해당 여부는 횡령죄 등만에 대한 선고 형량이 분명하게 구분될 수 있을 때에만 적용된다고 보아야 한다. 그런데 횡령죄 등이 다른 일반 범죄와 형법 제37조 전단의 경합범으로 공소제기된 경우 형법 제38조의 적용을 배제하는 예외를 인정한 명문의 규정이 없는 이상 경합범 중 횡령죄 등만을 분리 심리하여 그에 대해서만 형을 따로 선고할 수는 없다(대법원 2004. 4. 9. 선고 2004도606 판결 등 참조). 또한 형사재판에서 횡령죄 등과 형법 제37조 전단의 경합범으로 공소제기된 다른 범죄행위에 대하여 하나의 벌금형이 선고되어 확정된 경우, 사후적으로 횡령죄 등으로 300만 원 이상의 벌금형이 선고된 경우에 해당하는지를 따져 당연퇴직 여부를 판단하는 것은, 이미 확정된 형을 임의로 분리하는 것과 마찬가지여서 원칙적으로 허용되지 않는다고 보아야 한다(대법원 2016. 1. 28. 선고 2013두35129 판결 참조).

이와 같은 공무원 당연퇴직의 법적 성질과 공무원 지위에 미치는 효과, 이 사건 각 조항을 합헌적으로 엄격하게 해석하여야 할 필요성 등을 종합적으로 고려할 때, 횡령죄 등과 그 밖의 범죄가 형법 제37조 전단의 경합범 관계에 있어 하나의 벌금형이 선고되어 확정된 경우는 이 사건 각 조항에서 정한 당연퇴직사유에 해당한다고 할 수 없다. 이러한 경우 이 사건 각 조항이 추구하는 입법 목적인 공무원의 청렴성 확보는 징계절차 등에 의하여야 할 것이다.

그럼에도 원심은 위와 같은 경우도 당연퇴직사유에 해당한다고 판단하였으므로, 이러한 원심의 판단에는 이 사건 각 조항의 해석 및 공무원 당연퇴직에 관한 법리를 오해하여 판결에 영향을 미친 잘못이 있다.

4. 이에 나머지 상고이유에 대한 판단을 생략하고 원심판결을 파기하며, 사건을 다시 심리·판단하도록 원심법원에 환송하기로 하여, 관여 대법관의 일치된 의견으로 주문과 같이 판결한다.

4 대법원 2017. 1. 12. 선고 2015다21554 판결 【면직처분취소】 [공2017상,319]

【판시사항】

[1] 사립학교법 제56조 제1항 단서에서 정한 '학급·학과의 개폐에 의하여 폐직이나 과원이 된 때'의 의미 및 사립학교 법인이 학과를 폐지하기 전에 취하여야 할 조치

[2] 사립대학이 학급·학과의 폐지에 따라 폐직·과원이 되었음을 이유로 교원을 직권면직할 때 다른 학교나 학과 등으로 전직발령 내지 배치전환함으로써 면직을 회피하거나 면직대상자를 최소화할 여지가 있는 경우, 합리적이고 객관적인 면직기준을 정하고 그에 따라 면직 여부를 결정하여야 하는 제한을 받는지 여부(적극) 및 위 기준에 따른 심사 결과 별다른 하자가 없는 교원은 가급적 구제하는 조치가 요구되는지 여부(적극)

【판결요지】

[1] 사립학교법 제56조 제1항 단서에서 규정하고 있는 '학급·학과의 개폐에 의하여 폐직이나 과원이 된 때'는 적법한 학칙 개정절차를 통해 설치학급 내지 학과가 폐지되거나 편제가 축소되는 등으로 인해 소속 교원의 직위나 정원이 없어지게 된 경우를 의미한다.

그리고 여기서 '학과의 폐지'는 학생의 학습권을 실질적으로 침해하지 아니하는 한도 내에서 허용되므로, 학습권 보호를 위하여 합리적인 조치가 취하여져 학습권이 실질적으로 침해되지 아니하였다고 볼 수 있는 등의 특별한 사정이 없는 한, 사립학교 법인은 학과의 폐지 이전에 폐지 대상 학과에 학적을 두고 있는 재학생 및 휴학생을 포함한 모든 재적생에 대하여 전과 등의 적절한 조치를 취하여 재적생이 존재하지 아니하게 된 경우에 비로소 학과를 폐지할 수 있다.

[2] 헌법 제31조 제6항, 사립학교법 제56조 제1항, 교육공무원법 제43조 제2항, 제53조 제3항, 제57조 제3항 및 교원지위향상을 위한 특별법 제6조 제1항, 국가공무원법 제70조 제1항 제3호, 제3항, 지방공무원법 제62조 제1항 제3호, 제3항 등을 종합하여 보면, 사립대학이 학급·학과를 폐지하고 그에 따라 폐직·과원이 되었음을 이유로 교원을 직권면직할 때에, 국립대학의 경우와 마찬가지로 학교법인 산하의 다른 사립학교나 해당 사립대학의 다른 학과 등으로 교원을 전직발령 내지 배치전환함으로써 면직을 회피하거나 면직대상자를 최소화할 여지가 있는 경우에는, 국가공무원법 제70조 제3항, 지방공무원법 제62조 제3항의 규정을 유추하여 임용형태, 업무 실적, 직무수행 능력, 징계 사실 등을 고려한 합리적이고 객관적인 면직기준을 정하고 그 기준에 의하여 면직 여부를 결정하여야 하는 제한을 받으며, 이에 따라 실적과 능력 등을 심사한 결과 별다른 하자가 없는 교원은 가급적 구제하는 조치가 요구된다.

【참조조문】

[1] 사립학교법 제56조 제1항 / [2] 헌법 제31조 제6항, 사립학교법 제56조 제1항, 교육공무원법 제43조 제2항, 제53조 제3항, 제57조 제3항, 교원지위향상을 위한 특별법 제6조 제1항, 국가공무원법 제70조 제1항 제3호, 제3항, 지방공무원법 제62조 제1항 제3호, 제3항

【참조판례】

[1] 대법원 2010. 6. 24. 선고 2010두5103 판결(공2010하, 1460) / [2] 대법원 2008. 3. 13. 선고 2007다66071 판결(공2008상, 526)

【전 문】

【원고, 피상고인】 원고 1 외 2인 (소송대리인 변호사 이정희 외 1인)

【피고, 상고인】 학교법인 ○○학원 (소송대리인 법무법인 광장 담당변호사 곽현수 외 1인)

【원심판결】 광주고법 2015. 2. 4. 선고 2014나3114 판결

【주 문】

상고를 모두 기각한다. 상고비용은 피고가 부담한다.

【이 유】

상고이유(상고이유서 제출기간이 지난 후에 제출된 상고이유보충서들의 기재는 해당 상고이유를 보충하는 범위 내에서)를 판단한다.

1. 학과 폐지의 해석에 관한 상고이유에 대하여

가. 사립학교법 제56조 제1항은 "사립학교 교원은 형의 선고·징계처분 또는 이 법에 정하는 사유에 의하지 아니하고는 본인의 의사에 반하여 휴직 또는 면직 등 불리한 처분을 받지 아니한다. 다만 학급·학과의 개폐에 의하여 폐직이나 과원이 된 때에는 그러하지 아니하다."라고 규정하고 있다.

위와 같은 사립학교법 제56조 제1항 단서에서 규정하고 있는 '학급·학과의 개폐에 의하여 폐직이나 과원이 된 때'는 적법한 학칙 개정절차를 통해 설치학급 내지 학과가 폐지되거나 편제가 축소되는 등으로 인해 소속 교원의 직위나 정원이 없어지게 된 경우를 의미한다(대법원 2010. 6. 24. 선고 2010두5103 판결 등 참조).

그리고 여기서 '학과의 폐지'는 학생의 학습권을 실질적으로 침해하지 아니하는 한도 내에서 허용되어야 하므로, 학습권 보호를 위하여 합리적인 조치가 취하여져 학습권이 실질적으로 침해되지 아니하였다고 볼 수 있는 등의 특별한 사정이 없는 한, 사립학교 법인은 학과의 폐지 이전에 폐지 대상 학과에 학적을 두고 있는 재학생 및 휴학생을 포함한 모든 재적생에 대하여 전과 등의 적절한 조치를 취하여 재적생이 존재하지 아니하게 된 경우에 비로소 학과를 폐지할 수 있다고 봄이 타당하다.

나. 원심은 판시와 같은 이유를 들어, (1) 교원에 대한 직권면직의 전제로서 사립학교법 제56조 제1항 단서 및 피고의 정관 제86조 제1항 단서에서 규정한 학과의 폐지(폐과)는 적법한 학칙개정 절차를 통해 입학 정원뿐만 아니라 학과 정원이 영(0)이 되어 재적생이 존재하지 아니하게 된 때를 의미한다고 해석함이 타당한데, (2) 원심 판시 이 사건 면직 당시 ○○대학교 환경보건학과에 재적생이 존재하였으므로, 환경보건학과의 경우에는 사립학교법 제56조 제1항 단서 및 피고의 정관 제86조 제1항 단서에서 규정한 폐과에 해당한다고 볼 수 없고, (3) 따라서 환경보건학과가 폐과되었음을 전제로 하여 원고 안병권에 대하여 한 이 사건 면직은 절차적 하자가 있어 무효라는 취지로 판단하였다.

다. 원심판결 이유를 적법하게 채택된 증거들에 비추어 살펴보면, 위와 같은 원심의 판단은 앞에서 본 법리에 부합하고, 거기에 상고이유 주장과 같이 사립학교법 제56조 제1항 단서 규정의 '학과의 폐지'의 해석에 관한 법리를 오해하는 등의 사유로 판결에 영향을 미친 위법이 있다고 할 수 없다.

2. 나머지 상고이유에 대하여

가. 헌법 제31조 제6항, 사립학교법 제56조 제1항, 교육공무원법 제43조 제2항,

제53조 제3항, 제57조 제3항 및 교원지위향상을 위한 특별법 제6조 제1항, 국가공무원법 제70조 제1항 제3호, 제3항, 지방공무원법 제62조 제1항 제3호, 제3항 등을 종합하여 보면, 사립대학이 학급·학과를 폐지하고 그에 따라 폐직·과원이 되었음을 이유로 교원을 직권면직할 때에, 국립대학의 경우와 마찬가지로 학교법인 산하의 다른 사립학교나 해당 사립대학의 다른 학과 등으로 교원을 전직발령 내지 배치전환함으로써 면직을 회피하거나 면직대상자를 최소화할 여지가 있는 경우에는, 국가공무원법 제70조 제3항, 지방공무원법 제62조 제3항의 규정을 유추하여 임용 형태, 업무 실적, 직무수행 능력, 징계 사실 등을 고려한 합리적이고 객관적인 면직기준을 정하고 그 기준에 의하여 면직 여부를 결정하여야 하는 제한을 받으며, 이에 따라 실적과 능력 등을 심사한 결과 별다른 하자가 없는 교원은 가급적 구제하는 조치가 요구된다(대법원 2008. 3. 13. 선고 2007다66071 판결 등 참조).

그리고 법원은 변론 전체의 취지와 증거조사의 결과를 참작하여 자유로운 심증으로 사회정의와 형평의 이념에 입각하여 논리와 경험의 법칙에 따라 사실 주장이 진실한지 아닌지를 판단하며(민사소송법 제202조), 원심판결이 이와 같은 자유심증주의의 한계를 벗어나지 아니하여 적법하게 확정한 사실은 상고법원을 기속한다(같은 법 제432조).

한편 판결서의 이유에는 주문이 정당하다는 것을 인정할 수 있을 정도로 당사자의 주장, 그 밖의 공격·방어방법에 관한 판단을 표시하면 되고 당사자의 모든 주장이나 공격·방어방법에 관하여 판단할 필요가 없다(민사소송법 제208조). 따라서 법원의 판결에 당사자가 주장한 사항에 대한 구체적·직접적인 판단이 표시되어 있지 않더라도 판결 이유의 전반적인 취지에 비추어 그 주장을 인용하거나 배척하였음을 알 수 있는 정도라면 판단누락이라고 할 수 없고, 설령 실제로 판단을 하지 아니하였다고 하더라도 그 주장이 배척될 경우임이 분명한 때에는 판결 결과에 영향이 없어 판단누락의 위법이 있다고 할 수 없다(대법원 2008. 7. 10. 선고 2006재다218 판결, 대법원 2012. 4. 26. 선고 2011다87174 판결 등 참조).

나. 원심은 판시와 같은 이유를 들어, (1) ① 피고가 원고들을 관련 유사학과에 재배치하거나 재교육을 통하여 다시 배치하겠다는 의사를 표시하였음에도 다른 전공과목에 대한 재교육의 기회를 부여하지 아니하고 원고들과 협의하지 아니하였으며, ② 다른 학과의 교수확보율에 의해 원고들의 다른 학과 재배치가 좌우되지 아니하고, ③ 원고들의 전공 및 학술 활동과 원고들의 재배치 희망 학과 사이에 학문적 관련성이 전혀 없다고 할 수 없으며, 이 사건 폐과 이후에 피고가 다수의 신임 교원

을 채용하거나 시간강사를 활용하여 원고들의 재배치 희망 학과에 대한 강의를 맡겼으며, ④ 종전에 다른 학과의 동의 없이 재배치된 다른 교수들과 이 사건 면직을 받은 원고들 사이에 객관적이고 합리적인 차이가 있다는 근거가 없고, 다른 학과의 동의는 참고 사항에 불과하여 원고들의 학과 재배치에 거부 사유가 되지 못한다는 취지의 원고들에게 공통된 사정들과 아울러 원고별로 관련된 개별적인 사정들을 인정한 다음, (2) 이러한 사정들에 비추어 보면, 피고는 원고들이 재배치를 신청한 ○○대학교 내의 다른 학과로 원고들을 재배치하는 방법으로 이 사건 면직을 회피할 가능성이 있었다고 보이는데, 피고는 원고들을 구제하기 위한 별다른 노력을 기울이지 아니한 채 이 사건 면직을 하였다고 인정하고, (3) 이와 같은 원고들에 대한 이 사건 면직은 객관적인 기준과 근거 없이 자의적으로 이루어진 것으로서 교원 임면에 관한 재량권을 일탈·남용하여 무효라고 봄이 타당하다고 판단하였다.

다. 이 부분 상고이유 주장은 실질적으로 이러한 원심 판단에 이른 사실인정을 다투는 취지로서, 사실심 법원의 자유심증에 속하는 증거의 선택과 증거가치의 판단을 탓하는 것에 불과하여 받아들일 수 없다. 그리고 원심판결 이유를 적법하게 채택된 증거들에 비추어 살펴보아도 위와 같은 원심의 판단은 앞에서 본 법리에 기초한 것으로 보이고, 거기에 상고이유 주장과 같이 대학의 전문성, 폐과로 인한 교원의 학과 재배치, 사립학교 교원의 면직 및 재량권의 일탈·남용에 관한 법리를 오해하고 판단을 누락하거나 논리와 경험의 법칙에 반하여 자유심증주의의 한계를 벗어나는 등의 사유로 판결에 영향을 미친 위법이 있다고 할 수 없다.

3. 결 론

그러므로 상고를 모두 기각하고, 상고비용은 패소자가 부담하기로 하여, 관여 대법관의 일치된 의견으로 주문과 같이 판결한다.

5 대법원 2017. 1. 12. 선고 2011두13392 판결 【단체협약시정명령취소】 [공2017상,376]

【판시사항】

법령 등에 따라 국가나 지방자치단체가 권한으로 행하는 정책결정에 관한 사항, 임용권의 행사 등 기관의 관리·운영에 관한 사항이 단체교섭의 대상이 되기 위한 요건

【판결요지】

구 공무원의 노동조합 설립 및 운영 등에 관한 법률(2010. 3. 17. 법률 제10133호로 개정되기 전의 것) 제8조 제1항, 구 공무원의 노동조합 설립 및 운영 등에 관한 법률 시행령(2011. 12. 14. 대통령령 제23376호로 개정되기 전의 것) 제4조의 내용을 종합하여 보면, 법령 등에 따라 국가나 지방자치단체가 권한으로 행하는 정책결정에 관한 사항, 임용권의 행사 등 기관의 관리·운영에 관한 사항이 단체교섭의 대상이 되려면 그 자체가 공무원이 공무를 제공하는 조건이 될 정도로 근무조건과 직접 관련된 것이어야 하며, 이 경우에도 기관의 본질적·근본적 권한을 침해하거나 제한하는 내용은 허용되지 아니한다.

【참조조문】

구 공무원의 노동조합 설립 및 운영 등에 관한 법률(2010. 3. 17. 법률 제10133호로 개정되기 전의 것) 제8조 제1항, 구 공무원의 노동조합 설립 및 운영 등에 관한 법률 시행령(2011. 12. 14. 대통령령 제23376호로 개정되기 전의 것) 제4조

【참조판례】

대법원 2014. 12. 11. 선고 2010두5097 판결, 헌법재판소 2013. 6. 27. 선고 2012헌바169 전원재판부 결정(헌공201, 819)

【전 문】

【원고, 상고인 겸 피상고인】 전국민주공무원노동조합 (소송대리인 법무법인(유한) 강남 담당변호사 김대현 외 1인)

【피고, 피상고인 겸 상고인】 고용노동부장관 (소송대리인 법무법인 청신 담당변호사 이근윤 외 2인)

【원심판결】 서울고법 2011. 5. 19. 선고 2010누14192 판결

【주 문】

원심판결 중 단체협약 제10조 제3항, 제12조 제1항에 관한 피고 패소 부분을 파기하고, 이 부분 사건을 서울고등법원에 환송한다. 원고의 상고를 기각한다.

【이 유】

상고이유를 판단한다.

1. 원고의 상고이유에 관하여

가. (1) 공무원의 노동조합 설립 및 운영 등에 관한 법률(2010. 3. 17. 법률 제

10133호로 개정되기 전의 것, 이하 '공무원노조법'이라 한다)은 제8조 제1항 본문에서 '노동조합에 관한 사항 또는 조합원의 보수·복지 그 밖의 근무조건에 관한 사항'을 단체교섭의 대상으로 하되, 그 단서에서 '법령 등에 의하여 국가 또는 지방자치단체가 그 권한으로 행하는 정책결정에 관한 사항, 임용권의 행사 등 그 기관의 관리·운영에 관한 사항으로서 근무조건과 직접 관련되지 아니하는 사항'은 단체교섭의 대상이 될 수 없도록 하는 한편, 같은 법 시행령(2011. 12. 14. 대통령령 제23376호로 개정되기 전의 것) 제4조에서 단체교섭의 대상이 되지 아니하는 비교섭사항을 '정책의 기획 또는 계획의 입안 등 정책결정에 관한 사항, 공무원의 채용·승진 및 전보 등 임용권의 행사에 관한 사항, 기관의 조직 및 정원에 관한 사항, 예산·기금의 편성 및 집행에 관한 사항, 행정기관이 당사자인 쟁송에 관한 사항, 기관의 관리·운영에 관한 그 밖의 사항'으로 더 자세히 규정하고 있다.

이러한 공무원노조법 관련 규정의 내용을 종합하여 보면, 법령 등에 따라 국가나 지방자치단체가 그 권한으로 행하는 정책결정에 관한 사항, 임용권의 행사 등 그 기관의 관리·운영에 관한 사항이 단체교섭의 대상이 되려면 그 자체가 공무원이 공무를 제공하는 조건이 될 정도로 근무조건과 직접 관련된 것이어야 하며(대법원 2014. 12. 11. 선고 2010두5097 판결, 헌법재판소 2013. 6. 27. 선고 2012헌바169 전원재판부 결정 참조), 이 경우에도 기관의 본질적·근본적 권한을 침해하거나 제한하는 내용은 허용되지 아니한다고 할 것이다.

(2) 원심은 판시와 같은 이유를 들어, 이 사건 단체협약 중 ① 인사조치에 관한 노동조합과의 사전협의를 정한 제24조 제3항 및 순환전보에 관한 사전협의·사전합의 등을 정한 제35조 제2, 3, 5항, ② 조례 및 규칙의 제정에 관한 절차에의 참관 및 사전협의 등을 정한 제15조, 제38조, ③ 인원 동원 등에 대한 사전협의를 정한 제18조 제1항, ④ 기능직 공무원의 직급 상향 및 일반직 전환 등에 관하여 정한 제21조, 제43조 제1항, ⑤ 인사위원회 위원 위촉에 관하여 정한 제37조 제1, 2항, ⑥ 다면평가 및 이에 의한 승진임용 등과 직무성과제에 관하여 정한 제39조 제1 내지 5항, 제45조 제2항, ⑦ 직위공모제 등에 관한 협의를 정한 제40조 제2항, ⑧ 정원조정에 관한 노동조합의 합의 및 요구 등에 관하여 정한 제44조 제3, 4항, ⑨ 감사의 방침 등에 관하여 정한 제54조 제1, 2항은, 정책결정 또는 기관의 관리·운영에 관한 사항으로서 공무원의 근무조건과 직접 관련된 것이 아니거나, 부산광역시 영도구청장의 권한을 근거 없이 제한하거나 본질적으로 침해하는 것이어서 모두 위법하다고 보아, 이에 대한 피고의 시정명령이 적법하다고 판단하였다.

(3) 원심판결 이유를 위 단체협약 규정들의 구체적인 내용과 적법하게 채택된 증거들에 비추어 살펴보면, 그 판시에 일부 적절하지 않은 부분이 포함되어 있기는 하지만 위 단체협약 규정들의 위법성 및 그에 대한 시정명령의 적법성을 인정한 원심의 판단은 앞에서 본 법리에 기초한 것으로 보이고, 거기에 상고이유 주장과 같이 교섭대상과 교섭금지대상의 구분, 비교섭사항의 기준과 범위, 단체협약 및 단체교섭의 본질, 공무원노조법 제10조 제1항, 증명책임의 분배 등에 관한 법리를 오해하거나 근무조건과의 직접 관련성 요건에 관한 판단을 누락하는 등의 사유로 판결에 영향을 미친 위법이 없다.

나. 원고는 이 사건 단체협약 중 제3조 제1항에 관한 원고 패소 부분에 대하여도 상고하였으나, 상고장이나 상고이유서에 이에 관한 구체적인 상고이유의 기재가 없다.

2. 피고의 상고이유에 관하여

가. 이 사건 단체협약 제10조 제3항에 대하여

(1) 원심은, 이 사건 단체협약 제10조 제3항이 부산광역시 영도구청장으로 하여금 노동조합의 선출직 임원과 사무국장의 전보인사를 할 때 노동조합과 사전 협의하도록 정한 것과 관련하여, 공무원노조법 제8조 제1항은 '노동조합에 관한 사항'을 단체교섭의 대상으로 규정하였고, 위 단체협약 조항의 사전협의는 부산광역시 영도구청장의 자의적인 인사권 행사로 노동조합의 정상적인 활동이 저해되는 것을 방지하려는 취지에서 노동조합에 필요한 의견을 제시할 기회를 주고 제시된 의견을 참고자료로 고려하게 하는 차원에 그치는 것으로 볼 수 있을 뿐만 아니라, 임용권의 행사 시 이러한 사전협의를 거치지 않았다 하더라도 반드시 그 효력이 없는 것도 아니어서, 위 단체협약 조항의 내용이 부산광역시 영도구청장의 인사에 관한 본질적 권한을 침해하여 단체교섭의 대상이 될 수 없는 것은 아니라는 이유로, 그에 대한 피고의 시정명령은 위법하다고 판단하였다.

(2) 그런데 전보 등 임용권의 행사에 관한 사항은 그 내용 자체가 근무조건과 직접 관련되어야만 단체교섭의 대상이 될 수 있으며, 이 경우에도 기관의 본질적·근본적 권한을 침해하는 것은 허용될 수 없다는 앞에서 본 법리에 비추어 보면, 노동조합의 임원 등에 대한 인사가 조합원의 근무조건과 직접 관련이 있다고 하기는 어려운 데다가, 사전협의라는 필수적인 절차에 의하여 부산광역시 영도구청장의 인사권 행사가 본질적으로 제한될 가능성도 있는 만큼, 위 단체협약 조항과 같은 내용

은 원칙적으로 단체교섭의 대상이 될 수 없다고 해석함이 타당하다.

따라서 이와 달리 위 단체협약 조항의 내용이 단체교섭의 대상이 될 수 있음을 전제로 한 원심의 판단에는 비교섭사항에 관한 법리를 오해하여 판결에 영향을 미친 위법이 있다. 이를 지적하는 상고이유 주장은 이유 있다.

나. 이 사건 단체협약 제12조 제1항에 대하여

(1) 부당노동행위를 할 수 없도록 정한 노동조합 및 노동관계조정법(이하 '노동조합법'이라 한다) 제81조는 제4호 본문에서 '근로자가 노동조합을 조직 또는 운영하는 것을 지배하거나 이에 개입하는 행위와 노동조합의 전임자에게 급여를 지원하거나 노동조합의 운영비를 원조하는 행위'를 금지하되, 그 단서에서 '근로자가 근로시간 중에 제24조 제4항에 따른 활동을 하는 것을 사용자가 허용하는 행위, 근로자의 후생자금 또는 경제상의 불행 기타 재액의 방지와 구제 등을 위한 기금의 기부와 최소한의 규모의 노동조합사무소의 제공'은 예외적으로 허용하고 있다. 한편 위 규정은 노동조합법 제24조와 관련된 부분을 제외하고는 공무원노조법 제17조 제2항에 따라 공무원노동조합에도 적용된다.

사용자의 노동조합 운영비에 대한 원조 행위(이하 '운영비 원조 행위'라 한다) 등을 금지함으로써 노동조합이 사용자에게 경제적으로 의존하거나 어용화되는 것을 막고 노동조합의 자주성을 확보하는 데에 그 목적이 있는 위 규정의 내용 및 경비의 주된 부분을 사용자로부터 원조받은 경우에는 노동조합으로 보지 않도록 한 노동조합법 제2조 제4호 (나)목을 비롯한 관련 노동조합법 규정의 입법 취지와 내용을 종합하여 보면, 노동조합법 제81조 제4호 단서에서 정한 행위를 벗어나서 주기적이나 고정적으로 이루어지는 운영비 원조 행위는 노동조합의 자주성을 잃게 할 위험성을 지닌 것으로서 노동조합법 제81조 제4호 본문에서 금지하는 부당노동행위라고 해석되고, 비록 그 운영비 원조가 노동조합의 적극적인 요구 내지 투쟁으로 얻어진 결과라 하더라도 이러한 사정만을 가지고 달리 볼 것은 아니다(대법원 2016. 1. 28. 선고 2012두12457 판결 등 참조).

(2) 원심판결 이유 및 적법하게 채택된 증거들에 의하면, 이 사건 단체협약은 제12조 제1항에서 부산광역시 영도구청장이 청사 내에 전용 사무실을 제공하고 나아가 '그 활동에 필요한 시설·장비, 차량, 집기 등 비품 일체를 제공하여야 한다'고 정하면서 그 제공 대상의 범위를 제한하는 조항을 따로 두고 있지 아니하므로, 위 단체협약 조항은 노동조합이 사용자로부터 최소한의 규모의 노동조합사무소와 함께 통상 비치되어야 할 책상, 의자, 전기시설 등의 비품과 시설을 제공받는 것을 넘

어서서 부산광역시 영도구청장으로 하여금 노동조합 활동에 필요한 시설과 비품 일체를 지원하도록 의무를 지우는 내용으로 되어 있다.

이러한 위 단체협약 조항의 내용을 앞에서 본 법리에 비추어 살펴보면, 위 단체협약 조항은 노동조합법 제81조 제4호 단서에 의하여 허용되는 범위를 넘는 운영비 원조 행위를 내용으로 하는 것으로서 같은 조 본문이 정한 부당노동행위에 해당하여 위법하다고 할 것이다.

그럼에도 이와 달리 원심은, 위 단체협약 조항을 그 내용과 달리 '노동조합이 사용자로부터 제공받을 수 있는 사무실과 사무실 운영에 필요한 사회통념상 용인되는 정도의 부대시설비 및 비품비'라고 해석하는 것이 가능하여 이를 넘는 비용에 대해서는 사용자가 거절할 수 있으므로 위 단체협약 조항 자체에는 문제가 없다고 잘못 판단하여, 그에 대한 피고의 시정명령이 위법하다고 인정하고 말았다.

따라서 이러한 원심의 판단에는 노동조합법 제81조 제4호 본문에 의하여 부당노동행위로서 금지되는 운영비 원조 행위에 관한 법리를 오해하고 위 단체협약 조항의 내용에 관한 판단을 그르침으로써 판결에 영향을 미친 위법이 있다. 이를 지적하는 취지의 상고이유 주장 역시 이유 있다.

3. 결 론

그러므로 원심판결 중 이 사건 단체협약 제10조 제3항, 제12조 제1항에 관한 피고 패소 부분을 파기하고, 이 부분 사건을 다시 심리·판단하게 하기 위하여 원심법원에 환송하며, 원고의 상고를 기각하기로 하여, 관여 대법관의 일치된 의견으로 주문과 같이 판결한다.

6 대법원 2017. 2. 15. 선고 2016두52545 판결【교원소청심사위원회결정취소】[공2017상,573]

【판시사항】

[1] 교원의 임기에 관한 사립학교법 제53조의2 제3항이 강행규정인지 여부(적극) 및 그 규정의 위임에 따른 정관에서 정한 것과 달리 조교수의 임기를 단축하는 약정의 효력(무효)

[2] 임용기간이 만료된 사립대학 교원에게 재임용 여부에 관하여 합리적인 기준에 따라 공정한 심사를 요구할 권리가 있는지 여부(적극) 및 임용권자가 재임용을 신청한 교원에게 한 재임용거부결정이 무효가 되는 경우

[3] 사립대학이 학급·학과를 폐지하는 과정에서 폐직·과원이 되었다는 이유로 교원을 직권면직할 경우 국가공무원법 제70조 제3항, 지방공무원법 제62조 제3항을 유추하여 정한 면직기준에 의한 심사결과에 따라 면직 여부를 결정하여야 하는지 여부(원칙적 적극) 및 이러한 심사절차를 밟지 않고 직권면직할 수 있는 경우

[4] 대학교원 기간임용제에 따라 임용된 사립대학 교원에게 사립학교법에서 정한 면직사유가 발생하였으나 면직처분을 하지 않고 재임용을 거부하는 형식으로 임용계약을 종료시킨 경우, 사회통념상 부당한 방법으로 재임용을 거부한 것인지 여부(원칙적 소극)

【판결요지】

[1] 교원의 임기에 관한 사립학교법 제53조의2 제3항 1문은 학문의 자유와 교원의 신분보장을 위하여 반드시 준수해야 할 강행규정이다. 따라서 그 규정의 위임에 따른 정관에서 정한 바와 달리 조교수의 임기를 단축하는 약정은 효력이 없다.

[2] 사립학교법의 관련 규정에 따르면, 사립대학 교원이 대학교원 기간임용제에 따라 임용되어 임용기간이 만료되는 경우에 교원으로서의 능력과 자질에 관하여 합리적인 기준에 따라 공정한 심사를 받아 위 기준에 부합하면 특별한 사정이 없는 한 재임용되리라는 기대를 하고 재임용 여부에 관하여 합리적인 기준에 따라 공정한 심사를 요구할 권리를 가지고 있다. 임용권자가 재임용신청을 한 교원에게 재임용을 거부한 경우에, 재임용거부의 객관적 사유, 즉 재임용심사기준에 미달한다는 사유가 전혀 없거나 사유가 있더라도 교원으로서의 능력과 자질을 검증하여 적격성 여부를 심사하기 위한 재임용심사에서 허용될 수 있는 정도의 재량권을 일탈·남용한 결과 합리적인 기준에 기초한 공정한 심사를 하지 않은 것으로 인정되어 사법상의 효력 자체를 부정하는 것이 사회통념상 타당하다고 인정된다면 재임용거부결정은 무효이다.

[3] 헌법 제31조 제6항, 사립학교법 제56조 제1항, 교육공무원법 제43조 제2항, 제53조 제3항, 제57조 제3항, 구 교원지위향상을 위한 특별법(2016. 2. 3. 법률 제13936호 교원의 지위 향상 및 교육활동 보호를 위한 특별법으로 개정되기 전의 것) 제6조 제1항, 국가공무원법 제70조 제1항 제3호, 제3항, 지방공무원법 제62조 제1항 제1호 (나)목, 제3항 등에 비추어 보면, 사립대학이 학급·학과를 폐지하고 그에 따라 폐직(폐직)·과원(과원)이 되었음을 이유로 교원을 직권면직할 경우에, 학교법인 산하 다른 사립학교나 해당 학교의 다른 학과 등으로 교원을 전직발령이나 배치전환을 함으로써 면직을 회피하거나 면직대상자를 최소화할 여지가 있으면 국가공무원법 제70조 제3항, 지방공무원법 제62조 제3항을 유추하여 임용형태·업무실적·직무수행능력·징계처분사실 등을 고려한 면직기준을 정하고 그 기준에 의한 심

사결과에 따라 면직 여부를 결정하여야 함이 원칙이지만, 사립대학 사정상 전직발령이나 배치전환 등에 의한 교원의 면직회피 가능성이 전혀 없으면 그와 같은 심사절차를 밟지 않고 바로 직권면직을 할 수 있다.

[4] 대학교원 기간임용제에 따라 임용된 사립대학 교원에게 사립학교법에서 정한 면직사유가 발생한 경우 곧바로 면직처분을 하지 않고 임용기간의 만료를 기다려 재임용을 거부하는 형식으로 임용계약을 종료시켰다고 하더라도, 이러한 처분이 교원에게 불리하다고 볼 수 없는 이상 임용기간 만료 당시 재임용거부의 사유가 없다거나 학교법인이 재량권을 일탈·남용하여 사회통념상 부당한 방법으로 재임용을 거부한 것이라고 말할 수 없다.

【참조조문】

[1] 사립학교법 제53조의2 제3항 / [2] 사립학교법 제53조의2, 행정소송법 제27조 / [3] 헌법 제31조 제6항, 사립학교법 제56조 제1항, 교육공무원법 제43조 제2항, 제53조 제3항, 제57조 제3항, 구 교원지위향상을 위한 특별법(2016. 2. 3. 법률 제13936호 교원의 지위 향상 및 교육활동 보호를 위한 특별법으로 개정되기 전의 것) 제6조 제1항, 국가공무원법 제70조 제1항 제3호, 제3항, 지방공무원법 제62조 제1항 제1호 (나)목, 제3항 / [4] 사립학교법 제53조의2, 제58조, 행정소송법 제27조

【참조판례】

[2] 대법원 2006. 3. 9. 선고 2003다52647 판결(공2006상, 569), 대법원 2010. 7. 29. 선고 2007다42433 판결(공2010하, 1728) / [3] 대법원 2011. 7. 14. 선고 2011두2217 판결(공2011하, 1637) / [4] 대법원 2011. 9. 8. 선고 2009다65249 판결

【전 문】

【원고, 상고인】 원고 (소송대리인 변호사 권은집)

【피고, 피상고인】 교원소청심사위원회

【피고보조참가인】 학교법인 윤정학원 (소송대리인 법무법인 지후 담당변호사 홍미정 외 1인)

【원심판결】 서울고법 2016. 9. 8. 선고 2016누43253 판결

【주 문】

상고를 기각한다. 상고비용은 보조참가로 인한 부분을 포함하여 원고가 부담한다.

【이 유】

상고이유를 판단한다.

1. 상고이유 제1점에 관한 판단

사립학교법 제53조의2 제3항 1문은 "대학교육기관의 교원은 정관이 정하는 바에 따라 근무기간·급여·근무조건, 업적 및 성과약정등 계약조건을 정하여 임용할 수 있다."라고 정하고 있고, 피고 보조참가인(이하 '참가인'이라 한다)의 구 정관(2013. 1. 16. 개정되기 전의 것) 제43조 제2항은 조교수의 임기를 4년으로 정하고 있다. 교원의 임기에 관한 사립학교법 규정은 학문의 자유와 교원의 신분보장을 위하여 반드시 준수해야 할 강행규정이다. 따라서 그 규정의 위임에 따른 정관에서 정한 바와 달리 조교수의 임기를 단축하는 약정은 효력이 없다.

원심은, 원고와 참가인 사이에 2013. 1. 16. 이전에 작성한 임용계약서에 원고의 임기를 1년 또는 2년으로 정한 부분은 위와 같은 강행규정을 위반한 것이어서 무효이며, 원고가 1999. 3. 1. 조교수로 임명될 당시에 참가인의 구 정관에 따라 4년의 임기가 보장되었고, 그 후 원고가 재임용심사 절차 없이 계속 재직함으로써 원고의 임용기간이 4년마다 묵시적으로 갱신된 것으로 보아야 하므로, 원고의 최종 임용기간은 2011. 3. 1. 묵시적으로 갱신되어 2015. 2. 28. 만료된다고 판단하였다.

원심판결 이유에는 적절하지 않은 부분도 있으나, 원심의 위 결론은 위에서 본 법리를 따른 것으로 정당하다. 원심의 판단에 사립학교 교원의 임면과 신분보장에 관한 법리를 오해하여 판결에 영향을 미친 잘못이 없다.

2. 상고이유 제2점, 제3점, 제4점에 관한 판단

가. 사립학교법의 관련 규정에 따르면, 사립대학 교원이 대학교원 기간임용제에 따라 임용되어 임용기간이 만료되는 경우에 교원으로서의 능력과 자질에 관하여 합리적인 기준에 따라 공정한 심사를 받아 위 기준에 부합하면 특별한 사정이 없는 한 재임용되리라는 기대를 하고 재임용 여부에 관하여 합리적인 기준에 따라 공정한 심사를 요구할 권리를 가지고 있다. 임용권자가 재임용신청을 한 교원에게 재임용을 거부한 경우에, 재임용거부의 객관적 사유, 즉 재임용심사기준에 미달한다는 사유가 전혀 없거나 그 사유가 있더라도 교원으로서의 능력과 자질을 검증하여 적격성 여부를 심사하기 위한 재임용심사에서 허용될 수 있는 정도의 재량권을 일탈·남용한 결과 합리적인 기준에 기초한 공정한 심사를 하지 않은 것으로 인정되어 그 사법상의 효력 자체를 부정하는 것이 사회통념상 타당하다고 인정된다면 그 재임용거부결정은 무효이다(대법원 2006. 3. 9. 선고 2003다52647 판결, 대법원 2010. 7. 29. 선고 2007다42433 판결 등 참조).

한편 헌법 제31조 제6항, 사립학교법 제56조 제1항, 교육공무원법 제43조 제2항,

제53조 제3항, 제57조 제3항, 교원지위향상을 위한 특별법 제6조 제1항, 국가공무원법 제70조 제1항 제3호, 제3항, 지방공무원법 제62조 제1항 제1호 (나)목, 제3항 등에 비추어 보면, 사립대학이 학급·학과를 폐지하고 그에 따라 폐직(폐직)·과원(과원)이 되었음을 이유로 교원을 직권면직할 경우에, 학교법인 산하 다른 사립학교나 해당 학교의 다른 학과 등으로 교원을 전직발령이나 배치전환을 함으로써 면직을 회피하거나 면직대상자를 최소화할 여지가 있으면 국가공무원법 제70조 제3항, 지방공무원법 제62조 제3항을 유추하여 임용형태·업무실적·직무수행능력·징계처분 사실 등을 고려한 면직기준을 정하고 그 기준에 의한 심사결과에 따라 면직 여부를 결정하여야 함이 원칙이지만, 사립대학 사정상 전직발령이나 배치전환 등에 의한 교원의 면직회피 가능성이 전혀 없으면 그와 같은 심사절차를 밟지 않고 바로 직권면직을 할 수 있다(대법원 2011. 7. 14. 선고 2011두2217 판결 참조).

대학교원 기간임용제에 따라 임용된 사립대학 교원에게 사립학교법에서 정한 면직사유가 발생한 경우 곧바로 면직처분을 하지 않고 임용기간의 만료를 기다려 그 재임용을 거부하는 형식으로 임용계약을 종료시켰다고 하더라도, 이러한 처분이 교원에게 불리하다고 볼 수 없는 이상 임용기간 만료 당시 재임용거부의 사유가 없다거나 학교법인이 재량권을 일탈·남용하여 사회통념상 부당한 방법으로 재임용을 거부한 것이라고 말할 수 없다(대법원 2011. 9. 8. 선고 2009다65249 판결 참조).

나. 원심판결 이유와 원심이 적법하게 채택한 증거에 따르면, 다음 사실을 알 수 있다.

(1) 원고는 전자공학 전공자로서 1997. 3. 1. ○○대학교 전자과 전임강사로 신규 임용되어 1999. 3. 1. 조교수로 승진 임용되었으나, 2004년 전자과가 폐지된 후 정보통신계열, 디지털영상컨텐츠과, U-케어계열을 거쳐 2010. 3. 1.부터 호텔관광외식학과 조교수로 근무하다가, 2011년 호텔관광외식학과가 폐지된 후에는 보직이 없는 조교수로 급여만을 받으면서 ○○대학교에서 연구와 강의를 전혀 하지 않고 출근도 거의 하지 않은 채, 다른 대학에 출강하거나 개인사업체를 운영하였다.

(2) 참가인은 그동안 교원의 임기가 만료되는 즈음에 재임용심사를 받지 않은 채 단순히 임용계약서를 다시 작성하거나 묵시적으로 갱신하는 방법으로 임용기간을 연장해 오다가, 교원업적평가규정을 2012. 2. 1. 비로소 제정하여 2013년부터 재임용심사를 위한 교원업적평가를 실시하기 시작하였다.

(3) 참가인이 2014. 3. 3.과 3. 24. 개최된 ○○대학교 전체교수회의에서 교원

업적평가규정에 따라 재임용심사를 할 것임을 고지하였는데, 참가인의 교원업적평가규정은 '전년 11. 1.부터 당해 연도 10. 31.까지'를 평가대상기간으로 하여 1년 단위로 업적평가를 실시하고, 교원의 업적을 200점 만점에 교육활동 55점, 봉사활동 40점, 연구활동 60점, 학생지도 45점으로 구분하여 평가하도록 규정하고 있다.

(4) 참가인은 2014. 10. 31. 원고에게 원고의 임용기간이 2011. 3. 1. 개시되어 2015. 2. 28. 만료됨을 통보하면서, 재임용 의사가 있는 경우 2014. 11. 15.까지 재임용신청서를 제출할 것을 안내하였다.

(5) ○○대학교 총장은 교원업적평가규정에 따라 2013. 11. 1.부터 2014. 10. 31.까지 1년간을 업적평가대상기간으로 하여 원고가 2013. 11.경 제출한 교수업적결과서를 기초로 원고에 대한 교원업적평가를 실시하였다. 참가인의 교원재임용규정에서 재임용을 위한 최소 기준이 교원업적평가 결과 200점 만점에 80점 이상이어야 한다고 규정하고 있는데도, 원고의 경우 ○○대학교에서 보직이 없고 강의를 수행하지 못한 특별한 사정을 고려하여, 교육활동과 봉사활동 항목에 관해서는 업적평가를 하지 않고, 연구활동 항목은 교원업적평가규정에 정해진 대로 60점 만점을 기준으로 평가하며, 학생지도 항목은 교원업적평가규정에는 45점 만점(학생상담지도 10점, 학생취업지도 15점, 학교행사참석지도 20점)으로 규정되어 있으나 학생상담지도와 학생취업지도 세부항목은 업적평가에서 제외하고 학교행사참석 세부항목에 관해서만 20점 만점을 기준으로 평가하되, 총 80점 만점 중 32점(=변경된 총배점 80 × 교원업적평가규정에 정해진 재임용 최소 기준 80점/200점) 이상을 재임용을 위한 최소 기준으로 삼기로 결정하였다.

(6) ○○대학교 총장은 2014. 12. 9. 원고에게 교원업적평가 결과 총 80점 만점에 8점(연구활동 60점 만점 중 8점, 학교행사참석지도 20점 만점 중 0점)이어서 재임용 최소기준인 32점에 미달한다는 사실을 통지하였고, 참가인은 위 평가 결과에 따라 2013. 12. 31. 원고에 대하여 재임용거부결정을 통지하였다.

다. 참가인이 원고에 대한 재임용심사에서 4년의 임용기간(2011. 3. 1.~2015. 2. 28.) 전체의 교원업적평가 결과를 고려하지 못하고 최종 1년(2013. 11. 1.~2014. 10. 31.)의 교원업적평가 결과만을 고려한 점과 재임용심사기준을 임용기간 개시 전에 미리 고지하지 않고 임용기간의 3/4 가량 지난 시점(2014. 3. 3.과 3. 24.)에 개최된 ○○대학교 전체교수회의에서야 비로소 고지한 점은 절차적으로 적절하지는 않다고 볼 수 있다.

그러나 참가인이 원고에게 재임용거부결정을 한 것은 다음과 같은 특수한 사정을 고려하여 수긍할 수 있다. 2004년 ○○대학교 전자과가 폐지된 후 원고가 여러 차례 인접학과로 전환배치되었으나 2011년 호텔관광외식학과가 폐지된 후에는 ○○대학교에 당초 원고가 전공한 전자공학과 관련성 있는 인접학과가 더 이상 없어 전환배치가 불가능하여 원고에게 직권면직사유가 발생하였다고 볼 수 있다. 그 후에는 원고가 ○○대학교에서 보직이 없는 조교수로 급여만을 받으면서 연구와 강의를 전혀 하지 않았다. ○○대학교가 2013년에 비로소 교원업적평가를 실시하기 시작하였다.

이러한 사정들을 종합적으로 고려하면, 원고에게 재임용심사기준에 미달된다는 사유가 전혀 없거나 참가인의 재임용거부결정에 교원으로서의 능력과 자질을 검증하여 적격성 여부를 심사하기 위한 재임용심사에서 허용될 수 있는 정도의 재량권을 일탈·남용한 결과 합리적인 기준에 기초한 공정한 심사를 하지 않은 것으로 인정되어 그 사법상의 효력 자체를 부정하는 것이 사회통념상 타당하다고 인정되는 경우에 해당한다고 보기 어렵다.

라. 결국 원심판결의 이유에 일부 적절치 않은 부분이 있지만, 이 사건 재임용결정이 무효가 아니라고 판단한 원심의 결론은 정당한 것으로 수긍할 수 있다. 원심의 판단에 상고이유로 주장하는 바와 같이 재임용거부사유의 인정에 관하여 채증법칙을 위반하거나 재임용 심사의 재량권 일탈·남용에 관한 법리를 오해하여 판결에 영향을 미친 잘못은 없다.

3. 결 론

원고의 상고를 기각하고, 상고비용은 보조참가로 인한 부분을 포함하여 패소자가 부담하기로 하여, 관여 대법관의 일치된 의견으로 주문과 같이 판결한다.

7 대법원 2017. 5. 11. 선고 2012다200486 판결 【부당이득금반환】 [공2017상,1245]

【판시사항】

[1] 임용결격자가 공무원으로 임용되어 사실상 근무하여 온 경우, 공무원연금법이나 근로자퇴직급여 보장법에서 정한 퇴직급여를 청구할 수 있는지 여부(소극) 및 이와 같은 법리는 임용행위의 하자로 임용행위가 취소되어 소급적으로 지위를 상실한 경우에도 마찬가지로 적용되는지 여부(적극)

[2] 임용행위가 당연무효이거나 취소된 공무원의 임용 시부터 퇴직 시까지의 사실

상의 근로에 대하여 국가 또는 지방자치단체가 부당이득반환의무를 지는지 여부(적극) 및 이때 국가 또는 지방자치단체의 이득액과 임용결격공무원 등이 입은 손해의 내용 / 임용결격공무원 등이 입은 손해가 국가 또는 지방자치단체의 이득액인 공무원연금법상 퇴직급여 상당액을 넘는 경우, 국가 또는 지방자치단체가 반환하여야 할 부당이득액이 공무원연금법상 퇴직급여 상당액으로 제한되는지 여부(적극)

【판결요지】

[1] 공무원연금법이나 근로자퇴직급여 보장법에서 정한 퇴직급여는 적법한 공무원으로서의 신분을 취득하거나 근로고용관계가 성립하여 근무하다가 퇴직하는 경우에 지급되는 것이다. 임용 당시 공무원 임용결격사유가 있었다면, 비록 국가의 과실에 의하여 임용결격자임을 밝혀내지 못하였다 하더라도 임용행위는 당연무효로 보아야 하고, 당연무효인 임용행위에 의하여 공무원의 신분을 취득한다거나 근로고용관계가 성립할 수는 없다. 따라서 임용결격자가 공무원으로 임용되어 사실상 근무하여 왔다 하더라도 적법한 공무원으로서의 신분을 취득하지 못한 자로서는 공무원연금법이나 근로자퇴직급여 보장법에서 정한 퇴직급여를 청구할 수 없다. 나아가 이와 같은 법리는 임용결격사유로 인하여 임용행위가 당연무효인 경우뿐만 아니라 임용행위의 하자로 임용행위가 취소되어 소급적으로 지위를 상실한 경우에도 마찬가지로 적용된다.

[2] 임용행위가 당연무효이거나 취소된 공무원(이하 이를 통칭하여 '임용결격공무원 등'이라 한다)의 공무원 임용 시부터 퇴직 시까지의 사실상의 근로(이하 '이 사건 근로'라 한다)는 법률상 원인 없이 제공된 것으로서, 국가 및 지방자치단체는 이 사건 근로를 제공받아 이득을 얻은 반면 임용결격공무원 등은 이 사건 근로를 제공하는 손해를 입었다 할 것이므로, 손해의 범위 내에서 국가 및 지방자치단체는 위 이득을 민법 제741조에 의한 부당이득으로 반환할 의무가 있다.

즉, 국가 또는 지방자치단체는 공무원연금법이 적용될 수 있었던 임용결격공무원 등의 이 사건 근로 제공과 관련하여 매월 지급한 월 급여 외에 공무원연금법상 퇴직급여의 지급을 면하는 이익을 얻는데, 퇴직급여 가운데 임용결격공무원 등이 스스로 적립한 기여금 관련 금액은 임용기간 중의 이 사건 근로의 대가에 해당하고, 기여금을 제외한 나머지 금액 중 순수한 근로에 대한 대가로서 지급되는 부분(공무원의 지위에 대한 공로보상적, 사회보장적 차원에서 지급되는 부분을 제외하는 취지이다) 상당액이 퇴직에 따라 이 사건 근로의 대가로 지급되는 금액이라 할 수 있다.

한편 근로자퇴직급여 보장법 제8조에서 정한 퇴직금 제도는 퇴직하는 근로자의 근로조건에 대한 최하한의 기준으로서 본질적으로 근로제공의 대가인 후불적 임금의 성질을 지니고 있음에 비추어 보면, 퇴직에 따라 지급받을 수 있는 이 사건 근로의 대가라고 평가될 수 있는 금액은 적어도 근로자퇴직급여 보장법상 퇴직금 상당액으로 볼 수 있으므로, 임용결격공무원 등은 이 사건 근로를 제공함으로써 그 상당의 손해를 입는다고 할 수 있다.

그리고 앞에서 본 것과 같이 부당이득은 손해액과 이득액 중 적은 범위 내에서 반환의무를 지므로, 위와 같이 임용결격공무원 등이 입은 손해, 즉 임용기간 중 이 사건 근로의 대가로서의 손해액에 해당하는 공무원연금법상 기여금 관련 금액 및 퇴직에 따라 지급받을 수 있는 이 사건 근로의 대가로서의 손해액에 해당하는 근로자퇴직급여 보장법상 퇴직금 상당액의 합계가 국가 또는 지방자치단체의 이득액에 해당하는 공무원연금법상 퇴직급여 상당액을 넘는 경우에, 국가 또는 지방자치단체가 반환하여야 할 부당이득액은 공무원연금법상 퇴직급여 상당액으로 제한된다.

【참조조문】

[1] 공무원연금법 제46조, 국가공무원법 제33조, 제69조 / [2] 민법 제741조, 공무원연금법 제46조, 국가공무원법 제33조, 제69조, 근로기준법 제34조, 근로자퇴직급여 보장법 제8조 제1항

【참조판례】

[1] 대법원 1987. 4. 14. 선고 86누459 판결(공1987, 826), 대법원 2003. 5. 16. 선고 2001다61012 판결(공2003상, 1314) / [2] 대법원 2004. 7. 22. 선고 2004다10350 판결, 대법원 2007. 3. 30. 선고 2004다8333 판결(공2007상, 614)

【전 문】

【원고, 상고인】 원고

【피고, 피상고인】 대한민국

【원심판결】 광주지법 2012. 5. 9. 선고 2011나17478 판결

【주 문】

상고를 기각한다. 상고비용은 원고가 부담한다.

【이 유】

상고이유(상고이유서 제출기간이 지난 후에 제출된 준비서면의 기재는 상고이유를 보충하는 범위 내에서)를 판단한다.

1. 가. 공무원연금법이나 근로자퇴직급여 보장법에서 정한 퇴직급여는 적법한 공무원으로서의 신분을 취득하거나 근로고용관계가 성립하여 근무하다가 퇴직하는 경우에 지급되는 것이다. 임용 당시 공무원 임용결격사유가 있었다면, 비록 국가의

과실에 의하여 임용결격자임을 밝혀내지 못하였다 하더라도 그 임용행위는 당연무효로 보아야 하고, 당연무효인 임용행위에 의하여 공무원의 신분을 취득한다거나 근로고용관계가 성립할 수는 없다. 따라서 임용결격자가 공무원으로 임용되어 사실상 근무하여 왔다 하더라도 적법한 공무원으로서의 신분을 취득하지 못한 자로서는 공무원연금법이나 근로자퇴직급여 보장법에서 정한 퇴직급여를 청구할 수 없다(대법원 1987. 4. 14. 선고 86누459 판결, 대법원 2003. 5. 16. 선고 2001다61012 판결 등 참조). 나아가 이와 같은 법리는 임용결격사유로 인하여 임용행위가 당연무효인 경우뿐만 아니라 임용행위의 하자로 임용행위가 취소되어 소급적으로 그 지위를 상실한 경우에도 마찬가지로 적용된다고 할 것이다.

나. 그렇지만 이와 같이 임용행위가 당연무효이거나 취소된 공무원(이하 이를 통칭하여 '임용결격공무원 등'이라 한다)의 공무원 임용 시부터 퇴직 시까지의 사실상의 근로(이하 '이 사건 근로'라 한다)는 법률상 원인 없이 제공된 것으로서, 국가 및 지방자치단체는 이 사건 근로를 제공받아 이득을 얻은 반면 임용결격공무원 등은 이 사건 근로를 제공하는 손해를 입었다 할 것이므로, 그 손해의 범위 내에서 국가 및 지방자치단체는 위 이득을 민법 제741조에 의한 부당이득으로 반환할 의무가 있다(대법원 2004. 7. 22. 선고 2004다10350 판결 참조).

즉, 국가 또는 지방자치단체는 공무원연금법이 적용될 수 있었던 임용결격공무원 등의 이 사건 근로 제공과 관련하여 매월 지급한 월 급여 외에 공무원연금법상 퇴직급여의 지급을 면하는 이익을 얻는데, 그 퇴직급여 가운데 임용결격공무원 등이 스스로 적립한 기여금 관련 금액은 임용기간 중의 이 사건 근로의 대가에 해당하고, 기여금을 제외한 나머지 금액 중 순수한 근로에 대한 대가로서 지급되는 부분(공무원의 지위에 대한 공로보상적, 사회보장적 차원에서 지급되는 부분을 제외하는 취지이다) 상당액이 퇴직에 따라 이 사건 근로의 대가로 지급되는 금액이라 할 수 있다.

한편 근로자퇴직급여 보장법 제8조에서 정한 퇴직금 제도는 퇴직하는 근로자의 근로조건에 대한 최하한의 기준으로서 본질적으로 근로제공의 대가인 후불적 임금의 성질을 지니고 있음에 비추어 보면(대법원 2007. 3. 30. 선고 2004다8333 판결 등 참조), 퇴직에 따라 지급받을 수 있는 이 사건 근로의 대가라고 평가될 수 있는 금액은 적어도 근로자퇴직급여 보장법상 퇴직금 상당액으로 볼 수 있으므로, 임용결격공무원 등은 이 사건 근로를 제공함으로써 그 상당의 손해를 입는다고 할 수 있다(대법원 2004. 7. 22. 선고 2004다10350 판결 참조).

그리고 앞에서 본 것과 같이 부당이득은 손해액과 이득액 중 적은 범위 내에서 반환의무를 지므로, 위와 같이 임용결격공무원 등이 입은 손해, 즉 임용기간 중 이 사건 근로의 대가로서의 손해액에 해당하는 공무원연금법상 기여금 관련 금액 및 퇴직에 따라 지급받을 수 있는 이 사건 근로의 대가로서의 손해액에 해당하는 근로자퇴직급여 보장법상 퇴직금 상당액의 합계가 국가 또는 지방자치단체의 이득액에 해당하는 공무원연금법상 퇴직급여 상당액을 넘는 경우에, 국가 또는 지방자치단체가 반환하여야 할 부당이득액은 공무원연금법상 퇴직급여 상당액으로 제한된다.

2. 원심판결 이유에 의하면, 아래와 같은 사실을 알 수 있다.

가. 원고가 1991. 10. 10. ○○지방보훈청 기능직사무보조원 시보로 신규임용되어 근무하였는데, 2007. 12. 21. ○○지방보훈청 자체 조사 결과 위 신규임용 당시 원고가 제출한 한글타자 자격증이 위조된 것으로 확인되자, ○○지방보훈청장은 2008. 1. 11. 원고에 대하여 특별채용요건 결격을 이유로 위 임용을 소급적으로 취소하였다.

나. 원고는 위 무렵 공무원연금관리공단에 공무원연금법상 퇴직급여의 지급을 청구하였으나, 위 공단에서는 원고가 특별채용결격자임을 이유로 그 지급을 거부하는 한편, 단지 원고가 근무기간 동안 납부한 기여금 및 이에 대한 이자 합계 29,167,229원만을 반환하였다.

다. 만약 원고가 특별채용의 결격사유 없이 적법하게 임용되어 2008. 1. 11. 경 정상적으로 퇴직하였을 경우에 지급되어야 할 공무원연금법상 퇴직급여는 63,616,800원이다.

라. 한편 원고가 근무한 기간에 대하여 근로자퇴직급여 보장법에 따라 계산되는 퇴직금 상당액은 48,548,178원이다.

3. 원심은 이러한 사실관계에 대하여, 판시와 같은 이유를 들어 아래와 같은 취지로 판단하였다.

가. 비록 원고가 피고와 사이에 공무원 신분관계가 적법하게 형성되지 아니하여 공무원연금법상 퇴직급여를 청구할 수 없다 하더라도, 피고로서는 원고가 제공한 근로의 금전적 가치 상당액을 부당이득으로 반환할 의무가 있다.

나. 원고가 제공한 근로의 금전적 가치에는 공무원연금법상 퇴직급여 중 근로에 대한 대가로서 지급되는 부분도 포함되는데, 적어도 근로자퇴직급여 보장법상 퇴직

금에 상당하는 금액은 원고가 제공한 근로의 대가로서 지급되어야 한다.

다. 한편 원고에게 특별채용의 결격사유가 없었을 경우에 공무원연금법상 퇴직급여로 지급할 63,616,800원에서 이미 기여금 등으로 반환한 29,167,229원을 공제하면 34,449,571원이 되는데, 근로자퇴직급여 보장법에 따라 계산한 퇴직금 48,548,178원을 추가로 지급하면 오히려 위 공무원연금법상 퇴직급여액을 초과하게 되므로, 피고가 원고에게 반환할 부당이득금은 위 34,449,571원으로 제한된다.

4. 원심판결 이유를 적법하게 채택된 증거들에 비추어 살펴보면, 위와 같은 원심의 판단은 앞에서 본 법리에 기초한 것으로 볼 수 있고, 거기에 상고이유 주장과 같이 근로기준법 및 근로자퇴직급여 보장법이 정한 퇴직금 제도, 임용결격공무원 등에게 반환해야 할 부당이득의 범위 등에 관한 법리를 오해하거나 필요한 심리를 다하지 아니하는 등의 사유로 판결에 영향을 미친 위법이 있다고 할 수 없다.

상고이유로 들고 있는 대법원판결들은 이 사건과 사안이 다르므로, 이 사건에 원용하기에 적절하지 아니하다.

5. 그러므로 상고를 기각하고, 상고비용은 패소자가 부담하기로 하여, 관여 대법관의 일치된 의견으로 주문과 같이 판결한다.

8 대법원 2017. 11. 9. 선고 2017두47472 판결 【정직처분취소】 [공2017하,2345]

【판시사항】

[1] 국가공무원법 제56조에서 정한 성실의무의 내용

[2] 국가공무원법 제63조에서 정한 '품위' 및 품위유지의무의 의미 / 구체적으로 어떠한 행위가 품위손상행위에 해당하는지 판단하는 방법

[3] 공무원인 피징계자에게 징계권자가 재량권을 행사하여 한 징계처분이 위법한 경우 및 공무원에 대한 징계처분이 사회통념상 현저하게 타당성을 잃었는지 판단하는 방법

【판결요지】

[1] 국가공무원법 제56조는 "모든 공무원은 법령을 준수하며 성실히 직무를 수행하여야 한다."라고 규정하고 있다. 이러한 성실의무는 공무원의 가장 기본적이고 중요한 의무로서 최대한으로 공공의 이익을 도모하고 그 불이익을 방지하기 위하여 전인격과 양심을 바쳐서 성실히 직무를 수행하여야 하는 것을 내용으로 한다.

[2] 국가공무원법 제63조는 "공무원은 직무의 내외를 불문하고 그 품위가 손상되는 행위를 하여서는 아니 된다."라고 규정하고 있다. 국민으로부터 널리 공무를 수탁받아 국민 전체를 위해 근무하는 공무원의 지위를 고려할 때 공무원의 품위손상행위는 본인은 물론 공직사회에 대한 국민의 신뢰를 실추시킬 우려가 있으므로, 모든 공무원은 국가공무원법 제63조에 따라 직무의 내외를 불문하고 품위를 손상하는 행위를 하여서는 아니 된다. 여기서 '품위'는 공직의 체면, 위신, 신용을 유지하고, 주권자인 국민의 수임을 받은 국민 전체의 봉사자로서의 직책을 다함에 손색이 없는 몸가짐을 뜻하는 것으로서, 직무의 내외를 불문하고, 국민의 수임자로서의 직책을 맡아 수행해 나가기에 손색이 없는 인품을 말한다. 이와 같은 국가공무원법 제63조의 규정 내용과 의미, 입법 취지 등을 종합하면, 국가공무원법 제63조에 규정된 품위유지의무란 공무원이 직무의 내외를 불문하고, 국민의 수임자로서의 직책을 맡아 수행해 나가기에 손색이 없는 인품에 걸맞게 본인은 물론 공직사회에 대한 국민의 신뢰를 실추시킬 우려가 있는 행위를 하지 않아야 할 의무라고 해석할 수 있다. 구체적으로 어떠한 행위가 품위손상행위에 해당하는가는 수범자인 평균적인 공무원을 기준으로 구체적 상황에 따라 건전한 사회통념에 따라 판단하여야 한다.

[3] 공무원인 피징계자에게 징계사유가 있어서 징계처분을 하는 경우 어떠한 처분을 할 것인가는 징계권자의 재량에 맡겨져 있다. 그러므로 징계권자가 재량권을 행사하여 한 징계처분이 사회통념상 현저하게 타당성을 잃어 징계권자에게 맡겨진 재량권을 남용하였다고 인정되는 경우에 한하여 그 처분을 위법하다고 할 수 있다. 공무원에 대한 징계처분이 사회통념상 현저하게 타당성을 잃었는지는 구체적인 사례에 따라 직무의 특성, 징계의 원인이 된 비위사실의 내용과 성질, 징계에 의하여 달성하려고 하는 행정목적, 징계양정의 기준 등 여러 요소를 종합하여 판단할 때 징계내용이 객관적으로 명백히 부당하다고 인정할 수 있는 경우라야 한다. 징계권자가 내부적인 징계양정기준을 정하고 그에 따라 징계처분을 하였을 경우 정해진 징계양정기준이 합리성이 없다는 등의 특별한 사정이 없는 한 당해 징계처분이 사회통념상 현저하게 타당성을 잃었다고 할 수 없다.

【참조조문】

[1] 국가공무원법 제56조 / [2] 국가공무원법 제63조 / [3] 국가공무원법 제78조 제1항, 행정소송법 제27조

【참조판례】

[1] 대법원 1989. 5. 23. 선고 88누3161 판결(공1989, 1009) / [2] 대법원 2013. 9. 12. 선고 2011두20079 판결(공2013하, 1804), 대법원 2017. 4. 13. 선고 2014두8469 판결(공2017상, 1005) / [3] 대법원 2008. 6. 26. 선고 2008두6387 판결, 대

법원 2011. 11. 10. 선고 2011두13767 판결(공2011하, 2576)

【전 문】

【원고, 피상고인】 원고

【피고, 상고인】 서해해양경비안전본부장

【원심판결】 광주고법 2017. 5. 18. 선고 2016누5128 판결

【주 문】

원심판결을 파기하고, 사건을 광주고등법원으로 환송한다.

【이 유】

상고이유를 판단한다.

1. 이 사건 제4 비위행위에 관한 상고이유에 대하여

가. 국가공무원법 제56조는 "모든 공무원은 법령을 준수하며 성실히 직무를 수행하여야 한다."라고 규정하고 있다. 이러한 성실의무는 공무원의 가장 기본적이고 중요한 의무로서 최대한으로 공공의 이익을 도모하고 그 불이익을 방지하기 위하여 전인격과 양심을 바쳐서 성실히 직무를 수행하여야 하는 것을 그 내용으로 한다(대법원 1989. 5. 23. 선고 88누3161 판결 등 참조).

한편 국가공무원법 제63조는 "공무원은 직무의 내외를 불문하고 그 품위가 손상되는 행위를 하여서는 아니 된다."라고 규정하고 있다. 국민으로부터 널리 공무를 수탁받아 국민 전체를 위해 근무하는 공무원의 지위를 고려할 때 공무원의 품위손상행위는 본인은 물론 공직사회에 대한 국민의 신뢰를 실추시킬 우려가 있으므로, 모든 공무원은 국가공무원법 제63조에 따라 직무의 내외를 불문하고 그 품위를 손상하는 행위를 하여서는 아니 된다. 여기서 '품위'는 공직의 체면, 위신, 신용을 유지하고, 주권자인 국민의 수임을 받은 국민 전체의 봉사자로서의 직책을 다함에 손색이 없는 몸가짐을 뜻하는 것으로서, 직무의 내외를 불문하고, 국민의 수임자로서의 직책을 맡아 수행해 나가기에 손색이 없는 인품을 말한다(대법원 2013. 9. 12. 선고 2011두20079 판결 참조). 이와 같은 국가공무원법 제63조의 규정 내용과 의미, 그 입법 취지 등을 종합하여 보면, 국가공무원법 제63조에 규정된 품위유지의무란 공무원이 직무의 내외를 불문하고, 국민의 수임자로서의 직책을 맡아 수행해 나가기에 손색이 없는 인품에 걸맞게 본인은 물론 공직사회에 대한 국민의 신뢰를 실추시킬 우려가 있는 행위를 하지 않아야 할 의무라고 해석할 수 있다(대법원

2017. 4. 13. 선고 2014두8469 판결 참조). 구체적으로 어떠한 행위가 품위손상행위에 해당하는가는 그 수범자인 평균적인 공무원을 기준으로 구체적 상황에 따라 건전한 사회통념에 의하여 판단하여야 한다.

나. 관련 법령 및 원심판결 이유와 기록에 의하면 다음과 같은 사실관계 등을 알 수 있다.

(1) 원고는 2011. 4. 18.부터 해양경찰청 서해지방해양경찰청 경비안전과 진도 연안 해상교통관제센터(Coastal Vessel Traffic Service Center, 이하 '진도 VTS'라 한다)의 센터장으로 근무하였다. 당시 해양경찰청장의 지시에 의하면 진도 VTS는 관제 구역을 2개 섹터로 분할하여 섹터별로 관제요원을 지정하여 근무하였어야 한다. 그런데 진도 VTS의 근무자들은 2011. 4.경부터 야간에 1명의 관제요원이 1, 2섹터를 모두 관제하고 다른 관제요원 등 3명은 휴식하거나 수면을 취하는 등 변칙근무를 해 왔고, 센터장인 원고는 이러한 변칙근무 실태를 알았거나 알 수 있었다.

(2) 개인정보 보호법령에 의하면, 공개된 장소에는 일정한 사유가 있어야 영상정보처리기기를 설치·운영할 수 있고(법 제25조 제1항), 영상정보처리기기 운영자는 '영상정보의 촬영시간, 보관기간, 보관장소 및 처리방법' 등이 포함된 영상정보처리기기 운영·관리 방침을 마련하여야 한다(법 제25조 제7항, 시행령 제25조 제1항 제4호). 이에 따라 마련된 해양경찰청 훈령인 구 「해양경찰청 영상정보처리기기 관리규칙」(2015. 7. 31. 국민안전처훈령 제94호로 폐지되기 전의 것, 이하 '이 사건 관리규칙'이라 한다)에 의하면, 영상정보의 보존기간은 설치목적에 따라 최소기간을 설정하되, 최소한의 기간을 산정하기 곤란한 때에는 최대 30일로 하며, 보유기간이 만료된 영상정보는 자동으로 삭제하도록 되어 있다(제16조 제1항, 제3항). 이러한 법령 및 관리규칙에 따라 진도 VTS 관제실 내부에 영상정보처리기기인 CCTV(이하 '이 사건 CCTV'라 한다)가 설치되어 있었는데, 그 보존기간은 '미보존'으로 되어 있었다.

(3) 2014. 4. 16. 인천에서 제주로 향하던 여객선 세월호가 진도 VTS의 관제 구역인 진도 앞바다에서 침몰하여 300여 명의 사망자가 발생하였다(이하 '세월호 사고'라 한다). 국회는 2014. 5. 중순경 사고 당일인 2014. 4. 16.자 이 사건 CCTV 녹화물 자료제출을 요청하고 있었다. 그런데 원고는 이 사건 CCTV 영상자료 파일에 사고 전 3개월분의 영상자료가 저장되어 있고, 여기에 야간에 1명의 관제요원만 근무하는 장면 등이 촬영되어 있음을 확인한 후, 2014. 5. 22. 부하 직원에게 삭제

를 지시하여 2014. 1. 18.부터 2014. 4. 18.까지 녹화된 CCTV 영상자료 원본 파일을 삭제하도록 하였다.

(4) 피고는 2015. 4. 6. 원고에 대하여, ① 사고 당일 세월호와 직접 교신하면서 파악된 정보를 현장출동 함정 등에 전파하지 않은 점, ② 진도 VTS의 야간 변칙근무 실태를 제대로 감독하지 않은 점, ③ 사고 이후 이 사건 CCTV 카메라를 벽에서 떼어내게 한 점, ④ 위와 같이 국회가 사고 당일의 CCTV 녹화물 자료를 요청하는 상황에서 3개월분의 영상자료 원본 파일을 삭제하도록 한 점(이하 차례로 '이 사건 제1 내지 제4 비위행위'라 한다)을 들어, 원고가 국가공무원법 제56조(성실 의무), 제57조(복종의 의무), 제63조(품위유지의 의무)를 위반하였다는 이유로 강등의 징계처분을 하였다(이후 소청심사에서 정직 3개월로 감경되었다. 이하 '이 사건 처분'이라 한다).

(5) 원고는 제2, 3, 4 비위행위에 관한 직무유기, 공용물건손상, 공용전자기록등손상 혐의로 기소되었으나, 항소심에서 모두 무죄판결을 받았고, 대법원의 상고기각으로 그대로 확정되었다(대법원 2015. 11. 27. 선고 2015도10460 판결, 이하 '이 사건 형사판결'이라 한다).

다. 이러한 사실관계 등을 앞서 본 법리와 아래의 사정에 비추어 살펴보면, 원고가 이 사건 CCTV의 영상자료 원본 파일을 삭제하도록 한 행위는, 공무원으로서 최대한으로 공공의 이익을 도모하고 그 불이익을 방지하기 위하여 전인격과 양심을 바쳐서 성실히 직무를 수행하도록 한 성실의무 규정에 부합한다고 볼 수 없을 뿐 아니라, 국민의 수임자로서의 직책을 맡아 수행해 나가기에 손색이 없는 인품에 걸맞은 행위라고도 볼 수 없고, 오히려 본인은 물론 공직사회에 대한 국민의 신뢰를 실추시킬 우려가 있는 행위에 해당한다고 보아야 한다.

(1) 진도 VTS의 관제실 내에 설치된 이 사건 CCTV는 개인정보 보호법령 및 이 사건 관리규칙 규정에 의하면 최대 보존기간을 30일로 볼 수 있고, 보존기간 만료 시에는 자동으로 삭제하도록 되어 있었다. 그러나 원고는 세월호 사고 이전에는 위와 같이 이 사건 CCTV의 보존기간을 명시적으로 설정하거나, 30일이 지난 영상자료 파일을 삭제하도록 조치한 적이 없었고, 그 결과 세월호 사고 당시의 영상자료 원본 파일이 보존되고 있었다.

(2) 온 국민이 TV 중계로 지켜보는 가운데 수백 명의 여객을 태운 채로 그대로 배가 침몰하는 미증유의 대참사인 세월호 사고가 발생한 후인 2014. 5.경 국민들의

관심사인 사고원인 규명과 관련자들에 대한 형사처벌 등을 위하여 수사가 이루어지고 있었고, 국회도 관련 자료 제출을 요구하고 있었다. 이러한 비상상황(비상상황)에서 주권자인 국민은, 비록 행정청의 내부지침인 훈령에 의하면 보존기간이 경과하여 바로 삭제해야 하는 CCTV 영상자료라 하더라도, 그것이 일단 보존되어 있고 세월호 사고의 원인규명 및 수습에 조금이라도 관련성이 있다고 여겨지는 이상, 담당 공무원이 마땅히 이를 수사기관 등에 제출할 것이라고 기대하였을 것이다. 이 사건 관리규칙 제13조 제1항도 기관의 장은 일정한 경우 영상정보를 보유목적 외로 제공할 수 있다고 하면서, 그 예로 '범죄의 수사와 공소의 제기 및 유지를 위하여 필요한 경우(제7호)', '법원의 재판업무 수행을 위하여 필요한 경우(제8호)'를 들고 있다. 따라서 국가공무원법의 수범자인 평균적인 공무원으로서는 세월호 사고와 직접적인 업무관련성이 있는 진도 VTS에 대한 수사 및 재판이 개시될 수 있고, 그 경우 진도 VTS에 보관되어 있던 이 사건 CCTV 영상자료 원본 파일이 증거자료로 쓰일 가능성이 있음을 충분히 예상할 수 있었다.

(3) 이러한 상황에서 원고는 지휘계통상의 아무런 보고나 지시를 받지 아니한 채 독단적으로 이 사건 CCTV의 영상자료 원본 파일을 삭제하도록 하였다. 이는 단순히 이 사건 관리규칙에 정해진 보존기간을 뒤늦게 준수하기 위한 것이라기보다는 오히려 앞서 본 바와 같은 비상상황에서 자신들에게 미칠 수 있는 처벌이나 제재를 피하기 위해 진도 VTS 근무자들의 변칙근무 행태를 은폐하기 위한 것이라고 볼 여지가 크다. 그 결과 당시 세월호 사고의 원인을 규명하고, 사고 발생 직후 구조활동이 적절하게 이루어졌는지를 확인할 수 있는 단서 중 하나로 여겨지던 CCTV 영상자료 원본 파일을 삭제한 행위가 언론을 통하여 보도됨으로써 세월호 사고 조사과정 및 결과에 대한 국민의 혼란과 불신을 초래하였고, 이로써 해양경찰 전체의 명예가 크게 훼손되었다.

(4) 한편 원고는 제4 비위행위에 대한 공용전자기록등손상 등의 공소사실에 대하여 모두 무죄판결을 받았다. 그러나 이는 성실의무 위반 또는 품위유지의무 위반에 대한 판단이 아니라 형사법적 관점에서 공용전자기록등손상 등의 구성요건에 해당하지 않거나 위법성이 조각된다는 판단에 그치는 것이다. 따라서 국가공무원법상의 성실의무 위반 또는 품위손상행위에 해당되는지는 별도로 판단할 수 있다.

라. 그럼에도 원심은 원고의 이 사건 CCTV 영상자료 원본 파일 삭제행위가, 형법상 공용전자기록등손상죄 등의 구성요건에 해당하지 아니하거나 형법 제20조에

서 정하는 정당행위로서 위법성이 조각된다는 이유만을 들어 국가공무원법 제56조, 제63조 등을 위반한 징계사유에는 해당하지 않는다고 판단하였다. 이러한 원심의 판단에는 국가공무원법상 성실의무 위반 및 품위유지의무 위반에 관한 법리를 오해함으로써 판결에 영향을 미친 잘못이 있다. 이를 지적하는 상고이유 주장은 이유 있다.

2. 징계양정의 적정성에 관한 상고이유에 대하여

가. 공무원인 피징계자에게 징계사유가 있어서 징계처분을 하는 경우 어떠한 처분을 할 것인가는 징계권자의 재량에 맡겨져 있다. 그러므로 징계권자가 재량권을 행사하여 한 징계처분이 사회통념상 현저하게 타당성을 잃어 징계권자에게 맡겨진 재량권을 남용하였다고 인정되는 경우에 한하여 그 처분을 위법하다고 할 수 있다.

공무원에 대한 징계처분이 사회통념상 현저하게 타당성을 잃었는지는 구체적인 사례에 따라 직무의 특성, 징계의 원인이 된 비위사실의 내용과 성질, 징계에 의하여 달성하려고 하는 행정목적, 징계양정의 기준 등 여러 요소를 종합하여 판단할 때 그 징계내용이 객관적으로 명백히 부당하다고 인정할 수 있는 경우라야 한다. 징계권자가 내부적인 징계양정기준을 정하고 그에 따라 징계처분을 하였을 경우 정해진 징계양정기준이 합리성이 없다는 등의 특별한 사정이 없는 한 당해 징계처분이 사회통념상 현저하게 타당성을 잃었다고 할 수 없다(대법원 2008. 6. 26. 선고 2008두6387 판결, 대법원 2011. 11. 10. 선고 2011두13767 판결 등 참조).

나. 원심은, 징계사유가 인정되는 제1, 2 비위행위가 그 판시와 같은 사정을 종합하면 의도적 행위이거나 중과실에 따른 행위라고 볼 수 없고, 위 각 행위가 해양경찰공무원 징계양정 등에 관한 규칙 제9조에서 정하는 징계사유의 경합이 있는 경우에 해당하기는 하지만, 원고에게는 원심 판시와 같은 감경사유가 있으므로 원고에 대하여 징계사유의 경합 규정이 아닌 징계의 감경 규정을 적용함이 타당하고, 그에 따르면 징계기준이 '정직, 감봉'에 해당하는데 그중 가장 무거운 정직 3월을 한 이 사건 처분은 재량권 일탈·남용의 위법이 있다고 보았다.

다. 그러나 앞에서 본 법리에 비추어 보면, 원심의 이러한 판단은 그대로 수긍하기 어렵다.

(1) 먼저 원심이 인정한 이 사건 제1, 2 비위행위에 관한 처분사유만으로도 이 사건 처분에 재량권 일탈·남용이 인정된다고 단정하기 어렵다.

① 원심의 판단과 같이, 구 「해양경찰공무원 징계양정 등에 관한 규칙」(해양경

찰청 예규 제493호, 이하 '징계양정규칙'이라 한다) 제4조 제1항 [별표 1]에 따른 징계기준에 의하면 제1 비위행위는 '강등·정직', 제2 비위행위는 '감봉·견책'에 해당한다고 하더라도, 위 규칙 제9조 제1항의 징계사유 경합에 따른 가중규정을 적용하면 징계양정 범위는 '해임·강등'이 되고, 여기서 위 규칙 제8조 제1항 제2호 단서의 감경규정을 적용하면 최종적인 징계양정 범위는 '강등·정직'이 된다. 따라서 피고의 원고에 대한 당초 징계처분인 '강등'은 위 징계양정 범위 내에 있고, 소청심사위원회의 변경 결정에 따른 정직 3개월의 이 사건 처분도 그 범위 내에 있다. 그리고 위 [별표 1]이 정한 징계양정의 기준이 비례의 원칙에 어긋나거나 합리성을 갖추지 못하였다고 볼 수 없다.

② 원고에게 적용될 수 있는 가중·감경사유는 모두 임의적 가중·감경사유인데, 징계권자가 징계기준에 따른 가중·감경 규정을 모두 적용하여 이 사건 처분을 한 것에 징계양정규칙의 해석을 그르치거나 평등원칙 위반 등의 사정이 있다고 볼 특별한 사정이 없는 이상, 원심으로서는 이 사건 처분이 그 징계기준의 범위 내에 있는지, 그 범위를 일탈한 경우 정당성이 있는지의 여부만을 심리하면 충분하고, 그 징계기준의 임의적인 적용까지 새로 할 것은 아니라고 할 것이다.

③ 나아가 이 사건 사안의 중대성에 비추어 제1, 2 비위행위의 비위 정도가 가볍지 아니하다.

(2) 이에 더하여 앞에서 본 바와 같이 이 사건 제4 비위행위에 관한 징계사유까지 인정될 수 있고, 그 비위의 정도가 중하다고 볼 수 있다. 따라서 이 사건 처분이 사회통념상 현저하게 타당성을 잃어 징계권자에게 맡겨진 재량권을 일탈·남용하였다고 볼 수 없고, 이 사건 제1, 2 비위행위만을 전제로 한 원심의 판단은 그대로 유지될 수 없다.

라. 그럼에도 원심은 이와 달리 이 사건 처분이 재량권을 일탈·남용한 것으로서 위법하다고 판단하였다. 이러한 원심판결에는 징계처분에서의 재량권 일탈·남용 등에 관한 법리를 오해하여 판결에 영향을 미친 잘못이 있다. 이를 지적하는 상고이유 주장은 이유 있다.

3. 그러므로 원심판결을 파기하고, 사건을 다시 심리·판단하도록 원심법원에 환송하기로 하여, 관여 대법관의 일치된 의견으로 주문과 같이 판결한다.

제 3 절 지방자치법

1 대법원 2017. 3. 30. 선고 2016추5087 판결 【직권취소처분취소청구의소】 [공2017상,891]

【판시사항】

[1] 지방자치법 제169조 제1항에 따른 자치사무에 관한 명령이나 처분에 대한 취소 또는 정지의 적용대상이 항고소송의 대상이 되는 행정처분으로 제한되는지 여부(소극)

[2] 지방의회의원에 대하여 유급 보좌 인력을 두는 것이 국회의 법률로 규정하여야 할 입법사항인지 여부(적극)

[3] 지방자치단체 인사위원회위원장이 시간선택제임기제공무원 40명을 '정책지원요원'으로 임용하여 지방의회 사무처에 소속시킨 후 상임위원회별 입법지원요원(입법조사관)에 대한 업무지원 업무를 담당하도록 한다는 내용의 채용공고를 하자, 행정자치부장관이 위 채용공고가 법령에 위반된다며 지방자치단체장에게 채용공고를 취소하라는 내용의 시정명령을 하였으나 이에 응하지 않자 채용공고를 직권으로 취소한 사안에서, 위 공무원의 임용은 국회의 법률로 규정하여야 할 입법사항인데 위 공무원을 지방의회에 둘 수 있는 법적 근거가 없어 그 임용을 위한 채용공고는 위법하고, 이에 대한 직권취소처분이 적법하다고 한 사례

【판결요지】

[1] 행정소송법상 항고소송은 행정청이 행하는 구체적 사실에 관한 법집행으로서의 공권력의 행사 또는 거부와 그 밖에 이에 준하는 행정작용을 대상으로 하여 위법상태를 배제함으로써 국민의 권익을 구제함을 목적으로 하는 것과 달리, 지방자치법 제169조 제1항은 지방자치단체의 자치행정 사무처리가 법령 및 공익의 범위 내에서 행해지도록 감독하기 위한 규정이므로 적용대상을 항고소송의 대상이 되는 행정처분으로 제한할 이유가 없다.

[2] 지방의회의원에 대하여 유급 보좌 인력을 두는 것은 지방의회의원의 신분·지위 및 처우에 관한 현행 법령상의 제도에 중대한 변경을 초래하는 것으로서 국회의 법률로 규정하여야 할 입법사항이다.

[3] 지방자치단체 인사위원회위원장이 시간선택제임기제공무원 40명을 '정책지원요원'으로 임용하여 지방의회 사무처에 소속시킨 후 상임위원회별 입법지원요원(입법조사관)에 대한 업무지원 업무를 담당하도록 한다는 내용의 채용공고를 하자, 행정자치부장관이 위 채용공고가 법령에 위반된다며 지방자치단체장에게 채용공고를

취소하라는 내용의 시정명령을 하였으나 이에 응하지 않자 채용공고를 직권으로 취소한 사안에서, 위 공무원의 담당업무, 채용규모, 전문위원을 비롯한 다른 사무직원들과의 업무 관계와 채용공고의 경위 등을 종합하면, 지방의회에 위 공무원을 두어 의정활동을 지원하게 하는 것은 지방의회의원에 대하여 전문위원이 아닌 유급 보좌 인력을 두는 것과 마찬가지로 보아야 하므로, 위 공무원의 임용은 개별 지방의회에서 정할 사항이 아니라 국회의 법률로써 규정하여야 할 입법사항에 해당하는데, 지방자치법은 물론 다른 법령에서도 위 공무원을 지방의회에 둘 수 있는 법적 근거를 찾을 수 없으므로, 위 공무원의 임용을 위한 채용공고는 위법하고, 이에 대한 직권취소처분이 적법하다고 한 사례.

【참조조문】

[1] 지방자치법 제169조 제1항 / [2] 헌법 제40조, 지방자치법 제33조 / [3] 지방자치법 제56조 제1항, 제59조, 제90조, 제112조, 지방공무원 임용령 제21조의3, 지방자치단체의 행정기구와 정원기준 등에 관한 규정 제15조 제2항 [별표 5]

【참조판례】

[2] 대법원 2012. 5. 24. 선고 2011추49 판결, 대법원 2013. 1. 16. 선고 2012추84 (공2013상, 353)

【전 문】

【원 고】 서울특별시장 (소송대리인 법무법인 이래 담당변호사 박현석)

【원고참가인】 서울시의회 사무처장 (소송대리인 법무법인 율평 외 1인)

【피 고】 행정자치부장관 (소송대리인 법무법인(유한) 바른 담당변호사 김홍도 외 1인)

【변론종결】 2017. 2. 9.

【주 문】

원고의 청구를 기각한다. 소송비용 중 참가로 인한 부분은 원고참가인이, 나머지는 원고가 각 부담한다.

【청구취지】

피고가 2016. 4. 21. 원고에 대하여 한 직권취소처분을 취소한다.

【이 유】

1. 이 사건 채용공고 및 직권취소처분의 경위 등

갑 제1 내지 5호증, 갑나 제2호증의1, 2의 각 기재 및 변론 전체의 취지에 의하면, 다음의 사실을 인정할 수 있다.

가. 서울특별시제1인사위원회위원장은 2016. 4. 14. 서울특별시 시간선택제임기제공무원(라급 8급 상당, 이하 '이 사건 공무원'이라고 한다) 40명의 채용에 관한 공고(이하 '이 사건 채용공고'라고 한다)를 하였다.

이 사건 채용공고에 의하면, 이 사건 공무원들은 '정책지원요원'으로 임용되어 서울특별시의회 사무처에 소속되어, ① 주요 이슈 등에 대한 사전적인 입법 현안 발굴 및 조사·분석·정책 지원, ② 자치법규 제·개정안 마련 지원 및 입법절차 진행 지원, ③ 조례안 제·개정안에 대한 공청회·토론회 행사지원 및 전문가·지역주민 의견수렴 지원, ④ 정책연구위원회 및 의원연구단체의 정책개발 및 운영 지원, ⑤ 민원에 대한 현장중심의 의견청취·조사 및 데이터 관리, 지속적인 모니터링 업무지원 등과 같은 상임위원회별 입법지원요원(입법조사관)에 대한 업무지원 업무를 담당하도록 되어 있다.

나. 피고는 2016. 4. 19. 원고에게, 이 사건 채용공고는 '지방의회의원 개인별 유급 보좌 인력'의 도입을 목적으로 하는 것으로 지방재정법 제3조 제1항, 제47조 제1항, 제67조 제2항 등 관련 법 규정에 위반된다는 이유를 들어, 2016. 4. 21.까지 이 사건 채용공고를 취소하라는 내용의 이 사건 시정명령을 하였다.

다. 원고가 이 사건 시정명령에 응하지 아니하자, 피고는 2016. 4. 21. 이 사건 채용공고를 직권으로 취소하였다(이하 '이 사건 직권취소처분'이라고 한다).

2. 이 사건 채용공고가 직권취소의 대상인지 여부

지방자치법 제169조 제1항은 "지방자치단체의 사무에 관한 그 장의 명령이나 처분이 법령에 위반되거나 현저히 부당하여 공익을 해친다고 인정되면 시·도에 대하여는 주무부장관이, 시·군 및 자치구에 대하여는 시·도지사가 기간을 정하여 서면으로 시정할 것을 명하고, 그 기간에 이행하지 아니하면 이를 취소하거나 정지할 수 있다. 이 경우 자치사무에 관한 명령이나 처분에 대하여는 법령을 위반하는 것에 한한다."라고 규정하고 있다.

이 사건 채용공고는 지방공무원의 임용을 위한 것으로서 지방자치법 제9조 제2항 제1호 (마)목에 정한 지방자치단체의 사무에 속하고, 이 사건 채용공고를 통하여 임용인원·자격·요건 등 임용에 관한 사항이 대외적으로 공표되어 확정되며, 이를 기초로 이후 임용시험 등의 절차가 진행된다.

그리고 행정소송법상 항고소송은 행정청이 행하는 구체적 사실에 관한 법집행으로서의 공권력의 행사 또는 그 거부와 그 밖에 이에 준하는 행정작용을 대상으로 하여 그 위법상태를 배제함으로써 국민의 권익을 구제함을 목적으로 하는 것과 달리, 지방자치법 제169조 제1항은 지방자치단체의 자치행정 사무처리가 법령 및 공익의 범위 내에서 행해지도록 감독하기 위한 규정이므로 그 적용대상을 항고소송의 대상이 되는 행정처분으로 제한할 이유가 없다.

그렇다면 이 사건 채용공고는 지방자치법 제169조 제1항의 직권취소의 대상이 될 수 있는 지방자치단체의 사무에 관한 '처분'에 해당한다고 봄이 타당하며, 이를 다투는 원고의 주장은 받아들일 수 없다.

3. 이 사건 직권취소의 위법 여부

가. 지방의회의원에 대하여 유급 보좌 인력을 두는 것은 지방의회의원의 신분·지위 및 그 처우에 관한 현행 법령상의 제도에 중대한 변경을 초래하는 것으로서 국회의 법률로 규정하여야 할 입법사항이다(대법원 2012. 5. 24. 선고 2011추49 판결 등 참조).

그런데 지방의회의원의 신분·지위 및 그 처우에 관하여 지방자치법 제33조는 의정활동비, 공무여비 및 월정수당에 관한 내용을 규정하고, 제34조는 회기 중 직무로 인한 사망·상해 시 등에 보상금을 지급하도록 규정하고 있을 뿐이다.

지방자치법 제90조는 지방의회에 그 사무를 처리하기 위하여 조례로 정하는 바에 따라 사무처(국·과) 및 사무직원을 둘 수 있도록 규정하고 있으나, 이는 지방의회가 의결기관으로서 기능을 수행하는 데에 필요한 의사운영의 보좌 및 그에 수반되는 여러 가지 행정사무의 처리를 위한 것이지 지방의회의원 개개인의 활동에 대한 보좌를 하도록 하는 규정은 아니므로, 위 각 규정이 지방의회의원에 대하여 유급 보좌 인력을 둘 수 있는 근거가 될 수 없다(대법원 1996. 12. 10. 선고 96추121 판결 참조). 그리고 지방자치법 제56조 제1항은 지방의회는 조례로 정하는 바에 따라 위원회를 둘 수 있다고 규정하고, 제59조는 위원회에는 위원장과 위원의 자치입법활동을 지원하기 위하여 지방의회의원이 아닌 전문지식을 가진 위원(이하 '전문위원'이라 한다)을 두되(제1항), 위원회에 두는 전문위원의 직급과 정수 등에 관하여 필요한 사항은 대통령령으로 정한다고(제3항) 규정하며, 이에 따라 「지방자치단체의 행정기구와 정원기준 등에 관한 규정」[별표 5]에서 전문위원의 직급과 정수를 규정하고 있으나, 이는 전문지식을 가진 전문위원의 설치에 관한 규정으로 전문위원이 아닌 유급 보좌 인력을 둘 수 있는 근거가 될 수 없다(대법원 2012. 12. 26. 선고 2012추91 판결 참조).

한편 지방자치법 제112조는 지방자치단체의 사무를 분장하기 위하여 필요한 행정기구와 지방공무원을 둘 수 있도록 규정하고, 지방공무원 임용령 제21조의3은 임기제공무원의 임용에 관하여 규정하고 있으나, 위 규정은 지방자치단체의 사무를 처리하기 위한 임기제지방공무원을 둘 수 있다는 규정에 불과할 뿐, 지방의회의원에 대하여 유급 보좌 인력을 둘 수 있는 근거가 될 수는 없다.

그 밖에 지방자치법은 물론 다른 법령에서 지방의회의원에 대하여 전문위원이 아닌 유급 보좌 인력을 둘 수 있는 법적 근거를 찾아볼 수가 없다.

나. 앞에서 본 이 사건 공무원의 실제 담당 업무는 입법현안 발굴·조사·분석 및 정책개발지원 등 상임위원회의 의정활동에 관한 지원인데, 그 업무는 의정활동비를 통하여 비용이 보전되고 있는 지방의회의원의 활동인 의정 자료의 수집·연구 및 이를 위한 보조활동과 동일하거나 유사하여 지방의회의원의 의정활동에 대한 보좌로 볼 수 있다.

한편 위와 같은 이 사건 공무원의 담당 업무는 지방의회 위원회의 위원장과 위원의 자치입법활동을 지원하는 전문위원의 업무와 상당 부분 중복되는데, 전문위원의 설치에 관한 지방자치법 제59조 제3항의 위임에 따른 구 「지방자치단체의 행정기구와 정원기준 등에 관한 규정」(2016. 12. 30. 대통령령 제27713호로 개정되기 전의 것) [별표 5]에 의하면, 원고 지방의회의 경우 총 정수 20명 이내로 4급 10명, 5급 이하 10명의 전문위원을 둘 수 있고 전문위원은 그에 적합한 전문지식을 갖추어야 하므로 이 사건 공무원의 채용을 적법한 전문위원의 임용으로 보기 어려우며, 원고도 이 사건 공무원을 전문위원으로 채용하려는 것이 아님을 인정하고 있다.

이와 같은 이 사건 공무원의 담당업무, 채용규모, 전문위원을 비롯한 다른 사무직원들과의 업무 관계와 아울러 원고가 제출한 증거들 및 기록에 의하여 알 수 있는 이 사건 채용공고의 경위 등을 종합하여 보면, 지방의회에 이 사건 공무원을 두어 의정활동을 지원하게 하는 것은 지방의회의원에 대하여 전문위원이 아닌 유급 보좌 인력을 두는 것과 마찬가지로 봄이 타당하고, 이 사건 공무원이 임기제공무원이라거나 지방의회의원이 위원회의 위원으로 선임되어 안건심사 등의 의정활동을 한다고 하여 달리 볼 것은 아니다.

그렇다면 이 사건 공무원의 임용은 개별 지방의회에서 정할 사항이 아니라 국회의 법률로써 규정하여야 할 입법사항에 해당하는데, 지방자치법은 물론 다른 법령에서도 이 사건 공무원을 지방의회에 둘 수 있는 법적 근거를 찾을 수 없으므로, 이 사건 공무원의 임용을 위한 이 사건 채용공고는 위법하고, 이에 대한 이 사건 직권취소처분은 적법하다.

따라서 이와 다른 전제에서 이 사건 직권취소처분이 위법하여 취소되어야 한다는 원고의 주장은 받아들일 수 없다.

4. 결 론

그러므로 원고의 이 사건 청구를 기각하고, 소송비용 중 참가로 인한 부분은 원고 참가인이, 나머지는 패소한 원고가 각 부담하기로 하여, 관여 대법관의 일치된 의견으로 주문과 같이 판결한다.

2 대법원 2017. 9. 21. 선고 2014두43073 판결【2013년도지방교부세감액결정취소청구의소】[공2017하,1982]

【판시사항】

[1] 지방교부세를 교부받은 지방자치단체가 관련 법령에 해당 항목의 경비 지출에 관한 명시적인 금지 규정이 없지만 관련 규정의 내용과 취지 등에 비추어 지출을 금지하는 취지로 해석됨에도 경비를 지출한 경우, 구 지방교부세법 제11조 제2항에서 지방교부세의 감액 또는 반환명령 사유로 정한 '법령을 위반하여 지나치게 많은 경비를 지출한 경우'에 해당하는지 여부(적극)

[2] 기초 지방자치단체가 재산을 출연하여 학교법인을 직접 설립·운영하면서 그 학교법인을 통하여 실질적으로 사립 고등학교를 설치·경영하는 행위가 지방자치법령 및 교육 관련 법령을 위반한 행위인지 여부(적극)

[3] 지방자치단체가 지방자치법령과 교육 관련 법령을 위반하여 사립 고등학교 설치를 위한 학교법인을 설립하는 행위가 '지방자치단체의 소관에 속하는 사무'인지 여부(소극) 및 그 설립을 위한 출연행위가 허용되는지 여부(소극)

[4] 갑 기초 지방자치단체가 학교법인을 설립하고 사립 고등학교의 형태로 외국어 고등학교를 설립한 후 학교법인에 348억여 원을 출연금으로 지출한 데 대하여, 행정자치부장관이 위 출연행위가 '법령위반 지출'에 해당한다는 이유로 지방교부세 161억여 원을 감액한다고 결정·통지한 사안에서, 위 출연행위는 지방재정법 제17조 제1항을 위반한 지출행위이고, 구 지방교부세법 제11조 제2항 등에 따라 '법령을 위반하여 지출한 금액' 이내에서 지방교부세의 감액 또는 반환을 명할 수 있으며, 위 처분이 재량의 범위를 일탈·남용한 것이 아니라고 본 원심판단에 위법이 없다고

한 사례

【판결요지】

[1] 구 지방교부세법(2013. 3. 23. 법률 제11690호로 개정되기 전의 것, 이하 '지방교부세법'이라고 한다)에 의하면, 국가는 지방자치단체의 행정 운영에 필요한 재원을 공급하기 위하여 재정적 결함이 있는 지방자치단체에 대하여 매년 내국세의 일정 비율을 국가예산에 계상한 다음 관련 규정에 따라 산출된 금액을 지방교부세(이하 '교부세'라고 한다)로 교부한다(제2조 제1호, 제4조 제1항, 제5조 제1항).

그러나 교부세를 교부받은 지방자치단체가 '법령을 위반하여 지나치게 많은 경비를 지출한 경우'(이하 '법령위반 지출'이라고 한다)에는 행정안전부장관이 교부세를 감액하거나 반환명령을 할 수 있으며(지방교부세법 제11조 제2항), 관련 법령에서 해당 항목의 경비 지출을 명시적으로 금지하고 있거나 명시적인 금지 규정이 없지만 관련 규정의 내용과 취지 등에 비추어 그 지출을 금지하는 취지로 해석됨에도 지방자치단체가 경비를 지출한 경우에는 여기서 교부세의 감액 또는 반환명령 사유로 정한 법령위반 지출에 해당한다.

[2] 지방자치법 제2조 제1항, 제8조 제1항, 제3항, 제9조 제2항 제5호 (가)목, 제10조 제2항, 지방자치법 시행령 제8조 [별표 1], 교육기본법 제11조 제1항, 제25조, 구 초·중등교육법(2012. 3. 21. 법률 제11384호로 개정되기 전의 것) 제3조, 구 사립학교법(2013. 3. 23. 법률 제11690호로 개정되기 전의 것) 제2조 제1항의 문언과 취지 등을 종합하면, 기초 지방자치단체가 교육에 관한 사무로서 설립·운영할 수 있는 학교는 공립학교 형태의 초등학교나 중학교라고 해석되며, 이에 불구하고 기초 지방자치단체가 재산을 출연하여 학교법인을 직접 설립·운영하면서 그 학교법인을 통하여 실질적으로 사립 고등학교를 설치·경영하는 행위는 지방자치법령 및 교육 관련 법령의 해석상 허용되지 아니하는 행위로서 결국 이를 위반한 행위라고 보아야 한다.

[3] 구 지방재정법(2013. 7. 16. 법률 제11900호로 개정되기 전의 것, 이하 '구 지방재정법'이라고 한다) 제17조는 지방자치단체의 개인 또는 단체에 대한 기부·보조·출연 그 밖의 공금 지출(이하 '출연 등'이라고 한다)을 원칙적으로 금지하고 있다. 다만 구 지방재정법 제17조 제1항 단서 제4호는 '보조금을 지출하지 아니하면 사업을 수행할 수 없는 경우로서 지방자치단체가 권장하는 사업을 위하여 필요하다고 인정되는 경우'에는 출연 등을 허용하고 있으나, 위 단서는 그 출연 등이 '지방자치단체의 소관에 속하는 사무와 관련하여' 이루어져야 함을 전제로 하고 있다. 그런데 지방자치법령과 교육 관련 법령을 위반하여 사립 고등학교 설치를 위한 학교법인을 설립하는 행위는 '지방자치단체의 소관에 속하는 사무'라 할 수 없으므로, 그 설립

을 위한 출연행위는 구 지방재정법에 의하여 허용될 수 없다.

[4] 갑 기초 지방자치단체가 학교법인을 설립하고 사립 고등학교의 형태로 외국어 고등학교를 설립한 후 학교법인에 348억여 원을 출연금으로 지출한 데 대하여, 행정자치부장관이 위 출연행위가 '법령위반 지출'에 해당한다는 이유로 지방교부세 161억여 원을 감액한다고 결정·통지한 사안에서, 지방자치법령, 지방교육자치에 관한 법률, 구 사립학교법(2013. 3. 23. 법률 제11690호로 개정되기 전의 것, 이하 같다), 구 지방재정법(2013. 7. 16. 법률 제11900호로 개정되기 전의 것, 이하 같다) 등 관계 법령에 비추어 보면, 기초 지방자치단체가 사립 고등학교를 설립하는 것은 기초 지방자치단체의 사무에 관한 지방자치법 제9조를 위반하는 것이고, 지방자치단체가 직접 학교법인을 설립하고 이를 통하여 사립 고등학교를 설치·운영하는 것 역시 지방자치법령 및 구 사립학교법 취지를 잠탈할 우려가 있어 제한되며, 구 지방재정법은 지방자치단체가 단체에 출연하는 행위를 금지하면서 지방자치단체 소관에 속하는 사무로서 예외적인 경우에만 출연이 가능하도록 하는데 구 사립학교법 제43조 제1항이 위와 같은 학교법인 설립행위를 허용한다고 할 수 없고 달리 이를 허용할 만한 근거 규정이 없으므로 위 출연행위는 구 지방재정법 제17조 제1항을 위반한 지출행위이고, 구 지방교부세법(2013. 3. 23. 법률 제11690호로 개정되기 전의 것) 제11조 제2항 등에 따라 '법령을 위반하여 지출한 금액' 이내에서 지방교부세의 감액 또는 반환을 명할 수 있으며, 제반 사정들을 종합하면 위 처분이 재량의 범위를 일탈·남용한 것이 아니라고 본 원심판단에 위법이 없다고 한 사례.

【참조조문】

[1] 구 지방교부세법(2013. 3. 23. 법률 제11690호로 개정되기 전의 것) 제2조 제1호, 제4조 제1항, 제5조 제1항, 제11조 제2항 / [2] 지방자치법 제2조 제1항, 제8조 제1항, 제3항, 제9조 제2항 제5호 (가)목, 제10조 제2항, 지방자치법 시행령 제8조 [별표 1], 교육기본법 제11조 제1항, 제25조, 구 초·중등교육법(2012. 3. 21. 법률 제11384호로 개정되기 전의 것) 제3조, 구 사립학교법(2013. 3. 23. 법률 제11690호로 개정되기 전의 것) 제2조 제1항(현행 제2조 제1호 참조) / [3] 구 지방재정법(2013. 7. 16. 법률 제11900호로 개정되기 전의 것) 제17조 제1항 / [4] 구 지방교부세법(2013. 3. 23. 법률 제11690호로 개정되기 전의 것) 제11조 제2항, 지방자치법 제2조 제1항, 제8조 제1항, 제3항, 제9조 제2항 제5호 (가)목, 제10조 제2항, 지방자치법 시행령 제8조 [별표 1], 교육기본법 제11조 제1항, 제25조, 구 초·중등교육법(2012. 3. 21. 법률 제11384호로 개정되기 전의 것) 제3조, 구 사립학교법(2013. 3. 23. 법률 제11690호로 개정되기 전의 것) 제2조 제1항(현행 제2조 제1호 참조), 제43조 제1항, 구 지방재정법(2013. 7. 16. 법률 제11900호로 개정되기 전의 것) 제17조 제1항

【전 문】

【원고, 상고인】 강원도 양구군 (소송대리인 법무법인(유한) 태평양 외 1인)

【피고, 피상고인】 행정자치부장관

【원심판결】 서울고법 2014. 9. 24. 선고 2013누52263 판결

【주 문】

상고를 기각한다. 상고비용은 원고가 부담한다.

【이 유】

상고이유(상고이유서 제출기간이 지난 후에 제출된 상고이유보충서 등의 기재는 상고이유를 보충하는 범위 내에서)를 판단한다.

1. 2014. 11. 14.자 상고이유서의 상고이유 제1점에 대하여

가. (1) 구 지방교부세법(2013. 3. 23. 법률 제11690호로 개정되기 전의 것, 이하 '지방교부세법'이라고 한다)에 의하면, 국가는 지방자치단체의 행정 운영에 필요한 재원을 공급하기 위하여 재정적 결함이 있는 지방자치단체에 대하여 매년 내국세의 일정 비율을 국가예산에 계상한 다음 관련 규정에 따라 산출된 금액을 지방교부세(이하 '교부세'라고 한다)로 교부한다(제2조 제1호, 제4조 제1항, 제5조 제1항).

그러나 교부세를 교부받은 지방자치단체가 '법령을 위반하여 지나치게 많은 경비를 지출한 경우'(이하 '법령위반 지출'이라고 한다)에는 행정안전부장관이 교부세를 감액하거나 반환명령을 할 수 있으며(지방교부세법 제11조 제2항), 관련 법령에서 해당 항목의 경비 지출을 명시적으로 금지하고 있거나 명시적인 금지 규정이 없지만 관련 규정의 내용과 취지 등에 비추어 그 지출을 금지하는 취지로 해석됨에도 지방자치단체가 경비를 지출한 경우에는 여기서 교부세의 감액 또는 반환명령 사유로 정한 법령위반 지출에 해당한다.

(2) (가) 지방자치단체는 주민의 편의와 복리증진을 목적으로 한 사업이라 하더라도 법령에 반하여 그 사무를 처리할 수는 없다(지방자치법 제8조 제1항, 제3항). 지방자치법은 지방자치단체의 종류를 '특별시, 광역시, 특별자치시, 도, 특별자치도'와 '시, 군, 구'의 2가지로 정하면서(제2조 제1항, 이하 앞의 것을 '광역 지방자치단체', 뒤의 것을 '기초 지방자치단체'라고 한다), 지방자치단체의 사무 중 '교육·체육·문화·예술의 진흥에 관한 사무'로서 '유아원·유치원·초등학교·중학교·고등학교 및 이에 준하는 각종 학교의 설치·운영·지도'를 예시한 다음[제9조 제2항 제5호 (가)목], 지방자치단체의 종류별 사무를 대통령령으로 정하도록 위임하고 있다(제

10조 제2항). 이에 따라 지방자치법 시행령 제8조는 '공립의 고등학교의 설립·경영, 공·사립의 고등학교의 지휘·감독'은 광역 지방자치단체의 사무로, '공립의 초등학교, 중학교의 설립·경영, 공·사립의 초등학교, 중학교의 지휘·감독'은 기초 지방자치단체의 사무로 각각 예시하고 있다([별표 1] 지방자치단체의 종류별 사무).

이처럼 지방자치법령은 '학교의 설립·운영·지도'에 관한 자치사무 중 고등학교에 관한 것은 광역 지방자치단체의 사무로, 초·중학교에 관한 것은 기초 지방자치단체의 사무로 각각 배분하고 있다.

(나) 또한 교육기본법은 제11조에서 국가와 지방자치단체는 학교와 사회교육시설을 설립·경영하도록 하면서(제1항), 제25조에서 국가와 지방자치단체는 사립학교를 지원·육성하여야 함을 규정하고 있고, 구 초·중등교육법(2012. 3. 21. 법률 제11384호로 개정되기 전의 것, 이하 '초·중등교육법'이라고 한다) 제3조는 학교를 국가가 설립·경영하는 국립학교, 지방자치단체가 설립·경영하는 공립학교, 법인 또는 사인이 설립·경영하는 사립학교로 구분하고 있으며, 구 사립학교법(2013. 3. 23. 법률 제11690호로 개정되기 전의 것, 이하 '사립학교법'이라고 한다) 제2조 제1항은 사립학교를 '학교법인 또는 공공단체 외의 법인 기타 사인이 설치하는 학교'라고 정의하고 있다.

이처럼 교육 관련 법령은 학교를 설립주체에 따라 국립학교·공립학교·사립학교로 구분하고, 사립학교의 설립주체를 '학교법인 또는 공공단체 외의 법인 기타 사인'으로 규정하여 '공공단체'를 명시적으로 설립주체에서 제외하고 있으므로, 이러한 교육 관련 법령상 사립학교의 개념 자체가 국가·지방자치단체 등 공적 영역이 아니라 민간 영역에서 설립·경영될 것을 예정하고 있다.

그리고 사립학교 설립·경영의 주체인 학교법인을 설립하려는 자에 대하여는 관련 법령상 그 자격을 제한하는 규정을 찾을 수 없으나, 국가 또는 지방자치단체가 학교법인을 설립하여 실질적으로 사립학교를 직접 설립·운영하는 것은 위와 같이 교육 관련 법령에서 설립주체에 따라 학교를 구분하여 규정한 취지에 위배된다.

(다) 위와 같은 지방자치법령과 교육 관련 법령의 문언과 취지 등을 종합하여 보면, 기초 지방자치단체가 교육에 관한 사무로서 설립·운영할 수 있는 학교는 공립학교 형태의 초등학교나 중학교라고 해석되며, 이에 불구하고 기초 지방자치단체가 그 재산을 출연하여 학교법인을 직접 설립·운영하면서 그 학교법인을 통하여 실질적으로 사립 고등학교를 설치·경영하는 행위는 지방자치법령 및 교육 관련 법령의 해석상 허용되지 아니하는 행위로서 결국 이를 위반한 행위라고 보아야 한다.

(3) 그리고 구 지방재정법(2013. 7. 16. 법률 제11900호로 개정되기 전의 것, 이하 '지방재정법'이라고 한다) 제17조는 지방자치단체의 개인 또는 단체에 대한 기부·보조·출연 그 밖의 공금 지출(이하 '출연 등'이라고 한다)을 원칙적으로 금지하고 있다. 다만 지방재정법 제17조 제1항 단서 제4호는 '보조금을 지출하지 아니하면 사업을 수행할 수 없는 경우로서 지방자치단체가 권장하는 사업을 위하여 필요하다고 인정되는 경우'에는 출연 등을 허용하고 있으나, 위 단서는 그 출연 등이 '지방자치단체의 소관에 속하는 사무와 관련하여' 이루어져야 함을 전제로 하고 있다. 그런데 위와 같이 지방자치법령과 교육 관련 법령을 위반하여 사립 고등학교 설치를 위한 학교법인을 설립하는 행위는 '지방자치단체의 소관에 속하는 사무'라 할 수 없으므로, 그 설립을 위한 출연행위는 구 지방재정법에 의하여 허용될 수 없다.

나. 원심은 제1심판결 이유를 인용하여 아래와 같은 취지로 판단하였다.

(1) (가) 강원도교육감은 2006. 4. 18. 강원도 일원에 지방자치단체가 참여하는 사립학교를 포함한 일반 사립 고등학교의 형태로 강원외국어고등학교(이하 '강원외고'라고 한다)를 설립한다는 추진계획을 공고하였고, 기초 지방자치단체인 원고는 소유 재산을 출연하여 학교법인 양록학원(이하 '양록학원'이라고 한다)을 설립하고 2006. 7. 28. 양록학원 명의로 강원외고 설립자 공모에 참여하였다.

(나) 강원도교육감은 2006. 12.경 양록학원을 강원외고 설립자로 선정한 다음, 2007. 2. 9. 양록학원의 설립을 허가하면서 양록학원의 강원외고 설립계획을 승인하였고, 2009. 10. 8. 강원외고 설립을 인가하고 강원외고를 특수목적고등학교로 지정하였다.

(다) 한편 원고는 2007. 2. 9. 「학교법인 양록학원 설립 및 운영에 관한 지원조례」를 제정하고, 지방재정법 제17조 제1항, 사립학교법 제43조 및 위 조례를 근거로 양록학원의 강원외고 설립업무에 대하여 행정·재정적 지원을 하였으며, 2007. 1. 10.부터 2010. 3. 22.까지 11회에 걸쳐 양록학원에 합계 348억 2,875만 4,000원을 출연금으로 지출하였다(이하 '이 사건 출연행위'라고 한다).

(라) 그런데 감사원이 '지방자치단체 장학재단 설립·운영 실태'에 관한 감사를 실시한 후, 2011. 2. 22. 피고에게 '이 사건 출연행위는 지방자치법 제9조 제2항 제5호, 같은 법 시행령 제8조, 지방교육자치에 관한 법률 제2조, 사립학교법 제2조 제1항, 지방재정법 제17조 규정에 어긋난다'는 취지의 감사 결과를 통보하였다. 이에 피고는 2012. 12. 17. 원고에게 이 사건 출연행위가 '법령위반 지출'에 해당한다

는 이유로 교부세 161억 1,250만 원을 감액한다고 결정·통지하였다(이하 '이 사건 처분'이라고 한다).

(2) 지방자치법령, 지방교육자치에 관한 법률, 사립학교법, 지방재정법 등 관계 법령에 비추어 보면, 기초 지방자치단체가 사립 고등학교를 설립하는 것은 기초 지방자치단체의 사무에 관한 지방자치법 제9조를 위반하는 것이고, 지방자치단체가 직접 학교법인을 설립하고 이를 통하여 사립 고등학교를 설치·운영하는 것 역시 지방자치법령 및 사립학교법 취지를 잠탈할 우려가 있어 제한되며, 지방재정법은 지방자치단체가 단체에 출연하는 행위를 금지하면서 지방자치단체 소관에 속하는 사무로서 예외적인 경우에만 출연이 가능하도록 하는데 사립학교법 제43조 제1항이 위와 같은 학교법인 설립행위를 허용한다고 할 수 없고 달리 이를 허용할 만한 근거 규정이 없다.

(3) 결국 이 사건 출연행위는 지방재정법 제17조 제1항을 위반한 지출행위라고 봄이 타당하며, 감사원의 감사 결과에 의하여 이러한 사실이 밝혀진 이상 지방교부세법 제11조 제2항 등에 따라 '법령을 위반하여 지출한 금액' 이내에서 교부세의 감액 또는 반환을 명할 수 있다.

다. 원심판결 이유를 적법하게 채택된 증거들에 비추어 살펴보면, 위와 같은 원심의 판단은 앞에서 본 법리와 같은 취지로 보이고, 거기에 상고이유 주장과 같이 지방재정법 제17조에 따라 허용되는 지방자치단체의 기부 또는 출연행위의 요건에 관한 법리를 오해하거나 필요한 심리를 다하지 아니하는 등의 위법이 없다.

상고이유로 들고 있는 대법원판결들은 이 사건과 사안이 다르므로 이 사건에 원용하기에 적절하지 아니하다.

2. 2014. 11. 14.자 상고이유서의 상고이유 제2점에 대하여

가. 법원은 변론 전체의 취지와 증거조사의 결과를 참작하여 자유로운 심증으로 사회정의와 형평의 이념에 입각하여 논리와 경험의 법칙에 따라 사실 주장이 진실한지 아닌지를 판단하며, 원심판결이 이와 같은 자유심증주의의 한계를 벗어나지 아니하여 적법하게 확정한 사실은 상고법원을 기속한다(행정소송법 제8조 제2항, 민사소송법 제202조, 제432조).

나. 원심은 제1심판결 이유를 인용하고 판시 이유를 추가하여, 아래와 같은 사정들을 종합하면 이 사건 처분은 재량의 범위를 일탈·남용한 것이 아니라고 판단하

였다.

(1) 피고가 제반 사정을 고려하여, 이 사건 출연금액 중 일부를 제외하고 나머지 금원의 2분의 1을 감액한 다음, 원고의 재정충격을 고려하여 7년간 분할하여 감액하기로 결정함으로써 교부세 감액을 최소화하였다.

(2) 원고는 재정자립도가 15.4%로 전국 평균보다 매우 낮고, 예산의 대부분을 보조금 및 교부세로 충당하는 등 재정여건이 매우 좋지 아니함에도, 원고의 자체 수입 중 상당 부분을 차지할 뿐 아니라 2008년과 2009년도에는 지방세 수입액보다도 많은 금액을 이 사건 출연행위에 지출함으로써 지방재정법 제17조 제1항을 위반한 정도가 중하다.

(3) 교부세는 국세인 내국세와 연동하여 증가함에 따라 피고가 교부받은 교부세도 매년 증가한 결과, 2013년도 감액을 고려하여도 2013년도 교부액이 2012년도 교부액보다 증가하였고, 2013년도 감액금액은 원고에게 교부하기로 결정한 보통교부세의 2.4% 정도로서, 이 사건 처분으로 인하여 원고의 재정이 감당할 수 없을 정도에 이른다고 할 수 없다.

(4) 설령 강원도교육감이 강원외고 설립 과정에서 기초 지방자치단체인 원고가 위 학교 설립의 주체가 되는 데에 위법성이 있다는 것을 인식하지 못하였다 하더라도, 이것만으로 독립된 지방자치단체로서 법령 준수의무가 있는 원고가 그러한 위법성을 인식하지 못한 것에 정당한 사유가 있다고 보기 어렵다.

다. 원심판결 이유를 위 법리와 적법하게 채택된 증거들을 비롯한 기록에 비추어 보면, 위와 같은 원심의 판단에 상고이유 주장과 같이 논리와 경험의 법칙에 반하여 자유심증주의의 한계를 벗어나거나 재량권 일탈·남용에 관한 법리를 오해하고 평등의 원칙을 위반한 위법이 없다.

상고이유로 들고 있는 대법원판결들은 이 사건과 사안이 다르므로 이 사건에 원용하기에 적절하지 아니하다.

3. 2014. 11. 13.자 상고이유서의 상고이유에 대하여

이 사건 처분이 신뢰보호의 원칙을 위반하여 위법하다는 이 부분 상고이유는 상고심에 이르러 새로 주장하는 사유로서 적법한 상고이유가 되지 못한다. 나아가 앞에서 원심이 인정한 사정들에 비추어 살펴보더라도, 강원도교육감의 양록학원 설립허가 내지 강원외고 설립인가를 들어 원고가 양록학원을 설립하기 위해 재산을 출연하는 행위 자체가 허용된다고 믿을 만한 공적 견해표명에 해당한다고 볼 수 없으

므로, 이와 다른 전제에서 주장하는 이 부분 상고이유는 받아들일 수 없다.

4. 결 론

그러므로 상고를 기각하고, 상고비용은 패소자가 부담하기로 하여, 관여 대법관의 일치된 의견으로 주문과 같이 판결한다.

3 대법원 2017. 10. 12. 선고 2016추5148 판결【시정명령취소청구의소】[공2017하,2126]

【판시사항】

'시·도지사가 지방자치법 제169조 제1항에 따라 시·군 및 자치구에 대하여 행한 시정명령'에 대하여 해당 지방자치단체의 장이 대법원에 그 취소를 구하는 소송을 제기할 수 있는지 여부(소극)

【판결요지】

지방자치법 제169조 제1항은 "지방자치단체의 사무에 관한 그 장의 명령이나 처분이 법령에 위반되거나 현저히 부당하여 공익을 해친다고 인정되면 시·도에 대하여는 주무부장관이, 시·군 및 자치구에 대하여는 시·도지사가 기간을 정하여 서면으로 시정할 것을 명하고, 그 기간에 이행하지 아니하면 이를 취소하거나 정지할 수 있다. 이 경우 자치사무에 관한 명령이나 처분에 대하여는 법령을 위반하는 것에 한한다."라고 규정하고, 제2항은 "지방자치단체의 장은 제1항에 따른 자치사무에 관한 명령이나 처분의 취소 또는 정지에 대하여 이의가 있으면 그 취소처분 또는 정지처분을 통보받은 날부터 15일 이내에 대법원에 소를 제기할 수 있다."라고 규정하고 있다.

이와 같이 지방자치법 제169조 제2항은 '시·군 및 자치구의 자치사무에 관한 지방자치단체의 장의 명령이나 처분에 대하여 시·도지사가 행한 취소 또는 정지'에 대하여 해당 지방자치단체의 장이 대법원에 소를 제기할 수 있다고 규정하고 있을 뿐 '시·도지사가 지방자치법 제169조 제1항에 따라 시·군 및 자치구에 대하여 행한 시정명령'에 대하여도 대법원에 소를 제기할 수 있다고 규정하고 있지 않으므로, 이러한 시정명령의 취소를 구하는 소송은 허용되지 않는다.

【참조조문】

지방자치법 제169조

【참조판례】

대법원 2011. 1. 27. 선고 2010추42 판결

【전 문】

【원 고】 강남구청장 (담당변호사 채정석 외 5인)

【피 고】 서울특별시장

【주 문】

이 사건 소를 각하한다. 소송비용은 원고가 부담한다.

【이 유】

직권으로 판단한다.

지방자치법 제169조 제1항은 "지방자치단체의 사무에 관한 그 장의 명령이나 처분이 법령에 위반되거나 현저히 부당하여 공익을 해친다고 인정되면 시·도에 대하여는 주무부장관이, 시·군 및 자치구에 대하여는 시·도지사가 기간을 정하여 서면으로 시정할 것을 명하고, 그 기간에 이행하지 아니하면 이를 취소하거나 정지할 수 있다. 이 경우 자치사무에 관한 명령이나 처분에 대하여는 법령을 위반하는 것에 한한다." 라고 규정하고, 제2항은 "지방자치단체의 장은 제1항에 따른 자치사무에 관한 명령이나 처분의 취소 또는 정지에 대하여 이의가 있으면 그 취소처분 또는 정지처분을 통보받은 날부터 15일 이내에 대법원에 소를 제기할 수 있다."라고 규정하고 있다.

이와 같이 지방자치법 제169조 제2항은 '시·군 및 자치구의 자치사무에 관한 지방자치단체의 장의 명령이나 처분에 대하여 시·도지사가 행한 취소 또는 정지'에 대하여 해당 지방자치단체의 장이 대법원에 소를 제기할 수 있다고 규정하고 있을 뿐 '시·도지사가 지방자치법 제169조 제1항에 따라 시·군 및 자치구에 대하여 행한 시정명령'에 대하여도 대법원에 소를 제기할 수 있다고 규정하고 있지 않으므로, 이러한 시정명령의 취소를 구하는 소송은 허용되지 않는다고 보아야 한다(대법원 2011. 1. 27. 선고 2010추42 판결 등 참조).

그런데 이 사건 소는, 원고가 피고로부터 국제교류복합지구(코엑스~잠실종합운동장 일대) 지구단위계획 결정(변경) 및 지형도면 고시에 관한 사항을 통보받고도 그 내용을 국토이용정보체계에 등재하여 일반 국민이 볼 수 있도록 조치하지 않고 보류한 행위가 법령에 위반된다는 이유로 지방자치법 제169조 제1항에 근거하여 피고가 행한 시정명령의 취소를 구하는 것인데, 원고가 그 근거로 지방자치법 제169조 제2항을 들고 있음이 명백하다. 앞서 본 법리에 비추어 보면 이러한 이 사건 소는 허용되지 않는 것으로 부적법하다.

그러므로 이 사건 소를 각하하고, 소송비용은 패소자가 부담하도록 하여, 관여 대법관의 일치된 의견으로 주문과 같이 판결한다.

제 4 장 특별행정작용법에 관한 판례

제1절 공용부담법

1 대법원 2017. 3. 15. 선고 2015다238963 판결 【손해배상(기)】 [공2017상,745]

【판시사항】

[1] 구 공익사업을 위한 토지 등의 취득 및 보상에 관한 법률 제91조 제5항에서 정한 '환매권은 부동산등기법이 정하는 바에 의하여 공익사업에 필요한 토지의 협의취득 또는 수용의 등기가 된 때에는 제3자에게 대항할 수 있다'의 의미

[2] 갑 지방자치단체가 도로사업 부지를 취득하기 위하여 을 등으로부터 토지를 협의취득하여 소유권이전등기를 마쳤는데, 위 토지가 택지개발예정지구에 포함되자 이를 택지개발사업 시행자인 병 공사에 무상으로 양도하였고, 그 후 택지개발예정지구 변경지정과 개발계획 변경승인 및 실시계획 승인이 고시되어 위 토지가 택지개발사업의 공동주택용지 등으로 사용된 사안에서, 택지개발사업의 개발계획 변경승인 및 실시계획 승인이 고시됨으로써 토지가 도로사업에 필요 없게 되어 을 등에게 환매권이 발생하였고, 을 등은 환매권이 발생한 때부터 제척기간 도과로 소멸할 때까지 사이에 언제라도 환매권을 행사하고, 이로써 제3자에게 대항할 수 있다고 한 사례

[3] 구 공익사업을 위한 토지 등의 취득 및 보상에 관한 법률상 원소유자 등의 환매권 상실로 인한 손해배상액을 산정하는 방법

【판결요지】

[1] 구 공익사업을 위한 토지 등의 취득 및 보상에 관한 법률(2007. 10. 17. 법률 제8665호로 개정되기 전의 것) 제91조 제5항은 '환매권은 부동산등기법이 정하는 바에 의하여 공익사업에 필요한 토지의 협의취득 또는 수용의 등기가 된 때에는 제3자에게 대항할 수 있다'고 정하고 있다. 이는 협의취득 또는 수용의 목적물이 제3자에게 이전되더라도 협의취득 또는 수용의 등기가 되어 있으면 환매권자의 지위가 그대로 유지되어 환매권자는 환매권을 행사할 수 있고, 제3자에 대해서도 이를 주장할 수 있다는 의미이다.

[2] 갑 지방자치단체가 도로사업 부지를 취득하기 위하여 을 등으로부터 토지를 협

의취득하여 소유권이전등기를 마쳤는데, 위 토지가 택지개발예정지구에 포함되자 이를 택지개발사업 시행자인 병 공사에 무상으로 양도하였고, 그 후 택지개발예정지구 변경지정과 개발계획 변경승인 및 실시계획 승인이 고시되어 위 토지가 택지개발사업의 공동주택용지 등으로 사용된 사안에서, 택지개발사업의 개발계획 변경승인 및 실시계획 승인이 고시됨으로써 토지가 도로사업에 더 이상 필요 없게 되어 협의취득일 당시 토지소유자였던 을 등에게 환매권이 발생하였고, 그 후 택지개발사업에 토지가 필요하게 된 사정은 환매권의 성립이나 소멸에 아무런 영향을 미치지 않으며, 위 토지에 관하여 갑 지방자치단체 앞으로 공공용지 협의취득을 원인으로 한 소유권이전등기가 마쳐졌으므로, 을 등은 환매권이 발생한 때부터 제척기간 도과로 소멸할 때까지 사이에 언제라도 환매권을 행사하고, 이로써 제3자에게 대항할 수 있다고 한 사례.

[3] 구 공익사업을 위한 토지 등의 취득 및 보상에 관한 법률(2007. 10. 17. 법률 제8665호로 개정되기 전의 것, 이하 '토지보상법'이라 한다)상 원소유자 등의 환매권 상실로 인한 손해배상액은 환매권 상실 당시를 기준으로 한 목적물의 시가에서 환매권자가 환매권을 행사하였을 경우 반환하여야 할 환매가격을 공제한 금원이다. 환매권 상실 당시 환매목적물의 감정평가금액이 토지보상법 제91조 제1항에 정해진 '지급한 보상금'에 그때까지 사업과 관계없는 인근 유사토지의 지가변동률을 곱한 금액보다 적거나 같을 때에는 감정평가금액에서 '지급한 보상금'을 공제하는 방법으로 계산하면 되지만, 이를 초과할 때에는 [환매권 상실 당시의 감정평가금액 - (환매권 상실 당시의 감정평가금액 - 지급한 보상금 × 지가상승률)]로 산정한 금액, 즉 '지급한 보상금'에 당시의 인근 유사토지의 지가상승률을 곱한 금액이 손해로 된다.

【참조조문】

[1] 구 공익사업을 위한 토지 등의 취득 및 보상에 관한 법률(2007. 10. 17. 법률 제8665호로 개정되기 전의 것) 제91조 제5항 / [2] 구 공익사업을 위한 토지 등의 취득 및 보상에 관한 법률(2007. 10. 17. 법률 제8665호로 개정되기 전의 것) 제91조 제1항, 제5항 / [3] 구 공익사업을 위한 토지 등의 취득 및 보상에 관한 법률(2007. 10. 17. 법률 제8665호로 개정되기 전의 것) 제91조 제1항, 민법 제393조, 제750조, 제763조

【참조판례】

[3] 대법원 2000. 11. 14. 선고 99다45864 판결(공2001상, 24)

【전 문】

【원고, 피상고인 겸 상고인】 원고 1 외 1인 (소송대리인 법무법인 신지성 담당변호사 김종기 외 2인)

【피고, 상고인 겸 피상고인】 화성시 (소송대리인 법무법인(유한) 제이피 담당변호사 김용욱 외 2인)

【원심판결】 서울고법 2015. 8. 13. 선고 2015나2003103 판결

【주 문】

원심판결 중 원고들 패소 부분을 파기하고, 이 부분 사건을 서울고등법원에 환송한다. 피고의 상고를 기각한다.

【이 유】

상고이유를 판단한다.

1. 원고들의 상고이유에 관한 판단

가. 원심판결의 이유와 기록에 의하면 다음의 사실을 알 수 있다.

(1) 원고 1은 1976. 5. 10. 화성시 동탄면 석우리(이하 '석우리'라 한다) (주소 1 생략) 토지에 관하여, 원고 2는 1975. 2. 14. 석우리 (주소 2 생략) 토지에 관하여 소유권이전등기를 마쳤다. 피고는 1999년경 화성군 고시 제1999-158호에 의하여 화성시 동탄면 청계리 (주소 3 생략)부터 화성시 태안읍 반월리 (주소 4 생략)까지 3.34㎞의 구간에 너비 20m의 4차로를 확·포장하는 석우-반월 간 도로 확·포장사업(이하 '이 사건 도로사업'이라 한다)의 시행자가 되었다.

(2) 피고는 이 사건 도로사업 부지를 취득하기 위하여 공공용지의 취득 및 손실보상에 관한 특례법에 따라 1999. 11. 15. 원고 1로부터 위 (주소 1 생략) 토지 중 284㎡를, 같은 날 원고 2로부터 위 (주소 2 생략) 토지 중 585㎡를 협의취득하고, 협의취득에 따른 보상금으로 원고 1에게 51,830,000원을, 원고 2에게 90,675,000원을 지급하였다. 피고가 원고 1로부터 협의취득한 위 284㎡는 석우리 (주소 5 생략) 답 284㎡(이하 '(주소 5 생략) 토지'라 한다)로, 원고 2로부터 협의취득한 위 585㎡는 석우리 (주소 6 생략) 전 585㎡(이하 '(주소 6 생략) 토지'라 한다)로 분할되어 1999. 11. 23.과 1999. 11. 22. 피고 앞으로 각각 공공용지 협의취득을 원인으로 한 소유권이전등기가 마쳐졌다.

(3) 피고는 2001. 2. 28.경까지 (주소 5 생략) 토지와 (주소 6 생략) 토지(이하 '이 사건 각 토지'라 한다)를 포함하여 이 사건 도로사업 부지의 64% 정도를 취득하

였는데, 그 무렵 이 사건 도로사업 부지의 대부분이 택지개발예정지구로 지정될 것이 예상되자 이 사건 도로사업 부지의 추가 취득을 중단하고 공사도 중단하였다.

(4) 건설교통부장관은 2001. 4. 25. 건설교통부 고시 제2001-104호로 화성시 태안읍과 동탄면 일대를 화성 동탄지구 택지개발사업(이하 '이 사건 택지개발사업'이라 한다)의 택지개발예정지구 지정을 고시하였다가 2001. 12. 14. 건설교통부 고시 제2001-326호로 위 예정지구 변경지정과 개발계획 승인을 고시하였다. 한국토지공사가 이 사건 택지개발사업의 시행자가 되었고, 그 개발기간이 2007. 12. 31.까지로 고시되었다. 이 사건 각 토지가 위 택지개발예정지구에 포함되자 피고는 2002. 11.경 원고들로부터 협의취득한 이 사건 각 토지를 한국토지공사에 무상으로 양도하였다.

(5) 건설교통부장관이 2002. 12. 26. 이 사건 택지개발사업에 관하여 건설교통부 고시 제2002-298호로 택지개발예정지구 변경지정과 개발계획 변경승인 및 실시계획 승인을 고시하였는데, 이 사건 각 토지가 위 택지개발예정지구에 포함되었다. 한국토지공사는 2003. 3. 5.경 이 사건 택지개발사업의 공사를 시작하였고, 이 사건 각 토지가 이 사건 택지개발사업의 공동주택용지 등으로 사용되었다.

나. 원심은, 다음과 같이 피고의 원고들에 대한 손해배상책임을 인정하되, 손해배상의 범위에 관해서는 제1심보다 감액하여 일부 인용하였다.

(1) 2002. 12. 26. 이 사건 택지개발사업의 개발계획 변경승인 및 실시계획 승인이 고시됨에 따라 당초 협의취득의 목적이 된 이 사건 도로사업이 폐지·변경되어 2002. 12. 26. 원고들에게 이 사건 각 토지에 대한 환매권이 발생하였다. 그런데 이 사건 도로사업의 시행자인 피고가 원고들에게 환매권 발생을 통지하지 않아 원고들로 하여금 2009. 11. 15. 환매권 행사기간 도과로 환매권 자체를 상실하게 하였으므로 원고들에게 환매권 상실로 인한 손해를 배상할 의무가 있다.

(2) 원고들은 이 사건 도로사업으로 지급받았던 종전의 보상금 등에 해당하는 환매가격을 피고에게 지급하고 이 사건 각 토지 자체를 회복하였다가, 이 사건 택지개발사업의 시행자인 한국토지공사가 이 사건 각 토지를 다시 협의취득 또는 수용하는 과정에서 그 보상금을 지급받을 수 있는 지위에 있었다. 따라서 원고들이 갖는 환매권의 가치는 이 사건 각 토지 자체에 기하여 평가할 수는 없고, 한국토지공사가 이 사건 각 토지를 다시 협의취득하거나 수용하는 과정에서 원고들이 지급받을 수 있는 보상금에 기하여 평가해야 한다. 결국 위 환매권의 가치는 이 사건 택지개발사

업의 개발계획 승인이 고시된 2001. 12. 14. 이전의 공시지가 중 위 고시일에 가장 가까운 2001. 1. 1.의 공시지가를 적용하고, 지가변동률에 의하여 2002. 12. 31.의 시점에서 수정한 감정평가금액으로 산정해야 한다.

다. 그러나 환매권 상실로 인한 손해배상의 범위에 관한 원심의 판단은 다음과 같은 점에서 수긍하기 어렵다.

(1) 이 사건 택지개발사업의 개발계획 변경승인 및 실시계획 승인이 고시됨으로써 이 사건 각 토지가 이 사건 도로사업에 더 이상 필요 없게 되어 협의취득일 당시 토지소유자였던 원고들에게 환매권이 발생하였고(공익사업을 위한 토지 등의 취득 및 보상에 관한 법률 제91조 제1항), 그 후 이 사건 택지개발사업에 이 사건 각 토지가 필요하게 되었다고 하더라도 그러한 사정은 이 사건 각 토지에 관한 환매권의 성립이나 소멸에 아무런 영향을 미치지 않는다(대법원 2014. 9. 4. 선고 2013다1457 판결 참조).

(2) 구 공익사업을 위한 토지 등의 취득 및 보상에 관한 법률(2007. 10. 17. 법률 제8665호로 개정되기 전의 것, 이하 '토지보상법'이라 한다) 제91조 제5항은 '환매권은 부동산등기법이 정하는 바에 의하여 공익사업에 필요한 토지의 협의취득 또는 수용의 등기가 된 때에는 제3자에게 대항할 수 있다'고 정하고 있다. 이는 협의취득 또는 수용의 목적물이 제3자에게 이전되더라도 협의취득 또는 수용의 등기가 되어 있으면 환매권자의 지위가 그대로 유지되어 환매권자는 환매권을 행사할 수 있고, 제3자에 대해서도 이를 주장할 수 있다는 의미이다. 이 사건 각 토지에 관하여 피고 앞으로 공공용지 협의취득을 원인으로 한 소유권이전등기를 마쳤으므로, 원고들로서는 환매권이 발생한 때부터 제척기간 도과로 소멸할 때까지 사이에 언제라도 이 사건 각 토지에 관하여 환매권을 행사하고, 이로써 제3자에게 대항할 수 있다.

(3) 토지보상법상 원소유자 등의 환매권 상실로 인한 손해배상액은 환매권 상실 당시를 기준으로 한 목적물의 시가에서 환매권자가 환매권을 행사하였을 경우 반환하여야 할 환매가격을 공제한 금원이다. 환매권 상실 당시 환매목적물의 감정평가금액이 토지보상법 제91조 제1항에 정해진 '지급한 보상금'에 그때까지 사업과 관계없는 인근 유사토지의 지가변동률을 곱한 금액보다 적거나 같을 때에는 위 감정평가금액에서 위 '지급한 보상금'을 공제하는 방법으로 계산하면 되지만, 이를 초과할 때에는 [환매권 상실 당시의 감정평가금액 - (환매권 상실 당시의 감정평가금액 - 지급한 보상금 × 지가상승률)]로 산정한 금액, 즉 위 '지급한 보상금'에 당시의 인근

유사토지의 지가상승률을 곱한 금액이 손해로 된다(대법원 2000. 11. 14. 선고 99다45864 판결 등 참조).

라. 그런데도 원심은 원고들의 환매권이 10년의 제척기간 도과로 2009. 11. 15. 소멸함으로써 불법행위가 성립되었다고 하면서도 불법행위 성립 이전 시기인 2002. 1.경을 기준으로 이 사건 각 토지의 시가를 산정하였다. 원심의 이러한 판단에는 환매권 상실로 인한 손해배상의 범위에 관한 법리를 오해한 잘못이 있고, 이는 판결 결과에 영향을 미쳤음이 분명하다. 원고들의 이 부분 상고는 이유 있다.

2. 피고의 상고이유에 관한 판단

한국토지공사가 이 사건 각 토지에 이 사건 택지개발사업의 공사를 시작했다고 원고들의 환매권이 상실된다고 볼 수 없고, 따라서 그때부터 10년이 지남으로써 원고들의 손해배상청구권의 소멸시효가 완성된다고 볼 수 없다.

같은 취지의 원심의 판단은 정당하고, 상고이유 주장과 같이 소멸시효 완성 여부에 관한 법리를 오해한 잘못이 없다.

3. 결 론

원고들의 상고는 이유 있어 원심판결 중 원고들 패소 부분을 파기하고 이 부분 사건을 다시 심리·판단하도록 원심법원에 환송하기로 하며, 피고의 상고는 이유 없어 상고를 기각하기로 하여, 관여 대법관의 일치된 의견으로 주문과 같이 판결한다.

제 2 절 개발행정법

[1] 대법원 2016. 12. 29. 선고 2013다73551 판결 【근저당권설정등기말소청구의소】 [공2017상,211]

【판시사항】

[1] 도시 및 주거환경정비법에 따른 이전고시의 법적 성격

[2] 도시개발법 제32조에서 정한 입체환지의 의미 / 도시 및 주거환경정비법상 토지 등 소유자가 분양받은 대지 또는 건축물에 관하여 도시개발법상 입체환지에 관한 규정이 준용되는지 여부(원칙적 적극)

[3] 도시 및 주거환경정비법상 정비구역에 포함된 종전의 여러 토지 또는 건축물에

대하여 정비사업으로 조성된 하나의 대지 또는 건축물의 소유권을 분양받을 자에게 이전할 때 종전의 여러 토지 또는 건축물 중 일부에 근저당권이 설정되어 있는 경우, 소유권이 이전되는 대지 또는 건축물에 설정된 것으로 보게 되는 근저당권의 목적물 범위(=근저당권이 설정되어 있던 종전의 토지 또는 건축물의 지분)

【판결요지】

[1] 도시 및 주거환경정비법에 따른 이전고시는 준공인가의 고시로 사업시행이 완료된 이후에 관리처분계획에서 정한 바에 따라 종전의 토지 또는 건축물에 대하여 정비사업으로 조성된 대지 또는 건축물의 위치 및 범위 등을 정하여 소유권을 분양받을 자에게 이전하고 가격의 차액에 상당하는 금액을 청산하거나 대지 또는 건축물을 정하지 않고 금전적으로 청산하는 공법상 처분이다.

[2] 도시개발법 제32조에서 규정하는 입체환지는 시행자가 도시개발사업을 원활히 시행하기 위하여 환지의 목적인 토지에 갈음하여 토지 또는 건축물 소유자의 신청을 받아 건축물의 일부와 건축물이 있는 토지의 공유지분을 부여하는 것을 말하는데, 도시 및 주거환경정비법(이하 '도시정비법'이라 한다)상 이전고시는 종전 부동산과 새로운 부동산 사이에 형태상 일치가 존재하지 않는 점, 새로 취득하는 부동산이 건물과 부지의 지분이라는 점, 그리고 그것이 토지 등 소유자의 신청에 기초한다는 점에서 도시개발법상 입체환지와 유사하므로, 도시정비법상 토지 등 소유자가 분양받은 대지 또는 건축물에 관하여는 도시정비법에서 특별히 규정하는 내용을 제외하고는 원칙적으로 도시개발법상 환지에 관한 법리, 그중에서도 특히 입체환지에 관한 규정이 준용될 수 있다.

[3] 도시 및 주거환경정비법(이하 '도시정비법'이라 한다)상 이전고시의 법적 성격 및 도시정비법 제54조 제2항, 제55조, 도시개발법 제32조, 환지등기절차 등에 관한 업무처리지침(대법원 등기예규 제1430호) 제6의 가.항을 종합하면, 도시정비법상 정비구역에 포함된 종전의 여러 토지 또는 건축물에 대하여 정비사업으로 조성된 하나의 대지 또는 건축물의 소유권을 분양받을 자에게 이전할 때 종전의 여러 토지 또는 건축물 중 일부의 토지 또는 건축물에 근저당권이 설정되어 있는 경우에는 환지등기절차 등에 관한 업무처리지침상 합필환지의 규정을 준용하여, 도시정비법 제55조 제1항에 의하여 소유권이 이전되는 대지 또는 건축물에 설정된 것으로 보게 되는 근저당권의 목적물 범위는 대지 또는 건축물 중 근저당권이 설정되어 있던 종전의 토지 또는 건축물의 지분에 한정된다.

【참조조문】

[1] 도시 및 주거환경정비법 제52조 제3항, 제54조, 제55조, 제57조 제1항 / [2] 도시 및 주거환경정비법 제54조, 도시개발법 제32조 / [3] 도시 및 주거환경정비법

제54조, 제55조, 도시개발법 제32조

【참조판례】

[1] 대법원 2012. 3. 22. 선고 2011두6400 전원합의체 판결(공2012상, 682)

【전 문】

【원고, 피상고인】 원고

【피고, 상고인】 피고

【원심판결】 서울고법 2013. 9. 4. 선고 2013나11517 판결

【주 문】

원심판결 중 피고 패소 부분을 파기하고, 이 부분 사건을 서울고등법원에 환송한다.

【이 유】

상고이유(상고이유서 제출기간이 지난 후에 제출된 각 서면의 기재는 상고이유를 보충하는 범위 내에서)를 판단한다.

1. 원심은 그 판시와 같은 이유로, ① 제2 부동산 위에 유효하게 존속하는 이 사건 새로운 근저당권의 목적물 범위는 제2 부동산의 기초가 된 제1 부동산과 이 사건 대지지분 중 이 사건 근저당권이 원래 담보가치로 확보하고 있던 부분에 한정되고, ② 따라서 이 사건 새로운 근저당권은 제2 부동산 중 제1 부동산과 이 사건 대지지분을 일체로 평가한 권리가액 610,596,000원에서 원래 이 사건 근저당권이 담보가치로 확보하고 있던 제1 부동산의 평가액 223,415,000원이 차지하는 비율인 610,596,000분의 223,415,000 지분에 한하여 정당하다고 보아, 제2 부동산에 마쳐진 이 사건 새로운 근저당권설정등기 중 위 지분을 초과하는 부분은 아무런 법률상 원인이 없이 이기된 것으로서 무효라고 판단하였다.

2. 도시 및 주거환경정비법(이하 '도시정비법'이라 한다)에 따른 이전고시는 준공인가의 고시로 사업시행이 완료된 이후에 관리처분계획에서 정한 바에 따라 종전의 토지 또는 건축물에 대하여 정비사업으로 조성된 대지 또는 건축물의 위치 및 범위 등을 정하여 그 소유권을 분양받을 자에게 이전하고 그 가격의 차액에 상당하는 금액을 청산하거나 대지 또는 건축물을 정하지 않고 금전적으로 청산하는 공법상 처분이다(대법원 2012. 3. 22. 선고 2011두6400 전원합의체 판결 참조).

도시정비법 제54조 제2항은 "사업시행자는 제1항의 규정에 의하여 대지 및 건축물의 소유권을 이전하고자 하는 때에는 그 내용을 당해 지방자치단체의 공보에 고시한 후 이를 시장·군수에게 보고하여야 한다. 이 경우 대지 또는 건축물을 분양받을 자는 고시가 있은 날의 다음 날에 그 대지 또는 건축물에 대한 소유권을 취득한다."라고 규정하고, 제55조 제1항은 "대지 또는 건축물을 분양받을 자에게 제54조 제2항의 규정에 의하여 소유권을 이전한 경우 종전의 토지 또는 건축물에 설정된 지상권·전세권·저당권·임차권·가등기담보권·가압류 등 등기된 권리 및 주택임대차보호법 제3조 제1항의 요건을 갖춘 임차권은 소유권을 이전받은 대지 또는 건축물에 설정된 것으로 본다."라고 규정하며, 제55조 제2항은 "제1항의 규정에 의하여 취득하는 대지 또는 건축물 중 토지등소유자에게 분양하는 대지 또는 건축물은 도시개발법 제40조의 규정에 의하여 행하여진 환지로 본다."라고 규정한다.

한편, 도시개발법 제32조에서 규정하는 입체환지는 시행자가 도시개발사업을 원활히 시행하기 위하여 환지의 목적인 토지에 갈음하여 토지 또는 건축물 소유자의 신청을 받아 건축물의 일부와 그 건축물이 있는 토지의 공유지분을 부여하는 것을 말하는데, 도시정비법상 이전고시는 종전 부동산과 새로운 부동산 사이에 형태상 일치가 존재하지 않는 점, 새로 취득하는 부동산이 건물과 그 부지의 지분이라는 점, 그리고 그것이 토지등소유자의 신청에 기초한다는 점에서 도시개발법상 입체환지와 유사하므로, 도시정비법상 토지등소유자가 분양받은 대지 또는 건축물에 관하여는 도시정비법에서 특별히 규정하는 내용을 제외하고는 원칙적으로 도시개발법상 환지에 관한 법리, 그중에서도 특히 입체환지에 관한 규정이 준용될 수 있다. 도시개발법에 의한 환지 등에 관한 규정인 환지등기절차 등에 관한 업무처리지침(대법원 등기예규 제1430호) 제6의 가.항은 소유자가 동일한 여러 필지의 토지에 관하여 1필지의 환지를 교부하는 합필환지에 관하여, "종전 토지 중 일부의 토지에 근저당권설정등기와 같이 지분 위에 존속할 수 있는 권리가 등기되어 있는 경우, 시행자는 촉탁서에 환지 중 얼마의 지분이 그 등기의 목적이라는 것을 구체적으로 기재하여야 하고, 등기관은 이를 환지의 등기기록에 기록하여야 한다. 예컨대, 근저당권설정등기가 되어 있는 종전 토지 1토지와 소유권 이외의 권리가 등기되어 있지 않은 2토지에 대하여 1필지를 환지로 지정한 경우, 시행자는 환지등기 촉탁서에 위 1토지의 근저당권이 환지의 몇 분의 몇 지분 위에 존속한다는 취지를 기재하여야 하고, 등기관은 환지등기를 실행하면서 당해 근저당권설정등기를 위 몇 분의 몇 지분에 대한 근저당권설정등기로 변경하여야 한다."라고 규정한다.

위와 같은 도시정비법상 이전고시의 법적 성격 및 관계 법령의 규정을 종합하면, 도시정비법상 정비구역에 포함된 종전의 여러 토지 또는 건축물에 대하여 정비사업으로 조성된 하나의 대지 또는 건축물의 소유권을 분양받을 자에게 이전함에 있어 종전의 여러 토지 또는 건축물 중 일부의 토지 또는 건축물에 근저당권이 설정되어 있는 경우에는 환지등기절차 등에 관한 업무처리지침상 합필환지의 규정을 준용하여, 도시정비법 제55조 제1항에 의하여 소유권이 이전되는 대지 또는 건축물에 설정된 것으로 보게 되는 근저당권의 목적물 범위는 위 대지 또는 건축물 중 위 근저당권이 설정되어 있던 종전의 토지 또는 건축물의 지분에 한정되는 것으로 볼 수 있다.

앞서 본 법리에 따라 기록을 살펴보면, 이 사건 정비구역에 포함된 제1 부동산과 이 사건 대지지분에 대하여 이 사건 주택재건축정비사업으로 조성된 제2 부동산의 소유권이 원고에게 이전되고, 제1 부동산에 설정되어 있던 이 사건 근저당권이 제2 부동산에 이 사건 새로운 근저당권으로 설정되는 등 제1 부동산과 이 사건 대지지분에 설정되어 있던 각 근저당권들이 도시정비법 제55조 제1항에 따라 제2 부동산에 설정된 것으로 보게 됨에 있어, 원심이 이 사건 새로운 근저당권의 목적물 범위를 제2 부동산의 기초가 된 제1 부동산과 이 사건 대지지분 중 이 사건 근저당권이 원래 담보가치로 확보하고 있던 부분에 한정된다고 본 판단은 정당하다. 거기에 필요한 심리를 다하지 아니한 채 논리와 경험의 법칙을 위반하여 자유심증주의의 한계를 벗어나거나, 도시정비법 제55조 제1항에 관한 법리를 오해한 잘못이 없다.

3. 그러나 이 사건 새로운 근저당권은 제2 부동산 중 제1 부동산과 이 사건 대지지분을 일체로 평가한 권리가액 610,596,000원에서 원래 이 사건 근저당권이 담보가치로 확보하고 있던 제1 부동산의 평가액 223,415,000원이 차지하는 비율인 610,596,000분의 223,415,000 지분에 한하여 정당하고 이를 초과하는 부분은 무효라고 본 원심의 판단은 아래와 같은 이유에서 받아들이기 어렵다.

원심판결 이유 및 기록에 의하면, ① 이 사건 주택재건축정비사업의 2005. 11. 24.경 인가된 관리처분계획상 사업시행고시일 기준 제1 부동산과 이 사건 대지지분의 평가액은 각 223,415,000원과 251,832,000원(합계 475,247,000원)이고, 종전자산 평가액에 주택재건축정비사업으로 발생하는 개발이익이 반영된 권리가액은 각 276,452,000원과 311,615,000원(합계 588,067,000원)인 사실, ② 2007. 8. 13.경 변경된 관리처분계획에 의하면 제1 부동산과 이 사건 대지지분의 평가액에는 변동이 없으나, 그 권리가액 합계는 610,596,000원으로 증액된 사실을 알 수 있다.

앞서 본 법리에 따라 위와 같은 사실관계를 살펴보면, 원래 제1 부동산에 설정되어 있던 이 사건 근저당권이 제2 부동산에 이 사건 새로운 근저당권으로 설정됨에 있어 그 목적물 범위는 제2 부동산의 기초가 된 제1 부동산과 이 사건 대지지분의 평가액 합계 중 제1 부동산의 평가액 비율에 해당하는 475,247,000분의 223,415,000 지분에 한정되고, 제2 부동산에 마쳐진 이 사건 새로운 근저당권설정등기 중 475,247,000분의 223,415,000 지분을 초과하는 부분만이 법률상 원인이 없어 무효라고 볼 수 있다.

그런데도 원심은 이 사건 새로운 근저당권설정등기 중 610,596,000분의 223,415,000 지분을 초과하는 부분이 무효라고 판단하였으니, 이러한 원심판결에는 근저당권에 관한 법리를 오해하거나, 논리와 경험의 법칙을 위반하여 자유심증주의의 한계를 벗어나 판결에 영향을 미친 잘못이 있다.

4. 그러므로 원심판결 중 피고 패소 부분을 파기하고, 이 부분 사건을 다시 심리·판단하도록 원심법원에 환송하기로 하여, 관여 대법관의 일치된 의견으로 주문과 같이 판결한다.

[2] 대법원 2017. 6. 15. 선고 2014두46843 판결【입주변경계약취소처분등취소】[공2017하,1475]

【판시사항】

[1] 산업단지관리공단이 구 산업집적활성화 및 공장설립에 관한 법률 제38조 제2항에 따른 변경계약의 취소가 항고소송의 대상이 되는 행정처분에 해당하는지 여부(적극)

[2] 국민에게 일정한 이익과 권리를 취득하게 한 종전 행정처분을 직권으로 취소하는 행정처분을 할 수 있는 경우 및 종전 행정처분의 하자나 취소해야 할 필요성에 관한 증명책임의 소재(=행정청) / 신뢰보호와 이익형량의 취지가 구 산업집적활성화 및 공장설립에 관한 법률에 따른 입주계약 또는 변경계약을 취소하는 경우에도 마찬가지로 적용되는지 여부(적극)

【판결요지】

[1] 구 산업집적활성화 및 공장설립에 관한 법률(2013. 3. 23. 법률 제11690호로 개정되기 전의 것) 제13조 제1항, 제2항 제2호, 제30조 제1항 제2호, 제2항 제3호, 제38조 제1항, 제2항, 제40조, 제40조의2, 제42조 제1항 제4호, 제5호, 제2항, 제5

항, 제43조, 제43조의3, 제52조 제2항 제5호, 제6호, 제53조 제4호, 제55조 제1항 제4호, 제2항 제9호 규정들에서 알 수 있는 산업단지관리공단의 지위, 입주계약 및 변경계약의 효과, 입주계약 및 변경계약 체결 의무와 그 의무를 불이행한 경우의 형사적 내지 행정적 제재, 입주계약해지의 절차, 해지통보에 수반되는 법적 의무 및 그 의무를 불이행한 경우의 형사적 내지 행정적 제재 등을 종합적으로 고려하면, 입주변경계약 취소는 행정청인 관리권자로부터 관리업무를 위탁받은 산업단지관리공단이 우월적 지위에서 입주기업체들에게 일정한 법률상 효과를 발생하게 하는 것으로서 항고소송의 대상이 되는 행정처분에 해당한다.

[2] 일정한 행정처분으로 국민이 일정한 이익과 권리를 취득하였을 경우에 종전 행정처분에 하자가 있음을 전제로 직권으로 이를 취소하는 행정처분은 이미 취득한 국민의 기존 이익과 권리를 박탈하는 별개의 행정처분으로, 취소될 행정처분에 하자가 있어야 하고, 나아가 행정처분에 하자가 있다고 하더라도 취소해야 할 공익상 필요와 취소로 당사자가 입게 될 기득권과 신뢰보호 및 법률생활 안정의 침해 등 불이익을 비교·교량한 후 공익상 필요가 당사자가 입을 불이익을 정당화할 만큼 강한 경우에 한하여 취소할 수 있는 것이며, 하자나 취소해야 할 필요성에 관한 증명책임은 기존 이익과 권리를 침해하는 처분을 한 행정청에 있다. 이러한 신뢰보호와 이익형량의 취지는 구 산업집적활성화 및 공장설립에 관한 법률(2013. 3. 23. 법률 제11690호로 개정되기 전의 것)에 따른 입주계약 또는 변경계약을 취소하는 경우에도 마찬가지로 적용될 수 있다.

【참조조문】

[1] 구 산업집적활성화 및 공장설립에 관한 법률(2013. 3. 23. 법률 제11690호로 개정되기 전의 것) 제13조 제1항, 제2항 제2호, 제30조 제1항 제2호, 제2항 제3호, 제38조 제1항, 제2항, 제40조, 제40조의2, 제42조 제1항 제4호, 제5호, 제2항, 제5항, 제43조, 제43조의3, 제52조 제2항 제5호, 제6호, 제53조 제4호, 제55조 제1항 제4호, 제2항 제9호, 행정소송법 제2조 제1항 제1호 / [2] 행정소송법 제1조[행정처분일반], 제19조, 제26조[증명책임], 구 산업집적활성화 및 공장설립에 관한 법률(2013. 3. 23. 법률 제11690호로 개정되기 전의 것) 제38조 제1항, 제2항

【참조판례】

[1] 대법원 2011. 6. 30. 선고 2010두23859 판결 / [2] 대법원 2014. 11. 27. 선고 2014두9226 판결(공2015상, 52)

【전 문】

【원고, 피상고인】 원고 1 외 1인 (소송대리인 변호사 윤형한)

【피고, 상고인】 사단법인 성남산업단지관리공단 외 1인 (소송대리인 법무법인 마당 외 2인)

【원심판결】 서울고법 2014. 11. 27. 선고 2014누50226 판결

【주 문】

상고를 모두 기각한다. 상고비용은 피고들이 부담한다.

【이 유】

상고이유(상고이유서 제출기간 경과 후에 제출된 상고이유보충서의 기재는 상고이유를 보충하는 범위 내에서)를 판단한다.

1. 변경계약 취소의 처분성에 관한 상고이유에 대하여

행정청의 어떤 행위가 항고소송의 대상이 될 수 있는지의 문제는 추상적·일반적으로 결정할 수 없고, 구체적인 경우 행정처분은 행정청이 공권력의 주체로서 행하는 구체적 사실에 관한 법집행으로서 국민의 권리의무에 직접적으로 영향을 미치는 행위라는 점을 염두에 두고, 관련 법령의 내용과 취지, 그 행위의 주체·내용·형식·절차, 그 행위와 상대방 등 이해관계인이 입는 불이익과의 실질적 견련성, 그리고 법치행정의 원리와 해당 행위에 관련한 행정청 및 이해관계인의 태도 등을 참작하여 개별적으로 결정하여야 한다(대법원 2010. 11. 18. 선고 2008두167 전원합의체 판결 등 참조).

구 「산업집적활성화 및 공장설립에 관한 법률」(2013. 3. 23. 법률 제11690호로 개정되기 전의 것, 이하 '구 산업집적법'이라 한다)에 따르면, 일반산업단지의 관리권자는 시·도지사이고(제30조 제1항 제2호), 피고 사단법인 성남산업단지관리공단(이하 '피고 공단'이라 한다)은 관리권자로부터 관리업무를 위탁받은 관리기관이며(같은 조 제2항 제3호), 산업단지에서 제조업을 하거나 하려는 자는 지식경제부령이 정하는 바에 따라 관리기관과 입주계약을 체결하여야 하고(제38조 제1항 본문), 입주계약사항 중 지식경제부령으로 정하는 사항을 변경하려는 경우에는 새로 변경계약을 체결하여야 한다(같은 조 제2항). 그리고 입주계약 및 변경계약을 체결한 경우에는 공장설립 등의 승인을 받은 것으로 보며(제13조 제2항 제2호, 제1항), 입주계약을 위반하거나 변경계약을 체결하지 아니하고 지식경제부령으로 정하는 사항을 변경한 때에는 관리기관은 일정한 기간 내에 그 시정을 명하고 이를 이행하지 아니하는 경우 사전에 계약당사자의 의견을 듣고 그 입주계약을 해지할 수 있으며(제42조 제1항 제4호, 제5호, 제5항), 이 경우 입주계약이 해지된 자는 남은 업무의

처리 등을 제외하고는 그 사업을 즉시 중지하여야 하고(같은 조 제2항), 그가 소유하는 산업용지 및 공장 등을 처분하여야 한다(제43조). 또한 산업용지 또는 공장 등을 취득한 자가 일정한 기간 내에 입주계약을 체결하지 못한 경우에는 그 산업용지 등을 제3자 또는 관리기관 등에게 양도하여야 하고(제40조, 제40조의2), 입주계약을 체결하지 아니하고 제조업 등을 하거나 입주계약 해지에 따른 사업중지의무에 위반하여 계속 그 사업을 하는 자는 3년 이하의 징역 또는 1천 500만 원 이하의 벌금에 처하며(제52조 제2항 제5호, 제6호), 변경계약을 체결하지 아니하고 제조업 등을 하는 자는 1천 500만 원 이하의 벌금에 처하거나(제53조 제4호) 과태료 부과 대상이 되고(제55조 제2항 제9호), 입주계약 해지 후의 재산 처분·양도 의무를 이행하지 아니한 자에게는 과태료가 부과되며(제55조 제1항 제4호), 이행강제금이 부과될 수 있다(제43조의3).

이와 같은 규정들에서 알 수 있는 피고 공단의 지위, 입주계약 및 변경계약의 효과, 입주계약 및 변경계약 체결 의무와 그 의무를 불이행한 경우의 형사적 내지 행정적 제재, 입주계약해지의 절차, 그 해지통보에 수반되는 법적 의무 및 그 의무를 불이행한 경우의 형사적 내지 행정적 제재 등을 종합적으로 고려하면, 이 사건 변경계약 취소는 행정청인 관리권자로부터 관리업무를 위탁받은 피고 공단이 우월적 지위에서 원고들에게 일정한 법률상 효과를 발생하게 하는 것으로서 항고소송의 대상이 되는 행정처분에 해당한다고 보아야 한다(대법원 2011. 6. 30. 선고 2010두23859 판결 참조).

원심판결 이유와 원심이 인용한 제1심판결 이유에 의하면, 원심은 그 채택 증거를 종합하여 그 판시와 같은 사실을 인정한 다음, 구 산업집적법의 공익적 목적과 규정 내용 등 그 판시와 같은 이유를 들어 이 사건 변경계약의 취소는 행정처분에 해당한다고 판단하였다.

이러한 원심의 판단은 앞서 본 법리에 따른 것으로서 정당하고, 거기에 변경계약 취소의 법적 성질에 관한 법리를 오해한 잘못이 없다. 피고들이 상고이유에서 들고 있는 대법원 1995. 9. 29. 선고 95누8447 판결은 구「공업배치 및 공장설립에 관한 법률」(1994. 1. 7. 법률 제4720호로 개정되기 전의 것)에 따른 입주계약에 관한 것으로 이 사건과는 사안이 다르다.

2. 이 사건 변경계약 취소 및 건축불허가 처분의 위법성에 관한 상고이유에 대하여

일정한 행정처분으로 국민이 일정한 이익과 권리를 취득하였을 경우에 종전 행정

처분에 하자가 있음을 전제로 직권으로 이를 취소하는 행정처분은 이미 취득한 국민의 기존 이익과 권리를 박탈하는 별개의 행정처분으로, 취소될 행정처분에 하자가 있어야 하고, 나아가 행정처분에 하자가 있다고 하더라도 취소해야 할 공익상 필요와 취소로 당사자가 입게 될 기득권과 신뢰보호 및 법률생활 안정의 침해 등 불이익을 비교·교량한 후 공익상 필요가 당사자가 입을 불이익을 정당화할 만큼 강한 경우에 한하여 취소할 수 있는 것이며, 하자나 취소해야 할 필요성에 관한 증명책임은 기존 이익과 권리를 침해하는 처분을 한 행정청에 있다(대법원 2014. 11. 27. 선고 2014두9226 판결 등 참조). 이러한 신뢰보호와 이익형량의 취지는 산업집적법에 따른 입주계약 또는 변경계약을 취소하는 경우에도 마찬가지로 적용될 수 있다.

원심판결 이유와 원심이 인용한 제1심판결 이유에 의하면, 원심은 그 채택 증거를 종합하여 그 판시와 같은 사실을 인정한 다음, 이 사건 변경계약의 하자가 원고들의 사실은폐나 기타 사위의 방법에 의한 신청행위에 기인한 것으로 보기 어렵다고 판단하였다. 그리고 원심은, ① 2003년경부터 이 사건 산업단지 내에서 여러 개의 도금업체가 운영 중임에도 그로 인한 공해 관련 민원 등이 제기된 바 없었던 점, ② 원고들이 제시하고 있는 공해방지시설을 제대로 설치·가동할 경우 환경오염 및 공해발생 등에 따른 피해를 상당 부분 줄일 수 있을 것으로 예상되므로, 이 사건 변경계약을 유지함으로 인하여 인근 주민들에게 사회통념상 수인한도를 넘어서는 피해가 발생한다고 보기 어려운 점, ③ 피고들도 처음에는 도금업이 입주제한 업종인 공해유발업종에 해당하지 아니한다는 의견을 밝혀왔던 점, ④ 원고들은 이 사건 변경계약을 신뢰하여 배출시설 설치허가 용역계약을 체결하는 등 이미 많은 자금과 노력을 투자한 것으로 보이고, 원고들이 장차 설립할 지식산업센터에 대해서는 관련 법령에 따른 철저한 사전·사후관리 등을 통하여 주변 환경과 인근 주민에 대한 피해를 최소화할 수 있을 것으로 보이는 점 등의 제반 사정을 종합하여 볼 때, 이 사건 변경계약이 취소됨으로 인하여 원고들이 입을 불이익을 정당화할 만한 중대한 공익상의 필요가 있다고 보기 어려우므로 이 사건 변경계약 취소처분은 위법하고, 이 사건 변경계약의 취소를 전제로 한 건축불허가처분 또한 위법하다고 판단하였다.

앞서 본 법리와 기록에 비추어 보면, 원심의 위와 같은 판단은 정당하고, 거기에 논리와 경험의 법칙에 반하여 자유심증주의의 한계를 벗어나거나 신뢰보호의 원칙에 관한 법리를 오해한 잘못이 없다.

3. 결 론

그러므로 상고를 모두 기각하고, 상고비용은 패소자들이 부담하기로 하여, 관여 대법관의 일치된 의견으로 주문과 같이 판결한다.

제 3 절 재무행정법

1 대법원 2017. 4. 27. 선고 2017두31248 판결 【사용료부과처분취소청구의소】 [공2017상,1139]

【판시사항】

갑 시가 국유재산인 토지 상에 근로자 종합복지관 등을 건축하여 점유·사용하고 있다는 이유로 해당 국유지의 관리청인 을 시가 사용료 부과처분을 한 사안에서, 을 시가 갑 시에 국유재산에 대한 사용료 또는 점용료를 부과하기 위해서는, 을 시가 갑 시에 국유재산의 점용·사용을 허가하였거나 그에 관한 협의 또는 승인이 있었던 경우라야 한다고 한 사례

【판결요지】

갑 시가 국유재산인 토지 상에 근로자 종합복지관 등을 건축하여 점유·사용하고 있다는 이유로 해당 국유지의 관리청인 을 시가 사용료 부과처분을 한 사안에서, 구 국유재산법(2016. 3. 2. 법률 제14041호로 개정되기 전의 것) 제32조 제1항에 의하면 행정재산을 사용허가한 때에는 대통령령으로 정하는 요율과 산출방법에 따라 매년 사용료를 징수하고, 공유수면 관리 및 매립에 관한 법률 제13조 제1항에 의하면 공유수면관리청은 점용·사용허가나 공유수면의 점용·사용협의 또는 승인을 받은 자로부터 대통령령으로 정하는 바에 따라 매년 공유수면 점용료 또는 사용료를 징수하여야 하므로, 을 시가 갑 시에 국유재산에 대한 사용료 또는 점용료를 부과하기 위해서는 을 시가 갑 시에 국유재산의 점용·사용을 허가하였거나 그에 관한 협의 또는 승인이 있었던 경우라야 함에도, 점용·사용허가 등이 있었는지에 관하여 심리하지 아니한 채 오히려 갑 시가 국유재산에 관한 점용·사용허가를 받지 않고 이를 점유·사용하고 있다고 보면서도 사용료 부과처분이 적법하다고 본 원심의 판단에 법리를 오해하여 필요한 심리를 다하지 아니한 잘못이 있다고 한 사례.

【참조조문】

구 국유재산법(2016. 3. 2. 법률 제14041호로 개정되기 전의 것) 제32조 제1항, 공

유수면 관리 및 매립에 관한 법률 제13조 제1항

【전 문】

【원고, 상고인】 서울특별시 (소송대리인 법무법인(유한) 한결 담당변호사 김장식)

【피고, 피상고인】 광명시장 (소송대리인 법무법인 일원송헌 담당변호사 김용준 외 1인)

【원심판결】 서울고법 2016. 11. 29. 선고 2016누62339 판결

【주 문】

원심판결을 파기하고, 사건을 서울고등법원에 환송한다.

【이 유】

상고이유(상고이유서 제출기간이 지난 후에 제출된 상고이유보충서 등의 기재는 상고이유를 보충하는 범위 내에서)를 판단한다.

1. 원심은 그 판시와 같이, 원고가 이 사건 제1, 2국유재산에 관하여 적법한 절차에 따라 점용·사용허가를 받지 않은 채 그 지상에 이 사건 시설을 건축하여 점유·사용하고 있는 이상, 원고가 피고로부터 이 사건 제1, 2국유재산에 관하여 묵시적으로 무상 사용수익허가를 받았다고 할 수는 없다는 등의 이유로 이 사건 각 사용료 부과처분이 적법하다고 판단하였다.

2. 그러나 원심의 이러한 판단은 아래와 같은 이유로 받아들이기 어렵다.

구 국유재산법(2016. 3. 2. 법률 제14041호로 개정되기 전의 것) 제32조 제1항에 의하면 행정재산을 사용허가한 때에는 대통령령으로 정하는 요율과 산출방법에 따라 매년 사용료를 징수하고, 공유수면 관리 및 매립에 관한 법률 제13조 제1항에 의하면 공유수면관리청은 점용·사용허가나 공유수면의 점용·사용협의 또는 승인을 받은 자로부터 대통령령으로 정하는 바에 따라 매년 공유수면 점용료 또는 사용료를 징수하여야 한다.

따라서 피고가 원고에게 이 사건 제1, 2국유재산에 대한 사용료 또는 점용료를 부과하기 위해서는, 피고가 원고에게 제1, 2국유재산의 점용·사용을 허가하였거나 그에 관한 협의 또는 승인이 있었던 경우라야 한다.

그럼에도 원심은 이러한 점용·사용허가 등이 있었는지에 관하여 심리하지 아니한 채, 오히려 원고가 제1, 2국유재산에 관한 점용·사용허가를 받지 않고 이를 점유·사

용하고 있다고 보면서도 이 사건 각 사용료 부과처분이 적법하다고 판단하였다. 이러한 원심의 판단에는 국유재산 및 공유수면 사용에 대한 사용료 부과에 관한 법리를 오해하여 필요한 심리를 다하지 아니함으로써 판결에 영향을 미친 잘못이 있다.

3. 그러므로 나머지 상고이유에 대한 판단을 생략한 채, 원심판결을 파기하고, 사건을 다시 심리·판단하도록 원심법원에 환송하기로 하여, 관여 대법관의 일치된 의견으로 주문과 같이 판결한다.

제 4 절 환경행정법

1 대법원 2016. 11. 25. 선고 2014다57846 판결 【방음설비설치】 [공2017상,8]

【판시사항】

[1] 소음이 민법 제217조에서 정하는 생활방해에 해당하는지 여부(적극) 및 소음이 이웃 토지의 통상의 용도에 적당한 것인 경우, 이웃 거주자는 같은 조 제2항에 따라 이를 인용할 의무가 있는지 여부(적극)

[2] 도로소음에 따른 생활방해의 정도가 '참을 한도'를 넘는지 판단하는 기준과 고려할 사항

[3] 도로변 지역의 소음에 관한 환경정책기본법의 소음환경기준을 초과하는 도로소음이 있다고 하여 '참을 한도'를 넘는 위법한 침해행위가 있다고 단정할 수 있는지 여부(소극) / 도로소음에 따른 생활방해를 원인으로 제기된 사건에서 공동주택에 거주하는 사람들이 '참을 한도'를 넘는 생활방해를 받고 있는지는 거실에서 소음원에 면한 방향의 모든 창호를 개방한 상태로 측정한 소음도가 환경정책기본법상 소음환경기준 등을 넘는지에 따라 판단하여야 하는지 여부(원칙적 적극)

【판결요지】

[1] 민법 제217조는 제1항에서 "토지소유자는 매연, 열기체, 액체, 음향, 진동 기타 이에 유사한 것으로 이웃 토지의 사용을 방해하거나 이웃 거주자의 생활에 고통을 주지 아니하도록 적당한 조처를 할 의무가 있다."라고 정하고, 제2항에서 "이웃 거주자는 전항의 사태가 이웃 토지의 통상의 용도에 적당한 것인 때에는 이를 인용할 의무가 있다."라고 정하고 있다. 소음은 이 규정에서 정하는 생활방해에 해당하므로, 제2항에 따라 이웃 거주자는 소음이 이웃 토지의 통상의 용도에 적당한 것인 때에는 이를 인용할 의무가 있다.

[2] 도로에서 발생하는 소음으로 말미암아 생활에 고통을 받는 경우에 이웃 거주자에게 인용의무가 있는지는 일반적으로 사회통념에 비추어 도로소음이 참아내야 할 정도(이하 '참을 한도'라고 한다)를 넘는지에 따라 결정하여야 한다. 이는 구체적으로 소음으로 인한 피해의 성질과 정도, 피해이익의 공공성, 가해행위의 종류와 태양, 가해행위의 공공성, 가해자의 방지조치 또는 손해 회피의 가능성, 공법상 규제기준의 위반 여부, 지역성, 토지이용의 선후관계 등 모든 사정을 종합적으로 고려하여 판단하여야 한다. 그리고 도로가 현대생활에서 필수불가결한 시설로서 지역 간 교통, 균형개발과 국가의 산업경제활동에 큰 편익을 제공하는 것이고, 도시개발사업도 주변의 정비된 도로망 건설을 필수적인 요소로 하여 이루어지고 있는 점, 자동차 교통이 교통의 많은 부분을 차지하고 있고, 도시화·산업화에 따라 주거의 과밀화가 진행되고 있는 현실에서 일정한 정도의 도로소음의 발생과 증가는 사회발전에 따라 피할 수 없는 변화에 속하는 점 등도 충분히 고려되어야 한다.

[3] 도로소음을 규제하는 행정법규는 인근 주민을 소음으로부터 보호하는 데 주요한 목적이 있기 때문에 도로소음이 이 기준을 넘는지는 일반적으로 사회통념에 비추어 참아내야 할 정도(이하 '참을 한도'라고 한다)를 정하는 데 중요하게 고려해야 한다. 그러나 도로변 지역의 소음에 관한 환경정책기본법의 소음환경기준을 넘는 도로소음이 있다고 하여 바로 참을 한도를 넘는 위법한 침해행위가 있어 민사책임이 성립한다고 단정할 수 없다. 도로소음으로 인한 생활방해를 원인으로 제기된 사건에서 공동주택에 거주하는 사람들이 참을 한도를 넘는 생활방해를 받고 있는지는 특별한 사정이 없는 한 소음피해지점에서 소음원 방향으로 창문·출입문 또는 건물벽 밖의 0.5~1m 떨어진 지점에서 측정된 실외소음도가 아니라, 일상생활이 주로 이루어지는 장소인 거실에서 도로 등 해당 소음원에 면한 방향의 모든 창호를 개방한 상태로 측정한 소음도가 환경정책기본법상 소음환경기준 등을 넘는지 여부에 따라 판단하는 것이 타당하다.

【참조조문】

[1] 민법 제217조 / [2] 민법 제217조 / [3] 민법 제217조, 환경정책기본법 제12조 제1항, 제2항, 환경정책기본법 시행령 제2조 [별표]

【참조판례】

[2][3] 대법원 2015. 9. 24. 선고 2011다91784 판결(공2015하, 1596)

【전 문】

【원고, 피상고인】 별지 원고 명단 기재와 같다(소송대리인 법무법인 로원 담당변호사 고은아 외 4인)

【피고, 상고인】 창원시 (소송대리인 법무법인 다율 담당변호사 조종만)
【원심판결】 부산고법 2014. 7. 24. 선고 (창원)2013나3128 판결

【주 문】

원심판결 중 제2 예비적 청구에 관한 피고 패소 부분을 파기하고, 이 부분 사건을 부산고등법원에 환송한다.

【이 유】

상고이유를 판단한다.

1. 민법 제217조는 제1항에서 "토지소유자는 매연, 열기체, 액체, 음향, 진동 기타 이에 유사한 것으로 이웃 토지의 사용을 방해하거나 이웃 거주자의 생활에 고통을 주지 아니하도록 적당한 조처를 할 의무가 있다."라고 정하고, 제2항에서 "이웃 거주자는 전항의 사태가 이웃 토지의 통상의 용도에 적당한 것인 때에는 이를 인용할 의무가 있다."라고 정하고 있다. 소음은 이 규정에서 정하는 생활방해에 해당하므로, 제2항에 따라 이웃 거주자는 소음이 이웃 토지의 통상의 용도에 적당한 것인 때에는 이를 인용할 의무가 있다.

도로에서 발생하는 소음으로 말미암아 생활에 고통을 받는 경우에 이웃 거주자에게 인용의무가 있는지 여부는 일반적으로 사회통념에 비추어 도로소음이 참아내야 할 정도(이하 '참을 한도'라고 한다)를 넘는지 여부에 따라 결정하여야 한다. 이는 구체적으로 소음으로 인한 피해의 성질과 정도, 피해이익의 공공성, 가해행위의 종류와 태양, 가해행위의 공공성, 가해자의 방지조치 또는 손해 회피의 가능성, 공법상 규제기준의 위반 여부, 지역성, 토지이용의 선후관계 등 모든 사정을 종합적으로 고려하여 판단하여야 한다. 그리고 도로가 현대생활에서 필수불가결한 시설로서 지역 간 교통, 균형개발과 국가의 산업경제활동에 큰 편익을 제공하는 것이고, 도시개발사업도 주변의 정비된 도로망 건설을 필수적인 요소로 하여 이루어지고 있는 점, 자동차 교통이 교통의 많은 부분을 차지하고 있고, 도시화·산업화에 따라 주거의 과밀화가 진행되고 있는 현실에서 일정한 정도의 도로소음의 발생과 증가는 사회발전에 따라 피할 수 없는 변화에 속하는 점 등도 충분히 고려되어야 한다.

도로소음을 규제하는 행정법규는 인근 주민을 소음으로부터 보호하는 데 주요한 목적이 있기 때문에 도로소음이 이 기준을 넘는지 여부는 참을 한도를 정하는 데 중요하게 고려해야 한다. 그러나 도로변 지역의 소음에 관한 환경정책기본법의 소음환경기준을 넘는 도로소음이 있다고 하여 바로 참을 한도를 넘는 위법한 침해행

위가 있어 민사책임이 성립한다고 단정할 수 없다. 도로소음으로 인한 생활방해를 원인으로 제기된 사건에서 공동주택에 거주하는 사람들이 참을 한도를 넘는 생활방해를 받고 있는지는 특별한 사정이 없는 한 소음피해지점에서 소음원 방향으로 창문·출입문 또는 건물벽 밖의 0.5~1m 떨어진 지점에서 측정된 실외소음도가 아니라, 일상생활이 주로 이루어지는 장소인 거실에서 도로 등 해당 소음원에 면한 방향의 모든 창호를 개방한 상태로 측정한 소음도가 환경정책기본법상 소음환경기준 등을 넘는지 여부에 따라 판단하는 것이 타당하다(대법원 2015. 9. 24. 선고 2011다91784 판결 등 참조).

2. 원심은, 다음과 같은 이유로 피고는 국가배상법 제5조에 의한 이 사건 도로의 관리자로서 원고들에게 이 사건 도로의 소음으로 인하여 발생한 정신적 손해를 배상할 책임이 있다고 판단하였다.

(1) 이 사건 아파트의 사용검사 승인 전에 측정된 이 사건 도로의 소음도가 환경정책기본법에서 정한 주간 소음환경기준 65dB(A)이나 야간 소음환경기준 55dB(A)을 넘는 것으로 나타났다. 감정인이 이 사건 아파트 중 도로변에 위치한 호실에서 소음을 측정한 결과 야간소음이 55dB(A)을 넘어 57dB(A)에서 68dB(A)에 이르고, 도로변에 위치한 대부분의 호실에서 위 기준을 10dB(A) 이상 넘는 소음이 측정되었다.

(2) 이 사건 아파트는 국토의 계획 및 이용에 관한 법률에서 정한 제2종 일반주거지역에 위치하고 있어 거주자들의 주거환경을 보호할 필요성이 크다.

(3) 피고는 소음으로 인한 문제를 알고 있었는데도, 사용검사 승인일부터 이 사건 소가 제기되기까지 과속방지 감시카메라 설치 외에 달리 소음저감방안을 조사·계획하거나 실행한 적이 있음을 인정할 만한 자료가 없고, 이 사건 소 제기 이후에야 비로소 '도로교통 소음 영향평가 및 저감방안'을 검토하여 보고서를 제출하였다.

(4) 이러한 사정들을 종합하면 이 사건 도로에는 설치·관리상의 하자가 존재하고 이로 인하여 원고들 주거지의 소음도가 환경정책기본법에서 정한 일반주거지역의 소음환경기준을 넘어 사회통념상 참을 한도를 넘어서는 생활이익의 침해가 있었다고 볼 수 있다.

3. 원심은 위와 같이 피고의 손해배상책임을 인정하면서 감정인이 소음측정기의 마이크로폰을 이 사건 아파트 베란다 창문으로부터 돌출시켜 이 사건 도로 방향으

로 설치하여 측정한 소음도와 이에 기초하여 산정한 실외소음도를 그대로 받아들였다.

그러나 원심의 판단은 다음과 같은 이유로 받아들이기 어렵다.

원심판결 이유와 기록에 의하면 다음의 사실을 알 수 있다. 즉, 이 사건 도로 중 국도 25호선은 2002. 8. 30. 사용 개시되었고 국도 2호선은 2004. 1. 19. 사용 개시되었다. 그런데 이 사건 아파트는 2004. 5. 28. 주택건설사업계획 승인이 이루어졌고 2006. 8. 31. 사용승인을 받아 수분양자들이 입주하기 시작하였다. 원고들은 이 사건 아파트에 거주할 당시 일정 정도의 도로소음 발생과 증가를 알았거나 알 수 있었다고 볼 수 있다.

공동주택에 거주하는 사람들의 생활이익이 중요함은 물론이지만, 자동차 교통망의 중요한 축을 이루고 있는 이 사건 도로는 지역경제 전반의 기반을 공고히 하고 지역 주민들 생활의 질을 향상시키는 등 그 공공성과 사회적 가치가 매우 크다. 이 사건 도로에서 자동차의 운행으로 소음이 발생할 수밖에 없으므로 그 주변에 거주하는 사람들은 이러한 소음을 어느 정도까지는 참아내야 한다. 도시화·산업화와 이로 인한 주거의 과밀화로 도시에 거주하는 대부분의 거주자는 어느 정도의 소음이 존재하는 상황에서 특정 장소에 거주하기 시작하고, 거주자가 고요하고 평온한 상태에서 쾌적한 일상생활을 누릴 수 있는 생활이익은 원칙적으로 그가 거주를 시작한 때 그 장소에 있는 소음도를 기초로 형성되기 시작한다. 원고들이 거주하는 이 사건 아파트 각 세대에서 위와 같은 원심이 인정한 실외소음도를 원고들이 일상생활을 주로 하는 지점의 소음도로 보기는 어렵다. 따라서 위 1.에서 보았듯이 원고들의 일상생활이 주로 이루어지는 장소인 거실에서 도로 등 소음원에 면한 방향의 모든 창호를 개방한 상태로 측정한 소음도를 기준으로 환경정책기본법상 소음환경기준 등을 넘는지 여부를 판단하는 것이 타당하다. 그러므로 원심이 들고 있는 사정만으로 원고들에게 바로 참을 한도를 넘는 생활방해가 인정되어 피고에게 손해배상책임이 인정된다고 단정하기 어렵다.

4. 따라서 원심으로서는 위에서 본 사정들을 충분히 고려하여 피고가 원고들에 대하여 손해배상책임을 부담하는지를 판단하였어야 할 것인데, 원고들의 일상생활이 주로 이루어지는 지점의 소음도를 측정하지 않고 토지이용의 선후관계를 제대로 고려하지 않은 채 피고의 손해배상책임을 인정하였다. 이러한 원심의 판단에는 도로소음으로 인한 생활방해에서 참을 한도에 관한 법리를 오해하여 필요한 심리를 다하지 않음으로써 판결에 영향을 미친 잘못이 있다.

5. 그러므로 나머지 상고이유에 대한 판단을 생략한 채 원심판결 중 제2 예비적 청구에 관한 피고 패소 부분을 파기하고, 이 부분 사건을 다시 심리·판단하도록 원심법원에 환송하기로 하여, 관여 대법관의 일치된 의견으로 주문과 같이 판결한다.

제 5 장 개별행정법규에 관한 판례

제1절 도로교통법

1 대법원 2017. 10. 31. 선고 2017도9230 판결 【도로교통법위반(무면허운전)】 [공2017하,2263]

【판시사항】

[1] 도로교통법 제96조 제1항의 '국내에 입국한 날'의 의미(=출입국관리법에 따라 적법한 입국심사절차를 거쳐 입국한 날) 및 적법한 입국심사절차를 거치지 아니하고 불법으로 입국하였으나 국제운전면허증을 소지하고 있는 경우, 도로교통법 제96조 제1항이 예외적으로 허용하는 국제운전면허증에 의한 운전을 한 경우에 해당하는지 여부(소극)

[2] 외국인인 피고인이 운전면허 없이 도로에서 자동차를 운전하였다고 하여 도로교통법 위반(무면허운전)으로 기소되었는데, 피고인은 법무부장관이 발급한 사증 없이 입국심사를 받지 않고 국내에 입국한 후 1년 이내에 자동차를 운전하였고, 운전을 하기 전에 외국에서 국제운전면허증을 발급받은 사안에서, 피고인이 출입국관리법에 따른 정상적인 입국심사절차를 거치지 아니하고 불법으로 입국한 이상 도로교통법 제96조 제1항이 예외적으로 허용하는 국제운전면허증에 의한 운전에 해당하지 않는다고 한 사례

【판결요지】

[1] 도로교통법은 제1조에서 "이 법은 도로에서 일어나는 교통상의 모든 위험과 장해를 방지하고 제거하여 안전하고 원활한 교통을 확보함을 목적으로 한다."라고 규정하고, 제80조 제1항 본문에서 "자동차 등을 운전하려는 사람은 지방경찰청장으로부터 운전면허를 받아야 한다."라고 규정하면서, 제85조 제1항에서 "운전면허를 받으려는 사람은 운전면허시험에 합격하여야 한다."라고 규정한 것을 비롯하여 운전면허를 받기 위한 자격, 결격사유, 운전면허시험, 적성검사, 운전면허의 취소 등에 관하여 상세한 규정을 두고 있고, 한편 제96조 제1항에서 외국의 권한 있는 기관에서 1949년 제네바에서 체결된 '도로교통에 관한 협약'이나 1968년 비엔나에서 체결된 '도로교통에 관한 협약' 중 어느 하나에 해당하는 협약에 따른 운전면허증(이

하 '국제운전면허증'이라고 한다)을 발급받은 사람은, 제80조 제1항에 따라 지방경찰청장으로부터 운전면허를 받지 않더라도 '국내에 입국한 날부터 1년 동안만' 그 국제운전면허증으로 자동차 등을 운전할 수 있다고 규정하고 있으며, 제152조 제1호에서 제80조에 따른 운전면허(원동기장치자전거면허는 제외한다)를 받지 아니하거나 제96조에 따른 국제운전면허증을 받지 아니하고(운전이 금지된 경우와 유효기간이 지난 경우를 포함한다) 자동차를 운전한 사람을 도로교통법 위반(무면허운전)죄로 처벌하도록 하고 있다.

이러한 도로교통법의 입법 취지와 목적, 운전면허 제도, 무면허운전 처벌규정의 체계와 내용 등을 종합하여 보면, 도로교통법은 교통상의 위험 방지 및 안전 확보 등을 위하여 운전면허시험 등 도로교통법이 정한 절차에 따라 운전면허를 받은 사람에 한하여 국내 도로에서 자동차 등 운전행위를 적법하게 할 수 있도록 허가하여 주고, 그러한 운전면허를 받지 아니하고 운전하는 경우를 무면허운전으로 처벌하는 것을 원칙으로 하되, 다만 1949년 제네바에서 체결된 '도로교통에 관한 협약'이나 1968년 비엔나에서 체결된 '도로교통에 관한 협약'을 존중하여 그에 따른 국제운전면허증을 발급받은 사람에 대하여는 별도의 허가 없이 입국한 날부터 1년 동안에 한하여 도로교통법이 정한 절차에 따른 운전면허를 받지 아니하고도 운전을 할 수 있도록 허용하는 예외를 두고 있는 것으로 이해된다. 이와 같이 운전면허가 허가라는 행정행위로서의 성격을 가지는 이상, 도로교통법 제80조 제1항 본문에 따라 운전면허를 받을 수 있는 사람은 내국인 또는 출입국관리법이 정한 적법한 절차에 따라 대한민국에 입국한 외국인이라고 보아야 한다. 따라서 국제운전면허증에 의하여 동일한 법률적 효과를 부여받기 위해서는 마찬가지 전제가 충족되어야 한다. 그런데도 국제운전면허증에 의한 운전의 경우에는 불법으로 입국한 외국인도 도로교통법 제96조 제1항에 의한 법률적 효과를 받을 수 있다고 본다면, 운전면허를 받아야 하는 경우와는 달리 운전행위 허가를 받을 수 없는 사람에게 국내에서의 운전행위를 허용해 주는 결과가 된다.

그리고 불법으로 입국한 사람도 입국한 날부터 1년 동안 국제운전면허증에 의한 운전을 할 수 있는 것으로 해석한다면, 밀입국의 특성상 입국 시기를 객관적으로 특정하기 어려워 사실상 당사자의 주장에 의존할 수밖에 없는 경우가 많아, 적법하게 입국한 사람보다 불법으로 입국한 사람이 더 유리하게 되는 불합리한 결과를 낳게 될 위험도 있다.

그러므로 도로교통법 제96조 제1항의 '국내에 입국한 날'은 출입국관리법에 따라 적법한 입국심사절차를 거쳐 입국한 날을 의미하고, 그러한 적법한 입국심사절차를 거치지 아니하고 불법으로 입국한 경우에는 국제운전면허증을 소지하고 있는 경우라도 도로교통법 제96조 제1항이 예외적으로 허용하는 국제운전면허증에 의한 운전을 한 경우에 해당한다고 볼 수 없다.

[2] 외국인인 피고인이 운전면허 없이 도로에서 자동차를 운전하였다고 하여 도로교통법 위반(무면허운전)으로 기소되었는데, 피고인은 법무부장관이 발급한 사증 없이 입국심사를 받지 않고 국내에 입국한 후 1년 이내에 자동차를 운전하였고, 운전을 하기 전에 필리핀에서 1949년 제네바에서 체결된 '도로교통에 관한 협약'에 따른 국제운전면허증을 발급받은 사안에서, 피고인이 출입국관리법에 따른 정상적인 입국심사절차를 거치지 아니하고 불법으로 입국한 이상, 비록 국제운전면허증을 발급받아 소지하고 있고 국내에 입국한 날부터 1년 이내에 자동차를 운전하였더라도, 도로교통법 제96조 제1항이 예외적으로 허용하는 국제운전면허증에 의한 운전이라고 하기 어려워 도로교통법 제152조 제1호에서 규정하는 무면허운전에 해당함에도, 이와 달리 보아 공소사실을 무죄로 판단한 원심판결에 도로교통법 제96조 제1항에 관한 법리오해의 잘못이 있다고 한 사례.

【참조조문】

[1] 도로교통법 제1조, 제80조 제1항, 제85조 제1항, 제96조 제1항, 제152조 제1호 / [2] 도로교통법 제80조 제1항, 제96조 제1항, 제152조 제1호

【전 문】

【피 고 인】 피고인

【상 고 인】 검사

【원심판결】 수원지법 2017. 6. 1. 선고 2017노1885 판결

【주 문】

원심판결 중 무죄 부분을 파기하고, 이 부분 사건을 수원지방법원 본원 합의부에 환송한다.

【이 유】

상고이유를 판단한다.

1. 도로교통법은 제1조에서 "이 법은 도로에서 일어나는 교통상의 모든 위험과 장해를 방지하고 제거하여 안전하고 원활한 교통을 확보함을 목적으로 한다."라고 규정하고, 제80조 제1항 본문에서 "자동차 등을 운전하려는 사람은 지방경찰청장으로부터 운전면허를 받아야 한다."라고 규정하면서, 제85조 제1항에서 "운전면허를 받으려는 사람은 운전면허시험에 합격하여야 한다."라고 규정한 것을 비롯하여 운전면허를 받기 위한 자격, 결격사유, 운전면허시험, 적성검사, 운전면허의 취소 등에

관하여 상세한 규정을 두고 있고, 한편 제96조 제1항에서 외국의 권한 있는 기관에서 1949년 제네바에서 체결된 「도로교통에 관한 협약」이나 1968년 비엔나에서 체결된「도로교통에 관한 협약」중 어느 하나에 해당하는 협약에 따른 운전면허증(이하 '국제운전면허증'이라고 한다)을 발급받은 사람은, 제80조 제1항에 따라 지방경찰청장으로부터 운전면허를 받지 않더라도 '국내에 입국한 날부터 1년 동안만' 그 국제운전면허증으로 자동차 등을 운전할 수 있다고 규정하고 있으며, 제152조 제1호에서 제80조에 따른 운전면허(원동기장치자전거면허는 제외한다)를 받지 아니하거나 제96조에 따른 국제운전면허증을 받지 아니하고(운전이 금지된 경우와 유효기간이 지난 경우를 포함한다) 자동차를 운전한 사람을 도로교통법 위반(무면허운전)죄로 처벌하도록 하고 있다.

이러한 도로교통법의 입법 취지와 목적, 운전면허 제도, 무면허운전 처벌규정의 체계와 내용 등을 종합하여 보면, 도로교통법은 교통상의 위험 방지 및 안전 확보 등을 위하여 운전면허시험 등 도로교통법이 정한 절차에 따라 운전면허를 받은 사람에 한하여 국내 도로에서 자동차 등 운전행위를 적법하게 할 수 있도록 허가하여 주고, 그러한 운전면허를 받지 아니하고 운전하는 경우를 무면허운전으로 처벌하는 것을 원칙으로 하되, 다만 1949년 제네바에서 체결된「도로교통에 관한 협약」 이나 1968년 비엔나에서 체결된 「도로교통에 관한 협약」을 존중하여 그에 따른 국제운전면허증을 발급받은 사람에 대하여는 별도의 허가 없이 입국한 날부터 1년 동안에 한하여 도로교통법이 정한 절차에 따른 운전면허를 받지 아니하고도 운전을 할 수 있도록 허용하는 예외를 두고 있는 것으로 이해된다. 이와 같이 운전면허가 허가라는 행정행위로서의 성격을 가지는 이상, 도로교통법 제80조 제1항 본문에 따라 운전면허를 받을 수 있는 사람은 내국인 또는 출입국관리법이 정한 적법한 절차에 따라 대한민국에 입국한 외국인이라고 보아야 한다. 따라서 국제운전면허증에 의하여 동일한 법률적 효과를 부여받기 위해서는 마찬가지 전제가 충족되어야 한다. 그런데도 국제운전면허증에 의한 운전의 경우에는 불법으로 입국한 외국인도 도로교통법 제96조 제1항에 의한 법률적 효과를 받을 수 있다고 본다면, 운전면허를 받아야 하는 경우와는 달리 운전행위 허가를 받을 수 없는 사람에게 국내에서의 운전행위를 허용해 주는 결과가 된다.

그리고 불법으로 입국한 사람도 입국한 날부터 1년 동안 국제운전면허증에 의한 운전을 할 수 있는 것으로 해석한다면, 밀입국의 특성상 입국 시기를 객관적으로 특정하기 어려워 사실상 당사자의 주장에 의존할 수밖에 없는 경우가 많아, 적법하게 입국한 사람보다 불법으로 입국한 사람이 더 유리하게 되는 불합리한 결과를 낳게 될 위험도 있다.

그러므로 도로교통법 제96조 제1항의 '국내에 입국한 날'은 출입국관리법에 따라 적법한 입국심사절차를 거쳐 입국한 날을 의미하고, 그러한 적법한 입국심사절차를 거치지 아니하고 불법으로 입국한 경우에는 국제운전면허증을 소지하고 있는 경우라고 하더라도 도로교통법 제96조 제1항이 예외적으로 허용하는 국제운전면허증에 의한 운전을 한 경우에 해당한다고 볼 수 없다.

2. 이 사건 공소사실 중 도로교통법 위반(무면허운전)의 점의 요지는, 피고인이 자동차운전면허를 받지 아니하고 2016. 12. 1.경부터 2017. 1. 23.경까지 수원시 등 일대 도로에서 승용차를 운전하였다는 것이다.

이에 대하여 원심은 그 판시 증거를 종합하여, 피고인이 2016. 2. 중순경 법무부장관이 발급한 사증 없이 입국심사를 받지 않고 대한민국에 입국한 사실, 피고인이 2016. 10. 10. 필리핀에서 1949년 제네바에서 체결된 「도로교통에 관한 협약」에 따른 국제운전면허증을 발급받은 사실 등을 인정한 후, 피고인이 국내에 입국한 날부터 1년 이내에 공소사실과 같이 자동차를 운전한 것은 도로교통법 제96조 제1항의 국제운전면허증에 의한 운전에 해당한다고 보아, 위 공소사실에 대하여 무죄를 선고한 제1심판결을 그대로 유지하였다.

3. 그러나 원심이 인정한 사실관계를 앞서 본 법리에 비추어 살펴보면, 피고인이 출입국관리법에 따른 정상적인 입국심사절차를 거치지 아니하고 불법으로 입국한 이상, 비록 국제운전면허증을 발급받아 소지하고 있고, 국내에 입국한 날부터 1년 이내에 공소사실과 같이 자동차를 운전한 것이라 하더라도 이를 도로교통법 제96조 제1항이 예외적으로 허용하는 국제운전면허증에 의한 운전이라고 하기 어렵고, 따라서 이는 도로교통법 제152조 제1호에서 규정하는 무면허운전에 해당하는 것으로 보아야 한다.

그럼에도 원심은 그 판시와 같은 이유만으로 이와 달리 판단하였으니, 이러한 원심판단에는 도로교통법 제96조 제1항에 관한 법리를 오해하여 판결에 영향을 미친 잘못이 있다. 이를 지적하는 상고이유 주장은 이유 있다.

4. 그러므로 원심판결 중 무죄 부분을 파기하고, 이 부분 사건을 다시 심리·판단하도록 원심법원에 환송하기로 하여, 관여 대법관의 일치된 의견으로 주문과 같이 판결한다.

제 6 장 행정법과 사법관계에 관한 판례

1 대법원 2017. 3. 15. 선고 2013다79887, 79894 판결【토지인도등·손해배상】[공2017상,729]

【판시사항】

[1] 구 농지법이 농지임대를 금지하는 취지 및 구 농지법 제23조의 법적 성격(=강행규정) / 구 농지법 제23조가 규정한 예외사유에 해당하지 아니함에도 이를 위반하여 농지를 임대하기로 한 임대차계약의 효력(=무효)

[2] 농지임대차가 구 농지법에 위반되어 계약의 효력을 인정받을 수 없는 경우, 농지 임대인이 임대차기간 동안 임차인의 권원 없는 점용을 이유로 손해배상을 청구한 데 대하여 임차인이 불법원인급여의 법리를 이유로 반환을 거부할 수 있는지 여부(원칙적 소극)

【판결요지】

[1] 헌법은, "국가는 농지에 관하여 경자유전의 원칙이 달성될 수 있도록 노력하여야 한다."라고 하고(제121조 제1항), "농업 생산성의 제고와 농지의 합리적인 이용을 위하거나 불가피한 사정으로 발생하는 농지의 임대차와 위탁경영은 법률이 정하는 바에 의하여 인정된다."라고 규정하고 있다(제121조 제2항). 이에 따라 구 농지법(2015. 1. 20. 법률 제13022호로 개정되기 전의 것, 이하 같다)은 질병, 징집, 취학, 선거에 따른 공직취임 등 부득이한 사유로 인하여 일시적으로 농업경영에 종사하지 아니하게 된 사람이 소유하고 있는 농지를 임대하는 경우와 같이 거기에 열거된 예외사유에 해당하지 아니하는 한 농지를 임대할 수 없다고 하고(제23조), 이를 위반하여 소유 농지를 임대한 사람을 1,000만 원 이하의 벌금에 처하도록 규정하고 있다(제60조 제2호).

한편 구 농지법은 농지의 소유·이용 및 보전 등에 필요한 사항을 정함으로써 농지를 효율적으로 이용하고 관리하여 농업인의 경영 안정과 농업 생산성 향상을 바탕으로 농업 경쟁력 강화와 국민경제의 균형 있는 발전 및 국토 환경 보전에 이바지하는 것을 목적으로 한다고 하고(제1조), 나아가 농지는 국민에게 식량을 공급하고 국토 환경을 보전하는 데에 필요한 기반이며 농업과 국민경제의 조화로운 발전에 영향을 미치는 한정된 귀중한 자원이므로, 농지에 관한 권리의 행사에는 필요한 제한과 의무가 따르고, 농지는 투기의 대상이 되어서는 아니 된다고 규정하고 있다(제3조 제1항, 제2항).

이러한 구 농지법 규정과 앞에서 본 헌법 규정 등을 종합해 보면, 구 농지법이 농지 임대를 원칙적으로 금지하는 취지는, 농지는 농민이 경작 목적으로 이용함으로써 농지로 보전될 수 있도록 하고, 또한 외부자본이 투기 등 목적으로 농지를 취득할 유인을 제거하여 지가를 안정시킴으로써 농민이 농지를 취득하는 것을 용이하게 하여 궁극적으로 경자유전의 원칙을 실현하려는 데에 있다. 그리고 그와 같은 입법 취지를 달성하기 위해서는 위반행위에 대하여 형사 처벌을 하는 것과 별도로 농지 임대차계약의 효력 자체를 부정하여 계약 내용에 따른 경제적 이익을 실현하지는 못하도록 함이 상당하므로, 농지의 임대를 금지한 구 농지법 제23조의 규정은 강행규정이다. 따라서 구 농지법 제23조가 규정한 예외사유에 해당하지 아니함에도 이를 위반하여 농지를 임대하기로 한 임대차계약은 무효이다.

[2] 민법 제746조는 "불법의 원인으로 인하여 재산을 급여하거나 노무를 제공한 때에는 그 이익의 반환을 청구하지 못한다."라고 하여 불법원인급여에 해당하면 부당이득반환청구를 할 수 없도록 규정하고 있다. 여기서 말하는 '불법'이 있다고 하려면, 급부의 원인이 된 행위가 그 내용이나 성격 또는 목적이나 연유 등으로 볼 때 선량한 풍속 기타 사회질서에 위반될 뿐 아니라 반사회성·반윤리성·반도덕성이 현저하거나, 급부가 강행법규를 위반하여 이루어졌지만 이를 반환하게 하는 것이 오히려 규범 목적에 부합하지 아니하는 경우 등에 해당하여야 한다.

그런데 구 농지법(2015. 1. 20. 법률 제13022호로 개정되기 전의 것, 이하 같다)의 적용 대상인 농지의 임대차는, 대상이 농지라는 특수성이 있지만, 목적물을 사용·수익하게 하고 차임을 지급받기로 하는 약정이라는 점에서는 일반적인 부동산 임대차와 본질적인 차이가 없다. 이는 과거 소작의 경우 지주가 통상적인 토지 임대료 수준을 넘어 경작이익의 상당부분까지 소작료 명목으로 받아가거나 심지어 신분적 예속 관계까지 형성하였던 것과는 현저히 다르다. 즉, 오늘날의 통상적인 농지임대차는 경자유전의 원칙과 농지의 합리적인 이용 등을 위하여 특별한 규제의 대상이 되어 있기는 하지만, 특별한 사정이 없는 한 계약 내용이나 성격 자체로 반윤리성·반도덕성·반사회성이 현저하다고 단정할 수는 없다.

또한 현재 우리나라의 농지 면적과 보유 실태 및 농민 인구의 비율, 비농민이 농지를 소유하게 되는 사유의 다양성, 구 농지법의 적용 대상인 농지에는 전·답과 같은 전형적인 농토뿐 아니라 과수원과 그 부속시설의 부지 등도 포함되고, 그러한 토지는 지목과 달리 이용되는 경우도 적지 않은 사회 실정, 기타 제반 여건을 감안해 보면, 농지임대차계약을 근거로 하여 약정 차임을 청구하는 등 계약 내용의 적극적 실현을 구하는 것은 허용될 수 없다고 할 것이다. 그러나 거기에서 더 나아가 임대차 계약기간 동안 임차인이 당해 농지를 사용·수익함으로써 얻은 토지사용료 상당의 점용이익에 대하여 임대인이 부당이득반환이나 손해배상을 청구하는 것마저 배척하여 임차인으로 하여금 사실상 무상사용을 하는 반사이익을 누릴 수 있도록 하여야만 구 농지법의 규범 목적이 달성된다고 볼 것은 아니다.

따라서 농지임대차가 구 농지법에 위반되어 계약의 효력을 인정받을 수 없다고 하더라도, 임대 목적이 농지로 보전되기 어려운 용도에 제공하기 위한 것으로서 농지로서의 기능을 상실하게 하는 경우라거나 임대인이 자경할 의사가 전혀 없이 오로지 투기의 대상으로 취득한 농지를 투하자본 회수의 일환으로 임대하는 경우 등 사회통념으로 볼 때 헌법 제121조 제2항이 농지 임대의 정당한 목적으로 규정한 농업생산성의 제고 및 농지의 합리적 이용과 전혀 관련성이 없고 구 농지법의 이념에 정면으로 배치되어 반사회성이 현저하다고 볼 수 있는 특별한 사정이 있는 경우가 아니라면, 농지 임대인이 임대차기간 동안 임차인의 권원 없는 점용을 이유로 손해배상을 청구한 데 대하여 임차인이 불법원인급여의 법리를 이유로 반환을 거부할 수는 없다.

【참조조문】

[1] 헌법 제121조, 구 농지법(2015. 1. 20. 법률 제13022호로 개정되기 전의 것) 제1조(현행 제1조 참조), 제3조(현행 제3조 참조), 제23조(현행 제23조 제1항 참조), 제60조 제2호(현행 제60조 제2호 참조) / [2] 헌법 제121조, 구 농지법(2015. 1. 20. 법률 제13022호로 개정되기 전의 것) 제1조(현행 제1조 참조), 제3조(현행 제3조 참조), 제23조(현행 제23조 제1항 참조), 제60조 제2호(현행 제60조 제2호 참조), 민법 제746조

【전 문】

【원고(반소피고), 피상고인 겸 상고인】 원고(반소피고)

【피고(반소원고), 상고인 겸 피상고인】 피고(반소원고)

【원심판결】 청주지법 2013. 9. 17. 선고 2013나1243, 1250 판결

【주 문】

1. 원심판결 중 반소에 관한 원고(반소피고) 패소 부분을 파기하여 이 부분 사건을 청주지방법원에 환송하고, 그 부분에 대한 피고(반소원고)의 상고를 각하한다.
2. 피고(반소원고)의 나머지 상고를 기각한다.

【이 유】

상고이유를 판단한다.

1. 본소 및 반소의 청구원인 및 원심의 판단

원심판결 이유와 기록에 의하면, 원고(반소피고)(이하 '원고'라고 한다)는 피고(반소원고)(이하 '피고'라고 한다)에게 2011. 4. 13.부터 2012. 4. 12.까지 1년간 원심 판시 이 사건 각 부동산을 임대하였고, 피고는 원고에게 그 1년치 차임 450만 원을 선불로 지급하였는데, 임대차기간이 종료된 이후 2013. 3. 22.까지 피고가 이 사건 각 부동산을 점유한 사실, 이 사건 각 부동산은 과수원과 잡종지 및 그 지상 창고시설로 구성되어 있는 사실을 알 수 있다.

원고는 위 임대차기간 종료 이후 피고가 이 사건 각 부동산을 점유한 것은 정당한 권원이 없는 불법점유에 해당한다고 하여 임료 상당 손해의 배상을 구하였다. 이에 대하여 피고는 반소로써, 이 사건 각 부동산은 농지법상 농지에 해당하므로 이 사건 임대차계약은 무효라는 이유로 이미 임료로 지급한 450만 원 상당의 부당이득반환을 구하였다. 원고는, 이 사건 임대차계약이 무효라면 약정 임대차기간 동안 피고는 이 사건 각 부동산을 권원 없이 점유·사용한 것이므로 그로 인한 임료 상당 손해를 배상할 의무가 있으므로 그 손해배상채권을 자동채권으로 하여 피고가 주장하는 위 부당이득반환채권과 상계한다고 항변하였다.

원심은, (1) 이 사건 임대차기간 종료 이후의 임료 상당 손해배상을 구하는 원고의 본소청구는 이를 인용하고, (2) 피고의 반소에 관해서는, ① 이 사건 임대차계약의 약정기간에 대하여 원고가 지급받은 임료는 농지법 규정 위반으로 무효인 계약에 의한 것이고 원고는 악의의 수익자이므로 이를 피고에게 반환할 의무가 있고, ② 나아가 원고가 강행규정인 농지법을 위반하여 이 사건 각 부동산을 임대한 것은 선량한 풍속 기타 사회질서에 위배되는 불법원인급여에 해당한다고 봄이 상당하고, 이와 같이 해석하는 것이 농지법의 입법 취지에도 부합하는 것으로 판단되므로, 원고는 그 손해의 배상을 청구하지 못한다고 하여 원고의 상계항변을 배척하고 피고의 반소 청구를 인용하였다. ③ 그 밖에 원고가 이 사건 각 부동산 중 토지를 농지원부에 등록하기 위하여 필요한 협력을 하지 아니하였음을 이유로 하는 손해배상청구 부분에 대해서는 그러한 의무를 인정할 수 없다고 하여 이를 배척하였다.

2. 쌍방의 상고이유 중 먼저 원고의 상고이유 제1·4점에 관하여 본다.

가. 헌법은, "국가는 농지에 관하여 경자유전의 원칙이 달성될 수 있도록 노력하여야 한다."라고 하고(제121조 제1항), "농업 생산성의 제고와 농지의 합리적인 이용을 위하거나 불가피한 사정으로 발생하는 농지의 임대차와 위탁경영은 법률이 정하는 바에 의하여 인정된다."라고 규정하고 있다(제121조 제2항). 이에 따라 구 농

지법(2015. 1. 20. 법률 제13022호로 개정되기 전의 것, 이하 같다)은 질병, 징집, 취학, 선거에 따른 공직취임 등 부득이한 사유로 인하여 일시적으로 농업경영에 종사하지 아니하게 된 사람이 소유하고 있는 농지를 임대하는 경우와 같이 거기에 열거된 예외사유에 해당하지 아니하는 한 농지를 임대할 수 없다고 하고(제23조), 이를 위반하여 소유 농지를 임대한 사람을 1,000만 원 이하의 벌금에 처하도록 규정하고 있다(제60조 제2호).

나. 한편 구 농지법은 농지의 소유·이용 및 보전 등에 필요한 사항을 정함으로써 농지를 효율적으로 이용하고 관리하여 농업인의 경영 안정과 농업 생산성 향상을 바탕으로 농업 경쟁력 강화와 국민경제의 균형 있는 발전 및 국토 환경 보전에 이바지하는 것을 목적으로 한다고 하고(제1조), 나아가 농지는 국민에게 식량을 공급하고 국토 환경을 보전하는 데에 필요한 기반이며 농업과 국민경제의 조화로운 발전에 영향을 미치는 한정된 귀중한 자원이므로, 농지에 관한 권리의 행사에는 필요한 제한과 의무가 따르고, 농지는 투기의 대상이 되어서는 아니 된다고 규정하고 있다(제3조 제1항, 제2항).

이러한 구 농지법 규정과 앞에서 본 헌법 규정 등을 종합해 보면, 구 농지법이 농지임대를 원칙적으로 금지하는 취지는, 농지는 농민이 경작 목적으로 이용함으로써 농지로 보전될 수 있도록 하고, 또한 외부자본이 투기 등 목적으로 농지를 취득할 유인을 제거하여 지가를 안정시킴으로써 농민이 농지를 취득하는 것을 용이하게 하여 궁극적으로 경자유전의 원칙을 실현하려는 데에 있다. 그리고 그와 같은 입법취지를 달성하기 위해서는 위반행위에 대하여 형사 처벌을 하는 것과 별도로 농지임대차계약의 효력 자체를 부정하여 그 계약 내용에 따른 경제적 이익을 실현하지는 못하도록 함이 상당하므로, 농지의 임대를 금지한 구 농지법 제23조의 규정은 강행규정으로 보아야 한다. 따라서 구 농지법 제23조가 규정한 예외사유에 해당하지 아니함에도 불구하고 이를 위반하여 농지를 임대하기로 한 이 사건 임대차계약은 무효라고 할 것이다.

다. 원심은, 이 사건 임대차계약이 구 농지법 제23조 제3호의 예외사유에 해당한다는 원고의 주장을 배척한 다음, 그 판시와 같은 이유로 이 사건 임대차계약은 구 농지법 제23조에 위반되는 농지임대차 계약으로서 무효라고 판단하였다.

위와 같은 원심의 판단은 앞에서 본 법리에 따른 것으로서 정당하다. 거기에 원고의 상고이유 제1점 주장과 같이 구 농지법 제23조에 위반된 농지임대차 계약의 효력 등에 관한 법리를 오해한 잘못이 없다.

라. 원심은, 그 판시와 같은 이유로 피고가 이 사건 임대차계약 중 이 사건 각 토지에 관한 부분이 무효임을 알았더라면 이 사건 건물에 관하여도 임대차계약을 체결하지 않았을 것으로 보이므로, 이 사건 임대차계약은 전부 무효라고 판단하였다. 관련 법리에 비추어 기록을 살펴보면 원심의 위와 같은 판단은 정당하고, 거기에 상고이유 제4점 주장과 같이 일부무효의 법리를 오해한 잘못이 없다.

3. 원고의 상고이유 제2점에 관하여 본다.

가. 앞에서 본 것처럼 원심은, 원고가 강행규정인 구 농지법 제23조를 위반하여 피고에게 이 사건 각 부동산을 임대한 것은 선량한 풍속 기타 사회질서에 위배되는 불법원인급여에 해당한다고 봄이 상당하다는 등의 이유로 이 사건 임대차기간 동안 피고가 이 사건 각 부동산을 점유·사용한 데 대한 이익 상당 손해의 배상을 청구할 수 없다고 판단하였다.

나. 그러나 원심의 위와 같은 판단은 다음과 같은 이유에서 수긍하기 어렵다.

1) 민법 제746조는 "불법의 원인으로 인하여 재산을 급여하거나 노무를 제공한 때에는 그 이익의 반환을 청구하지 못한다."고 하여 불법원인급여에 해당하면 부당이득반환청구를 할 수 없도록 규정하고 있다. 여기서 말하는 '불법'이 있다고 하려면, 급부의 원인이 된 행위가 그 내용이나 성격 또는 목적이나 연유 등으로 볼 때 선량한 풍속 기타 사회질서에 위반될 뿐 아니라 반사회성·반윤리성·반도덕성이 현저하거나, 급부가 강행법규를 위반하여 이루어졌지만 이를 반환하게 하는 것이 오히려 규범 목적에 부합하지 아니하는 경우 등에 해당하여야 한다.

2) 그런데 구 농지법의 적용 대상인 농지의 임대차는, 그 대상이 농지라는 특수성이 있지만, 목적물을 사용·수익하게 하고 차임을 지급받기로 하는 약정이라는 점에서는 일반적인 부동산 임대차와 본질적인 차이가 없다. 이는 과거 소작의 경우 지주가 통상적인 토지 임대료 수준을 넘어 경작이익의 상당부분까지 소작료 명목으로 받아가거나 심지어 신분적 예속 관계까지 형성하였던 것과는 현저히 다르다. 즉, 오늘날의 통상적인 농지 임대차는 경자유전의 원칙과 농지의 합리적인 이용 등을 위하여 특별한 규제의 대상이 되어 있기는 하지만, 특별한 사정이 없는 한 그 계약 내용이나 성격 자체로 반윤리성·반도덕성·반사회성이 현저하다고 단정할 수는 없다.

또한 현재 우리나라의 농지 면적과 보유 실태 및 농민 인구의 비율, 비농민이 농지를 소유하게 되는 사유의 다양성, 구 농지법의 적용 대상인 농지에는 전·답과 같은 전형적인 농토뿐 아니라 과수원과 그 부속시설의 부지 등도 포함되고, 그러한 토지는 지목과 달리 이용되는 경우도 적지 않은 사회 실정, 기타 제반 여건을 감안해 보면, 농지임대차 계약을 근거로 하여 약정 차임을 청구하는 등 계약 내용의 적극적 실현을 구하는 것은 허용될 수 없다고 할 것이다. 그러나 거기에서 더 나아가 임대차 계약기간 동안 임차인이 당해 농지를 사용·수익함으로써 얻은 토지사용료 상당의 점용이익에 대하여 임대인이 부당이득반환이나 손해배상을 청구하는 것마저 배척하여 임차인으로 하여금 사실상 무상사용을 하는 반사이익을 누릴 수 있도록 하여야만 구 농지법의 규범 목적이 달성된다고 볼 것은 아니다.

따라서 농지임대차가 농지법에 위반되어 그 계약의 효력을 인정받을 수 없다고 하더라도, 그 임대 목적이 농지로 보전되기 어려운 용도에 제공하기 위한 것으로서 농지로서의 기능을 상실하게 하는 경우라거나 임대인이 자경할 의사가 전혀 없이 오로지 투기의 대상으로 취득한 농지를 투하자본 회수의 일환으로 임대하는 경우 등 사회통념으로 볼 때 헌법 제121조 제2항이 농지 임대의 정당한 목적으로 규정한 농업생산성의 제고 및 농지의 합리적 이용과 전혀 관련성이 없고 구 농지법의 이념에 정면으로 배치되어 반사회성이 현저하다고 볼 수 있는 특별한 사정이 있는 경우가 아니라면, 농지 임대인이 임대차기간 동안 임차인의 권원 없는 점용을 이유로 손해배상을 청구한 데 대하여 임차인이 불법원인급여의 법리를 이유로 그 반환을 거부할 수는 없다고 할 것이다.

3) 그러므로 원심으로서는 원고가 이 사건 각 토지를 취득한 경위, 이 사건 임대차가 있기 전까지의 경작 상황, 이 사건 임대차계약의 목적 및 체결 경위, 피고가 이 사건 각 토지를 이용한 방법 등을 심리한 다음 이 사건 임대차 관계에 불법원인급여의 법리가 적용될 수 있는지를 가려보았어야 한다.

그럼에도 원심은 그 판시와 같은 이유만으로 원고의 상계항변을 배척하였으니, 거기에는 불법원인급여에 관한 법리를 오해하여 필요한 심리를 다하지 아니함으로써 판결 결과에 영향을 미친 잘못이 있다. 이를 지적하는 취지의 상고이유 주장은 이유 있다.

4. 피고의 상고이유에 대하여 본다.

가. 본소 청구 부분에 관한 피고의 상고이유 주장은, 이 사건 각 부동산을 반환한 시기 등에 관한 원심의 사실인정을 다투는 취지이다. 또한 반소 중 손해배상 청구 부분에 관한 상고이유 역시 원고가 이 사건 각 토지를 농지원부에 등록하는 데 필요

한 협력을 제공하기로 약정하였는지 등 사실인정을 다투는 취지이다. 위 각 부분에 관한 원심판결의 이유를 관련 법리와 기록에 비추어 살펴보면, 원심의 판단은 정당하고, 거기에 자유심증주의 위반, 심리미진, 판단누락 등의 잘못이 없다.

나. 나아가 반소 중 이 사건 임대차계약 기간에 대한 선지급 임료의 반환을 구하는 부당이득 반환 및 그 지연손해금 청구 부분에 관하여 본다.

원심판결 주문에 의하면, 원심은 피고의 반소 중 부당이득금 및 그 지연손해금 청구 부분에 관하여 '4,500,000원 및 이에 대하여 2012. 12. 22.부터 2013. 9. 17.까지는 연 5%의, 그 다음 날부터 다 갚는 날까지는 연 20%의 각 비율에 의한 금액'의 지급을 구한 부분을 인용하고, 나머지 청구 부분을 기각하였음이 분명한데, 피고는 이 부분 청구 전부에 대하여 상고를 제기하였다.

그러나 피고의 위 상고 중 원심에서 인용된 부분에 대한 상고는 상고의 이익이 없어 부적법하고, 원심에서 기각된 부분에 관하여는 피고가 제출한 상고장 및 상고이유서에 아무런 상고이유의 기재가 없다.

5. 그러므로 원고의 나머지 상고이유에 대한 판단을 생략한 채 원심판결 중 반소에 관한 원고 패소 부분을 파기하고, 이 부분 사건을 다시 심리·판단하도록 원심법원에 환송하며, 그 부분에 대한 피고의 상고를 각하하고, 피고의 나머지 상고를 기각하기로 하여, 관여 대법관의 일치된 의견으로 주문과 같이 판결한다.

2 대법원 2017. 7. 11. 선고 2017다216271 판결 【업무구역확인청구의소】 [공2017하,1621]

【판시사항】

[1] 확인의 소에서 확인의 이익이 인정되는 경우

[2] 시장·군수·구청장 등으로부터 면허를 받아 어업권을 취득하기 전이거나 시장·군수·구청장 등이 다른 어촌계의 업무구역과 중복된다는 등의 이유로 어업면허를 거부하거나 취소하는 등의 처분을 하는 경우, 어촌계가 다른 어촌계를 상대로 업무구역의 확인을 구할 이익이 있는지 여부(소극)

【판결요지】

[1] 확인의 소에서 확인의 이익은 현재의 권리 또는 법률상 지위에 관하여 당사자 사이에 분쟁이 있고, 그로 인하여 원고의 법적 지위가 불안·위험할 때에 그 불안·

위험을 제거함에 확인판결로 판단하는 것이 가장 유효·적절한 수단인 경우에 인정된다.

[2] 시장·군수·구청장 등으로부터 면허를 받아 어업권을 취득하기 전이라면 법적으로 보호되는 어촌계의 업무구역이 존재한다고 할 수 없으므로, 설사 면허를 받게 될 업무구역의 경계에 관하여 다른 어촌계와 다툼이 있을 여지가 있다고 하더라도 그러한 사정만으로 원고의 현재의 권리 또는 법률상 지위에 어떠한 구체적인 불안이나 위험이 있다고 할 수 없다.

또한 시장·군수·구청장 등이 다른 어촌계의 업무구역과 중복된다는 등의 이유로 어업면허를 거부하거나 취소하는 등의 처분을 하는 경우에는 행정처분의 효력을 다투는 항고소송의 방법으로 처분의 취소 또는 무효확인을 구하는 것이 분쟁을 해결하는 데에 직접적인 수단이 되는 것이므로, 그와 별도로 민사상 다른 어촌계를 상대로 업무구역의 확인을 구하는 것은 원고의 법적 지위에 대한 불안·위험을 제거하는 데 가장 유효·적절한 수단이라고 보기도 어렵다.

【참조조문】

[1] 민사소송법 제250조 / [2] 민사소송법 제250조, 수산업협동조합법 제15조, 수산업협동조합법 시행령 제4조 제1항, 제5조 제1항 제3호, 제2항, 수산업협동조합법 시행규칙 제3조 제1항 제1호, 제5호, 수산업법 제2조 제8호, 제9호, 제16조 제1항, 제2항, 행정소송법 제4조

【참조판례】

[1] 대법원 2010. 2. 25. 선고 2009다93299 판결

【전 문】

【원고, 상고인 겸 피상고인】 노화읍 내리 어촌계 (소송대리인 변호사 박승옥 외 1인)

【피고, 피상고인 겸 상고인】 노화읍 미라리 어촌계 (소송대리인 변호사 안정호 외 4인)

【원심판결】 광주고법 2017. 2. 3. 선고 2015나15435 판결

【주 문】

원심판결을 파기하고, 원고의 항소를 기각한다. 소송총비용은 원고가 부담한다.

【이 유】

1. 이 사건 소의 적법 여부에 관하여

확인의 소에 있어서 확인의 이익은 현재의 권리 또는 법률상 지위에 관하여 당사

자 사이에 분쟁이 있고, 그로 인하여 원고의 법적 지위가 불안·위험할 때에 그 불안·위험을 제거함에 확인판결로 판단하는 것이 가장 유효·적절한 수단인 경우에 인정된다(대법원 2010. 2. 25. 선고 2009다93299 판결 등 참조).

원심판결 이유와 기록에 의하면, 완도군수산업협동조합 산하 어촌계인 원고는 동경 126도 31분 16.38388초, 북위 34도 11분 46.04572초 지점과 동경 126도 33분 07.92790초, 북위 34도 16분 41.80780초 지점을 연결하는 직선의 서쪽 수면이 원고의 업무구역이라고 주장하면서 같은 조합 산하의 인근 어촌계인 피고를 상대로 위 업무구역의 확인을 구하고 있음을 알 수 있다.

법령에 의하면, 어촌계의 구역은 어촌계의 정관으로 정하고(수산업협동조합법 제15조 제1항), 어촌계는 정관을 작성하여 창립총회의 의결을 거쳐 시장·군수·구청장의 인가를 받아야 하며(수산업협동조합법 시행령 제4조 제1항), 어촌계의 정관에는 구역에 관한 사항이 포함되어야 하고(같은 시행령 제5조 제1항 제3호), 어촌계 정관의 변경에 관한 사항은 시장·군수·구청장의 인가를 받아야 한다(같은 시행령 제5조 제2항). 설립준비위원회가 어촌계의 설립인가를 받으려는 경우에는 어촌계설립인가 신청서에 정관과 함께 구역 및 어장 약도 등을 첨부하여 시장·군수·구청장에게 제출하여야 한다(수산업협동조합법 시행규칙 제3조 제1항 제1호, 제5호).

한편 어업권이란 수산업법 제8조에 따라 시장·군수·구청장 등으로부터 면허를 받아 어업을 경영할 수 있는 권리를 말하는데(수산업법 제2조 제9호), 위와 같이 면허를 받아 어업을 하는 일정한 수면을 어장이라고 한다(같은 법 제2조 제8호). 어업권은 물권으로 하며, 수산업법에서 정한 것 외에는 민법 중 토지에 관한 규정을 준용하고(같은 법 제16조 제2항), 어업권원부에 등록을 함으로써 취득한다(같은 법 제16조 제1항).

이러한 법령의 내용을 앞서 본 법리에 비추어 살펴보면, 시장·군수·구청장 등으로부터 면허를 받아 어업권을 취득하기 전이라면 법적으로 보호되는 어촌계의 업무구역이 존재한다고 할 수 없으므로, 설사 면허를 받게 될 업무구역의 경계에 관하여 다른 어촌계와 다툼이 있을 여지가 있다고 하더라도 그러한 사정만으로 원고의 현재의 권리 또는 법률상 지위에 어떠한 구체적인 불안이나 위험이 있다고 할 수 없다.

또한 시장·군수·구청장 등이 다른 어촌계의 업무구역과 중복된다는 등의 이유로 어업면허를 거부하거나 취소하는 등의 처분을 하는 경우에는 행정처분의 효력을 다투는 항고소송의 방법으로 그 처분의 취소 또는 무효확인을 구하는 것이 분쟁을 해결하는 데에 직접적인 수단이 되는 것이므로, 그와 별도로 민사상 다른 어촌계를 상대로 업무구역의 확인을 구하는 것은 원고의 법적 지위에 대한 불안·위험을 제거하는 데 가장 유효·적절한 수단이라고 보기도 어렵다.

결국 원고는 현재의 권리 또는 법적 지위에 대한 불안이나 위험을 제거하기 위하여 피고를 상대로 업무구역의 확인을 구할 이익이 없으므로, 이 사건 소는 부적법하다.

그런데도 원심은 그 판시와 같은 사정을 들어 원고가 피고를 상대로 위와 같은 업무구역의 확인을 구할 이익이 인정된다고 보고 본안에 나아가 판단하였으니, 이러한 원심의 조치에는 소의 적법요건인 확인의 이익에 관한 법리를 오해하여 판결에 영향을 미친 잘못이 있다.

2. 결 론

그러므로 피고의 나머지 상고이유 및 원고의 상고이유에 관한 판단을 생략한 채 원심판결을 파기하되, 이 사건은 이 법원이 직접 재판하기에 충분하므로 자판하기로 한다. 앞서 본 바와 같이 이 사건 소는 부적법하여 각하되어야 할 것이어서 이와 결론을 같이한 제1심판결은 타당하므로 원고의 항소를 기각하고, 소송총비용은 패소자가 부담하도록 하여, 관여 대법관의 일치된 의견으로 주문과 같이 판결한다.

3 대법원 2017. 11. 14. 선고 2016다201395 판결 【소유권이전등기말소등】 [공2017하,2327]

【판시사항】

지방자치단체가 일반재산을 관련 법령이 허용하는 방식에 따라 수의계약으로 매각하는 것이 적법한지 여부(적극) / 지방자치단체가 일반재산을 수의계약으로 매각하는 과정에 단순한 하자가 있다는 사유만으로 곧바로 수의계약이 무효로 되는지 여부(소극) 및 계약을 무효라고 보기 위한 하자의 정도

【판결요지】

지방자치단체가 일반재산을 입찰이나 수의계약을 통해 매각하는 것은 기본적으로 사경제주체의 지위에서 하는 행위이므로 원칙적으로 사적 자치와 계약자유의 원칙이 적용된다. 지방자치단체를 당사자로 하는 계약에 관한 법률(이하 '지방계약법'이라 한다) 제6조 제1항은 계약자유의 원칙과 신의성실의 원칙이 적용된다는 점을 명시적으로 인정하되, 다만 지방자치단체는 지방계약법 등 관계 법령에 규정된 계약

상대자의 계약상 이익을 부당하게 제한해서는 안 된다고 정하고 있다. 공유재산 및 물품 관리법과 그 시행령 및 지방계약법과 그 시행령에서는 일반재산의 매각에 관하여 방법, 절차, 가격 결정 등을 상세히 정하고 있다. 이러한 규정은 사적 자치와 계약자유의 원칙에 일정한 제한을 두어 매각절차의 투명성과 공정성을 확보하고 거래 상대자의 이익을 보호하여 지방자치단체가 체결하는 계약이 공익에 합치되도록 하려는 것이다.

지방자치단체의 일반재산 매각방법은 원칙적으로 일반입찰이지만, 예외적으로 지명경쟁입찰과 수의계약을 허용하고 있다. 공유재산 및 물품 관리법 시행령 제38조 제2항에 따라 '상반된 이해관계인 사이에 장기간에 걸쳐서 해결하기 극히 곤란한 사실상 또는 소송상 분쟁이 있는 재산이나 수의계약으로 매각하기가 곤란하다고 인정되는 재산'은 일반입찰로 매각하여야 하지만, 이러한 재산이 아니라면 수의계약에 의한 매각도 예외적으로 허용된다. 따라서 일반재산을 관련 법령이 허용하는 방식에 따라 수의계약으로 매각하는 것은 적법하다.

지방자치단체가 관련 법령에서 정한 기준과 절차에 따라 일반재산을 수의계약으로 매각한 경우 그 과정에 단순한 하자가 있다고 해서 그러한 사유만으로 곧바로 수의계약이 무효로 되는 것은 아니다. 수의계약 대상자를 결정하고 계약을 체결하는 과정에서 생긴 하자의 정도가 절차의 공공성과 공정성을 현저히 침해할 정도로 중대하여 선량한 풍속 그 밖의 사회질서에 반한다고 볼 수 있는 경우 등에 한하여 계약을 무효라고 보아야 한다.

【참조조문】

공유재산 및 물품 관리법 제1조, 제2조 제1호, 제6호, 제5조, 제29조 제1항, 제30조, 공유재산 및 물품 관리법 시행령 제27조 제1항, 제37조, 제38조, 지방자치단체를 당사자로 하는 계약에 관한 법률 제1조, 제6조 제1항, 제9조 제1항, 제3항, 지방자치단체를 당사자로 하는 계약에 관한 법률 시행령 제22조, 제25조 제1항, 제30조 제1항, 제5항

【전 문】

【원고, 상고인】 주식회사 신세계 (소송대리인 변호사 정병문 외 6인)

【피고, 피상고인】 인천광역시 외 1인 (법무법인 세종 담당변호사 문희춘 외 6인)

【원심판결】 서울고법 2015. 11. 24. 선고 2014나2007696 판결

【주 문】

상고를 모두 기각한다. 상고비용은 원고가 부담한다.

【이 유】

상고이유(상고이유서 제출기간이 지난 다음 제출된 상고이유보충서들은 상고이유를 보충하는 범위에서)를 판단한다.

1. 지방자치단체의 일반재산 매각에 관한 규율

가. 지방자치단체가 보유하는 재산을 매각하는 경우에 공유재산 및 물품 관리법(이하 '공유재산법'이라 한다)과 지방자치단체를 당사자로 하는 계약에 관한 법률(이하 '지방계약법'이라 한다)이 적용된다. 이 두 법률에서 재산의 매각 방법, 절차와 그 가격 결정에 관하여 정하고 있다.

(1) 공유재산법은 공유재산 및 물품을 보호하고 그 취득·유지·보존 및 운용과 처분의 적정을 도모하기 위한 목적으로 제정되었다(제1조). '공유재산'은 지방자치단체의 부담, 기부채납(기부채납)이나 법령에 따라 지방자치단체 소유로 된 부동산 등의 재산(공유재산의 범위는 제4조에서 정하고 있다)을 말하고(제2조 제1호), '처분'은 공유재산 및 물품의 매각, 교환, 양여(양여), 신탁, 현물 출자 등의 방법으로 공유재산 및 물품의 소유권이 해당 지방자치단체 외의 자에게 이전되는 것을 말한다(제2조 제6호). 공유재산은 그 용도에 따라 행정재산과 일반재산으로 구분되는데, '행정재산'은 공용재산, 공공용재산, 기업용재산, 보존용재산을 말하고, '일반재산'은 행정재산 외의 모든 공유재산을 말한다(제5조).

공유재산법 제29조는 '계약의 방법'이라는 제목으로 제1항에서 '지방자치단체가 공유재산 중 일반재산을 대부하거나 매각하는 계약을 체결할 때에는 그 뜻을 공고하여 일반입찰에 부쳐야 하고, 다만 대통령령으로 정하는 경우에는 지명경쟁에 부치거나 수의계약으로 할 수 있다.'고 정하고 있다. 그 위임에 따라 공유재산 및 물품 관리법 시행령(이하 '공유재산법 시행령'이라 한다) 제37조는 '지명경쟁으로 매각할 수 있는 경우'를 정하고 있고, 제38조는 '수의계약으로 매각할 수 있는 경우 등'이라는 제목으로 제1항에서 일반재산을 수의계약으로 매각할 수 있는 경우를 정하고, 제2항에서 "상반된 이해관계인 사이에 장기간에 걸쳐서 해결하기 극히 곤란한 사실상 또는 소송상 분쟁이 있는 재산이나 수의계약으로 매각하기가 곤란하다고 인정되는 재산은 제1항에도 불구하고 일반입찰로 매각하여야 한다."라고 정하고 있다(피고 인천광역시가 이 사건 부동산을 매각할 당시인 2012년 이후 공유재산법과 그 시행령이 여러 차례 개정되었으나, 여기에서 인용하는 부분은 당시부터 현재까지 내용이 동일하다).

공유재산법 제30조는 '처분재산의 가격 결정'이라는 제목으로 '일반재산을 처분할 때 그 가격은 대통령령으로 정하는 바에 따라 시가를 고려하여 결정한다.'고 정하고 있다. 그 위임에 따라 공유재산법 시행령 제27조는 '일반재산가격의 평정 등'을 정하고 있는데, 제1항 1문에서 '공유재산법 제30조에 따라 일반재산을 매각하거나 교환하는 경우의 해당 재산의 예정가격은 지방자치단체의 장이 시가로 결정하고 공개하여야 한다.'고 정하고 있다.

(2) 지방계약법은 지방자치단체를 당사자로 하는 계약에 관한 기본적인 사항을 정함으로써 계약업무를 원활하게 수행할 수 있도록 하기 위한 목적으로 제정되었다(제1조). 지방계약법 제6조는 '계약의 원칙'이라는 제목으로 제1항에서 "계약은 상호 대등한 입장에서 당사자의 합의에 따라 체결되어야 하고, 당사자는 계약의 내용을 신의성실의 원칙에 따라 이행하여야 하며, 지방자치단체의 장 또는 계약담당자는 이 법 및 관계 법령에 규정된 계약상대자의 계약상 이익을 부당하게 제한하는 특약이나 조건을 정하여서는 아니 된다."라고 정하고 있다.

지방계약법 제9조는 '계약의 방법'이라는 제목으로 제1항에서 지방자치단체에서 계약을 체결하려는 경우 이를 공고하여 일반입찰에 부쳐야 한다고 하면서 계약의 목적·성질·규모 및 지역특수성 등을 고려하여 필요하다고 인정되면 지명경쟁입찰이나 수의계약을 할 수 있다고 정하고 있고, 제3항에서 위와 같은 수의계약의 대상 범위 및 계약상대자의 선정절차 등은 대통령령으로 정하도록 하고 있다. 그 위임에 따라 지방자치단체를 당사자로 하는 계약에 관한 법률 시행령(이하 '지방계약법 시행령'이라 한다) 제22조는 지명입찰에 부칠 수 있는 경우, 제25조 제1항은 수의계약을 할 수 있는 경우를 정하고 있고, 제30조는 제1항 본문에서 수의계약을 체결하려는 경우에는 2인 이상으로부터 견적서를 받아야 한다고 정하고, 제5항에서 견적제출자의 견적가격과 계약이행능력 등 행정안전부장관이 정하는 기준에 따라 수의계약 대상자를 결정하도록 정하고 있다.

나. 지방자치단체가 일반재산을 입찰이나 수의계약을 통해 매각하는 것은 기본적으로 사경제주체의 지위에서 하는 행위이므로 원칙적으로 사적 자치와 계약자유의 원칙이 적용된다. 지방계약법 제6조 제1항은 계약자유의 원칙과 신의성실의 원칙이 적용된다는 점을 명시적으로 인정하되, 다만 지방자치단체는 지방계약법 등 관계 법령에 규정된 계약상대자의 계약상 이익을 부당하게 제한해서는 안 된다고 정하고 있다. 공유재산법령과 지방계약법령에서는 일반재산의 매각에 관하여 그 방법, 절차, 가격 결정 등을 상세히 정하고 있다. 이러한 규정은 사적 자치와 계약자

유의 원칙에 일정한 제한을 두어 매각절차의 투명성과 공정성을 확보하고 거래 상대자의 이익을 보호하여 지방자치단체가 체결하는 계약이 공익에 합치되도록 하려는 것이다.

지방자치단체의 일반재산 매각방법은 원칙적으로 일반입찰이지만, 예외적으로 지명경쟁입찰과 수의계약을 허용하고 있다. 위 공유재산법 시행령 제38조 제2항에 따라 '상반된 이해관계인 사이에 장기간에 걸쳐서 해결하기 극히 곤란한 사실상 또는 소송상 분쟁이 있는 재산이나 수의계약으로 매각하기가 곤란하다고 인정되는 재산'은 일반입찰로 매각하여야 하지만, 이러한 재산이 아니라면 수의계약에 의한 매각도 예외적으로 허용된다. 따라서 일반재산을 관련 법령이 허용하는 방식에 따라 수의계약으로 매각하는 것은 적법하다.

지방자치단체가 위 법령에서 정한 기준과 절차에 따라 일반재산을 수의계약으로 매각한 경우 그 과정에 단순한 하자가 있다고 해서 그러한 사유만으로 곧바로 수의계약이 무효로 되는 것은 아니다. 수의계약 대상자를 결정하고 계약을 체결하는 과정에서 생긴 하자의 정도가 절차의 공공성과 공정성을 현저히 침해할 정도로 중대하여 선량한 풍속 그 밖의 사회질서에 반한다고 볼 수 있는 경우 등에 한하여 그 계약을 무효라고 보아야 한다.

2. 상고이유 제1점

가. 원고는, 피고 인천광역시가 이 사건 부동산을 수의계약으로 피고 롯데인천개발 주식회사(이하 '피고 롯데인천개발'이라고만 한다)에 매각한 것이 공유재산법 시행령 제38조 제2항에서 정한 입찰매각의무에 위반되어 무효라고 주장하였다. 그러나 원심은 다음과 같은 이유로 원고의 주장을 받아들이지 않았다.

(1) 원고와 같은 수의계약 대상자가 그 선정과정에서 분쟁을 야기한 경우는 공유재산법 시행령 제38조 제2항 전단에서 말하는 '분쟁'에 해당하지 않는다. 이 사건 부동산은 '상반된 이해관계인 사이에 장기간에 걸쳐서 해결하기 극히 곤란한 사실상 또는 소송상 분쟁이 있는 재산'에 해당하지 않는다.

(2) 피고 인천광역시는 이 사건 부동산의 매각절차를 진행할 당시 재정난으로 최대한 빠른 시일 내에 입찰절차나 수의계약절차를 마무리하여 매각대금을 수령해야 하는 상황이었다. 매각상대방을 결정할 때 가격 요소 외에도 버스터미널로서의 기능을 유지·증진시킬 수 있는지 여부 등 비가격 요소도 고려 대상이었다. 따라서 이 사건 부동산이 '수의계약으로 매각하기가 곤란하다고 인정되는 재산'에 해당한다

고 보기도 어렵다.

나. 원심판결 이유를 위에서 본 법리와 적법하게 채택된 증거에 비추어 살펴보면, 원심의 판단에 상고이유 주장과 같이 공유재산법 시행령 제38조 제2항에 관한 법리를 오해하거나 판단을 누락하는 등의 사유로 판결에 영향을 미친 잘못이 없다.

3. 상고이유 제2점

가. 원심은 아래와 같이 이 사건 매매계약에 수의계약 대상자 선정절차의 공정성과 공공성을 현저히 침해할 정도의 하자가 있다고 보기 어렵고, 피고 롯데인천개발을 이 사건 매매계약의 대상자로 선정하여 계약을 체결한 것이 누가 보더라도 선량한 풍속 기타 사회질서에 반하는 행위에 의하여 이루어진 것임이 분명한 경우에 해당한다고 보기 어렵다고 판단하였다.

(1) 2012. 2.경 피고 인천광역시의 이 사건 부동산 매각 방침이 언론에 보도된 이후 2012. 3. 28. 피고 인천광역시과 롯데쇼핑 주식회사(이하 '롯데쇼핑'이라 한다) 사이에 비밀유지협약이 체결되었으나, 이 협약이 매매계약 체결을 담보하는 것은 아니라는 내용이 포함되어 있다. 당시 피고 인천광역시는 원고에게도 이 사건 부동산의 매각 관련 정보를 제공하였고 다른 기업과 비밀유지협약을 체결한 사실도 알려주었다. 피고 인천광역시는 이 사건 부동산의 매각방법을 당초부터 수의계약으로 정한 것이 아니라 지명경쟁입찰과 수의계약절차 중 하나로 진행하기로 하고 원고와 롯데쇼핑을 포함한 159개 업체에 매수에 참여할 기회를 주었다. 만일 원고가 피고 인천광역시와 최종 면담을 하는 과정에서 매수의사를 포기하지 않았다면 지명경쟁입찰로 매각방법이 정해졌을 것이다.

따라서 피고 인천광역시가 위 비밀유지협약을 통하여 사전에 롯데쇼핑에 사실상 우선협상대상자의 지위를 인정하였다고 볼 수 없고, 위 비밀유지협약이 위법한 것이라고 볼 수도 없다.

(2) 매각협상대상자가 원고와 롯데쇼핑 2개 업체로 좁혀진 후인 2012. 9. 25. 피고 인천광역시는 원고로부터 '감정가격(8,688억 원) 이상으로 매수하기 어려워 손을 떼기로 결정하였다'는 통보를 받았다. 이에 피고 인천광역시는 2012. 9. 26. 롯데쇼핑을 수의계약 대상자로 정하고, 다음 날 롯데쇼핑과 사이에 이 사건 투자약정을 체결하였다. 이 사건 투자약정에서 매매금액은 8,751억 원으로 정해졌는데, 이 사건 부동산 중 일부에 대한 원고의 선행 임대차로 인하여 롯데쇼핑에 즉시 인도할 수 없는 부분의 매매대금에 관해서는 위 임대차가 종료할 때까지 피고 인천광역

시가 그 조달금리 등의 비용을 롯데쇼핑에 보전해 주기로 한다는 내용의 '비용보전약정'이 추가되었다. 이러한 비용보전약정 때문에 최종적으로 롯데쇼핑이 부담하게 되는 실질적 매매대금이 감정가격 미만으로 될 가능성이 있었고, 이로 인하여 공유재산법 제30조, 공유재산법 시행령 제27조 제1항에 위반될 여지가 있음은 물론 감정가격 이상으로 매수를 제안받은 원고와 비교하여 이 사건 부동산 매각에 관하여 형평이 맞지 않게 될 소지도 있었다.

그러나 원고가 이러한 문제점을 지적하면서 피고 인천광역시를 상대로 이 사건 투자약정에 따른 매각절차의 중단과 그 속행금지를 구하는 가처분 신청을 하자, 롯데쇼핑은 이 사건 부동산의 매매대금에 관하여 관련 법령의 취지에 부합하도록 하겠다는 입장을 밝혔다. 또한 원고의 위 가처분 신청이 인용되자 피고 인천광역시는 롯데쇼핑과 이 사건 투자약정을 합의해제하고 피고 롯데인천개발과 매매대금을 9,000억 원으로 정하여 이 사건 매매계약을 체결하였다. 이러한 일련의 과정이 원고의 문제 제기와 그에 따른 가처분 결정 등에 따라 이루어진 것이라고 하더라도, 결과적으로 피고 인천광역시가 원고에게 제시한 감정가격 이상으로 이 사건 부동산을 매각하여 공유재산법령 위반 문제는 없어졌다. 또한 위 비용보전약정이 포함된 이 사건 투자약정은 적법하게 해제되었고 그 이후에 체결된 이 사건 매매계약은 별개의 새로운 계약이다. 즉 이 사건 매매계약은 이 사건 투자약정에 따라 진행되는 매각절차의 하나로 이루어진 것이 아니고, 위 가처분 결정에 반하는 것도 아니다.

(3) 피고 인천광역시는 이 사건 부동산을 지명경쟁입찰 또는 수의계약으로 매각하기 위하여 159개 업체를 대상으로 매수자 선정절차를 거치고 이후 최종협상대상자들과 면담까지 한 다음 롯데쇼핑을 수의계약 대상자로 선정하였는데, 이러한 절차에 별다른 하자가 없었다. 위 매수자 선정절차가 위와 같은 비용보전약정이 포함된 이 사건 투자약정을 전제로 하였다거나 그러한 내용의 약정 체결을 사전에 예정하였다고 보이지 않는다. 따라서 최종협상대상자로 선정되었던 원고와 롯데쇼핑 중 매수의사를 포기하였던 원고에게 절차적 지위를 다시 보장하지 않더라도 부당한 차별이라고 보기는 어렵다.

또한 피고 인천광역시는 당시 재정난이 크게 악화된 상태여서 이 사건 부동산을 신속히 매각하여 그 매각대금으로 재정 상태를 개선해야 할 공익상의 필요가 컸던 점 등에 비추어 보면, 피고 인천광역시가 재매각절차를 거치지 않고 롯데쇼핑이 지정한 피고 롯데인천개발과 이 사건 매매계약을 체결한 것이 매각절차의 공정성과 공공성을 현저히 침해하였다고 보기도 어렵다.

(4) 피고 인천광역시는 이 사건 부동산의 수의계약 대상자로 롯데쇼핑 측을 선정하는 과정에서 지방계약법 제9조 제3항과 지방계약법 시행령 제30조에서 정하고 있는 '지정정보처리장치를 이용하여 2인 이상으로부터 견적서를 제출받는 등의 절차'를 거치지는 않았다. 그러나 피고 인천광역시는 계약이행능력 등을 판단하기 위하여 공개적으로 이 사건 부동산의 매수를 희망하는 6개 업체로부터 관련 자료를 제출받는 등 일련의 매수자 선정절차를 거쳤고 그 후 롯데쇼핑 측을 수의계약 대상자로 선정한 것이므로, 피고 인천광역시의 위와 같은 절차 위반으로 인하여 수의계약 대상자 선정절차의 공공성과 공정성이 중대하게 침해되었다고 보기는 어렵다.

나. 원심판결 이유를 위에서 본 법리와 적법하게 채택된 증거에 비추어 살펴보면, 원심의 위 판단에 상고이유 주장과 같이 논리와 경험의 법칙에 반하여 자유심증주의의 한계를 벗어나거나 공유재산 매각절차의 공공성과 공정성에 관한 법리오해, 판단누락, 이유모순 등의 사유로 판결에 영향을 미친 잘못이 없다.

4. 결 론

원고의 상고는 이유 없어 이를 모두 기각하고, 상고비용은 패소자가 부담하기로 하여, 관여 대법관의 일치된 의견으로 주문과 같이 판결한다.

제 3 부

2017년 행정 관련 헌법재판소 판례

1 헌법재판소 2016. 12. 29. 선고 2013헌바436 전원재판부 【수산업법제97조제1항제2호등위헌소원】 [헌공제243호,70]

【판시사항】

당해 소송이 허가어업과 관련하여 허가구역 외에서의 조업행위를 기소한 형사재판인 경우, 어업허가구역의 범위를 판단할 때 고려되는 해상경계에 대한 행정관습법 중 전라북도와 충청남도의 경계에 대한 부분(이하 '이 사건 행정관습법'이라고 한다)이 재판의 전제성을 충족하는지 여부(소극)

【결정요지】

이 사건 행정관습법은 형벌의 구성요건을 정하고 그에 상응하는 형벌의 종류와 범위를 규정하는 처벌의 근거조항이 아니라 청구인의 조업구역을 확인하는 고려요소에 불과하므로, 이 사건 행정관습법은 당해 사건에서 적용되는 법률이라고 보기 어렵다. 당해 사건의 법원이 이 사건 행정관습법을 고려했다 하더라도, 이는 당해 사건에 적용되는 처벌규정인 수산업법 조항의 해석과 적용에 관한 사항이고, 이를 다투는 것은 결국 재판의 당부를 다투는 것과 다르지 않다.

따라서 이 사건 행정관습법은 당해 사건에서 직접적으로 적용되는 법률이 아니고, 설사 당해 사건에서 고려되는 측면이 있다 하더라도 이는 당해 사건의 법원이 행한 재판작용에 포함되므로 이에 대한 심판청구는 부적법하다.

【참조조문】

수산업법(2009. 4. 22. 법률 제9626호로 전부개정된 것) 제41조 제2항, 제97조 제1항 제2호 중 제41조 제2항 부분, 지방자치법(2009. 4. 1. 법률 제9577호로 개정된 것) 제4조, 해상경계에 대한 행정관습법 중 전라북도와 충청남도의 경계에 대한 부분

【참조판례】

헌재 2012. 8. 23. 2010헌바471, 판례집 24-2상, 512, 521, 헌재 2016. 6. 30. 2014헌바62, 판례집 28-1하, 485, 495

2 헌법재판소 2016. 12. 29. 선고 2015헌바229 전원재판부 【국세기본법제56조제2항등위헌소원】 [헌공제243호,131]

【판시사항】

가. 주세법에 따른 의제주류판매업면허의 취소처분에 대한 행정소송에 관하여 필요적 행정

심판전치주의를 규정한 국세기본법(2010. 1. 1. 법률 제9911호로 개정된 것) 제56조 제2항 중 '주세법 제8조 제4항 제1호에 따른 의제주류판매업면허의 취소처분'에 관한 부분이 청구인들의 재판청구권을 침해하는지 여부(소극)

나. 심판대상조항이 의제주류판매업면허 취소처분을 받은 자를 다른 일반적인 행정처분을 받은 자와 달리 행정소송을 제기하기에 앞서 필요적으로 행정심판절차를 거치도록 한 것이 평등원칙에 위배되는지 여부(소극)

【결정요지】

가. 주세법의 규정 중 주세의 부과·징수에 관한 부분과 주류의 제조·유통과정을 규율하기 위한 부분은 모두 국가재정 확보 및 국민보건 향상이라는 주세법의 입법목적을 달성하는 데 있어서 유기적·체계적으로 관련되어 있다.

주세법에따른의제주류판매업면허취소처분에 대한 불복절차에 관하여는, 주류의 특성, 주류의 제조 및 유통과정에 대한 지식과 주세법의 관련 내용, 주류의 제조·유통과정에서 부과되는 각종 조세에 관한 관련법령의 내용 등을 감안하여야 하는 전문성과 기술성이 요구되고, 대량·반복적으로 이루어지는 주류판매업면허 및 그 취소처분에 관한 행정의 통일성을 기하여야 하므로, 행정소송 전에 먼저 행정심판을 거치게 하는 것이 적절하다.

국세기본법은 행정심판청구에 관한 심의·결정을 하는 준사법기관인 조세심판원의 지위와 심판의 공정성을 확보하기 위한 내용들과 대심적 심리구조 등 심판청구인의 절차적 권리보장에 관한 내용을 규정하고 있으므로, 행정심판절차는 권리구제절차로서의 실효성을 가지고 있다.

나아가 행정심판 전치요건은 행정소송 제기 이전에 반드시 갖추어야 하는 것은 아니고 사실심 변론종결 시까지 갖추면 되므로, 전치요건을 구비하면서도 행정소송의 신속한 진행을 동시에 꾀할 수 있다.

따라서 심판대상조항이 재판청구권을 침해한다고 할 수 없다.

나. 심판대상조항이 일반적 행정처분의 경우와 달리 주세법에 의한 의제주류판매업면허취소처분에 대한 취소소송을 제기함에 있어 필요적으로 행정심판을 청구하도록 하고 있는 것은, 의제주류판매업면허 및 그 취소에 있어서는 주류 및 주세법과 관련한 전문성과 기술성이 요구되고, 대량·반복적으로 이루어지는 해당 행정처분의 통일성을 기하기 위한 것이다. 따라서 심판대상조항이 위와 같은 차별취급을 하는 데에는 합리적인 이유가 있으므로, 평등원칙에 위배되지 아니한다.

【심판대상조문】

국세기본법(2010. 1. 1. 법률 제9911호로 개정된 것) 제56조 제2항 중 '주세법 제8조 제4항 제1호에 따른 의제주류판매업면허의 취소처분'에 관한 부분

【참조조문】

헌법 제11조 제1항, 제27조 제1항, 제3항, 제107조 제3항, 국세기본법(2010. 1. 1. 법률 제9911호로 개정된 것) 제55조 제1항, 제56조 제3항, 주세법(2011. 12. 31. 법률 제11134호로 개정된 것) 제8조 제1항, 제4항 제1호, 행정소송법(1994. 7. 27. 법률 제4770호로 개정된 것) 제18조

【참조판례】

가. 헌재 2000. 6. 1. 98헌바8, 판례집 12-1, 590, 605, 헌재 2000. 6. 29. 99헌가9, 판례집 12-1, 753, 763, 헌재 2007. 1. 17. 2005헌바86, 판례집 19-1, 54, 67, 헌재 2009. 7. 30. 2007헌마732, 판례집 21-2상, 335, 341-342, 헌재 2013. 7. 25. 2012헌마656, 판례집 25-2상, 318, 322 / 나. 헌재 2002. 10. 31. 2001헌바40, 판례집 14-2, 473, 485, 헌재 2015. 3. 26. 2013헌바186, 판례집 27-1상, 261, 269

3 헌법재판소 2016. 12. 29. 선고 2015헌바280 전원재판부 【구산업단지인·허가절차간소화를위한특례법제9조제2항등위헌소원】 [헌공제243호,137]

【판시사항】

가. 산업단지의 지정권자로 하여금 산업단지계획안에 대한 주민의견청취와 동시에 환경영향평가서 초안에 대한 주민의견청취를 진행하도록 한 구 '산업단지 인·허가 절차 간소화를 위한 특례법'(2008. 6. 5. 법률 제9106호로 제정되고, 2011. 8. 4. 법률 제11019호로 개정되기 전의 것. 이하 '산단절차간소화법'이라 한다) 제9조 제2항 중 '환경·교통·재해 등에 관한 영향평가법에 따른 환경영향평가'에 관한 부분(이하 '의견청취동시진행조항'이라 한다)이 국가의 기본권 보호의무에 위배되는지 여부(소극)

나. 의견청취동시진행조항이 적법절차원칙에 위배되는지 여부(소극)

다. 환경영향평가 대상사업의 사업자로 하여금 환경영향평가를 실시하기 위한 환경보전목표를 설정함에 있어 환경정책기본법 제10조에 따른 환경기준을 참고하도록 한 구 환경영향평가법(2008. 3. 28. 법률 제9037호로 전부개정되고, 2011. 7. 21. 법률 제10892호로 전부개정되기 전의 것) 제7조 제2항 제1호(이하 '환경기준참고조항'이라 한다)가 국가의 기본권 보호의무에 위배되는지 여부(소극)

【결정요지】

가. 의견청취동시진행조항은 종래 산업단지의 지정을 위한 개발계획 단계와 산업

단지 개발을 위한 실시계획 단계에서 각각 개별적으로 진행하던 산업단지개발계획안과 환경영향평가서 초안에 대한 주민의견청취절차 또는 주민의견수렴절차를 산업단지 인·허가 절차의 간소화를 위하여 한 번의 절차에서 동시에 진행하도록 하고 있을 뿐, 환경영향평가서 초안에 대한 주민의견수렴절차 자체를 생략하거나 주민이 환경영향평가서 초안을 열람하고 그에 대한 의견을 제출함에 있어 어떠한 방법상·내용상 제한을 가하고 있지도 않다. 또한 입법자는 산단절차간소화법 및 환경영향평가법 등에 환경영향평가서 초안에 대한 지역주민의 의견수렴이 부실해지는 것을 방지하기 위한 여러 보완장치를 마련해 두고 있다. 따라서 국가가 산업단지계획의 승인 및 그에 따른 산업단지의 조성·운영으로 인하여 초래될 수 있는 환경상 위해로부터 지역주민을 포함한 국민의 생명·신체의 안전을 보호하기 위하여 필요한 최소한의 보호조치를 취하지 아니한 것이라고 보기는 어려우므로, 의견청취동시진행조항이 국가의 기본권 보호의무에 위배되었다고 할 수 없다.

나. 구 산단절차간소화법은 지정권자가 환경영향평가 대상지역 주민들에게 환경영향평가서 초안에 대하여 적절한 고지를 하고, 이에 따라 주민 등이 환경영향평가서 초안을 산업단지계획안과 종합적·유기적으로 파악하여 그에 대한 의견을 제출할 기회를 부여함으로써 주민의 절차적 참여를 보장해 주고 있으므로, 의견청취동시진행조항이 환경영향평가서 초안에 대한 주민의견청취를 산업단지계획안에 대한 주민의견청취와 동시에 진행하도록 규정하고 있다고 하더라도, 헌법상의 적법절차원칙에 위배된다고 할 수 없다.

다. 환경정책기본법상의 환경기준은 행정기관을 직접 기속하거나 국민의 권리·의무를 규율하는 것이 아니라 행정이 달성·유지하기 위해 노력해야 할 목표에 불과함을 고려할 때, 환경기준참고조항이 사업자로 하여금 환경영향평가를 실시할 때 환경기준을 준수하도록 의무를 부과하지 않고 환경보전목표의 설정에 있어 참고하여야 할 기준으로 삼도록 한 것은 환경기준의 법적 성질 및 환경영향평가제도의 본지에 부합한다. 국가는 환경 관련 법령에서 환경영향평가 대상사업의 시행 전 사업계획 등에 대한 승인단계에서부터 시행 후 산업단지 등의 조성 및 운영 단계에 이르기까지, 나름대로 환경상 위해로부터 지역주민을 포함한 국민의 건강을 보호하고 쾌적한 환경을 보전하기 위한 제도적 장치들을 다각적으로 마련하고 있다. 따라서 환경기준참고조항이 산업단지 조성사업 등 환경영향평가 대상사업의 사업계획 등에 대한 승인 및 그 시행으로 인하여 초래될 수 있는 환경상 위해로부터 국민의 생명·신체의 안전을 보호하기 위하여 필요한 최소한의 보호조치를 취하지 아니한 것이라고 보기 어려우므로, 국가의 기본권 보호의무에 위배되었다고 할 수 없다.

【심판대상조문】

산업단지 인·허가 절차 간소화를 위한 특례법(2008. 6. 5. 법률 제9106호로 제정된 것) 제16조 제1항 본문, 구 산업단지 인·허가 절차 간소화를 위한 특례법(2008. 6. 5. 법률 제9106호로 제정되고, 2011. 8. 4. 법률 제11019호로 개정되기 전의 것) 제9조 제2항 중 '환경·교통·재해 등에 관한 영향평가법에 따른 환경영향평가'에 관한 부분, 구 환경영향평가법(2008. 3. 28. 법률 제9037호로 전부개정되고, 2011. 7. 21. 법률 제10892호로 전부개정되기 전의 것) 제7조 제2항 제1호

【참조조문】

헌법 제10조, 제12조 제1항, 제35조 제1항, 구 산업단지 인·허가 절차 간소화를 위한 특례법(2008. 6. 5. 법률 제9106호로 제정되고, 2011. 8. 4. 법률 제11019호로 개정되기 전의 것) 제8조 제2항, 제3항, 제9조 제1항, 제3항, 제4항, 제23조 제1항, 구 산업단지 인·허가 절차 간소화를 위한 특례법(2011. 8. 4. 법률 제11019호로 개정되고, 2015. 7. 24. 법률 제13433호로 개정되기 전의 것) 제9조 제2항, 구 환경영향평가법(2008. 3. 28. 법률 제9037호로 전부개정되고, 2011. 7. 21. 법률 제10892호로 전부개정되기 전의 것) 제7조 제1항, 제13조 제1항, 제2항, 제14조 제1항, 제5항, 제16조 제1항, 제2항, 제17조 제1항, 제5항, 환경영향평가법(2011. 7. 21. 법률 제10892호로 전부개정된 것) 제5조, 구 환경정책기본법(2011. 7. 21. 법률 제10893호로 전부개정되기 전의 것) 제10조 제1항, 제2항, 제11조 제1항, 환경정책기본법(2011. 7. 21. 법률 제10893호로 전부개정된 것) 제3조, 산업단지 인·허가 절차 간소화를 위한 특례법 시행령(2008. 9. 3. 대통령령 제20988호로 제정된 것) 제11조, 구 환경영향평가법 시행령(2008. 12. 24. 대통령령 제21185호로 전부개정되고, 2012. 7. 20. 대통령령 제23966호로 전부개정되기 전의 것) 제12조, 제13조 제1항, 제14조 제1항, 제16조 제1항, 제2항, 제3항, 제21조 제1항

【참조판례】

가. 다. 헌재 2008. 7. 31. 2006헌마711, 판례집 20-2상, 345, 357-359, 헌재 2008. 12. 26. 2008헌마419등, 판례집 20-2하, 960, 971-975 / 나. 헌재 1992. 12. 24. 92헌가8, 판례집 4, 853, 876-877, 헌재 2007. 10. 4. 2006헌바91, 판례집 19-2, 396, 408-409, 헌재 2014. 3. 27. 2012헌바29, 판례집 26-1상, 435, 445-446

4 헌법재판소 2016. 12. 29. 선고 2013헌마142 전원재판부 【구치소내과밀수용행위위헌확인】 [헌공제243호,194]

【판시사항】

가. 이미 종료된 권력적 사실행위의 위헌확인을 구하는 헌법소원심판청구에 대하여, 주관적

권리보호이익이 소멸하였음에도 예외적으로 심판의 이익이 있음을 인정한 사례

나. 인간의 존엄과 가치에서 비롯하는 국가형벌권 행사의 한계

다. 구치소 내 과밀수용행위가 수형자인 청구인의 인간의 존엄과 가치를 침해하는지 여부(적극)

【결정요지】

가. 청구인은 형기만료로 이미 석방되었으므로, 이 사건 심판청구가 인용되더라도 청구인의 권리구제는 불가능한 상태이다. 그러나 이 사건에서 문제되는 교정시설 내 과밀수용행위는 계속 반복될 우려가 있고, 수형자들에 대한 기본적 처우에 관한 중요한 문제로서 그에 대한 헌법적 해명의 필요성이 있으므로 예외적으로 심판의 이익을 인정할 수 있다.

나. 헌법 제10조에서 보장하는 인간의 존엄과 가치는 국가가 형벌권을 행사함에 있어 사람을 국가행위의 단순한 객체로 취급하거나 비인간적이고 잔혹한 형벌을 부과하는 것을 금지하고, 행형(행형)에 있어 인간 생존의 기본조건이 박탈된 시설에 사람을 수용하는 것을 금지한다. 구금의 목적 달성을 위하여 필요최소한의 범위 내에서는 수형자의 기본권에 대한 제한이 불가피하다 하더라도, 국가는 어떠한 경우에도 수형자의 인간의 존엄과 가치를 훼손할 수 없다.

다. 수형자가 인간 생존의 기본조건이 박탈된 교정시설에 수용되어 인간의 존엄과 가치를 침해당하였는지 여부를 판단함에 있어서는 1인당 수용면적뿐만 아니라 수형자 수와 수용거실 현황 등 수용시설 전반의 운영 실태와 수용기간, 국가 예산의 문제 등 제반 사정을 종합적으로 고려할 필요가 있다. 그러나 교정시설의 1인당 수용면적이 수형자의 인간으로서의 기본 욕구에 따른 생활조차 어렵게 할 만큼 지나치게 협소하다면, 이는 그 자체로 국가형벌권 행사의 한계를 넘어 수형자의 인간의 존엄과 가치를 침해하는 것이다.

이 사건의 경우, 성인 남성인 청구인이 이 사건 방실에 수용된 기간 동안 1인당 실제 개인사용가능면적은, 2일 16시간 동안에는 1.06㎡, 6일 5시간 동안에는 1.27㎡였다. 이러한 1인당 수용면적은 우리나라 성인 남성의 평균 신장인 사람이 팔다리를 마음껏 뻗기 어렵고, 모로 누워 '칼잠'을 자야 할 정도로 매우 협소한 것이다. 그렇다면 청구인이 이 사건 방실에 수용된 기간, 접견 및 운동으로 이 사건 방실 밖에서 보낸 시간 등 제반 사정을 참작하여 보더라도, 청구인은 이 사건 방실에서 신체적·정신적 건강이 악화되거나 인격체로서의 기본 활동에 필요한 조건을 박탈당하는 등 극심한 고통을 경험하였을 가능성이 크다. 따라서 청구인이 인간으로서 최소한의 품위를 유지할 수 없을 정도로 과밀한 공간에서 이루어진 이 사건 수용행위는 청구인의 인간으로서의 존엄과 가치를 침해한다.

[재판관 박한철, 재판관 김이수, 재판관 안창호, 재판관 조용호의 보충의견]

불가침의 인간의 존엄과 가치를 천명한 헌법 제10조, 수형자의 기본적 처우 보장을 위한 '형의 집행 및 수용자의 처우에 관한 법률', '법무시설 기준규칙', '수용구분 및 이송·기록 등에 관한 지침', 관련 국제규범, 외국의 판례 등에 비추어 볼 때, 국가는 수형자가 수용생활 중에도 인간으로서의 존엄과 가치를 지킬 수 있도록 교정시설 내에 수형자 1인당 적어도 2.58㎡ 이상의 수용면적을 확보하여야 한다. 다만, 교정시설 확충과 관련된 현실적 어려움을 참작하여, 상당한 기간(늦어도 5년 내지 7년) 내에 이러한 기준을 충족하도록 개선해 나갈 것을 촉구한다.

【참조조문】

헌법 제10조, 형의 집행 및 수용자의 처우에 관한 법률(2007. 12. 21. 법률 제8728호로 전부개정 된 것) 제1조, 제4조, 제6조, 제14조, 제15조, 55조, 형의 집행 및 수용자의 처우에 관한 법률(2008. 12. 11. 법률 제9136호로 개정된 것) 제13조 제2항, 형의 집행 및 수용자의 처우에 관한 법률 시행령(2008. 10. 29. 대통령령 제21095호로 전부개정된 것) 제8조, 제9조

【참조판례】

가. 헌재 2001. 7. 19. 2000헌마546, 판례집 13-2, 103

5 헌법재판소 2016. 12. 29. 선고 2016헌마550 전원재판부 【법학전문대학원설치·운영에관한법률제23조제2항위헌확인】 [헌공제243호,241]

【판시사항】

법학전문대학원으로 하여금 필수적으로 외국어능력을 입학전형자료로 활용하도록 규정하고 있는 '법학전문대학원 설치·운영에 관한 법률'(2007. 7. 27. 법률 제8544호로 제정된 것) 제23조 제2항 중 '외국어능력'에 관한 부분이 직업선택의 자유를 침해하는지 여부(소극)

【결정요지】

심판대상조항의 목적은 법조계의 국제화 및 개방화 추세를 감안하여, 복잡다기한 법적 분쟁을 전문적·효율적으로 해결할 수 있는 능력과 국제적인 경쟁력을 갖춘 법조인을 양성하기 위한 것이다. 오늘날 최소한의 외국어능력을 갖추지 못한 경우 현대사회의 법적 분쟁을 전문적·효율적으로 해결하기 위한 특화된 전문지식을 쌓는데 어려움이 있을 수밖에 없다. 또한, 외국어능력의 구체적인 반영 방법 내지 그

비율 등은 각 법학전문대학원이 자율적으로 결정하고 있으므로, 지원자로서는 각 대학원의 입학전형을 살펴보고 자신에게 가장 유리한 외국어나 공인시험 등을 선택하여 입학전형자료로 제출할 수 있다. 따라서 심판대상조항은 과잉금지원칙에 위배되어 직업선택의 자유를 침해하지 아니한다.

【심판대상조문】

법학전문대학원 설치·운영에 관한 법률(2007. 7. 27. 법률 제8544호로 제정된 것) 제23조 제2항 중 '외국어능력'에 관한 부분

【참조조문】

헌법 제15조, 제37조 제2항

【참조판례】

헌재 2009. 2. 26. 2008헌마370등, 판례집 21-1상, 292, 303-304, 헌재 2016. 3. 31. 2014헌마1046, 판례집 28-1상, 531, 536-537

6 헌법재판소 2017. 5. 25. 선고 2016헌라2 전원재판부 【국민과대법원장간의권한쟁의】 [헌공제248호,511]

【판시사항】

국민 개인이 대법원장을 상대로 제기한 국가기관 간의 권한쟁의심판이 적법한지 여부(소극)

【결정요지】

헌법재판소가 권한쟁의심판을 청구할 수 있는 국가기관의 종류와 범위에 관해 확립한 기준에 비추어 볼 때, '국민'인 청구인은 그 자체로는 헌법에 의하여 설치되고 헌법과 법률에 의하여 독자적인 권한을 부여받은 기관이라고 할 수 없으므로, '국민'인 청구인은 권한쟁의심판의 당사자가 되는 '국가기관'이 아니다.

【참조조문】

헌법 제111조 제1항 제4호, 헌법재판소법 제62조 제1항 제1호

【참조판례】

헌재 1997. 7. 16. 96헌라2, 판례집 9-2, 154, 163

[7] 헌법재판소 2017. 5. 25. 선고 2016헌바388 전원재판부 【재조선미국육군사령부군정청법령제57호위헌소원】 [헌공제248호,537]

【판시사항】

제2차 세계대전 직후 남한 내 일본화폐 등을 금융기관에 예입하도록 한 미군정법령 제57조(이하 '이 사건 법령'이라 한다)가 위헌임을 전제로 한 미합중국에 대한 손해배상 등 청구소송에서, 이 사건 법령의 재판의 전제성을 인정할 수 있는지 여부(소극)

【결정요지】

미합중국 소속 미군정청이 이 사건 법령을 제정한 행위는, 제2차 세계대전 직후 일본은행권을 기초로 한 구 화폐질서를 폐지하고 북위 38도선 이남의 한반도 일대에서 새로운 화폐질서를 형성한다는 목적으로 행한 고도의 공권적 행위로서, 국제관습법상 재판권이 면제되는 주권적 행위에 해당한다. 따라서 이 사건 법령이 위헌임을 근거로 한 미합중국에 대한 손해배상 또는 부당이득반환 청구는 그 자체로 부적법하여 이 사건 법령의 위헌 여부를 따져 볼 필요 없이 각하를 면할 수 없으므로, 청구인의 이 사건 심판청구는 재판의 전제성이 없어 부적법하다.

【심판대상조문】

재조선 미국육군사령부 군정청 법령 제57호

【참조조문】

헌법재판소법 제68조 제2항

【참조판례】

헌재 2005. 3. 31. 2003헌바113, 판례집 17-1, 413, 420, 헌재 2012. 12. 27. 2010헌바406, 판례집 24-2하, 346, 349, 350 , 대법원 1998. 12. 17. 선고 97다39216 판결

[8] 헌법재판소 2017. 5. 25. 선고 2015헌마933 전원재판부 【입법부작위위헌확인등】 [헌공제248호,552]

【판시사항】

공무원 퇴직연금의 수급요건을 재직기간 20년에서 10년으로 완화한 개정 공무원연금법 제46조 제1항의 적용대상을 법 시행일 당시 재직 중인 공무원으로 한정한 공무원연금법 부칙

(2015. 6. 22. 법률 제13387호) 제6조 중 제46조 제1항에 관한 부분(이하 '심판대상조항'이라 한다)이 청구인의 평등권을 침해하는지 여부(소극)

【결정요지】

2015. 6. 22. 공무원연금법이 개정되면서 퇴직연금의 수급요건인 재직기간이 20년에서 10년으로 완화되었는바, 이와 같은 개정을 하면서 그 적용대상을 제한하지 아니하고 이미 법률관계가 확정된 자들에게까지 소급한다면 그로 인하여 법적 안정성 문제를 야기하게 되고 상당한 규모의 재정부담도 발생하게 될 것이므로, 일정한 기준을 두어 적용대상을 제한한 것은 충분히 납득할 만한 이유가 있다. 이때 법률의 개정·공포일 즉시 법률을 시행하지 아니하고 약 6개월 뒤로 시행일을 정한 것은 개정법의 원활한 시행을 위하여 준비기간이 필요했기 때문으로, 심판대상조항으로 인하여 법률의 개정·공포일부터 시행일 사이에 퇴직한 사람이 완화된 퇴직연금 수급요건의 적용대상에서 제외된다 하더라도 이것은 불가피한 경우에 해당한다. 따라서 개정 법률을 그 시행일 전으로 소급적용하는 경과규정을 두지 않았다고 하여 이를 현저히 불합리한 차별이라고 볼 수 없으므로, 심판대상조항은 청구인의 평등권을 침해하지 아니한다.

【심판대상조문】

공무원연금법 부칙(2015. 6. 22. 법률 제13387호) 제6조 중 제46조 제1항에 관한 부분

【참조조문】

헌법 제11조 제1항, 공무원연금법(2015. 6. 22. 법률 제13387호로 개정된 것) 제46조 제1항

【참조판례】

헌재 2008. 10. 30. 2006헌마217, 공보 145, 1528, 1531, 헌재 2015. 2. 26. 2013헌바419, 판례집 27-1상, 166, 171-172

9 헌법재판소 2017. 5. 25. 선고 2016헌마383 전원재판부 【예산편성부작위위헌확인】 [헌공제248호,564]

【판시사항】

기획재정부장관이 한 2016년도 정부 예산안 편성행위 중 4·16세월호참사 특별조사위원회

에 대한 부분(이하 '이 사건 예산편성 행위'라 한다)이 헌법재판소법 제68조 제1항의 헌법소원 심판의 대상으로서 '공권력의 행사'에 해당하는지 여부(소극)

【결정요지】

이 사건 예산편성 행위는 헌법 제54조 제2항, 제89조 제4호, 국가재정법 제32조 및 제33조에 따른 것으로, 국무회의의 심의, 대통령의 승인 및 국회의 예산안 심의·확정을 위한 전 단계의 행위로서 국가기관 간의 내부적 행위에 불과하므로, 헌법소원의 대상이 되는 '공권력의 행사'에 해당하지 않는다.

【참조조문】

헌법 제54조, 제89조 제4호, 헌법재판소법 제68조 제1항, 국가재정법(2014. 1. 1. 법률 제12858호로 개정된 것) 제32조, 제33조

【참조판례】

헌재 1994. 8. 31. 92헌마174, 판례집 6-2, 249, 264-265

10 헌법재판소 2017. 6. 29. 선고 2015헌바29 전원재판부 【구지방공무원법제73조제2항등위헌소원】 [헌공제249호,629]

【판시사항】

징계시효 연장을 규정하면서, 징계절차를 진행하지 아니함을 통보하지 아니한 경우에는 징계시효가 연장되지 않는다는 예외규정을 두지 아니한 구 지방공무원법(1978. 12. 6. 법률 제3152호로 개정되고, 2008. 12. 31. 법률 제9301호로 개정되기 전의 것) 제73조의2 제2항 중 제73조 제2항에 관한 부분(이하 '심판대상조항'이라 한다)이 적법절차원칙에 위배되는지 여부(소극)

【결정요지】

심판대상조항이 수사 중인 사건에 대해 징계절차를 진행하지 아니하는 경우 징계시효가 연장되도록 한 것은, 적정한 징계를 위해 징계절차를 진행하지 아니할 수 있도록 한 것이 오히려 징계를 방해하게 되는 불합리한 결과를 막기 위해서이다. 수사 중인 사건에 대하여 징계절차를 진행하지 아니하더라도 징계혐의자는 수사가 종료되는 장래 어느 시점에서 징계절차가 진행될 수 있다는 점을 충분히 예측하여 대비할 수 있고, 수사가 종료되어 징계절차가 진행되는 경우에도 징계혐의자는 관련 법령에 따라 방어권을 충분히 보호받을 수 있다. 심판대상조항을 통해 달성되는

공정한 징계제도 운용이라는 이익은, 징계혐의자가 징계절차를 진행하지 아니함을 통보받지 못하여 징계시효가 연장되었음을 알지 못함으로써 입는 불이익보다 크다. 그렇다면 심판대상조항이 징계시효 연장을 규정하면서 징계절차를 진행하지 아니함을 통보하지 아니한 경우에는 징계시효가 연장되지 않는다는 예외규정을 두지 않았다고 하더라도 적법절차원칙에 위배되지 아니한다.

【심판대상조문】

구 지방공무원법(1978. 12. 6. 법률 제3152호로 개정되고, 2008. 12. 31. 법률 제9301호로 개정되기 전의 것) 제73조의2 제2항 중 제73조 제2항에 관한 부분

【참조조문】

헌법 제7조 제1항, 제12조 제1항, 구 지방공무원법(1991. 5. 31. 법률 제4370호로 개정되고, 2008. 12. 31. 법률 제9301호로 개정되기 전의 것) 제73조의2 제1항, 지방공무원법(2008. 12. 31. 법률 제9301호로 개정된 것) 제73조 제2항, 지방공무원법(2010. 3. 22. 법률 제10147호로 개정된 것) 제73조 제1항, 제3항, 지방공무원법 부칙(2008. 12. 31. 법률 제9301호) 제9조, 지방공무원 징계 및 소청 규정(2012. 12. 12. 대통령령 제24227호로 개정된 것) 제16조의3 제2항

【참조판례】

헌재 1992. 12. 24. 92헌가8, 판례집 4, 853, 877, 헌재 1998. 5. 28. 96헌바4, 판례집 10-1, 610, 618, 헌재 2006. 5. 25. 2004헌바12, 판례집 18-1하, 58, 66-67, 헌재 2012. 6. 27. 2011헌바226, 판례집 24-1하, 744, 752-753, 대법원 1993. 2. 23. 선고 92누16096 판결

11 헌법재판소 2017. 6. 29. 선고 2015헌마654 전원재판부 【4·16세월호참사피해구제및지원등을위한특별법제6조제3항등위헌확인】 [헌공제249호,652]

【판시사항】

가. '4·16세월호참사 피해구제 및 지원 등을 위한 특별법'(2015. 1. 28. 법률 제13115호로 제정된 것, 다음부터 '세월호피해지원법'이라 한다) 중 위로지원금 지급에 관한 구체적인 사항은 '4·16세월호참사 배상 및 보상 심의위원회'(다음부터 '심의위원회'라 한다)에서 정하도록 규정한 제6조 제3항 후문, 심의위원회의 심의·의결사항 및 구성 등에 관하여 규정한 제8조, 배상금·위로지원금 및 보상금(다음부터 '배상금 등'이라 한다)의 지급절차 등에 필요한 사항을 대통령령으로 정하도록 규정한 제15조 제2항에 대한 헌법소원심판청구가 기본권침해의 직접

성 요건을 갖추었는지 여부(소극)

나. 세월호피해지원법 중 신청인이 배상금 등을 지급받고자 할 때에는 지급결정에 대한 동의서를 첨부하여 신청하도록 규정한 제15조 제1항, 국가의 손해배상청구권의 대위행사를 규정한 제18조가 청구인들의 기본권을 침해할 가능성이 있는지 여부(소극)

다. 심의위원회의 배상금 등 지급결정에 신청인이 동의한 때에는 국가와 신청인 사이에 민사소송법에 따른 재판상 화해가 성립된 것으로 보는 세월호피해지원법 제16조가 과잉금지원칙을 위반하여 청구인들의 재판청구권을 침해하는지 여부(소극)

라. 배상금 등을 지급받으려는 신청인으로 하여금 '4·16세월호참사에 관하여 어떠한 방법으로도 일체의 이의를 제기하지 않을 것임을 서약합니다'라는 내용이 기재된 배상금 등 동의 및 청구서를 제출하도록 규정한 세월호피해지원법 시행령(2015. 3. 27. 대통령령 제26163호로 제정된 것, 다음부터 '세월호피해지원법 시행령'이라 한다) 제15조 중 별지 제15호 서식 가운데 일체의 이의제기를 금지한 부분(다음부터 '이의제기금지조항'이라 한다)이 법률유보원칙을 위반하여 청구인들의 일반적 행동의 자유를 침해하는지 여부(적극)

【결정요지】

가. 세월호피해지원법 제6조 제3항 후문과 제8조는 심의위원회의 배상금 등 지급결정이라는 집행행위를 예정하고 있고, 세월호피해지원법 제15조 제2항은 대통령령 제정이라는 집행행위를 예정하고 있으므로, 위 조항들은 그 자체로 직접 청구인들의 자유를 제한하거나 의무를 부과한다고 볼 수 없다. 따라서 위 조항들에 대한 심판청구는 기본권침해의 직접성 요건을 갖추지 못하였다.

나. 세월호피해지원법 제15조 제1항은 피해자들이 세월호피해지원법에 따라 국가배상청구권을 정당하게 행사하는 절차의 일부를 규정한 것에 불과하므로, 청구인들의 명예에 관련한 법적 지위에 어떠한 영향도 미치지 아니한다. 세월호피해지원법 제18조는 신속한 피해구제를 위하여 국가로 하여금 피해자에게 먼저 손해배상금 지급의무를 부담시킨 다음, 국가에게 신청인의 손해배상청구권을 대위하도록 규정한 것이므로, 국가의 세월호 참사에 대한 책임을 면제하는 의미라고 볼 수 없다. 따라서 위 조항들에 대한 심판청구는 기본권침해가능성이 인정되지 아니한다.

다. 세월호피해지원법 제16조는 지급절차를 신속히 종결함으로써 세월호 참사로 인한 피해를 신속하게 구제하기 위한 것이다.

세월호피해지원법에 따라 배상금 등을 지급받고도 또 다시 소송으로 다툴 수 있도록 한다면, 신속한 피해구제와 분쟁의 조기종결 등 세월호피해지원법의 입법목적은 달성할 수 없게 된다. 세월호피해지원법 규정에 의하면, 심의위원회의 제3자성, 중립성 및 독립성이 보장되어 있다고 인정되고, 그 심의절차에 공정성과 신중성을 제고하기 위한 장치도 마련되어 있다. 세월호피해지원법은 소송절차에 준하여 피해에 상응하는 충분한 배상과 보상이 이루어질 수 있도록 관련 규정을 마련하고 있다. 신청인에게 지급결정 동의의 법적 효과를 안내하는 절차를 마련하고 있으며, 신청인은 배상금 등 지급에 대한 동의에 관하여 충분히 생각하고 검토할 시간이 보장되어 있고, 배상금 등 지급결정에 대한 동의 여부를 자유롭게 선택할 수 있다. 따라서 심의위원회의 배상금 등 지급결정에 동의한 때 재판상 화해가 성립한 것으로 간주하더라도 이것이 재판청구권 행사에 대한 지나친 제한이라고 보기 어렵다.

세월호피해지원법 제16조가 지급결정에 재판상 화해의 효력을 인정함으로써 확보되는 배상금 등 지급을 둘러싼 분쟁의 조속한 종결과 이를 통해 확보되는 피해구제의 신속성 등의 공익은 그로 인한 신청인의 불이익에 비하여 작다고 보기는 어려우므로, 법익의 균형성도 갖추고 있다.

따라서 세월호피해지원법 제16조는 청구인들의 재판청구권을 침해하지 않는다.

라. 세월호피해지원법은 배상금 등의 지급 이후 효과나 의무에 관한 일반규정을 두거나 이에 관하여 범위를 정하여 하위 법규에 위임한 바가 전혀 없다. 따라서 세월호피해지원법 제15조 제2항의 위임에 따라 시행령으로 규정할 수 있는 사항은 지급신청이나 지급에 관한 기술적이고 절차적인 사항일 뿐이다. 신청인에게 지급결정에 대한 동의의 의사표시 전에 숙고의 기회를 보장하고, 그 법적 의미와 효력에 관하여 안내해 줄 필요성이 인정된다 하더라도, 세월호피해지원법 제16조에서 규정하는 동의의 효력 범위를 초과하여 세월호 참사 전반에 관한 일체의 이의제기를 금지시킬 수 있는 권한을 부여받았다고 볼 수는 없다. 따라서 이의제기금지조항은 법률유보원칙을 위반하여 법률의 근거 없이 대통령령으로 청구인들에게 세월호 참사와 관련된 일체의 이의 제기 금지 의무를 부담시킴으로써 일반적 행동의 자유를 침해한다.

[이의제기금지조항에 대한 재판관 김창종, 재판관 조용호의 반대의견]

신청인이 심의위원회의 지급결정에 동의하고, 배상금 등을 지급받아 재판상 화해가 성립된다고 하더라도, 그 효력이 미치는 범위는 '세월호 참사와 관련하여 입은 손해나 손실 등 피해'에 한정되는 것이지, 더 나아가 세월호 참사의 진상규명이나 책임자 처벌 요구를 하지 못하게 된다거나 관련 형사소송에서 피해자로서 참여하는 권리 등을 잃게 되는 효과가 발생하는 것이 아님은 명백하다.

세월호피해지원법 시행령 제15조의 별지 제15호 '배상금 등 동의 및 청구서' 서식에서 '신청인은 배상금 등을 받았을 때 세월호 참사로 인한 손해·손실 등에 대하여 국가와 재판상 화해를 한 것과 같은 효력이 있음에 동의하고'라는 문언 다음에 곧바로 이어서 이의제기금지 취지의 기재가 추가되어 있으므로, 그 내용은 전단의 문언과 연관 지어 합리적으로 해석하여야지 이와 분리하여 독자적인 의미를 가지는 것으로 해석해서는 아니되는 점, 국가는 신청인에게 재판상 화해의 의미와 효력을 다시 한 번 확인시켜주고, 신청인이 지급결정에 대한 동의서를 제출할 때 충분히 숙고하여 신중을 기하도록 할 필요가 있는 점 등을 종합하면, 이의제기금지조항은 실질적으로 세월호피해지원법 제16조와 동일한 내용을 규정한 것에 불과하고, 이로 인하여 청구인들의 일반적 행동의 자유를 새롭게 제한하는 효과가 생기는 것은 아니다. 따라서 이의제기금지조항은 청구인들의 기본권을 새로이 침해하는 공권력의 행사에 해당하지 아니한다.

【심판대상조문】

4·16세월호참사 피해구제 및 지원 등을 위한 특별법(2015. 1. 28. 법률 제13115호로 제정된 것) 제6조 제3항 후문, 제8조, 제15조 제1항, 제2항, 제16조, 제18조, 4·16세월호참사 피해구제 및 지원 등을 위한 특별법 시행령(2015. 3. 27. 대통령령 제26163호로 제정된 것) 제15조 중 별지 제15호 서식 가운데 일체의 이의제기를 금지한 부분

【참조조문】

4·16세월호참사 피해구제 및 지원 등을 위한 특별법(2015. 1. 28. 법률 제13115호로 제정된 것) 제1조, 제2조 제3호 나목, 제6조 제1항, 제2항, 제10조, 제12조, 제15조 제3항, 4·16세월호참사 피해구제 및 지원 등을 위한 특별법 시행령(2015. 3. 27. 대통령령 제26163호로 제정된 것) 제16조

【참조판례】

가. 헌재 1992. 11. 12. 91헌마192, 판례집 4, 813, 823, 헌재 2003. 9. 25. 2001헌마93등, 판례집 15-2상, 319, 350-351, 헌재 2008. 2. 28. 2006헌마582, 판례집 20-1상, 305, 308-309 / 나. 헌재 2013. 11. 28. 2012헌마166, 판례집 25-2하, 559, 561 / 다. 헌재 1995. 5. 25. 91헌가7, 판례집 7-1, 598, 608-609 / 라. 헌재 2009. 4. 30. 2006헌마1322, 판례집 21-1하, 246, 264, 헌재 2012. 5. 31. 2010헌마139등, 판례집 24-1하, 595, 612

12 헌법재판소 2017. 7. 27. 선고 2016헌바41 전원재판부 【도시개발법제2조제1항제2호등위헌소원】 [헌공제250호,757]

【판시사항】

가. 도시개발사업에서 수용 또는 사용되는 토지의 보상금 기준에 관한 법률조항(이하 '이

사건 준용조항'이라 한다)의 위헌 여부가 도시개발사업 실시계획 인가·고시의 위법성을 다투는 당해 사건의 재판의 전제가 되는지 여부(소극)

나. 도시개발사업을 정의하고 있는 도시개발법(2008. 3. 21. 법률 제8970호로 전부 개정된 것) 제2조 제1항 제2호(이하 '이 사건 정의조항'이라 한다)가 명확성원칙에 위배되는지 여부(소극)

【결정요지】

가. 이 사건 준용조항은 손실보상 단계에서 적용될 조항으로서 도시개발사업 실시계획 인가·고시의 위법성을 다투는 당해 사건의 재판에 적용되지도 않고, 그 위헌 여부에 따라 법원이 당해 사건의 재판에 관하여 다른 내용의 재판을 하게 되는 경우에도 해당하지 않으므로, 이 사건 준용조항에 대한 심판청구는 재판의 전제성을 갖추지 못한 것으로 부적법하다.

나. 도시개발법의 문언, 입법목적 또는 입법취지, 다른 법률과의 관계 등을 종합하여 보면, 도시개발사업은 국토계획법에 따른 광역도시계획이나 도시·군기본계획의 규율 하에 일정 지역을 도시의 기능을 갖추도록 계획적·체계적으로 개발함으로써, 주거, 산업 등의 기능을 단일하게 또는 복합적으로 갖춘 단지 또는 시가지를 조성하는 사업 일체를 뜻하는 것으로서, 적어도 건전한 상식과 통상적인 법감정을 가진 사람으로서는 이와 같은 이 사건 정의조항의 의미를 충분히 예측할 수 있으므로, 위 조항이 명확성원칙에 위배된다고 할 수 없다.

【심판대상조문】

도시개발법(2008. 3. 21. 법률 제8970호로 전부 개정된 것) 제2조 제1항 제2호, 제22조 제2항 중 구 공익사업을 위한 토지 등의 취득 및 보상에 관한 법률(2011. 8. 4. 법률 제11017호로 개정되고, 2016. 1. 19. 법률 제13796호로 개정되기 전의 것) 제70조 제1항, 공익사업을 위한 토지 등의 취득 및 보상에 관한 법률(2013. 3. 23. 법률 제11690호로 개정된 것) 제70조 제6항을 준용하는 부분

【참조조문】

헌법재판소법 제68조 제2항

【참조판례】

가. 헌재 2000. 6. 29. 99헌바66, 판례집 12-1, 848, 864, 헌재 2011. 11. 24. 2010헌바412, 공보 182, 1841, 1842 / 나. 헌재 1992. 4. 28. 90헌바27등, 판례집 4, 255, 268-269, 헌재 2008. 11. 27. 2007헌바51, 판례집 20-2하, 273, 280, 헌재 2010. 12. 28. 2008헌바57, 판례집 22-2하, 624, 640, 헌재 2011. 11. 24.

2010헌바254, 판례집 23-2하, 358, 369-370, 헌재 2012. 8. 23. 2010헌바28, 판례집 24-2상, 420, 428-429

13 헌법재판소 2017. 9. 28. 선고 2016헌바76 전원재판부 【개발제한구역의지정및관리에관한특별조치법제24조제2항[별표]제7호다목위헌소원】 [헌공제252호,978]

【판시사항】

가. 공익사업의 시행으로 인해 철거된 건축물을 취락지구가 아닌 지역으로 이축하는 경우 개발제한구역보전부담금을 100분의 100 비율로 부과하는 '개발제한구역의 지정 및 관리에 관한 특별조치법'(2013. 5. 28. 법률 제11838호로 개정된 것) 제24조 제2항 [별표] 제7호 다목 중 제12조 제1항 단서 제3의2호에 관한 부분(이하 '심판대상조항'이라 한다)이 재산권을 침해하는지 여부(소극)

나. 심판대상조항이 평등원칙에 위배되는지 여부(소극)

【결정요지】

가. 심판대상조항의목적은개발제한구역에서 개발행위를 하는 자에게 부담금을 부과함으로써 개발제한구역을 보전하고 개발제한구역의 관리 재원을 마련하는 것이다. 이는 개발행위자들에게 경제적 부담을 줄 뿐 이축 자체를 금지하지 않는다. 이축을 하려는 토지와 이와 유사한 개발제한구역이 아닌 토지 사이의 가격 차이를 기준으로 부담금을 계산하고, 이축으로 인한 개발이익이 개발자에게 돌아가는 점을 고려하면 심판대상조항이 청구인의 재산권을 침해하지 않는다.

나. 취락지구와 취락지구가 아닌 지역은 개발 허용 수준이 다르므로 서로 다른 비율로 개발보전부담금을 부과한다고 해서 합리적 이유 없는 차별이라고 볼 수 없다. 따라서 심판대상조항은 평등원칙에 위배되지 않는다.

【심판대상조문】

개발제한구역의 지정 및 관리에 관한 특별조치법(2013. 5. 28. 법률 제11838호로 개정된 것) 제24조 제2항 [별표] 제7호 다목 중 제12조 제1항 단서 제3의2호에 관한 부분

【참조조문】

개발제한구역의 지정 및 관리에 관한 특별조치법(2013. 3. 23. 법률 제11690호로 개정된 것) 제21조 제1항 제2호, 개발제한구역의 지정 및 관리에 관한 특별조치법(2013. 5. 28. 법률 제11838호로 개정된 것) 제12조 제1항 단서 제3의2호, 개발이

익 환수에 관한 법률(1989. 12. 30. 법률 제4175호로 제정된 것) 제8조, 개발이익 환수에 관한 법률(2014. 1. 14. 법률제12245호로 개정된 것) 제11조 제1항 제2호 나목

【참조판례】

가. 헌재 2007. 5. 31. 2005헌바47, 판례집 19-1, 568, 헌재 2010. 2. 25. 2008헌바80등, 판례집 22-1상, 219, 헌재 2014. 2. 27. 2012헌바184등, 판례집 26-1상, 214

14 헌법재판소 2017. 9. 28. 선고 2016헌바140 전원재판부 【축산물위생관리법제45조제4항제1호등위헌소원】 [헌공제252호,982]

【판시사항】

가. 식품의약품안전처장이공중위생상필요한 경우 고시하는 축산물 가공방법의 기준을 준수하도록 규정한 '축산물 위생관리법'(2010. 5. 25. 법률 제10310호로 개정된 것) 제4조 제5항 전문 중 제4조 제2항 제1호 가운데 '축산물의 가공'에 관한 부분 및 이러한 기준을 위반한 자를 처벌하는 '축산물 위생관리법'(2014. 5. 21. 법률 제12672호로 개정된 것) 제45조 제4항 제1호 중 위 해당 부분(이하 '심판대상조항'이라 한다)의 위임형식이 헌법에 위반되는지 여부(소극)

나. 심판대상조항이 포괄위임금지원칙에 위반되는지 여부(소극)

다. 심판대상조항이 책임과 형벌 간의 비례원칙에 위반되는지 여부(소극)

라. 심판대상조항이 형벌체계의 균형성 및 평등원칙에 위반되는지 여부(소극)

【결정요지】

가. 심판대상조항은 형벌의 구성요건 일부에 해당하는 축산물 가공방법의 기준을 고시에 위임하고 있는데, 이는 기본권을 제한하는 내용의 입법위임이다. 그러나 헌법이 인정하고 있는 위임입법의 형식은 예시적인 것으로 보아야 하고, 법률이 일정한 사항을 고시 등 행정규칙에 위임하더라도 국회입법의 원칙과 상치되지 않는다. 또한 축산물 가공방법의 기준을 정하는 작업에는 축산업 및 이와 관련된 식품공학에 관한 전문적·기술적 지식이 요구되고, 국내외 축산업의 발전과 주요 식품 관련 정책 등에 따른 탄력적·기술적 대응과 규율 역시 필요하므로, 심판대상조항이 이를 식품의약품안전처고시에 위임하는 것은 불가피하다. 그러므로 심판대상조항이 축산물 가공방법의 기준을 식품의약품안전처고시에 위임한 것이 헌법에서 정한 위임

입법의 형식을 갖추지 못하여 헌법에 위반된다고 할 수 없다.

나. 축산물로 인하여 생길 수 있는 위생상의 위해를 방지하고 축산물의 질적 향상을 도모하여 축산물의 안전을 확보하려는 심판대상조항의 입법목적, 축산물 가공 등의 구체적 내용을 종합하여 보면, 심판대상조항의 위임에 따라 식품의약품안전처장이 규율할 내용은 축산물 일반에 적용될 수 있는 공통적인 가공방법 및 축산물별 특성을 고려한 가공방법에 관한 구체적·세부적 기준이 될 것임을 예측할 수 있다. 따라서 심판대상조항은 포괄위임금지원칙에 위반되지 아니한다.

다. 축산물을 비롯한 식품 위생의 중요성, 최근까지도 불량식품 범죄가 끊이지 않는 현실 등을 고려할 때, 심판대상조항이 과태료와 같은 행정질서벌이 아니라 형벌을 규정하였다고 해서 책임과 형벌 간의 비례원칙에 위반된다고 할 수 없다.

라. 심판대상조항에 상응하는 식품위생법의 규정은 오히려 심판대상조항보다 중하게 형사처벌하도록 규정하고 있고, 청구인이 비교대상으로 주장하는 공중위생관리법 조항들은 심판대상조항과 입법의 취지와 대상을 달리한다. 따라서 심판대상조항이 형벌체계의 균형성을 상실하여 평등원칙에 위반된다고 할 수 없다.

[재판관 이진성의 반대의견]

헌법은 제40조에서 국회입법의 원칙을 천명하면서, 법률의 위임을 받아 발할 수 있는 법규명령을 한정적으로 열거하고 있다. 우리 헌법은 그것에 저촉되는 법률을 포함한 일체의 국가의사가 유효하게 존립될 수 없는 경성헌법이므로, 법률 또는 그 이하의 입법형식으로써 헌법상 원칙에 대한 예외를 인정하여 고시와 같은 행정규칙에 입법사항을 위임할 수는 없다. 심판대상조항은 국민의 권리의무에 관한 법규적 사항인 형벌의 구성요건 일부를 헌법상 열거된 법규명령이 아닌 식품의약품안전처 고시로 정할 수 있도록 위임하고 있으므로, 헌법에서 정한 위임입법의 형식을 갖추지 못하여 헌법에 위반된다.

【심판대상조문】

축산물 위생관리법(2010. 5. 25. 법률 제10310호로 개정된 것) 제4조 제5항 전문 중 제4조 제2항 제1호 가운데 '축산물의 가공'에 관한 부분, 축산물 위생관리법(2014. 5. 21. 법률 제12672호로 개정된 것) 제45조 제4항 제1호 중 위 해당 부분

【참조조문】

축산물 위생관리법(2016. 2. 3. 법률 제14025호로 개정된 것) 제2조, 제21조, 제22조, 제24조, 제30조, 구 공중위생관리법(2010. 1. 18. 법률 제9932호로 개정되고, 2015. 12. 22. 법률 제13596호로 개정되기 전의 것) 제5조, 제20조 제3항 제1호, 공중위생관리법(2016. 2. 3. 법률 제13983호로 개정된 것) 제4조 제2항, 제7

항, 제22조 제1항 제1의2호, 제3호, 식품위생법(2016. 2. 3. 법률 제14022호로 개정된 것) 제3조 제3항, 제7조 제1항, 제4항, 제95조 제1호, 제101조 제2항 제1호, 축산물 위생관리법 시행규칙(2017. 3. 7. 총리령 제1367호로 개정된 것) 제46조, 축산물의 가공기준 및 성분규격(2015. 1. 30. 식품의약품안전처고시 제2015-3호)

【참조판례】

가. 헌재 2014. 7. 24. 2013헌바183등, 판례집 26-2상, 149, 158-159, 헌재 2016. 2. 25. 2015헌바191, 판례집 28-1상, 156, 167, 헌재 2016. 3. 31. 2014헌바382, 판례집 28-1상, 388, 394, 헌재 2016. 10. 27. 2015헌바360등, 판례집 28-2상, 632, 641 / 나. 헌재 2011. 12. 29. 2010헌바385등, 판례집 23-2하, 673, 687-688, 헌재 2016. 11. 24. 2014헌가6등, 판례집 28-2하, 87, 100

15 헌법재판소 2017. 9. 28. 선고 2016헌바339 전원재판부 【여객자동차운수사업법제87조제1항제3호등위헌소원】 [헌공제252호,1002]

【판시사항】

구역 여객자동차운송사업 중 대통령령으로 정하는 여객자동차운송사업의 운전자격을 취득한 자가 '특정범죄 가중처벌 등에 관한 법률' 제5조의3 제1항 제2호에 따른 죄를 범하여 금고 이상의 형의 집행유예를 선고받고 그 집행유예기간 중에 있는 경우 그 운전자격을 취소하도록 규정한 '여객자동차 운수사업법'(2014. 1. 28. 법률 제12377호로 개정된 것) 제87조 제1항 단서 제3호의 제24조 제4항 제2호 가운데 제1호 가목 중 제3항 제1호 나목의 '특정범죄 가중처벌 등에 관한 법률' 제5조의3 제1항 제2호에 관한 부분(이하 '심판대상조항'이라 한다)이 청구인의 직업선택의 자유를 침해하는지 여부(소극)

【결정요지】

심판대상조항은 대통령령으로 정하는 여객자동차운송사업의 운전자격을 취득한 자가 도주차량죄를 범한 경우 그 운전자격을 취소하도록 규정함으로써, 국민의 생명, 신체, 재산을 보호하고 시민들의 여객운송서비스 이용에 대한 불안감을 해소하며, 도로교통에 관한 공공의 안전을 확보하고자 입법된 것으로 목적의 정당성과 수단의 적합성이 인정된다. 도주차량죄의 내용 등을 고려하여 운수종사자의 준법의식 구비 여부를 일일이 가리는 방법은 현실적으로 어렵고, 도주차량죄가 운전업무상 과실 및 도로교통법 위반을 구성요건으로 하고 있는 점과 금고 이상의 형의 집행유예를 선고받은 사람에 대한 사회적 비난가능성을 고려하면, 임의적 운전자격 취소 제도만으로는 앞서 살펴본 입법목적을 달성하는 데 충분하다고 보기 어려우므로, 침해의 최소성도 인정된다. 심판대상조항에 의하여 운전자격이 취소되더라도 집행유예기간이 경과하면 다시 운전자격을 취득할 수 있으므로 운수종사자가 받는 불이익은 제한적인 반면, 앞서 살펴본 입법목적은 매우 중요하므로 법익의 균형성 요건도 충족한다. 따라서 심판대상조항은 청구인의 직업선택의 자유를 침해하지 않는다.

【심판대상조문】

여객자동차 운수사업법(2014. 1. 28. 법률 제12377호로 개정된 것) 제87조 제1항 단서 제3호의 제24조 제4항 제2호 가운데 제1호 가목 중 제3항 제1호 나목의 특정범죄 가중처벌 등에 관한 법률 제5조의3 제1항 제2호에 관한 부분

【참조조문】

구 여객자동차 운수사업법(2012. 2. 1. 법률 제11295호로 개정되고, 2016. 12. 2. 법률 제14342호로 개정되기 전의 것) 제24조 제3항 제1호 나목, 제4항 제1호 가목, 제2호, 특정범죄 가중처벌 등에 관한 법률(2010. 3. 31. 법률 제10210호로 개정된 것) 제5조의3 제1항 제2호, 구 여객자동차 운수사업법 시행령(2012. 7. 31. 대통령령 제24010호로 개정되고, 2017. 6. 30. 대통령령 제28175호로 개정되기 전의 것) 제16조

【참조판례】

헌재 2010. 4. 29. 2008헌가8, 판례집 22-1상, 577, 589-590, 헌재 2013. 9. 26. 2012헌마365, 판례집 25-2하, 94, 101-103, 헌재 2015. 12. 23. 2013헌마575 등, 공보 231, 139, 144

16 헌법재판소 2017. 10. 26. 선고 2016헌마656 전원재판부 【신상등록위헌확인등】 [헌공제253호,1115]

【판시사항】

가. 이미 위헌결정이 선고된 법률조항에 대한 헌법소원심판청구를 각하한 사례

나. 아동·청소년이용음란물 배포 및 소지 행위로 유죄판결이 확정된 자는 신상정보 등록대상자가 된다고 규정한 구 '성폭력범죄의 처벌 등에 관한 특례법'(2012. 12. 18. 법률 제11556호로 전부개정되고, 2016. 12. 20. 법률 제14412호로 개정되기 전의 것) 제42조 제1항 중 '아동·청소년의 성보호에 관한 법률'(2012. 12. 18. 법률 제11572호로 전부개정된 것) 제11조 제2항 및 제5항의 아동·청소년이용음란물 가운데 '아동·청소년이 등장하는 것'에 관한 부분

(이하 '등록조항'이라 한다)이 청구인의 개인정보자기결정권을 침해하는지 여부(소극)

【결정요지】

가. 헌법재판소는 2015. 7. 30. 등록정보를 최초 등록일부터 20년간 보존·관리하도록 한 구 '성폭력범죄의 처벌 등에 관한 특례법'(2012. 12. 18. 법률 제11556호로 전부개정되고, 2016. 12. 20. 법률 제14412호로 개정되기 전의 것) 제45조 제1항이 헌법에 합치되지 아니하며, 2016. 12. 31. 을 시한으로 입법자가 개정할 때까지 계속 적용된다는 취지의 헌법불합치결정을 선고하였다(헌재 2015. 7. 30. 2014헌마340등). 헌법불합치결정도 위헌결정의 일종이므로 위 조항은 이미 위헌으로 결정된 것이다(헌재 2016. 3. 31. 2014헌마785 참조). 따라서 위 조항의 위헌 여부는 더 이상 헌법소원심판의 대상이 될 수 없다.

나. 등록조항은 아동·청소년대상 성범죄의 발생 및 재범을 예방하고 그 범행이 현실적으로 이뤄진 경우에 수사의 효율성과 신속성을 높이기 위한 것으로, 목적의 정당성과 수단의 적합성이 인정된다. 영리를 목적으로 아동·청소년이용음란물을 배포하는 행위는 영리를 위하여 적극적으로 아동·청소년이용음란물을 유포하여 그에 대한 접촉을 확산시킴으로써 아동·청소년에 대한 왜곡된 성적 인식과 태도를 광범위하게 형성하고, 그 결과 아동·청소년대상 성범죄로 이어질 가능성을 가중시킨다는 점에서 그 죄질이 결코 경미하다고 할 수 없다. 또한 아동·청소년이용음란물 단순소지의 경우에는 행위 태양이나 그 불법성의 정도가 다양하게 나타날 수 있는데, 등록조항은 아동·청소년이용음란물을 소지한 행위로 징역형이 선고된 경우에는 신상정보 등록대상이 되지만, 벌금형이 선고된 경우에는 신상정보 등록대상에서 제외함으로써 신상정보 등록대상의 범위를 입법목적에 필요한 범위 내로 제한하고 있으므로 침해의 최소성에 위배되지 않는다. 등록조항에 의하여 제한되는 사익에 비하여 아동·청소년대상 성범죄의 발생 및 재범 방지와 사회 방위라는 공익이 크다는 점에서, 법익의 균형성도 인정된다. 따라서 등록조항은 청구인의 개인정보자기결정권을 침해하지 않는다.

[재판관 김이수, 재판관 이진성의 등록조항에 대한 반대의견]

등록조항은 아동·청소년대상 성범죄의 재범 방지를 주요한 입법목적으로 삼고 있음에도, 등록대상자 선정에 있어 '재범의 위험성'을 전혀 요구하지 않는다. 아동·청소년이용음란물배포·소지죄의 재범 비율이 높다는 점이 입증되지 않은 상황에서 아동·청소년이용음란물 배포·소지죄로 유죄판결이 확정된 자는 당연히 신상정보 등록대상자가 되도록 한 등록조항은 재범의 위험성이 인정되지 않는 등록대상자에게 불필요한 제한을 부과한다. 등록조항으로 인하여 비교적 경미한 아동·청소년이용음란물배포·소지죄를 저지르고 재범의 위험성도 인정되지 않는 이들에 대하여는 예외적으로 달성되는 공익과 침해되는 사익 사이에 불균형이 발생할 수 있다는 점에서 법익의 균형성도 인정하기 어렵다. 따라서 등록조항은 청구인의 개인정보자기결정권을 침해한다.

【심판대상조문】

구 성폭력범죄의 처벌 등에 관한 특례법(2012. 12. 18. 법률 제11556호로 전부개정되고, 2016. 12. 20. 법률 제14412호로 개정되기 전의 것) 제42조 제1항 중 '아동·청소년의 성보호에 관한 법률'(2012. 12. 18. 법률 제11572호로 전부개정된 것) 제11조 제2항 및 제5항의 아동·청소년이용음란물 가운데 '아동·청소년이 등장하는 것'에 관한 부분, 구 성폭력범죄의 처벌 등에 관한 특례법(2012. 12. 18. 법률 제11556호로 전부개정되고, 2016. 12. 20. 법률 제14412호로 개정되기 전의 것) 제45조 제1항

【참조조문】

성폭력범죄의 처벌 등에 관한 특례법(2016. 12. 20. 법률 제14412호로 개정된 것) 제43조 제1항, 제46조 제1항, 제48조, 제50조 제1항 제1호, 아동·청소년의 성보호에 관한 법률(2012. 12. 18. 법률 제11572호로 전부개정된 것) 제2조 제2호, 제5호, 제11조 제2항, 제5항, 제16조 제1항, 제49조, 제50조, 치료감호 등에 관한 법률(2015. 12. 1. 법률 제13525호로 개정된 것) 제2조 제1항, 특정범죄자에 대한 보호관찰 및 전자장치 부착 등에 관한 법률(2016. 12. 20. 법률 제14414호로 개정된 것) 제5조 제1항

【참조판례】

가. 헌재 2015. 7. 30. 2014헌마340등, 판례집 27-2상, 370, 389, 헌재 2016. 3. 31. 2014헌마785, 판례집 28-1상, 509, 516, 헌재 2016. 10. 27. 2014헌마709, 판례집 28-2상, 732, 745 / 나. 헌재 2014. 7. 24. 2013헌마423등, 판례집 26-2상, 226, 234-236, 헌재 2015. 6. 25. 2013헌가17등, 판례집 27-1하, 402, 418-419, 헌재 2015. 7. 30. 2014헌마340등, 판례집 27-2상, 370, 382

판례색인

저자 약력

■ **최 선 웅**

서울대학교 법학박사
충북대학교 법학전문대학원 교수

[저　서]

행정소송의 원리
행정소송세미나
행정법 판례(2013~2016)

[논　문]

행정소송에서의 기속재량, 행정법연구, 제52호(2018. 2.)
행정소송에서의 기본적 사실관계의 동일성의 의의 – 형사소송과 비교를 중심으로, 행정법연구, 제46호(2016. 8.)
행정소송법 제12조 제2문의 해석, 행정법연구, 제41호(2015. 2.)
행정심판의 기능, 행정법연구, 제38호(2014. 2.)
재량과 판단여지에 대한 사법심사, 행정판례연구, XVIII(2013. 12.)
환경상 이익이 관련된 지역과 원고적격, 행정법연구, 제33호(2012. 8.)
환경행정소송에서의 원고적격, 행정법연구, 제30호(2011. 8.)
불확정법개념과 판단여지, 행정법연구, 제28호(2010. 12.)
행정소송에서의 원고적격 – 법원의 조사방법을 중심으로 –, 행정법연구, 제25호(2009. 12.)
행정소송에서의 원고적격 – 기존 4개 학설의 의의를 중심으로 –, 행정법연구, 제22호(2008. 12.)
행정소송에서의 처분권주의에 관한 일 고찰, 행정법연구, 제15호(2006. 5.)
행정소송의 목적에 관한 일 고찰, 행정법연구, 제13호(2005. 5.)
행정소송에서의 준용규정, 행정법연구, 제12호(2004. 10.)
행정소송법 제26조의 해석에 관한 일 고찰 – 우리나라 행정소송의 독자성을 모색하며 –, 행정법연구, 제10호(2003. 10) 외

2017년 **행정법 판례**

저　자 **최 선 웅**　　2018년 2월 21일 초판 인쇄
발행인 **양 진 수**　　2018년 2월 28일 초판 발행
발행처 **진 원 사**

서울시 송파구 법원로9길 26, C동 1107호 (문정동, H비즈니스파크)
전화 : 02) 916 - 1850 / 팩스 : 02) 916 - 3442
신고번호 제 2018 - 000026호
http://www.jinwonsa.co.kr
http://www.lawbookstore.co.kr
e-mail : hhansin@hanmail.net

저자와의 협의하에 인지생략

ISBN : 978-89-6346-525-8　　93360　　**정가 30,000원**